TRAITÉ COMPLET

DE

LA PEINTURE

Cet ouvrage se trouve aussi :

Chez DEFLORENNE, libraire, quai de l'École, n° 16,

H. BOSSANGE,

Et les principaux libraires de l'Étranger.

Paris. — Typographie Panckoucke, rue des Poitevins, 8 et 14.

TRAITÉ COMPLET

DE

LA PEINTURE

PAR

M. PAILLOT DE MONTABERT.

TOME SECOND.

HISTOIRE DE LA PEINTURE CHEZ LES ANCIENS. — LISTE CHRONOLOGIQUE DES PEINTRES, SCULPTEURS ET GRAVEURS DE L'ANTIQUITÉ.

PARIS,

J.-F. DELION, LIBRAIRE,

Quai des Augustins, n° 47.

1829-51.

HISTOIRE

DE

LA PEINTURE.

CHAPITRE PREMIER.

CONSIDÉRATIONS SUR LE BUT QU'ON S'EST PROPOSÉ DANS CETTE HISTOIRE.

Les artistes en général font peu de cas de la partie historique de la peinture, et les écrivains qui traitent des beaux-arts, dont souvent ils ne possèdent pas bien la pratique, attachent au contraire beaucoup d'importance à cette partie. Il n'y aurait qu'un seul sentiment à ce sujet, si l'histoire de l'art était exposée de manière à favoriser autant l'instruction des artistes que l'instruction des personnes qui recherchent les belles connaissances comme un ornement nécessaire de l'esprit.

On a eu raison de penser que si l'historique de la peinture était réduit à une sèche chronologie, à une vaine nomenclature ou à une froide série de faits ne jetant aucun jour sur la théorie ni sur les secrets de l'art, il n'y aurait que peu de fruits à retirer de cette étude, une histoire ainsi conçue ne pouvant servir qu'aux discussions des archéologues ou des biographes érudits. Mais, si l'histoire de la peinture était considérée et étudiée sous le rapport de l'art exclusivement, c'est-à-dire sous le rapport de sa définition, de sa destination et de toute sa théorie, elle produirait alors des rapprochemens instructifs, de nouvelles vues pour connaître l'art tout entier et sous toutes ses faces, en sorte que l'étude des faits historiques de la peinture deviendrait pour tous les lecteurs l'étude des véritables principes de cet art. Or, c'est de cette manière que nous désirons traiter cette première partie de notre ouvrage. Nous ferons donc voir comment à telle ou telle époque certaines conditions de l'art ont été ajoutées à d'autres conditions déjà acquises, comment ensuite elles ont été abandonnées, reprises ou perdues; enfin nous voudrions que cette histoire de la peinture fût plutôt l'histoire de la théorie que l'histoire des artistes et des événemens; nous voudrions qu'un élève éclairé par un tel écrit et parvenu à bien sentir le caractère d'un maître ancien, à bien s'identifier avec les qualités qui lui sont propres, vît à la fin plutôt la peinture que le peintre, plutôt ce qu'il doit faire lui-même que ce que les autres ont fait avant lui.

Loin de nous cependant l'idée que les lumières de l'érudition et les recherches de l'archéologie soient de trop dans le savoir d'un artiste; les services rendus aux beaux-arts par les antiquaires sont trop évidens pour qu'on en dédaigne la source. Ailleurs nous prescrirons même cette étude comme devant compléter l'instruction du peintre, et à ce sujet on peut ici éveiller l'attention sur l'obligation dans laquelle est un artiste de faire preuve dans le monde d'une certaine instruction que chacun naturellement lui suppose, de faire voir qu'il possède les notions et les lumières inséparables d'une belle éducation, et qu'enfin il va de pair en ce point avec les curieux, les savans, les connaisseurs et les gens du monde qui sont dans le cas d'employer son talent.

Ainsi l'histoire de la peinture doit être considérée comme partie essentielle d'un traité complet de cet art.

CHAPITRE 2.

NAISSANCE DE LA PEINTURE.

Quelques écrivains ont fait d'assez longues recherches sur l'origine de la peinture; mais toutes ces recherches, quoique curieuses, sont peu utiles aux peintres pour lesquels un petit nombre d'aperçus généraux sur cette question doivent suffire.

La naissance des arts remonte à la naissance de la civilisation. On conçoit que l'aptitude de l'homme pour toute espèce d'imitation, ainsi que le plaisir de représenter ce qu'il voit, ce qu'il a vu et surtout ce qui l'intéresse, a dû lui faire entreprendre des essais dans tous les âges et dans tous les pays : et comme nous savons d'ailleurs que les peuples sauvages s'exercent naturellement à des peintures, grossières à la vérité, nous pouvons avancer que l'art de la peinture est aussi ancien que le genre humain.

Ce n'est pas ici qu'il convient d'examiner à fond si les hommes aiment certains arts d'imitation plutôt à cause du plaisir de comparer les copiés au modèle qu'à cause du plaisir que procurent les idées et les objets exposés dans l'imitation; cette question appartient à la définition de la peinture, et nous la traiterons en son lieu.

Cependant, quels sont les peuples qui les premiers ont pratiqué cet art avec une certaine intelligence et un certain succès? c'est ce qu'il nous importe déjà de rechercher, puisque cette étude peut servir à nous faire reconnaître l'ordre naturel des parties de l'art et doit contribuer à déterminer déjà dans notre esprit les principales et les moindres conditions qui constituent la peinture. Ainsi, pour ne point nous taire absolument sur ce qu'on appelle la naissance de cet art, après que tant d'auteurs en ont parlé, nous allons rassembler ici quelques recherches sur son ancienneté, renvoyant d'ailleurs les personnes curieuses de ces sortes de questions aux écrivains qui ont disserté expressément sur ce point.

Voici ce qu'on lit dans l'Encyclopédie méthodique (article de M. Levesque) :

« On ne peut douter, dit-il, que la peinture ne fût » connue au moins dans quelques endroits de la Grèce, » du tems d'Homère, qui vivait 947 ans avant notre ère, » et l'on peut même croire avec beaucoup de vraisem- » blance, qu'elle était déjà parvenue à un commence- » ment de perfection dès le tems du siège de Troie, dont » la chronique place le commencement 1270 ans avant » l'ère vulgaire.

» Quand Homère nous laisserait ignorer qu'il y avait » des figures sculptées à Troie et chez Antinoüs, il nous » suffirait de nous souvenir du fameux Palladium des » Troyens. Le bouclier d'Achille et les ornemens de

» plusieurs armes de son tems prouvent que l'on con-
» naissait les bas-reliefs et les ciselures, genre de sculp-
» ture qui se rapproche de la peinture.

» Hélène travaillait à une tapisserie sur laquelle elle
» représentait les nombreux combats dont elle avait été
» la cause. Voilà donc dès le tems du siège de Troie, ou
» au moins dès le tems d'Homère, de la peinture d'his-
» toire. On a lieu de penser que les couleurs en étaient
» variées ; mais, quand ces tapisseries eussent été en
» camayeu, c'était toujours de la peinture.

» Cette peinture n'était, il est vrai, qu'en couleurs
» sèches. Mais Hélène ne faisait pas de la tapisserie,
» sans que le dessin en fût tracé sur le canevas : voilà
» donc la peinture telle qu'elle fût, au moins dans son
» origine, c'est-à-dire simplement linéaire. Mais, si sa
» tapisserie devait être variée de couleur, elle avait appa-
» remment sous les yeux un dessin colorié qui lui servait
» de modèle, soit qu'elle l'eût fait elle-même, soit qu'il
» lui eût été fourni par quelqu'artiste : ainsi voilà la
» peinture ayant déjà fait quelques progrès, la voilà
» employant différentes couleurs au pinceau, et telle à
» peu près qu'elle est encore aujourd'hui dans l'Orient.

» Dans l'Iliade, lorsqu'Andromaque apprend la mort
» de son époux, elle est occupée à représenter, en tapis-
» serie, des fleurs de diverses couleurs ; il devient donc
» certain que du tems d'Homère, la peinture n'était plus
» réduite au simple trait, ni même au camayeu ; mais
» qu'elle employait des couleurs différentes, et il nous
» est permis de croire que l'ouvrage d'Hélène était un
» tableau d'histoire en tapisserie dont les couleurs étaient
» variées. »

L'histoire grecque nous apprend, selon Pausanias, que le Bacchus trouvé dans le coffre qui échut en partage à Eurypile après la prise de Troie, passait pour avoir été fait par Vulcain, et donné par Jupiter à Dardanus. « Ceux qui le conservent à Patra, dit cet écrivain, l'ont » surnommé Esymnète, ce qui signifie jeune homme » robuste, parce qu'apparemment sa statue le représentait » ainsi. » (Pausanias. liv. 7. ch. 20.) L'expression de ce caractère ne suppose-t-il pas un certain avancement dans l'art?

En Orient, aucun écrit, aucun acte n'était tenu pour légitime ni pour authentique, qu'autant qu'il était revêtu du sceau de la personne qui l'avait dicté; c'est ce qui est dit positivement dans le livre d'Esther, chap. 3. Aussi les auteurs ont-ils décrit l'anneau de Gygès, celui de Darius, etc. Enfin qu'on ouvre Daniël, chap. 6; que l'on consulte Hérodote, liv. 1er, on verra qu'à Babylone, les grands avaient chacun leur cachet particulier.

Les Assyriens et les Caldéens pratiquaient la sculpture, puisque Laban avait des idoles que Rachel, sa fille, lui enleva : ces dieux Pénates ou Séraphins, suivant Samuël, avaient la forme humaine, ou du moins la tête de l'homme. Il paraît donc certain que la sculpture a été connue dans la Mésopotamie au tems où l'on n'en trouve pas encore la moindre trace dans la Grèce. Le veau d'or, le serpent d'airain du peuple juif, en est une nouvelle preuve, et l'immense bassin d'airain que Salomon fit placer dans une cour du temple, où il était soutenu par douze bœufs du même métal, nous prouve la connaissance que les Juifs avaient de la sculpture. On doit remarquer ici combien l'idée de ces douze bœufs soutenant ce bassin, où se lavaient les prêtres, était favorable aux beaux effets de cet art. Les chandeliers à plusieurs branches devaient être également d'un bon goût : la forme de celui qui était à sept branches nous est conservée sur un grand bas-relief de l'arc de Titus, qui, comme on le sait, en fit un de ses trophées lors de sa conquête de Jérusalem.

Au surplus, nous apprenons par les livres saints que Dieu avait fait part de son intelligence à ceux qui devaient embellir le temple de Salomon.

Pour terminer et en revenir particulièrement à la peinture, concluons qu'on a pensé fort juste en supposant que l'attrait des belles couleurs a dû engager les premiers hommes à répéter ces mêmes beautés au moyen de quelques teintures naturelles. Il est donc assez raisonnable de croire que ce moyen matériel servit l'origine de la peinture ; car avec ces couleurs on représenta probablement des vêtemens, et l'on accompagnait nécessairement ces teintes du dessin grossier des figures ; on représenta même avec du rouge clair la couleur de la chair, et l'on traça toutes les circonscriptions qui terminent les formes particulières du corps : cette tentative a dû être faite presqu'aussitôt qu'il a existé des hommes.

C'est cette marche toute naturelle qui a donné naissance à l'histoire de Dibutade, histoire qui est racontée toutes les fois qu'il est question de l'origine de la peinture : il s'agit d'une jeune fille qui, apercevant sur un mur l'ombre de son amant, en retint la circonscription au moyen d'une délinéation. Mais il y a eu sûrement des Dibutades avant celle dont on a répété l'histoire, et si c'est-là l'origine qu'a eue la peinture, on doit dire que cet art est aussi ancien que l'ombre. Il n'est pas improbable que cette fable de Dibutade, ou du berger qui suivit le contour d'une ombre projetée au soleil, signifie allégoriquement que l'origine du dessin, ainsi que sa base première, fut et doit être l'orthographie, c'est-à-dire le géométral, et non le perspectif. Cette question qui est de la plus grande importance a été traitée aux chapitres 235, 236, 263, etc. On y trouvera plusieurs pratiques simples et toutes nouvelles, dont l'influence peut être très-grande sur les résultats des peintres.

On peut consulter sur l'origine de la peinture un Mémoire de P. Ch. Lévêque, inséré dans le tome 1er des Mémoires de l'Institut, pour l'an IV. — Le chap. 37 d'Anacharsis de Barthélemy. — D. Webbs, pag. 24 et suivantes de la traduction française. — Lemonnier. — Millin. Dictionnaire des Beaux-Arts, article peinture. — Pernetty. Dictionnaire de Peinture, Sculpt. et Archit. — Franciscus Junius. De Pictura Veterum, etc., etc.

Passons à quelques conjectures sur la marche qu'a dû suivre primitivement l'art de la peinture chez les anciens.

Quand on cherche à connaître la marche primitive des arts, on est porté naturellement à rapporter cette marche et ces progrès des plus anciens artistes à celle que suivrait aujourd'hui un homme qui, frappé des beautés de la nature, et surtout de celle de la figure humaine, n'ayant d'autre but que celui de la retracer dans ses images, procéderait par les moyens les plus naturels et les plus conformes à ses sensations et à son bon sens, sans être aidé par aucun maître et par aucune théorie.

Comment procéderait cet homme, soit que l'amour du beau lui fût tout naturel, soit que ses idées acquises en eussent vivifié chez lui le sentiment? n'opérerait-il pas comme les plus anciens artistes? Les premiers caractères, les premiers traits remarqués par lui sur la nature, et retracés dans sa représentation, seraient les grandes parties, les grandes masses, les grandes lignes, les grands contours, dont l'imitation, incorrecte sans doute et très-imparfaite, produirait dès l'ébauche quelque chose de grand, et donnerait l'idée d'une belle figure. Il ne verra, à la vérité, dans un beau nez, qu'un nez droit et carré; dans un œil bien enchâssé, qu'un œil grand, enfoncé, et d'un contour symétrique; l'obscurité du sourcil unie à l'ombre de l'enchâssement de l'œil, il la représentera, en sculpture, par une profondeur dont le bord ou la crête sera anguleuse, surtout si la figure doit être vue de loin; les lèvres seront grandement festonnées, et le menton qui termine le visage, sera fortement caractérisé pour qu'il puisse mieux appartenir à l'unité de la tête..... N'est-ce pas là la marche des statuaires dans leurs premiers ouvrages, ou dans ceux qui ont été faits par des artistes qui ne savaient qu'ébaucher? Mais tout ce travail est fait sans dextérité; de grossières erreurs et de grandes négligences le déparent; et, malgré cela, tous ces signes ne tendent qu'à un but qui est l'expression des idées dominantes dont est occupé l'esprit de l'auteur de ces premières tentatives.

Cependant, après ces tems d'essais viennent d'autres artistes plus délicats. Aidés par les commencemens de l'art, ils sont plus attentifs, plus soigneux, plus fidèles imitateurs. Aussi les très-anciens peintres reconnurent que ces ébauches, quoique conformes aux premières intentions de la nature, n'étaient que des indications grossières, sans précision, sans finesse; ils y ajoutèrent donc la variété du mouvement et la vie, à l'aide des connaissances de l'anatomie et par un emploi mieux entendu de la géométrie. C'est ainsi qu'ils parvinrent à une plus grande vérité, tout en conservant l'idée de la beauté. Vint enfin l'époque où les législateurs s'emparèrent des arts, et où la philosophie réduisit en principes certains les observations faites sur les meilleurs ouvrages, sur le but et l'essence de la peinture et des autres arts. Voilà, je pense, la marche primitive qu'il est raisonnable de supposer, et ce que ne peuvent démentir les hypothèses des plus ingénieux érudits.

On a répété néanmoins tout le contraire. On a dit que les très-anciens artistes cherchaient avant tout la plus grande vérité d'imitation, et que ce ne fut que long-tems après qu'on imagina les belles images. Mais le but de celui qui ébauche une idée par le dessin, est de communiquer cette idée : or, pourquoi supposer que ces premiers artistes manquaient d'idées, et qu'ils étaient peu sensibles à la beauté. Nous voyons tous les jours les enfans façonner et dessiner des figures ; s'ils ne manquent pas de les décorer selon leur génie, faisant un homme, grand, armé, paré, chargé de tout ce qui caractérise le rang et le luxe...., pourquoi les anciens qui avaient constamment le nu sous les yeux, soit dans les palestres, soit dans les temples, où ils ne voyaient que les plus belles figures et les plus beaux vêtemens, pourquoi, dis-je, n'eussent-ils pas préféré de représenter ces beautés ? et bien qu'ils ne pussent le faire qu'avec peine et grossièrement, pourquoi ne se fussent-ils pas arrêtés à ce choix des plus beaux objets ?

Je viens de dire que les législateurs s'emparèrent des beaux-arts : cela nous donne la raison pour laquelle les Grecs portèrent la peinture et tous les autres arts à un si haut degré de perfection, tandis que les Egyptiens restèrent stagnans dans le même point auquel ils parvinrent dès le commencement. En effet, les prêtres ou les législateurs de la Grèce rendirent les beaux-arts utiles, en les faisant agir sur l'imagination des peuples, dans un sens favorable à la beauté et à la grâce des images.

Les prêtres égyptiens, au contraire, rendirent utiles à leurs vues les arts, en leur permettant seulement de créer les images mystérieuses et les signes symboliques d'une langue sacrée, les circonscrivant dans cette simplicité grave et imposante d'où la peinture et la sculpture chez eux ne devaient jamais sortir.

Nous pouvons donc conclure de ces observations sur la naissance de la peinture, que cet art est aussi ancien que le monde ; que tous les hommes l'ont considéré comme un moyen de conserver, de fixer et d'avoir plus souvent devant les yeux les beautés de la nature, et que, ce qu'il nous importe le plus de connaître, c'est la marche qu'ont suivie, non les premiers inventeurs, mais les Grecs, à l'époque où ils ont commencé à cultiver cet art selon ses véritables principes.

Mais, pour entreprendre cette étude de l'historique de la théorie pittoresque des Grecs, il est nécessaire qu'on ait des idées générales sur les monumens antiques qui nous sont parvenus ; car un peintre que l'on voudrait instruire aujourd'hui de cette théorie, sans l'y préparer par des connaissances premières relatives à l'antique, comprendrait avec peine les leçons qu'on lui prescrirait, tant étaient différentes les idées des anciens de celles qui règnent dans les écoles d'aujourd'hui, tant sont disparates les productions de la peinture moderne, productions dont le nombre est infini, et qui sont vues si fréquemment par les élèves, que de leur aspect seul peut résulter dans leur esprit un cahos duquel ils ne sauront se débarrasser sans le secours d'une étude particulière très-méthodique et dirigée en tout par la saine raison. Or, cette étude toute simple, toute naturelle, comment l'entreprendre, si l'on ne remonte pas d'abord à la vraie source de l'art et à l'école mère et classique? car, quoiqu'en disent les partisans des académies et des routines, ce n'est pas une peinture nouvelle et hors des règles que les modernes ont à chercher et à perpétuer. L'art est un pour tous les tems, et bien que le choix des sujets soit peut-être subordonné aux mœurs et aux circonstances, les lois de la peinture d'aujourd'hui sont et doivent être les mêmes que les lois de la peinture chez les Grecs, ceux-ci ayant porté cet art à la perfection. On doit même dire que hors de ces règles antiques, tout est extravagance plus ou moins barbare et que le but de l'art est manqué.

Les principes puisés dans l'antiquité sont donc ceux que nous devons suivre les premiers et dans toutes nos écoles; et les peintres, ainsi que les protecteurs de la peinture, n'ont rien de mieux à faire pour perfectionner les beaux-arts, que d'adopter, que de recommander ces principes et de s'y conformer avec confiance et respect.

Ainsi, passons à la définition et à l'examen de ce qu'on appelle l'*antique*.

CHAPITRE 3.

DE L'ANTIQUE.

Ce qu'on appelle l'*antique* comprend toutes les productions de l'art des anciens en sculpture, peinture, gravure, architecture, etc., etc.

L'époque de l'origine de l'antique est indéfinie : quant à sa fin, c'est-à-dire, au tems où il convient de fixer la démarcation qui sépare l'art antique de l'art moderne, on ne l'a pas unanimement déterminée. L'activité nouvelle de la peinture et de la sculpture au tems où les cultivaient nos habiles artistes du seizième siècle, fut telle qu'on crut devoir appeler cette époque *la renaissance de l'art*, et la considérer comme séparant naturellement le caractère antique du caractère moderne. Cependant, comme il est évident que l'art antique ne s'est pas prolongé immédiatement jusqu'au quinzième siècle, on a été forcé de reconnaître et de distinguer un intervalle qu'on a appelé intervalle du moyen âge : mais cette démarcation est encore restée incomplète, parce que les productions du moyen âge vers sa fin prirent un caractère particulier et nouveau qui devenait différent du caractère antique, et qui n'était pas néanmoins celui qui s'introduisit plus tard. Il faut donc distinguer dans l'art du moyen âge sa fin, pour désigner le tems où l'art participe encore évidemment du goût et du style antique, et le tems moins éloigné où il participe beaucoup plus du goût et du style des écoles modernes. Or, c'est ce dernier tems qui est celui de l'*école primitive moderne*.

Enfin, pour mieux s'entendre sur ce point, on doit, je pense, assigner la fin de tout l'art antique à l'époque de Cimabue, vers l'an 1250, et fixer le commencement de la période du moyen âge à l'époque de Constantin, dans le quatrième siècle, tems où se multipliaient déjà les monumens chrétiens. En effet, jusque dans le onzième, le douzième, et même le treizième siècle, on trouve des productions dont le caractère est toujours celui de l'antiquité, malgré la faiblesse et la pauvreté de l'exécution, et malgré l'abandon des études relatives à la correction et à la vie des figures : tandis que vers le quinzième siècle, c'est-à-dire, vers l'époque de la civilisation et de la renaissance des lettres en Italie, on aperçoit déjà dans l'art une marche indépendante des doctrines antiques, un certain goût tantôt monastique, tantôt florentin, tantôt ultra-montain, plus ou moins barbare; enfin un abandon du costume et du caractère antique, et un style dont l'époque aurait été mieux nommée peut-être *la naissance de la dégradation*. Vinrent, en effet, les Guirlandaio, les Verrochio, les Perugino, les Bellini, qui surpassèrent, il est vrai, leurs devanciers en exécution, en imitation et en combinaisons, mais qui faiblirent déjà sur le style, et qui, au lieu de ressaisir celui de la belle antiquité, mirent en vogue une certaine manière sauvage que le mérite de l'exécution ne fit qu'accréditer de plus en plus, et qui, passant ensuite par des mains ignorantes dans des pays du nord, produisit plus tard le style qu'on a appelé *gothique*, bien qu'il n'eût aucun rapport avec les Goths sur le compte desquels il ne convient point de reporter ce mauvais goût d'alors.

Ce que j'avance ici sera peu goûté des personnes qui

trouvent commode de regarder comme parfaite la peinture des Michel-Ange, des Corregio, des Raphaël; mais l'admiration que font naître les ouvrages de ces fameux peintres ne provient certainement pas de l'excellence du style de leurs peintures, et Poussin, qui sur cette question peut faire autorité, pensait ainsi, lorsqu'il disait que Raphaël était un ange si on le comparait aux modernes, mais qu'il n'était qu'un âne si on le comparait aux anciens. Ailleurs je dois examiner cette question.

Tels sont les premiers aperçus qu'il convient, je crois, d'exposer sur la démarcation qui sépare de l'art moderne l'art antique.

D'autres écrivains, au lieu de faire remonter l'antique à une époque indéterminée, en ont fixé le commencement seulement au tems d'Alexandre, parce qu'alors l'art avait acquis effectivement son plus grand perfectionnement et son complément. Mais, quoique cette époque soit la plus mémorable sous le rapport historique de l'art, il n'en faut pas moins rejeter cette démarcation, non-seulement parce que sous Périclès on voit les Phidias, les Alcamènes et les Polygnotes, mais encore parce que l'art des Egyptiens et des Etrusques avait depuis long-tems produit des ouvrages dignes aujourd'hui même de notre admiration. Je dirai plus : en considérant ici l'instruction que peut nous donner l'antique, nous remarquerons que ce sont peut-être les ouvrages du siècle de Périclès qui sont propres à purifier notre art et nos études, plutôt que les chefs-d'œuvres si parfaits du tems d'Alexandre. Mais quand je parlerai des styles de l'antiquité, je ne manquerai pas de m'expliquer sur cette question.

Quelques autres ont fait finir l'existence de l'antique

au tems de Théodose le jeune, en disant que la colonne Théodosienne qu'il fit faire à Constantinople et qui était chargée des victoires du grand Théodose, son aïeul, est le dernier ouvrage qui porte le sceau de l'antiquité; mais cette assertion est sans fondement, car depuis on a fait beaucoup d'ouvrages dans le même style et du même goût. De Piles fait aussi cesser l'art antique au tems de l'empereur Phocas. Winckelmann a relevé cette méprise. Dans l'Encyclopédie au mot *gothique*, on assigne la fin de l'art antique à une époque beaucoup trop reculée, et sans y distinguer la période du moyen âge.

Tâchons donc de nous en tenir à la division la plus naturelle.

Après cette espèce d'exposé chronologique, passons aux autres questions relatives à l'examen de l'antique. Mais avant tout, disons que les monumens antiques qui nous sont parvenus sont de plusieurs espèces, et que l'on possède des statues et des bas-reliefs en différentes matières, telles que le marbre, le bronze, la terre cuite, etc. ; que l'on possède des camées, des pierres gravées; qu'on a retrouvé des ornemens, des meubles, des ustensiles, des animaux de tout genre. On a encore des peintures, des monochromes, de simples contours ciselés sur diverses matières, des mosaïques, etc., etc. ; des vases, des chapiteaux, etc., etc. Maintenant, voyons comment ces restes de l'antiquité sont parvenus jusqu'à nous.

CHAPITRE 4.

DE QUELLE MANIÈRE ET EN QUEL ÉTAT LES MONUMENS ANTIQUES NOUS SONT PARVENUS.

Les monumens antiques, qui, après avoir résisté à l'effort des siècles, sont restés debout au milieu des ruines de tant d'empires anéantis, brillent encore aujourd'hui d'un vif éclat; la sculpture et quelquefois même la peinture en font l'ornement. Dans l'Inde, dans l'Egypte, en Grèce, en Italie, en deçà des Alpes même, on trouve de majestueux débris dont la contemplation élève puissamment les esprits. L'art antique était un colosse admirable, dont les fragmens épars ne cessent de produire l'étonnement et la vénération. Tous les jours les artistes philosophes cherchent à monter leur imagination à l'unisson de ce diapason consacré, et à s'identifier avec les types illustres qui attestent la gloire des plus célèbres nations.

Les temples de l'Egypte sont encore tout émaillés des vives couleurs de la peinture; leurs sculptures presqu'impérissables offrent aujourd'hui la même richesse qu'aux tems si reculés où ces immenses édifices furent admirés pour la première fois. Dans l'Indostan, dans la Perse, des monumens imposans arrêtent le voyageur, le surprennent par leur conservation. Mais c'est sur le sol de l'antique Grèce que l'architecture et la sculpture étalent toute leur jeunesse et leur beauté. Aussi les moindres débris de l'art attique sont-ils recueillis comme de véritables trésors, et de même que le plus petit astre du firmament ne parvient à notre vue qu'en l'affectant d'un vif éclat, de même les moindres vestiges de l'art grec ne s'offrent jamais à nos regards sans exciter en nous le plus vif des plaisirs; en sorte que cet art grec peut se comparer encore à un parfum divisible à l'infini, dont l'odeur délicieuse se propage dans les moindres parties, malgré leur extrême ténuité.

Mais, demandera-t-on, que sont devenus les fameux ouvrages des Praxitèle, des Lysippe, des Phidias, etc.? que sont devenues les célèbres peintures des Apelle et des Euphranor? Est-ce que ces statues fameuses restent encore enfouies dans le sein de la terre, et doit-on espérer de jouir plus tard de quelques-uns de ces chefs-d'œuvre? Ces questions nécessiteraient des réponses étendues qui sont du ressort de l'archéologie; je ne suis tenu ici qu'à donner en peu de mots aux artistes quelques idées suffisamment nettes sur ce point.

Des chefs-d'œuvre inimitables embellissaient la Grèce de toutes parts, quand la puissance romaine vint lui dicter des lois, l'asservir et la dépouiller sans pitié. Les merveilles de la peinture et de la sculpture devinrent des trophées dont Rome guerrière, mais barbare, voulut décorer ses triomphes. Athènes, Corinthe, Sycione et toutes les autres villes fameuses par leurs tableaux et leurs statues, se virent enlever ces objets de leur affection, ces monumens de leur gloire. Le luxe de Rome conquérante ne pouvait, il est vrai, épuiser tant de trésors; mais ce qui après trois siècles d'enlèvement put échapper à la cupidité des spoliateurs et au faste insatiable de cette nouvelle maîtresse du monde, périt à la fin par les guerres et par tous les désastres des cités. Cependant la terre recueillit plusieurs restes précieux, et quelques monumens restés debout firent admirer pendant long-tems l'art de la Grèce; mais les artistes s'exilèrent à la fin, et portèrent à Rome des talens inutiles à leur patrie. Rome devint donc une autre Athènes, c'était donc à Rome qu'il fallait aller pour étudier les Phidias et les Polyclète; c'était à Rome qu'Apelle et Zeuxis recevaient un nouvel encens, et dans cette ville enfin que le ciseau des statuaires et le pinceau des peintres trouvaient surtout à s'exercer. Les Grecs captifs, pour ainsi dire, à Rome, y fondèrent une école, et y apportèrent leur philosophie, leur science profonde, leurs documens précieux; mais les artistes n'y recevaient plus ces couronnes immortelles d'Olympie, ce n'était plus l'air natal de l'attique, ce n'était plus la gloire nationale qui inspirait leur génie. Ils y produisirent toutefois quelques nouveaux chefs-d'œuvre, et tous les ouvrages sortis alors de leurs mains ne furent jamais indignes de leur antique célébrité. Néanmoins les Romains, qui goûtaient de plus en plus les doux fruits de tous les arts, ne surent jamais honorer les hommes habiles qui les exerçaient, et, si la religion n'eût pas opposé un frein au goût fastueux et nouveau de ces conquérans, si leurs idées de noblesse et de somptuosité ne les eussent pas ramenés, malgré eux, aux modèles simples et majestueux des Grecs, les arts chez les Romains fussent tombés dans une complète dégradation. Toutefois, malgré cette influence des modèles grecs, malgré les lumières empruntées à l'attique, la peinture et la sculpture souffrirent dans ce sol étranger et trop grossièrement cultivé, et ces monumens innombrables prodigués dans tout l'empire romain par les Césars qui rivalisèrent successivement de magnificence, tout en offrant de grandes beautés, firent toujours regretter, même sous le règne de Trajan et d'Adrien, le siècle à jamais fameux de Périclès et d'Alexandre.

Voyons maintenant ce que devinrent ces milliers de statues et de tableaux que les flots ne cessaient de transporter de la Grèce vers l'Italie.

L'an 300 environ de l'ère chrétienne, les Romains virent leur empereur Constantin changer le siége de son empire et le transporter à Bysance, ville à laquelle il donna son nom. Constantinopolis, séjour du prince et de la cour, devint une nouvelle Rome, décorée aux dépens de l'ancienne. Ces mêmes chefs-d'œuvre, ravis jadis aux contrées d'outre-mer, furent embarqués de nouveau. Non-seulement cette capitale causa la spoliation de Rome, mais ce qui avait échappé dans la Grèce à l'insatiable avidité de ses maîtres, fut recherché avec plus d'ardeur encore et enlevé pour embellir la nouvelle résidence de Constantin. On y admira donc les tableaux et les statues des grands artistes de la Grèce, en sorte que cette ville devint le dernier dépôt des beaux-arts, dont malheureusement elle devint aussi le tombeau.

Constantin et plusieurs de ses successeurs, loin de négliger les arts, surent les apprécier et les employer tous avec magnificence. Mais un fléau destructeur porta, en différens tems, des coups terribles à toutes les productions de la sculpture et de la peinture. Le zèle des premiers chrétiens proscrivait les idoles, et comme ils ne savaient point concilier le respect dû aux beaux-arts, avec l'aversion qu'ils ne devaient manifester que pour le paganisme, il arriva que la destruction des faux dieux et des idoles devint l'objet d'une sainte émulation. A différentes époques, des princes iconoclastes (ou briseurs d'images) en les prohibant excitèrent partout ce mépris dévastateur qui nous a privés des plus précieux modèles. Enfin arriva la catastrophe finale qui devait anéantir toutes ces merveilles antiques encore en grand nombre : Mahomet s'empara de Constantinople, l'an 1453 de J. C., et en un instant il ne resta aucun vestige de tant de belles choses. La destruction fut telle, qu'aujourd'hui même l'ancien sol de cette ville n'offre presque rien aux curieux avides de ces sortes de découvertes. Ainsi périrent des milliers de statues toutes surprenantes par leur vie et leur beauté ; ainsi furent brisées, ou devinrent la proie des flammes, tant de peintures exquises et toutes divines ! Plus de Vénus de la main de Praxitèle, plus de Jupiter Olympien, plus d'Hélène, plus de Vénus animées par les immortels pinceaux d'Apelle et de Zeuxis, plus de chefs-d'œuvre de Protogène et de Polyclète..... Heureux Raphaël ! que d'anciens miracles de l'art eussent diminué ta gloire, si on les eût comparés à tes œuvres ! Mais non; en les voyant, en les méditant, tu les aurais égalés, tes peintures nous en auraient dévoilé les secrets, et tu eusses empêché bien des erreurs.

Cependant Rome conservait un nombre immense d'ouvrages du second ordre ; on n'en avait enlevé que les objets les plus précieux, et l'on ne pensa jamais à reporter à Constantinople tout ce qu'on avait tiré de la Grèce. Mais ce reste encore si nombreux d'ouvrages exécutés par les maîtres grecs ou romains qui se succédèrent pendant une si longue période de conquêtes et de prospérités, tous ces trésors, dis-je, essuyèrent eux-mêmes toutes espèces de ravages. D'abord les peintures et les sculptures éprouvèrent, comme dans l'Orient, la fureur des Iconoclastes, fureur qui se renouvela fréquemment. Ensuite Rome elle-même fut saccagée, brûlée, ruinée plusieurs fois aux époques où les Barbares du nord inondèrent l'Italie, ne laissant après eux que des ruines.

Telle est l'histoire abrégée des monumens classiques de l'antiquité : tel fut le sort de toutes ces merveilles, fruit de l'étude des plus grands génies du monde. Mais nous voici amenés à des idées plus agréables : entretenons-nous des monumens heureusement échappés à cette destruction, et parvenus jusqu'à nous.

Cette même Rome, malgré la fureur des guerres, malgré les flammes dévorantes des incendies, malgré les ébranlemens causés par les volcans, nous a conservé des restes pleins de grandeur et de charmes. Un nombre infini de bas-reliefs, représentant des figures nobles et animées, décorent les arcs triomphaux, ornent encore les frises des temples et les tombeaux, serpentent comme le lierre antique autour des colonnes honorifiques. Les grottes, les bains étalent encore la riche parure de la sculpture et même de la peinture. Des colosses inaltérables par leur masse, après être restés plusieurs siècles gissans sur la terre, ont été relevés avec honneur par les modernes ; d'autres statues, couvertes à peine sous les ruines, furent bientôt rendues à la lumière et embellirent les palais et les portiques de la Rome nouvelle. Le plus grand nombre de ces statues, de ces tombeaux, de tous ces ouvrages d'art a donc langui au sein de la terre, au centre des décombres amoncelés. L'ancien sol se trouve aujourd'hui exhaussé par les débris des édifices abattus et par les couches terreuses de tant de végétations successives ;

enfin un sol nouveau a recouvert toutes ces richesses, qui ne paraissent au grand jour qu'après avoir été extraites souvent avec peine des entrailles de la terre; de même les riches diamans du Pérou sortant d'obscurs souterrains, vont briller sur de nobles diadêmes. Toutes ces statues élégantes et gracieuses qui s'élèvent aujourd'hui sur des socles précieux, dans nos galeries, dans nos musées, ont donc été flétries souvent pendant des siècles par les matières qui les enveloppaient. Altérées par les chocs les plus destructeurs, mutilées par la fureur stupide des vainqueurs toujours avides de ravages, souillées souvent par des filtrations immondes, ces figures admirables furent, au sortir de leurs tombeaux, confiées à de nouveaux statuaires chargés de les purifier, de les réparer et de les rendre dignes de leur moderne destination. Mais combien de fois l'ignorance et la témérité, le mauvais goût et la mal-adresse n'ont-ils pas défiguré et même complètement dégradé ces ouvrages précieux?

Rome est donc la terre classique qui produira long-tems le plus grand nombre de fragmens antiques. Pline dit que de son tems il y avait dans cette ville plus de statues que d'habitans, et je ne doute nullement de la vérité de cette assertion. D'autres preuves ne manquent pas d'ailleurs pour nous y faire croire. « Mummius, dit le même auteur, par sa conquête de l'Achaïe en couvrit la ville de » Rome, et quoique nous paraissions en avoir épuisé l'uni» vers, nous savons par le témoignage de Mucianus, qui a » été trois fois consul, qu'on en compte encore trois mille » dans Rhôdes, autant à Athènes, à Olympie et à Delphes. » Enfin, sans parler du pillage de Corinthe qui fit disparaître aussi les chefs-d'œuvre de Sycione, d'Ambracie, etc., ne sait-on pas que Scylla enleva d'Athènes les statues qu'elle renfermait, que Verrès dépouilla la Sicile, que César orna ses divers triomphes des tableaux et des statues de la Grèce? Caligula, qui ne put emporter le Jupiter olympien, fit enlever un très-grand nombre de statues, et Néron s'est fait remarquer comme un insatiable spoliateur de la Grèce. Sa maison dorée était encombrée d'ouvrages d'art ravis à tous les pays : enfin il emmena du temple d'Apollon de Delphes cinq cents statues de bronze, tant d'hommes illustres que de dieux. Paus. liv. 10. c. 7.

On sait aussi que ce qui porta les Romains à s'emparer de Volsinium, ville des Volsques, fut principalement le desir de s'approprier deux mille statues qu'elle possédait. Il suffit au surplus de lire le voyage de Pausanias pour se faire une idée du nombre indicible de statues qui décoraient la Grèce [1].

Mais outre ce nombre surprenant de statues provenant des enlèvemens, Rome en érigeait tous les jours. Marcus Scaurus, si l'on en croit Pline, liv. 35. c. 7, produisit sur la scène trois mille statues, et cela pour l'ornement d'un théâtre momentané. C'est le même Scaurus qui orna l'atrium de sa maison de trois cent soixante colonnes de beau marbre noir, appelé marbre de Lucullus, lesquelles avaient trente-huit pieds de hauteur. Agrippa construisit en un an plusieurs grands aqueducs ornés de trois cents statues de bronze et de marbre et de quatre cents colonnes. En cela les Romains semblent par leur

[1] Quelques écrivains modernes ont publié des recherches sur le dépouillement d'objets d'arts fait en Grèce par les Romains. MM. Vœlkel et Sickler ont traité spécialement ce sujet.

magnificence l'avoir emporté sur les Grecs; et cependant ces Athéniens, dans le plus beau tems de l'art, élevèrent à Démétrius de Phalère trois cent soixante statues qu'ils renversèrent peu après.

Ce goût des anciens pour les statues est inimaginable; chez certains particuliers il devenait une véritable passion, aussi est-ce ainsi que l'appelle Cicéron lorsqu'il dépeint avec tant d'éloquence les larcins de Verrès. Le commencement de sa fameuse oraison peut encore éclairer sur ce sujet.

« Je viens maintenant, dit-il, à ce que Verrès appelle
» lui-même sa grande passion, que ses amis appellent
» sa maladie et sa folie, et les Siciliens ses rapines. Pour
» moi, je ne sais quel nom lui donner. Je vous exposerai
» le fait, et vous le peserez, non pas au poids de sa déno-
» mination, mais de ce qu'il est en soi. Commencez,
» messieurs, par en connaître la nature, ensuite vous ne
» chercherez pas long-tems quel nom vous croirez lui de-
» voir donner. Je soutiens donc que dans toute la Sicile,
» cette ancienne province enrichie par tant de villes et de
» familles opulentes, il n'y a point eu de vases d'argent,
» soit de Corinthe ou de Délos, point de pierres pré-
» cieuses ou de perles, point d'ouvrages d'or ou d'ivoire;
» point de statues en airain ou en marbre, point de pein-
» tures ou en tableaux ou en tapisserie, rien, en un mot,
» qu'il n'ait soigneusement cherché, qu'il n'ait observé
» et qu'il n'ait enlevé pour peu que l'objet lui plût.

» Il paraît que j'en dis beaucoup; et remarquez comme
» je le dis. Je ne rassemble pas tant de choses pour exa-
» gérer le discours et l'accusation. Quand j'avance que
» Verrès n'a rien laissé de tout cela dans la province, je

» parle simplement et non en style d'accusateur. Expri-
» mons-nous encore autrement : ni dans aucune maison,
» ni dans aucune ville, ni dans les places, ni dans les
» temples, ni chez le Sicilien, ni chez le Romain, ni aux
» particuliers, ni au public, ni de sacré, ni de profane;
» enfin Verrès n'a rien laissé dans toute la Sicile qui pût
» exciter de curieux desirs. »

Et qu'on ne croie pas que ces monumens aient dû périr à Rome par l'effet de la négligence; Pausanias nous avertit du soin qu'on en avait, même de son tems. « A » Chorée, dit-il, on fait aujourd'hui un onguent avec » des roses, et on s'en sert pour garantir des vers ou de » la pourriture le bois des statues. » Quant aux marbres, ils étaient préservés par une espèce d'encaustique *circumlinitio*. (Voy. le ch. 601.) On plaçait même quelquefois sur la tête des statues un disque en bronze qu'on appelait *ménisque*. On remarque sur quelques statues le trou qui servait à fixer la branche de fer qui le supportait, et l'on croit que l'auréole ou nimbe qu'on voit au-dessus de la tête des Saints dans les anciennes peintures provient de cet usage du ménisque.

« A Olympie, dit encore Pausanias, pour garantir
» de l'humidité l'ivoire de la statue de Jupiter, on arrosait
» d'huile le parvis du temple; et à Épidaure, dit-il ail-
» leurs, pour garantir l'ivoire de la statue d'Esculape de la
» sécheresse, on fabriqua un puits sous le trône sur le-
» quel était assise la divinité. »

Ainsi donc, rien n'est plus commun aujourd'hui, lorsqu'on fouille la terre à Rome ou dans les environs, soit pour la cultiver, soit pour construire, que de découvrir des marbres plus ou moins mutilés. Ici c'est la tête d'un

Dieu; là c'est la jambe d'une statue héroïque; tantôt c'est une portion de vêtement admirablement sculpté et travaillé dans la matière la plus dure, telle que le porphire, le granit ou le basalte; tantôt c'est un animal plein d'action et de vérité, un ornement simple et d'un goût excellent, etc. On voit les habitans des campagnes portant à la ville les pièces que le hasard leur a fait découvrir. Des curieux, des princes, de riches amateurs en décorent leurs cabinets et leurs musées; les statuaires en fournissent leurs ateliers de restauration; des spéculateurs enfin en tiennent des dépôts et des magasins.

Quel aliment pour le véritable artiste! Quels trésors lui sont offerts dans ces belles galeries de Rome, dans ces salles magnifiques qui ornent les palais et les *villa* délicieuses! Combien de statues sous ces voûtes de laurier, sous ces bosquets de chêne toujours vert qui parent toute l'année la terre de leur feuillage! et ces urnes décorées de sculptures, et ces vases, et ces frises, et ces fragmens dispersés dans les jardins, dans les cours des palais, chez les artistes!... O pays de délices! ô ville classique et abondante! que de plaisirs exquis tu réserves à l'artiste philosophe qui vient cultiver les arts dans ton sein! Oui, vous m'êtes toujours présens à la pensée, fragmens précieux qui faites la parure des beaux casins de Rome. Monumens pleins de jeunesse et de charmes, vous semblez encore plus enchanteurs sous le beau ciel qui vous éclaire; car on ne vous goûte plus autant, on ne vous reconnaît plus sous les rudes climats du nord, où vous semblez en exil. Retraites silencieuses, ateliers sacrés où des antiques de tout genre, où des statues vivantes et gracieuses attendent le luxe des piédestaux et l'admiration des cités;

asiles de la paix et de la méditation, que de joie éprouve l'artiste, que de projets il forme dans votre sein! On croit les avoir découverts seul, ces beaux restes des anciens; on croit en sentir, en apprécier seul les beautés, la valeur. Quel est, se dit-on, l'heureux statuaire qui a su faire passer sur ce simple débris tant de savoir, tant d'ame, tant de délicatesse? Que de poésie, que de vie et de grâce dans le reste de ce beau corps mutilé, sur cette tête divine et touchante, sur cette main, sur cette poitrine pleine d'existence et de beauté, sur ce groupe enfin si heureux, si animé! Modèles admirables que nous ne saurons jamais surpasser, les charmes simples des sujets que vous exprimez, la disposition naïve et savante des objets que vous représentez, cet aspect calme et bienfaisant qui remplit l'ame entière d'une jouissance si pure et si durable, ne sortiront jamais de mon esprit. Tel se conserve le souvenir des fleurs embaumées découvertes sous la verdure, ainsi se prolongent toute la vie ces émotions délicieuses qui ont une fois enchanté nos cœurs.

CHAPITRE 5.

DU MÉRITE RESPECTIF DES MONUMENS ANTIQUES.

Il s'éleva à la fin du 18e siècle une contestation qui réveilla beaucoup d'idées. Il s'agissait de déterminer la véritable antiquité de l'Apollon du Belvédère. Ce fut Mengs qui publia, je crois, le premier, ses conjectures à ce sujet. Il disait que cette statue tant vantée et tant admirée parmi nous, n'était point un ouvrage grec, et qu'elle ne pouvait avoir été exécutée avant Trajan, puisqu'elle était en marbre de Carrare, carrière près de Gênes, qui n'avait pas été exploitée avant le tems de cet empereur, et il ajoutait plusieurs autres preuves de son assertion.

Ce fut dans ce même tems que parut l'histoire de l'art de Winckelmann, histoire qui échauffa encore les esprits sur ces questions, en sorte que mille conjectures nouvelles se sont succédées depuis ces critiques, au sujet du style et de l'antiquité de plusieurs monumens célèbres. Ces questions sont d'un grand intérêt; nous nous en occuperons bientôt, lorsque nous parlerons des styles de l'art antique et de leurs époques : ici quelques idées générales doivent suffire.

Il est à croire que le plus grand nombre des ouvrages antiques, restés jadis à Rome après les spoliations, étaient des ouvrages romains, ou, si l'on veut, des ouvrages grecs faits à Rome, par des maîtres peu célèbres; car le mérite supérieur des anciens Grecs, ayant été toujours reconnu à Rome malgré la vanité nationale, il est douteux que l'on fit exporter pour Constantinople des ouvrages romains d'un ordre inférieur, lorsqu'on voulut décorer cette ville. On y transporta peut-être quelques ouvrages médiocres relatifs à la politique et au culte religieux; il est probable aussi qu'on n'osa enlever de certains temples de Rome les statues qu'affectionnait et que vénérait particulièrement le peuple. C'est ainsi que L. Mummius, qui enleva de Thespie tout ce qu'il y avait de curieux dans le temple de la Félicité, ne toucha point au Cupidon de Praxitèle, parce que cette statue était consacrée. Mais rien ne nous prouve qu'on ait apporté souvent de pareils ménagemens; et si les collections de quelques particuliers échappèrent à ces enlèvemens, on peut conjecturer qu'en général ce qu'on laissa à Rome fut peu regretté.

De plus, il est à supposer que ceux qui présidaient à ces enlèvemens, pouvant recueillir dans toute la Grèce des objets précieux, plus facilement et plus promptement transportables dans la nouvelle capitale de l'Orient, ont dû être plus difficiles sur le choix qu'on avait à faire à Rome. Au reste, Constant, empereur d'Orient, qui, près de trois cent cinquante ans après Constantin, vint spolier Rome, semble avoir été réduit à n'emporter que du bronze; il enleva sans pitié celui du Panthéon.

Il est donc vraisemblable que les antiques retrouvées dans les fouilles de Rome sont en général des ouvrages d'un ordre inférieur; mais il ne me paraît pas raisonnable d'affirmer qu'aucun ouvrage vraiment classique n'y a été et n'y sera jamais découvert. En effet, ne peut-il pas être arrivé que le hasard en ait soustrait quelques-uns à tous ces enlèvemens et à tous ces ravages? Pourquoi ne pas imaginer encore que le volume colossal de quelques statues ait pu les en préserver? Les colosses de Monte-Cavallo, d'autres fragmens de colosses que l'on voit à Rome, la Flore ou Therpsicore, l'Hercule, le groupe du taureau Farnèse, les groupes de Ménélas, de Niobé mère, la Pallas Velletri, et tant d'autres n'ont peut-être dû leur conservation à Rome qu'à leur très-grande dimension. Je sais qu'il peut se faire que, parmi les figures colossales, quelques-unes n'ayant pas été jugées dignes de préférence, on les ait délaissées. Mais enfin, quand on ne citerait que les colosses de Monte-Cavallo, on rendrait la première conjecture plausible; car ces morceaux grecs étaient dignes certainement d'embellir à Bysance le nouveau palais de Constantin, puisque cet empereur les avait fait venir exprès de la Grèce à Rome pour orner les thermes magnifiques qu'il y avait fait construire. D'ailleurs, les commissaires chargés de ces enlèvemens ne se sont-ils jamais déterminés par des raisons étrangères à l'art et n'ont-ils pu se tromper quelquefois dans leurs choix?

Deux autres considérations laissent à penser que certains ouvrages excellens ont dû être préservés à Rome : la première, c'est que les fouilles faites à Herculanum, qui ne fut jamais spoliée, ne nous ont point encore fourni d'antiques supérieures à celles que l'on trouve ordinairement dans la capitale; la seconde, c'est la similitude qu'on a remarquée entre certains ouvrages enlevés au Parthénon d'Athènes, ouvrages sans contredit faits ou par Phidias, ou sous son inspection, et certains morceaux grecs qu'on rencontre dans les musées de l'Europe et qui proviennent de fouilles faites en Italie. Cette similitude nous prouve, en passant, que ces morceaux, quoique moins vantés que l'Apollon, la Vénus Médicis, etc., ne sont pas d'un ordre si inférieur qu'on pourrait le conjecturer.

Sans doute que les plus belles figures du fronton du Parthénon, exécutées probablement par Alcamène ou par les autres élèves de Phidias, sous la direction de cet illustre statuaire, ont un accent, une expression, une vie et une noble simplicité qui surpasse ce que nous avons de plus beau en antiques; car le Laocoon et le torse du Belvédère, bien qu'appartenant à une période où l'art de la sculpture était arrivé, et cela depuis long-tems, à son complément et à sa perfection, sont d'un style bien moins énergique, offrent moins de laconisme et d'art, moins de vraie grandeur et de naïveté. Mais on trouve dans les musées quelques figures de ce haut style, et sans parler du Discobole et des Niobés, le groupe de Ménélas et Patrocle peut certainement nous donner une idée des belles sculptures de la grande école grecque. Ce groupe a bien sûrement été admiré dans l'antiquité.

Ici il convient de faire remarquer que c'est le peu de fixité des idées des modernes sur la perfection de l'art qui leur a laissé placer au premier rang certaines statues, telles que l'Apollon du Belvédère, le Laocoon, l'Antinoüs, la Vénus Médicis, puisqu'il existe des antiques qui eussent été aux yeux des connaisseurs grecs bien préférables. Au reste, comment le public acquerrait-il une idée juste du mérite respectif des plus belles antiques, lorsque le but qu'on se propose, en formant des collections dans les musées et les galeries où tout est mélangé, est de décorer, d'étaler, de symétriser, et nullement de classer, de confronter et de faire voir, connaître et étudier aux modernes l'art des anciens? A Paris même, les élèves et les savans sont privés aujourd'hui de l'avantage d'une collection classique d'empreintes, avantage qu'affectent de nier certaines gens si intéressés à dénigrer l'antique.

Si donc il ne nous est pas réservé de posséder jamais des ouvrages avérés de la main de Polyclète, de Lysippe, de Praxitèle, de Scopas ou de Myron, nous avons néanmoins des ouvrages dans ces styles, et même de très-bonnes copies antiques de ces mêmes originaux. Qu'il est fâcheux que le bronze, qui fut si souvent animé par les Lysippe et les Phidias, soit un métal propre à tenter la cupidité ! sans cela peut-être quelques statues fameuses eussent passé tout entières jusqu'à nous; et peut-être posséderions-nous, ou quelque Vénus de Scopas, ou au moins quelques animaux de la main de Myron. Mais trouvons nous heureux d'avoir à étudier tant de belles leçons, et surtout les sculptures vraiment classiques que vient de nous procurer la dépouille du Parthénon. Ne désespérons donc pas d'obtenir quelque autre découverte qui nous fasse encore tressaillir.

Ici je ne puis me défendre de manifester un vœu : c'est qu'on découvre un jour quelqu'admirable peinture qui réhabilite dans notre esprit les Protogène, les Thimante, etc., comme les Praxitèle et les Phidias sont tous les jours réhabilités par les précieuses copies qui nous aident à connaître le grand savoir de ces statuaires.

Disons un mot des bas-reliefs, des camées, des pierres gravées et des médailles; des portraits, des ornemens, des vases, etc.; des peintures et des restaurations d'antiques.

CHAPITRE 6.

DES BAS-RELIEFS.

Les bas-reliefs ont été très-multipliés chez tous les peuples de l'antiquité qui ont cultivé la sculpture. Les Egyptiens en surchargeaient souvent leurs monumens, parce qu'ils les employaient comme un langage propre à éterniser de grands faits historiques, des maximes religieuses et politiques, et même certains axiômes physiques et astronomiques, ainsi qu'on est parvenu à s'en convaincre par l'étude assez difficile des hiéroglyphes. Les Indiens, les Persans, les Etrusques et beaucoup d'autres peuples employèrent aussi les signes de la sculpture en bas-relief comme des signes sacrés et comme un langage mystérieux; aussi leurs temples se trouvaient-ils décorés de toutes sortes de symboles exprimés par des sculptures de toute espèce. La prévoyance des Egyptiens pour la conservation de ces signes est fort remarquable; car, lors même qu'ils faisaient servir à leurs bas-reliefs les matières les plus dures, telles que le granit et le basalte, ils ne formaient le relief que dans des incrustations, en sorte qu'aucune partie de la sculpture n'était réellement saillante en dehors, mais saillante seulement dans la profondeur de cette incrustation.

Quant aux Grecs, il paraît qu'ils employèrent plus particulièrement les bas-reliefs pour les faits mythologiques et héroïques; car le plus grand nombre des figures qu'ils représentent offrent, ainsi que les peintures sur vases, des personnages de leur histoire ou de leur religion.

Si l'on compare le mérite des bas-reliefs grecs avec celui des bas-reliefs romains et des autres peuples, on est forcé de reconnaître la supériorité des Grecs en cette partie. Outre la beauté et la grande simplicité du style, ils conservèrent constamment dans leur dessin cette vie, cette science, cette naïveté énergique dans les plans et dans les mouvemens; qualités sans lesquelles la sculpture comme la peinture ne produiraient que de vains ornemens. Les bas-reliefs grecs sont fort rares en Europe.

Les Romains représentaient de même des faits mythologiques, héroïques et historiques sur des bas-réliefs, et comme ils ajoutèrent volontiers leur propre histoire à celle de l'antiquité, ils multiplièrent beaucoup ce genre de sculpture. Mais la principale cause du nombre presqu'incroyable de bas-reliefs dont ils avaient décoré pour ainsi dire tous les lieux de leur empire, c'est l'usage des tombeaux. Aussi rien n'est plus commun à Rome que les sarcophages ornés de bas-reliefs; les antiquaires ont prétendu qu'il s'en fabriquait jusques en Grèce, pour être exportés à Rome et dans l'Italie comme objets de commerce, tant l'emploi en était devenu général. Néanmoins, on en trouve rarement qui puissent être assimilés aux bons ouvrages grecs pour l'excellence du style et du dessin, les artistes qui résidaient en ces tems postérieurs dans les villes grecques, étant fort dégénérés. Il faut bien se garder cependant de conclure de cette observation que les bas-reliefs romains qui ornent les sarcophages soient de peu de mérite, ou qu'ils soient indignes de notre admiration et de nos études : ce sont au contraire des modèles précieux bien dignes d'être consultés. Il ne faut pas non plus s'imaginer qu'ils eussent été plus souvent interrogés par les modernes, si l'art y eût été plus parfait; mais on doit dire que les modernes ne les ont pas plus souvent étudiés, parce que, dans les emprunts qu'ils y voulurent faire, ils se trouvèrent comme dépaysés par la trop grande différence de leur style avec le style des écoles et des académies, et qu'ils les considérèrent comme des études toutes particulières et à la portée seulement de quelques génies privilégiés. Raphaël et Poussin, qui en firent le plus libre et le plus bel usage, confirmèrent dans cette idée. Cependant, l'heureuse révolution qui s'est opérée dans les arts a détruit un préjugé aussi funeste, et les meilleurs artistes de l'Europe révèlent aujourd'hui le mérite de ces beaux modèles, en cherchant à s'en rapprocher. Il n'est donc pas hors de propos de recommander ici ces mêmes ouvrages romains aux personnes dont la prédilection pour les Grecs a rendu le goût difficile ou trop exclusif; car, malgré la finesse et la supériorité des bas-reliefs grecs, on rencontre tous les jours des fragmens romains dans lesquels l'art est merveilleux. Et pour désigner ici en passant ce qui caractérise cette excellence des bas-reliefs romains, je dirai que c'est la clarté et la force dans la composition, la bonne disposition, l'énergie des expressions et des pantomimes, le beau style des vêtemens, la résolution du dessin, des mouvemens et des plans, et la grande et belle facilité de l'exécution.

Il n'entre pas dans mon plan de traiter des conditions relatives à l'art du bas-relief; je crois devoir néanmoins faire connaître une des doctrines antiques qu'il importe de remarquer, si l'on veut bien comprendre l'esprit de ces monumens.

Un principe donc qui était général et bien établi chez tous les anciens artistes, c'est que l'illusion n'est point le but de l'art des bas-reliefs. En conséquence, ils ne cherchaient point les prodiges de la perspective, ou pour mieux dire de la scénographie, ni cette dégradation étrangère à l'art de la sculpture; dégradation dont les modernes du dernier siècle ont fait une parade si ridicule. Partant de ce principe, on doit considérer leurs bas-reliefs plutôt comme des indications produisant des idées savantes, que comme des imitations tendant à tromper la vue : en sorte que nous ne devons point être surpris de trouver dans ces ouvrages certaines saillies conventionnelles, certains plans exigés par l'art de la sculpture et par la nature de la matière, plans et saillies qui choquent quelquefois le dessinateur prévenu par les idées qu'il s'est faites sur l'illusion et sur l'imitation. C'est donc à tort qu'on a répété qu'il était absurde de représenter, comme l'ont fait les anciens, des maisons et des temples aussi petits que les personnages ; des bateaux, des ponts, des rivières, des arbres, d'une dimension disproportionnée et souvent étrange.

Toutes ces critiques s'évanouissent devant le principe que je viens de signaler ; mais convenons d'une chose, c'est que, si le marbre n'était pas soumis chez les anciens à des lois qui ne sont propres qu'aux coloris, ils en tirèrent tout le parti possible quant à l'art des formes, quant au style, au langage et à la manière grande et sûre d'indiquer les caractères.

Cette manière laconique qu'il importe de rappeler, nous explique aussi la différence qui distingue le fini des modernes du fini des anciens. Si l'illusion n'est pas le but de l'art du bas-relief, il s'ensuit que les signes indicatifs peuvent être réduits à leur plus simple expression ; or c'est cet ordre et cette harmonie dans l'art d'indiquer que les anciens ont possédés au suprême degré : ils se seraient bien gardés de terminer des accessoires avec plus de soin que les choses principales ; c'est ce qui fait que l'on rencontre souvent des parties qui semblent n'être qu'ébauchées. Cependant, quelque peu fini qu'ait été le signe, il exprime toujours le caractère principal de l'objet indiqué. On ne peut pas en dire autant des bas-reliefs modernes, dans lesquels le poli, le recherché sur tous les points, est si souvent donné pour de l'étude et du vrai fini. Algardi, si vanté par l'abbé Dubos, fait voir dans son bas-relief d'Attila, à St-Pierre de Rome, et les abus, et les limites de la sculpture; il voulut faire un tableau d'illusion de ce bas-relief, et rien n'est plus embrouillé, rien n'est plus cahoté que cette sculpture. Celui qu'on voit au maître-autel de Ste-Agnès de la place Navone, à Rome, est encore fort étrange sous ce rapport. Il suffit au reste, pour apprécier cette méthode, de réfléchir à l'effet des ombres portées par les corps saillans; ombres qui dans une scène réelle se dirigeraient tout autrement, vu l'écartement respectif des objets. Enfin, les modernes ont voulu se louer aux dépens des anciens, en répétant que ceux-ci se contentaient de couper des figures de ronde bosse par le milieu ou par le tiers de leur épaisseur, et de les plaquer, pour ainsi dire, sur le fond. Mais un coup-d'œil jeté sur les bas-reliefs de l'arc de Titus, fait reconnaître la fausseté de cette critique. Les anciens firent donc bien en ne visant point à l'illusion dans les bas-reliefs, et en ne prétendant point imiter *les vagues de la mer*, *les nuages légers* ou *la fraîcheur des verdures* [1]; mais ils s'attachèrent à composer simplement et clairement, à disposer d'une manière agréable à la vue, et pardessus tout à caractériser les objets et les figures de la façon la plus expressive et la plus naturelle en même tems.

Au surplus, si les artistes modernes avaient été mieux instruits dans la géométrie de la sculpture, ils auraient au

[1] Voyez les préceptes erronés du père Doissin, dont je citerai ailleurs quelques vers.

contraire reconnu que les anciens ont proportionné leurs saillies selon les véritables règles de l'optique, et qu'ils nous offrent les modèles les plus sûrs en cette partie de l'art. Ils auraient enfin aperçu cette règle infaillible, qu'il ne doit rien y avoir de perspectif dans les bas-reliefs, les camées, les pierres gravées, et que tout doit y être orthographique. (Voy. les chap. 235 et 263.)

CHAPITRE 7.

DES CAMÉES.

Les camées sont des bas-reliefs d'une petite dimension, exécutés sur des pierres fines de différentes couches colorées, telles que les sardonix, les agathes onix, etc.; ainsi l'épaisseur de la couche blanche de l'onix, par exemple, est employée quelquefois pour former la figure, et la couche brune de l'agathe est ménagée pour le fond. Quelquefois aussi on profite des accidens colorés de la pierre, et ces accidens forment tantôt les cheveux ou la barbe brune, ou quelque draperie, ou d'autres objets qu'on croit devoir ainsi différencier du nu.

Nous répéterons, au sujet des camées, ce que nous avons dit au sujet des bas-reliefs; c'est que les Grecs furent dans ce genre, comme dans tous les autres, supérieurs aux Romains. Ce qu'on admire le plus, outre la délicatesse et l'excellente intelligence du travail des camées grecs, c'est le style, la simplicité, la naïve finesse des mouvemens, la grâce et le caractère; tout est donc exquis dans les beaux camées grecs; tout y respire la beauté et le naturel, tout y est charmant, et l'on y retrouve sans cesse cet inimitable abandon et cette expressive concision que les modernes ne sauront peut-être jamais répéter. Les Romains produisirent beaucoup de camées ; et bien que les pierres gravées en creux et les médailles soient plus communes dans nos cabinets, on peut dire que nous possédons un assez grand nombre de camées antiques de toute espèce.

Comme les camées antiques ont toujours été comptés parmi les objets précieux, il est arrivé que les camées modernes faits à l'imitation des antiques sont devenus un objet de luxe et de spéculation. Dans les parures on considère les camées modernes plutôt comme des ornemens de matière rare que comme des objets d'art, en sorte qu'il s'est introduit un préjugé en faveur de la matière et aux dépens du travail. Souvent donc on parle avec plus d'égard d'une pièce remarquable par son étendue, sa teinte, le caractère coloré de ses couches variées, sa transparence, sa dureté, etc., que d'un camée dont le travail est plus savant que la matière n'est belle. Il est vrai que la beauté de la pierre est une assez bonne induction pour en faire croire le travail précieux, puisqu'il est vraisemblable qu'on ne confiait les matières les plus rares qu'aux plus habiles artistes ; mais bien que cet indice puisse aider quelquefois les personnes qui, se connaissant en pierres fines, connaissent peu les beautés de l'art, il est un moyen bien douteux de s'assurer de l'excellence d'un camée. Au reste les considérations relatives à la matière, ainsi qu'à la nature du sujet représenté, bien qu'étant d'un grand poids dans l'estimation de ces sortes de raretés, sont presque nulles ici, où nous n'envisageons que le profit de l'art et l'instruction des artistes.

Finissons par dire que l'art grec dans les camées triomphe encore; comme dans le marbre et le bronze, et qu'un camée grec du beau tems de l'art a un accent qui le fera toujours distinguer par les vrais connaisseurs. Ainsi, malgré les soins des graveurs modernes, malgré leur patience et leur grande dextérité dans le métier, jamais un camée moderne ne l'a emporté jusqu'ici sur un camée antique. Les Jean Pichler, les Laurent Natter, etc., sont loin d'avoir, comme les anciens, surmonté les hautes difficultés de l'art, et leur travail moderne se reconnaîtra au prime abord par tout observateur bien instruit.

CHAPITRE 8.

DES PIERRES GRAVÉES, DES MÉDAILLES ET DES MONNAIES.

Que puis-je dire des pierres gravées, des médailles, etc., s'il s'agit encore de comparer les Grecs aux Romains? N'est-ce pas le même avantage, quant au goût, quant à l'invention et à tout l'art enfin?

Rien n'était si commun à Rome que les pierres gravées. Elles servaient de cachet, de bagues et de parure. Ce fut sous Auguste, dit-on, que l'art de la glyptique fut porté à sa perfection. Mais cette perfection, c'était aux Grecs que les Romains en étaient redevables.

Les curieux les plus distingués de l'antiquité faisaient leurs délices des pierres gravées et des camées. L'histoire nous apprend que Scaurus, beau-fils de Sylla, fut le premier qui, à Rome, en forma un cabinet. Pompée-le-Grand, entr'autres riches présens, consacra au capitole le baguier de Mitridate, et, selon Varron et d'autres auteurs, il était plus beau encore que celui de Scaurus: César, devenu dictateur, consacra dans le temple de Vénus-Génitrix six armoires remplies de bagues. Enfin Marcellus, fils d'Octavie, en plaça une précieuse collection dans le temple d'Apollon. Quant à Héliogabale, on sait qu'il les aimait au point d'en orner même ses chaussures.

Les modernes ne sont point parvenus au style et à la vivacité naïve du dessin qu'on admire sur les pierres gravées antiques. Outre le manque de goût et de correction qui décèle la main moderne, il y a dans les imitations un certain apprêt et une certaine recherche minutieuse et mal-entendue qui, dès l'abord, trahissent l'imitateur. Cependant certains graveurs modernes, nous dit-on, ont trompé souvent les connaisseurs les plus exercés, et leurs pierres gravées ont semblé égaler en beauté les pierres antiques. Sans attaquer ici la célébrité de ces habiles artistes, il faut convenir que l'erreur de ceux qui ont pris leurs ouvrages pour antiques tenait au mauvais goût qui avait régné jusqu'alors. Comme on était accoutumé aux styles maniérés, lâches et incorrects des écoles, tout ouvrage simple et de quelque pureté passait aussitôt pour un ouvrage grec; et pour peu que le costume et l'érudition n'en fussent pas désapprouvés par les savans, l'ouvrage était vanté souvent au-dessus même des véritables antiques, et cela surtout si on y trouvait cette propreté d'exécution qui cependant contribuait elle-même à signaler l'imitation.

Mais, les artistes d'aujourd'hui ayant fait une étude plus sévère de la science et du goût des Grecs, il est possible qu'il paraisse à la fin quelque graveur qui rivalise vraiment avec les anciens; dans ce cas, il faut supposer qu'il ne cessera de cultiver le dessin comme le cultivaient les graveurs grecs, et qu'il sera toute sa vie de bonne foi dans son affection pour ces merveilleux modèles [1].

Les médailles et les monnaïes antiques, comparées à celles des modernes, donnent aussi les mêmes différences. L'art numismatique étant chez nous soumis à des censeurs et à des savans qui considèrent souvent le but historique comme le seul important et négligent trop l'examen du véritable style, il en résulte que l'artiste se trouve plus retenu, plus captif, lorsqu'il est forcé d'obéir aux inventions de ces censeurs, que lorsque seul il compose de génie un sujet quelconque, dans lequel les recherches de l'esprit et l'allégorie conventionnelle seraient évidemment inutiles et de mauvais goût, ce sujet pouvant être traité absolument dans le beau style de l'antiquité. Aussi nos médailles et nos monnaies sont-elles encore plus différentes de celles des anciens, que nos camées et nos pierres gravées ne le sont des pierres et des camées antiques.

Les gravures de l'antiquité offrent de si belles et de si instructives leçons que les peintres ne sauraient en rassembler trop d'empreintes. Ces empreintes étant peu coûteuses, on peut en faire de nombreuses collections. Au chap. 620, Pratique de la Plastique, nous indiquerons les

[1] Depuis quelques années on a institué à Paris un concours pour la gravure en pierres fines. Celui qui obtient le prix est envoyé pensionnaire à Rome aux frais de l'état.

moyens d'exécuter ces moules et ces empreintes, vrais trésors qu'on ne saurait trop apprécier. Il semble inutile de rappeler ici aux élèves qu'ils doivent être en garde contre les copies et les imitations qu'on ne cesse de faire de ces pierres gravées; le vice d'exécution et de style est, il est vrai, si sensible qu'il est à croire qu'ils ne seront pas dupes de ces supercheries: mais, comme c'est pour se former le goût et pour s'instruire dans l'art qu'ils se procurent ces empreintes, ils doivent avant d'y chercher des leçons s'assurer de leur antiquité. Quant aux observations particulièrement relatives à l'art et que l'on trouve dans les écrits faits sur les pierres gravées, sur les camées, les médailles, etc., les artistes n'y reconnaîtront que trop souvent l'incertitude des écrivains, et ils se garderont de prendre pour des principes assurés toutes ces assertions dictées par la démangeaison de parler de l'art et du goût à propos d'antiques, lorsque ceux qui en traitent ne possèdent que de l'érudition. Ainsi, sans m'expliquer davantage sur cette question délicate, vu les égards qu'on doit aux habiles archéologues, je citerai le passage de De Murr, qui décrit la pierre gravée, connue sous le nom de *Cachet de Michel-Ange*. Il dit donc, après avoir avancé sans preuves que cette pierre est le plus beau morceau du cabinet royal et peut-être du monde, que le graveur a tenu les figures un peu alongées dans cette cornaline, parce qu'on ne peut pas s'écarter de cette proportion sans tomber dans le pesant. Or je demande quel service il a prétendu rendre aux artistes, en leur communiquant une pareille remarque, qui n'est basée ni sur la science des proportions ni sur celle de la géométrie de la glyptique, ni sur rien de fixe et de déterminé. Les artistes exercés étaient seuls capables de traiter cette question d'art, et De Murr, ainsi que beaucoup d'autres, aurait dû garder le silence sur plusieurs points qu'il était incapable d'éclaircir.

Enfin, n'est-ce pas en respectant l'art de la glyptique des Grecs et des Romains, que nos graveurs se sont rapprochés du bon goût et de la perfection? En effet, si l'on compare l'art numismatique sous Louis XIV, en France et dans toute l'Europe à cette époque, à ce même art aujourd'hui; si l'on compare même les monnaies, les jetons du règne de Louis XVI, aux monnaies, aux médailles de ces années dernières, et que l'on mette enfin en confrontation toutes les monnaies d'or et d'argent du 18ᵉ siècle avec celles du 19ᵉ, on ne doutera plus de l'influence pernicieuse des écoles passées, et de l'heureuse réforme qu'a opérée sur l'art moderne le respect rendu à l'art des anciens. Puissions-nous toujours suivre un si précieux guide, afin de n'être pas exposés à la honte de rétrograder de nouveau !

CHAPITRE 9.

DES PORTRAITS ANTIQUES.

Les anciens ont exécuté beaucoup de portraits, et, dans ce genre de productions que l'on a grand tort d'appeler subalterne, ils ont fait ressortir toute la philosophie, toute la beauté dont il est susceptible.

Si les Romains ont été admirables dans la composition

et la ressemblance de leurs portraits, et surtout dans l'expression de vie dont ils les ont animés, nous devons reconnaître néanmoins la supériorité des Grecs quant à la simplicité du style et à cette grandeur de langage qui dans tous leurs ouvrages a quelque chose de magique et d'imposant.

Tous les cabinets de l'Europe sont remplis de portraits antiques, et le muséum du capitole en possède une suite nombreuse. Il est fâcheux que la nécessité de multiplier de tous côtés les images des empereurs et des personnages célèbres, ait si souvent forcé d'avoir recours à des artistes médiocres. En effet, ce nombre infini de bustes romains, qu'on peut critiquer à cause du manque de grâce et de délicatesse, fait qu'on a souvent une idée fausse de l'excellence des anciens. Ce sont donc ces bustes médiocres répandus de tous côtés en Europe qui causent cette prévention. Néanmoins, tout grossiers qu'ils sont, ils n'offrent jamais rien qui soit contraire à la dignité ou aux mœurs des personnages représentés, ni rien de trivial ou de maniéré qui tende à dégrader l'art. En peut-on dire autant des portraits modernes qui se voient dans nos galeries et dans nos édifices publics, et qui ont été cependant exécutés dans l'intention de perpétuer de grands souvenirs? portraits si souvent effrayans par leur ensemble barbare, si souvent laids et dégoûtans, qu'ils font haïr et repousser la sculpture et la statuaire. Ce n'est point ici le lieu de parler du moyen technique par lequel les anciens embellissaient les ressemblances; on trouvera sur cette question des choses toutes nouvelles au chapitre des proportions. Qu'il me suffise de faire remarquer en passant que les bustes antiques les plus fréquemment répétés, tels que ceux de Lucius-Verus, de Marc-Aurèle, etc., nous décèlent évidemment la marche des artistes anciens; car ceux de ces bustes qui sont le plus embellis, parce que certaines convenances de localité ou autres l'exigeaient, le sont bien certainement d'après une règle fixe et assurée, puisque, malgré ces degrés différens d'embellissement, le caractère individuel de ressemblance est toujours scrupuleusement conservé dans ces portraits.

CHAPITRE 10.

DES ORNEMENS, DES VASES, ETC., ANTIQUES.

Les ornemens que l'on retrouve sur les monumens, sur les ustensiles et sur presque tous les débris antiques, sont d'un si bon goût, si variés, si bien imaginés, qu'on les a constamment consultés et mis à contribution. Mais les modernes ont-ils toujours bien compris et saisi leur convenance, leur caractère? ont-ils connu le principe de leur disposition, de cette économie optique qui les rend si agréables à l'œil et si propres au mode auquel ils appartiennent?

Je ne dirai qu'un mot ici relativement aux vases, aux lampes, aux candélabres, aux patères, etc., que l'on découvre tous les jours dans les fouilles, c'est qu'à l'aide de la théorie du beau, qui se trouve dans ce traité, on pourra se rendre compte des principes qui ont dirigé les artistes dans leur invention et leur disposition. C'est parce que l'on n'a eu jusqu'ici que des idées fort incertaines sur cette théorie, qu'on a imaginé que la beauté de ces ornemens et de ces vases tenait seulement aux inspirations heureuses des artistes anciens et à leur sentiment particulier. On a même imaginé, et Millin était de cet avis, que les coquillages et les productions végétales ont été les seuls modèles qu'ils aient consultés; mais si en effet ils ont employé ces modèles, il ne faut pas pour cela restreindre à la seule imitation l'art de composer, car ces modèles sont à la disposition de tout le monde. Mais ce que tout le monde ne connaît pas, c'est la théorie antique du beau, ce sont les moyens antiques de varier proportionnellement ces vases, ces modèles, etc. Enfin nous croyons avoir tout fait pour l'instruction, lorsque dans nos manufactures nous mettons sous les yeux des ouvriers et des artistes plasticiens des vases antiques de toute espèce. Cela sert, il est vrai, à maîtriser le mauvais goût et le despotisme de la mode, mais cela n'instruit pas les artistes des règles nécessaires pour composer avec unité, selon le beau de la convenance et selon le beau visuel, c'est-à-dire, dans tel ou tel mode, en unité avec telle ou telle destination, en unité avec telle ou telle ligne, telle ou telle couleur de l'objet. Mais je dois m'en tenir à ces indications, ayant à parler des ornemens en général aux chapitres 146 et 165. Il va être fait mention des vases dits étrusques au chapitre suivant.

CHAPITRE 11.

DES PEINTURES ANTIQUES, MOSAIQUES, PEINTURES SUR VASES, ETC.

On aura souvent occasion de s'occuper des peintures antiques dans le cours de ce traité. Ainsi dans ce chapitre, où il n'est question que de l'historique de l'art, il suffit de dire que la seule collection nombreuse de peintures antiques se trouve à Portici, près de Naples, et qu'elle provient des anciennes villes d'Herculanum, Pompéi, Portici, Stabia, qui furent englouties sous les laves et les cendres du Vésuve, l'an 79 de J.-C., et découvertes et fouillées pour la première fois en 1720. Le nombre de ces peintures du cabinet de Portici se monte aujourd'hui à quinze cents environ. Rome a fourni aussi un assez grand nombre de peintures antiques : les thermes de Titus, la villa Adriana et plusieurs ruines en ont produit et en produiront encore.

Les peintures du musée Portici sont des copies très-faibles de quelques morceaux classiques; cependant, bien qu'elles soient moins des tableaux que des espèces de décorations, et qu'elles n'aient été exécutées que par des peintres subalternes dans des villes du troisième ordre, quelques-unes de ces peintures ont beaucoup de mérite, et prouvent suffisamment combien devait être excellente la peinture des beaux tems de la Grèce.

Il y a bien des préjugés au sujet de ces peintures antiques : d'abord on n'a pas osé encore affirmer qu'elles soient très-recommandables, et cela parce qu'elles n'ont point la physionomie de nos peintures des écoles d'Italie, et que d'ailleurs peu de critiques s'en sont occupés : secondement on en jouit peu, parce qu'on les restaure mal; on les couvre souvent d'un vernis funeste, et on ignore le moyen de les faire revivre avec la cire. On va même jusqu'à répéter qu'elles sont exécutées à fresque, ce qui n'est pas, comme je le prouverai au chap. de la peinture encaustique; enfin on les exclut pour ainsi dire des musées, car on n'en trouve que chez quelques curieux. La belle peinture des noces Aldobrandines avait été achetée à Rome par un banquier, lors de la vente qu'en fit le prince Borghèse Aldobrandini il y a quelques années, et, sans les soins de Canova, elle eût été perdue pour Rome. Heureusement elle appartient aujourd'hui au gouvernement romain. Espérons que de même que les belles statues antiques sont enfin considérées comme elles doivent l'être malgré leur différence avec les statues de nos dernières académies, de même les peintures antiques seront enfin appréciées ce qu'elles valent, bien que notre style moderne ne soit pas encore affermi aujourd'hui sur les principes de l'antiquité. Je crois faire plaisir au lecteur en copiant ici ce que Frédéric Zuccaro écrivait en 1607 dans son livre intitulé : *Idea de' pittori è scultori*.

« Il arriva il y a quelques mois, dit-il, que sur le » mont de Ste-Marie-Majeure, dans les jardins de Mécène, » fut découverte une chambre souterraine par ces exca- » vateurs qui cherchent continuellement pour trouver » les statues, les marbres ou figures enfouies dans les » ruines. Dans cette chambre était resté *(ove era rimaso)* » un morceau de muraille sur pied *(in piedi)*; et sur

» cette muraille était peint à fresque un très-beau sujet » composé de figures de trois palmes de haut environ, et » coloriées par une main très-habile (*da excellente mano*). » On jugea ce morceau de muraille digne d'être scié et » exposé au jour, et on le porta dans le jardin du cardinal » Aldobrandini à Monte-Magnapoli. Cette peinture s'était » parfaitement conservée sous les ruines. Comme je fus » par hasard un des premiers qui la virent, je la nétoyai et » la lavai de ma propre main [1] : j'eus le plus grand plaisir » de la voir aussi fraîche que si elle venait d'être peinte, » et je fus cause qu'on lui fit voir le jour (*e fui causa da* » *farla portare alla luce*). Un fragment de cette fresque, » représentant un feston de vigne qui serpentait autour » du sujet, fut recueilli par une personne de l'art comme » une relique des bons tems ; et il le plaça dans son » jardin, ajoutant dessous quelques vers qu'il composa » pour servir d'inscription. »

On sait que les vases grecs, appelés improprement vases étrusques, sont fort recherchés aujourd'hui par les savans et les artistes, tant à cause des sujets qu'ils représentent qu'à cause de la beauté du style et du dessin des figures qui les décorent. Cette dénomination de vases étrusques provient de l'opinion erronée des premiers auteurs qui ont écrit sur ces vases, et entr'autres de Montfaucon, Dempster, Gori, Buonarotti, Passeri, Caylus et d'Hancarville, qui les avaient regardés comme des monumens de l'art étrusque. Gori et Buonarotti surtout, qui étaient Toscans, s'étaient plu à les considérer comme des ouvrages toscans pour servir l'honneur de leur pays. Cependant, quoiqu'il se trouve de ces vases en Étrurie,

[1] Il n'eût pas pu la laver sans l'altérer, si elle eût été peinte à fresque.

le plus grand nombre provient des tombeaux de Nola, de Capoüe, de Santa-Agatha, de Trebia, de la Pouïlle, enfin des différentes villes de la grande Grèce. On en a trouvé aussi dans les tombeaux d'Athènes; en sorte que l'on est d'accord aujourd'hui pour les appeler *vases grecs* ou *vases antiques peints*. Mais c'est sur ceux de la grande Grèce et de la Sicile que les peintures les plus belles ont été remarquées.

Je ne crois point utile ici d'examiner ce que des observateurs étrangers à l'art ont cru devoir répéter d'après Winkelman, au sujet de l'extrême sûreté et prestesse de main nécessaires, disent-ils, pour exécuter ces sortes de peintures. Mais aux chapitres 285 et 184, sect. 2, on trouvera des conjectures assez nouvelles sur un procédé particulier qu'auront sans doute employé les dessinateurs grecs pour composer ces pantomimes et ces mouvemens de leurs figures dans les sujets représentés sur les vases.

Tout le monde a vu des mosaïques antiques. On sait que cette espèce de peinture s'exécute avec de petits cubes colorés, incrustés dans un mastic mou et qui durcit avec le tems. Le style des mosaïques antiques n'a rien de particulier. Les pavés de mosaïque *Lithostroton, opus Tesselatum*, ayant été fort communs chez les Grecs et les Romains, les fouilles nous en ont fait découvrir un grand nombre.

On verra au chapitre 604, où il est question de cette espèce de peinture, que nous ne cédons en rien aux anciens sur ce point; à moins qu'on ne prouve que les matières artificielles que nous employons, telles que nos verres colorés, sont moins solides et moins propres à un durable poli que les pierres naturelles et artificielles usitées chez les Romains. Au reste cette peinture d'ornement est dispendieuse et rare aujourd'hui.

CHAPITRE 12.

DES RESTAURATIONS DANS LES MONUMENS DE LA SCULPTURE ANTIQUE.

Les documens les plus nécessaires sont encore à publier sur l'art de restaurer les antiques; mais cette question appartient à la sculpture, art sur lequel il n'existe aucun traité un peu important.

Vers l'an 1797, le sculpteur Cavaceppi publia à Rome, en tête de sa collection d'antiques gravées, une espèce d'abrégé de l'art de la restauration; rien n'est plus limité que les aperçus contenus dans cet écrit. Il ne recommande que trois choses: premièrement, d'employer du marbre pareil à la figure fragmentée; secondement, de bien connaître le sujet que la figure représente; troisièmement, de ne pas scier les cassures, mais de bien conserver leur forme. On n'y trouve d'ailleurs aucune observation savante sur les caractères du nu, rien sur l'harmonie des formes, sur la disposition, et rien même d'essentiel sur le techniqne de cette opération.

On est dans la nécessité de confier aux statuaires la restauration des antiques presque toujours fragmentés et salis; mais quel talent ne leur faut-il pas pour s'identifier avec les idées, le caractère et le goût de ces originaux? quel scrupule ne doit pas les retenir, lorsqu'il s'agit de ménager les parties antiques, en y adaptant celles qu'on a été obligé de refaire en entier? Aussi ce qui choque et répugne fréquemment dans la contemplation des statues antiques restaurées, ce sont les restaurations qu'on prend fort souvent par mégarde pour le travail antique. Les têtes mal réparées affectent surtout la vue et l'esprit d'une manière très-désagréable, et aussi la teinte du nouveau marbre et les scissures. Il faut donc savoir lire l'antique malgré ces raccommodages et ces dissemblances; mais il ne faut pas être indifférent à la vue des vicieuses restaurations, ni partager l'insouciance de certains antiquaires qui ne voient dans une statue qu'un objet d'érudition, qu'une matière archéologique, et qui, à force de ne contempler les monumens que sous le rapport de leur chère science historique, ne sont nullement importunés, nullement courroucés, lorsqu'ils rencontrent des monumens décomposés, dégradés, abîmés, pour ainsi dire, par les fausses additions et les hideux raccoutremens. Cependant la discordance d'une mauvaise restauration doit être aussi pénible qu'une dissonance en musique. Aussi les préventions du public pour les statues antiques proviennent-elles fort souvent de ces faux raccordemens qui repoussent l'attention qu'on eût portée sur des monumens précieux.

Il est donc arrivé cent fois qu'un ciseau téméraire a formé de nouveaux plans, creusé de nouveaux sillons, poli et effacé de vivantes finesses. Cent fois on a travesti ces modèles admirables en restaurations accommodées et soumises au goût, au ton des nouvelles écoles et des manières à la mode. Oui, de beaux corps tout entiers ont été dénaturés sous la rape et par des frottemens destructeurs; des membres superbes ont été amaigris, effilés et rongés pour être unis à de nouveaux membres discordans, laids et sans vérité. Enfin, il faut oser le dire et personne ne peut raisonnablement le contester, on ne trouve pas un seul nez qui ait été par les modernes rétabli dans l'esprit de l'original. Un bout de nez seulement à restaurer parfaitement sur une bonne statue antique, est une tâche que l'art moderne n'a pas encore su remplir. (J'espère démontrer au chapitre des proportions que la méthode antique d'opérer en embellissant proportionnellement, est la seule qu'on puisse employer pour restaurer une figure avec vérité.)

Au reste, qu'on ne croie pas que la témérité et l'ignorance, en fait de restauration, soient de nouvelle date; on trouve des antiques qui ont été restaurées dans le bas-empire, et qui l'ont été à deux ou trois époques différentes. Les experts en cette partie reconnaissent aujourd'hui la matière différente, le travail différent. Dans les draperies et même dans le nu, on enfonçait les plans pour déguiser des cassures, on attachait le membre d'une autre figure à la figure mutilée, on restaurait enfin par rapsaudies... mais ces questions deviennent étrangères à mon sujet.

La plus évidente et la plus choquante de toutes les restaurations vicieuses est celle qui tient à la disposition des parties. Rien de plus gauche, de plus fantastique que les additions modernes de ces statuaires des anciennes académies qui multipliaient sans méfiance leurs corrections sur tant de belles statues; et non-seulement ils blessaient à chaque restitution prétendue ou la mythologie, ou les mœurs antiques, et l'esprit de l'art; mais ils blessaient les yeux et le goût par des lignes disparates, par des membres disposés avec laideur, par des accessoires ridicules et souvent horribles, enfin par des draperies factices et du plus mauvais goût. Tantôt ce sont les bras de la Vénus Médicis que l'on place avec la manière et l'élégance de nos figurantes coquettes; tantôt c'est la poitrine de l'Hercule Farnèse qu'on sillonne, qu'on pelotte; et le mal n'a lieu que pardevant, le dos du colosse, étant préservé par la niche dans laquelle il se trouvait placé. Ici c'est l'Hermaphrodite qu'on remet sur un matelas bien piqué, bien cardé, tel qu'on en voit dans nos alcoves; là c'est une muse dont on fait une figure symbolique : on lui refait des bras portant quelques attributs fantastiques, on lui met ou un miroir en main, pour en faire la Prudence, ou une tour énorme et mal ajustée sur la tête, pour en faire la mère des dieux; tantôt on lui fait tenir une fleur ou une couronne, et cela par pur caprice, par gentillesse. Enfin viennent les rafinemens, l'esprit et les sottes pointes; et quand ces statues originairement sévères, gracieuses, belles et si simples, sont transportées dans nos musées, elles sont bien regratées, poncées et accoutrées à la moderne et selon le goût du tems.

Mais pour parler aussi des peintures, je ne puis m'empêcher de citer, par exemple, la restauration que Carle Maratti a osé faire de la peinture antique du palais Barberini, représentant une femme ou Vénus nue; restauration qui est le comble du mauvais goût. Il s'est permis d'ajouter, entr'autres objets, un gros vilain vase à la mode des académies de son tems, plus un gros vilain enfant, et cette licence sans égale occupe presque le quart du tableau. C'est ce même peintre au reste qui a retouché fort maladroitement le ciel de la peinture aldobrandine dont heureusement il a respecté les figures.

Je viens de dire que la statue d'Hercule Farnèse avait été retouchée et altérée pardevant; je tiens cette particularité d'un sculpteur de Rome, dont le bisaïeul fut l'auteur de cette restauration exécutée au palais Farnèse. On remarque donc que le dos de ce célèbre Hercule est bien plus vrai que le devant. Le dos est traité dans le caractère des beaux fleuves antiques du Vatican, et dans la manière grande, suave et vigoureuse de Lysippe. Mais le devant est altéré dans la manière de Michel-Ange, et tout aussi chargé, quoique cependant moins souple. Aussi cette partie antérieure de l'Hercule Farnèse a-t-elle encouru les critiques méritées de plusieurs sages admirateurs de cet ouvrage.

On pourrait réunir ici une foule d'observations sur les restaurations qu'on a fait subir à un grand nombre d'antiques très-connues; mais cette critique entraînerait trop loin. Cependant je me permettrai un mot sur celle de l'Apollon du Belvéder. On reproche à l'auteur de cette statue d'avoir placé la tête trop à droite, mais ce reproche n'est pas fondé. La tête est bien placée : c'est le col qui, ne se trouvant plus aujourd'hui placé autant à droite qu'il l'était, produit cette illusion. Cette statue, renversée par accident sur le côté droit, fut brisée en haut du bras. On a diminué d'épaisseur cette partie lors de la restauration qu'on en a faite et pour déguiser quelques cassures, ce qui a déplacé la base du col. L'ancien tenon soutenant le bras droit est devenu inutile aujourd'hui, parce que le restaurateur a voulu placer la main plus bas et sur le tronc de l'arbre. L'avant-bras droit restauré s'emmanche mal avec le bras, faute qui se juge mieux lorsqu'on voit tout ce bras par derrière. Le poignet est d'ailleurs trop renversé. Lorsqu'on examine ces restaurations au flambeau, on ne découvre ni formes ni muscles, on ne voit que du poli; tandis qu'on aperçoit au flambeau sur le torse de cette superbe statue les dentelés, les côtes et tous les muscles. Cette antique serait beaucoup plus goûtée si elle était réparée conformément à l'original prototype; car il est vraisemblable qu'elle n'est qu'une copie très-habilement traitée, sous Adrien, d'après quelque bronze célèbre. Au reste ne plaît-elle pas assez déjà telle qu'elle est avec ces restaurations? je m'explique, je veux dire que sa célébrité extraordinaire faisant penser à tous ceux qui la contemplent qu'elle est le modèle par excellence, le modèle des modèles, et le *nec plus ultra* de l'art, cette prévention n'est pas sans inconvénient pour les progrès de la critique. En effet, on n'ose trouver le moindre défaut dans un ouvrage duquel on a dit: « Ce chef-d'œuvre de l'art est au-dessus de toutes les » louanges comme de toutes les descriptions. Cette figure » étonnante a toujours été regardée comme la règle des » belles proportions, et comme le point le plus haut où » le génie ait porté l'expression de la beauté idéale? » (Vasi. *Itinéraire de Rome.*) Voyez au reste ce qui est dit sur cette statue au chap. 55.

Mais tout nous fait espérer que ce mauvais tems de l'art moderne ne reviendra plus, et que les artistes chargés de restaurer des antiques y mettront la réserve et le savoir que leurs vues nouvelles doivent fortifier tous les jours. Les sages et heureuses restaurations des antiques du musée de Paris justifient cette espérance, et tous les sculpteurs de l'Europe se faisant gloire aujourd'hui de se rendre élèves des maîtres de l'antiquité, on ne saurait douter des beaux progrès et des grands résultats qui doivent honorer de nouveau la sculpture et la statuaire.

Terminons par citer ce que dit Millin dans son Dictionnaire des Beaux-Arts :

« L'artiste qui se charge de l'art des restaurations des » monumens antiques ne doit se les permettre qu'à l'appui d'autorités non suspectes. Il est plus difficile qu'on » ne le pense de découvrir ces autorités, d'en deviner » l'analogie, d'en respecter la force, et de résister aux » séductions de l'imagination. Il faut, pour les distinguer, » une parfaite connaissance des monumens de l'antiquité, » beaucoup de patience dans l'examen qu'on en fait, » une pénétration peu commune, une grande justesse » d'esprit, et surtout un vif amour de la vérité; ainsi » rien de plus rare que de bonnes restaurations. » Que de choses ne pourrait-on pas ajouter à ces judicieuses réflexions ?

CHAPITRE 13.

CONSIDÉRATIONS SUR L'UTILITÉ DE L'ÉTUDE DE L'ANTIQUE.

L'ADMIRATION universelle que causent tous les jours les chefs-d'œuvre des anciens blesse souvent la vanité de quelques esprits importunés de tant de louanges; aussi répètent-ils que les hommes d'autrefois n'ayant pas été plus parfaits que ne le sont ceux d'aujourd'hui, c'est par un préjugé condamnable que l'on préfère les productions antiques à celles qui sortent aujourd'hui de nos mains. Quelques écrivains ont même poussé l'envie jusqu'à combattre de toutes leurs forces le mérite des plus illustres génies de l'antiquité, en sorte qu'Homère a trouvé des détracteurs et Virgile des parodistes. Les statuaires et les peintres grecs eurent aussi les leurs, et bien qu'il n'existe qu'un petit nombre de ces critiques dédaigneuses, le peu qu'on en connaît n'est que trop funeste à l'art. Commençons par citer quelques propositions de ces ennemis des anciens.

Charles Perrault, de l'académie française, écrivait en 1688 que la grande admiration qu'on avait pour les grecs, ne provenait que d'un préjugé : que nos statues, et particulièrement celles de Girardon, n'auraient besoin pour être autant estimées que les statues antiques que de deux mille ans de vétusté et d'une teinte enfumée. Il cite à l'appui de son paradoxe, l'histoire ou plutôt la fable du Cupidon sculpté par Michel-Ange, statue qui fut prise, dit-on, pour une antique, parce que celui-ci s'était diverti à l'enfouir sous terre pour donner le change; et il prétend que beaucoup de statues modernes boivent ainsi du jus de fumier pour être plus tard produites au grand jour comme de précieuses reliques de l'art grec. « C'est par » un vain luxe, dit-il ailleurs, qu'on fit mouler à Rome les » bas-reliefs de la colonne trajane, et ce ne fut que pour » étaler un échafaudage extraordinaire sur une colonne » de six vingts pieds de haut. » Il assaisonne ces téméraires déclamations des préceptes les plus absurdes, et va jusqu'à dire que les beautés de l'architecture sont arbitraires, ne passant pour beautés que par l'usage et l'accoutumance.

Mais aujourd'hui encore, si tous les détracteurs de l'antique osaient publier leurs haineuses critiques, nous serions fort étonnés de voir l'aversion qu'entretiennent pour les chefs-d'œuvre anciens, non-seulement des gens du monde, mais même des artistes de grand renom, et nous serions convaincus en même tems que cette aversion ne provient réellement (amour-propre et calculs de jalousie à part) que de l'ignorance qui laisse un si vaste champ à l'aveugle vanité. Cette aversion fut pendant un tems à la mode, et on l'a portée quelquefois si loin, qu'on jetait du ridicule sur les monumens les plus admirés. Dans les ateliers de Bouchardon, par exemple, n'a-t-on pas entendu dire par ce professeur que les formes de l'Apollon du Belvédère ressemblaient à celles d'un navet ratissé, et qu'il fallait dans les dessins qu'on faisait de cette statue, donner un peu plus de souplesse, quelque peu de molesse, un je ne sais quoi enfin propre à détruire la roideur de la pierre [1].

Dandré Bardon publiait dans son Traité de Peinture et

[1] L'amour en marbre, de Bouchardon, statue qui fit tant de bruit dans le tems, est exposée depuis peu dans une des salles du Louvre. En la considérant, on conçoit fort bien que son auteur ne trouvait pas l'antique de son goût. Pourquoi donc tant d'éloges, tant de fracas dans le tems où parut cette figure? c'est qu'elle offre ce qu'on appelait un trait d'esprit : L'Amour taillant son arc dans la massue d'Hercule. Mais qu'on ôte cette massue, plus d'admirateurs, plus de connaisseurs en sculpture.

Monsieur, me dit un jour un de ces amateurs qui prétendent s'attacher aux finesses de l'art, savez-vous quel est le plus beau des deux chevaux qu'on voit aux Tuileries à la grille du pont tournant? Non, monsieur, je l'ignore. Eh bien! monsieur, c'est celui qui est représenté sans bride; car une bride n'est assurément pas le symbole de la célérité. Je ne vis rien à répliquer.

de Sculpture, que, pour contre-poison des pratiques vicieuses que peut faire contracter l'étude de l'antique, il fallait associer à la noblesse des formes grecques et romaines, ces délicatesses moëlleuses, ce dégagement animé, etc., etc. Il n'osait pas dire ces grâces et ces manières françaises qui font que les tableaux sont vantés, achetés, et bien payés en France, lorsqu'ils offrent franchement le goût de Paris et le style du jour.

Méfiez-vous de l'antique, méfiez-vous du marbre; criait-on à David, lorsqu'il partait pour Rome; et cependant ce fut à l'étude de l'antique qu'il dut tout son savoir; et ce fut à la fréquentation des amis savans de l'antiquité qu'il dut ces idées fermes et ces doctrines certaines qui le rendirent si habile dans la science du nu et des caractères.

Voici ce qu'on lit dans le Dictionnaire de Pernety: « Il ne faut pas que la peinture tienne trop de l'antique, » parce que les figures ressentiraient le marbre et la » statue..... Le trop grand calme des figures grecques » rendrait la peinture froide, inanimée, et peu énergique. » Rubens, dans son manuscrit cité par de Piles, semble inspirer la même méfiance au sujet des marbres antiques. Et remarquez bien qu'on inspirait cette méfiance même aux sculpteurs.

C'est une chose assez singulière qu'au lieu de dire: Ne copiez pas pour vos études les antiques qui peuvent être froides et inanimées, on ait dit : Ne copiez pas exactement les belles antiques, parce que les figures de vos tableaux sentiraient le marbre et la statue; comme si une statue animée et vivante, parce qu'elle est exécutée en bronze, en bazalte ou en porphire, ne saurait avoir en imitation le degré de molesse et de souplesse qui lui convient. Ne voit-on pas dans les ateliers de sculpteurs, des figures en terre encore molle, mais qu'il serait fort dangereux d'imiter, à cause de leur roideur et de leur dureté; des marbres trop mous par leurs formes et qu'il ne faudrait pas étudier? tels sont souvent ceux de Bernini et d'autres statuaires de son école.

On s'est récrié aussi contre l'étude des empreintes en plâtre, étude, a-t-on dit, qui accoutume à faire blanc et dur; mais ces craintes sont chimériques, si le peintre a étudié d'ailleurs le coloris : ou bien il faudrait aussi qu'il s'abstînt d'observer les linges et les étoffes blanches et très-claires; ce qui serait une retenue ridicule, puisqu'on remarque tous les jours un coloris trop rose, des formes trop amollies sur des tableaux dirigés par l'étude des statues.

Au reste, plusieurs de ceux qui ont signalé l'étude de l'antique comme pernicieuse si on n'apporte pas toutes les précautions qu'ils indiquent, ont répété ces conseils d'après d'autres et sans avoir acquis une idée juste de cette étude et de ces modèles. On croirait, d'après leurs craintes, que l'art antique n'offre partout qu'un idéal fantastique, qu'une beauté inaccessible et mystérieuse, comme s'il ne s'agissait dans tous les ouvrages des anciens que des symboles imposans de leur première théogonie. Mais outre ce nombre infini de divinités charmantes de vérité sorties de leur ciseau, combien ne peut-on pas admirer d'images naïves de la simple nature? quelle quantité de figures humaines et non divinisées! quelle quantité d'animaux de toute espèce! combien d'imitations pures et frappantes par la ressemblance! Ce n'est pas seulement pour avoir représenté la majesté de Jupiter et l'héroïsme des guerriers qu'on admire le savoir des anciens; c'est pour avoir en tout saisi l'esprit et les intentions de la nature, dans la forme, par exemple, d'Hercule déïfié, ou de Vénus parée de sa pudeur, comme dans la forme du cep de vigne qui serpente autour du laurier d'Apollon; dans le mouvement d'un écuyer combattant, comme dans le repos d'une draperie ou d'un léger ornement.

« Comment voulez-vous, disent les critiques, qu'un » peintre imite, dans la représentation de sa figure, la » manière idéale de l'antique qui sacrifie toutes les pe- » tites formes constituant la vérité de la nature? Qu'offre » en effet l'antique aux yeux du peintre? des jambes et » des membres si différens de la nature individuelle, » qu'ils paraissent comme des colonnes étudiées au com- » pas; une chair si différente de la chair ordinaire, qu'on » n'y voit ni plis ni souplesse d'épiderme; les parties dé- » licates et subtiles des muscles, les veines mêmes y sont » retranchées, etc... »; mais c'est le cas de répéter que ces ennemis de l'antique le redoutent sans le connaître. Ils n'ont donc ni examiné ni raisonné les productions vraiment classiques des anciens; ils n'ont jamais su distinguer cette maxime : que les dieux dans les images antiques n'étaient pas des héros, ni les héros des hommes ordinaires, et que dans ces différens caractères, l'art des Grecs offre des modèles parfaits. Ces critiques vous disent que les anciens n'exprimaient dans leurs figures ni les veines ni les plis de la peau; et ils vous signalent quelque statue médiocre d'Apollon ou de Jupiter, faite dans le bas-empire, vous rappelant les figures toutes de chair de Bernini, les muscles nombreux de Michel-Ange, les veines et l'épiderme des figures de Puget : ils ont lu dans Winckelmann, que les dieux nourris d'ambroisie n'étaient jamais représentés avec des veines, puisqu'elles ne contenaient point un sang grossier; mais en supposant qu'il fût vrai qu'une considération de cette nature ait jadis retenu quelques artistes, un coup-d'œil jeté sur les plus beaux ouvrages grecs suffirait pour rendre plus circonspects ces critiques. Ne peuvent-ils donc pas compter tous les mouvemens des muscles, des tendons et de la peau sur les deux figures appelées gladiateurs? qu'ils suivent toutes les ramifications des veines sur les tempes et les pieds du Laocoon; qu'ils voient le portrait parfait d'un individu dans le torse du faune Barbérini; ou s'ils veulent du décrépit, s'ils se plaisent dans l'imitation des peaux ridées et pendantes, qu'ils examinent sans sortir du musée du capitole tant de bustes de vieillesse : une Hécube, une Ménade, une vieille femme assise tenant une outre, et tant d'autres qu'il serait superflu de rappeler.

Un mot de Pline à ce sujet aurait dû cependant désabuser ces critiques. « Les jeunes garçons de Céphissodore, dit-il, qui, dans leurs jeux se tenaient les bras enlacés, semblaient imprimer leurs doigts délicats plutôt dans la chair que dans le marbre. » (Liv. XXXVI.) Au reste, la belle Vénus qu'on vient de découvrir à Milo, et qu'on possède à Paris, en dira plus sur ce point que tous nos raisonnemens. Il faudrait d'ailleurs renvoyer ces critiques à l'étude des questions physiologiques relatives aux formes de la santé et de la beauté, etc., pour leur persuader que les Grecs savaient très-bien distinguer la souplesse saine et l'exagération flasque de la chair.

« On ne peut se dissimuler, dit Reynolds, que le caractère de tant de milliers de statues antiques qui nous sont parvenues, n'approche beaucoup d'une tranquillité roide et inanimée. » Je conviens avec Reynolds qu'un grand nombre de statues n'offrent pas des modèles d'action tels qu'on en désire souvent pour certains tableaux, et tels que les anciens en ont produit dans leurs nombreux bas-reliefs. Mais des statues sont des statues; et pour des figures isolées, et pour le caractère qu'on a voulu leur donner, elles sont ce qu'elles doivent être, et peuvent presque toujours servir de modèles pour des tableaux n'offrant aussi qu'une seule figure. Les anciens n'ont-ils donc pas animé à un haut degré leurs statues, et n'ont-ils pas exprimé de vifs mouvemens, lorsque cela convenait? de même, quand la nature du sujet leur commandait la réserve, la retenue et l'économie dans les gestes et les mouvemens, ont-ils jamais manqué de les caractériser? mais qui oserait avancer que dans ce calme même ils n'ont pas su exprimer la vivante souplesse du corps ni faire disparaître la roideur de la matière? et qui pourrait contester le grand mérite des anciens en ceci, je veux dire en cet art d'exprimer l'action et l'existence lorsqu'ils représentaient le calme, et d'exprimer la plus noble décence lorsqu'ils représentaient la véhémence et la vivacité? C'est ainsi que Praxitèle avait su rendre à la fois dans sa fameuse Vénus admirée à Gnide et la vie de la Volupté et la chaste réserve de l'Amour : la grâce de Vénus et la dignité d'une déesse.

Si l'on critique aussi la ressemblance qui paraît exister entre plusieurs têtes antiques, je ferai observer que cette ressemblance ne se trouve qu'entre celles qui représentent la même divinité. Car chaque divinité avait chez les anciens un caractère convenu, consacré même, et qui probablement provenait, ainsi que l'a conjecturé M. Heyne, de celui qui avait été prescrit par quelque artiste célèbre. Ainsi la tête de telle ou telle statue fameuse de dieu ou de déesse était devenue prototype de toutes les têtes de cette divinité. Au surplus (et ceci, qui n'a encore été dit nulle part, sera expliqué au chap. 225 et suiv.) cette ressemblance, quant au caractère général, n'est que fort rarement une ressemblance dans les traits et dans ce qu'on appelle la physionomie; physionomie que les artistes anciens savaient emprunter aux divers individus servant de modèle, mais dont souvent ils embellissaient les traits proportionnellement d'après le *canon* convenu et consacré pour chaque divinité. Voilà pourquoi on voit tant de têtes de Minerve, qui bien que frappantes au prime abord par ce caractère de Minerve, sont cependant si dissemblables quant aux traits, et ont toutes, malgré l'embellissement, une physionomie individuelle et un accent naturel et varié. Et ici est à remarquer cette liberté admirable que laissait à chaque artiste l'excellente théorie des beaux tems de la Grèce.

Lorsque Tiziano alla à Rome (selon Felibien, Conférences de l'Académie), il fit une raillerie contre les imitateurs du groupe de Laocoon, les représentant sous la figure d'un singe avec ses petits, pour critiquer les peintres qui, comme des singes, au lieu de produire quelque chose d'eux-mêmes, ne faisaient qu'imiter ce que d'autres avaient fait avant eux. Mais Tiziano ne critiquait que les copistes, et peut-être les parodistes de ce morceau antique; il ne voulait sans doute pas en critiquer l'étude, car on voit qu'il avait lui-même dessiné la tête de Laocoon pour celle du Christ couronné d'épines, fameux tableau du musée de Paris, et peut-être aussi pour son tableau de Saint-Pierre Dominicain.

Quant à la critique qu'on a tenté de faire des draperies antiques, composées, a-t-on dit, de longs tuyaux roides et parallèles, c'est ou un malentendu ou une prévention. Non-seulement on admire dans l'antique une foule de draperies libres, agitées, légères, souples et variées de mille manières, mais dans les draperies nobles et tranquilles on trouve le moelleux des étoffes et le jeu de la nature. Pour ce qui est de la convenance du caractère dans les draperies antiques, qualité que nous ne savons apprécier que bien rarement et qui semble même nous être étrangère, il faut dire que jusqu'à la fin de l'art romain et jusque dans ses plus médiocres productions cette convenance et cette propriété de caractère se trouvent portées à une telle perfection que cela seul suffirait pour rendre les artistes anciens étonnans et admirables. Cesdraperies sont d'ailleurs si heureusement imaginées, qu'on peut hardiment défier nos artistes d'en jamais composer de plus belles, de plus aisées et de plus gracieuses.

Ne nous occupons pas davantage de ces préventions modernes répétées dans des livres où tant d'écrivains trouvent commode de se copier les uns les autres. Passons aux éloges que tant de maîtres autrefois et depuis peu ont sincèrement accordés aux travaux des anciens.

D'abord il ne nous sied guère d'être plus difficiles que ces Romains qui allaient sans cesse étudier à l'école de la Grèce. Horace, qui en fut un illustre disciple, nous prescrit leurs leçons le jour et la nuit. Cicéron ne cherchait-il pas à ravir à Démosthènes ses secrets? Virgile n'étudiait-il pas Homère; Quintilien, Aristote? et les mêmes modèles archétypes n'ont-ils pas toujours guidé et rallié les plus beaux génies modernes? Mais revenons à la peinture et à la sculpture.

Ovide, pour donner une haute idée de la beauté du centaure Cyllare, disait : « La forme de ses épaules, ses » mains, sa poitrine, tout ce qu'il a enfin de la figure » humaine, est d'une beauté comparable aux chefs- » d'œuvre de l'art les plus admirés. » (Métam. XII.)

Écoutons Plaute : « Rien de plus séduisant, dit-il, » depuis les pieds jusqu'à la tête, que cette belle captive. » Si vous en doutez, examinez-la; vous croirez voir une » peinture d'une exécution parfaite. »

Nous disons aujourd'hui : cette personne est belle à peindre; mais les anciens disaient : cette personne est belle comme une peinture.

« Ne vous imaginez pas, dit Maxime de Tyr, pouvoir » trouver une beauté naturelle qui le dispute aux statues. »

Philostrate, en parlant d'Euphorbe, dit qu'il était si près de la beauté d'une statue, qu'on l'aurait pris pour Apollon. Au sujet de Néoptolème, il s'exprime ainsi : « Achille, son père, le surpassait en beauté, comme les » statues surpassent les hommes. » Enfin, on trouve de toutes parts, chez les écrivains anciens, des éloges non équivoques qui attestent leur grande estime pour ces chefs-d'œuvre qu'on peut dans certains tems méconnaître et dépriser, mais qui toujours serviront de modèles.

Venons-en à quelques citations d'écrivains modernes : « Ne cherchez point, dit Winckelmann, à découvrir des » défauts dans les ouvrages de l'art antique, avant que

» vous ayez appris à en saisir les beautés. Cette maxime » est fondée sur l'expérience journalière. La plupart de » ceux qui peuvent voir les productions de l'art par eux- » mêmes, et qui sont obligés d'apprendre des autres à » les juger, échouent dans la connaissance du beau, » parce qu'ils veulent être censeurs avant d'avoir été » disciples; ils font comme des écoliers qui ont assez de » finesse pour voir le côté faible de leur maître. Notre » vanité ne se contente pas d'une contemplation oisive, » et notre amour-propre veut être flatté : pour satisfaire » l'une et l'autre, nous voulons juger; mais comme il » est plus aisé de trouver une proposition négative qu'une » proposition affirmative, de même il est plus facile de » découvrir les défauts d'un ouvrage que d'en sentir les » beautés. Il coûte moins de peine de juger, que d'en- » seigner. Les soi-disans connaisseurs s'approchent d'une » belle statue, exaltent sa beauté en termes généraux; » cela ne coûte rien; et quand ils ont promené long- » tems des regards incertains sur l'ouvrage, sans avoir » saisi ce qu'il y a de bon dans ses parties, et sans en » avoir pénétré le principe de la perfection, ils les fixent » sur les défauts : dans l'Apollon, ils remarqueront le » genou en dedans, ce qui est plus du restaurateur que » du maître : dans le prétendu Antinoüs du Belvéder, » ils critiqueront les jambes jetées en dehors : dans » l'Hercule Farnèse, ils se rappeleront avoir lu quelque » part que la tête n'est pas proportionnée au corps, et » ils diront qu'elle est un peu petite. Ceux qui se piquent » d'une érudition plus profonde, vous raconteront à cette » occasion, que la tête de cet Hercule a été trouvée dans » un puits, à une lieue de la statue, et que les jambes ont

» été découvertes à dix lieues loin du tronc; conte rap-
» porté gravement dans plus d'un livre : de là vient que
» l'on ne remarque dans la statue que les additions mo-
» dernes. C'est de cette nature que sont les remarques
» que les guides aveugles font faire à ceux qui voyagent
» à Rome. D'autres se trompent par trop de circonspec-
» tion; sous prétexte de se dépouiller de toute prévention
» en faveur des monumens antiques, ils paraissent avoir
» pris la ferme résolution de ne rien admirer : froids à
» la vue d'une belle antique, ils n'ont garde de s'en laisser
» affecter, parce qu'ils croiraient déceler l'ignorance, en
» se livrant à un transport d'admiration. Cependant
» Platon prétend que l'admiration est le sentiment d'une
» ame philosophique et le commencement de la sagesse.
» Voulez-vous être initié dans les mystères de l'art? faites
» autrement : approchez-vous d'un esprit prévenu en
» faveur de l'antique : persuadé que vous serez d'y trouver
» du beau, vous le chercherez, et à force de le chercher,
» il se dévoilera à vos yeux. Retournez jusqu'à ce que
» vous l'ayez trouvé, car il existe.

» 2°. Évitez de répéter les décisions des gens du
» métier; ils préfèrent presque toujours le difficile au
» beau. Cet avertissement n'est pas moins utile que le
» précédent, parce que telle est, en général, la routine
» des artistes ordinaires qui n'estiment que le travail,
» sans faire cas du savoir; ils croient souvent montrer
» plus de talent quand ils produisent sur le marbre un
» rézeau travaillé à jour, que quand ils en tirent une
» figure d'un dessin précieux.

» 3°. Faites, à l'imitation des anciens, une différence
» entre l'essentiel du dessin et les accessoires, soit pour

» que votre jugement ne tombe pas à faux en relevant » des choses qui ne méritent aucun examen, soit aussi » pour que votre attention puisse se diriger et se fixer » sur le véritable but. ».

Associons à ces réflexions de Winckelmann, celles de son digne ami, Raphaël Mengs :

« Quant à la préoccupation pour les Grecs, dit ce » dernier, cette passion même sera favorable, puisque les » restaurateurs modernes des arts doivent tout ce qu'ils » ont de bon à cette même préoccupation, laquelle tant » qu'elle a régné en Italie y a soutenu les arts avec » honneur. En France, les arts sont tombés en déca- » dence à mesure que cette prévention s'y est perdue ; » et dans les pays où cette espèce d'enthousiasme n'a » jamais été connu, on n'est jamais parvenu non plus à » un certain degré de perfection.

» Le mépris que l'on a porté aux ouvrages de l'anti- » quité, a fait tomber la sculpture moderne dans l'état » déplorable où nous la voyons aujourd'hui.... [1] Je crois » que, sans se tromper, on peut dire que le goût des » anciens était celui de la beauté et de la perfection. »

Écoutons maintenant J. Reynolds, cet écrivain si judi- cieux. Voici comment il s'exprime à ce sujet :

« C'est par les débris des ouvrages de l'antiquité que » les arts reprirent naissance chez les modernes, et c'est

[1] Les écrits de R. Mengs et de Winckelmann n'ont pas peu contribué à faire ressaisir les préceptes des anciens et à opérer la belle révolution qu'ont éprouvée les beaux-arts. Ils porteraient donc aujourd'hui un autre jugement sur notre sculpture et sur les tableaux de la fin du dernier siècle et du commencement de celui-ci. Mais ils poursuivraient probablement leurs critiques et leurs regrets sur la marche que tend à reprendre depuis peu en France la peinture.

» par leur moyen qu'il faut chercher à les faire revivre » une seconde fois parmi nous. Quelque mortifiante que » soit cette idée, nous devons cependant convenir que » les anciens sont nos maîtres, et l'on peut hardiment » prédire que du moment où nous négligerons de les » étudier, les arts cesseront de fleurir, et que nous re- » tomberons aussitôt dans la barbarie. »

Plus loin il ajoute :

« On doit donc chercher avec empressement et étu- » dier avec soin toutes les inventions et toutes les idées » des anciens sous quelques formes qu'elles se présentent, » soit statues et bas-reliefs, soit pierres gravées, camées » ou médailles : le génie qui plane sur ces respectables » monumens peut être regardé comme le père de l'art » chez les modernes. »

« Les choses antiques, dit Dolce, contiennent toute la » perfection de l'art, et peuvent servir en tout de mo- » dèles. »

« L'antique est une admirable traduction à l'aide de » laquelle on parvient à reconnaître les beautés de l'ori- » ginal.... Plus vous aurez étudié l'antique, plus la nature » vous paraîtra grande, variée, admirable. » (Emmeric David. *Recherches sur l'art statuaire.*)

« Les artistes modernes se sont révoltés contre l'étude » de l'antique, parce qu'elle leur a été prêchée par des » amateurs; et les littérateurs modernes ont été les dé- » fenseurs de l'étude de l'antique, parce qu'elle a été » attaquée par des philosophes. » Et plus loin le même auteur ajoute : « Il me semble qu'il faudrait étudier » l'antique, pour apprendre à voir la nature. » (Diderot. *Critique du Salon.*) Et en ce point il se rencontre avec Buffon.

Visconti a dit depuis : « Celui qui calque ses ouvrages » sur la nature ne saurait être fort éloigné des originaux » de l'antiquité. »

Le Batteux écrivait : « L'antique fut pour nous ce que » la nature avait été pour les anciens. »

« L'étude de l'antique peut seule conduire à la connais- » sance des beautés de la nature : c'est ainsi qu'Eupompe, » après avoir étudié les ouvrages de Polyclète, se proposa » la nature pour modèle. » (HAGEDORN.)

Rubens, dans son manuscrit traduit par de Piles, dit que nous ne pouvons rien produire de semblable aux ouvrages des Grecs, et que l'esprit des anciens était vraiment héroïque.

« Comment nous dédommager, disait Florent le Comte, » de la perte des beaux tableaux de l'antiquité, si ce n'est » en retrouvant le chemin qui a conduit leurs illustres au- » teurs à cette perfection dont nous avons à peine l'idée ? »

« Parmi les chefs-d'œuvre d'artistes (dit Lavater, que » je cite ici, quoique ses recherches se dirigeassent peu » vers la beauté), le premier rang a toujours été assigné » aux statues grecques des beaux tems de l'antiquité : » l'art n'a jamais rien produit de plus sublime ni de plus » parfait ; c'est une vérité généralement reconnue. »

« Quand les modernes surpasseront les anciens, les » ouvrages de la Grèce cesseront d'être classiques. » (ARMAND. *Réflex.*)

On lit ce passage dans l'Encyclopédie : « L'antique et » les grands maîtres dans l'art du dessin doivent être » copiés avec la plus grande précision, la plus grande » fidélité ; j'oserais même dire avec une soumission ser- » vile, car il n'y a pas de honte à être esclaves de tels » maîtres. »

Ne pourrais-je pas citer aussi ce que Bitaubé dit au sujet des traductions (page 46 de l'Illiade. Paris. 1804) : « Les traductions des anciens les font connaître et en » répandent le goût dans une nation : elles accélèrent ses » progrès et peuvent aussi retarder son déclin vers la » barbarie, en lui montrant au moins des copies des » modèles que l'on commence à négliger; copies qui » peuvent l'engager à remonter aux belles sources; copies » qui, toutes faibles qu'elles sont, peuvent être une con- » damnation tacite des monstres qu'enfante la dégradation » des talens. »

Enfin voici deux réflexions d'auteurs tout modernes :

« Ceux qui ont pris les Grecs pour modèles, depuis » le renouvellement des arts et des sciences, sont encore » ceux qui se sont acquis le plus de gloire, non-seulement » en peinture et en sculpture, mais dans tous les arts et » toutes les sciences. L'étude de la littérature grecque » nous a donné les Tasse, les Racine, les Pope, les Boi- » leau, les Poussin, etc., etc. Contre les faits, il n'y a » pas à réclamer. » (Lens. *Du bon goût en peinture.*)

« C'est le flambeau des Grecs qui a dissipé les ténèbres » qui couvraient nos froides régions de la Gaule : ce n'est » qu'en renouvelant notre commerce avec ce peuple dé- » licat et poli, que nous pourrons écarter la barbarie qui » nous menace au milieu même de nos chefs-d'œuvre. » (Geoffroy. *Comment. sur Racine. P.* 651. *Tome* 4. *Paris.* 1810.)

Mais il faut que je finisse ces citations par le mot que David n'a cessé de répéter à ses élèves :

« On ne fait rien de beau, soit en peinture, soit en » poésie, sans le secours des anciens. »

Quoiqu'il y ait eu des critiques prévenus qui se sont attachés à rabaisser le mérite des anciens, on ne peut pas dire qu'il y ait eu des gens de bonne foi haïssant réellement l'antique. Mais souvent il arrive que, quand un artiste n'a pas su, ou n'a pas eu le loisir de consulter les anciens, soit quant au style et au goût, soit quant à la science; et qu'après les avoir consultés, il n'a produit à la fin qu'un ouvrage faible et tout empreint du goût moderne, il cherche alors à dénigrer l'antique. Il répète que le goût des anciens était bon pour leurs tems, et que le nôtre, bien que différent, n'en est pas moins excellent; il établit des dissemblances forcées entre la sculpture et la peinture, et ne veut point reconnaître les peintures antiques existantes comme pouvant servir de modèles en la moindre chose, parce que, dit-il, ce ne sont que des décorations, des frises, des jeux de pinceau sans effet. La simplicité antique, il l'appelle froideur, monotonie; il met en avant la nécessité de piquer et d'émouvoir le public dans ce siècle où tous les moyens, assure-t-il, sont usés et où il faut fasciner par un certain éclat et par un ressort absolument neuf et inattendu; souvent il couvre, comme il peut, la pauvreté de son ouvrage, et feint d'attribuer à une résolution bien calculée ce qui n'est que l'effet d'une misérable habitude de singerie et d'une triviale témérité; enfin il se prévaut de l'exemple des peintres modernes de grand renom, maîtres en vogue qu'on est toujours prêt à citer, et cela parce que, malgré leur goût malheureusement opposé à celui de l'antiquité, ils ont jeté par leur manière souvent barbare et parfois même grotesque, un assez grand éclat et qu'ils ont fait preuve d'un très-grand talent.

Oserai-je dire encore qu'on a refusé quelquefois de prendre l'antique pour modèle par cette seule raison qu'on croyait le surpasser en faisant différemment, et qu'ainsi on a prétendu le corriger et le perfectionner, comme si l'on pouvait ignorer que tout l'art antique est le résultat de plusieurs siècles de méditations et d'études suivies par un grand nombre d'hommes de génie?

D'autres sont de meilleure foi : ils se vantent d'imiter et d'égaler l'antique; mais, aveuglés par la vanité, ils ne font que des espèces de charges du style antique, et n'obtiennent que des parodies que les ennemis de l'art grec ne manquent pas de signaler. Ils croient apercevoir dans l'antique un art de routine et de lazzis, et s'imaginent qu'il ne faut que s'abandonner à cette même manière, à ces mêmes lazzis, pour arriver au même but. Mais où ne les conduit pas leur vanité? ils sont roides, sans vie et sans naïveté dans leurs figures; leurs compositions sont symétriques et froides; dans les draperies, ils restent lourds ou entortillés; enfin, malgré leur espèce d'audace, ils s'éloignent d'autant plus de ce goût antique si facile à saisir, selon eux, qu'ils se vantent d'en approcher de plus près.

D'autres enfin, et c'est le plus grand nombre, voudraient bien penser, disposer et dessiner comme les anciens; mais ils n'ont jamais vu dans l'antique le fond et le principe de l'art; ils n'en ont goûté que la superficie, et ce n'est qu'à l'aide d'une doctrine incertaine et toute subordonnée à un sentiment très-vague lui-même, qu'ils entreprennent de marcher sur les traces des artistes d'autrefois. Peu ingénieux dans les moyens, peu exercés dans les comparaisons, le goût des écoles modernes et l'habitude des ateliers les dominent et les violentent; une certaine méfiance les retient, et, tout en aimant les anciens, ils produisent des ouvrages qui ne sont au total qu'une répétition assez insipide de tout ce que l'art moderne offre de moins philosophique et de moins relevé.

Mais ne dois-je pas encore ici mettre en opposition avec la gravité et la force qu'exige une pareille étude, la légèreté et la liberté un peu suffisante de ces élèves, qui vont esquissant, croquant çà et là les bas-reliefs et les statues, sans autre préoccupation que celle de leur adresse et de leur vivacité de crayon; cherchant à séduire par un faire qu'ils appellent spirituel et qui n'est qu'impertinent; appelant études ce qui n'est que babil de la main, et propageant ainsi des copies sans caractère, sans vérité, sans ressemblance, de ce qui ne devrait être répété qu'avec prudence, qu'avec un religieux scrupule et un respectueux recueillement?

Souvent ces mêmes artistes, pour perpétuer leur talent facile et libertin, confient à la gravure leur travail, et les portefeuilles se trouvent remplis de ces pauvres et chétives gravures où l'antique n'est plus reconnaissable, tant il est estropié, dégradé et misérablement travesti.

Il existe encore une autre espèce d'imitateurs de l'antique qui, faute de tems et d'études, ont contribué, tout en le faisant respecter, à en donner une idée fausse et défavorable : je veux parler des décorateurs. Ces artistes pressés dans leur travail, détournés de la méditation nécessaire à ces sortes d'études, ont produit souvent de souvenir des répétitions grossières de l'antique, et le public n'a pas toujours goûté ces imitations; cependant on ne doit point les regarder comme dangereux, car dégagés des préjugés d'école, peu révérencieux envers les styles des Florentins, des Carraches et des académies, ils tâchent de s'élever de suite au grand style et à cette noblesse antique dont l'aspect est toujours fait pour entretenir de belles pensées. Leurs dispositions, leurs attitudes, leurs draperies, leurs coiffures sont belles, sont conformes au vrai goût, et malgré la rudesse et la roideur du travail, ils contribuent à propager l'estime si utile que l'on doit aux anciens.

Ici je m'explique : je ne parle que de ceux qui aiment et tâchent de suivre les modèles antiques mêmes, et non de ces décorateurs qui, pour être neufs, vont couvrant les panneaux, les plafonds et les papiers de tenture de figures baroques et déplaisantes, d'arabesques ridicules et sans intention, appelant du nom d'antique et quelquefois d'étrusque leur pitoyable style.

Que peut-on conclure de ces diverses observations? Premièrement que, s'il faut connaître les anciens pour les aimer sincèrement, il faut aussi les aimer pour les connaître; de plus, que ce n'est qu'à force de les étudier, de les analyser, de comparer leurs intentions sages et élevées aux habitudes un peu capricieuses et un peu routinières et irréfléchies des modernes, que ce n'est qu'en pénétrant continuellement les causes qui ont déterminé les anciens à saisir tels ou tels caractères de la nature, tels ou tels calculs de l'art, en un mot, que ce n'est qu'en les interrogeant et en les consultant sans cesse qu'on parviendra à s'identifier avec eux, à penser comme eux, et à conduire le grand art de la peinture à son but et par le véritable chemin.

Enfin ce n'est qu'au moyen d'un très-grand nombre

de modèles ou de monumens, que l'artiste pourra se convaincre que toutes les parties de l'art sont observées jusqu'à la perfection dans les plus beaux ouvrages de l'antiquité; que le peintre, comme le sculpteur, doit y aller puiser les exemples de la composition et de la vraie poésie graphique; que là seulement les mœurs antiques, héroïques et mythologiques, ou historiques, sont retracées et reproduites en images fidèles; que là se trouvent les plus ingénieuses et les plus sages études de la disposition du tout et des parties; enfin que le dessin et toutes les qualités dépendantes de son immense domaine, y brillent de plus d'éclat que ne pourront jamais en produire tous les ouvrages modernes réunis........ Vérité, beauté, charme, expression, vie, simplicité, pureté, philosophie, perfection de détails, excellence d'ensemble, grâce et finesse d'exécution, toutes ces conditions s'y retrouvent et s'y font admirer. Le goût des draperies, des coiffures, des ajustemens, des accessoires et leur convenance, ne saurait jamais être porté à un plus éminent degré. Ces mêmes anciens n'ont-ils pas aussi laissé les règles les plus sûres de l'art des portraits? enfin si les modèles de clair-obscur et de coloris sont rares dans le petit nombre de peintures antiques que le hasard a fait découvrir dans des lieux peu propres à recevoir des chefs-d'œuvre, ces mêmes fragmens ne peuvent-ils pas nous donner une idée très-nette des véritables principes de ces deux conditions importantes de l'art? Concluons en un mot que, pour faire servir à la peinture la contemplation et l'étude des antiques, il ne nous reste plus qu'à rechercher ou à expliquer les élémens qui constituent tant de beaux ouvrages, afin de pouvoir ensuite en faire une heureuse application. Déjà d'habiles écrivains ont coopéré à ce précieux travail ; déjà les arts en ont ressenti les effets bienfaisans : c'est donc le même but qui va me diriger, et ce sera l'analyse de l'art antique qui deviendra mon principal moyen dans les recherches théoriques que j'aurai à poursuivre dans tout le cours de ce traité.

Cependant, dira-t-on, est-il bien vrai que nous n'avons pas d'autres leçons à recevoir et à suivre que celles des anciens, et est-il prouvé que, parmi les combinaisons imaginées par les modernes, il ne s'en trouve aucune qui ait ajouté à l'art de nouveaux charmes, ou de nouvelles perfections ? — Aucune. — Pourquoi donc, dira-t-on encore, s'est-il trouvé des écoles où les élèves goûtaient avec une ardeur et une sensibilité extrêmes le style que vous appelez vicieux, et la manière de leur tems et de leurs maîtres ? Ne serait-ce pas par certains préjugés que vous recommandez autant cette affection pour les statues et pour tous les ouvrages de l'antiquité ? — Non. — La jeunesse, avide d'apprendre, est portée à imiter ; elle reçoit profondément les impressions, et n'aspire qu'à ressembler aux hommes célèbres, pour lesquels elle a conçu de bonne heure de la considération. Dans les tems vicieux de l'art, le mauvais goût était transmis du maître à l'élève : les charmes de la sculpture grecque n'étaient point exposés à leurs yeux, ou ils étaient appelés mystérieux et trop étrangers aux mœurs d'alors ; et si on louait l'antique, c'était sans le proposer pour modèle. Enfin, ajoutera-t-on, vous ne persuaderez pas que certains modernes, en se livrant en toute liberté à leur propre goût et à leurs inspirations, n'aient pas laissé d'heureux exemples à suivre en certaines parties, fussent-elles accessoires ; et l'antique eût acquis certainement quelques charmes de plus, si les artistes d'autrefois se fussent abandonnés de tems en tems à ces mêmes libertés, à ces mêmes inspirations. Ne trouvons-nous pas des preuves de ces perfectionnemens dans nos meilleurs statuaires modernes? Enfin l'art ne gagnerait-il pas, en adoptant, par exemple, la chaleur des mouvemens de Michel-Ange, le caractère de ses formes, la morbidesse des chairs, et la molesse gracieuse des marbres de certains statuaires de nos jours, leur fini précieux et leur ciseau recherché? En un mot, pour parler de notre plus renommé statuaire, n'admirons-nous pas les cheveux si doux, les sourcils fondus et les pieds si tendres de Canova, comme des qualités ajoutées à l'art antique? — Non, pas plus que les fossettes aux joues et au menton; moyens faux de raffinement adoptés par quelques restaurateurs modernes.

L'art des Grecs était pur et excellent; leur sensibilité était extrême; et ils ont dû repasser dans leur esprit toutes les combinaisons dont l'intelligence humaine est susceptible. Leur grand savoir, la finesse de leur tact et de leur jugement, leur a fait rejeter ou adopter précisément ce qu'il convenait d'adopter ou de rejeter. Rien de nouveau ne peut être ajouté à l'art antique, que des dégradations et des flétrissures; et si, après les périodes grecques où l'on a vu l'art atteindre à la perfection, des artistes pleins de talent n'ont pas ambitionné autre chose que de marcher sur les tracés des Phidias, des Polyclète, des Praxitèle, des Lysippe, des Protogène et des Apelle, devons-nous rougir de nous aider des mêmes réserves et de suivre ces mêmes guides? Non, ce droit d'aspirer à des perfectionnemens de notre choix, ne nous sera accordé que lorsque ces anciens que nous voulons corriger auront été imités et égalés.

Mais parlons de la distinction déjà indiquée au chapitre 5.

Les grandes leçons qu'on peut puiser aujourd'hui dans les sculptures antiques exécutées à Rome, même dans les tems postérieurs de l'art, ont paru à certains artistes un aliment suffisant, et tous n'ont pas pensé à remonter jusqu'à la source pure de la Grèce. Le caractère de grandeur de la sculpture romaine, son aspeet noble et pompeux a été plutôt senti et goûté que les finesses sévères et les naïvetés attiques. Raphaël, par exemple, n'a presque étudié que les bas-reliefs et les statues romaines.

Le prime abord dans les monumens romains est toujours imposant par la disposition, par l'ordre et la variété des grandes parties, par la netteté, la force, ainsi que par la richesse et la magnificence : ces qualités séduisent; souvent elles imposent à l'œil et à l'esprit, laissant toujours une grande idée de l'art. Mais si les Grecs n'ont pas constamment manifesté d'aussi belles ordonnances, d'aussi grandes décorations, et cela par d'autres vues et pour se conformer à toutes les convenances, que de charmes dans leur simplicité! Que de savoir et de sentiment dans leurs images naïves et toujours gracieuses! Mais surtout quelle justesse, quelle vérité, quelle propriété dans les formes, dans l'anatomie, dans le mécanisme humain, dans l'espèce et le caractère! Quel langage, quel style simple, pur et enchanteur! Nous blâmons les artistes qui, sous les Antonins, abandonnèrent cette sévérité éloquente de la sculpture grecque; pourrions-nous, sans rougir, n'y pas aspirer nous-mêmes?

Cependant cette préférence qu'on recommande pour les modèles grecs, ne devrait point exclure l'étude des monumens romains. Il n'est pas rare de trouver des artistes trop exclusifs en ce point : souvent l'enthousiasme qu'inspire ce goût si pur et si touchant des ouvrages grecs, fait mépriser les productions mêmes du beau tems de Rome. Cet excès, qui est un préjugé blâmable, pourrait passer pour un symptôme d'ignorance ou de présomption ; car on supposerait par là, ou qu'ils se croient déjà eux-mêmes au-dessus de ces beaux modèles romains, ou qu'ils n'ont pas l'esprit assez étendu pour en comprendre le mérite et savoir s'y attacher.

Faisons encore une réflexion qui se développera dans le cours de ce traité : c'est que, pour imiter la science et le style des anciens, il faut les imiter dans toutes les parties qui constituent l'art ; ainsi, pour prendre quelques exemples, s'il s'agit de la pantomime, on peut dire que dans un tableau, sans la convenance ou le mode du geste, il n'y a point de style antique ; sans unité dans le caractère des formes ou de l'espèce, il n'y a ni goût ni style antique ; sans la disposition une, c'est-à-dire régulière, mais exempte de duplicité, il n'y a ni aspect ni physionomie qui rappelle l'art de l'antiquité. Toutes ces conditions et tant d'autres doivent donc être étudiées dans les anciens, soit romains, soit grecs, ou, pour mieux dire, dans des écoles complètes, dont toutes les leçons soient empruntées à l'antiquité.

Il faut maintenant signaler de nouveau les méfiances que l'on ose quelquefois inspirer aux élèves pour ces sources inépuisables de bon goût et de perfection. Qui croirait que les erreurs des peintres qui oublient la nature sont attribuées, même par des professeurs, à cette affection que nous recommandons ici pour les modèles grecs? Mais quelle étrange façon de raisonner, ou quelle dissimulation dans le raisonnement! Une parodie de Racine ou de Corneille rend-elle donc blâmable l'étude des qualités de ces poètes sublimes, et l'antique est-il dangereux parce que des artistes sans jugement et sans délicatesse nous donnent pour du goût grec leurs pitoyables inventions? Les regrets et les plaintes des critiques devraient être dirigés autrement et plus utilement. Ce ne sont pas les modèles grecs qu'il faut redouter et éviter, mais ce sont les prétendues copies qu'en font des artistes ridicules, qu'il faut signaler comme de criminelles impostures; ce ne sont pas les règles et les préceptes des anciens qui peuvent égarer, mais bien les manières et les gentillesses insidieuses de ces artistes dont les ouvrages libres et capricieux n'influent malheureusement que trop sur le goût national; de ces artistes, qui se vantent d'être familiers avec le goût pur de l'antique, lorsqu'ils n'en ont fait les profondes études que sur les écrans, les porcelaines et les peintures des boudoirs. Enfin (car il faut parfois répondre en passant aux principales objections de ces détracteurs de l'antique qui se plaisent à attribuer les écarts des artistes à l'imitation des monumens et à l'abandon des anciens goûts d'école), disons que lorsqu'on recommande aux élèves l'étude des anciens, dans les bas-reliefs, les statues, les pierres gravées et les peintures, on ne veut pas leur insinuer le précepte bannal d'imiter ou de copier telle ou telle figure, telle ou telle composition; on veut leur faire sentir que les diverses qualités qui constituent l'essentiel de l'art, se trouvent rassemblées dans ces beaux modèles conformes en tout à la belle nature, et que toutes les inspirations du génie naturel des artistes, ainsi que l'impulsion de leur goût individuel, ne peuvent jamais, sans le secours de ces mêmes règles antiques, les élever aux grands résultats des arts.

Vous souriez, lorsque des gens étrangers à la sculpture vous demandent ce qu'il peut y avoir de si beau dans un marbre grec mutilé et sali ; dans un bas-relief monotone et sans illusion ; mais l'homme éclairé sourit de pitié, lorsqu'il voit que ces mêmes marbres, apportés à grands frais, d'Athènes et de Rome, que ces mêmes monumens, tant admirés par des artistes, influent si peu sur leurs ouvrages, et que tout leur enthousiasme se réduit à une contemplation stérile ; enfin que cette grande sévérité de goût et de style qu'ils s'empressent et se vantent de remarquer, ne produit que des paroles oiseuses et sans effet. Aussi David disait-il souvent : « J'entends louer l'antique » de tous côtés, et quand je cherche à voir si on en fait » des applications, je découvre qu'il n'en est rien. » N'est-il pas affligeant pour le savant, nourri du style des écrivains de l'antiquité, familier, autant avec les conceptions et les images d'Homère, qu'avec les expressions figurées des artistes de la Grèce ; n'est-il pas, dis-je, affligeant pour lui de voir que les efforts des artistes tendent à plaire à ces brocanteurs qui trafiquent des œuvres de lazzis de tant de peintres des derniers siècles, ou à ces fastidieux prôneurs, qui répètent éternellement les lieux communs empruntés au langage des catalogues, plutôt qu'aux hommes dont le goût est relevé et délicat, et qui ont tant à cœur l'honneur de l'art ?

D'où vient donc le peu d'influence des modèles éternellement admirés et respectés ? Non-seulement de l'oubli de l'antique, mais il faut le dire, du mépris de l'antique. Vanité barbare, jadis tu infectas Rome, tu triomphas du bon goût, et tu soumis les génies les plus élevés ! Louangeurs funestes, vous l'alimentez cette vanité ennemie de la perfection, cette vanité qui pâlit en voyant les résultats de l'ordre, de la pureté et de la sagesse. Vos idées stagnantes et votre complaisance dans le cercle étroit de vos doctrines flétries, feront croître de nouveau ces préjugés que des hommes courageux ont tâché de détruire, mais qui renaîtront bientôt, s'ils trouvent encore un soutien dans vos trompeuses théories.

CHAPITRE 14

DES COLLECTIONS D'ANTIQUES.

Les découvertes que l'on fait tous les jours multipliant de plus en plus les collections d'antiques, il serait fort difficile de faire connaître toutes celles qui existent en Europe. On peut bien indiquer les musées des souverains et les cabinets qui appartiennent à des familles riches ; mais les collections particulières changent de maîtres, changent de lieu, se dissolvent, tandis que d'autres se forment de nouveau. Tel cabinet ne renfermera qu'une ou deux pièces recommandables, et tel autre, quoique considérable, n'offrira au contraire que des morceaux de choix. D'ailleurs combien de médailles, de camées, de terres-cuites, de vases peints, qui, disséminés çà et là, ne peuvent être signalés dans un catalogue. Il existerait néanmoins un catalogue approximatif, si le zèle et l'amour pour l'antique étaient sincères. En effet, les propriétaires de ces raretés ne devraient-ils pas se hâter de les faire connaître par des empreintes, par des gravures, des lithographies, par des dessins et par des descriptions? Ces recueils gravés ne devraient-ils pas être partout annoncés aux artistes? Les peintres, les statuaires, ne devraient-ils pas se les procurer à l'envi pour en faire un objet de contemplation et d'étude, en enrichir leurs portefeuilles, et faire connaître même à ce sujet leurs critiques et leurs observations?

Cependant les choses ne se passent point ainsi. Des morceaux exquis sont relégués dans des lieux inconnus; personne ne les contemple, si ce n'est quelques froids érudits, en sorte qu'il peut arriver que les plus piquans, les plus instructifs sujets de discussion, restent pendant des siècles dans l'oubli.

Aussi notre projet d'une calcographie universelle d'antiques a-t-il été imaginé pour empêcher ces fâcheux abandons.

Les princes de Rome sont certainement les plus zélés, les plus généreux, et les plus sincères dans leur amour pour les monumens antiques recueillis dans leurs galeries. Leurs belles *villa*, leurs palais, sont ouverts à tout le monde; le moindre élève connaît mieux que le prince tous les fragmens, tous les débris réunis en ces précieux dépôts. Aucun local de leurs vastes habitations n'est tenu secret; aussi les principales richesses de Rome sont-elles indiquées dans plusieurs catalogues. Il n'en est pas précisément de même des cabinets d'amateurs ou d'antiquaires si nombreux dans cette ville classique. Les spéculations qu'on y fait sur ces sortes d'objets empêchent qu'on ne les mette en évidence. Néanmoins, c'est incontestablement à Rome que les facilités sont les plus fréquentes pour jouir de ces sortes de recherches, car les raretés en ce genre que renferme Paris et Londres surtout, sont bien moins accessibles.

Ce serait donc provisoirement rendre un grand service à l'art, que d'indiquer les morceaux d'antiquité qui se voient dans les différens endroits du monde. Deux mots sur le lieu où ils se trouvent et sur l'espèce et le caractère des monumens, coûteraient peu au voyageur : de pareilles indications dirigeraient au moins l'amateur ou l'artiste, et faciliteraient le choix des morceaux qu'on voudrait ou étudier ou perpétuer par la gravure; Rome seule fournirait les trois-quarts de cet utile catalogue. Il est assez étrange qu'on n'ait pas tenté de faire au moins celui de toutes les antiques renfermées dans cette capitale des arts. Les itinéraires de Florence, Venise, Naples, Gênes, etc., et celui de Rome par Vasi peuvent en partie y suppléer. Dellaways a écrit en 1816 sur les antiques conservées en Angleterre, etc. Ces ouvrages donnent quelques indications utiles; mais le vrai moyen de parvenir à un catalogue universel et instructif est celui qu'au chap. 16 nous allons proposer.

CHAPITRE 15.

CATALOGUE DES ESTAMPES PUBLIÉES D'APRÈS L'ANTIQUE, COMPRENANT : 1° LES MUSÉUM LES PLUS CÉLÈBRES, LES VILLA, CABINETS, ETC.; 2° LES STATUES ET BAS-RELIEFS; 3° LES PIERRES GRAVÉES, LES CAMÉES, LES MÉDAILLES; 4° LES PEINTURES ANTIQUES, LES VASES PEINTS, LES MOSAIQUES; 5° LES ORNEMENS, LES VASES, LES CANDELABRES, LES LAMPES, ETC.; ET 6° LES ANTIQUITÉS EN GÉNÉRAL OFFRANT DES PRODUCTIONS D'ART.

Ce catalogue a été reporté au volume 1er.

CHAPITRE 16.

PROJET D'UN MUSÉUM CALCOGRAPHIQUE UNIVERSEL D'ANTIQUES, GRAVÉES SELON UN MODE UNIFORME, CONTENANT TOUTES LES PRODUCTIONS ANTIQUES QUI PEUVENT SERVIR AUX PROGRÈS DE LA PEINTURE, DE LA SCULPTURE ET DE L'ARCHÉOLOGIE.

Le nombre des gravures publiées d'après les monumens antiques est immense; il augmente tous les jours, et le besoin des archéologues, autant que celui des artistes, fera poursuivre avec une activité toujours croissante les recherches qui, à l'aide de la gravure, pourront faire connaître entièrement les anciens. A-t-on cependant atteint le but, en diversifiant et en rendant si peu uniformes tant de gravures destinées à faire connaître les monumens? Et ne faut-il pas aujourd'hui s'entendre un peu mieux en Europe, sur la méthode la plus convenable et la plus utile de perpétuer par la gravure les beautés de l'art des anciens?

Depuis plus de deux siècles on a vu paraître, à Rome surtout, une foule de gravures représentant divers monumens; mais ces gravures sont de toutes sortes de dimensions et de toutes sortes de modes d'exécution, ce qui rend impossible le rassemblement qu'on voudrait en faire en un recueil unique et régulier. Tantôt aussi elles sont l'ouvrage d'un burin visant à l'effet et étranger à l'art antique, plutôt qu'elles ne sont de véritables productions de l'art du dessin : souvent ces représentations sont d'une petite dimension et grossièrement indiquées. D'autres fois elles ont été exécutées avec une infidélité, une négligence et même une certaine manière plus propre à causer de la confusion dans les idées et des dommages à l'art, qu'à lui apporter quelque profit. Cependant il faut en excepter un assez grand nombre de bonnes gravures tant isolées qu'appartenant à des recueils ou à des musées, et dans lesquelles la simplicité et le beau caractère antique, qualités si difficiles à transmettre, sont assez bien conservés.

Les productions en archéologie sont très-fréquentes, et presque toujours des gravures accompagnent les dissertations. Mais l'incertitude où sont les auteurs, ou les éditeurs de ces productions, sur la forme, la dimension et le caractère qu'ils doivent donner à ces gravures, ne provient-elle pas de ce qu'on n'a pas un type commun et universel auquel on devrait le plus souvent se conformer? Et s'il est vrai que le format des livres qu'on publie détermine ordinairement un certain choix dans l'espèce de planche qui orne ces livres, très-souvent aussi l'auteur ou l'éditeur est le maître d'adopter telle ou telle forme indifféremment.

A Paris on a beaucoup gravé d'après l'antique, et c'est même le pays où l'on a le plus fréquemment imaginé de rendre utiles aux arts du dessin les collections que la gravure y multiplie tous les jours de mille façons; mais sans parler des ouvrages qui, tels que celui de Montfaucon, par exemple, sont lâches, peu corrects et sans caractère, ou qui, tels que plusieurs autres plus modernes, sont maigres, pauvres, quoique minutieux et recherchés, sans citer, dis-je, telle ou telle production gravée en France d'après l'antique, ne peut-on pas dire qu'on a manqué le but, parce que ces représentations sont exécutées arbitrairement de toutes sortes de façons, souvent même d'après de mauvaises méthodes, et qu'elles sont tellement disparates, tellement incohérentes et si souvent éloignées d'ailleurs du langage propre à ces sortes de traductions, que de tous les efforts de leurs auteurs ne résulte point cet aliment substantiel qui seul peut dans tous les tems redonner à l'art moderne de la vie et du crédit? [1] Cependant chacun sait qu'on n'en doit point dire autant

[1] « La plupart des gravures d'après les plus belles pierres gravées me » déplurent, dit Camper, parce que je crus y apercevoir un goût go- » thique, comme on peut le voir par les représentations d'ailleurs bien » exécutées des empereurs romains publiées par Hub. Goltius en 1645. » Il en est de même de Tristan, Beger, Bonanus; mais on est sur- » tout révolté du *Numismata* dans le *Thesaurus Antiquus Græcus* » de Gronovius, et dans Grævius et Burman, même dans Picart et » Caylus. »

du précieux recueil du musée français publié par MM. Laurent, ni de quelques autres ouvrages dans lesquels les grands progrès de l'école moderne se font si bien remarquer.

En Angleterre, on a gravé aussi des monumens; mais, quoique l'école d'Angleterre soit éloignée du mesquin et du grossier, les gravures qu'elle produit d'après l'antique sont un peu dépourvues de caractère, et sont traitées d'ailleurs aussi dans toutes sortes de modes d'exécution et sans méthode déterminée. La critique que je me permets ici ne saurait atteindre le mérite des gravures exécutées d'après les fragmens grecs très-bien indiqués dans le Voyage de Stuart et dans d'autres ouvrages plus modernes.

L'Allemagne a fait paraître aussi plusieurs œuvres gravées d'après les monumens, et l'on en produit encore tous les jours dans ce pays où l'amour de l'antiquité fait de constans progrès; mais on doit lui appliquer le même reproche en ce point qu'aux autres nations, et les artistes qui se chargent ou que l'on charge de ces publications n'ont pas plus que les autres une idée nette du meilleur mode de dimension et d'exécution qu'il convient d'adopter. D'ailleurs ils sont eux-mêmes (aux exceptions près qu'il est juste de faire) dénués de ce nerf, de cette grâce, de cette correction, etc., qui sont des qualités indispensables dans ce genre d'imitation, genre tout particulier et plus sévère, il faut le dire ici, que celui qui a rapport aux productions de l'art moderne.

Enfin toutes les gravures de l'Europe nous font désirer aujourd'hui l'emploi d'une méthode servant de type, qui, une fois adoptée dans une collection classique et universelle, forcerait pour ainsi dire les dessinateurs à rester dans la vraie route affectée à ce genre de traduction. Ils ne chercheraient à se distinguer dans cette calcographie universelle que par les premières qualités de l'art, sans vouloir déguiser leur ignorance des secrets de l'antique, sous les dehors de gravures ou de dessins dont la netteté passe aux yeux de beaucoup de monde pour de la pureté, la sécheresse et l'aridité pour de la correction sévère, et l'étude affectée des parties subalternes pour une rare austérité d'imitation.

Quoique les avantages que peut promettre le projet que l'on communique ici ne semblent pas relatifs au perfectionnement intrinsèque de l'art de dessiner les monumens, mais seulement à la commodité de ceux qui font des recherches studieuses dans ces sortes de recueils, il est évident que l'émulation qui résulterait d'un ouvrage général et collectif où les meilleurs artistes auraient fixé les vrais types serait très-propre à l'amélioration de l'ouvrage lui-même, en ce qu'aucun coopérateur ne voudrait rester en arrière dans cette espèce de concours européen.

Cependant, il ne s'agit point précisément ici de donner des leçons aux artistes chargés de perpétuer par la graphie ces monumens, ni de signaler les qualités qui sont indispensables dans ces sortes d'ouvrages, quoiqu'on ait cru devoir placer quelques réflexions théoriques à la fin de ce projet; mais il s'agit de convenir universellement d'un moyen premier, indépendant pour ainsi dire du savoir des copistes, moyen qui doit nécessairement produire une amélioration dans tout ce qu'on publierait dorénavant sur les chefs-d'œuvre de l'antiquité.

Ainsi, les bases de la méthode universelle qu'on devrait

adopter en Europe, sont la dimension du format ou du volume; la dimension des planches, celle des figures, des figurines et des autres objets; la classification des genres; la disposition des divers monumens sur la même planche; le mode d'inscription et de signes de repère; la méthode d'exécution, quant au dessin et à l'art du graveur; enfin l'espèce et le caractère du texte qui pourrait accompagner ou ne pas accompagner l'estampe.

Voilà les bases dont on peut facilement convenir, et qui, étant adoptées même par approximation, offriraient un résultat infiniment important pour l'étude du dessin et de l'archéologie dans tout le monde artistique.

Si nous cherchons à fixer notre choix sur celui des recueils de l'Europe qui pourrait être préféré comme modèle, nous serons un peu embarrassés. Les ouvrages de luxe et d'apparat sont exécutés en estampes de dimensions dissemblables avec toutes sortes d'accessoires inutiles ou même hors du sujet; leur disposition n'est ni régulière, ni méthodique, ni appropriée aux genres qui sont cumulés sans ordre dans ces livres; enfin l'étalage inutile du burin n'a souvent rien de caractéristique, et ne concourt point à l'expression juste des modèles. On connaît aussi des collections d'un petit format où les figures gravées ne sont point assez développées, où un trait souvent maigre et insuffisant, laisse à désirer le caractère du monument et de la forme. Il y a de plus des recueils exécutés presqu'en miniature, et n'offrant rien de la grande manière et de la simplicité des originaux. Enfin, on ne voit guère de collection en ce genre qui puisse être adoptée pour modèle, et sur laquelle les éditeurs et les artistes puissent se baser dorénavant.

Néanmoins, c'est peut-être malgré ses grossiers défauts l'*Admiranda de P. Santi Bartoli* qui se rapproche le plus du type qu'il conviendrait d'adopter quant à la disposition et à la dimension. Mais combien de planches détestables dans ce recueil, et combien de manières dans l'exécution de quelques-unes ! Il semble cependant que le but qu'on se proposait en formant cette collection ayant été d'être utile aux artistes, c'est à cette seule idée première qu'on doive ce qu'elle peut avoir de classique. Mais aujourd'hui n'avons-nous pas les moyens de faire infiniment mieux, le goût des anciens étant beaucoup plus répandu et plus fixe en même tems parmi nous ? Il faudrait donc tâcher de se rapprocher un peu de ce format, et même de prendre quelque chose de la méthode avec laquelle sont traitées, sous le rapport mécanique, quelques-unes des gravures qui le composent; mais aussi il faudrait y ajouter ce que l'on met si bien aujourd'hui dans d'autres ouvrages, où la vérité, la précision, la simplicité et la franchise se font surtout remarquer.

Qui ne conçoit pas toute l'utilité et tout l'agrément résultant d'une collection uniforme qui s'augmenterait indéfiniment, et qui serait grossie tous les jours dans toute l'Europe par les diverses productions gravées d'après les monumens; toutes les feuilles de cette collection pouvant être classées dans un ordre quelconque par celui qui les rassemblerait ?

La méthode d'exécution d'un tel muséum étant une fois déterminée, et tous les artistes rivalisant et faisant tous leurs efforts pour y concourir, on verrait les plus habiles dessinateurs s'exciter à l'envi par le désir de faire remarquer l'excellence de leur savoir dans une collection où chaque morceau pourrait toujours, et à quelqu'époque que ce soit, être ajouté dans le tout; ce concours étant d'ailleurs ouvert pour tous, et l'exécution étant à la portée de tous les dessinateurs. En effet le procédé de la gravure par l'eau forte, retouchée au burin, serait préférable à tout autre. Ces mêmes tentatives en gravure sont au contraire perdues pour l'artiste peu intéressé à ces sortes d'essais, vu qu'ils ne peuvent se débiter ni se rapporter à aucun corps d'ouvrage connu et classique. Quant à l'avantage qu'on peut retirer aussi du procédé lithographique, il sera apprécié par tout le monde.

Quelle sûreté n'offre pas ce projet à tous les dessinateurs d'après l'antique, graveurs ou éditeurs, dans toute l'Europe, puisque toutes leurs productions, même en feuilles isolées, seraient acquises certainement pour grossir la suite du muséum universel, et qu'ils n'auraient d'autre précaution à prendre que celle de reproduire des monumens qui n'auraient pas encore été gravés dans cette œuvre, reproduction qui, au surplus, n'aurait aucun inconvénient! Il faut même dire que l'on comparerait avec plaisir les diverses traductions exécutées probablement d'après différens points de vue, en sorte que l'art et l'archéologie n'en retireraient que plus de profit.

Quant à l'archéologie elle-même, on imagine aisément quel secours elle trouverait dans un tel ouvrage par son volume toujours croissant et indéfini, et par la feuille de texte interposé après chaque planche, texte que les antiquaires discuteraient ensuite, corrigeraient et augmenteraient à volonté dans des livres de même dimension. Ces livres indiqueraient aisément les planches du muséum auxquelles toutes ces dissertations se rapporteraient.

La plupart des monumens publiés sont accompagnés de dissertations volumineuses qui empêchent les artistes et même les curieux de faire l'acquisition de ces sortes de recueils dispendieux; mais ce muséum s'acquérant successivement pièce à pièce, coûterait peu aux amis de l'art.

Il est vraisemblable, par exemple, que la précieuse collection que lord Elgin a rapportée d'Athènes à Londres, et qui est achetée par le gouvernement anglais, sera gravée avec luxe et à grands frais typographiques. La plupart des artistes seront donc privés de ces gravures; tandis que, si l'on connaissait déjà le format et la méthode d'exécution d'un muséum universel et uniforme, peut-être la gravure répéterait-elle sans délai tous les morceaux de cette inappréciable collection. On peut penser de même au sujet des dix-sept statues exportées il y a peu d'années de l'île d'Egyne à Rome, et que l'on y a restaurées pour le prince royal de Bavière. La même observation est à faire au sujet d'une infinité de monumens ou de séries de monumens qu'on ne cesse de découvrir.

S'il importe peu qu'on grave dans toutes sortes de dimensions Raphaël, Michel-Ange ou Corregio, parce qu'une collection uniforme en ce genre est impossible, la fonction du burin étant de nous faire connaître la diversité infinie des maîtres et une partie de leur coloris, il n'en est pas de même lorsqu'il s'agit d'une collection de monumens antiques sculptés, dont les gravures doivent toutes se rapprocher, se classer et faire pour ainsi dire un cours complet de l'art tel qu'il fut chez les anciens.

Quel moyen facile cette méthode universelle n'offre-t-elle pas à un ami de l'antique désirant servir à la fois et son goût et son art! il pourra enrichir le muséum d'un ou de plusieurs morceaux qu'il aura fait exécuter, ou qu'il aura lui-même exécutés avec la plus grande correction; le débit des exemplaires d'une ou de deux planches l'occupera peu, parce que les frais en seront à sa portée; et en mettant son nom comme éditeur ou comme dessinateur à une gravure appartenant à ce muséum connu et classique, il sera sûr et de se faire honneur et de servir l'art dans lequel il aura d'ailleurs par ce travail particulier fait une étude très-profitable pour lui-même.

Ce recueil une fois connu et une fois consacré, toutes les productions de l'art antique doivent en acquérir plus de considération et de prix : on imaginera de les publier toutes par ce moyen simple et généralement pratiqué en Europe, au lieu de les délaisser comme on le fait le plus souvent; car, pour publier quelques fragmens antiques, il faut en quelque sorte un livre qui attire l'acheteur, il faut un texte recommandable; tandis que le moindre texte suffirait dans ce cas, faute d'un autre plus complet. C'est ainsi, pour faire une comparaison, que quand on découvre un monument quelque part, et qu'on ne connaît point de musée central dans la province ou dans la ville où on l'a découvert, on l'abandonne presque toujours. De même donc, quand on ne connaît point de dépôt calcographique et classique, on ne le fait pas graver.

Cette grande collection uniforme n'empêcherait ni les publications de gravures particulières, ni tout autre ouvrage collectif gravé d'après l'antique, de quelque genre que fût cet ouvrage; et ce muséum ne pourrait préjudicier aux excellens recueils qu'on voudrait d'ailleurs publier par vue de spéculation, etc., etc.

Enfin, entreprendre cette calcographie uniforme des antiques, c'est ouvrir un champ plus vaste aux dessinateurs, c'est faire naître une nouvelle émulation dans toute l'Europe artistique, c'est établir un concours et une lutte même avec les Grecs et les Romains, et c'est fixer, comme dans un code synoptique, les grands préceptes qui soutinrent si long-tems l'art glorieux de la Grèce.

Mode d'exécution.

Le Muséum calcographique universel d'Antiques contenant les gravures de tout ce qu'on a découvert et de tout ce qu'on découvrira en antiques, tant en sculpture qu'en peinture, sera divisé en plusieurs genres, savoir : Les statues, les bustes, les bas-reliefs, les camées, les pierres gravées, les médailles et les monnaies, les vases, ustensiles, fragmens de costume, ornemens, etc., et les peintures.

Il sera exécuté sur un format in-folio portant dix-huit pouces (mesure de France). Le maximum de la hauteur de l'estampe sera de treize pouces ; j'entends dire de la partie figurée, car la longueur de l'inscription inférieure déterminera la longueur du cuivre.

Il n'y aura aucun encadrement ou filet étranger au monument, et la base de l'estampe ou de la gravure aura lieu à trois pouces six lignes au-dessus du bord inférieur du papier.

Comme pour obtenir l'uniformité dans cette collection, un des moyens les plus efficaces est de prescrire la grandeur de chaque figure gravée d'après les statues ou les bas-reliefs ou autres monumens quelconques (la mesure exacte du monument original devant être rigoureusement inscrite au bas de la planche), la dimension de chaque statue, quelle que soit sa hauteur réelle, et en la supposant développée et droite, sera de dix pouces six lignes.

Les statuettes ou figurines qu'on n'appelle pas généralement des statues, seront exécutées par la gravure, dans une grandeur de cinq pouces.

La dimension respective des statues de femme, d'adolescens et d'enfans, sera conservée à peu près dans les rapports naturels de diminution, malgré le volume des originaux. Si cependant une statue d'enfant ou d'adolescent était gravée dans une dimension disproportionnée avec les figures viriles, discordance qu'il conviendrait d'éviter, cette différence de rapport serait de peu d'inconvénient, le développement par la gravure dans les beautés de l'objet devant dans ce cas faire compensation.

Le socle, ou la plinthe moderne ou antique, ne sera point compris dans cette dimension des statues, et le piédestal, objet étranger à la statue, ne sera jamais représenté.

Les bustes de toute dimension ont le plus ordinairement pour mesure la hauteur de la tête. Cette hauteur de la tête, non compris l'épaisseur des cheveux et la longueur de la barbe, sera de deux pouces.

Il conviendra de tenir les têtes de femmes et d'enfans proportionnellement plus petites.

Le socle, s'il est antique, devra être représenté.

Les figures des bas-reliefs antiques, quelle que soit leur dimension originale, seront toutes représentées dans une mesure de cinq pouces.

Lorsque la longueur du bas-relief ne permettra pas de le faire contenir en entier dans une seule planche, il faudra le diviser en deux ou trois, de manière qu'en réunissant les feuilles, on retrouve le tout ensemble de l'original. On gravera à cet effet sur les deux planches les figures ou objets qui terminent la portion sectionnée, et cette répétition sera exprimée au trait seulement dans une planche, et terminée dans l'autre; ce qui procurera à volonté une superposition propre à fixer aisément le juste rapprochement.

Si cependant la dimension de l'original était telle qu'en cédant très-peu de la hauteur des figures, et en alongeant très-peu la planche, on pût obtenir le tout sur une seule feuille, il vaudrait mieux adopter cette différence presqu'insensible, et qui ne devrait pas excéder six ou huit lignes. Le parti qu'on prendrait d'offrir deux ou trois planches séparées, au lieu d'une seule plus petite, ne pourrait être considéré comme ayant quelqu'inconvénient que par rapport à la disposition générale de l'original; disposition qui, lorsqu'elle est exactement conservée dans un ensemble, peut devenir un objet d'instruction. Mais cet inconvénient est souvent inévitable, comme cela arrive dans la représentation par parties des frises et des ornemens très-prolongés; et il faut observer que la quantité suffisante de bas-reliefs représentés entiers et avec tous leurs rapports d'ensemble dans leur belle disposition, rend cette considération presque nulle.

Si une ou deux figures d'un grand bas-relief étaient susceptibles d'offrir plus d'utilité à l'art étant représentées à part grandes comme les statues gravées, on adopterait, dans ce cas, la dimension de ces dernières.

Les camées, ainsi que les médailles, médaillons, pierres gravées, monnaies, etc., bien que de différentes dimensions, seront représentés, vu leur petitesse, dans la dimension des originaux.

L'avantage de pouvoir calquer et dessiner au compas les originaux engage à adopter cette mesure naturelle des monumens; cependant, d'un autre côté, l'irrégularité dans la dimension de tant de camées, de médailles, pierres gravées, etc., peut être évitée et modifiée jusqu'à un certain point. Quant aux très-petites pierres gravées ou médailles, comme elles exigeraient souvent du graveur une peine et une ténuité inutiles pour le profit de l'art, le dessinateur pourra en grandir l'image, mais sans excéder la mesure de dix-huit lignes pour les figures. Au reste, il faut toujours observer que l'inscription indiquera cette grandeur véritable de l'objet.

Les ustensiles, fragmens de costume, les ornemens, etc. de grande dimension, seront représentés dans la mesure de neuf pouces environ.

Les grands vases auront pour mesure, sur l'estampe, huit pouces.

Tous les autres vases auront pour mesure cinq pouces ou en hauteur ou en largeur.

Les animaux seront toujours proportionnés aux mesures indiquées ici pour les personnages.

Les figures des peintures auront la même dimension que les figures des bas-reliefs, c'est-à-dire, cinq pouces pour les figures viriles, lorsqu'elles seront en certain nombre dans le tableau ; mais si elles sont uniques, elles pourront avoir la hauteur des statues gravées (neuf pouces), si l'artiste le juge à propos, et ce cas sera déterminé par la nature du travail plus ou moins précieux de l'original, et par le rapport de ce travail avec l'art du dessin.

Quant aux figures peintes sur des vases, elles auront toutes, quelle que soit la dimension du vase et de ces figures, la mesure employée à la représentation des bas-reliefs, c'est-à-dire, cinq pouces pour les figures viriles. Quoique l'on calque souvent les figures mêmes des vases, ce qui facilite la justesse de la copie, on peut réduire ensuite ces calques à la mesure uniforme que nous avons cru devoir fixer ici, à moins que cette mesure des figures mêmes des vases ne diffère peu de celle-ci.

On ne représentera jamais dans la même planche que des objets du même genre et, s'il se peut, de la même dimension dans ce genre.

Lorsqu'un artiste, voulant enrichir le muséum calcographique, n'aura à représenter qu'un seul objet qui ne remplirait pas suffisamment l'espace de la planche (inconvénient qu'il pourra en tout tems éviter en admettant sur la même planche quelqu'autre objet antique que son zèle lui fera aisément découvrir), il lui sera facile d'annexer à cette même planche, soit la forme du champ qui reçoit le travail sculpté ou peint, soit par exemple la forme de la patère, de la lampe, du sarcophage, du vase, etc., dont on offre le sujet, soit un ou deux détails de ce même monument, mais exécutés avec plus de recherche que dans la planche d'ensemble. C'est ainsi qu'on retrouverait avec plaisir une coiffure, un cothurne, une arme, ou même quelques jets de draperies exécutés séparément. On ne serait pas fâché non plus de voir le monument représenté au simple trait sous un autre point de vue, etc., etc.; en un mot, ce cas de dénûment d'objets et de nudité de la planche ne doit point se supposer, tant il est facile d'y remédier.

Ce sera cependant augmenter l'utilité de cette collection que de ne rassembler qu'un très-petit nombre de monumens sur la même planche, parce que chacun desirant les classer, il pourrait arriver que le peu de rapport qu'auraient entr'eux les monumens rassemblés, empêchât la classification que chacun voudrait faire selon ses vues. Et comme l'étude de l'art doit être principalement le but de ce muséum calcographique, je pense qu'il faudra s'attacher à ne réunir sur la même feuille que les monumens analogues quant au style. Ainsi, on verrait avec peine une tête de Septime Sévère à côté d'une figure de Minerve grecque d'ancien style, ces réunions gênant trop pour la classification des monumens.

Inscriptions.

Il y aura trois inscriptions. La première sera placée en haut de l'estampe (voyez la fig. 1re); on y lira ces mots gravés en minuscules italiques : *Muséum calcographique universel d'Antiques.* La petitesse du caractère n'empêchera point qu'on ne puisse disposer de l'estampe pour toute autre destination que pour le recueil général.

La seconde inscription sera placée immédiatement au bas de l'estampe, et contiendra les noms du graveur, de l'éditeur et du dessinateur. Les lettres en seront de la même forme et dimension que celles de l'inscription supérieure, c'est-à-dire, en minuscules italiques. On distinguera ainsi les trois parties de cette inscription : premièrement, et à gauche du spectateur, *Gravé par* ***, avec ses prénoms et sa patrie, s'il le juge à propos; secondement, et au milieu, *Publié par* ***; troisièmement, et à droite, *Dessiné par* ***. Si le dessinateur est en même tems éditeur, il fera écrire à droite, *Publié et dessiné par* ***; et s'il est à la fois dessinateur, éditeur et graveur, il fera écrire à droite, *Publié, gravé et dessiné par* ***. Si le graveur est éditeur, il fera écrire à gauche, *Gravé et publié par* ***. Tous les mots de cette inscription seront, avons-nous dit, en minuscules italiques; quant au nom du dessinateur, il sera gravé en majuscules italiques, afin d'être plus apparent. Le dessinateur ajoutera à ses noms celui de sa patrie, l'année de la publication du monument gravé, le n° du morceau qu'il fournit pour ce muséum; ce qui composera toute l'inscription, par exemple, ainsi qu'il suit : *Dessiné à Rome, en* 1827, *par Jean CHAVELLE, de Paris, n°* 7. Le nom du dessinateur étant ainsi placé près de la marge, servira facilement d'indication et de repère alphabétique, lorsqu'on voudra trouver telle ou telle estampe du recueil.

La troisième inscription est celle qui indiquera au-dessous de l'estampe le sujet. Elle sera tracée en minuscules romaines; mais le nom de ce sujet sera tracé seul au-dessus de cette inscription en grosses majuscules romaines, œil gros-romain, portant de haut quatre lignes. Ainsi on lira, par exemple, dans cette inscription : HERCULE, DIANE, AJAX, FAUNE, MARSIAS, MUSE, ou tout autre mot indicatif.

Si l'on ignore le sujet, on écrira : SUJET INCONNU. Si le sujet est complexe, on mettra suivant ce qu'il représente, ou MARS ET VÉNUS, ou AMOUR ET PSYCHÉ, COMBAT DES AMAZONES, etc., etc.

La mesure de quatre lignes pour ces grosses majuscules de gros-romain, servira de mesure proportionnelle pour les autres espèces de caractères déterminés par les inscriptions déjà indiquées.

La suite de cette troisième et dernière inscription sera placée sous ce nom tracé en grosses majuscules et dont nous venons de parler. Cette suite indiquera brièvement le genre de monument, sa matière, sa mesure, celle des figures, le lieu et l'année où il a été découvert, le lieu où il a été dessiné. Ainsi, par exemple, on mettra : ....Sarcophage en marbre pentélique (ou de Paros), ou bien Peinture monochrome sur fond rouge ou jaune; haut ou long de sept pieds, figures de trois pieds. Trouvé à...... en 1739. Dessiné dans le muséum ou le cabinet de...... Par ces moyens fort simples et conventionnels, on pourra aisément indiquer une planche quelconque du muséum, quoiqu'elle soit sans numero; c'est ainsi qu'on dirait, par exemple : voyez dans le Muséum calcographique universel d'Antiques, l'Hercule dessiné par Chavelle, n° 7; ou la Mort de Méléagre, bas-relief; ou bien Vénus et Anchise, camée ou peinture dessinée par Antoine, n° 12.

Les personnes qui acquerront successivement une collection de ces estampes, pourront les classer ou par sujets, ou par ordre alphabétique de noms des dessinateurs; elles pourront d'ailleurs composer aisément, au fur et à mesure, une table manuscrite pour leur usage particulier, à l'aide de laquelle elles trouveront telle planche qu'elles désireront : mais le nom seul du dessinateur et le n° de son œuvre suffiront pour tout le monde.

Feuille de Texte.

La feuille de texte, de même folio que l'estampe, sera imprimée en caractères dont la justification portera douze pouces sur huit.

En haut et en titre, on écrira en lettres majuscules italiques : *MUSÉUM CALCOGRAPHIQUE UNIVERSEL D'ANTIQUES*. On ajoutera dessous le nom du sujet, celui du dessinateur et le n° de sa pièce. Ces noms seront égaux et semblables à ceux qu'on lira au bas de l'estampe. Exemple : *MUSÉUM CALCOGRAPHIQUE UNIVERSEL D'ANTIQUES.* — HERCULE. *Dessiné par Pierre WILLIAM, n°* 4.

Le texte, qu'on tâchera de renfermer dans un seul feuillet, sera destiné à désigner avec plus d'étendue ce qui n'aura été qu'indiqué dans l'inscription inférieure de l'estampe. Il offrira d'ailleurs de courtes observations artistiques et archéologiques.

Les savans qui s'occuperaient de dissertations sur les monumens gravés dans le muséum universel, feront bien d'adopter le même format et la même justification de la feuille de texte.

Le nom de l'imprimeur et du libraire devront toujours être exactement indiqués, ainsi que leurs adresses, en français, afin qu'on puisse se procurer aisément toutes les nouvelles feuilles du Muséum calcographique qui paraîtraient en Europe.

On tirera à quinze cents exemplaires.

Je vais signaler encore certaines conditions dont il est essentiel de convenir. Quelques-unes, à la vérité, dépendent du talent de l'artiste, et seront peut-être vainement prescrites; mais d'autres dans tous les cas peuvent être remplies. Commençons par ces dernières.

Les restaurations modernes des antiques n'étant pas toutes faciles à reconnaître, sont une source d'erreurs continuelles pour les antiquaires comme pour les artistes. Mais, s'il ne convient pas d'indiquer les restaurations sur les monumens eux-mêmes, il est facile de les signaler dans les gravures qui les représentent; ainsi, en ne traçant que par des lignes ponctuées les parties rapportées, on fera connaître tout ce qui est moderne et de restauration, ce moyen étant préférable aux meilleures indications par écrit.

Le dessinateur s'attachêra à répéter avec la plus scrupuleuse exactitude la disposition des parties dans le tout, c'est-à-dire, les écartemens et les distances respectives de tous les objets qui constituent et composent le monument. A ce sujet, on ne saurait trop recommander l'usage des instrumens qui peuvent faciliter cette justesse de représentation, tels que les châssis à carreaux, les pantographes, les papiers transparens propres à calquer même les médailles ou les pierres gravées, etc., enfin tous les moyens graphiques que nous indiquerons en traitant de la perspective, lesquels moyens supposent presque toujours (il faut le rappeler) le choix de l'aspect orthographique, choix si souvent préférable, comme nous le dirons aux chap. 235, 263, à celui de l'aspect perspectif. Il est inutile de dire ici que les anciens attachaient la plus grande importance à la condition de la disposition, condition qui certainement constitue une des beautés et un des charmes de l'art.

La même exactitude aura lieu quant à l'imitation des

accessoires, des coiffures, chaussures, draperies et autres parties de costume.

L'espèce de relief du monument sera toujours indiquée d'une manière conforme à l'original, et les sculptures de haut-relief et de bas-relief seront distinctement différenciées par le clair-obscur.

Le dessinateur se gardera bien de prétendre à des effets étrangers à l'effet naïf de la lumière sur le monument matériel représenté, et il ne visera jamais aux effets qui sont propres aux figures des tableaux. Il choisira un parti de lumière ou un clair-obscur, simple, large et débrouillé, en sorte que les masses principales d'ombres étant justement indiquées, le travail détaillé dans les clairs ne deviendra pas aussi nécessaire ni aussi recherché.

Enfin, le dessinateur ainsi que le graveur se gardera bien d'altérer en rien les attitudes, les caractères, les mouvemens et les lignes de l'original, sous le prétexte d'embellir son ouvrage ; et ce qui est traité par indications dans le modèle, ainsi que ce qui est rendu avec délicatesse, conservera dans la copie les mêmes différences.

Le travail du crayon ou du burin sera toujours conforme à l'expression toute naïve du monument représenté, et n'offrira jamais de ces manières générales, résultant d'un mécanisme toujours uniforme malgré la diversité des objets qu'on se propose de répéter.

On emploiera la gravure à l'eau forte retouchée au burin.

Les qualités suivantes étant plus dépendantes que les précédentes du sentiment et du savoir de l'artiste, on les recommande plutôt ici qu'on ne les signale comme des conditions très-faciles à remplir.

La finesse des mouvemens, leur justesse et leur convenance sont des qualités dominantes dans l'art grec. Tout dessinateur de monumens antiques doit s'attacher à cette partie plus qu'à toute autre. Le plus ou le moins en ceci rend l'imitation ou froide ou forcée; et s'il faut prendre garde d'être au-dessous de l'expression et de la vie de l'original, il faut se méfier aussi de l'exagération, de la fausse chaleur et de la manière qui trop souvent résultent de l'envie de le surpasser. Combien de dessinateurs et de graveurs, qui, n'ayant ni senti ni rendu la justesse des mouvemens et des lignes de la sculpture grecque, ont cru devoir donner en compensation un tour vigoureux et factice, et une prétendue grâce toute moderne à leurs copies! Aussi au lieu de traduire littéralement et naïvement les anciens, il les ont travestis et rendus méconnaissables. Ce sont ces faussetés qui ont contribué à propager des erreurs au sujet des styles de l'art antique, parce que les caractères étant dénaturés dans les gravures, les rapprochemens, les comparaisons et toutes les données enfin qui auraient dû être praticables à l'aide de l'étude de ces gravures sont devenus impossibles ou plus ou moins fallacieux.

Celui donc qui se charge de répéter les monumens devra faire abnégation de ses goûts et de ses systêmes et devenir le servile imitateur des modèles qu'il espérerait en vain de copier s'il ne les sent, ne les comprend, ne les respecte et ne s'identifie de bonne foi avec eux.

Tout ce projet calcographique ne sera peut-être jamais réalisé malgré sa simplicité; les dessinateurs cependant ne pourront pas se refuser, je pense, à choisir de préférence dorénavant le format in-folio, ni au moins à faire inscrire leur nom (ou bien tout autre nom imaginaire, s'ils le préfèrent) au bas et tout près de la marge inférieure de l'estampe. Car, par ces deux seuls moyens, 1° l'uniformité du format, et 2° l'inscription placée au lieu convenu, joint à cela le n° de la pièce, leurs planches pourront concourir à un musée universel et être recherchées par un plus grand nombre d'acheteurs.

M'étant fait un devoir de soumettre à Visconti ce projet, il fut frappé de sa simplicité, l'améliora par quelques notes, et dit, en montrant sa nombreuse collection de livres sur les antiquités : « J'aurais épargné bien du tems » et du travail, si depuis un siècle les graveurs se fussent » ainsi entendus sur ce point. »

Table des principales mesures adoptées pour le Muséum calcographique universel d'Antiques.

Mesure du format . . . . . in-folio de pouces	18
Mesure de l'estampe	13
Grandeur des figures pour les statues	10 ½
Grandeur des têtes sur buste ou sans buste . .	2
Grandeur des statuettes et des figures en bas-relief	5
Grandeur des figures, des camées, pierres gravées, médailles, monnaies, etc., lorsqu'on n'en répète pas la dimension réelle	1 ½
Grandeur des très-grands vases	8
Grandeur de tous les autres vases.	5
Grandeur des fragmens de costume, ustensiles, etc. Maximum.	9
Grandeur des figures des peintures antiques. .	5
Et pour ces mêmes figures d'un beau travail .	9
Grandeur de toutes les figures peintes sur les vases.	5

CHAPITRE 17.

DE LA PEINTURE CHEZ LES ÉGYPTIENS.

Presque tous les écrivains qui dans le siècle dernier se sont occupés de recherches sur le caractère de la peinture et de la sculpture chez les Egyptiens, ont répété que leurs artistes ne faisaient voir ni beauté ni vérité, ni même aucune délicatesse dans leurs images. Or il est à remarquer que ce n'était point l'étude des rapports aperçus entre l'art primitif grec et l'art égyptien qui occupait et guidait ces critiques, mais bien la comparaison qu'ils faisaient des peintures et des sculptures égyptiennes, aux tableaux, aux bas-reliefs et aux statues si vantées de nos académies. Ainsi ils ne surent voir dans les monumens de l'Egypte que des ouvrages ridicules, sur lesquels ils se plurent à discourir avec pitié.

Il n'est point étonnant que les mêmes critiques, qui trouvaient bon de dénigrer les productions de l'art grec, aient dénigré et méprisé tout ce qui provenait de l'art égyptien. Mais à la fin les préjugés font place à la vérité. Aujourd'hui donc, tous ces tombeaux, tous ces temples de l'Egypte, tous ces vastes débris, décorés à présent même de tant de peintures et de tant de sculptures, sont vus d'un autre œil, sont mieux appréciés; et il n'est plus de saison d'en parler avec dédain.

Ce qui a autorisé si long-tems ces préventions, c'est qu'on croyait généralement que tous les artistes égyptiens avaient été liés et contraints par des pratiques consacrées et qui arrêtaient l'art lui-même. Cependant on a reconnu plus tard que tout n'est pas symbolique et hiéroglyphique dans l'art égyptien, et que, malgré l'obligation tyrannique et si étrange en effet de calquer éternellement les mêmes formes, quelques artistes ont joui dans leurs inventions d'une assez grande liberté.

On doit donc convenir qu'un grand nombre de figures indépendantes des types conventionnels, ont été imaginées et exécutées par des peintres et des sculpteurs jaloux d'exprimer avec énergie, amis du grand et du vrai, et recherchant même la beauté. Or c'étaient ces figures si variées, si naïves, et quelquefois si pittoresques, qu'il fallait savoir reconnaître et étudier pour juger de l'art de l'Egypte et de son influence. Au reste, il est certain que les Grecs ont su apprécier ces images; et il est à croire que ce qu'elles offrent de fier et de grave, que ce que leur dessin fait voir de correct et de laconique, a servi de premières leçons à cette ancienne école grecque, dans laquelle, plus tard, les Protogène, les Phidias, etc. puisèrent les précieux rudimens qu'ils surent rendre si favorables à leur génie.

On ignore d'où les Egyptiens tirèrent leurs arts utiles: rien ne prouve, dit-on, qu'ils les aient reçus des Indiens; cependant on sait qu'ils ont eu des communications commerciales avec ce peuple par la Mer Rouge, et qu'ils en ont profité. Au surplus le peuple d'Egypte est si ancien lui-même qu'il faut penser que l'époque où la peinture y fut exercée pour la première fois, remonte à une antiquité qu'on ne saurait déterminer. Aussi Platon, qui vivait environ quatre cents ans avant notre ère, assurait-il que la peinture était exercée en Egypte depuis mille ans; et il ajoute qu'il restait encore des ouvrages de cette haute antiquité, lesquels n'étaient à aucun égard différens de ceux que les Egyptiens exécutaient de son tems.

Examinons les reproches qu'on trouve répétés toutes les fois qu'il s'agit de l'art des Egyptiens. Leurs figures peintes ou sculptées sont toujours, dit-on, dans une position roide et forcée; les bras sont collés sur les flancs, et il semble qu'ils aient pris pour modèles leurs momies emmaillottées. Ils ignoraient l'anatomie, et l'usage des embaumemens ne la leur apprenait pas plus que l'art de vider des volailles ou du gibier ne l'apprend à nos cuisiniers. Les Egyptiens, ajoute-t-on, étaient laids; les artistes durent donc être affectés par ces laides proportions: le dessin de leurs figures décèle d'ailleurs leur ignorance dans l'art d'imiter. En Egypte, on prescrivait aux artistes (que nous devrions plutôt appeler ouvriers) les attitudes et les proportions : ils devaient s'y conformer avec scrupule, sans jamais s'en écarter; enfin leur peinture n'était autre chose qu'une plate enluminure exécutée avec des couleurs entières, crues et sans aucune rupture; en sorte que tout ce qu'on peut dire sur leur industrie ne prouve rien en faveur de leur talent en peinture.

Sans tomber dans un autre excès en faisant trop de cas de l'art des Egyptiens, cherchons à combattre une prévention qui ne peut nous apporter ni honneur ni profit. D'abord les voyageurs plus récens parlent déjà différemment à ce sujet. Presque tous aujourd'hui vantent au contraire la clarté des pantomimes et la vérité des poses dans les ouvrages égyptiens. M. Hamilton, par exemple, en donnant d'assez longues descriptions des sujets représentés sur différens monumens égyptiens, dit que les actions lui en semblent fort expressives et fort animées. « Nous singeons tous les jours dans nos boudoirs, dit M. » Denon, les Egyptiens sans le savoir; car les thermes de » Titus, qui ont servi à Raphaël aux loges du Vatican, sont » des imitations de peintures que l'on voit en Egypte. » Voici ce que dit ailleurs le même observateur : « La per» fection que les Egyptiens ont donnée à leurs animaux, » prouve assez qu'ils avaient l'idée du style dont ils ont » indiqué le caractère avec si peu de lignes dans un prin» cipe si grand et un système qui tendait au grave et au » beau idéal. »

Or c'est là ce qu'il fallait surtout faire remarquer; c'est en effet par ce caractère que l'art égyptien se lie à l'art grec, et qu'il en est comme la souche et le principe; enfin c'est ce que cet art égyptien offre de classique, et non son état de langueur et sa longue captivité, qu'il fallait signaler.

Je crois devoir citer un autre passage qu'on lit dans un ouvrage récemment écrit sur l'art.

« Les riches peintures des tombeaux des rois à Thèbes, » dont les dessins coloriés nous sont parvenus par les » artistes français de la dernière expédition d'Egypte, » annoncent de la perfection dans le dessin et une sorte » d'intelligence dans l'exécution. On remarque surtout » les belles têtes d'Isis et d'Osiris, ainsi que les figures » de deux génies, ou espèces de *Nécores* (prêtres des» servant l'autel d'Isis et d'Osiris), vêtus de robes de lin, » et tirant des sons de deux harpes d'or, dont ils se ser» vent comme nous. Cette peinture, dont j'ai vu un beau » dessin chez M. Dutertre, membre de la commission, » annonce un degré d'avancement dans l'art, qui détruit

» tout ce qui a été dit de désavantageux jusqu'à présent
» sur l'état de la peinture dans l'antique Egypte. »
A. LENOIR. *Observations, etc.*

On doit partager l'opinion de l'auteur, et je pense qu'on peut dire de ces deux figures qu'elles sont d'un très-bon style et que la pose en est vraie et gracieuse.

Beaucoup d'autres citations, à l'avantage des artistes égyptiens, pourraient être recueillies ici; mais je n'en ajouterai qu'une seule. Je l'emprunte à deux nouveaux voyageurs, MM. Jollois et Duviviers, qui décrivent avec éloge une statue égyptienne de vingt-deux pieds. « Le » buste, disent-ils, représente un homme jeune encore. » Sa poitrine est large et bien proportionnée; la figure » a ce calme plein de grâce, cette physionomie heureuse » qui, plus que la beauté même, a le don de plaire. On » ne peut représenter la divinité sous des traits qui la » fassent mieux chérir et respecter. L'exécution en est » admirable, et l'on serait tenté de la croire sortie de la » main des Grecs dans le plus beau tems de l'art, etc. » Et ensuite au sujet des bas-reliefs du péristyle du temple de Memnon, ces mêmes voyageurs ajoutent : « Quoiqu'in» corrects, ces bas-reliefs offrent une composition naïve, » pleine de chaleur, et l'action générale y est bien expri» mée. »

Il paraît que les papyrus de la collection Drovetty, qui font partie du musée royal de Turin, offrent des preuves du talent varié de quelques artistes égyptiens, qui probablement étaient dégagés de l'assujétissement des peintres employés aux monumens publics : et ce qui le ferait croire, ce sont les sujets de caricatures et de scènes libres qui y sont représentés. Une lettre de M.

Champollion le jeune, datée du mois d'octobre 1824, nous donne quelques notions sur ces particularités.

Les critiques dédaigneux qui croient que tout a été dit au sujet de l'art égyptien, parce qu'on l'a tourné en ridicule, auraient dû savoir qu'il serait au contraire fort instructif d'établir des comparaisons et des rapports artistiques entre certaines productions égyptiennes et celles de l'art primitif grec; entre le style égynétique et étrusque, et le style égyptien. Ils auraient dû savoir que des recherches sur quelques procédés de géométrie pratique usités par les artistes de l'Egypte, seraient fort curieuses et très-profitables sous le rapport de la partie positive de la peinture. Le passage de Diodore de Sicile, au sujet des vingt-et-une divisions adoptées par les Egyptiens dans la mesure du corps humain, ce qu'il dit ailleurs de leur manière de travailler le compas à la main, et plusieurs autres citations que pourraient recueillir les érudits, ne seraient point des observations stériles, pas plus que ne le seraient de bonnes instructions sur le matériel de leur coloris, ainsi que sur celui des Chinois, bien que la peinture de ces peuples soit pour nos artistes un sujet de risée.

Si donc on a pu aisément remarquer que l'état stationnaire de l'art égyptien provenait du peu de liberté des artistes auxquels tous les modèles ou prototypes étaient prescrits et imposés, il fallait remarquer aussi ce qu'avaient de fondamental et d'essentiel pour l'art ces mêmes types. Chacun sait aujourd'hui que ce fut cette méthode toute mécanique et qui ne prenait pas sa source dans la nature mais bien dans des calques ou patrons convenus, qui contribua à arrêter les progrès de l'art en Egypte. Enfin tout le monde est persuadé que la nécessité où les prêtres mettaient les artistes de répéter éternellement les mêmes signes consacrés, et cela pour restreindre au culte seul les avantages de la peinture, fut ce qui les força à abandonner l'art, pour ne plus opérer qu'en praticiens et en ouvriers, et probablement pour opérer vite. Recueillons ici un mot de Pétrone : « Le » sort de la peinture, dit-il, ne fut pas plus heureux en » Egypte, parce que l'on osa réduire cet art si grand en » pratique abrégée, *picturæ quoque non alius exitus* » *fuit, postquam Ægyptiorum audacia tam magnæ artis* » *compendiariam invenit.* » « Une figure, dit encore M. » Denon dans son Voyage en Egypte, n'exprimant rien par » le sentiment, elle devait avoir telle pose, pour signifier » telle chose. Le sculpteur avait le poncis, et ne devait se » permettre aucune altération qui aurait pu en changer le » vrai sens. » Il est assez vraisemblable aussi que les prêtres se réservaient presque toujours l'invention des figures, et que l'exécution seulement était confiée à des mains subalternes. Cependant on rencontre souvent sur les monumens égyptiens des productions originales qui prouvent, comme nous l'avons dit, que l'imagination des peintres et des sculpteurs ne fut pas toujours captive.

Ainsi, ce que tout le monde n'a pas su recueillir, c'est le positif et le technique de l'art des Egyptiens, et non-seulement notre pénétration est en défaut à l'égard de leurs procédés en peinture et en sculpture, mais nous ne concevons pas même leurs moyens mécaniques de construction dans les travaux immenses qui avaient pour résultat des colosses. Les voyageurs les plus instruits se demandent dans leur étonnement, en présence de ces masses, comment elles ont pu être extraites, transportées et élevées sur pied. Ils se demandent, en examinant le soin et la finesse du travail de quelques-unes de ces sculptures, comment on a pu fabriquer un acier assez dur pour tailler des substances contre lesquelles se brisent aujourd'hui nos plus solides outils.

Disons en passant que, s'il ne s'agissait que de démontrer qu'ils employaient comme nous les carreaux linéaires pour répéter leurs modèles, nous en trouverions la preuve ostensible dans un fragment ainsi ébauché au treillis, et qu'on a publié dans le grand ouvrage français de la commission d'Egypte.

Quant à l'influence que peut avoir eue sur l'art la structure physique des Egyptiens, toutes les conjectures des écrivains paraissent sans fondement; car les momies d'Egypte les plus anciennes offrent de très-belles formes de squelettes, et l'on peut remarquer dans les cabinets de belles mains et de très-belles têtes embaumées. Les Egyptiens d'aujourd'hui ont-ils cette même conformation? les voyageurs semblent le confirmer [1]. Un voyageur moderne, M. Cailleaud, vient de remarquer en Nubie, sur quelques monumens construits par les Pharaons, des figures de reines dont les hanches sont d'une largeur démesurée; mais on n'en doit rien conclure au sujet de la conformation qu'avaient les habitans chez lesquels furent exécutés ces temples et ces figures. Ces particularités dans les proportions tiennent à des raisons

[1] Les Egyptiens ne pouvaient pas avoir été si différens des Ethiopiens qui descendirent des hauteurs de Sienne et d'Eléphantine, et qui peuplèrent l'Egypte : les Ethiopiens, au rapport de Scylax, étaient les plus grands et les plus beaux hommes de la terre; ils choisissaient pour chef celui qui était doué de la plus belle taille.... quelques-uns avaient jusqu'à cinq coudées.

que nous ne pouvons pas expliquer, mais non à une conformation étrange qu'il serait ridicule de supposer.

Quant aux mœurs des Egyptiens, on ne saurait nier qu'elles aient été d'une grande influence sur leurs arts. « La division par castes, dit Millin, et par professions, » était aussi une des principales causes du peu de progrès » des Egyptiens dans les arts. L'homme qui avait, par » exemple, les dispositions les plus décidées pour les » arts, ne pouvait s'y livrer, s'il n'était pas originaire de » la classe des artistes ; et de même le fils d'un artiste » était obligé de suivre la carrière de son père, quelque » peu de disposition qu'il pût montrer pour cet art. » Pareil usage subsiste encore aujourd'hui chez les Chinois. Enfin le peu d'estime dont jouissaient en Egypte les artistes, qui étaient comptés dans la dernière classe du peuple, dut contribuer aussi à empêcher les progrès de la peinture.

Au surplus, mettons de côté ces milliers de figures répétées comme signes hiéroglyphiques, historiques ou symboliques ; choisissons dans les productions égyptiennes en peinture ou en sculpture celles qui se rapprochent le plus des productions de l'art égynétique ou du très-ancien style grec ou toscan ; enfin ne voyons plus des Egyptiens dans toute cette question, mais bien, je le répète, les commencemens très-intéressans de l'art grec, les premiers rudimens de la sculpture et de la graphie, et enfin les notions primitives qu'il nous importe surtout de ressaisir.

Rappelons une comparaison. Ceux qui ont vu les meilleurs ouvrages de Jean Belin et de Pérugin, sont moins surpris en admirant les ouvrages de leurs élèves,

Tiziano et Raphaël : de même le style grec de la haute et sévère antiquité ne nous semble plus un effort merveilleux et soudain des artistes d'Athènes, mais bien un perfectionnement de qualités acquises avant eux. Car enfin Minerve n'apporta pas les arts aux Grecs comme un présent inconnu à l'humanité; et s'il est vrai qu'elle ne les fit pas naître chez eux dans un état de perfection, et tels qu'elle naquit elle-même toute armée du cerveau de Jupiter, il n'en est pas moins reconnu qu'elle les initia dans les premiers mystères de leurs prédécesseurs et qu'elle leur montra d'une main bienfaisante les efforts et les secrets des peuples qui les avaient antérieurement cultivés. Mais, pour bien juger l'art des Egyptiens, il faut avoir examiné, non un grand nombre de figures, mais les meilleures, non un grand nombre de signes, tout mystiques et insignifians pour l'art, mais les figures où l'art est le plus remarquable.

Les qualités qu'on doit distinguer dans la peinture des Egyptiens, sont donc pardessus tout, une simplicité qui les a souvent élevés jusqu'à la grandeur æsthétique et pittoresque; une certaine clarté forte dans les pantomimes, clarté qui appartient autant à l'art qu'à la nature, qualité précieuse dont les Grecs semblent avoir reconnu tout le prix; de plus un ordre optique dans la disposition, ordre qui chez eux tient trop, il est vrai, de la symétrique régularité, mais que les Grecs surent varier plus tard délicatement, tout en le conservant. On doit remarquer aussi dans les meilleurs monumens égyptiens qu'ils étaient loin de négliger la pondération, sur laquelle ils avaient même des idées très-exactes, ainsi que sur tout ce qui tient à la géométrie et à la statique en général; ils observèrent donc scrupuleusement la correspondance des angles, et ils surent en mesurer rigoureusement les degrés. Cette qualité les conduisit à donner du mouvement à leurs figures, et ils n'avaient plus qu'un pas à faire pour devenir de bons dessinateurs; mais il paraît qu'ils se contentèrent d'employer ce qu'il fallait seulement pour le geste et la proportion de leurs personnages. Enfin, je pense que l'on parviendrait à réhabiliter le crédit de l'art égyptien, si l'on rassemblait avec intelligence d'exacts dessins de tout ce qu'il a produit de plus recommandable. On y reconnaîtrait du génie et de la fécondité, un goût grand et sévère, des draperies fort pittoresques et très-variées, et pardessus tout une règle sacrée, bien méconnue aujourd'hui, je veux dire celle qui commande d'employer peu de moyens pour exprimer beaucoup d'idées; méthode sage et vraiment noble, source du véritable goût dans les arts, méthode bien préférable à celle qui conduit d'abord aux finesses et aux recherches moelleuses de l'art, pour ne produire que des riens sans caractère.

On désirerait peut-être voir ajouter de plus ici quelques aperçus au sujet de leur coloris; mais, outre que tout le monde est d'accord sur la durée et l'éclat de leurs couleurs, nous croyons devoir ménager ce que nous avons à dire sur cette question pour le chapitre de l'encaustique. Faisons observer seulement que, s'il est vrai qu'on prescrivait aux peintres l'emploi de couleurs vives et entières, nous ne devons pas en conclure qu'ils ne pratiquaient que l'enluminure et la peinture sans dégradation aérienne. Au reste cette conclusion tomberait d'elle-même devant une preuve irrécusable : c'est une vue perspective de l'intérieur d'un temple représenté par des teintes et des lignes très-justes, et très-exactement dégradées. Cette peinture se voit dans le tombeau dont la copie en tout relief a été exposée à Londres et à Paris, en 1823 et 1824. On sait que cette peinture, ainsi que toutes les autres figures sculptées ou peintés de ce tombeau, qu'on croit être celui de Psammétichus, ont été répétées sur les lieux, ainsi que leurs dimensions, avec un soin et un scrupule remarquables sous la direction de M. Belloni.

Les révolutions qu'a éprouvées l'Egypte ont produit dans le caractère du style de l'art certaines différences sur lesquelles les antiquaires se sont exercés. Voici ce qu'il est essentiel d'abord de bien distinguer; c'est la différence du style égyptien proprement dit et du style d'imitation, et de plus les diverses nuances de ce style égyptien proprement dit. Le style d'imitation est celui qui fut introduit dans l'art à Rome, probablement sous Adrien, lorsque le goût des superstitions égyptiennes porta les Romains à imiter tout ce qui venait de ce pays, goût qui se propagea sous les successeurs d'Adrien, et selon M. Carlo-Féa, jusqu'au tems de Théodose-le-Grand. Le style d'imitation ne saurait être semblable au style égyptien pur, malgré le désir qu'avaient les artistes de Rome de le répéter; aussi le goût et le travail romain percent-ils dans ces copies. C'est donc faute d'avoir bien observé, qu'on s'y est mépris [1]. M. Carlo-Féa dit que le style d'imitation, depuis Théodose-le-Grand, a été pris souvent pour du style égyptien du deuxième style sous Sésostris.

[1] Toute personne un peu exercée dans l'étude des styles de l'art antique, reconnaîtra de prime abord, en voyant le Zodiaque de Dendérah, que le travail de ce monument n'est point égyptien, mais qu'il est romain, et probablement du tems de Néron.

Rome possédait donc beaucoup de monumens dits égyptiens, et qui n'étaient que d'imitation, entr'autres de nombreuses statues d'Antinoüs, favori d'Adrien, et auquel ce prince fit rendre les honneurs divins en Egypte, ce qui nécessita la représentation de ce nouveau dieu, selon le mode et le type religieux de ce peuple.

Le style égyptien, proprement dit, se divise lui-même en styles combinés ou mixtes, et les archéologues ont cherché à établir toutes ces divisions. Voici la plus récente, adoptée par M. Millin, dans son Dictionnaire des Beaux-Arts, article Egyptiens. Première période : Depuis les tems les plus reculés, jusqu'à Psammétichus, époque où les Grecs, accueillis avec faveur en Egypte par ce prince, durent influer sur les arts d'Egypte. Deuxième période : Depuis le règne de Psammétichus, jusqu'à l'invasion de Cambise; il y eut alors mélange du style persan avec le style égyptien. Troisième période : Sous les rois persans, depuis Cambise jusqu'à Alexandre, et sous les rois macédoniens. Quatrième période : Sous les rois grecs; on a appelé le style de cette époque *græco-égyptien*. Cinquième période : Sous Adrien, époque du style d'imitation. Les savans ont peu différé d'opinion jusqu'à présent sur ces classifications. Voyez, sur toutes ces questions, Winckelmann : Histoire de l'Art.

Concluons que les Grecs durent beaucoup aux Egyptiens, qui furent les pères de l'art, et que tout ce que les Grecs ont raconté sur la naissance de la peinture en Grèce, est aussi peu vraisemblable que ce que nous écrivait Vasari, signalant comme inventeurs florentins les Cimabue, les Giotto, etc., lorsqu'il était reconnu que la peinture, bien que fort languissante partout, avait été cependant toujours cultivée sans interruption, soit en Grèce, soit en Sicile, à Rome et dans toute l'Italie, soit même dans le Nord, où les pratiques de cet art furent conservées dans plusieurs asiles, et surtout dans un grand nombre de monastères.

CHAPITRE 18.

DE LA PEINTURE CHEZ LES PERSES.

Voici ce qu'on lit sur la peinture persane, dans l'Encyclopédie méthodique :

« Les Perses étaient si loin d'exceller dans les arts, » qu'ils empruntèrent l'industrie des artistes égyptiens » lorsqu'ils eurent fait la conquête de l'Egypte. On con- » naît des médailles frappées en Perse, sous les rois suc- » cesseurs de Cyrus : elles ne peuvent même être com- » parées à nos ouvrages gothiques médiocres ; elles res- » semblent aux dessins que font les enfans qui n'ont point » appris à dessiner.

» Les tapis de Perse étaient célèbres dans la Grèce, » même du tems d'Alexandre, et ces tapis étaient ornés » de personnages ; mais cela ne signifie pas que ces per- » sonnages fussent bien représentés. On connaît les ca- » prices du luxe : on voit dans les pays où les arts sont » maintenant cultivés et même florissans, des riches » acheter chèrement des magots de la Chine, tandis qu'ils » mépriseraient un modèle d'un habile sculpteur, dont » ils sont trop loin de sentir les beautés. C'était le » mélange industrieux de la soie, et non la vérité des

» représentations de la nature que les Grecs admiraient
» dans les tapis de Perse.

» Les Perses, ainsi que les Arabes, ont connu la mo-
» saïque : cette industrie est estimable quand elle re-
» produit d'une manière indestructible les ouvrages des
» grands maîtres; mais si les Perses n'avaient pas de
» bons tableaux à traduire en mosaïque, qu'importe qu'ils
» aient eu l'adresse de ranger d'une manière solide des
» cailloux les uns à côté des autres ?

» On ne connaît le nom que d'un seul peintre persan;
» mais on l'a retenu, non parce qu'il était peintre, mais
» parce qu'il adapta au christianisme l'ancienne doctrine
» des deux principes. D'ailleurs tout ce qu'on dit de
» Manès est fort incertain : il est même douteux qu'il ait
» été persan. On dit qu'il se nommait d'abord Curbicos,
» ce qui est un nom grec. Est-on plus certain qu'il était
» peintre ? On loue le peintre Giotto en Italie, parce qu'il
» fit un cercle sans compas : on loue, dit-on, le peintre
» Manès en Asie, parce qu'il tirait des lignes droites sans
» règle; mais cela prouve tout au plus que Manès avait
» de la fermeté dans la main, et l'adresse de Giotto ne
» prouverait rien de plus, si l'on ne savait d'ailleurs qu'il
» fût le meilleur peintre de son tems.

» Les Persans modernes n'ont fait aucuns progrès dans
» les arts : l'empereur Schah-Abbas eut le caprice de
» vouloir apprendre à dessiner; il fut obligé d'avoir re-
» cours à un peintre hollandais qui se trouvait alors dans
» ses états. »

Cette citation, qui nous apprend le mépris extrême que l'auteur faisait des artistes persans, ne nous instruit de rien autre chose. Je conviens qu'il n'est pas très-facile de donner des notions intéressantes sur des questions de cette nature; mais un ouvrage tel qu'une encyclopédie laisse à croire qu'on y trouvera au moins quelques recherches faites sans prévention; car ce parti pris de dénigrer et Persans, et Egyptiens, et Chinois, ne nous éclairera jamais dans la pratique des arts. J'avoue que ce que je dis dans ce chapitre apprendra fort peu de chose au lecteur sur ces matières; mais ne pensant pas que par le dédain je puisse déguiser adroitement mon ignorance, je tâche plutôt d'exciter l'intérêt ou la curiosité sur ces points historiques de l'art, que de détourner le lecteur de ces comparaisons et de cette étude.

Les Persans d'aujourd'hui peignent avec des couleurs très-vives. M. Olivier, qui a publié son Voyage dans la Perse, où il a habité huit ans, m'a dit y avoir peint lui-même à la manière des Persans, qui emploient la gomme dans leurs couleurs, et qui recouvrent ensuite tout le tableau de plusieurs couches de naphte. (Voyez à ce sujet ce qui sera dit au chap. 591 de la peinture encaustique.)

On a reçu à Paris, en 1804, un portrait du roi de Perse : ce portrait, exécuté en Perse, semblait avoir été peint par le procédé que je viens d'indiquer. La peinture n'était point soluble à l'eau, et les tons ne manquaient pas d'intensité. Les ornemens, les perles, les pierreries, les diamans, étaient tous comptés et exprimés avec plus de patience que d'art, mais le travail en était assez délicat [1].

Je suis tenté de croire qu'on a beaucoup exagéré l'ignorance des Persans en peinture. J'ai vu des pein-

[1] Cette peinture a été gravée sur un dessin fidèle, exécuté par M. Grégorius.

tures de ce pays où il se trouvait du naturel dans le dessin et dans l'expression; on remarquait du caractère dans le style, dans les ajustemens et dans les draperies, mais le clair-obscur y était fort négligé, surtout celui qui tient à l'expression des formes, le clair-obscur de combinaison par masses étant quelquefois offert par le volume des draperies claires et obscures. Le besoin de n'apposer que des couleurs vives, dont l'éclat est si recherché par ces peuples, leur fait redouter les teintes ombrées et salies; ils ont cela de commun avec les anciens Egyptiens, les Chinois et les Indiens.

Voyez sur les peintures persanes qui ornent à Ispahan le palais du roi, ce qui est dit dans la Bibliothèque Britannique. Mai 1813. 18e année. Tome 53, page 66.

Winckelmann attribue le peu de progrès des Perses dans le dessin du nu, à l'austère bienséance qui, dans leurs mœurs, proscrivait les nudités. Les personnes trop étrangères à l'art ne savent jamais trouver dans l'art même les causes qu'ils n'aperçoivent souvent que très-vaguement ailleurs. Tout n'était pas voilé et couvert chez les Persans : pourquoi donc les têtes, les mains, les cols ne sont-ils pas mieux dessinés que le reste de leurs figures? D'ailleurs les Perses, toujours vêtus d'habillemens serrés, offrent aux dessinateurs des mouvemens et des attitudes; une figure peinte peut être noble, animée, d'un beau jet, quoique les formes particulières n'en soient ni correctes, ni arrêtées. Quant à cette austérité, dont Winckelmann trouve la preuve dans un passage d'Hérodote, sans vouloir la contester ici, je ferai remarquer que cette assertion ne se rapporte qu'aux Perses de l'antiquité, que ceux d'aujourd'hui se plaisent dans les représentations de sujets érotiques et très-libres; et qu'on a vu plus d'un Perse en Europe se baigner publiquement.

Voici ce qu'écrivait M. Herder dans ses conjectures sur Persépolis. Cette citation en dira plus ici que tout ce que je pourrais ajouter. L'auteur commence par la description des deux figures colossales qui représentent des animaux.

« La distance du pied de derrière d'un de ces animaux, » à celui de devant, est de dix-huit pieds, et le travail en » est fait avec le plus grand soin dans une des pierres » les plus dures. Ces figures, qui représentent la licorne » et le sphinx comme symboles de la puissance et de la » sagesse royale, ne sont pas exécutées dans le style » égyptien; ils sont en demi-relief sculptés dans le mar- » bre, et leur marche est plus animée que celle des figures » d'animaux égyptiens, même de ceux qu'on voit sur la » table isiaque. »

Quant à la figure divine qui accompagne la figure principale escortée d'un si grand nombre de personnages subalternes, l'auteur, après avoir rappelé les idées religieuses et symboliques qui ont trait à son sujet, et après avoir fait entendre que l'espèce de poésie sculptée dans ce monument était en harmonie avec ces idées, ajoute : « Cette figure est d'une simplicité si pure, si majestueuse » et si sublime, qu'elle est peut-être unique en son genre, » vu l'antiquité du monument.

» La composition entière, ajoute-t-il, est simple et » noble, les ornemens sont exécutés dans un style grand » et large; et tel autre monument ancien qu'on nous » vante avec enthousiasme, paraîtrait à côté de celui-ci » comme une chétive cabanne. Des colonnades superbes,

» des files d'hommes et d'animaux supportent cette sim-
» ple représentation.

» La figure principale est représentée tantôt debout, » tantôt assise, honorée par les hommes et accompagnée » par la divinité, mais toujours de manière qu'elle pré- » domine : est-ce un prêtre ou un roi? La composition » entière prouve que ce ne peut-être un simple prêtre. » Sur la façade des tombeaux, ce personnage tient un » arc à la main, et cet attribut seul décide déjà la ques- » tion. D'ailleurs, partout on voit sur sa tête le turban » tel que le porte la figure céleste, et quelques autres » figures qui, sans contredit, représentent les principaux » parmi le peuple. Il ne remplit aucune fonction sacer- » dotale, quoique devant lui soit l'autel, dont il est cepen- » dant éloigné; au contraire, il remplit les devoirs de la » royauté : assis et tenant le long bâton royal, il rend » la justice à son peuple. Son siége est décoré d'orne- » mens royaux, et ceux qui sont debout devant lui se » tiennent à une distance respectueuse. Au surplus, » toute la troupe qui s'avance vers lui ne forme pas une » marche religieuse; on n'y aperçoit aucun attribut de » sacrifice, mais on voit distinctement que c'est une file » de sujets et de serviteurs du roi, et qu'il y a des officiers » de tous les états et des peuples de toutes les provinces.

» La figure du souverain est d'une noble simplicité : » il se distingue par une taille majestueuse et par un air » vénérable. On n'y découvre aucune trace de ce luxe » efféminé des despotes postérieurs de la Perse [1].

» Sa tiare verticale et dorée ressemble à celles de ses

[1] C'est ce luxe qui faisait que les Grecs appelaient persan tout ce qui était magnifique.

» principaux serviteurs, et les officiers supérieurs en » portent une où l'on remarque seulement des plis. Suivant l'usage généralement connu, on tient un rameau » au-dessus de sa tête, etc... Si ces monumens avaient été » bien conservés, ils nous offriraient le plus ancien tableau » politique du genre humain qu'on puisse imaginer... etc.

» Quand on réfléchit aux irruptions que pendant des » milliers d'années les barbares habitans des montagnes » de l'Asie firent en Perse, et surtout quand on se rappelle quelle horreur les Mahométans ont pour toute » figure sculptée, malgré toutes ces tristes mutilations, » on est contraint d'admirer la force étonnante avec » laquelle le plus ancien monument de l'art qui soit » connu, brave la fureur des hommes et les dégradations » du tems. »

Voyez d'ailleurs les Voyages en Perse de Chardin, de Bruyn; les descriptions des antiquités de Persépolis, par Greave, etc., etc.

CHAPITRE 19.

DE LA PEINTURE CHEZ LES INDIENS.

« Les Indiens (dit le même écrivain de l'Encyclopédie) » sont les rivaux des Persans dans l'art de peindre les » toiles; mais ces peintures sont purement capricieuses: » elles représentent des plantes, des fleurs qui n'ont aucune existence; elles ne sont estimées que par l'éclat » et la solidité des couleurs.

» D'ailleurs l'art des Indiens se réduit à présent, comme

» dans la plus haute antiquité, à représenter des figures » monstrueuses relatives à leur religion : des animaux » qu'on ne trouve point dans la nature; des idoles à » plusieurs bras, à plusieurs têtes, qui n'ont ni vérité » dans les formes, ni justesse dans les proportions. On » peut en voir quelques exemples dans l'ouvrage de M. » Holwel.

» J'ai vu des peintures originales du Thibet : elles » montrent beaucoup de patience, et sont remarquables » par la finesse du trait; mais je parle ici d'une finesse, » ou plutôt d'une subtilité physique, et non de celle qui » est une qualité estimable de l'art. Les peintres thibe- » tains auraient pu le disputer à Apelle et à Protogène » pour l'extrême ténuité du pinceau; mais ce n'est que » dans cette partie qu'ils pourraient entrer en concur- » rence avec d'habiles artistes. On peut consulter l'Al- » phabetum Thibetanum; on y trouvera la gravure de » quelques ouvrages du Thibet.

» On connaît aussi des idoles thibetaines en relief; ce » sont les productions d'un peuple qui est encore à l'en- » fance de l'art, et comme ce peuple est laid, il n'expri- » mera jamais l'idée de la beauté, qui seule peut conduire » l'art à sa perfection. La même cause condamne pour » toujours les Chinois, les Calmoucks et la nombreuse » famille des Mongols à la médiocrité; si pourtant on peut » espérer qu'ils fassent jamais assez de progrès pour y » parvenir. »

Comment concilier cette assertion avec ce qu'on voit de peintures indiennes dans plusieurs cabinets? Comment pourra-t-on croire, au sujet de la laideur des têtes, l'auteur que je viens de transcrire, en voyant entr'autres deux grands dessins apportés de l'Indostan, et que possède, à Paris, M. Cartier, musicien et curieux d'antiquités? Ces peintures offrent des têtes pleines de finesse et de beauté; il s'en trouve de si belles, qu'il n'y a pas de peintre qui, après les avoir vues, n'ait manifesté à cet amateur le désir d'en prendre des calques ou des croquis.

Si la religion des Indiens leur fait perpétuer les images de pagodes épouvantables et ridicules à la fois, il n'est pas vrai pour cela qu'ils n'aient aucune idée de la beauté. Mais nous autres Européens, nous avons sur ce point des préventions qui souvent ne nous siéent guère, surtout lorsque nous les écrivons du milieu de nos villes populeuses et souvent au sein de tout ce que la nature a produit de plus appauvri et de plus dégradé.

La bibliothèque royale de Paris et M. de Tersan ont une belle suite de peintures indiennes. M. Millin dit en avoir vu une très-nombreuse au château de Bierre, près Saumur. On voit des portraits indiens dans l'histoire de l'Indostan par M. Dow (Londres. 5 vol. in-4°), etc.

Ces deux dessins que je viens de citer, rappellent beaucoup par la beauté des profils et la simplicité des poses, le beau tableau de *Fra angelico* du musée de Paris, qui certes eût paru aux yeux des peintres académiciens, contemporains de cet écrivain de l'Encyclopédie, le résultat d'une gageure ou d'une mauvaise plaisanterie.

CHAPITRE 20.

DE LA PEINTURE CHEZ LES MEXICAINS.

A L'ÉPOQUE de la découverte de l'Amérique, les Mexicains étaient déjà parvenus à un certain degré de civilisation, et ils se livraient à certains arts, tels que celui du dessin, qui tenait lieu de l'art d'écrire. Lorsque les Espagnols débarquèrent au Mexique, les habitans des côtes instruisirent leur roi Montézuma de ce qui venait de se passer, en lui envoyant une grande toile sur laquelle ils avaient dessiné et peint avec soin tout ce qui venait d'avoir lieu sous leurs yeux; c'était de cette manière que ce peuple écrivait ses lois et son histoire.

Robertson, dans son histoire d'Amérique, a fait graver plusieurs peintures mexicaines. M. de Humboldt a rapporté un certain nombre de ces peintures, et il a promis d'en offrir une à la bibliothèque royale. Le musée Borgia en possède plusieurs.

Il est à croire que toutes ces peintures sont des espèces de teintures produites par des végétaux, par des sucs résineux colorés, etc. Mais on n'y remarque aucun art; seulement on aperçoit qu'elles sont faites avec patience, et quelquefois avec dextérité.

J'ai vu en Amérique des haches de Sauvages faites avec une espèce de pierre noire très-dure, semblable au parangon, et sur lesquelles les Sauvages avaient ciselé (probablement par le moyen d'une autre pierre plus dure) des ornemens exécutés avec une délicatesse et une ténuité de travail surprenantes. Ces ornemens, il est vrai, n'offraient ni caractère, ni goût particulier, à moins cependant qu'ils n'exprimassent certaines convenances qu'il nous est impossible de discerner. Le capitaine Perron, dans son Voyage qu'on vient de publier, dit avoir vu chez certaines peuplades absolument sauvages, pratiquer la peinture et produire avec des couleurs vives quelques représentations qui ne lui ont pas déplu.

On sait aussi que les Mexicains font des espèces de mosaïques avec des plumes de couleur. Ces peintures sont très-durables, parce que l'air n'en détruit point les teintes, et j'ignore pourquoi on a négligé parmi nous ce moyen par lequel on pourrait obtenir de très-beaux et de très-solides résultats pour la décoration des temples et des palais. Mais pour emprunter à des peuples sauvages quelques pratiques utiles, il ne faut pas commencer par mépriser tout ce qui sort de leur native industrie. Les voyageurs seraient moins insoucians, lorsqu'ils éprouvent de la surprise à la vue de certaines productions de ces peuples, et ils joindraient à cette surprise de la curiosité et prendraient des indications utiles pour nous, s'ils se dégageaient des préventions suggérées par tant d'écrits dont la vanterie surtout fait le fond. J'ai parlé de l'étonnement qu'on éprouve à la vue de la sculpture égyptienne pratiquée sur des substances qu'aucun de nos outils ne peut attaquer aujourd'hui; je demanderai ici comment feraient nos lapidaires pour percer, comme le font les Sauvages du nord de l'Amérique, des émeraudes de manière à les suspendre par deux trous qui, se rejoignant, forment dans leur courbure un seul conduit.

CHAPITRE 21.

DE LA PEINTURE CHEZ LES CHINOIS.

Notre même auteur de l'Encyclopédie écrivait ce qui suit : « Un peintre italien, nommé Giovanni Ghirardini, » est allé à la Chine : c'était un artiste fort obscur; mais » son jugement sur les objets d'un art qu'il exerçait, et » dont il devait avoir au moins quelque connaissance, est » bien préférable à celui des voyageurs qui n'en avaient » aucune : il a prononcé que les Chinois n'avaient pas la » moindre idée des beaux-arts, et son jugement est for- » tifié par tout ce que nous connaissons de ce peuple.

» Les Chinois semblent ne pas même soupçonner la » perspective. Ils font des paysages, et n'ont aucune » idée des plans; aucune du feuillé des arbres; aucune » du parti que l'on peut tirer des fabriques; aucune de » la fuite des lointains; aucune des formes variées que » prennent les nuages; aucune de la dégradation des » objets, en proportion de leur distance : c'est-à-dire » qu'ils ne font guère que des paysages, quoiqu'ils n'en » aient aucune idée.

» Chez eux la nature humaine n'est point belle : loin » de chercher à l'embellir, loin de chercher même à la » rendre telle qu'elle est, ils s'étudient à la rendre encore » plus difforme. Ils ont une sorte de vénération pour les » gros ventres dans les représentations de leurs dieux. Une » figure courte et ventrue est pour eux une figure du style » héroïque; un gros ventre est le caractère extérieur par

» lequel ils désignent leurs grands hommes. Les figures » de femmes, au contraire, minces, allongées, ressem- » blent à des ombres, plutôt qu'à des êtres vivans.

» Pour que les arts fleurissent, il faut qu'ils soient » considérés et récompensés. Les peintres, sont les ou- » vriers les plus mal payés de l'empire.

» Les ignorans admirent l'éclat et la propreté de leurs » couleurs; mais il faut bien qu'une enluminure faite » avec des couleurs sans mélange, ait du brillant et de » la propreté. La difficulté de l'art est de mélanger et de » fondre les couleurs sans les tourmenter et les salir; » mais les Chinois ne peuvent succomber aux difficultés » de l'art, puisqu'ils ne connaissent pas même l'art...

» Il faut bien avouer que leurs couleurs naturelles » sont plus brillantes que les nôtres; si c'est un mérite, » c'est celui de leur climat et non de leur talent [1].

» Un frère jésuite, qui dans son enfance avait été » broyeur de couleurs, fut élevé au rang de premier » peintre de la cour. Les Chinois admirèrent la supério- » rité de son talent : jamais Raphaël ne jouit de tant de » gloire; l'éclat que ses succès donnèrent à sa place, la » fit envier par les pères, qui depuis s'en sont toujours » conservé la possession.

» On sait que les batailles envoyées de la Chine pour » être gravées à Paris étaient l'ouvrage des pères jésuites. » Il s'en fallait beaucoup qu'aucun Chinois fût capable » de faire ces mauvais dessins, qui ont été corrigés par » un artiste célèbre, M. Cochin, avant que d'être distribués

[1] Singulière décision!.... C'est au moins celui du talent qu'ils ont pour choisir et rendre propres à la peinture les substances les plus favorables au meilleur coloris.

» aux graveurs. Je me souviens que nous admirions, en » examinant ces chefs-d'œuvre, qu'aucun cheval ne tou- » châț la terre, qu'aucune figure ne portât d'ombre.

» En général, les Chinois, comme tous les Orientaux, » ne connaissent qu'un petit nombre de traits qu'ils ré- » pètent toujours : ils multiplient tant qu'on veut les » figures, mais toutes se ressemblent.

» Dans les ouvrages de poterie, qu'on peut regarder » comme des dépendances de la sculpture, on ne re- » marque aucune science de formes, aucun sentiment » des muscles les plus sensibles, aucune idée de propor- » tion : enfin ils ne sont pas aux premiers élémens de » l'étude de la nature ; loin de l'avoir observée, à peine » semblent-ils l'avoir regardée. On peut croire que per- » sonne ne se doute, dans tout l'Orient, que l'anatomie » puisse avoir quelques rapports avec les arts qui appar- » tiennent au dessin. Quelques têtes, imitées en relief » par des Chinois, ont une sorte de vérité, mais d'un » choix bas et vicieux. L'ampleur des draperies cache » toutes les parties ; et on sent qu'on n'a pas même pensé » qu'elles existaient sous les draperies : on ne voit que » les extrémités, et elles sont mal faites. Il faut cepen- » dant avouer que si la sculpture est très-mauvaise à la » Chine, elle a du moins quelque supériorité sur la pein- » ture. »

Je ne crois pas qu'on doive partager toutes les opinions de l'auteur : je sais, comme lui, que ces figures chinoises peintes, et surtout sculptées, et qu'on a appelées assez à propos du nom de magots, à cause de l'espèce d'immobilité et de la structure disproportionnée qui caractérisent ce singe, sont des figures hétéroclites et d'un goût affreux; mais les Chinois n'ont-ils donc jamais peint de figures de quelqu'élégance et de quelque naturel, et n'auraient-ils point eu un style de pagode qu'ils auraient appliqué mal à propos à d'autres représentations?

J'ai cru apercevoir que les figures fabriquées autrefois à Canton et dans les dehors commerçans de la Chine, avaient quelque chose de plus barbare que les ouvrages exécutés dans le sein de ce vaste pays. Qui sait si le débit que firent à certaines époques en Europe les Chinois de leurs porcelaines, de leurs papiers peints et de leurs magots, ne les a pas engagés à se fixer exclusivement, quant à ces peintures de commerce, à ce style ridicule, encouragé, pour ainsi dire, par les marchands étrangers, et qui semblait favoriser l'exportation de leurs fabriques?

Il résulterait de cette conjecture, si elle était fondée, que les petites maîtresses de Londres et de Paris, qui ont tant goûté jadis, par bon ton, ces magots chinois et ces paravents chamarrés, ont été un peu la cause du goût barbare de la peinture en Chine; elles ne s'en doutaient certainement pas. Au reste, il n'est pas sûr que cette mode ne reviendra pas... Plus d'un magot fait encore peur aux petits enfans, sur les cheminées et sur les encognures. Les peintures chinoises qu'on reçoit aujourd'hui de Canton, semblent réellement être d'un goût moins baroque et moins chargées que celles dont nos pères faisaient cadeau à leurs dames; et si les règles de l'art n'y sont pas mieux observées qu'autrefois, les figures et tout le style semblent avoir quelque chose de plus simple et de plus naturel.

Il y a peu d'efforts à faire pour ridiculiser les peintures chinoises et autres, surtout lorsqu'on les compare avec celles de nos peintres célèbres; mais il faut un certain zèle pour rechercher les qualités de naïveté, de simplicité, et même de style, qu'on peut rencontrer dans plusieurs de ces ouvrages dont l'étude peut faire découvrir quelques pratiques importantes pour l'art. Enfin, la prévention contre ces peintures a été, je le répète, mal entendue, puisqu'elle nous a empêchés de nous instruire même des procédés matériels qui sont la seule chose qu'elles aient de recommandable, à moins qu'on ne compte pour du mérite la propreté du pinceau, qualité qu'on ne saurait leur contester. On connaît, au reste, toute leur adresse dans certains arts mécaniques, et leur encre, leur papier, leurs pinceaux, leur terre pour les vases, leurs boîtes, etc. sont des objets dignes aujourd'hui même de notre surprise et de notre rivalité. Je ne crains pas d'ajouter, pour justifier un peu les artistes de la Chine, qu'il se rencontre des figures chinoises sculptées et émaillées, dans lesquelles on retrouve de la vie, de l'expression et de la délicatesse; et je parle de celles qui ne sont pas l'ouvrage des Européens fixés dans ce pays. Ce dont il nous faut convenir, malgré tout, c'est que nous n'avons pu imiter ce peuple industrieux, ni dans les peintures dites de vieux laque, ni même dans l'espèce de bois cartonné et si léger, qui lui sert de subjectile, ni dans la couleur de leurs vases en porcelaine, ni dans leurs vernis, etc.

J'ai vu récemment un voyageur qui, arrivant de la Chine, se trouvait invité à causer des arts de ce peuple lointain; et je fus fort surpris, après qu'il nous eut parlé des vives et très-belles couleurs qu'il avait remarquées sur une voiture peinte à Canton et destinée à un ambassadeur d'Europe, de l'entendre demander comment les

Chinois s'y prenaient pour obtenir des teintes aussi brillantes. Sa question me parut fort remarquable, et je me dis : Moquons-nous donc des Chinois ! Au reste les missionnaires qui résidèrent long-tems dans ce pays, ne nous en ont guère plus appris sur ce point que ce voyageur. Mais je reviendrai sur cette question à son lieu, c'est-à-dire, quand je parlerai du matériel du coloris.

CHAPITRE 22.

DE LA PEINTURE CHEZ LES ÉTRUSQUES.

D'où les artistes étrusques ou toscans avaient-ils emprunté leur savoir? est-ce de l'Egypte ou de la Phénicie? est-ce Dedale l'ancien qui apporta l'art en Italie? Assez de savans ont agité ces questions; Guarnacci, Tiraboschi, Lastri, Lanzi, Heyne, Becci, Gori, Passeri, Buonarotti et autres, pourront être consultés avec fruit sur ce point. Ce qui nous importerait ici, ce serait de spécifier le caractère de l'art étrusque, et de rechercher si l'examen ou l'analyse qu'on en ferait, ajouterait quelque chose à notre instruction.

Si nous interrogeons les anciens écrivains, nous obtiendrons certaines données sur ce caractère de l'art en Etrurie. Strabon nous dit que le style toscan est semblable au style égyptien ou au style grec très-ancien. Quintilien, en parlant de Scipion et de Caton, compare le style de ces écrivains à celui de deux statuaires grecs, Egésias et Calon, qui firent voir, dit-il, dans leurs ouvrages beaucoup de la dureté et de la roideur du style toscan; et dans ce passage il établit, entre l'éloquence attique et l'éloquence asiatique, la même différence qu'entre la sculpture toscane et la sculpture grecque.

Malgré la roideur du style étrusque, il paraît que les artistes de cette école ont su produire de très-belles images. Pline, intéressé il est vrai à relever la gloire de l'Italie, fait un grand éloge de quelques peintures étrusques qu'on admirait encore de son tems. Mais quelque flattée que puisse être cette description, elle doit nous donner une haute idée des artistes de cette école.

« Je n'ai pu contempler sans étonnement, dit-il, les » peintures qui sont encore toutes fraîches et comme » toutes récentes, qu'on voit à Lanuvium, dans un temple » ruiné où elles subsistent au milieu de ces ruines sans » aucun dommage. Ces deux peintures sont de la même » main, et représentent, l'une Atalante et l'autre Hélène; » chacune est le pendant de l'autre. L'artiste a peint » Atalante nue, et ces deux figures sont d'une exquise » beauté; mais Hélène est représentée avec toute l'inno- » cence virginale, c'est-à-dire, avant son enlèvement. » L'empereur Caligula essaya de faire enlever ces deux » peintures; la nature de l'enduit de la muraille ne le » permit pas. » Pline finit par dire, en parlant des peintures encore plus anciennes de Céré : « Quiconque les » estimera selon leur mérite, conviendra que nul art n'est » parvenu en si peu de tems à sa perfection, car il n'est » fait nulle mention de peintures à l'époque du siége de » Troie. »

Pline vante encore ailleurs d'une manière bien positive le talent des Etrusques. « L'Italie, dit-il, liv. 34, » ch. 7, a fabriqué aussi des colosses : au moins voyons-

» nous dans la bibliothèque du temple d'Auguste un » Apollon étrusque de cinquante pieds de haut, depuis » l'extrémité du pouce du pied au sommet; ouvrage qui » laisse à douter lequel est le plus admirable ou la beauté » de la figure, ou l'art avec lequel elle fut exécutée en » bronze. »

Mais nous voudrions nous former une idée de l'art ou du style étrusque, d'après les monumens que nous possédons. Je pense néanmoins que cette connaissance apporterait peu de fruit à notre peinture et à notre sculpture; la nuance qui distingue l'art étrusque du très-ancien style grec, et que nous connaissons, étant si délicate qu'elle ne peut influer que sur l'étude archéologique.

Winckelmann cite des peintures étrusques découvertes en Toscane; mais il ne nous apprend rien sur le style qui les caractérise.

« Les seules peintures qui nous restent des Etrusques, » dit-il, ont été trouvées dans les tombeaux de l'ancienne » Tarquinie : on y voit de longues frises peintes, et des » pilastres ornés de grandes figures qui occupent l'espace » qui règne depuis la base jusqu'à la corniche : ces pein- » tures sont exécutées sur un enduit épais de mortier; » plusieurs sont d'une bonne conservation; d'autres ont » été presqu'entièrement dévorées par l'air qui a pénétré » dans ces souterrains. » Il paraîtrait par la suite de la description que Winckelmann donne de ces peintures (découvertes par le père Paciaudi en 1760), que quelques-uns des sujets qu'elles représentent étaient exprimés avec beaucoup de clarté.

On doit rappeler ici l'erreur qui a fait long-tems attribuer à l'art étrusque les peintures qu'on admire sur tant de vases grecs modelés en argile. La beauté des figures peintes sur ces vases doit donc être considérée comme appartenant non à l'art étrusque, mais à l'art grec. Voyez ce qui a été dit précédemment, page 51.

Winckelmann et d'autres savans ont distingué dans l'art étrusque trois périodes : cette question nous importe peu; aussi ne m'y arrêterai-je pas. Il serait de même assez inutile de recueillir ici ce que les antiquaires ont avancé au sujet de quelques particularités, soit dans le costume, soit dans les accessoires, pour prouver que certaines figures sont d'origine étrusque. La similitude qui, je le répète, existe entre le très-ancien style de l'art grec et le style de l'art étrusque, nous dispense de ces recherches. Au surplus ce que nous dirons au chapitre 52 jetera quelque lumière sur cette question. Ainsi passons à l'histoire de la peinture chez les Grecs.

CHAPITRE 23.

DE LA PEINTURE CHEZ LES GRECS.

Les Grecs ont-ils été supérieurs aux modernes en peinture, et les tableaux de Zeuxis et d'Apelle étaient-ils plus beaux que ceux de Michel-Ange et de Raphaël? Telle est la question que l'on fait tous les jours, et à laquelle on répond rarement d'une manière satisfaisante. Les doutes qui se perpétuent sur ce point proviennent d'abord du peu de fixité de nos idées théoriques, et ensuite de ce que nous sommes privés des chefs-d'œuvre qui ont immortalisé les Apelle, les Echion, les Protogène. De très-belles statues grecques subsistent, et nous accordons à leurs auteurs la supériorité sur nos statuaires; les tableaux grecs ont péri, et nous doutons si les peintres grecs surpassaient les nôtres. Quand ces contestations se termineront-elles? Peut-être ne sera-ce que quand des découvertes nouvelles nous auront enrichis de quelques peintures antiques évidemment supérieures à nos meilleurs tableaux, ou bien quand le goût qui se répand de plus en plus pour les monumens des anciens aura à la fin réuni tous les modernes dans la voie de la vérité. Mais une idée qu'on peut avancer, c'est que plus on étudiera la théorie des anciens, en se familiarisant avec la philosophie et le technique de leurs artistes, plus les inductions et les conjectures rapprocheront vers cette unité d'opinion en faveur de l'art grec, plus aussi on sera près de s'entendre et de s'accorder dans une affection et une estime sincère pour cette peinture antique. Son éclat, il est vrai, n'est parvenu jusqu'à nous que par de bien faibles reflets; mais il a attiré l'admiration de toute l'antiquité, parce qu'il était réel et merveilleux. Puissent donc les recherches que je vais poursuivre ici contribuer au moins à faire revivre cette même admiration! Si je ne parviens pas à ce but, je n'en aurai pas moins attaqué des préjugés assez funestes; j'aurai éclairé sur des points importans de l'art et rattaché les esprits à certaines questions intéressantes vers lesquelles ils n'avaient peut-être pas dirigé toute leur attention.

CHAPITRE 24.

OPINIONS DE QUELQUES AUTEURS SUR L'EXCELLENCE DE LA PEINTURE CHEZ LES GRECS.

Plusieurs écrivains ont eu à prononcer sur le mérite des peintres de l'antiquité, et presque tous, avant de s'engager dans cette question, ont jeté un regard sur les auteurs modernes accrédités, qui ont eu occasion eux-mêmes de s'expliquer à ce sujet. Cette précaution n'a pas toujours été dans l'intérêt de la vérité; car pourquoi ne pas juger soi-même, et ne pas se méfier de l'influence des préventions? Aussi est-il arrivé que dans le monde, comme dans les livres, c'est le doute qui a prévalu. On voit même tous les jours des personnes se ranger du côté des détracteurs de la peinture antique, et cela avec d'autant plus de sécurité qu'elles savent que des écrivains connus ont tranché sur ce point : ces écrivains ayant affirmé sans beaucoup de façon que les Grecs furent bien moins habiles que nous dans cet art et que les peintures trouvées à Herculanum, à Pompéi et à Rome, sont sans aucun mérite, si toutefois elles ne sont pas pitoyables. En effet, telle est l'opinion de l'abbé Dubos, de Cochin et de plusieurs autres qui ont donné le ton, bien qu'ils n'ignorassent pas que Raphaël, que Poussin ont pensé tout autrement. Cependant il est à remarquer que ce goût de critique commence à vieillir, et que les gens instruits, qui sont au courant des connaissances nouvelles que l'on voit aujourd'hui briller de plus en plus en Europe, ne partagent point cette prévention surannée. Si le dédain pour la peinture antique a été long-tems chez certains écrivains un parti pris et une obstination de calcul, aujourd'hui que le goût de la belle antiquité est beaucoup plus répandu, ce dédain n'est plus du bon ton, et le tems qui maîtrise ces préférences de la vanité a fait à la fin justice d'un tel préjugé.

De tous les observateurs attentifs et zélés sur cette question, aucun n'a encore fait voir la franchise et la pénétration de Webbs, qui écrivait vers la fin du 18e siècle. On doit le regarder comme le plus hardi défenseur de la peinture des anciens. Cet écrivain était jeune, lorsqu'il fréquenta à Rome, Mengs, Winckelmann et quelques autres amis sincères des anciens. Il n'exerçait point l'art comme artiste, et son indépendance lui permit de manifester tout son enthousiasme pour le beau goût, pour la grâce et le génie des Grecs. Je vais citer les passages où il s'explique le plus librement sur la supériorité de ces maîtres de l'art.

« Les fragmens des peintures antiques, dit-il, qui nous » restent des Romains, ou plutôt des artistes grecs, dès- » lors dégénérés, qui travaillaient pour les Romains leurs » vainqueurs, sont, pour la plupart, d'un choix si élégant, » si vrai, si grand, d'une justesse de trait si précieuse, » d'une telle fraîcheur de couleur, que nous n'avons rien » à leur opposer depuis la renaissance des arts en Europe. » Auprès d'eux le grand Michel-Ange et le fougueux Jules » sont farouches et strapassés. Raphaël lui-même, bien » qu'il semble avoir servilement suivi la marche des ar- » tistes de l'antiquité, est lourd dans ses formes et dans le » choix de ses attitudes; dans ses ornemens en arabes- » ques, il est leur copiste exact, et, si les ouvrages de ces

» fameux Italiens l'emportent sur les peintures antiques
» qui nous sont connues, c'est par l'abondance dans la
» composition et par la vigueur de couleur qu'ils ont
» donnée à leurs tableaux peints à l'huile. »

Opposer les peintures d'Herculanum aux ouvrages de Raphaël, c'était une hardiesse qui dut révolter bien du monde ; aussi, sans le secours des Winckelmann et des Mengs qui soutenaient quelques opinions à peu près semblables, sans la disposition des esprits à l'enthousiasme pour l'art grec, enthousiasme qui commençait à être bien accueilli, l'auteur eut été déclaré fou. Le baron de Grimm, contemporain de Webbs, nous donne à entendre qu'on était loin de dédaigner la critique de ce jeune observateur anglais ; et d'Azara, en lui reprochant d'avoir été le plagiaire indiscret de Mengs, ne pense point à le combattre.

« On peut objecter, continue Webbs, que la prétendue
» supériorité que j'attribue aux peintres de l'antiquité
» sur les modernes, existe plutôt dans les descriptions
» qu'on a faites de leurs ouvrages, que dans ces ouvrages
» mêmes : mais nous ne devons reconnaître la force de
» cette objection que quand on nous aura fait voir une
» production moderne égale, pour le sublime, à l'Apol-
» lon ; pour l'expression, au Laocoon ; pour la grâce et la
» beauté, à la fille de Niobé, toutes qualités qui n'ap-
» partiennent pas moins à la peinture qu'à la sculpture.

» Pour ce qui est du coloris et du clair-obscur, indé-
» pendamment des autres preuves, le génie supérieur des
» anciens et leur application infatigable doivent suffire
» pour faire présumer combien ils ont dû exceller dans
» toutes ces parties.

» Plutarque compare aux poésies d'Homère les peintures de Nicomaque pour leur tour heureux et leur facilité.... Il dit encore que les poèmes d'Antimaque et les portraits de Denys, avec tout le nerf et toute la force qu'on y trouve, font sentir qu'ils ont été peinés; et qu'au contraire, les tableaux de Nicomaque et les vers d'Homère, par toutes les perfections et les grâces dont ils brillent, paraissent faits avec facilité.

» Laissons-nous donc aller aux idées si naturelles que fait naître cette agréable et constante uniformité entre les conceptions des artistes grecs et celles des poètes. Le même style de grandeur, la même sensibilité, la même délicatesse, la même élégance et la même simplicité brillent partout et constituent également les ouvrages des uns et des autres. Est-ce que les poètes de l'antiquité, s'ils n'eussent eu sous les yeux que des peintures grossières, auraient pris plaisir à emprunter de cet art leurs images et leurs métaphores? N'est-ce pas de lui aussi qu'ils ont appris à grouper et à disposer leurs masses, à ombrer et à éclairer leurs figures, à saisir les contours de la grâce et les teintes de la beauté, enfin tout ce coloris d'expression que l'on prendrait pour les touches du pinceau?

» Pourquoi les portraits de Raphaël sont-ils extrêmement admirés? c'est qu'il représentait l'ame, le caractère, le tempéramment de ses personnages, qualité vantée d'Apelle, et non la forme et la couleur seules de leurs figures.

» Une autre preuve de leur grand talent, c'est le choix de leurs sujets. Faites peindre une figure seule à un artiste moderne, et vous verrez que rarement elle aura

» une grande force de caractère; aussi n'en peint-on
» guère ainsi, mais on en rassemble plusieurs. Si les
» peintres anciens eussent été ignorans, ils auraient em-
» ployé, comme nous, cette ressource... Enfin nous avons
» eu de meilleurs ouvriers, jamais de si grands peintres. »

Citons maintenant un passage qu'on trouve dans l'Encyclopédie méthodique; il est de M. Lévesque.

« Personne n'ose proposer le moindre doute, dit-il,
» sur la supériorité des anciens dans la sculpture : ce
» doute serait un blasphème; mais la vanité des modernes
» se console en refusant aux artistes de la Grèce la même
» supériorité dans la peinture. Le petit nombre de mo-
» numens qui nous restent de la peinture antique et les
» conjectures vraisemblables que nous pouvons former
» sur ceux qui ont péri, semblent prouver que surtout
» dans la composition les peintres grecs ne suivaient pas
» les mêmes principes qui ont reçu force de loi dans nos
» écoles : d'où nous concluons que ces peintres étaient
» inférieurs aux nôtres; encore sommes-nous bien mo-
» dérés, quand nous ne prononçons pas qu'ils étaient des
» peintres méprisables. On peut, en faisant usage du
» même raisonnement, prouver qu'Homère ne savait pas
» faire un poème épique; que Sophocle, Euripide et en-
» core plus Eschyle, ne savaient pas faire de tragédies.
» Assurément les tragédies de Sophocle, le plus parfait
» des tragiques anciens, ne diffèrent pas moins des tra-
» gédies anglaises ou françaises, que les tableaux d'Apelle
» et de Protogène pouvaient différer des tableaux de nos
» écoles.

» La principale cause de cette différence, c'est que
» dans tous les genres nous ne cherchons pas moins la

» complication que nous décorons du nom de richesse,
» que les anciens ne cherchaient la simplicité; c'est ce
» que prouvent nos tragédies et nos tableaux, comparés
» aux tableaux et aux tragédies des Grecs.

» Ce n'est pas que d'abord les Grecs n'aient aimé dans
» les tableaux les sujets composés d'un grand nombre de
» figures : Polygnote, un de leurs plus anciens peintres,
» représentait tantôt la prise de Troie, tantôt Ulysse aux
» enfers : mais bientôt leur goût se décida pour la simpli-
» cité; Pline le dit formellement en parlant d'Apelle. »

Ailleurs, M. Lévesque s'exprime ainsi : « Les anciens
» peut-être n'auraient pas représenté un coup de ton-
» nerre aussi bien qu'un de nos paysagistes; mais ils au-
» raient représenté le dieu qui lance la foudre, et j'aurais
» frémi au seul aspect de ses sourcils. Ils n'auraient point,
» par le fracas de ce que nous appelons une grande ma-
» chine, représenté le jugement dernier, ou la chute des
» anges rebelles; mais ils auraient représenté le juge des
» anges et des hommes, et mon œil timide aurait pu sou-
» tenir à peine cette imposante représentation. Ils auraient
» moins occupé mes yeux, et peut-être mon esprit; mais
» ils auraient dominé sur mon ame....

.... » Il me paraît résulter de cette discussion que les
» anciens avaient poussé la partie du dessin, du clair-
» obscur, de l'expression, de la composition poétique du
» moins aussi loin que les modernes les plus habiles peu-
» vent l'avoir fait. »

Voyons ce que disait R. Mengs : « Quoique dans les
» tableaux d'Herculanum, la partie du dessin ne soit pas
» celle qui est la plus admirable, on y remarque cepen-
» dant en général un très-bon goût et une très-grande

» facilité à rester dans les justes bornes des contours,
» c'est-à-dire qu'ils ne sont ni chargés, ni durs, ni secs.
» On est surpris, surtout de la grande intelligence du clair-
» obscur qui y règne et de la nature de l'air ambiant,
» lequel étant un corps d'une certaine densité, réfléchit la
» lumière et la communique aux parties qui ne peuvent
» pas la recevoir en ligne directe. Ayant remarqué com-
» bien ces parties sont bien traitées même dans les plus
» mauvais tableaux, quoique faits sans doute avec négli-
» gence, ce n'est qu'avec étonnement que je pense à la
» perfection que doivent avoir eue les ouvrages des célè-
» bres artistes contemporains des sculpteurs qui ont fait
» l'Apollon du Belvédère, la Vénus de Médicis, et les autres
» ouvrages de cette beauté, qui ne sont cependant pas en-
» core des productions des artistes du premier rang de
» l'antiquité.

» Je crois donc que le dessin des anciens surpassait de
» beaucoup celui des modernes, car j'ai vu des tableaux
» antiques aussi bien dessinés que ceux de Raphaël, les-
» quels néanmoins ont été faits à Rome lorsque le bon
» goût grec ne subsistait plus, et qui sont tout au plus du
» tems d'Auguste. »

Le même auteur dit ailleurs que la grâce de l'Hélène de Zeuxis et de la Vénus d'Apelle, ne pouvait être que le résultat d'une très-grande excellence de contours.

Enfin on lit encore dans Mengs le passage suivant :

« Les peintures d'Herculanum sont admirables pour
» les contrastes, la grâce des figures, les belles parties et
» l'expression. On voit aussi qu'elles ont été exécutées
» avec grande prestesse et franchise.... De sorte que si
» l'on compare ces ouvrages avec les productions des

» modernes, et si l'on considère qu'ils ont été faits pour » des lieux si peu considérables, on comprendra aisément » combien la peinture des anciens devait être supérieure » à celle de notre tems.

» J'ai cru, ajoute Mengs, devoir faire cette petite di» gression pour lever le doute où l'on est en général si » les anciens ont été plus habiles dans l'art de peindre » que les modernes, en se fondant sur la médiocrité des » peintures d'Herculanum et de quelques autres qui se » conservent à Rome, sans se rappeler l'état misérable » où les Romains avaient réduit la peinture. » *Lettre sur l'origine, etc. page* 116.

L'opinion de Winckelmann sur l'excellence des peintres grecs, était, comme on l'imagine, conforme à celle de Raphaël Mengs : je me dispenserai donc de la rapporter ici. Je rappelerai cependant qu'il disait au sujet des danseuses d'Herculanum, peintures dont l'élégance et la délicatesse sont avouées de tout le monde, « qu'elles » sont vives comme la pensée. »

Josué Reynolds ne semble point établir de doute sur l'excellence des peintres de ces tems, et il appelle la peinture des noces aldobrandines, la plus belle relique de l'antiquité.

« Si dans de petits bourgs, dit le comte Algarotti, l'on » trouve des morceaux de peinture sur des murs où il » n'était pas possible de les garantir des incendies, et qui » datent du tems où l'art était dans sa décadence ; si l'on » remarque déjà les mêmes beautés de dessin, de coloris » et de composition qui, abstraction faite de quelques » défauts, feraient croire à tout le monde que ces pein» tures sont sorties de l'école de Raphaël, que ne doit-on

» pas présumer des plus anciennes qui avaient été faites
» pour de grandes villes par les plus célèbres artistes?.. »

« Pline, dit un des auteurs de l'Encyclopédie, nous
» raconte tant de merveilles des peintures d'Apelle, de
» Nicias, de Zeuxis, de Protogène, de Pharrasius, etc.,
» etc., qu'en réduisant même à moitié les résultats de
» ses brillantes descriptions, on doit présumer que les
» Grecs sont parvenus au degré le plus éminent auquel
» l'esprit humain puisse atteindre. »

L'éditeur ajoute en note : « Je pencherais plutôt à
» croire que Pline ne nous a que faiblement exprimé le
» vrai mérite des peintures grecques, parce qu'étant
» étranger à l'art et ne connaissant pas d'ailleurs d'ou-
» vrages d'autres nations, il n'a pas senti que le carac-
» tère distinctif de l'art des Grecs était la beauté. »

Je ne rassemblerai pas d'autres citations de ce genre, quoique les livres puissent en fournir un grand nombre; mais elles me semblent superflues ici, d'autant plus que je ne parle pas encore des qualités particulières de la peinture des anciens, qualités désignées par plusieurs auteurs modernes. Il suffit d'ajouter que presque tous les écrivains vraiment éclairés paraissent n'avoir conçu aucun doute sur l'excellence des tableaux d'Apelle, de Timanthe et des autres peintres célèbres de l'antiquité, quoique ces écrivains n'aient pas eu tous la connaissance de l'art, à l'aide de laquelle ils eussent pu démontrer et rendre palpable leur conviction. Aussi est-ce un éloge bien solide que celui des savans qui peuvent signaler positivement les qualités qui distinguent ces restes de la peinture antique. Les rédacteurs des *antiquités d'Herculanum,* malgré toute leur réserve dans les éloges qu'ils font de ces peintures, s'expliquent souvent clairement sur quelques-unes de leurs perfections. M. Boèttiger, dans sa dissertation sur le tableau des noces aldobrandines, en fait savamment un éloge complet. M. le comte de Clarac, qui a beaucoup examiné les peintures antiques du musée Portici, dit aussi : « On ne saurait » trop recommander aux artistes, et surtout aux peintres, » de consulter les peintures antiques; ils y trouveront » une foule de costumes et d'accessoires que n'offrent » ni les statues ni même les bas-reliefs, et qui sont plus » propres à la peinture que ne peuvent l'être ceux que » nous a conservés la sculpture, dont la matière, les » procédés et le génie se refusent souvent à rendre ce » qui convient à la peinture et à la variété de ses » moyens. ». *Description des antiques du musée royal.* 1820. *Page* 78.

On peut affirmer que l'estime pour la peinture des anciens augmentera de plus en plus tant que les savans dans l'art de l'antiquité poursuivront l'excellente route qui les guide aujourd'hui. En effet, ne pouvant se défendre dans leurs recherches de rapprochemens et de comparaisons nécessaires à l'analyse des sculptures qu'ils soumettent à leurs doctes critiques, ces savans font souvent, sans le vouloir expressément, l'éloge de peintres dont jadis on admirait les chefs-d'œuvre : et pour ne citer qu'un exemple qui me tombe sous la main, écoutons ce que Visconti écrivait relativement aux précieux ouvrages de sculpture enlevés d'Athènes, et qui se voient aujourd'hui au musée britannique.

« Micon avait peint des groupes et des combats de » Centaures dans l'intérieur du temple de Thésée, élevé

» environ vingt ans avant celui de Minerve. L'art des » statuaires s'était empressé de suivre cet exemple; et » dans le même édifice, la frise qui règne sur les antes du » portique de derrière, nous montre encore aujourd'hui » en bas-reliefs, ces combats et ces groupes que la pein- » ture n'a pu faire parvenir jusqu'à nous. Il n'y aurait » point d'anachronisme à supposer que Phidias étant » jeune avait travaillé à cette frise; mais il est plus pro- » bable qu'elle est l'ouvrage de Micon lui-même, qui était » à la fois peintre et sculpteur....

» Le mérite de ces bas-reliefs, sous le rapport de l'in- » vention et de la composition, est si frappant qu'il suffit » pour s'en convaincre de fixer seulement les yeux sur » les simples croquis des groupes admirables sculptés sur » chaque métope..... L'exécution de ces morceaux est » digne de l'école de Phidias et de l'ensemble du Par- » thénon. »

Au sujet des bas-reliefs du temple d'Aglaure, le même antiquaire ajoute : « La composition de ces bas-reliefs » est de la plus grande beauté. L'artiste qui les a exécutés » a probablement imité dans son ouvrage des groupes in- » ventés par Micon : cette conjecture est d'autant plus » probable que l'exécution de ces morceaux, sans être » lâche, est cependant au-dessous de la beauté de l'in- » vention.

» Quoique les injures du tems aient dégradé jusqu'à » un certain point ces ouvrages, l'aspect en est agréable » et intéressant, et si l'on suppléait à ce qui manque aux » reliefs, par des restaurations en stuc habilement exé- » cutées, je suis persuadé que l'ensemble de ces compo- » sitions admirablement variées dans le mouvement et

» dans les accidens des figures et des groupes, tant des » hommes que des chevaux, serait d'un effet imposant. »

Tant de suffrages désintéressés ne doivent-ils pas suffire; et si nous avons à choisir entre l'estime et le dédain, comment, après de tels témoignages, hésiter dans nos préférences?

Quant au petit nombre d'auteurs qui ont parlé avec mépris des merveilles sorties du pinceau des Grecs, il est facile de voir, à la stérilité de leur théorie, que c'est le manque d'élévation dans les idées et la servitude de la routine qui les ont déterminés à rejeter ces comparaisons par lesquelles ils eussent été engagés dans des recherches trop nouvelles pour eux, et où ils craignaient peut-être de perdre cette réputation d'enthousiastes et d'appréciateurs que leurs louanges excessives pour les écoles modernes avaient dû leur assurer. Ainsi leur critique dédaigneuse sert le plus souvent à relever l'éclat « de cette » antiquité grecque, la mère de tous les arts et la source » des plus vives lumières qui aient éclairé l'esprit hu» main. » VILLEMAIN. *Disc. à l'Acad.* 12 *octobre.* 1822.

CHAPITRE 25.

CONSIDÉRATIONS GÉNÉRALES SUR L'EXCELLENCE DE LA PEINTURE CHEZ LES GRECS.

BIEN qu'une des plus persuasives inductions qui nous fassent croire à la perfection de la peinture chez les anciens, soit la perfection de leur sculpture, nous devons nous éclairer encore par tout ce que les écrivains de l'antiquité ont dit en sa faveur. Il y a des expressions si positives dans Plutarque, dans Pline, dans Maxime de Tyr, dans Quintilien, etc. sur la beauté des tableaux grecs, qu'on est forcé de partager leur admiration ; et Pausanias, qui ne met aucune partialité dans ses descriptions, suffit peut-être seul pour nous convaincre du mérite égal des tableaux et des statues des artistes de la Grèce. En effet la manière dont ce savant voyageur est affecté, soit de l'expression de vérité, soit de la beauté des uns et des autres, ne nous laisse aucun doute que ces deux arts n'aient été autrefois également parfaits. Il paraîtrait même que, quand Pausanias décrit des peintures, il en conserve dans son souvenir des images encore plus vives que quand il décrit des sculptures. Mais ce qui rend les expressions des écrivains anciens si honorables selon moi pour les peintres grecs, c'est que ces expressions sont surtout appliquées aux caractères ou aux mœurs des figures représentées, à leur action, à leurs passions et à tout leur style. Or, comme on le sait, ce sont là les parties principales de l'art, ce sont là les conditions qu'il est le plus difficile de remplir dans toute la peinture.

Et pourquoi donc serions-nous moins admirateurs des Grecs que ne l'ont été les Romains, qui, bien qu'entourés de leurs propres chefs-d'œuvre, étudiaient sans cesse à ces mêmes écoles grecques conservées pures jusqu'à eux ? pourquoi voudrions-nous paraître plus réservés dans notre estime et plus raffinés dans nos goûts que ces mêmes Romains qui devaient, à l'aide des Grecs, s'être formé des idées sûres et positives sur le vrai beau, sur la véritable grâce; qui n'aimaient dans tous les arts que ce qu'ils ont de relevé, de sublime, de délicat et d'utile, façon de voir et de sentir qu'ils entretinrent constamment tant qu'ils eurent ces Grecs pour émules? pourquoi enfin hésiterions-nous à nous prévenir pour la peinture grecque, tant applaudie, tant admirée par ces mêmes Romains, qui avaient en même tems pour exemples les plus beaux archétypes de la sculpture, nous qui ne pouvons pas seulement nous vanter de posséder un ouvrage des premiers statuaires d'Athènes ou de Sycione, nous chez qui l'art ne produit quelques excellens résultats que par hasard, de loin en loin, et malgré les obstacles qu'apportent notre barbarie et nos préjugés?

Mais remarquons au sujet de la comparaison de la sculpture et de la peinture antique, que de même qu'on admire plus sincèrement aujourd'hui et que l'on vante de meilleure foi la sculpture antique, parce qu'on commence à s'en rapprocher et à en rechercher le goût et les principes, de même on admirerait la peinture des anciens, si l'on cherchait également à en répéter la méthode, le style, et à en employer les secrets. Mais comme on ne s'est prescrit aujourd'hui pour types que des ouvrages modernes, et que l'on ne possède que de très-faibles restes de la peinture romaine, restes qui sont à peine connus des élèves; comme d'ailleurs on n'a point de préceptes écrits par les anciens eux-mêmes sur la peinture, il résulte qu'en étudiant et en admirant les tableaux modernes de nos maîtres, on ne s'occupe guère de ce que peuvent avoir été les tableaux de Zeuxis ou d'Apelle. Cependant décider d'après cet état de choses que ces peintures, si vantées par les anciens, ne devaient point être merveilleuses, et le décider aussi, par la raison qu'elles étaient nécessairement fort différentes de celles de nos musées et de nos cabinets, ne serait-ce pas porter un jugement aussi injuste que ridicule?

Mais je dois mettre ici une restriction à ce que je viens d'avancer; car depuis l'heureuse réforme qu'a subie parmi nous la peinture, on a vu les meilleurs peintres de l'Europe tâcher d'emprunter le goût, la simplicité et le langage de l'art antique, et cela parce que ce langage est naturel et beau. Malgré tout, qu'est-ce qui arrête et qui rebute le plus grand nombre? C'est que n'ayant pas toujours compris la science et les secrets des anciens, et ne pouvant donner à leurs tableaux qu'une espèce d'apparence et non le fond du caractère de l'art antique, ils ont souvent encouru des blâmes et des dédains qui les ont découragés; en sorte que, sans avoir voulu en revenir précisément au style des Raphaël et des Carracci, qu'ils trouvent un peu suranné, ils ont tenté diverses combinaisons mixtes, qui ne leur ont pas mieux réussi parce qu'ils n'étaient pas soutenus d'ailleurs par les antiques principes du dessin.

Notre admiration pour les meilleures sculptures antiques que nous possédons, est, pour ainsi dire, sans bornes; en sorte que si nous retrouvions des peintures antiques du même degré de mérite, elles obtiendraient certainement de nous une admiration égale. Que serait-ce donc si nous retrouvions des ouvrages originaux d'Apelle, de Parrhasius, de Protogène? Quels éloges parviendrions-nous à leur donner, puisque nous ne saurions plus aujourd'hui en quels termes vanter le Jupiter et la Minerve de Phidias, la Vénus de Praxitèle, et toutes les figures de Polyclète ou de Lysippe, si nous retrouvions ces statues, celles du Laocoon, de l'Apollon, de la Vénus Médicis ayant épuisé toutes nos louanges?

Quelle crainte nous retient donc dans notre affection comme dans nos regrets? pourquoi ne pas convenir que les Raphaël et les Michel-Ange qui s'éclairèrent, comme on le sait, par l'étude des sculptures antiques, se fussent formés tout-à-fait, si les chefs-d'œuvre de la peinture grecque fussent parvenus jusqu'à eux? pourquoi craindre aussi d'affaiblir leur célébrité, par l'éloge que l'on ferait de la peinture des anciens, lorsqu'on sait que cet éloge et cette estime qui sont propres à relever l'art, peuvent servir en même tems à justifier les modernes des erreurs qu'il ne faut attribuer qu'à ce dénuement où ils ont été d'exemples antiques excellens? Oui, j'aime à le croire, et j'en suis persuadé, un tableau d'Apelle ou d'Action était une chose aussi admirable que touchante; aussi gracieuse et attrayante, que forte et noble par sa simplicité; et je ne pense point que les auteurs anciens aient exagéré les louanges qu'ils ont fréquemment prodiguées à d'aussi beaux ouvrages, ni qu'ils aient jamais feint d'en être enchantés.

Quoi de plus naïf, pour citer un seul exemple, que la description que nous a laissée Lucien du fameux tableau de Zeuxis représentant une Centaure allaitant ses petits? Ne voit-on pas le tableau lui-même dans cette copie écrite, et y a-t-il la moindre exagération, la moindre flatterie dans le récit? Lucien décrit ainsi cet ouvrage, d'après une très-bonne copie qu'il en avait vue à Athènes: « C'est sur un gazon verd et touffu, dit-il, que la Centaurelle est représentée; sa partie inférieure, qui est » celle d'une cavale, est couchée sur le côté; ses pieds » de derrière sont étendus; ceux de devant sont reployés; » l'une de ses jambes semble appuyée sur le genou, et

» montre en se courbant le dessous de la sole, tandis que
» de l'autre, elle pince la terre, comme font les chevaux
» qui veulent se relever. Sa partie supérieure est celle
» d'une belle femme qui s'appuie sur le coude : elle tient
» dans ses bras un de ses deux petits et lui présente la
» mamelle : l'autre téte sa mère à la manière des pou-
» lains. Vers le haut du tableau est un Centaure (l'époux
» de celle qui allaite les deux petits). On ne lui voit que
» la moitié du corps : il a l'air d'être aux âguets : penché
» vers ses enfans, il leur sourit, et de la main droite il
» tient un lionceau qu'il lève au-dessus de sa tête, comme
» pour s'amuser à les effrayer. »

Toute la Grèce connaissait ce tableau; plusieurs auteurs en ont parlé, et chacun le louait, selon l'impression qu'il en recevait. Pline, en parlant de cette peinture, s'attache à vanter la transition ingénieusement exprimée de la partie humaine et féminine de cette Centaurelle, aux formes chevalines du reste du corps, signalant l'art avec lequel ce passage était rendu par le pinceau.

Je crois voir réellement le tableau lui-même. Je vois la vie dans les mouvemens; le caractère de beauté agreste et juvénile dans la tête et le torse de la Centaurelle : ses petits me semblent animés, sains, pleins d'incarnat et de charmes. L'aspect du tableau est vrai et tout naïf; une simplicité et un calme magique donnent à cet aspect une physionomie enchanteresse. L'effet n'a lieu que par des oppositions sans affectation, tant l'art a déguisé l'art. La teinte est juste, belle, lumineuse et vraiment naturelle. Enfin on éprouve un certain enchantement à le contempler, et c'est en même tems faire une étude pleine d'attraits que de l'analyser. On est ému, on se sent tressaillir en l'admirant; on sourit, en suivant la correction de ces bouches enfantines; on est plein d'amour, en suivant les contours corrects de ce beau sein que la santé et la beauté feraient croire encore virginal; cette coiffure élégante contraste avec ce corps et avec ces pieds, d'une nature si différente; et ce contraste piquant et ingénieux qui tient notre attention en éveil, met en mouvement mille idées sur le beau et sur la nature. Enfin tout est science et tout est sentiment dans cette délicieuse peinture. O Zeuxis! tu disais avec raison que nul prix ne pouvait dignement payer tes ouvrages. C'est le fini joint à la facilité attique; c'est surtout le nerf joint à la grâce, la suavité unie à la précision; c'est enfin cette perfection dont plusieurs antiques que nous possédons peuvent nous donner quelquefois l'idée; perfection qui est autant le résultat d'un savoir réel et certain, que d'une force de génie rare et toute particulière.

Je viens de rappeler un tableau qui offre peu d'intérêt dans nos mœurs. Que n'y a-t-il pas à dire de tant d'autres peintures où les sujets les plus nobles et les plus pathétiques étaient conçus et traités à la manière des grands poètes d'autrefois?

CHAPITRE 26.

DES DIVERSES CAUSES AUXQUELLES ON ATTRIBUE L'EXCELLENCE DE LA PEINTURE CHEZ LES GRECS.

PLUSIEURS écrivains modernes se sont efforcés de retrouver les causes de l'excellence de l'art des anciens, mais toutes leurs recherches n'ont été utiles que lorsqu'elles nous ont éclairés sur l'excellence de la théorie des écoles antiques. En effet, à quoi peut nous servir la preuve de plusieurs causes de cette excellence, si elles ne doivent se renouveler qu'accidentellement et peut-être même jamais parmi nous? Nous tâcherons, au surplus, de démontrer que ces causes ne sont le plus souvent que très-secondaires ou au moins très-indirectes, et que la véritable raison de la supériorité des Grecs en peinture, est la supériorité de leurs doctrines. Que parmi ces causes on en signale que les modernes pourraient faire renaître, j'y consens, bien qu'il soit peu vraisemblable que nos mœurs s'en accommodent; telles sont les palestres, les jeux olympiques, l'usage d'innombrables statues honorifiques, etc. Mais, lorsqu'on nous signale pardessus tout et avant tout, comme sources de la perfection des artistes grecs, leur excellente organisation, leur goût naturel, leur délicatesse extrême, la beauté de leur climat, la beauté des habitans de la Grèce, enfin tant d'autres faveurs particulières du ciel, je dis que c'est plutôt inspirer à nos artistes la défiance d'eux-mêmes, le dégoût et le découragement, que ce n'est exciter un enthousiasme utile et une salutaire émulation.

Les écrivains qui ne pouvaient nous indiquer les secrets de la théorie antique nous ont donc exposé, chacun à leur manière et avec plus ou moins d'importance, leurs conjectures sur des causes qui ne sont que secondaires : les uns ont attribué la supériorité des Grecs dans les arts à leur amour constant et à leur enthousiasme pour la liberté; d'autres, les trouvant plus près de la nature par leurs mœurs pastorales, ont cru y voir la source de cette ingénuité et de cette naïveté qui séduit dans leurs ouvrages; ceux-là ont vu la cause de la beauté et de l'excellence de leurs statues dans le culte mythologique et dans le charme de leur religion; quelques-uns ont cru en trouver le principe dans l'excellence des modèles nus, comme s'il n'y avait de beau que le nu dans les ouvrages de la sculpture grecque. Enfin, tantôt c'est la douceur et la pureté du climat, tantôt ce sont les mœurs; ou bien ce fut une disposition innée et toute particulière aux Grecs qui les a rendus si supérieurs à tous les autres peuples du monde. Pourquoi donc tant de gêne, tant de détours pour rencontrer une chose qui n'est point un mystère? Pourquoi supposer tant de petites différences en tout point, lorsqu'il n'y en a qu'une grande en un seul je veux dire la différence de la théorie?

Ainsi, pour combattre ce que ces écrivains disent, par exemple, sur l'influence des mœurs, du patriotisme et de la religion, ne peut-on pas faire remarquer qu'il s'est trouvé de même parmi les sculpteurs et les peintres modernes des hommes chez lesquels ces mêmes vertus étaient dominantes; des esprits élevés et purifiés par les bonnes mœurs, des ames ardentes pour tout ce qu'a de beau, de grand et de sublime, la religion, l'amour de la patrie et du prince, la gloire nationale, etc., etc.? Et certes ces artistes n'ont pas créé pour cela des chefs-d'œuvre égaux aux chefs-d'œuvre grecs. C'est donc faute de documens et de bonnes théories qu'ils n'ont pu les égaler.

Il ne suffit pas, lorsqu'on est en présence d'une ébauche en argile, ou d'un tableau commencé, de s'inspirer de tous ces grands sentimens de patrie, de religion, d'héroïsme et de triomphes; il faut penser à l'art lui-même, à ses grands préceptes et à ses règles techniques. S'il s'agit, par exemple, du mouvement ou du jeu mécanique de tel os ou de tel muscle, il faut puiser dans la science anatomique et artistique. Socrate, Périclès, Pallas elle-même viendrait dans l'atelier du peintre, qu'il n'en serait pas plus aidé, si ces êtres fameux ne lui ouvraient le livre de la science. Il s'agit de formes, de contours, d'aplomb, d'ordre, de disposition, de perspective, d'harmonie, d'unité, de convenances, de vérité de formes, de beauté, enfin il s'agit de toutes ces connaissances immenses, infinies, profondes, cachées, et qu'il est si difficile de rassembler et de mettre en pratique.

Le Bernin, lors de la force de son talent, aurait retrouvé l'ancienne Athènes ou le beau ciel de l'Ionie, y serait allé exercer son art à sa façon, y serait devenu mythologue et républicain, qu'il n'en aurait pas moins exprimé sur le beau marbre de Paros des chairs flasques et des os douillets; et Michel-Ange, transporté au milieu de ces pays délicieux, en présence des plus élégantes courtisannes de l'attique, n'en eût pas moins bosselé ses contours et torturé ses déesses. L'école est tout. La théorie, excellente ou vicieuse, produit l'excellent ou le vicieux. Le génie élève, il est vrai, l'artiste plus haut que les règles, et le fait planer au-dessus des simples documens; et en cela on peut le comparer à l'aigle qui élève jusque dans les nues son vol majestueux; mais de même que l'air soutient les ailes immenses de l'oiseau de Jupiter, de même la science et la théorie servent toujours de moyens aux plus heureux génies.

« L'infériorité des statuaires modernes, dit M. Emeric » David (Recherches, etc.), ne saurait être attribuée ni

» à l'impuissance du climat, ni à la sainteté de la religion
» chrétienne, ni aux formes constitutionnelles des gou-
» vernemens, considérées du moins en elles-mêmes. Il
» est donc, poursuit cet écrivain, d'autres causes dont
» il faut nécessairement reconnaître ici la puissance. »
La cause que l'auteur considère comme dominante dépend, selon lui, de la volonté des législateurs. « Les arts,
» dit-il ailleurs, sont semblables aux plantes fragiles
» qui exigent une culture assidue et des soins raisonnés.
» Ils résistent aux orages, aux frimats, aux guerres, aux
» révolutions : ils périssent par l'indifférence ou les er-
» reurs de la main qui doit les protéger.... De même que
» l'abondance et la beauté des fruits de la terre, sont la
» récompense des travaux et de la sagesse du cultivateur;
» de même les productions du génie dépendent des soins
» des législateurs. »

Rien de plus juste que cette comparaison; cependant il s'agit de désigner les moyens qui sont entre les mains des législateurs. L'auteur, dans tout le cours de son ouvrage, en indique plusieurs : il semble vouloir, dans le passage suivant, les signaler de nouveau.

« Faire aimer l'art, dit-il, en le rendant utile aux nobles
» passions dont les peuples peuvent être animés; éclairer
» le goût général, en multipliant les moyens de compa-
» raison; faire en sorte qu'il dirige l'opinion des hommes
» en place, et que les préjugés des hommes en place n'aient
» aucune influence sur le goût des artistes ni sur celui du
» public; donner au génie l'assurance qu'il sera jugé avec
» connaissance et avec sévérité; garantir les artistes de
» la nécessité de se livrer à l'intrigue et de chercher des
» protecteurs; rendre inutiles ces funestes ménagemens

» qui, enchaînant trop souvent la critique, laissent régner » les erreurs les plus dangereuses; décerner avec justice » et sans prodigalité les honneurs promis aux grands ta- » lens; en assurer l'ordre et la dispensation par des lois » immuables; les graduer de telle manière, que sans cesse » une palme conquise, en fasse rechercher une autre d'un » plus grand prix : tels sont en général les moyens de faire » naître et de soutenir l'émulation, de maintenir la pureté » du goût, d'exciter le génie à des recherches et à des » efforts dont la perfection de l'art puisse être l'effet. » Ailleurs l'auteur paraît indiquer particulièrement trois moyens principaux. « Ce sont les honneurs qui font vivre » les arts, dit-il; mais les honneurs ne suffisent pas. Les » arts exigent encore des travaux capables d'inspirer de » nobles idées, et une saine théorie que le goût général » ait sanctionnée, que le goût général protège, que les » opinions particulières ne puissent altérer. »

Or c'est cette saine théorie qui, selon moi, fut la grande cause de l'excellence de l'art grec, et le grand moyen qui se trouve à la disposition des législateurs de tous les pays, de tous les tems, et sous tous les climats; c'est cette saine théorie, protégée par le bon sens et la philosophie des Grecs, qui a surtout différencié les anciens des modernes; c'est par cette théorie enfin, dont nous ne devons cesser d'étudier, de respecter et de propager les lois dans des écoles autrement organisées que celles que nous avons aujourd'hui, que nous pourrons réellement devenir les rivaux des anciens.

Au reste, tout ce secret des Grecs n'est-il pas très-simple? Ils voulaient exceller dans les arts, ils le voulaient tous : chacun apporta ses idées, ses maximes, et l'on fut toujours d'accord sur le meilleur choix. Il en résulta une théorie fixe, universelle, que rien ne put corrompre ni ébranler. Les artistes n'en dévièrent point, et n'eurent qu'à opérer; et comme cette volonté des Grecs d'exceller dans les arts, découlait d'une première volonté bien plus éminente, celle d'exceller en tout sur les autres peuples de la terre (sentiment qui leur fit employer les beaux-arts comme moyen de maintenir leur religion, d'entretenir leur patriotisme, d'élever leurs mœurs par l'idée et le goût du beau), il se trouva des milliers de tableaux à peindre, des milliers de statues à sculpter. Ainsi l'ignorance ou l'inaction des artistes de la Grèce eût été bien plus surprenante que ne le fut leur science immense, leur constante activité.

CHAPITRE 27.

DE L'INFLUENCE DE LA RELIGION DES GRECS SUR LEUR PEINTURE.

Combien de fois n'a-t-on pas dit que la sculpture grecque devait son excellence à une religion qui, favorisant le perfectionnement des sens, et ne combattant point les penchans de la nature, aiguisait la sensibilité et rendait encore plus délicat et plus exquis, le sentiment de la grâce et de la beauté? Cette obligation, répète-t-on, où étaient les artistes anciens de reproduire constamment les charmes des dieux et des déesses, a dû influer sur la perfection de leurs ouvrages. Est-ce donc raisonner avec circonspection que de faire valoir autant l'influence de ces causes?

Il est vrai que les peintres et les sculpteurs étaient tenus de représenter la beauté et la perfection dans les images des dieux; les prêtres et la religion le prescrivaient : mais aujourd'hui combien de Mécènes puissans, combien de souverains, combien de protecteurs qui ont exigé de nos artistes des conditions semblables au sujet de telle ou telle figure, de telle ou telle histoire, et même au sujet de saints personnages de notre religion! et cependant qu'ont produit ces volontés, comment les peintres ont-ils répondu à de tels ordres? Ce n'est donc point parce qu'on commandait aux artistes grecs de peindre les dieux avec toute la perfection de l'art, mais bien parce que ces artistes savaient exprimer les beaux caractères, savaient en étant vrais et en embellissant, représenter les dieux, que leurs ouvrages se trouvent aujourd'hui si au-dessus de ceux des modernes. Il me semble d'ailleurs qu'en raisonnant comme on le fait on établit mal la question; car on devrait demander, non pas si la religion fut favorable à l'art, mais si la science des artistes fut favorable à la religion.

Je conviens que les prêtres durent veiller avec un zèle scrupuleux à ce que les artistes ne sortissent jamais des types consacrés par leur mythologie, et que cette fixité de caractère a dû rendre cette religion conservatrice des arts dont la destination était aussi d'honorer les dieux; mais nos conciles, que n'ont-ils pas prescrit au sujet des images de notre religion? Combien a été attentive leur surveillance en ce point? Cependant les beaux-arts n'ont point répondu à tant de zèle. Enfin d'où vient cette différence entre les anciens et nous, si ce n'est de ce que les prêtres chez les Grecs étaient initiés dans les mystères de la peinture, de la sculpture et de l'architecture; qu'ils en possédaient les doctrines; qu'ils avaient eux-mêmes institué ces doctrines; tandis que les ministres du christianisme furent trop souvent étrangers aux moyens des beaux-arts? Aussi quelle n'a pas été parfois l'influence des évêques, des abbés instruits dans ces mêmes arts! Combien d'églises doivent à leur savoir ce qu'elles ont d'élégant, de grand et de magnifique! Combien d'anciennes sculptures embellies par leur autorité et sous leur surveillance!

Mais quoi! nous attribuons au paganisme l'excellence des artistes payens, nous voulons que ces dieux, ces déesses aient inspiré les peintres, et que, s'offrant pour modèles à leur imagination, ils leur aient fait produire des chefs-d'œuvre; et nous semblons ne tenir aucun compte de la beauté morale qui éclate dans les sublimes modèles que nos artistes chrétiens ont à représenter! Quand bien même il serait vrai que la grande chasteté de notre religion exclue les représentations du nu et les attraits attachés à la beauté des formes humaines, exclusion qui n'a point lieu, comme on le sait et comme le prouvent tant de tableaux admis dans nos temples; quand même, dis-je, cette espèce de beauté serait interdite à nos pinceaux modernes, les évêques, les pasteurs interdisent-ils la beauté morale par laquelle les artistes peuvent faire admirer leur talent? N'excitent-ils pas au contraire les peintres à s'élever jusqu'à la sublimité des saints, à représenter d'une manière ravissante le haut caractère des pères de l'église, la pureté et la foi des martyrs, l'héroïsme des vierges, tous modèles de force et de simplicité, de sainte sagesse et de charité?

Or, si les vertus des dieux prétendus de la Grèce ont

été si bien peintes dans les tableaux des Parrhasius, des Euphranor, pourquoi les vertus de nos héros chrétiens sont-elles si faiblement retracées, si pauvrement écrites dans les milliers de peintures destinées à décorer nos églises? Qui oserait dire encore que c'est la différence de religion qui fait la différence de succès et la différence de résultats? Au reste, les modernes représentent aussi dans les galeries et les palais, des Jupiter, des Apollon, des Vénus; et ces figures sont cependant fort inférieures à celles des Grecs. C'est, dira-t-on, parce que nos artistes ne sont point identifiés avec les mythes antiques; mais on peut faire remarquer encore que les héros grecs qui sortent tous les jours de leurs pinceaux, que leurs Thésée, leurs Achille, leurs Aristide, leurs Phocion, sont tellement éloignés du caractère offert sur de pareilles figures antiques, qu'on les reconnaît pour modernes au prime abord. Or, rien n'empêcherait nos artistes de s'élever au moins à la même philosophie, à la même moralité d'images que les artistes grecs. Laissons donc là ces excuses et tous ces prétextes, et avouons que notre ignorance et notre routine sont les vraies causes de notre infériorité.

Cependant, poursuivra-t-on, une chose que l'on doit considérer comme ayant dû singulièrement influer sur la beauté de leurs figures de divinités et sur toutes les représentations relatives au culte mythologique, c'est l'idée très-élevée qu'on était parvenu à leur inspirer au sujet de cette même religion. On citera peut-être à ce sujet quelques exemples pour preuve de leur respect inviolable et de leur jaloux enthousiasme pour leurs dieux; et peut-être choisira-t-on le suivant. Dans une pièce d'Eschyle, il se trouva quelque chose qui sentait l'impiété; aussitôt tout l'auditoire prit feu, et se levant tout-à-coup, s'écria: Qu'on fasse périr le blasphémateur des dieux! Amynias, frère d'Eschyle, s'élança d'abord sur la scène, et fit voir le reste du bras qu'il avait perdu à la bataille de Salamines; il représenta aussi le mérite de Cynégyrus son autre frère, qui dans le même tems s'était généreusement sacrifié pour la patrie. Le peuple condamna Eschyle d'une voix unanime, et lui accorda la vie à la considération de son frère Amynias. Tels étaient, ajoutera-t-on, ces Grecs, qui peu de tems après s'illustrèrent dans les arts, et qui portèrent la perfection de la sculpture et de la peinture à un si haut degré.

La crainte des dieux, dira-t-on encore, suite de ces hautes idées de vénération, a dû influer aussi sur les images; la lecture d'Homère et d'Hésiode nous en peuvent donner une idée. Enfin honorer les dieux était pour les Grecs le premier des devoirs; et ces dieux, ils se les figuraient beaux, pleins de majesté et brillans d'une grâce infinie.

Mais, que prétend-on prouver avec cette comparaison? Notre respect pour le vrai Dieu est-il donc moins profondément établi dans nos ames? Nos mystères saints seraient-ils moins sacrés pour nous, moins honorés; et l'idée que nous nous faisons du Tout-Puissant n'est-elle donc pas au-dessus de la beauté des images les plus parfaites? Ainsi, il serait faux de dire que plus de vénération, plus d'amour, plus de religion ajouterait quelque chose, sous le rapport de la majesté et de la sainteté, à nos peintures.

Certes, ce n'est pas le caractère d'onction ou de piété qui manque, soit dans le célèbre tableau de la communion de Saint-Jérôme, peint par Dominichino, soit dans le tableau de Jésus pleuré par les saintes femmes au pied de la croix, peinture fameuse d'Annibal Carracci et qu'on admirait dans l'ancienne collection d'Orléans, soit enfin dans toutes ces figures de Christ et dans ces sujets de l'Assomption, représentés habilement par nos premiers maîtres ; non, mais c'est par le style qu'ils pèchent, c'est par le manque de justesse et de beauté des personnages ; beauté qu'ils ne pouvaient égaler à celle des anciens, puisqu'ils ont ignoré jusqu'à présent l'art des diverses proportions, et celui d'embellir proportionnellement les parties et l'ensemble de leurs modèles ; justesse qu'ils ne pouvaient porter aussi loin que les peintres grecs, puisque les pratiques modernes éloignent les instrumens propres à vérifier les mesures, et ne reposent guère que sur le sentiment.

Le Brun, par exemple, a peint avec une expression vraiment religieuse le martyr de Saint-Etienne : on voit l'ame de cet illustre confesseur de Jésus-Christ en rapport déjà avec la divinité. On voit sa sainte joie croître avec ses souffrances, et, malgré ces bourreaux qui le lapident, ce n'est pas la mort de Saint-Etienne que nous voyons dans ce tableau, c'est sa nouvelle vie dont le commencement fait tout l'objet de notre pieuse contemplation. Et cependant, pourquoi ce tableau est-il d'ailleurs assez faible ? Pourquoi ce peu de vie dans le corps du saint héros ? Pourquoi ces bourreaux faux d'action et d'un dessin si incertain ? Pourquoi ces draperies et tout ce site offrant si peu d'accord et d'unité avec le sujet, si peu de poésie, bien que l'auteur de cette peinture fût doué d'un grand et beau génie ? Point d'autres causes que les idées courantes de son tems, que les conventions d'atelier d'alors, que les bornes et les obstacles amoncelés par les préjugés. Le Brun, à l'école des Grecs, eût été un autre Timanthe; Le Brun, premier peintre à la cour de Louis XIV, ne sera jamais placé par les connaisseurs qu'au second rang parmi les peintres célèbres.

Et d'ailleurs nous n'ignorons pas que plusieurs artistes modernes étaient non-seulement très-pieux chrétiens, mais attachés même directement à la religion par les liens du sacerdoce; cependant les figures de leurs tableaux ou de leurs sculptures n'en eurent pas, malgré tout leur saint zèle, plus de divinité, de grâce ou de perfection. Le père Doissin, par exemple, qui a fait un poème sur la sculpture, en vers latins assez bons, était prêtre et rempli de vertu; cependant, au peu de science et de lumière que fait paraître sa doctrine versifiée, on peut assurer qu'il était incapable de représenter un seul saint de la légende avec quelque dignité. Tous les ecclésiastiques qui, en Italie, en Espagne, ont manié le pinceau, font voir dans leurs peintures le goût de peinture usité de leur tems. Les moines du moyen âge, ceux du 15e siècle, ceux du 17e siècle, ont eu chacun leur peinture, bien qu'ils n'eussent tous qu'une religion. Chez les Grecs, au contraire, l'art fut un, parce que les principes d'écoles furent eux-mêmes uns, et que leur théorie n'éprouva point de vicissitude.

Notre peinture en Europe, il faut en faire l'aveu, ne s'est point élevée à la hauteur de notre éloquence sacrée; mais la cause de ce retard ne provient nullement de notre religion. Si l'on a su et si l'on sait encore aujourd'hui en quoi consiste l'éloquence et qu'elles en sont les véritables règles, on n'a guère su et on ne sait même guère aujourd'hui en quoi consiste la peinture et quels sont ses vrais préceptes : voilà la cause des succès constans de l'éloquence; voilà la cause de tant de triomphes équivoques de la peinture.

Il ne peut y avoir de similitude, avouons-le donc, entre les résultats qu'obtenaient nos Bossuet, nos Massillon, nos Bourdaloue, par ces admirables discours qu'ils adressaient aux fidèles et aux puissans de la terre, et ces peintures que les Mignard, les S. Bourdon, les Jouvenet exposaient pour la même fin dans les palais et dans les temples.

On met encore en avant, pour attribuer à la religion des Grecs une partie des succès de leur peinture, l'influence que devait avoir sur les artistes le spectacle de ces fêtes, de ces cérémonies qui étaient portées au dernier degré de pompe, d'élégance, de goût et de simplicité. Je conviens de cet avantage, mais peut-être ne fut-il pas l'effet direct de la religion; car on pourrait démontrer que c'est plutôt la peinture qui a prescrit les embellissemens du culte, que ce n'a été le culte qui a servi aux embellissemens de la peinture, en sorte qu'aujourd'hui il ne tiendrait qu'à nous d'obtenir les mêmes causes et les mêmes résultats. Fixons les règles des beaux-arts, obligeons dans nos écoles les élèves à s'y conformer, et alors la religion pourra recueillir avec profit les beaux fruits de la peinture.

Enfin concluons que les célèbres artistes de la Grèce feraient encore d'inimitables chefs-d'œuvre, s'ils revenaient parmi nous pour représenter et nos saints mystères, et nos saints personnages, et la majesté et la bonté de Dieu, la divine figure de Jésus-Christ ou la grâce si chaste de la reine des anges. Ils nous feraient voir ce que Francia, Léonard de Vinci, Raphaël, etc. ont vainement cherché, bien qu'ils aient rendu avec vérité, soit la candeur et l'innocence d'une vierge, soit la gravité et la haute décence des figures de Dieu, bien qu'ils aient su offrir aussi d'heureuses idées. Mais les grands peintres du beau siècle de la Grèce atteindraient tout d'abord à la hauteur de nos saintes écritures, ainsi qu'ils atteignirent à celle d'Hésiode et d'Homère; ils produiraient des images admirables et instructives par la force de leur vérité et de leur convenance, par la perfection des caractères et par la beauté des formes; nous verrions cette perfection dans la figure du Christ, nous verrions la divinité dans Marie, une grâce céleste dans les anges; nos apôtres, nos saints martyrs offriraient des images toutes morales et frappantes par les vertus diverses qui les ont illustrés; c'est alors que chacun pourrait dire : la beauté de la religion des chrétiens influe sur la beauté de leur peinture. (V. le chap. 152.)

CHAPITRE 28.

DE L'INFLUENCE DES MŒURS DES GRECS SUR LEUR PEINTURE.

C'est surtout dans les mœurs des Grecs qu'on a cru voir les causes dominantes de la perfection de leurs arts. Mais peut-être a-t-on confondu les institutions qui en effet sont le résultat des mœurs, avec les mœurs elles-mêmes, en sorte que, pour éclaircir cette question, il resterait à expliquer ce qu'étaient ces mœurs; je ne dois point entrer dans cette digression. Mon but est uniquement de faire reconnaître que si les mœurs ont influé sur les beaux-arts de la Grèce, cette influence a été comptée pour beaucoup trop par certains écrivains. En effet, étrangers à la théorie complète des arts et considérant l'excellence comme le résultat indubitable de certaines dispositions particulières des esprits, de certaines idées et inspirations suscitées par des causes non communes à toutes les nations, ils ont cru qu'on ne formait pas des artistes avec des préceptes, avec des théories et des institutions, mais que les artistes, comme les arts, étaient l'ouvrage ou le produit des mœurs, des habitudes de voir et de sentir, l'ouvrage enfin de la civilisation. Sans examiner ce qu'il peut y avoir d'irréfléchi ou de spécieux dans cette opinion, contentons-nous d'une réflexion. Qui affirmera que les statuaires et les peintres grecs qui portèrent leurs talens, leur génie et toutes leurs précieuses doctrines au milieu des Romains, aient été arrêtés ou détournés même par les mœurs différentes de ce peuple, si long-tems inculte et guerrier? Sous les Ptolémées, les Grecs avaient apporté leur science en Egypte, et ils y créèrent des chefs-d'œuvre. Les Grecs savans dans leur art l'eussent exercé partout, et même au milieu de nos mœurs, avec le même succès. On sait d'ailleurs que plusieurs artistes très-célèbres de l'antiquité n'étaient point Grecs, et que plusieurs artistes grecs n'exerçaient point leur art en Grèce; par exemple, Téléphanes de Phocée résidait en Perse où il travailla pour Xercès et Darius, et on assimilait ses ouvrages à ceux de Polyclète.

Je dis donc que cette différence vient de la différence des doctrines, et que les Romains qui traitèrent les artistes grecs en despotes, imposèrent de nouvelles lois plus ou moins funestes à l'art : ce qui était le résultat de leur ignorance et non de leurs mœurs. C'est ainsi que Poussin, se trouvant à Paris après un long séjour à Rome, recevait certains ordres tyranniques des gens puissans et des faiseurs en vogue de ce tems. On voulut substituer aux sages préceptes et à la belle théorie de ce peintre philosophe les préceptes et les doctrines à la mode; Poussin s'enfuit en gémissant, non sur les mœurs, mais sur les idées fausses des prétendus connaisseurs de Paris.

Ce qui prouve ensuite que l'art peut varier souvent sans que les mœurs changent, c'est qu'en France on a vu cinq ou six peintures différentes sans que les mœurs aient changé. De ce que les gouvernemens ont voulu dans les tableaux tantôt des faits républicains, tantôt des sujets de batailles, tantôt des sujets de religion, il ne s'en suit pas que l'art ait varié, quoique le choix des sujets ne fût pas le même. L'art est un, et s'il est vrai que tel artiste sympathise mieux qu'un autre avec une composition ou un style quelconque, il ne s'en suit pas que l'art tombe ou se relève selon les sujets qu'il traite; en sorte qu'on peut dire qu'en Europe les mêmes mœurs subsistent depuis plus de deux siècles, et que cependant la peinture, la sculpture et l'architecture n'ont point ressemblé à elles-mêmes dans ce long intervalle. David a changé l'art, parce qu'à trente ans il changea de doctrine : ce n'est point parce qu'il a été influencé par les mœurs de son pays, car ce fut en Italie et à Rome qu'il se perfectionna, mais c'est parce qu'il eut recours à d'autres idées et à une autre théorie.

Il est donc permis d'avancer que les Egyptiens eussent produit, ainsi que les Chinois, des chefs-d'œuvre, non pas si leurs mœurs eussent changé, mais si on leur eût laissé la liberté seulement d'ajouter ce qui manquait à leur théorie; et que, quand bien même leurs mœurs eussent changé en effet, l'art chez ces peuples fût resté stationnaire tant que les mêmes causes eussent empêché la théorie de se perfectionner. En effet, l'influence que peuvent exercer sur les arts quelques caractères de défectuosité dans les mœurs, est toujours neutralisée par la grande influence et la grande puissance des doctrines, surtout lorsqu'elles sont consacrées et respectées.

CHAPITRE 29.

DE L'INFLUENCE QUE L'INSTITUTION DES JEUX OLYMPIQUES A PU EXERCER SUR LA PEINTURE.

VOICI un autre sujet de déclamation. La belle, la sublime institution des jeux olympiques qui a dû nécessairement influer sur le génie des Grecs, est indiquée partout comme cause principale de l'excellence des statuaires ou des peintres de la Grèce et de leur supériorité sur ceux d'aujourd'hui. Cette exagération de complaisance pour justifier les modernes, ne perd-elle pas tout son effet lorsqu'on lui oppose les moyens d'émulation et d'encouragement prodigués constamment parmi nous dans la même fin d'obtenir des chefs-d'œuvre? Voyez, dit-on, ces concours à Olympie, ces couronnes, ces palmes honorifiques, ces statues mêmes élevées au génie! Entendez ces acclamations de toute la Grèce! Quel élan! Quelle ivresse! Quel patriotisme!

Eh quoi! pouvons-nous répondre, n'avons-nous pas aussi nos concours périodiques et publics, n'avons-nous pas nos couronnes, nos médailles d'or et d'argent? Les vainqueurs ne sont-ils pas applaudis et fêtés dans les villes qui les ont vus naître, et n'y répète-t-on pas leurs images? Nos papiers publics ne répandent-ils pas au loin leurs noms et leurs louanges? Enfin les souverains ne les honorent-ils pas des encouragemens les plus flatteurs? A Rome, à Paris, à Londres et dans presque toutes les capitales de l'Europe, ces mêmes moyens d'émulation sont prodigués. Trop souvent, il est vrai, la faveur préside à ces concours, trop souvent l'ignorance a délaissé le vrai talent et couronné l'imposture; mais où trouver la cause de ces funestes préférences, sinon dans ce même état d'incertitude de nos théories, dans ces préjugés qui bornent et offusquent les connaissances des gens du monde, et dans la trop faible résistance qu'opposent ces connaissances imparfaites à l'intrigue, aux partis voués de la mode et de la maligne médiocrité? Or il est à croire que chez les Grecs les idées acquises sur les beaux-arts étaient telles qu'elles ne laissaient presqu'aucun accès aux préjugés, aux calculs de l'ignorance et à tous ces misérables artifices, qu'aujourd'hui l'instruction seule des juges et du public pourrait anéantir. Les juges dans ces fameux concours étaient aussi éclairés que les artistes soumis à leurs suffrages; tandis que les juges aujourd'hui ne reçoivent leur instruction que des artistes trop souvent intéressés à la corrompre et à l'accommoder à leur talent.

Je persiste à dire que s'il s'agit aujourd'hui de couronner le meilleur écrit, il se trouvera tout un public de bons juges; mais que s'il s'agit d'un tableau, les uns porteront aux nues le mérite de l'artiste, les autres le ravaleront. Pendant un tems ce sera un chef-d'œuvre, plus tard on le dédaignera. En sorte qu'il est arrivé que cent tableaux honorés dans nos musées ont dû être exhumés des plus vils réduits, et que cent productions couronnées et causes de la fortune de leurs auteurs sont maintenant rejetées dans l'oubli. Or, je le répète, les juges et les spectateurs des jeux à Olympie ne se sont point mépris ainsi en décernant des couronnes. Ce ne fut donc pas l'institution de ces jeux et de ces concours fameux qui influa considérablement sur la peinture, mais bien l'instruction et les idées nettes et positives qu'avaient acquises sur les beaux-arts les Grecs en général et surtout les personnes qui se piquaient de posséder une belle éducation et qui étaient choisies pour être juges dans ces concours.

CHAPITRE 30.

DE LA FACILITÉ QU'EURENT LES ARTISTES GRECS D'OBSERVER DE BEAUX INDIVIDUS.

Une autre excuse à laquelle ont recours les modernes, c'est la facilité qu'avaient souvent les Grecs d'observer de beaux individus. Cette raison ne me paraît pas très-propre à expliquer leur supériorité. Il faudrait, pour admettre cette preuve, reconnaître premièrement que nos artistes sont privés de l'avantage de contempler souvent le nu, et secondement que les modèles vivans qu'ils consultent sont moins beaux que les modèles dont se servaient dans la Grèce les peintres et les statuaires.

On doit convenir que les occasions d'observer le corps humain entièrement nu, ont été plus fréquentes chez les anciens; et même il est à croire que la connaissance de l'homme physique fut plus généralement répandue chez les Grecs que parmi nous, les artistes l'acquérant pour ainsi dire en naissant. Cependant nos artistes sont-ils privés autant qu'on voudrait le donner à croire des occasions d'étudier le nu? N'ont-ils pas à leur disposition, quant aux études d'anatomie et de physiologie, les mêmes moyens que les médecins et les chirurgiens? Un peintre peut à Paris avoir constamment sous les yeux des modèles nus de tout âge et des deux sexes : non-seulement les écoles publiques les lui procurent, mais les ateliers particuliers en sont tous pourvus. L'artiste qui se livre à des observations suivies relatives à cette étude trouve donc aujourd'hui suffisamment des ressources. On sait d'ailleurs combien est ingénieux le désir de l'instruction, et combien peu d'occasions favorables lui échappent. Au reste quand tous les habitans des villes se montreraient nus parmi nous, qu'y gagnerait le dessin? Rien, je pense, ni en beauté ni en correction.

Mais une réflexion bien naturelle se présente à ce sujet. Les artistes voient tous les jours des têtes, des mains qu'ils peuvent observer et étudier à leur aise; représentent-ils mieux ces parties dans leurs tableaux? Les artistes de l'Europe qui ont habité l'Amérique où ils ont pu voir beaucoup de beaux nègres nus ou demi-nus, en rapportent-ils plus de savoir et de bon goût dans les formes de leurs figures? Enfin on affecte de regretter de ne pas voir comme les anciens les lutteurs dans l'arène, tant de beaux modèles nus dans les palestres, les gymnases et les bains; on regrette peut-être aussi de ne pas voir nues les jeunes filles de Sparte dans leurs courses célèbres; mais tous ces regrets excusent peu les modernes. D'ailleurs les mœurs des femmes grecques mettaient beaucoup d'obstacles à l'étude des beautés du sexe, et les artistes n'avaient à leur facile disposition que les maisons des courtisannes où il fallait, comme aujourd'hui, se présenter l'argent à la main. Or il est reconnu que les sculpteurs excellaient autant dans l'art d'exprimer ces beautés que dans celui d'exprimer les perfections viriles. Tout ce qu'on peut dire sur les danseuses publiques, sur les figurantes dans les mystères de Bacchus et de Cérès, ne prouverait presque rien.

Venons à une autre raison et prenons-là dans l'étude que nécessite la représentation des enfans. En cela nous sommes aussi bien servis que les anciens; aucun pays dans nos mœurs n'a opposé ici de préjugé. On peut contempler autant d'enfans nus qu'on en a besoin, et cela sans alarmer la pudeur. N'oublions pas de rappeler encore l'excellence des anciens dans leurs figures d'animaux de toutes espèces. Dirons-nous, par exemple, que nos chevaux en sculpture sont moins beaux que les leurs, parce que les modèles nous manquent? Quant à ces belles draperies dont nous n'avons pu jusqu'ici égaler la perfection, le jet, la grâce et la grande vérité, est-ce donc à des modèles plus heureux que les nôtres que nous devons attribuer leur convenance, leur excellent mouvement et leur admirable exécution?

D'ailleurs les peintres et les sculpteurs de l'antiquité auraient-ils donc tous été dans une position si favorable? Toutes ces belles statues faites dans les Gaules, faites dans de très-petites villes des colonies romaines, faites aussitôt après quelques triomphes dans les pays barbares, toutes ces statues ne sont-elles donc belles, que parce que des centaines de modèles étaient là tout prêts à la disposition des statuaires qu'on appelait selon le besoin vers ces lieux de triomphe, et dans lesquels ils seraient arrivés munis de leurs modèles amenés à grands frais pour leurs ouvrages? Ils auraient donc amené dans ces villes étrangères leurs belles formes attiques, leurs Lays, leurs Phrynés? non, pas plus que leur climat et leurs institutions olympiques. Mais, comme Bias le philosophe, ils portèrent tout avec eux : leur savoir et leur philosophie.

Venons à l'autre objection, la beauté des modèles. On a dit : l'étude longue et difficile des beautés du corps humain semble impossible dans nos mœurs, qui ne nous permettent de voir le nu que sur des mercenaires que l'on engage par argent à se dépouiller. Nos mœurs sont tellement sevères à cet égard, que ces mercenaires sont difficiles à trouver. Comment donc l'artiste pourra-t-il comparer entr'eux un assez grand nombre de beaux modèles nus, pour se former par la contemplation habituelle de leurs formes différentes et de leurs différentes défectuosités, l'idée d'une nature parfaite?

Les artistes, ajoute-t-on, qui, isolés dans les provinces, ont à exprimer les formes du corps humain dans leurs tableaux, sont réduits pour toute ressource à la contemplation de quelque misérable individu, et n'ayant d'ailleurs sous les yeux qu'une ou deux empreintes d'après l'antique, ils se voient forcés de recourir à ces estampes maniérées, triviales et dégoûtantes qui infectent tous les portefeuilles de l'Europe, en sorte que ces artistes conservent pendant toute leur vie une maigreur, une sécheresse, une manière exagérée et un mauvais goût de formes, dont pourrait les affranchir la contemplation fréquente de très-beaux individus.

On a ajouté que les formes nationales de certains peuples, dans certaines provinces, sont pour les modernes un obstacle, et on a cité entr'autres Rubens; comme n'étant tombé dans des formes flasques et grossières, que parce qu'il avait sous les yeux des modèles semblables à ses figures, compliment assez impertinent pour les Flamands des deux sexes parmi lesquels au contraire on remarque de très-beaux hommes et de très-belles femmes. Mais on n'a pas osé dire que Rubens était bien loin de la science des sculpteurs qui nous ont laissé les Niobés, les Vénus, le Discobole et tant d'autres chefs-d'œuvre; on a trouvé plus commode de dire que les Flamandes avaient les genoux boursouflés, que de s'aventurer à trouver laids dans le dessin Rubens ou Gaspard-Crayer qui boursouflaient un beau genou, et cela par routine, par manière et parce qu'on négligeait les études philosophiques du dessin; études dans lesquelles la pratique par proportions constamment mesurées eût à la vérité forcé Rubens et autres à ne produire que la moitié du nombre de leurs tableaux.

« Au reste, dit un de nos plus habiles écrivains, les » femmes d'Athènes ne furent jamais très-renommées pour » leur beauté; et la preuve que leur empire n'avait pas » beaucoup de puissance, c'est que presque tous les hom- » mes célèbres d'Athènes furent attachés à des étrangères: » Périclès, Sophocle, Socrate, Aristote, et même le divin » Platon. » Voici un mot de Cicéron qui semble encore propre à nous préserver de regrets exagérés. « Quand

» j'étais à Athènes, dit-il (l. 2. c. 79 de la nature des » dieux), à peine voyait-on un individu vraiment beau » parmi la foule de jeunes gens qui s'y trouvaient. »

Ce n'est donc pas dans la beauté des individus, mais c'est dans la beauté des modèles d'art et des théories qu'il faut trouver la cause de la supériorité des artistes de la Grèce. C'est la contemplation des chefs-d'œuvre de la sculpture et de la peinture qui formait le goût, fixait les idées et facilitait les moyens de l'artiste. En sorte que si les mêmes individus qui ont servi de modèles à Polyclète, à Protogène, etc. revenaient aujourd'hui à la disposition de nos statuaires, ceux-ci n'en feraient pas pour cela des figures supérieures à celles qu'ils font sortir ordinairement de leur ciseau; et de même, si un Grec revenait au milieu de nous et qu'il n'eût à sa disposition que nos modèles de Paris, nous le verrions produire des statues aussi parfaites que s'il les eût exécutées en Grèce et avec ses propres modèles. Les mêmes individus qui servaient à David pour produire ses plus belles figures étaient à la disposition d'une foule de peintres médiocres, qui, de son tems, ignorant l'art de s'en servir, n'en obtenaient cependant rien de beau. D'ailleurs quel est le statuaire aujourd'hui qui ne s'alarmerait pas de cette conjecture, puisqu'elle fait supposer d'abord et sans qu'on regarde même son ouvrage, que dans la statue qu'il produit il n'a pu atteindre à la beauté? Avouons donc que les anciens ont obtenu la perfection par une vérité savante, par une imitation des caractères principaux et qui échappent aux artistes mal instruits. Ceux-ci, étrangers à l'art positif des proportions, ne s'attachent le plus souvent qu'aux choses ou inutiles ou contraires à l'expression du beau.

Tout le monde peut faire la comparaison suivante. Que l'on confronte un beau torse antique avec un torse vivant, de même caractère et posé dans le même mouvement que ce torse antique, le premier aura toujours une espèce d'avantage tant par la belle proportion et les grandes données, que par les vérités mêmes qui s'y trouveront plus sensibles, j'ose le dire, que sur la nature à laquelle on l'aura comparé. Sur la nature comparée à cette antique, la vie s'exhalera il est vrai par le mouvement réel et inimitable; mais les inflexions de la chair se manifesteront peut-être par des effets incertains, étrangers ou accidentels, et seront même parfois ou fausses ou sans signification. Sur un excellent marbre grec, au contraire, toutes ces vérités seront comme rattachées à une cause fixe et fondamentale, à un caractère un, et à une action mécanique et anatomique une et déterminée; on y verra enfin ce que la nature eût offert, si l'individu eût été parfait. Ce sera la chair d'un adulte, d'un homme fait, d'un dieu, d'une nymphe dont le physique est positivement de telle ou telle espèce. Les divisions seront dans un ordre optique plus beau que sur l'individu, les proportions seront rétablies dans les hauteurs et les épaisseurs; l'art enfin sera la cause de cette excellence, et non l'individu servant de modèle. Combien ces considérations ne nous font-elles pas regretter les préceptes écrits par les maîtres de l'antiquité, ainsi que tous les merveilleux documens consacrés dans ces fameuses écoles! On peut donc conclure encore que la supériorité des anciens provient de ce qu'ils savaient mieux que nous choisir, proportionner, disposer et représenter, conditions que nos routines et le manque de bonnes écoles nous empêchent de remplir.

Non-seulement on a prétendu que les Grecs avaient sous les yeux de bien plus beaux modèles que les nôtres, une plus belle nature qui donnait le ton à leur imagination et d'après laquelle ils produisaient leurs chefs-d'œuvre; on a voulu qu'ils aient eu mieux que nous le don de se remplir d'idées sublimes et que leurs ouvrages aient été le fruit d'un génie poétique supérieur à celui des modernes. On doit répondre, ce me semble, que les modernes ont, autant que les anciens, fait preuve d'enthousiasme pour la haute beauté, pour la grandeur et la magnificence des formes: cette exaltation poétique fut assez remarquable sous le ciseau des Michel-Ange et des Puget, sous le pinceau des Primaticcio et des Carracci. Où cette exaltation a-t-elle conduit tous ces artistes, si ce n'est à des résultats imaginaires, à des figures fantastiques et de mauvais goût? Ce n'est donc pas faute d'idées grandes et élévées, c'est faute d'idées justes sur l'art que les modernes sont restés au-dessous des anciens.

Quoique Michel-Ange ait fait passer l'art du mesquin au grandiose, de l'état froid et inanimé où etait avant lui le dessin de la figure humaine à un état de convulsion et de fureur nerveuse; de ce qu'il est en effet grandiose, fier et terrible, devons-nous conclure inconsidérément qu'il a atteint le but? Le Jupiter olympien, au dire de toute l'antiquité, exprimait la majesté et la grandeur du dieu; mais les colosses modernes en sculpture, les vastes peintures, soit de Dominichino, soit de Rubens, soit de Raphaël, soit de tant d'autres maîtres qui ont aspiré à la sublimité poétique et fait preuve d'un génie très-élevé, ont-elles jamais rien offert d'analogue aux images vraiment homériques, vraiment divines de la statuaire antique? non. Cependant ces mêmes grandes productions des modernes prouvent évidemment qu'ils ont su, comme les anciens, se remplir d'idées sublimes et du feu tout divin de la poésie de leur art.

Qui les retenait, qui empêchait leurs efforts? Ne voulant rien attribuer à notre ignorance, nous attribuons à des causes qui sont hors de l'art notre infériorité; nous nous plaignons de nos modèles, de notre climat et de notre organisation. Au surplus, ces modèles imparfaits, selon nous, savons-nous les imiter, les copier au moins dans leur faible beauté? En tirons-nous au moins tout ce que leur médiocrité nous présente? Faisons-nous voir enfin dans nos ouvrages, plutôt le terme de perfection de nos modèles, que le terme de notre savoir?

Les modernes n'égaleront les anciens que lorsque leurs institutions classiques les auront enrichis des véritables règles de leur art, et qu'ils changeront en plaisir et en sécurité leur incertitude et leurs procédés sans principes, procédés qui peuvent les faire comparer avec assez de justesse aux Danaïdes condamnées à ne jamais parvenir à leur but tout en s'accablant de fatigues.

Poursuivons. Quand il arrive que le nu consulté par nos artistes n'est pas aussi beau qu'il le faudrait pour la perfection de leurs figures, cela vient surtout du mauvais choix qu'ils font des individus servant de modèles.

Etudiez pendant quelques jours seulement, mais avec constance, les ouvrages antiques dans les musées du Vatican, de Paris, etc.; étudiez-y l'art sous tous les points: disposition, mouvement, convenance, justesse de représentation, exécution; puis jetez un regard sur les productions de l'art moderne; celles-ci vous choqueront immédiatement, elles vous répugneront par le désordre, la barbarie, l'inconvenance, la manière, la prétention et le peu de naïveté. Prenez aussi le modèle vivant après vous être pénétré de l'antique, et vous verrez ce modèle tout autrement, vous le sentirez tout différemment, vous y retrouverez le goût et les beautés de l'antique, de même qu'auparavant vous croyiez y apercevoir l'accent et la manière modernes. Vous ne regretterez plus les beaux individus grecs modèles, mais les leçons des écoles grecques. Phidias, en présence d'un torse, voyait tout autre chose que n'eût vu Le Brun, Michel-Ange ou Vanderverff, sur ce même torse. Enfin un beau site représenté par un paysagiste ignorant, ne deviendra pas un beau paysage sous son pinceau.

Je ne doute pas que l'érudition ne pût retrouver beaucoup de passages des écrivains anciens cherchant à démontrer que les artistes voyaient mieux la figure humaine que le commun des observateurs et qu'ils apercevaient des choses qui échappent aux yeux du vulgaire. Cicéron l'a dit positivement au sujet du clair-obscur et du coloris. « Les peintres, dit-il, voient dans les ombres et dans les » clairs des choses que nous autres n'apercevons pas. »

« Oh ! que je vois le modèle bien autrement que vous, » répétait David à un élève peu instruit ! Les plus belles » indications vous échappent, parce que vous ne savez » voir qu'en laid. Étudiez l'antique, il vous apprendra à » voir la nature. »

D'ailleurs ce beau modèle, remarquons bien ceci, il faut le mettre en action selon l'art, tout en restant dans le naturel et le sujet; il faut savoir choisir l'action qui lui convient le mieux. Il faut l'animer par une beauté que n'offre souvent pas sa simple structure géométrique dénuée d'un beau mouvement. Enfin il ne s'agit pas de présenter au spectateur l'image d'un bel individu tel qu'il est, vaille que vaille; car le spectateur veut autre chose qu'un calque et qu'une empreinte insipide sans but ou sans unité d'intérêt. Un coup-d'œil jeté sur la Vénus de Gnide dont nous possédons une copie antique (voy. ch. 54) suffit pour faire comprendre que le même modèle, animé par l'art de Praxitèle, pourrait ne produire qu'une statue ordinaire sous le ciseau d'un sculpteur inhabile dans le choix des mouvemens favorables à son art ou à la beauté.

Voilà donc deux conditions bien plus rares que les beaux modèles vivans : le choix d'action ou de mouvement et l'art de voir en beau les formes particulières. Mais tranchons la question. Un bel individu étant trouvé, étant même exactement répété et dans un bon choix d'action, il reste un secret antique à connaître et à pratiquer; c'est l'art des mesures et des embellissemens proportionnels, c'est l'art de remplir toutes les conditions que je tenterai d'expliquer en parlant de l'archétype, du canon et de l'individu. (V. les ch. 184 et suivans, relatifs à ces questions toutes nouvelles pour nous et bien familières aux Grecs de tous les tems.) Or, c'est ici assurément que la science semble être seule la grande, la première cause de la perfection et de l'excellence des figures. C'est ici que l'obligation de corriger habilement et naturellement l'individuel est reconnue pour une des premières obligations de l'art, sous tous les climats, dans tous les tems et dans tous les pays.

CHAPITRE 31.

DE L'AMOUR CONSTANT DES GRECS POUR LA BEAUTÉ.

FRAPPÉS de la vive beauté qui semble jaillir de tous les ouvrages des Grecs, nous nous disons : les Grecs étaient idolâtres de la beauté. Puis cherchant à découvrir les secrets précieux qui ont produit cette parfaite harmonie, ce charme universel, ce beau enfin qui saisit et enchante dès le premier regard, et qui touche même aussi longtems qu'on observe et qu'on examine, nous disons encore: c'est à leur grand amour pour la beauté que les Grecs sont redevables de leurs chefs-d'œuvre; nous ajoutons: aimons le beau comme les Grecs, exaltons comme eux avec ardeur un enthousiasme constant pour la beauté, et nous les égalerons dans nos ouvrages. Mais, hélas ! faibles moyens ! Efforts incomplets ! Oui, vous les égalerez si de cet amour du beau vous passez à la science et au sentiment du beau; vous les égalerez si, cet amour étant devenu pour vous un besoin, cette science et ce sentiment en deviennent un eux-mêmes.

Eh quoi ! le beau est-il autre chose que la perfection, que l'œuvre une et complète de la nature ? Suffit-il donc d'aimer, de désirer, de goûter cette perfection, cette unité et cette vertu; ne faut-il pas aussi les étudier, les analyser et les comprendre ? Dire que l'amour constant des Grecs pour la beauté a produit leurs chefs-d'œuvre, c'est donner à entendre que nous ne les égalerons jamais, parce que ce goût passionné n'est plus à notre portée, et que jamais il ne se renouvelera au même degré au milieu de nos mœurs. Non, ne nous faisons point une si triste injure; nous aimons tous la beauté, car aimer la beauté, c'est aimer la vertu. L'homme la chérit, mais l'homme se la déguise à lui-même; l'homme défigure ce qu'il admire; il voile lui-même ce qu'il recherche. Le public veut le beau, mais des instituteurs tyranniques prescrivent des conventions et des manières. L'homme chérit le beau, et mille erreurs l'en détournent : il le cherche là où il ne saurait être. L'a-t-il aperçu enfin, oh douleur! il ne peut le saisir; son admiration l'embarrasse et le contriste. Que fera-t-il de sa grande affection pour la simplicité, pour le noble et le naïf? Quels approbateurs trouvera-t-il de son goût, de son ardent enthousiasme? Il le sent brûler en son cœur, cet amour du beau; mais il ignore les secrets de le reproduire, il en ignore le principe et la cause; et moins il le saisit ou l'exprime, plus ce secret amour le tourmente. Je dis donc que ce n'est point par le goût ou par l'amour pour le beau, mais par la connaissance du beau que nous différons des anciens.

Que n'a-t-on point répété, afin de prouver combien cette vive passion pour le beau enflammait tous les Grecs? C'était, dit-on, dans des jeux solennels, dans des concours même qu'éclatait publiquement leur estime pour la beauté. Ils y couronnaient les plus beaux individus. On proclamait et illustrait le nom des vainqueurs; on leur érigeait des statues, des temples mêmes, et les poètes consacraient leurs chants à ces triomphes. C'est ainsi, conclue-t-on, que l'amour de la beauté passa des mœurs dans les arts et fit naître des merveilles. Mais comme on l'a très-bien remarqué, des jugemens supposent des principes certains, et ces principes appliqués depuis long-tems aux arts étaient à la portée de tout le monde et connus même de chacun. En effet, si ces principes du beau n'eussent pas été connus, déterminés et consacrés, que n'eût pas eu de ridicule, par exemple, cette loi très-remarquable des Thébains qui, au dire d'Ælien, obligeait chaque artiste à faire beau? Selon ce mot d'Ælien, ch. 4, liv. 4, tous les artistes, peintres, sculpteurs, etc. étaient condamnés chez les Thébains à une très-forte amende, lorsque dans leurs figures ils s'écartaient de la juste et belle conformation.

Enfin on veut absolument, parce que les ouvrages des Grecs diffèrent des nôtres, que les hommes de ces tems différassent eux-mêmes au moral et au physique de ceux d'aujourd'hui. « Il semble, dit Mme de Staël (dans Corinne), » qu'il y avait une union plus intime entre les qualités » physiques et morales chez les anciens qui vivaient sans » cesse au milieu de la guerre et d'une guerre presque » d'homme à homme. La force du corps, et la générosité » de l'ame; la dignité des traits, et la fierté du caractère; » la hauteur de la stature, et l'autorité du commandement, » étaient des idées inséparables. » Mais réfléchissons un moment. De quoi se constitue cette beauté? Que veut-on signaler en la proclamant dans une statue, par exemple, ou sur une figure seulement? Faisons-y bien attention, je le répète; n'entend-on vanter que les formes corporelles, sans distinguer le jeu varié de tant de mouvemens qui semblent les embellir? Entend-on parler de la perfection particulière de chaque chose, sans faire mention, soit de la disposition générale des parties, soit de l'heureuse combinaison des lignes, soit de l'harmonie des grandes masses? Tient-on compte de l'effet agréable des accessoires, de leur convenance, de la convenance du mode, enfin de l'unité de tout l'ouvrage? Car je ne pense pas que par ce sentiment des Grecs sur le beau, nous ne devions entendre que le sentiment et le goût des formes arrondies, pleines, adoucies et d'une juste proportion. Mais à propos de belles proportions, oserait-on dire aussi que les Grecs les affectionnaient plus que nous? Qui les a jamais méprisées chez les modernes, si ce n'est quelques artistes ignorans ou de mauvaise foi? Enfin notre sentiment des belles formes est juste, mais trop souvent c'est l'idée que nous en avons qui est fausse. Nous voici, je crois, conduits petit à petit à faire moins valoir cette cause prétendue de l'excellence des Grecs et à rentrer dans le positif de l'art; de sorte que si nous approfondissons ce sujet, le savoir nous apparaîtra de nouveau comme la grande cause dominante, comme l'influence magique qui jadis fit autant de merveilles des tableaux, des statues et de tous les monumens des anciens.

CHAPITRE 32.

DE L'INFLUENCE DE LA LIBERTÉ SUR L'ART GREC.

On entend dire tous les jours : si les Grecs ont excellé dans les arts, c'est qu'ils étaient libres ; les beaux génies ne créent les chefs-d'œuvre que sous l'empire de la liberté. Cependant mille exemples attestent le contraire, et l'on ne peut avec ce mot *liberté* trancher le nœud gordien.

« Il est possible, dit M. Heyne (des Époques de l'art

» chez les anciens indiquées par Pline), que la liberté » elle-même soit un état de paresse, d'apathie et d'abru- » tissement; et cet état peut être accompagné de tant » d'inquiétudes, de tant de désagrémens et de tant de » besoins physiques et moraux, que les arts et les sciences » pourront difficilement être cultivés. D'ailleurs la liberté » des Grecs fut si peu stable et si peu certaine suivant les » tems et les différentes contrées de la Grèce, que tout » ce que l'on voudrait établir sur une base aussi mobile » ne saurait avoir de la consistance. »

Une autre question se présente. Les artistes ont-ils créé des chefs-d'œuvre sous des gouvernemens qui n'ont point favorisé la liberté? On ne saurait le nier. On sait que sous Aristrate et Cypsélus à Sicyone, sous Hippias à Athènes, à Samos sous Polycrate, à Syracuse sous Denys et Gelon, les arts ont également prospéré. Les règnes d'Alexandre, de Louis XIV furent féconds en belles productions, et ne sont point appelés des règnes de liberté. Enfin il serait peut-être moins aisé de prouver que ce fut dans les tems de liberté qu'on vit naître les plus belles productions, que de prouver au contraire que sous la domination des tyrans l'art enfanta ses prodiges. Personne ne contestera que l'esclavage soit le fléau des arts; mais de quel esclavage veut-on parler? De quel esclavage voulut s'affranchir Poussin, si ce n'est de celui des académies et des coteries de Paris? Quelle liberté allait-il chercher à Rome où l'entraînaient ses préférences, si ce n'est la liberté de traiter son art selon les véritables règles de la philosophie, la liberté de penser et d'agir en homme, loin des persécutions de l'envie, loin de la gêne des Aristarques en crédit, loin enfin de la manière et du despotisme des beaux-esprits? Si c'est de cet asservissement, de cet esclavage qu'on veut parler, je me range de l'avis de ceux qui y voient une cause principale de la dégradation des arts. Si c'est cette liberté laissée au génie et cette protection si naturelle et si juste, qu'ils réclament, tout le monde sera de leur avis; mais la liberté accordée à l'intrigue, la protection refusée au génie, ne sont-ils pas de ces maux qui affligent les arts sous quelques gouvernemens que ce soit et lorsqu'ils sont corrompus? Il est donc évident que c'est seulement de certains gouvernemens appelés libres et de certains gouvernemens appelés despotiques, qu'on a voulu parler : or c'est à cette seule objection que nous avons prétendu répondre.

« L'indépendance, fruit d'une liberté portée à l'excès, » dit le père Brumoy (Théâtre des Grecs), et je ne sais » quoi d'impérieux dans l'air et dans les manières, que » donne ordinairement à ses moindres citoyens la supé- » riorité d'une ville souveraine et si souvent triomphante, » tout cela formait d'Athènes une assemblée de gens qui » se regardaient comme autant au-dessus des autres » hommes, que l'homme est au-dessus de la bête... Cette » vanité allait jusqu'à traiter de barbares, non-seulement » les étrangers, mais les Grecs mêmes qui n'étaient pas de » l'attique. — Ces Grecs, dit Bonstetten (Recherches sur » l'Imagination), à qui le genre humain est redevable de » tout ce qui fait le charme de l'existence, vivaient isolés » et libres, chacun sous sa forme native. Ces hommes » n'étaient pas comme les Persans leurs voisins, taillés » sur un même modèle, à la manière de ces arbres con- » damnés autrefois à faire l'ornement de nos tristes jar- » dins; le grec du bel âge de l'histoire, était ce chêne-

» majestueux qui, libre dans ses développemens et riche » de tous les dons de la nature, étale à la fois sa superbe » individualité. » Ces réflexions, ainsi que beaucoup d'autres semblables, sont justes peut-être, mais elles n'indiquent qu'un rapport fort indirect entre la liberté et le succès des arts.

Une influence plus directe, plus remarquable, serait celle qui provenait en Grèce de la forme du gouvernement laissant à chaque homme son caractère propre et individuel avec le droit de le montrer dans toute son étendue; car il en résultait qu'il suffisait, pour ainsi dire, aux artistes de se laisser diriger dans leurs imitations par l'impression des modèles qu'ils avaient devant les yeux. Cependant n'est-ce pas faire arriver les causes d'un peu loin, et ne confondrait-on pas ici l'expression des portraits qui certainement doivent représenter les mœurs particulières et diverses de chaque nation, avec l'expression des figures des tableaux en général? Car dans ceux-ci le peintre est tenu de ne choisir qu'avec discernement les individus lui servant de modèles, afin de faire voir au-moins dans certains sujets des hommes empreints du caractère de la liberté, des hommes naturels et sans asservissement. Or, les peintres de génie sauront toujours et partout discerner et employer de pareils modèles. Enfin, s'il est vrai qu'on doive compter pour quelque chose, à propos de beaux-arts, l'influence des libertés publiques, il est bien plus nécessaire encore d'expliquer de quelle espèce de liberté on veut parler, et de regretter surtout celle que ravit au génie l'ignorance, l'insouciance des juges et des protecteurs, l'envie des détracteurs à la mode, et l'autorité tyrannique des gens de parti.

CHAPITRE 33.

DE L'INFLUENCE DE LA PAIX SUR LA PEINTURE EN GRÈCE.

WINCKELMANN voulant signaler les causes de la perfection de l'art grec, s'est plu à les reconnaître dans la paix dont a joui la Grèce à diverses époques. M. Heyne réfute encore ici l'illustre auteur de l'histoire de l'art chez les anciens. Voici ce qu'il dit : « Croira-t-on qu'après » les horreurs de la guerre et les longues dévastations qui » en sont les suites, la première année de paix puisse pro- » duire et mettre en activité une foule d'artistes dont le » génie serait resté assoupi jusqu'alors? Comment un cer- » tain nombre d'artistes peuvent-ils paraître à la fois après » des intervalles plus ou moins grands et pour ainsi dire par » bonds, tandis que l'on voit toujours le disciple succéder » au maître et former à son tour de nouveaux élèves? » Comment concevoir cette reproduction subite par la- » quelle on aurait des enfans sans pères et des élèves sans » maîtres? »

« La paix! dit Mr E. David; eh! quelle est l'époque à » laquelle les Grecs en aient savouré le bonheur? la » paix, fruit délicieux, ne rafraîchit pour ainsi dire jamais » leurs lèvres ardentes. Ne les voit-on pas tourmentés » sans relâche, et jamais rassasiés de guerres et de révo- » lutions? le siècle le plus brillant de l'histoire fut le » siècle des désordres et des calamités. » Les guerres longues qui tarissent le luxe, qui écrasent les fortunes des particuliers peuvent être funestes aux artistes, mais ne sont pas toujours funestes aux arts. Ne peut-on pas dire que si Archimède périt de la main d'un soldat, Protogène fut garanti par Démétrius. Je sais, lui disait ce peintre, que c'est aux Rhodiens que vous faites la guerre et non aux beaux-arts. Très-souvent même les artistes furent non-seulement respectés et épargnés, mais honorés et encouragés dans les catastrophes militaires. Enfin, si dans les tems de guerre un moindre nombre de peintres sont employés, voit-on pour cela moins de chefs-d'œuvre, et sont-ce toujours d'ailleurs les plus habiles qui succombent? La détresse peut être générale; mais des calamités ne sont point des asservissemens. Qui sait si pour attirer les égards et fixer l'attention au milieu des terribles événemens de la guerre, les artistes ne redoublent pas d'efforts, ne recherchent pas même avec plus de volonté les pensées fortes, les combinaisons puissantes, les sujets essentiellement moraux et la magie de la beauté? Au surplus, cette paix que l'on dit si favorable aux arts, parce qu'elle est favorable aux artistes, qu'a-t-elle produit en Europe pendant tout le 18e siècle? On y a vu des peintres médiocres et d'un goût corrompu parvenir à la fortune, être caressés par la cour et la ville, être chantés par les poètes. Qu'ont-ils laissé à la postérité, rien que le ridicule de tant de louanges? C'est au contraire dans le tems des combats que l'école moderne est sortie de sa longue léthargie, et si des guerres cruelles ont désolé l'Europe, ces tems fameux par les batailles furent constamment ceux des triomphes et des progrès de l'art.

CHAPITRE 34.

DE L'INFLUENCE DES RICHESSES DE LA GRÈCE SUR LES BEAUX-ARTS.

Le vulgaire croit volontiers qu'un Périclès, un Alexandre, un Léon X ou un Louis XIV, ont fait paraître de grands artistes en disposant de grandes sommes ; en sorte que, selon les personnes qui pensent ainsi, l'argent serait la cause dominante de l'éclat des arts. Certainement on simplifierait beaucoup la question, si on pouvait réduire ainsi toutes les causes de cet éclat à l'état de pauvreté ou de richesse des gouvernemens, et il serait fort avantageux à la fortune des artistes que de pareilles idées entrassent dans la tête des souverains opulens. Mais il a été reconnu trop souvent que les prodigalités mal appliquées étaient peu profitables à l'art. On a reconnu que si l'état doit faire en faveur des beaux-arts une part honorable dans les largesses du trésor, ce n'est cependant point avec de l'or seulement qu'on se procure de grands artistes et des chefs-d'œuvre. Les richesses des Grecs n'enfantèrent point de merveilles ; ce furent plutôt leurs belles statues et leurs admirables tableaux qui produisirent leurs richesses : et si quelques villes, telles que Corinthe, jouirent de l'opulence à certaines époques, presque toujours elles furent pauvres : telles furent Argos, Sycione, Ægine, et même Athènes, qui cependant peupla pour ainsi dire toute la Grèce des images merveilleuses de ses héros et de ses dieux.

Que les nations soient riches en institutions; que l'état sache dépenser pour augmenter et perfectionner l'instruction, pour encourager le vrai savoir, pour paralyser l'intrigue ; que la moitié seulement des sommes abandonnées à l'adroite cupidité des solliciteurs soit confiée à des mains sûres et habiles, cette moitié suffira : bientôt, au lieu d'être réduit à faire parade d'une vaine quantité de tableaux et de statues médiocres, on aura à se glorifier d'avoir fait naître de véritables talens et de posséder un petit nombre d'ouvrages excellens. Enfin peut-on demander ici quelle influence exerça, soit la richesse, soit la pauvreté des Rhodiens sur Protogène, qui se voua pendant sept ans à la plus stricte sobriété pour produire son fameux Jalysus, et qu'importait cette opulence ou cette pauvreté du pays à Zeuxis, qui ne se faisait plus payer de ses ouvrages, mais qui en faisait don aux rois et à sa patrie? D'ailleurs vit-on dans les tems modernes que Correggio, Claude-Lorrain, Poussin, Rhimbrandt, Gérard-Dow, etc. durent leur génie, leur savoir et leurs succès à l'opulence de leurs souverains? S'il en était ainsi, le secret serait facile; qu'on paye doublement, on aura des chefs-d'œuvre. Certes, il est nécessaire de doter noblement le génie; mais si les nations pauvres savent bien enseigner les arts, elles sauront bientôt devenir riches en artistes et en tableaux de prix. Nous savons au reste que beaucoup d'écrivains sortis des bonnes écoles de pays assez pauvres ont honoré les lettres et illustré leur patrie.

CHAPITRE 35.

DE L'INFLUENCE DES AUTRES ARTS SUR LA PEINTURE DES GRECS.

On comprend assez qu'ici je veux parler de l'influence exercée par l'excellence des autres arts, et non par les autres arts bien ou mal cultivés; car dans ce dernier cas les modernes comparés aux anciens n'ont point de désavantage. C'est ainsi que je suppose en même tems l'influence funeste que la corruption des autres arts doit avoir et qu'elle a en effet sur la peinture. Je dis donc que, si l'on convient que la musique, la danse, la poésie, l'architecture et la sculpture ont été portées au plus haut degré chez les Grecs, il faut reconnaître aussi que la peinture a nécessairement retiré de ces mêmes arts de très-grands avantages. De plus, il est à remarquer que les artistes grecs exerçaient plus d'un art à la fois. Presque tous les peintres étaient sculpteurs ou plasticiens; ils étaient aussi architectes, poètes, etc., ce qui devait les affermir dans leur excellent goût. Et pour rappeler l'observation précédente, je dirai que, si Poussin eût pratiqué l'architecture et la sculpture, on pourrait même ajouter la poésie, en se conformant au goût qui dominait ces différens arts au tems où il vivait, nous eussions eu de moins belles peintures de ce maître. Les vers de Salvator-Rosa, ceux de Michel-Ange, sont tout-à-fait dans le goût de leur tems, et leur peinture s'en est fort ressentie. On se figure aisément ce qu'on avait à attendre du pinceau d'un danseur de l'Opéra sous Louis XV, ou du ciseau d'un architecte décorateur à la même époque.

Pausanias nous apprend que Gitiadas, sculpteur de Sparte, qui y construisit un temple tout d'airain et une statue de Minerve du même métal, avait fait plusieurs cantiques, et entr'autres une hymne pour cette déesse, sur des airs Doriens. Pausanias appelle aussi Bupalus grand architecte et grand sculpteur. Scopas construisit à Tegée le temple de Minerva Alea; Phidias était peintre, Euphranor était statuaire, etc.

Il faudrait se figurer la beauté ravissante de la danse antique, l'élégance et la majesté de tous ces temples décorés de statues d'or et d'ivoire, la grâce et la richesse des costumes dans les pompes ou les spectacles de la Grèce; il faudrait avoir une idée vraie de cette musique employée par les philosophes à embellir les mœurs et à honorer les dieux : alors on conjecturerait quels tableaux devait produire le génie des peintres de ces tems fameux. Rappelerons-nous aussi la magnificence et la décoration de ces cités de l'Attique, remplies des merveilles de l'architecture? Un seul mot de Pausanias semble nous en donner une idée complète. « Panopée, dit-il, est une » ville de la Phocide : si pourtant on peut appeler ville » une bicoque où il n'y a ni sénat, ni lieu d'exercice, ni » théâtre, ni place publique, ni fontaine. » Cet écrivain se dispense d'indiquer tous les autres caractères et tous les autres ornemens qui constituaient une ville grecque, tels que les portiques, les arènes, les divers temples, les tombeaux, etc.

« L'emploi des monumens publics, dit Millin, est peut- » être ce qui distingue le plus les mœurs de nos tems de

» celles des anciens Grecs. A peine un Grec pouvait-il » dans sa patrie, soit dans les villes, soit sur les grands » chemins, faire mille pas, sans trouver quelque monu- » ment imposant. Les monumens sépulcraux n'étaient pas » placés comme ceux des modernes, dans des endroits où » personne n'aime à s'arrêter, mais le long des chemins » où ils ne pouvaient pas rester sans être remarqués. » Dans les villes, toutes les places publiques, toutes les » promenades, et différens édifices construits pour ce » même usage, étaient remplis de monumens publics; de » sorte qu'on ne pouvait aller nulle part, sans trouver de » fréquentes occasions de faire des réflexions sérieuses, » propres à élever l'ame et à former le goût. »

Que ne pourrait-on pas dire encore sur la magnificence et l'éclat de leur théâtre, sur l'élégance déployée dans les gymnases, dans tous les exercices publics et les diverses solennités si multipliées chez les Grecs? On ne saurait disconvenir de la grande influence de toutes ces causes sur la peinture et la sculpture. Enfin il est permis de penser qu'un peintre grec, qui sans être prémuni reviendrait parmi nous, serait non-seulement importuné et tyrannisé par les doctrines et les recettes de nos écoles, mais qu'il serait encore persécuté, rebuté, assourdi et paralysé par le despotisme de nos poètes, de nos danseurs, de nos comédiens, de nos ébénistes, de nos tapissiers et de nos marchandes de modes.

CHAPITRE 36.

DU CLIMAT CONSIDÉRÉ COMME CAUSE DE LA PERFECTION DE LA PEINTURE CHEZ LES GRECS.

On a compté pour beaucoup le climat parmi les causes favorables à l'art grec. Personne ne conteste l'influence qu'il a en général sur l'imagination ; mais a-t-on eu raison de supposer que le climat de la Grèce fût partout aussi délicieux qu'on s'est plu à le répéter ? Une objection assez forte contre cette opinion sur la prétendue influence du climat, c'est que chez les modernes elle ne leur a été d'aucun secours. A Naples, n'a-t-on pas vu les Jordans, les Solimène et les Seb. Conca; à Malte, le chevalier Calabrèse ; et l'Espagne ainsi que le Midi de la France ont-ils produit de plus habiles artistes, quant au goût et au sentiment du beau, que les contrées du Nord ? Car la vive imagination de Velasquez, de Spagnoletto, de Morillos, n'a pu les faire atteindre, malgré l'heureux climat où ils ont vécu, à la beauté et à la perfection des ouvrages grecs. D'ailleurs en admettant cette cause, il faut admettre des nuances, des gradations ; il faudrait que les nuances ou les degrés du génie concordassent avec les degrés de douceur ou d'excellence du climat : ces suppositions répugnent. On serait donc embarrassé de prouver que ce sont les habitans des plus doux climats qui ont été supérieurs aux autres dans les arts. Mais je dois traiter cette question au ch. 113; il suffit ici de rappeler que, sous le rapport du climat, les Grecs ne furent point les seuls privilégiés.

CHAPITRE 37.

DE L'INFLUENCE QUE L'ORGANISATION PHYSIQUE ET L'ORGANISATION MORALE DES GRECS ONT PU AVOIR SUR LEUR PEINTURE.

A ENTENDRE certains critiques, tous les Grecs naissaient fins et délicats; ils étaient doués par la seule nature d'un goût exquis et tout particulier; leurs organes étaient plus parfaits que ceux d'aucun autre peuple, et leur imagination, ainsi que leur intelligence, surpassait celles des autres hommes...... Mais quelle prévention! Quelle excuse pour le mauvais goût à venir! Combien serait décourageante cette comparaison, si le résultat n'en était pas démenti par les faits et par le bon sens! Autant vaudrait dire que leurs qualités étaient toutes acquises, et que tout un peuple peut naître statuaire, peintre ou poète. Comment expliquerions-nous, après cela, les progrès des arts, leur état d'enfance et de grossièreté, s'il fallait reconnaître et admettre un talent inné indépendant des efforts de l'étude et de l'éducation? Qu'on mette en avant et que l'on fasse valoir dans cette question leur excellente organisation et leur fécond génie, en les comparant à une terre fertile et favorable aux semences précieuses qu'on lui confie; qu'on assure qu'il ne manquait rien à ces heureux Grecs, sous le rapport des facultés : ces vérités expliqueraient une des causes de leur supériorité dans tous les arts. Mais attribuer à un privilége obtenu avec la vie ce qui n'a été chez eux que le fruit d'une culture parfaitement entendue et d'une volonté unanime dirigée vers le beau ou la perfection, c'est leur ôter tout leur mérite, c'est laisser soupçonner que le terrein fait tout et que le travail et la semence ne sont rien, c'est introduire la fatalité dans les beaux-arts et préparer une excuse commode à l'insouciance et à la paresse.

Un mot d'un écrivain partisan des Grecs et déjà cité ne sera pas de trop ici. « Un esprit actif, curieux, mais » capable de tous les excès; un caractère mobile, turbu- » lent, passionné, également disposé à l'amour, à l'or- » gueil, à la superstition : voilà ce que les Grecs avaient » reçu de la nature. » (Em. DAVID. *Recherches*. P. 9.)

CHAPITRE 38.

DE L'INFLUENCE QU'ONT DU EXERCER SUR LA PEINTURE DES GRECS LES DOCTRINES ET LA PHILOSOPHIE DES ARTISTES.

JE considère donc la perfection de l'art grec comme ayant sa source presqu'exclusivement dans l'excellence des maximes et dans la constance avec laquelle les artistes surent s'y conformer. C'est à la différence qui existe entre les méthodes qu'ont suivies les artistes anciens et celles qu'ont suivies les modernes, qu'il faut attribuer, selon moi, la différence remarquée dans les productions des uns et des autres.

Ce n'est point ici qu'il convient de rechercher en quoi consistent ces méthodes des anciens; dans tout le cours de cet ouvrage je dirigerai mes efforts vers ce but. Ce dont il s'agit seulement ici, c'est de démontrer l'influence que les doctrines des Grecs exercèrent sur leur peinture, c'est de prouver que leurs maximes étaient unes, qu'elles n'ont pas plus varié que la saine raison, enfin qu'elles ont été respectées pendant plus de deux mille ans. Mais comme ces diverses questions reviendront naturellement dans plusieurs parties de ce traité, je me restreindrai dans ce chapitre à un petit nombre d'aperçus.

Cette unité et cette persévérance dans les doctrines ont été senties par tous ceux qui ont beaucoup étudié les monumens des anciens. Chacun s'est dit : si les anciens eussent travaillé au hasard, comment serait-il possible que dans cette multitude infinie de formes qu'ils nous ont laissées, on vît un ordre de choses et un point de ralliement qui indiquent qu'on s'est conduit par les mêmes maximes, en quelques tems et par quelques mains qu'elles aient été mises en pratique. M. D'Hancarville applique même cette observation aux vases, dont les formes sont si diversifiées. « Les anciens, dit-il, ont varié » les formes de leurs vases presqu'à l'infini, et tandis que » celles que nous avons inventées, se réduisent à une » trentaine, ils nous en font connaître presqu'autant » qu'ils ont de vases différens. » C'est cette grande variété dans les productions des anciens qui sert à faire remarquer l'unité et l'immutabilité de leurs principes; car dans toutes leurs productions, cette variété ne sort jamais de l'unité des maximes, et elle prouve en même tems leur excellence, puisqu'au lieu de restreindre le génie dans ses inventions et dans ses conceptions, ces maximes lui permettent le plus grand développement et la plus grande diversité.

On sait que depuis Phidias jusqu'à la conquête de la Grèce, il ne s'écoula à peu près que trois cents ans, et cependant quelle quantité de statuaires et de peintres admirés dans cet intervalle! La nature fut-elle alors plus prodigue? Non; mais la théorie était meilleure, tout aussi sévère, plus complète et toujours respectée.

« L'artiste, pour se faire une science à lui, dit encore » l'auteur des Recherches sur l'art statuaire, n'était pas » obligé d'oublier, après de longues études, des leçons » disparates et quelquefois vicieuses. Des principes simples » et très-unis entr'eux s'épuraient en passant d'un maître » à l'autre, de même que la sève des beaux fruits s'élabore » par l'effet des greffes successives. L'art ne rétrogradait » jamais. » Voilà la cause de leur excellence; car avec ces doctrines, avec ces méthodes parfaites, ils purent atteindre à cette perfection qu'ils se proposèrent constamment pour but. Peut-on en dire autant des peintres modernes qui ont aspiré aussi à la perfection, et ne se sont-ils pas fait souvent des idées et des maximes qui y étaient absolument contraires?

Euripide, qui avait employé trois jours de fatigue à faire trois vers seulement, en fit l'aveu à un autre poète. « J'en » aurais fait cent pendant ce tems, dit celui-ci. — Oui, » répondit Euripide, mais qui n'auraient duré que trois » jours. » J. Jordaëns, Rubens, Piétro di Cortona, etc. firent des tableaux par centaines. A quoi leur eût servi la méthode la plus parfaite? On voit donc qu'il faut non-seulement une méthode ou des règles excellentes, mais qu'il faut que cette méthode ait été instituée dans des écoles, et rendue familière et sacrée lors des premières études. Or, tel fut l'avantage particulier dont ont joui les Grecs.

Avouons-le donc, ces vraies doctrines, les modernes les ont ignorées : et trop souvent les ayant aperçues, ils les ont fuies et redoutées. Cependant la nature n'a rien refusé aux modernes en fait de moyens et d'heureuses dispositions. Michel-Ange est peut-être aussi extraordinaire que Phidias, Rubens aussi étonnant qu'Apelle : mais plusieurs ouvrages de Michel-Ange sont ridicules et barbares ; beaucoup de tableaux de Rubens sont laids et repoussans, tandis que tous les ouvrages de Phidias et d'Apelle étaient nobles, naturels et gracieux. Ainsi, les Grecs n'ont pas eu plus de talent dans la bonne route, que les modernes dans la mauvaise. Suivons donc le même chemin que les anciens en nous dirigeant au même but; car si nous dévions, comment pourrons-nous les atteindre ? S'il nous plaît d'abandonner ce vrai chemin, quel droit aurons-nous d'exhaler nos regrets et de nous plaindre quand nous serons égarés ? Puissent les doctrines et les méthodes proposées dans ce traité nous rallier sur cette route; puissent les moyens qu'on y enseigne aider les artistes et les faire parvenir enfin jusqu'à ce but, jusqu'à cette perfection !

CHAPITRE 39.

DES AVANTAGES QUE LES PEINTRES GRECS ONT DU RETIRER, SOIT DES MOYENS POSITIFS DE LA GÉOMÉTRIE, SOIT DU MATÉRIEL DE LEUR COLORIS.

QUAND nous pensons aux grands progrès que nous faisons tous les jours dans les sciences mathématiques et dans la chimie, nous sommes disposés à croire que les artistes grecs ne purent jouir des avantages obtenus depuis peu de ces sciences que nous supposons avoir été moins bien cultivées parmi eux que parmi nous. Plusieurs critiques prévenus décident donc que les Grecs étaient incapables de parvenir aux résultats que nous obtenons, soit dans la perspective théâtrale, soit dans le dessin des raccourcis sur la figure humaine. Ils décident aussi que les anciens ne pouvaient produire comme nous de brillans effets de coloris, vu l'éclat des matières que nous procure le nouveau monde que nous avons découvert, et de plus notre industrie chimique qui sait aujourd'hui préparer si ingénieusement les couleurs. Ce qui sera dit dans plusieurs chapitres de ce traité, éclaircira suffisamment ce doute; néanmoins il faut signaler ici une prévention assez commune et qui doit être attaquée dès à présent. Pour la combattre, il n'est pas nécessaire d'avancer que les anciens étaient aussi habiles que nous en mathématiques et en chimie; cette assertion, très-inconvenante aujourd'hui, serait fort mal accueillie; mais on doit dire que ce que nous savons de mathématiques et de chimie n'a point été assez heureusement appliqué à la peinture. Ainsi, premièrement nous ne dessinons point la figure humaine par procédés mathématiques ou géométriques, et nous nous contentons presque toujours du sentiment. Il est vrai que ce sentiment optique est plus ou moins soutenu par nos connaissances en perspective; mais ces connaissances, comme chacun le sait, n'ont point encore été ingénieusement appliquées à l'art de dessiner la figure humaine en mouvement. Les Grecs, au contraire, dessinaient le compas à la main et à coup sûr; ce qui ne refroidissait en rien leur sentiment. Cette assertion ne rencontrera de contradicteurs que parmi les artistes; car chacun d'ailleurs la trouvera très-croyable, et beaucoup de lecteurs ne penseront même pas qu'elle puisse être nouvelle.

Quant à l'industrie, avec laquelle nous tirons, dit-on, un grand avantage de la chimie en faveur de notre peinture, il est à remarquer aussi que l'antique encaustique si solide, si éclatante, si long-tems pratiquée par les Grecs et les Romains, est encore à retrouver et à pratiquer parmi nous; et ce retard ne provient pas de ce qu'aujourd'hui on serait fort satisfait des qualités de la peinture à huile, mais de ce que si nous savons mieux la chimie que les Grecs, les Grecs fort souvent savaient mieux s'en servir que nous.

Pour ce qui est des matières colorantes que nous tirons depuis peu de l'Amérique, s'il faut convenir qu'elles ont perfectionné notre art de teinture, on doit convenir aussi qu'elles ne servent point aux peintres de tableaux. La cochenille seule est quelquefois employée avec l'huile comme carmin, et elle est plus funeste qu'utile; en sorte que l'Amérique n'enrichit nullement la palette de nos peintres. Nos chimistes viennent à la vérité de composer de très-belles et de très-solides couleurs; cependant ce n'étaient pas tant les belles couleurs qui nous manquaient, que le liquide ou le gluten propre à les fixer et à les conserver. Or, ce gluten que possédaient les anciens est encore à trouver. Les longues recherches que j'ai faites sur ce point, et que je publierai dans le dernier volume de ce traité, m'ont fait, je crois, approcher assez près du but.

CHAPITRE 40.

OBSERVATIONS SUR LA MANIÈRE DONT LES PEINTRES GRECS TRAITAIENT LES PRINCIPALES PARTIES DE L'ART.

Après avoir considéré les causes prétendues de l'excellence des Grecs dans l'art de la peinture, il s'agit de rechercher jusqu'à quel degré les peintres grecs ont pu porter les différentes parties de leur art : il s'agit d'observer si les anciens ont rempli toutes les conditions de la peinture, et pratiqué par exemple toutes les règles de la composition, de la disposition, du dessin, de la perspective, du clair-obscur, du coloris, de la touche, etc.

Remarquons d'abord avec Webbs, qu'en comparant la situation des peintres grecs à celle de Raphaël, le plus grand avantage était pour les premiers. « Les grands » peintres de l'antiquité, dit-il, vinrent dans des circons- » tances plus heureuses. Apelle trouva tous les secours » qui manquaient à Raphaël : au lieu d'un Perrugin pour » maître, il eut un Pamphile, et des modèles excellens » dans toutes les parties de l'art. Dans le dessin, Phidias » et Polyclète; dans le coloris et le clair-obscur, Zeuxis » et Parrhasius; dans la composition, les savantes dispo- » sitions de ce même Parrhasius, et ses idées heureuses, » jointes à l'esprit de Timanthe; ajoutez à cela la con- » currence de Protogène, les exemples et les conseils de » Praxitèle et de Lysippe, etc. »

En effet, chez les anciens, comme nous le démontrerons par la suite en examinant les caractères successifs de leurs styles, on vit l'art se compléter graduellement, et ses différens moyens être ajoutés peu à peu. En sorte que, vers le tems d'Alexandre, l'art se trouva parfait. Plus tard il se soutint excellent, puis il languit et dépérit à la fin. Chez les modernes, la marche de l'art fut tout à fait différente : abandonné toujours à lui-même, il fut, à presque toutes les époques, incomplet. Tantôt on le vit composé du coloris seulement, tantôt du dessin sans coloris, tantôt de la belle ou facile exécution, mais dénué des qualités premières de la composition. A certaines époques, il fut élevé et poétique ; dans d'autres tems et chez certaines nations, trivial et mesquin. Ainsi, peut-être que les critiques des tems à venir, passant en revue les périodes de l'art moderne, éprouveront une surprise de pitié en remarquant sa continuelle claudication.

L'art antique, au contraire, semblable d'abord à un enfant sain et vigoureux, puis à un bel adolescent, et comparable plus tard à un homme parfait, fut constamment admirable, parce qu'il fut tel que naturellement il devait être à ses diverses époques.

Cette régularité dans la marche de l'art antique, prouve déjà, ce me semble, qu'aucune de ses grandes parties n'a pu être délaissée tant que dura son éclat.

Il paraît certain, d'après plusieurs passages des écrivains, que les peintres de l'antiquité ont connu toutes les parties constituantes ou tous les moyens de l'art, en sorte que, quand même nous n'aurions aucun fragment de leur peinture, ce que nous lisons dans quelques auteurs, suffirait pour nous le persuader. Lucien, par exemple, lorsqu'il décrit ce tableau déjà cité de la Centaurelle, s'exprime ainsi : « C'est aux peintres à vanter dans ce » tableau la correction du dessin, la vérité du coloris, » l'effet des saillies et des ombres, l'exactitude des pro- » portions, et l'harmonie générale. » Voilà bien toutes les parties principales de la peinture reconnues et distinctes. Zeuxis, quand il eut exposé ce fameux tableau, fut très-fâché de voir que l'admiration retombait sur la singularité du sujet, et non sur la science de l'artiste. « Al- » lons, Miccion, dit-il à son élève, couvrez ce tableau, » et qu'on le reporte chez moi ; ces gens-là ne louent pas » ce qui en fait le mérite, ils remarquent plus la nou- » veauté du sujet que l'habileté de l'exécution. » C'est Lucien qui nous a encore conservé ce fait. Des peintres qui pensaient ainsi, ne devaient pas confondre les parties de l'art, et s'ils en discernaient si bien la valeur, c'est qu'ils les connaissaient toutes et savaient les pratiquer.

Je ne considérerai pas ici la différence des genres de tableaux, ainsi qu'ont pu les distinguer les Grecs, tels sont par exemple les paysages, les portraits, les animaux, les décorations, les vues, les caricatures, les sujets tirés de la vie commune, etc. Au chap. 536, relatif aux différens genres, je tâcherai de prouver que chez les anciens il n'y avait pas différens genres de peinture, mais seulement différentes espèces de sujets ou de tableaux, et que nous devrions adopter cette division.

CHAPITRE 41.

DE LA COMPOSITION DANS LES TABLEAUX DES GRECS.

On discute fréquemment sur le mérite des peintres anciens en fait de composition; mais si nous les critiquons en cela, c'est parce que nous partons des habitudes de nos écoles imparfaites et des données fournies par nos tableaux modernes. Nous ne critiquerions donc point les Grecs en cette partie, si nous savions reconnaître que ce n'était ni par ignorance ni par routine qu'ils se conduisaient dans la composition de leurs tableaux, mais bien par pure raison et par principes consacrés. Au reste, ce ne fut point leur principe de composition que l'on attaqua comme vicieux; ce furent les peintures antiques qu'on voulut blâmer, parce qu'elles ne ressemblaient point à nos tableaux. J'aurai si souvent occasion de parler de la composition des anciens, que je ne m'étendrai point sur leur excellence en cette partie. Je recueillerai seulement ici quelques idées qui serviront à prouver que les deux principales critiques que l'on a faites, l'une de leur disposition, et l'autre du peu de chaleur de leur composition, sont des critiques très-mal fondées.

Ce que nous possédons de peintures antiques est loin d'être suffisant pour nous faire connaître entièrement l'excellence de la composition dans les tableaux des anciens, et nous aurions tort même de vouloir en prendre une idée juste d'après ces fragmens. En effet, ce sont, pour la plupart, plutôt des figurines arrangées pour l'ornement des lieux qu'elles décoraient, que ce ne sont des tableaux rigoureusement conçus et uns dans leur tout et leur circonscription. D'ailleurs, l'inhabileté des artistes ultérieurs qui répétèrent dans leurs médiocres copies les ouvrages archétypes, a dû en corrompre beaucoup la disposition et même la composition. Nous n'avons donc pas retrouvé précisément des tableaux composés rigoureusement, mais des fragmens de tableaux dont la disposition est souvent dérangée. Quelquefois même ce sont des copies de bas-reliefs remis en tableaux, d'autrefois ce sont des portions de frises empruntées sans art par les peintres, etc. Ainsi le plus grand nombre de ces peintures ont été exécutées par des mains rarement capables de reproduire cet ordre et cette eurythmie grecque qui devaient constituer une partie de la beauté des modèles : et quoiqu'il y ait des exceptions à faire dans cette observation générale, elle n'en paraît pas moins fondée.

Si nous examinons une de ces frises peintes que l'on trouve gravées dans le recueil des peintures d'Herculanum, les figures en paraîtront isolées et disséminées sans liaison, parce que nous n'en considérons que trois ou quatre seulement. Mais ces mêmes figures successivement disposées sur la frise forment une longue suite indéfinie, et dans ce cas, la disposition en est bonne et remplit l'intention qui était de produire un ornement léger, perpétué sans terminaison bien arrêtée ou limitée dans un cadre déterminé. De même, les vases peints ne peuvent guère nous donner une idée juste de la composition d'un tableau grec, ou d'un tout disposé et conçu dans son unité et sa régularité ; car les peintures des vases sont arrangées pour la forme ronde du vase, et souvent la liaison des objets est, comme je viens de le dire, successive et sans fin déterminée. Malgré ces exceptions, nous devons reconnaître que les anciens avaient des principes très-fixes sur la disposition; plusieurs morceaux encadrés par des bordures, plusieurs bas-reliefs d'un ensemble arrêté, plusieurs camées en sont la preuve. Au chap. 159 et suiv., où je traite de la disposition des lignes, je m'appuierai sur quelques exemples empruntés à l'antiquité. Ici, je dois citer en passant la belle disposition d'une peinture antique que *Santi-Bartholi* a substituée à une autre qui se trouvait presque détruite dans le tombeau des Nasons; elle représente une chasse au sanglier, et fut trouvée seule sur le Mont Cœlius, près du Colysée : je la signale, parce qu'elle offre plusieurs personnages réunis, formant un tout parfaitement composé. Consultons encore les écrivains sur ce point, nous trouverons des passages positifs. Pline nous assure qu'Apelle, en fait d'ordonnance, s'avouait inférieur à Amphion : *Cedebat Amphioni de dispositione.* « C'était donc, dit Webbs, » un objet digne d'attention; c'était donc alors une partie » essentielle, même d'après les idées des anciens; car » l'historien cite cela comme un trait extraordinaire de » candeur de la part du peintre. » Plutarque *(de glor. Athen.)* nous dit qu'Euphranor peignit le choc de la cavalerie à la bataille de Mantinée, comme s'il eût été inspiré. « Ce singulier éloge, dit aussi Webbs, suppose que » le peintre avait représenté son sujet de la manière la » plus ressemblante à la vérité, ce qui ne pouvait s'opérer » sans un soin particulier dans la disposition. » Le même Plutarque le fait entendre clairement dans un autre passage *(in Arat.)*, lorsque parlant de la bataille livrée aux

Etoliens par Aratus, il ajoute que cette action fut traitée par le peintre Timanthe de manière à la rendre présente aux yeux des spectateurs par la vérité de la disposition. « Il est bien évident, remarque toujours Webbs, que » l'inspiration d'Euphranor et la vérité de Timanthe n'é- » taient autre chose que l'effet de la même habileté dans » l'expression et le pittoresque de la disposition. »

Quant à l'unité dans la composition, nous avons plusieurs indices de fautes commises par les Grecs contre cette règle, qu'ils n'ont cependant point ignorée et que les Egyptiens paraissent avoir connue et observée. C'est ainsi que, par la description que fait M. Hamilton des bas-reliefs du temple de Jupiter à Carnack, nous connaissons que tout dans ce bel ouvrage était lié et rentrait dans l'unité. Les poésies d'Homère et de quelques autres poètes anciens, avaient laissé des données suffisantes sur ce point de doctrine : cependant on doit croire que certaines peintures de Polygnote, de Bularchus, etc. avec les inscriptions et les noms au-dessus des personnages, pourraient bien avoir produit un assemblage sans unité de figures isolées et placées même les unes au-dessus des autres comme on en voit sur les vases. Mais outre que ce défaut n'a existé que sur des peintures des premiers tems de l'art, il nous faudrait savoir si l'usage d'écrire ainsi les noms des personnages et de les faire figurer dans plusieurs scènes sur le même tableau, ne leur était pas prescrit par une obligation de laquelle ils ne pouvaient alors s'affranchir. Il est à observer au reste que ce même défaut est reproché parmi les modernes à André del Sarte, à Bassan, etc. qui florissaient en Italie lors des belles époques de l'art.

Passons au reproche qu'on a fait aux peintres anciens, sur le peu de chaleur de leurs compositions. Nous ne possédons point de tableaux fameux de l'antiquité, et nous voulons reprocher aux Grecs la froideur de quelques compositions antiques, parvenues jusqu'à nous ; ne serait-ce point parce que nous avons une idée étrange de la vraie chaleur pittoresque ? En effet, ce qui réchauffait ces compositions originales qu'on nous a quelquefois transmises toutes glacées, c'était l'excellence des figures, c'était la vie, l'expression des caractères ; mais croire qu'elles auraient dû, pour être chaleureuses, être tourmentées comme les nôtres, être tumultueuses, contrastées, et d'un aspect embarrassé, c'est une erreur. Les bas-reliefs antiques sont pleins de chaleur et d'énergie ; pourquoi les peintures n'eussent-elles pas offert la même qualité ? Nous en possédons, au surplus, quelques-unes qui font voir cette belle chaleur de composition qui cependant ne produit point de désordre insignifiant : cette vraie chaleur qui permet la force lucide de représentation, l'unité du sujet enfin, et non cette fausse chaleur qui offre plus de fumée que de lumière, plus de confusion que de vie, de mouvement et de caractère. Homère, Phidias, Eschyle, qui fut peintre, Polygnote, Parrhasius, etc. n'étaient point froids dans leurs genres respectifs, et je doute que nous ayons jamais plus de feu que tous ces hommes célèbres, malgré notre haute prétention à cette qualité. Les fragmens sculptés du Parthénon prouvent seuls ce que j'avance ; car bien que naïfs et déguisant l'art, ils sont réellement plus animés, plus chauds, que toutes les compositions arrangées et combinées par les modernes les plus renommés. Cette chaleur sans parade, cette vie et ce mouvement magique, parce qu'il semble intérieur et sans effort, est le vrai cachet de l'antiquité.

A ce sujet, je ne craindrai point d'avancer la comparaison suivante : tout le monde connaît les gravures exécutées d'après le Massacre des Innocens par Raphaël, le plus expressif des peintres modernes ; qui pourrait nier que les pantomimes si fortes de signification, si animées, si terribles, si dramatiques enfin, qu'on admire sur chaque groupe et sur chaque figure de ces deux tableaux dont on expose tous les ans à Rome les copies exécutées en tapisseries, n'aient quelque chose de trop arrangé, de trop recherché, bien qu'elles excitent vivement les idées de férocité, de pitié, de désolation et d'angoises ? Raphaël semble ici vouloir nous apprendre ce qu'il ressent, et non pas nous surprendre par un calque naïf de la nature prise sur le fait. Enfin, en présence de ces diverses figures pleines d'action et de véhémence pittoresque, on admire plutôt Raphaël qu'on ne reconnaît la nature ; on est surpris de la force de l'art et de son langage, cependant on est moins touché qu'en présence d'une imitation plus naïve ; on retrouve l'école des bas-reliefs antiques faits à Rome lors du déclin de l'art, et non l'école pure, vive et touchante de Phidias ou de Lysippe, mais dont Raphaël n'avait point vu de modèles. Si après avoir attentivement considéré cette production de Raphaël, nous jetons immédiatement un coup-d'œil sur les métopes du Parthénon, sur les combats des Amazones qu'offrent certains bas-reliefs et certains camées grecs des beaux tems de l'art, quel mélange heureux d'énergie et de naturel, de pathétique et de vraisemblable à la fois ! L'art a disparu ; le choix de nature est la seule chose qui reste, la seule chose qui surprenne, nous attache et se perpétue dans notre souvenir.

CHAPITRE 42.

DU DESSIN ET DE LA PERSPECTIVE CHEZ LES GRECS.

Personne n'ayant contesté le mérite des anciens dans le dessin, il n'est pas nécessaire de rassembler ici des preuves de leur étonnante supériorité en cette partie. Il est bon seulement de rappeler que tous les peintres étaient anthropographes, c'est-à-dire qu'ils appliquaient la peinture à la représentation de l'homme. Néanmoins, comme certains critiques ont élevé un doute presque ridicule sur le degré de savoir des anciens en fait de perspective, quelques réflexions semblent nécessaires ici.

Dire que les anciens ne connaissaient pas la perspective par théorie et par pratique, est aussi absurde que d'avancer que les écrivains anciens ignoraient la grammaire ou la syntaxe. Le dessin a pour base, pour règle et pour moyen la perspective : or, puisque les Grecs ont excellé dans le dessin, ils ont dû exceller dans la perspective; car ce n'est jamais par hasard qu'on réussit dans ce qu'on appelle l'art du dessin. Les écrivains qui ont cherché à prouver que les anciens connaissaient la perspective, semblent avoir quelquefois, et c'est à tort, distingué du dessin la perspective. On peut bien mettre en question si tel ou tel peintre a exécuté avec justesse et d'une manière ingénieuse les opérations qui dépendent de la perspective; mais on ne peut pas demander si les peintres savent la perspective, puisque sans elle ils ne seraient pas peintres. En effet, sans cette science point de représentation par de justes délinéations, point de coloris, point de clair-obscur, point de touche exacte et significative. Ce que nous dirons sur cette partie si essentielle de l'art, prouvera évidemment que les anciens ont connu et pratiqué la perspective, et de plus qu'ils employaient un moyen beaucoup plus simple et plus universel que nous pour s'y conformer.

Entr'autres auteurs modernes qui ont cherché à défendre les anciens sur ce point, on peut citer Caylus (tom. 23 des Mémoires de l'Académie), Sallier (Mémoires des Inscriptions, tom. 8), Passeri (Vases Etrusques), etc.

On veut absolument prouver, à force d'érudition, pour ou contre les connaissances des peintres anciens dans la perspective; cependant un coup-d'œil jeté sur quelques peintures antiques que nous possédons serait suffisant pour dissiper tous les doutes; au reste, quelques citations peuvent nous convaincre. Quelle était l'idée de Parrhasius, par exemple, quand il disait qu'on ne pouvait être bon peintre sans savoir la géométrie (Pline. *Liv.* 35. *Ch.* 10), et celle de Pamphile, maître d'Apelle et chef d'école, qui, selon le même Pline, disait positivement que la peinture ne pouvait exister sans le secours de la perspective? On sait d'ailleurs que les anciens peignaient des vues perspectives sur les murs, comme cela se pratique aujourd'hui (Vitruve. *Lib.* 7. *Cap.* 5). Quand même Pline exagérerait, lorsqu'il nous dit (*Lib.* 35. *Cap.* 4) que dans le théâtre de Claudius-Pulcher, on voyait des perspectives si bien peintes, que les corneilles, oiseaux fins et rusés, venaient pour se reposer sur les tuiles des bâtimens qui y étaient représentés, il n'en est pas moins contraire au sens commun de demander si les auteurs de ces peintures connaissaient la perspective. On apprend encore que Deuton avait peint des escaliers avec tant de vérité, dans une perspective, qu'un chien voulant les monter en courant, se cassa la tête contre le mur, en sorte que sa mort fit l'éloge de cet ouvrage surprenant. Cela rappelle la frayeur que prête Pétrone à un de ses personnages qui faillit, dit-il, tomber à la renverse à la vue d'un chien peint tout près d'une porte au-dessus de laquelle on avait écrit *cave canem*, méfiez-vous du chien.

La perspective, dit Vitruve, fut réduite en règles et en principes par Anaxagore et Démocrite qui en firent une science.

« Ce passage seul, dit Webbs, justifierait les anciens.
» Il paraît, par ce qu'il contient, non-seulement que les
» peintres grecs connaissaient les règles de la perspective
» et en avaient étudié les effets, mais que leurs philoso-
» phes et leurs mathématiciens les plus distingués avaient
» regardé comme un point digne de leur attention de
» réduire ces effets à des principes sûrs et déterminés.
» Agatharque fut le premier à Athènes qui décora de
» peintures le théâtre. Ce fut dans le tems qu'Eschyle y
» créa l'art de la tragédie. Cet Agatharque avait laissé
» un traité sur ce sujet; et c'est d'après ses leçons que
» Démocrite et Anaxagore écrivirent aussi leur doctrine. »

Enfin une observation reste à faire, c'est que les peintures antiques les plus estimables, les plus goûtées, sont évidemment celles aussi qui sont le mieux traitées sous le rapport de la perspective; ce qui prouve que cette science était toujours observée par les peintres les plus habiles, bien que des copistes médiocres aient pu en blesser quelquefois les règles. Le tableau si connu des noces aldobrandines, fait par une main fort exercée, est d'une perspective si bien observée, tant sous le rapport des lignes que sous celui des tons, des teintes et de la touche, qu'il offre en ces parties d'excellentes leçons. Voyez ce que j'ai dit, pag. 123, d'une perspective peinte avec justesse, quoique d'un travail un peu grossier, dans une des chambres du tombeau de Psammétichus.

CHAPITRE 43.

DU CLAIR-OBSCUR DANS LES TABLEAUX DES GRECS.

Si l'on admet que les anciens ont connu l'optique et les principes de cette science qui sont applicables à la peinture (ce que Vitruve appelait *logos opticos*), on ne peut supposer qu'ils aient ignoré le clair-obscur. Je sais qu'on leur accorde la connaissance du clair-obscur vrai qui arrondit et fait fuir les objets : mais on leur refuse le clair-obscur beau de combinaisons et qui est propre aux effets agréables à la vue et convenables au sujet; je vais tâcher de prouver que les anciens ont connu et pratiqué l'un et l'autre.

Pline, en parlant du peintre Euphranor, dit : « *Atque » ut eminerent è tabulis picturæ maximè curavit,* et il » apporta tous ses soins à ce que ses peintures fussent » saillantes et proéminentes sur le tableau. — Nicias d'A- » thènes, dit encore Pline, observa la distribution des » ombres et des jours, et s'attacha surtout à faire sortir du » tableau les figures. — Il semble, ajoute-t-il ailleurs, en

» parlant de l'image d'Alexandre, peinte par Apelle, il » semble que les doigts soient saillans et que le foudre soit » hors du tableau. » Quant aux découvertes qu'Apollodore avait faites sur le clair-obscur, et dont Parrhasius profita, elles prouvent l'importance que les anciens attachaient à cette partie de l'art.

Philostrate (*Icon. Lib.* 1. *Piscatores*) s'explique aussi très-clairement sur la dégradation des tons dans l'imitation des objets vus à travers l'eau. Voici comment il s'exprime au sujet d'un tableau dont il donne la description : « Le poisson le plus près de la surface paraissait » noir, le suivant l'était un peu moins, celui qui était » plus enfoncé commençait à échapper à la vue : ceux-ci » étaient dans l'ombre, ceux-là avaient la couleur de » l'eau; d'autres n'avaient plus qu'une couleur vague et » indéterminée, car à mesure que l'œil pénètre dans » l'eau, la vue devient trouble et confuse. » C'est encore à cette propriété du clair-obscur que Philostrate fait allusion (*in Exod. Icon. Lib.* 1), lorsqu'après avoir proposé aux peintres comme sujets d'imitation les montagnes, les forêts, les rivières, il ajoute : « Et l'air qui les environne. » En décrivant un tableau de Vénus (*in vita Apollonii. Lib.* 2), il dit aussi que la déesse n'a pas l'air d'être peinte, mais qu'elle sort du tableau, comme si elle voulait être poursuivie. Le même auteur nous apprend que Zeuxis, Polygnote et Euphranor s'attachèrent principalement à ombrer heureusement et à faire vivre leurs figures. Par-là il semble insinuer que l'ame de la peinture dépend de la distribution exacte des jours et des ombres, et voilà pourquoi, sans doute, on disait des tableaux de Parrhasius, qu'ils étaient des réalités. C'est dans ce sens qu'un ancien écrivain (*Theages Pythagoricus*) disait : « Dans un tableau, le contour de la partie éclairée doit » se perdre, pour ainsi dire, dans l'ombre ; car c'est de » cet artifice, joint à l'avantage du coloris, que dépendent » la vie et la vérité des objets. » Remarquons en passant que voilà le clair-obscur bien distingué ici du coloris.

Pétrone, en parlant des tableaux d'Apelle, dit que la manière délicate dont étaient traités les contours, donnait aux figures un air de vérité tel, qu'on croyait voir aussi leurs ames respirer sur la toile : *Tantâ enim subtilitate extremitates imaginum erant ad similitudinem precisæ, ut crederes etiam animarum esse picturas.*

« Peindre les corps et les milieux des objets, dit Pline, » c'est sans doute beaucoup ; cependant plusieurs peintres » y ont réussi : mais bien rendre ce qui termine les corps, » ce qui approche des contours, ce qui enveloppe les » formes, c'est un succès bien rare ; car les parties voi- » sines des contours doivent s'envelopper elles-mêmes, » finir en promettant cependant quelque chose encore » après elles, et indiquer même ce qu'elles cachent. »

« Un peintre, dit Quintilien (liv. 2, chap. 17), qui dis- » pose tellement ses objets, que les uns semblent sortir » du tableau et s'avancer, les autres s'éloigner, ignore-t- » il qu'ils sont tous sur la même surface plane ?.... » Et plus loin : « Nous voyons aussi que la peinture n'a de » relief qu'autant que les ombres et les clairs sont bien » distribués. » Quant à moi, je pense que les bouches gracieuses de Parrhasius devaient une partie de leur charme à cet art d'exprimer les fuyans et les contours, et à cette savante fusion de couleur ou de clair-obscur désignée par les écrivains dans les mots *Commissura colorum.*

On sait que les anciens ont traité des sujets qui supposaient de grands effets de clair-obscur, tel était celui qui représentait un enfant soufflant le feu, dont sa bouche et tout l'appartement étaient éclairés.

Mengs accorde aux peintures d'Herculanum la qualité du clair-obscur relatif à la perspective aërienne. « Cette » partie, dit-il, fut parfaitement entendue par les anciens, » comme on peut l'observer dans les peintures d'Her- » culanum, même les plus communes : ce qui nous fait » assez connaître que cette qualité était démontrée dans » les écoles. »

Il semble aussi que la pratique de la plastique si usitée parmi les peintres anciens, devait les rendre au moins aussi habiles que les nôtres en fait de clair-obscur, et comme presque tous étaient, ainsi que nous l'avons dit, sculpteurs ou plasticiens, ils en retiraient deux avantages : le premier était l'habitude de rendre sensibles les formes, de les caractériser sans équivoque, enfin de les rendre presque palpables ; le second était d'obtenir de petits modèles ou figurines de terre ou de cire, servant à répéter facilement l'effet général de clair-obscur, produit par les objets réunis dans toute la composition de leurs tableaux. Nous savons que Zeuxis faisait des modèles en argile ; on transporta à Rome ceux qui représentaient les Muses. De même, Correggio, qui est cité comme le premier dans l'art du clair-obscur, ne manquait pas de modeler de petites figures préparatoires. On conserve à Parme les marquettes qu'il fit pour sa fameuse peinture de la coupole de la cathédrale de cette ville.

Peut-on se faire une idée des figures admirables que concevaient, dans le même esprit que Phidias et Praxitèle, les peintres contemporains de ces grands statuaires, sans se représenter l'art étonnant avec lequel leur pinceau faisait naître le relief, et rendait en cela la peinture semblable à la réalité ? Ce n'étaient donc pas seulement des masses principales bien disposées, des caractères, des expressions indiquées avec sentiment ; c'étaient les beautés d'une figure dans tous ses détails, exprimées par le clair-obscur avec la même délicatesse et le même rendu que leur donnait le ciseau du sculpteur ; c'étaient toutes les finesses des passions de l'ame manifestées par les travaux les plus ingénieux du pinceau, comme sur le marbre le plus fini. Ils ne pouvaient satisfaire leurs organes exigeans et perfectionnés, ces grands peintres dont la réputation a balancé celle des illustres sculpteurs, que quand ils obtenaient l'apparence vraie du relief des corps, l'expression des plans les plus délicats, l'exacte représentation de leurs plus subtiles beautés. Qui pourrait donc s'imaginer que le clair-obscur ait été à leurs yeux une partie subalterne de l'art ? Qui pourrait croire même qu'il n'y aurait rien pour nous à apprendre dans ces beaux modèles, si nous avions le bonheur de les posséder et d'en faire l'objet de nos études ?

Citons encore Webbs. « Pline et les autres écrivains » de l'antiquité disent au sujet des combinaisons agréa» bles du clair et de l'obscur, des choses si positives, » leurs récits sont si bien circonstanciés et si vraisem» blables, qu'on ne saurait disconvenir que les anciens » n'égalassent, du moins dans cette partie, les plus grands » peintres modernes. C'est du clair-obscur idéal, si je ne » me trompe, dont Pline veut parler, lorsqu'il dit : On » ajouta à la peinture un éclat autre que celui de la lu-

» mière, et on l'appela *ton*, parce qu'il résulte de la com-
» binaison des ombres et des clairs. *Adjectus est splen-
» dor, alius hic quàm lumen, quem, quia inter hoc et
» umbram erat, appellaverunt* tonon. » (*Lib.* 35. *C.* 5.)

Plutarque, en parlant des tableaux de Denys, emploie les mots de *force* et de *ton*, comme synonymes. On sait aussi que Cicéron, ce critique si judicieux, a parlé plusieurs fois des jours et des ombres de l'éloquence, et a proposé aux orateurs l'artifice des peintres dans la dispensation du clair-obscur, comme un modèle à imiter. Le passage suivant mérite donc une attention particulière. « *Sed habeat tamen illa in dicendo admiratio ac
» summa laus umbram aliquam et recessum quo magis
» id quod erit illuminatum extare atque eminere videa-
» tur.* » (De Orat. *Lib.* II.)

Ainsi, il n'est point aussi difficile qu'on pourrait le penser, de démontrer que les anciens ont connu et obtenu la beauté du clair-obscur, et que les mêmes calculs si vantés et pratiqués par les Vénitiens et les Flamands leur ont été familiers ; mais ces calculs échappent aux yeux des critiques superficiels, parce que les peintres anciens observaient une bien plus grande simplicité que les Vénitiens, et qu'ils ne connaissaient point cette surabondance et cette profusion modernes appelées trop souvent du nom de richesse. D'ailleurs, comme ils n'offraient que peu de parties, pour mieux conserver et concentrer, pour ainsi dire, l'unité, et aussi pour mieux déguiser l'art, il nous faut aujourd'hui un œil délicat et exempt de vicieuses habitudes, pour discerner dans certaines peintures antiques que nous possédons, l'intelligence et les calculs bien ménagés qui s'y trouvent.

Comment croire qu'ils ignoraient aussi l'art des oppositions dans le clair-obscur, puisque la moindre pratique de la peinture y conduit naturellement? Enfin, avancer que les Grecs ne connaissaient pas l'art du choix et de la beauté dans le clair-obscur, c'est presque dire qu'ils ne recherchaient ni l'ordre ni l'unité dans leurs ouvrages, reproche qu'il est impossible de leur faire.

Quant à la convenance ou au poétique dans le clair-obscur, il faut, je crois, admettre encore que les anciens la pratiquaient par l'effet de la grande philosophie des célèbres maîtres qui fixèrent les archétypes de l'art. Les peintures antiques que nous possédons n'offrent jamais de contre-sens à ce sujet. Les scènes riantes sont animées par un clair-obscur analogue au sujet, et des effets plus austères se remarquent lorsqu'il s'agit de sujets graves et sévères. Au reste, il n'est guère à présumer que les copistes qui nous ont conservé dans ces peintures l'indication des modèles célèbres des beaux tems de l'art, aient eu assez de savoir pour répéter l'original, auquel ils n'empruntaient souvent, comme nous l'avons dit, que quelques parties, pour en faire des décorations, et qu'ils en aient eu même l'intention. Je dois ajouter que ce qui a fait croire que les anciens ignoraient l'art d'embellir le clair-obscur, c'est la vue des bas-reliefs antiques dans lesquels ils n'ont point, comme les modernes, cherché à faire tableau; en sorte que les effets pittoresques, si vantés dans les bas-reliefs modernes, ont servi et à faire critiquer les bas-reliefs antiques dans lesquels, disait-on, on ne retrouvait rien de cet heureux clair-obscur pittoresque des modernes, et à critiquer par cela même les peintures antiques où les beautés du clair-obscur sont déguisées sous un artifice fin et délicat et sous le voile de la naïveté.

Au surplus, j'indiquerai ici, outre les peintures de Portici, parmi lesquelles il se trouve des paysages, celles qui, remarquables par leur clair-obscur évidemment composé et combiné, furent trouvées du tems de Mengs à la villa Negroni dans le tombeau des Nasons à Rome, et dont Mengs exécuta les dessins qu'on a gravés depuis. Le clair-obscur en est non-seulement vrai, mais il est encore d'un très-bon choix. La théorie développée dans le chapitre 387, où il est question des différens modes de clair-obscur, et dans les chap. 395 et suiv. qui traitent des lois du beau appliqué à cette partie, fera mieux comprendre ce que je viens d'avancer au sujet de ces peintures.

CHAPITRE 44.

DU COLORIS DANS LES TABLEAUX DES GRECS.

C'est une chose assez remarquable que cette unanimité de prévention contre le coloris des anciens, dans les personnes qui cependant n'ont jamais vu de peintures antiques. Elles se persuadent sans preuves que les peintres de l'antiquité ignoraient les artifices et les charmes du coloris, et qu'ils ne parvinrent jamais à porter cette partie de l'art au degré de perfection où l'ont portée depuis les Tiziano, les Rubens, les Teniers. Et d'où vient cette prévention? Serait-ce de quelques nouvelles et savantes découvertes en fait de coloris? Non, assurément; cette prévention provient du mépris assez commun dans les hommes pour ce qui les a précédés de très-loin. Ce mépris pour le coloris des anciens a la même source que celui qu'on porte à leur musique; et jusqu'à ce que des preuves sensibles viennent forcer les aveux et confondre les détracteurs, ils seront toujours les plus forts dans une pareille dispute. Je sais qu'on peut leur opposer le coloris de certaines peintures antiques; mais ce coloris a été si souvent altéré par les restaurations et les vernis modernes, ou même par les injures des siècles, que tant qu'on n'offrira pas à ces critiques prévenus des morceaux d'une grande énergie et d'une grande vivacité de couleurs, ils ne se laisseront vaincre ni par les indices de l'harmonie, ni par le reste des délicatesses apparentes dans ces peintures.

Accoutumés que nous sommes à goûter les effets de la peinture telle qu'on la pratique de nos jours, persuadés que l'usage de l'huile dans les couleurs nous a enrichis de mille beautés dont les anciens n'ont jamais eu l'idée, persuadés aussi, comme je l'ai déjà dit, que la découverte du Nouveau-Monde nous a fourni des couleurs inconnues aux peintres d'autrefois, le diapazon de la palette moderne a trompé beaucoup de critiques irréfléchis. Ce qui les a trompés encore, c'est qu'ils ont jugé le coloris antique d'après des copies ou peintes à huile, ou enluminées, ou gravées en couleur; or ces copies ne répètent ni la rupture des teintes ni l'harmonie antique.

Une autre cause de malentendus dans ces critiques, c'est l'habitude de confondre le clair-obscur avec le coloris, deux parties cependant bien distinctes; en sorte que, comme le plus grand nombre des fragmens antiques ne représentent guère que des figures d'ornement, souvent isolées et peu liées par les combinaisons du clair-obscur nécessaire dans un tout un et circonscrit, on en a conclu, puisqu'il y avait absence de clair-obscur combiné et choisi, qu'il y avait absence de coloris. Mais les teintes peuvent être très-justes, très-vraies, très-harmonieuses, très-magiques, sans que les calculs du beau dans les clairs et les bruns soient très-remarquables. Cependant les observateurs et les artistes d'un vrai mérite, discernent toujours la vérité; et, malgré quelques préjugés ou quelques goûts exclusifs, ils lui rendent toujours hommage. Voyons, par exemple, ce que pensait à ce sujet Josué Reynolds. « Nous trouverions, dit-il, dans les tableaux des anciens » maîtres, les figures aussi correctement dessinées que » l'est le Laocoon, et peut-être d'un aussi beau coloris » que celui de Titien. » Ailleurs, il regarde la peinture des noces aldobrandines, comme un des plus précieux restes de l'antiquité.

Mengs, qui a vu et copié beaucoup de peintures antiques, nous dit positivement qu'il s'imagine que Zeuxis et Apelle furent non-seulement vrais, mais encore très-beaux dans cette partie. Il ajoute qu'ils doivent avoir eu une idée exacte du coloris. « Le choix des couleurs locales de leurs » draperies, dit-il, a été très-bon, et la *Roma* du palais » Barbérini est d'un très-bon ton de couleur. »

Selon l'opinion des éditeurs des peintures antiques d'Herculanum, de Pompéi, etc., elles réunissent aux autres qualités, celle d'un très-bon coloris. Le tems peut au surplus jeter par hasard un jour subit sur cette question, et un seul morceau, d'un excellent coloris, suffirait pour réunir toutes les opinions en dissipant tous les doutes.

Le père Zarillo, directeur des fouilles d'Herculanum, écrivait en 1804 : « .... Outre le Faune et la Nymphe qui » sont d'un excellent coloris, spécialement pour le nu qui » peut le disputer en ce genre au Titien.... on a décou- » vert un tableau de Diane et Endymion. La déesse est » d'un bon dessin et d'un excellent coloris.... » (*Archiv. littér. 4e année. Tom. 6. Pag.* 278.)

En 1805, pareilles expressions furent employées dans les journaux, lorsqu'on découvrit à Pompéi une peinture représentant Diane surprise par Actéon. « Le coloris de » Diane égale (Journal des Débats, 29 germinal an 13) » tout ce que le Titien a jamais produit de plus beau dans » ce genre. Actéon, déjà assailli par des chiens, fait des » contorsions par douleur, et cherche à se défendre avec » un bâton. Le coloris d'Actéon forme un contraste heu- » reux avec la délicatesse de celui de Diane. Les acces- » soires de ce tableau sont d'une beauté au-dessus de » toute expression, et le paysage surprendrait même » Claude. En général, cette peinture dispute le rang au » Thésée, au Chiron, et à tout ce qu'on a vu jusqu'ici » de plus parfait dans nos musées. »

Nous lisons dans le Moniteur du 28 avril 1825, ce qui suit : « On vient de découvrir à Pompéi deux nouvelles » fresques très-remarquables par la parfaite correction du » dessin et l'excellence du coloris. Elles représentent » *Briséis enlevée à Achille* et les *Noces de Thétis et de* » *Pélée.* Ces deux tableaux, encore sur place, sont con- » sidérés comme les plus beaux de tous ceux qui nous » soient parvenus de l'antiquité. »

Mr A. Lens, peintre, dit avoir vu à Rome un tableau antique de Jupiter et Ganimède, dont les figures sont représentées de grandeur naturelle; il parle de cet ouvrage comme étant d'un coloris admirable, mais il n'indique rien sur l'endroit d'où provenait et où l'on peut voir cette peinture.

Fr. Junius, Turnbull, Durand, et beaucoup d'autres, ont recueilli dans les anciens auteurs un assez grand nombre de citations à ce sujet; mais Webbs est celui qui fait valoir avec le plus de zèle ces autorités. Il brûle du désir de rétablir le lustre du coloris antique, et son estime pour ces tableaux va jusqu'à l'enthousiasme.

« Quand je vois, dit-il, l'unanimité des auteurs anciens » dans les témoignages qu'ils donnent de leur sentiment » au sujet du coloris antique, je suis tout porté à croire » que les anciens ont égalé, s'ils n'ont pas surpassé les » modernes dans tous les points capitaux.... Quand je » vois analyser des effets qui ne peuvent résulter que de » la plus haute perfection, je ne puis résister plus long- » tems à la conviction. Voici deux exemples de cette » espèce qui me paraissent décisifs.

» Parrhasius et Euphranor avaient peint chacun un » Thésée. Euphranor disait que le Thésée de Parrhasius » avait l'air d'un homme nourri de roses, et que le sien » ressemblait à un homme nourri de chair. (Plutarc. » *Bello an Pace.*).... Que pourrait-on dire de plus juste » du Titien et du Carrache? Il faut cependant observer » que ce style délicat et fleuri n'était pas la manière » constante de Parrhasius. Pline dit aussi qu'il peignit un » héros nu, et que, dans ce morceau, il semblait avoir » défié la nature elle-même.

» Mais l'éloge que Properce fait d'Apelle, me paraît » le plus délicat de tous, et le plus propre à nous donner

» une idée juste du mérite de ce peintre dans le coloris. » Ce poète donc, voulant dissuader sa maîtresse de se » farder, lui vante la beauté vraie et naturelle de son » teint, et le compare à la couleur des tableaux d'Apelle, » comme si tout ce que la nature pouvait faire de plus » était de mériter la concurrence avec l'art de ce peintre.

» Si les poètes ont regardé la couleur comme une des » plus grandes beautés qui soient dans la nature, il n'est » point étonnant que les peintres, dont l'art est l'imitation » de la nature, en aient fait le principal objet de leur » étude. Aussi Parrhasius, Zeuxis et Apelle, qui sont les » plus célèbres peintres de l'antiquité, étaient-ils en même » tems les plus grands coloristes. Ces louanges, qu'ils ont » reçues de leurs contemporains, tombaient principale- » ment sur ce genre de vérité et de beauté qui est produit » par le choix de la couleur. C'était dans cette partie sur- » tout qu'excellait Apelle. Son chef-d'œuvre, et par consé- » quent le chef-d'œuvre de l'art, était sa Vénus Anadyo- » mène. Voici comment Cicéron (*De Natur. Deo. Lib.* 1) » s'explique sur la perfection de ce morceau : Dans la Vénus » de Cos, ce que nous voyons n'est point un corps, mais » quelque chose qui y ressemble, et ce vermillon, mêlé » et nuancé de blanc qui en couvre la peau, n'est point » du sang, mais quelque chose que l'on prend pour du » sang..... C'est au même tableau qu'Ovide fait allusion » dans ces vers : (*Lib.* 11. *Trist.*) *Sic Madidos:...* C'est » ainsi que Vénus, sortant de la mer, presse de ses mains » son humide chevelure ; on voit encore couler sur ses » membres parfaits l'onde qui vient de lui donner l'être...

» Et Ausonne, dans l'épigramme suivante, ne dit-il pas? » Voyez sous le pinceau d'Apelle, Vénus à peine sortie

» du sein de l'onde qui vient de la former. Avec quelle » grâce, pressant de ses deux mains son humide cheve- » lure, elle en fait tomber l'écume salée qui la couvrait! » Ne semble-t-il pas entendre et Junon et la chaste Pallas » lui dire en ce moment : tu l'emportes, ô Vénus! et » nous t'abandonnons le prix de la beauté?.... On sait » qu'aucun peintre n'osa achever une seconde Vénus » qu'Apelle avait commencée et que la mort l'empêcha » de finir.

» On pourrait dire que le dessin ne donne que l'idée » générale des objets et que c'est la couleur qui leur » donne leur existence particulière. C'est là sans doute » ce qui a fait dire à Plutarque (*De Poët. Aud.*), que dans » la peinture nous sommes plus frappés des couleurs que » du dessin, parce que ce sont elles qui produisent le » complément de l'illusion.

» Un autre auteur observe de même, que le peintre » peut bien tracer les contours et les proportions d'un » homme, mais que ce n'est qu'avec le secours de la » couleur qu'il parvient à en faire un Socrate ou un » Platon. (*Ammonius. In* 10. *Categ. Aristot.*)

» Les anciens non-seulement attribuaient à la couleur » le pouvoir de réaliser les objets, ils la regardaient » même comme l'ame de la beauté. Ecoutons encore » Cicéron : Il y a dans le corps humain, dit-il, une cer- » taine harmonie de proportions qui, jointe au charme » du coloris, forme ce qu'on appelle la beauté..... Un » autre écrivain, non moins imposant, dit (*De Causis* » *Corrupt. Eloquent. C.* 21.) qu'on peut regarder comme » vraiment beau, un corps dont un sang pur et tempéré » arrose toutes les parties, enfle les veines, teint les mus-

» cles mêmes d'un vif incarnat et y fait briller l'éclat de la » santé....

» Au reste, qui donc est insensible aux charmes de la » couleur ?.... Ecoutons Tibulle : .....Sa blancheur res- » semblait au doux éclat de l'astre des nuits ; une légère » teinte pourprée colorait une peau qui le disputait à la » neige ; les joues les plus fraîches étaient animées par » ce vif incarnat que donne la pudeur à une jeune épouse » au moment où elle est conduite dans les bras de son » jeune époux. Vous lui compareriez aussi ces guirlandes » que les jeunes filles forment en mariant les lys avec » l'amaranthe ou bien encore le vermillon dont une pomme » blanche se pare à l'entrée de l'automne. (*Lib.* 3. *Eleg.* 4.)

» Stace (*Theb. Lib.* 6.) dit, en parlant d'un jeune » homme qui entre dans la lice : Il paraît et se dépouille » de ses vêtemens où l'on voyait briller l'or, on est frappé » de l'éclat de son corps ; l'excellence des proportions se » faisait sentir dans tous ses mouvemens. On admirait la » forme de ses épaules, sa poitrine, dont les teintes le » disputent à celles des joues ; enfin, parmi tant de beau- » tés, la beauté du visage se confond....

» La grappe était si vermeille, dit un poète, l'illusion » si parfaite ! Ma main s'y porta avec avidité, et ce ne » fut qu'alors que je reconnus l'imposture....

» La lecture des écrivains de l'antiquité pourrait seule » faire porter le coloris jusqu'à sa plus grande perfection. » Un jeune peintre coloriait fort mal un portrait de femme, » le ton en était fade et sans vie. Un spectateur, qui le » voyait finir ce portrait, aperçut sur sa table un Ovide ; il » l'ouvre et lui cite ce passage des Métamorphoses (liv. 8.), » où le poète compare la blancheur animée du corps d'A-

» talante au reflet qu'un rideau de pourpre forme sur une » muraille blanche et à la teinte transparente et légère » que cette muraille réfléchit sur le même rideau. L'ana- » logie de cette comparaison frappa vivement le jeune pein- » tre, et on s'aperçut dans la suite qu'il en avait profité.

» Parrhasius avait peint deux guerriers, l'un marchant » au combat (on voyait la sueur sur son corps), l'autre » venant de quitter son armure (il paraissait tout hale- » tant). Quelle chaleur ! Quelle finesse de pinceau ! Qui » croirait que la peinture peut exprimer cette moiteur, » ces émanations imperceptibles qui proviennent d'une » transpiration violente ? Les teintes les plus moelleuses » de l'école vénitienne, ont-elles jamais su rendre de » semblables idées ? Les notions que nous avons de la » perfection sont trop limitées par notre propre expé- » rience. Si nous n'avions jamais vu de tableaux mieux » coloriés que la Galathée de Raphaël, une description » de la Vénus du Titien passerait pour une exagération » extravagante. Pourquoi l'école grecque n'aurait-elle pas » été aussi supérieure à l'école de Venise, que celle-ci » l'est à l'école romaine ? »

Polygnote avait peint Cassandre à l'instant où elle venait d'être violée par Ajax : on voyait la rougeur sur le front de cette princesse à travers le voile dont elle cachait son visage. Cette figure célèbre était encore admirée du tems de Lucien.

Est-ce que la fameuse Hélène de Zeuxis aurait été regardée comme le plus parfait modèle de la beauté féminine, si elle n'eût été imitée avec tous les charmes du coloris ?

Plusieurs écrivains de l'antiquité se sont exprimés positivement sur la rupture des couleurs. « Dans un tableau, » dit Maxime de Tyr (Diss. 5. parag. 5.), les couleurs » les plus éclatantes sont celles qui plaisent le plus à la » vue; mais si on ne les tempère point par des ombres, » on en détruit l'agrément...... » Et ailleurs (Diss. 15. parag. 4.) : « En toutes choses où il existe de l'ordre et » de l'harmonie, il faut des intermédiaires...... Il en faut » dans les couleurs, dans la musique, dans les discours... »

On sait d'ailleurs que les Grecs ont traité certains genres qui n'empruntent guère qu'à la seule partie du coloris leurs moyens de plaire, et c'est une assez forte présomption en faveur de leur savoir en cette partie. Ne leur a-t-on pas même reproché d'avoir, à certaines époques, sacrifié les plus austères points de l'art, aux charmes du coloris? Pline, Denys d'Halycarnasse, et plusieurs autres, ont répété ces reproches. Nous savons de plus qu'ils avaient divers coloris, selon les divers modes; et comme ils chantaient dans tous les tons, ils durent appliquer les lois rigoureuses de l'harmonie ou de l'unité et de la convenance, au coloris ainsi qu'aux autres parties de l'art. Ils avaient des coloris légers et austères, gracieux et terribles, durs et suaves. Un passage de Cicéron semble nous l'expliquer clairement. « *In picturis alios horrida, inculta, abdita, et opaca;* » *contrà alios nitida, læta, collustrata, delectant.* » (ORAT. *Num.* 11.)

Enfin les auteurs nous font connaître les progrès et la marche du coloris parmi les peintres de la Grèce, et sans rassembler ici leurs diverses expressions à ce sujet, citons Plutarque, qui nous dit positivement qu'Apollodore inventa la fonte des couleurs et le véritable caractère des ombres. J'ai déjà fait mention de ce peintre à propos de clair-obscur; mais il paraît que les artifices de son pinceau étaient tout aussi surprenans en fait de teinte et d'harmonie colorée, car on écrivit au bas de ses ouvrages: *on l'enviera plus tôt qu'on ne l'imitera.* On doit même conjecturer, d'après ce que les anciens ont écrit de relatif au coloris, qu'ils devaient en avoir une idée tout à fait exacte et complète. Au reste, il est bien naturel de penser que ces Grecs, si délicats dans l'art des formes, devaient être sensibles à la justesse ou à la discordance d'une couleur, comme à celle d'un ton faux dans la musique ou d'un mouvement contre nature dans la statuaire.

Quant à l'objection presque ridicule des quatre couleurs auxquelles, dit-on, ils étaient réduits, elle n'est, à mon avis, d'aucun secours aux critiques. « Ce qui me fait » juger favorablement du coloris des anciens, disait Rey- » nolds, c'est qu'ils ne se servaient que de quatre cou- » leurs... » Mais il serait absurde de penser qu'ils n'employaient que quatre couleurs uniquement, lorsque nos yeux nous persuadent tout le contraire en présence de leurs peintures. On doit même être convaincu qu'ils avaient plus de couleurs que nous ne pourrions jamais en obtenir par notre peinture à huile [1]. Au surplus, les couleurs dont les peintres anciens faisaient usage, produisaient, par leurs différentes combinaisons, huit cent dix-neuf changemens; c'est M. Mayer, professeur de

[1] Je n'ai jamais pu répéter certaines couleurs qui se trouvent dans les fragmens antiques de peinture. On y remarque des teintes vertes et des jaunes dorés qu'il semble que nous ne connaissons pas; mais il faut convenir que l'effet de la cire, de la transparence des dessous et de certains procédés, a pu donner aux matières une sorte de caractère que ne sauraient acquérir nos peintures à huile, qui sont sourdes et monotones, nos lavis si crus et si froids, et notre détrempe qui est pâle et aride.

Goëttingue, qui en a fait le calcul. Ainsi, pour affirmer ou nier qu'Apelle et Protogène aient été de grands coloristes, l'argument qu'on tirerait du petit nombre de couleurs matérielles qu'ils avaient à leur disposition, ne pourrait fournir aucune preuve. D'ailleurs il est démontré que les trois couleurs élémentaires, jaune, rouge et bleu sont suffisantes. En sorte que, si leur noir, qui était le résultat de ces trois couleurs (voy. le chap. de l'acromatisme), était très-intense, tel que le bitume de Judée, par exemple, et si les dessous ménagés servaient de blanc, ils ont pu avec ces seuls moyens produire des chefs-d'œuvre. Jean-Baptiste Santerre, de l'école française, mort en 1717, et dont on voit au musée de Paris une Suzanne d'une fort bonne carnation, a peint d'une couleur fraîche et vraie, en n'employant que cinq couleurs. Ces couleurs étaient l'outremer, le massicot, l'ocre rouge, le blanc de plomb et le noir de Cologne. Laissons donc là l'histoire des quatre couleurs de Pline, puisqu'un seul coup-d'œil jeté sur les peintures antiques peut finir toutes ces discussions relatives à la richesse ou aux limites de la palette des anciens.

Mais, pour terminer ce que j'avais à dire ici sur le coloris des anciens et sans parler de leurs procédés matériels, j'ajouterai que la peinture des noces aldobrandines, dont MM. Mayer et Boettiger ont donné en 1810 une précieuse description artistique et archéologique (v. notre catalogue), peut fournir à elle seule la preuve du grand savoir des anciens dans le coloris. L'étude que j'ai faite de cette peinture (j'aurai plusieurs fois occasion de la citer) m'autorise à avancer que la perspective des tons et des teintes y est d'une grande justesse; en sorte que le résultat de cette perspective aérienne, aussi exacte dans ce morceau que l'est la perspective linéaire, est que les figures semblent toutes à leur place ou à leur plan, et qu'elles produisent au point de distance une excellente représentation sous ce rapport. Indépendamment de cette remarque générale, il reste à en faire une particulière et qui est une conséquence de la première, c'est que la rupture des couleurs ou *l'harmogé*, comme disaient probablement les Grecs, y est savamment conduite et soutenue; elle peut même en ce point le disputer au meilleur tableau de Teniers ou de Paul Veronèse, si toutefois elle n'est pas plus exacte et ménagée avec plus d'unité. En effet, persuadons-nous bien que les Grecs observaient les proportions en coloris et employaient des échelles chromatiques de réduction, tandis que Teniers, les Hollandais et les Vénitiens n'ont fait qu'entrevoir ces calculs. (V. les chap. 509 et suiv.)

Dans la peinture des noces aldobrandines, la draperie blanche de la femme qui joue de la lyre, est donc rendue éloignée et aérienne par l'effet de cette rupture de couleurs. Les reflets provenant du terrein et d'autres masses voisines, colorent cette robe blanche au point que de près la dégradation ou l'altération de ce blanc est très-remarquable, et que de loin l'effet naturel du blanc a toujours lieu; de cette manière le caractère incolore de la draperie est parfaitement conservé. L'ombre du *thalame* verd si bien accordé lui-même est d'une teinte extrêmement juste et telle qu'on n'en voit point de mieux exprimée chez les coloristes vénitiens ou hollandais : le ciel est léger, fuyant, suave et d'un accord charmant. Je ne parle point de la convenance ou du mode de coloris, il est tout à fait poétique et dans le caractère du sujet, il rend à merveille ce calme enchanteur, cette gaîté tempérée, cet accent mélodieux et touchant qui doit embellir l'heureux moment des époux.

CHAPITRE 45.

DE LA TOUCHE DANS LES TABLEAUX DES GRECS.

On désirerait peut-être savoir si les anciens ont possédé cette facilité et cette adresse d'exécution dont les modernes font tant de parade aujourd'hui dans presque tous les arts. Je dirai à ce sujet que leurs peintures ne font pas voir plus de prétention que leurs sculptures. Il règne une belle exécution dans certains fragmens de leurs peintures, et cette exécution est le résultat de l'intelligence, de la perspective et de la netteté des idées sur l'optique, ainsi que d'un sentiment libre et naïf, qui n'est contraint par aucune manière de faire exclusive, mais qui aspire toujours à la beauté. Ils ont exécuté comme il est naturel à tout peintre instruit de le faire, c'est-à-dire avec signification et expression, avec aisance, grâce et variété. Dans la peinture des noces aldobrandines, qui offre des figures de deux pieds de haut environ, les touches sont très-ingénieuses et très-caractéristiques. A la distance, leur effet est merveilleux, et de près, elles ne sont qu'indicatives et exagérées selon ce point de distance; mais on n'y trouve point de ces coups de pinceau inutiles et à prétention, de ces mouvemens d'outil affectés et peu faciles à produire, enfin toute l'imitation y est libre et savante à la fois. Au surplus, comment douter de l'adresse des Grecs en fait de touche et de pinceau, lorsqu'on admire dans leurs statues des plis refouillés, des cheveux détachés et d'autres objets qui, en fait d'ouvrage de ciseau, sont le désespoir des statuaires d'aujourd'hui; en sorte que ceux-ci ne conçoivent souvent même pas par quel artifice de l'outil, par quel moyen mécanique, ou par quelles précautions ingénieuses l'artiste grec a pu arriver à certains résultats surprenans?

CHAPITRE 46.

DES DIFFÉRENS CARACTÈRES DU STYLE DE LA PEINTURE ET DE LA SCULPTURE CHEZ LES ANCIENS.

SECTION Ire. — *Ce qu'on doit entendre par les différens caractères des styles. Utilité et importance de cette question.*

PAR les différens styles de la peinture et de la sculpture, chez les Grecs (voyez une explication du mot *style* au dictionnaire, vol. 1er) on entend les différens caractères qui se manifestèrent dans ces mêmes arts à certaines époques et dans certaines contrées. L'étude des véritables caractères de l'art antique est beaucoup plus importante pour l'artiste que l'étude des dates très-précises auxquelles ces caractères peuvent être rapportés. Cependant les écrivains n'ont fait en général beaucoup de recherches que sur les époques, et n'en ont fait que fort peu sur ces caractères distinctifs des styles; aussi peut-on avancer que le travail que l'on publierait sur ce point important aurait l'avantage de la nouveauté.

L'étude des styles de l'antiquité est très-utile aux peintres. Les anciens eux-mêmes ont dû la considérer comme nécessaire, et il paraît que plusieurs artistes s'en étaient occupés dans des écrits. Leurs ouvrages, qui se sont perdus, sont fort à regretter, même sous ce rapport : celui de Pasitèle était probablement de ce nombre. Enfin, il faut remarquer que l'étude des styles de l'art est l'étude de l'art lui-même, et que suivre les caractères des écoles ou des maîtres, c'est faire réellement une analyse des parties de la peinture.

Qu'importeraient aux progrès des artistes des recherches de pure érudition sur ces questions ? Ce qu'il faut tâcher de démontrer, ce n'est pas quand et à quelles époques ou en quelles années précisément le goût des Grecs a été bon, meilleur ou parfait, mais par quels moyens ou par quels principes il est devenu réellement bon et excellent. Nous savons que l'art a fleuri sous Périclès, sous Alexandre, sous Auguste, sous Léon X et sous Louis XIV; ce que nous ne savons peut-être pas encore d'une manière positive, et ce qu'il importe cependant le plus aux artistes de savoir, c'est comment il fut envisagé et quelles routes ou méthodes on suivit lors de ces époques connues.

D'ailleurs ne résulterait-il pas d'une étude, qui serait purement chronologique, des préventions funestes pour ou contre des productions qu'on croirait être de telle ou telle école, ou copiées d'après tel ou tel maître? Un monument romain, par exemple, sera déprécié par cela seul qu'il n'est pas grec; une peinture, quoique médiocre et d'imitation, mais qu'on aura appelée étrusque ou grecque d'ancien style, sera par pur caprice admirée et imitée, parce qu'on la supposera d'un caractère très-sévère; des inscriptions suspectes seraient même de faux guides qui conduiraient à ces préventions et qui feraient des dupes. Enfin l'incertitude de la théorie laisserait un libre accès à la fantaisie, et la plus grande confusion accompagnerait toutes ces préférences. C'est ainsi qu'au sujet des écoles modernes, les noms imposans de quelques maîtres ont fait que chaque goût d'école, chaque caprice, chaque manière a souvent été louée, goûtée et propagée par des contemporains prévenus et louangeurs, et par des imitateurs que ces louanges ont séduits. On ne verrait donc plus l'art et ses grandes parties liés dans l'ordre qui leur est propre et attachés par ces chaînons impérissables que le génie des Grecs a si bien établis; ce ne serait plus l'art que l'on étudierait, mais les artistes; ce ne serait plus les parties de la peinture, mais ses époques; on ne serait pas frappé des qualités et des vices de la sculpture et de la peinture, mais des caprices et des fantaisies successives des hommes qui, à certaines époques, les ont exercées.

Ne peut-on pas dire au sujet de ces préventions qui égarent notre jugement sur le mérite et sur les qualités des ouvrages, que tant qu'on a cru, par exemple, que l'Apollon du Belvédère était une production du plus beau tems de l'art grec, on l'a considéré comme un chef-d'œuvre archétype? Il en a été de même du Laocoon et de quelques autres statues; en sorte que c'est peut-être diminuer beaucoup aujourd'hui le crédit de ces ouvrages que de prouver qu'ils ont été faits à Rome sous Trajan, lorsque l'art était dégénéré, et non en Grèce sous Périclès ou sous Alexandre, c'est-à-dire lors du plus grand éclat de la sculpture [1].

Quand on répéterait encore pendant plusieurs siècles que les premiers modèles sont cet Apollon, ce Laocoon, cette Vénus Médicis, etc., qu'en résultera-t-il ? Cette admiration exaltée qui fait placer toutes ces statues au premier rang, servira-t-elle jamais à débrouiller l'étude des styles de l'art ? Non : car la douzaine de statues qu'on cite ordinairement comme classiques, ne comprend pas tous les caractères qu'il faut étudier et comparer. Si un Grec revenait au milieu de nous, il nous demanderait les raisons artistiques qui nous attachent à ce petit nombre de statues exclusivement, et qui nous empêchent de chercher et d'analyser avec le même respect d'autres caractères essentiels dans le grand nombre de belles statues que nous possédons; il nous demanderait quels sont dans les bas-reliefs que nous appelons classiques, ceux qui nous semblent découler de la source la plus pure et de l'école qui a formé d'autres écoles, en un mot de celle qu'on a toujours considérée comme mère dans tous les tems et même lors de la décadence de l'art. Que répondrions-nous qui fût appuyé sur de solides raisons ? Mais, ajouterait-il, les pierres gravées doivent vous donner aussi probablement des points de repère certains, pour classer les styles et les écoles. Que répondrions-nous encore qui fût bien motivé ? Nous mettrions en avant toute

[1] Ce qu'on entend dire à quelques personnes qui ont visité à Londres les monumens apportés d'Athènes, ferait croire que déjà le Laocoon et l'Apollon sont relégués un peu loin dans l'admiration des nouveaux appréciateurs des richesses attiques du musée britannique ; or, pour la plupart des regardans, ce sont les noms de Phidias et de Périclès qui frappent, qui imposent, et non la supériorité du style de ces monumens.

l'érudition conjecturale de nos archéologues ; nous ferions voir que nous avons disséqué Pline et Pausanias ; que nous avons confronté les écrivains anciens, et même relevé chez eux quelques erreurs chronologiques : mais nous ne pourrions pas démontrer que nos études analytiques du dessin aient gagné la moindre chose à ces recherches.

Ce qui embarrasse et arrête l'artiste, lorsqu'il consulte les écrits des archéologues au sujet des divers styles de l'art antique et au sujet des caractères des écoles grecques, c'est que ces archéologues, dans leurs recherches historiques et à propos de viremens d'époques, citent avec le même intérêt les Pisano et les Donatello des Florentins, que les Scopas ou les Lysippe des Grecs ; c'est-à-dire qu'ils s'attachent beaucoup à l'étude des tems et des circonstances, et fort peu à l'étude des caractères de l'art.

Mais, pourra-t-on objecter, on n'a point poursuivi cette étude des styles, parce qu'elle est impossible ; on ne s'y est point appliqué, parce qu'elle est conjecturale ; et d'ailleurs, quant aux styles de la peinture, la disette des monumens nous affranchit de l'obligation de ces recherches. Qu'on ne s'y trompe pas. Si l'on n'a pas pénétré plus avant dans ces questions, c'est qu'on a négligé de s'aider du flambeau de la théorie, c'est que la marche et l'incertitude du goût moderne s'y sont long-tems opposées, c'est qu'au lieu de séparer dans la contemplation les diverses parties de l'art, selon la véritable méthode, on les a confondues, on n'a éprouvé que le résultat de l'ensemble sans analyser les causes, on n'a pas bien distingué dans le plaisir que procurent les monumens, les causes diverses et plus ou moins essentielles de ce plaisir, en un mot, c'est que les artistes n'ont point assez communiqué sur leur art, car les plus éclairés d'entr'eux reconnaissent tous les jours combien d'erreurs et de préjugés se sont propagés au sujet des styles de l'art des anciens, combien de fragmens peu honorés du public sont au-dessus des statues illustrées et citées par la routine comme étant des archétypes du premier ordre, etc. Aujourd'hui donc que le goût de l'antiquité se répand de plus en plus; aujourd'hui que l'artiste dans son atelier ne déprécie plus l'antiquaire, et que l'antiquaire dans son cabinet n'a plus à critiquer l'ignorance de l'artiste; aujourd'hui que l'art et la science marchent en se donnant la main, ne restons point en arrière dans des questions qui peuvent éclairer les arts, et identifions-nous de plus en plus avec la méthode de ces illustres Grecs qui seront long-tems nos maîtres et nos modèles.

On doit conclure de ces différens aperçus que le plus grand avantage qui soit attaché à cette étude raisonnée des styles de l'antiquité, c'est qu'en perfectionnant la théorie de l'artiste, elle le préserve des goûts exclusifs et d'une admiration limitée. Éclairé par les longues réflexions que suggère cette étude attrayante, on se méfie de son propre sentiment en présence des antiques, on ne juge plus d'après un goût vague et susceptible de changement, mais on juge d'après des principes et des données invariables. Le sentiment pour cela ne perd rien de ses droits, et l'artiste qui a, par exemple, de la propension, soit pour la belle ordonnance, soit pour la grandeur des formes, qualités qui dominent dans l'art sous les Antonins, conservera ce goût et cette propension malgré l'analyse et la connaissance des qualités sévères des antiques écoles grecques. De même celui qui aime passionnément le goût pur, châtié, vif et si simple de la haute école grecque, conservera toujours des préférences pour ce style et en embellira ses ouvrages, malgré tout le cas qu'il fera en même tems de la belle ordonnance et des beaux calculs optiques dont l'art s'est enrichi plus tard. Ainsi, dans tous les cas rappelons-nous sans cesse ce mot de Quintilien, qui disait à certaines gens qui se faisaient une idée étrange du style grec : « Je vous prie de croire qu'écrire et parler » attiquement, c'est écrire et parler de la manière la plus » parfaite. » (*Institut. Lib.* 12. *cap.* 10.)

Au chap. 48, on trouvera encore quelques observations sur l'utilité de cette étude.

SECTION IIme. — *Idées confuses des écrivains sur les différens styles de l'art chez les anciens.*

Pline ne manifeste point d'idées qui lui soient propres relativement aux différens styles de l'art. Ce célèbre naturaliste, en compulsant divers écrits sur les arts, ne considérait pas ces écrits sous le rapport de cette question, et il est même probable qu'il était embarrassé parfois pour traduire dans sa langue certains passages des artistes grecs qui employaient dans leurs notices des expressions et des tours techniques dont ne s'est jamais enrichie la langue des Latins, ce qui est pour nos arts un très-grand dommage.

L'ordre que Pline a choisi en citant les artistes, est tout à fait étranger à une classification par styles. Certains artistes grecs qui avaient écrit sur l'art semblent eux-mêmes avoir adopté des classifications par ordre de sujets représentés, tel fut Antigone. D'autres suivirent l'ordre alphabétique des noms des artistes. Mais ces mêmes écrivains avaient dû, dans quelques réflexions faites sur le caractère des ouvrages, établir des analogies que Pline n'était pas tenu de recueillir dans son histoire naturelle, où il parle des arts seulement à propos des matières et des substances employées par la peinture et la sculpture. Suivant M. Heyne, Pline avait sous les yeux des renseignemens très-différens qu'il a cherché quelquefois à accorder entr'eux, et que souvent aussi il a placés les uns à la suite des autres : ces renseignemens étaient de simples ouvrages historiques ou des chroniques très-concises et n'offrant aucune réflexion sur le mérite des ouvrages ni sur l'art.

Une remarque de Pline doit être signalée ici, c'est celle qu'il fait au sujet de l'ignorance où l'on était de son tems sur les auteurs d'une foule de très-beaux ouvrages qu'on avait apportés de la Grèce à Rome (Pline écrivait sous Vespasien, soixante-dix ans environ après J.-C.). Cette remarque de Pline suit celle qu'il fait au sujet de cette Niobé, qu'on ne savait auquel des deux statuaires, Scopas ou Praxitèle, on devait attribuer. (L. 36. ch. 5.)

Il paraît que Pline n'était pas le seul de son tems qui mît peu d'importance à la connaissance des styles de l'art. Pline le jeune, son neveu, nous en donne dans une de ses lettres une preuve assez remarquable (Liv. 3. Lettre 6 à Sévère). Voici ce qu'il écrivait : « Ces jours passés j'ai » acheté des deniers d'une succession qui m'est échue, » une figure d'airain de Corinthe, petite à la vérité, mais » belle et très-expressive, au moins suivant mes lumières, » qui ne vont pas loin en aucune chose, moins encore » dans celle-ci. Je crois pourtant en avoir assez pour juger » de l'excellence de cette statue. Comme elle est nue, » elle ne cache point ses défauts et nous étale toutes ses

» beautés : c'est un vieillard debout; les os, les muscles, » les tendons, les veines, les rides mêmes vous paraissent » comme dans un homme vivant (*ut spirantis apparent*); » ses cheveux sont clairs et plats, son front large, le visage » étroit (*contracta facies*), le col maigre, les bras abattus, » les mamelles pendantes, le ventre enfoncé; le dos ex- » prime aussi parfaitement la vieillesse (*A tergo quoque » eadem ætas, ut à tergo*); la couleur du bronze ne per- » met pas de douter que la figure ne soit fort ancienne » (*Æs ipsum.... vetus*, etc.); enfin, tout y est tellement » traité qu'elle peut arrêter les yeux des maîtres et char- » mer ceux des ignorans. C'est ce qui m'a engagé à l'a- » cheter, tout médiocre connaisseur que je suis, non dans » le dessein d'en parer ma maison, car je ne me suis point » encore avisé de la décorer avec des antiques en bronze, » mais pour orner quelque lieu remarquable dans notre » patrie, comme le temple de Jupiter; le présent me pa- » raît digne d'un temple, digne d'une divinité. Faites » donc faire à ma statue un piédestal de tel marbre qu'il » vous plaira, etc., etc. »

Dans tout ce passage, Pline le jeune ne manifeste aucun regret de ne pas connaître l'auteur de cette statue, il n'indique même rien sur le style et le caractère sculptural de cet ouvrage, et son insouciance est même encore plus grande que ne le serait celle d'un amateur de nos jours, qui donnerait, au moins par induction, le nom d'un maître quelconque aux morceaux de sculpture ou de peinture qu'il viendrait d'acheter; car ce nom supposé semblerait coïncider sans doute à peu près avec le style de l'ouvrage.

Pline l'ancien n'est donc sur ce point qu'une autorité

souvent peu sûre, et peut-être que quelques mots de Cicéron, de Quintilien et d'autres, sont plus propres à nous éclairer sur la question des styles que tous les chapitres de Pline. En effet, quand même ces auteurs ne seraient point partis d'une opinion généralement répandue, ce qu'ils nous disent offre au moins le résultat de quelques rapprochemens vraiment artistiques et d'idées philosophiques. Ce n'est pas que Cicéron semble familier avec la connaissance des noms des statuaires dont on admirait les ouvrages. En effet dans son oraison contre Verrès, il lui paraît assez indifférent ou de les ignorer ou de les taire, bien qu'il cite les noms très-connus de Silanion, de Polyclète, de Myron, etc., etc.

Quant à Pausanias, il nous a fait parvenir sans contredit de grands secours; mais ce voyageur n'écrivait pas pour nous, et d'ailleurs il a toujours eu pour but l'historique des faits, des lieux et des objets, plutôt que l'analyse de l'art. En un mot, nous sommes réduits à créer nous-mêmes un mode de classification à l'aide des monumens nombreux qui nous restent et à l'aide de quelques phrases, que peut à la vérité recueillir l'érudition, mais qu'il faut que nous interprétions avec la plus grande sagacité, avec la précaution la plus continue, et toujours en nous appuyant sur la véritable théorie.

Ce qui prouve que Pausanias ne pensait pas au tems où son voyage éclairerait sur l'histoire des styles, c'est qu'il ne se donne pas ordinairement la peine de les spécifier, quoiqu'il semble en sentir parfois les différences et qu'il nous transmette avec un soin infini la filiation des artistes. Voici quelques passages qui démontrent ou cette insouciance sur ce point ou son peu de certitude dans la

connaissance des écoles et des styles : « La statue d'Her-
» cule à Érythrée, dit-il (Voyage de l'Achaïe. Liv. 7.
» chap. 5), n'est ni dans le goût de celles d'Égyne, ni
» même dans le goût de l'ancienne école d'Athènes. Si
» elle ressemble à quelque chose, c'est aux statues égyp-
» tiennes travaillées avec art.... Je crois que la statue en
» bois de Minerve Poliade, est d'Endæus. J'en juge par
» plusieurs indices, mais surtout par la manière dont tout
» l'ouvrage est façonné, et encore plus par les Heures et
» les Grâces de marbre blanc qui étaient exposées à l'air
» peu avant que j'arrivasse à Érythrée.... A Tritia il y
» a une statue de Minerve d'un goût moderne » (Liv. 7.
ch. 22). Il en dit autant d'une statue de Diane à Égyre (Liv. 7. ch. 26), et peu après il continue en disant : « Près
» de là est une statue d'un goût fort ancien.... Sur le
» mont Lycée, il y a deux aigles dorés d'un goût fort an-
» cien.... » (Liv. 8. ch. 38). Au surplus il se sert fréquemment de cette indication.

En citant la statue d'un pancratiaste, qui était représenté à l'instar des figures égyptiennes, les bras pendans et collés et les jambes droites, il dit qu'il la regarde avec raison comme fort ancienne (Liv. 8. ch. 40).

Pausanias, dans le passage suivant, distingue encore l'école d'Égypte de l'école d'Égyne.

« Près de là, dit-il (Liv. 1. ch. 42), il y avait autrefois
» un vieux temple. Comme il tombait de vétusté, l'empe-
» reur Adrien le fit rebâtir de marbre blanc. On y voit
» deux statues, l'une d'Apollon Pithius, l'autre d'Apollon
» Décatiphore, toutes deux semblables à ces statues égyp-
» tiennes qui sont en bois ; pour l'Apollon dit Archigitis,
» il est tout d'ébène et dans le goût de l'école d'Égyne. »

Il est à croire que Pausanias n'a pas pu prendre le change, et qu'il avait sous les yeux les véritables originaux; car Adrien ne fit probablement pas exécuter des statues en imitation des anciennes. Pausanias l'eût aisément remarqué.

Enfin, il dit encore (liv. 8. ch. 53) : « La statue de Diane » Limnatis est de bois d'ébène et dans le goût de celles que » les Grecs appellent égynètes. » Je m'en tiens à ces citations. Nous verrons dans le chap. 52, quels sont les caractères de l'ancien style en général, et ce qu'on peut supposer relativement aux nuances qui distinguent le style égynétique, le très-ancien style grec, et le style choragique, styles qui tous précèdent celui de Phidias.

CHAPITRE 47.

DES ÉCOLES ANTIQUES.

Une grande incertitude s'est perpétuée jusqu'ici parmi les savans sur les véritables caractères des écoles antiques et sur leur différence respective. Les écrivains de l'antiquité ne s'attachent point à cette question, et ce qu'ils disent en passant à ce sujet est loin d'être suffisant. Pausanias distingue, il est vrai, les écoles très-anciennes, l'ancienne école grecque, l'école d'Athènes; il parle aussi de l'école de Sicyone fondée par Dédale, de l'école d'Égyne et de l'école d'Égypte : mais ces indications sont peu satisfaisantes.

Nous savons bien par d'autres auteurs, que l'on avait compté quatre écoles célèbres de peinture : celle d'Athènes, celle de Sicyone, celle de Rhodes et celle de Corinthe, auxquelles il faut peut-être ajouter celles d'Égyne, de Sparte, d'Éphèse et d'autres encore. Pline nous dit, il est vrai, que le talent particulier du peintre Eupompe fut de tant de considération qu'il divisa en trois écoles la peinture qui avant lui n'en reconnaissait que deux, savoir : l'helladique ou attique et l'asiatique ; et que, comme il était de Sicyone, le style asiatique fut divisé en sicyonique et en ionique, ce qui distingua les écoles d'Athènes, de Sicyone et d'Ionie. Nous n'avons d'ailleurs point de détails positifs sur le style d'Eupompe, qui devint style sicyonique, non plus que sur les autres écoles. Pline au surplus ne cite d'Eupompe qu'un seul tableau ; il représentait un vainqueur aux jeux gymniques tenant la palme. Le même Eupompe, qui indiquait à Lysippe la nature pour modèle, fut peut-être le premier peintre qui se rattacha à la nature, tellement qu'on distingua pour cela son style ou son école, et on l'appela sicyonique, parce que Sicyone était sa patrie. Pausanias semble parfois avoir adopté la classification par écoles de maîtres, et cette méthode est certainement celle que l'on devrait préférer. Elle paraît aussi la meilleure quant à l'historique de l'art moderne ; en effet, on est bien plus intelligible en disant l'école de Raphaël ou l'école de Phidias, qu'en disant l'école romaine moderne ou l'école grecque antique de la deuxième époque, etc.

Voyons si les modernes nous apprennent quelque chose d'instructif à ce sujet. « On a coutume, dit Hagedorn, de » donner à l'école de Sicyone, les contours faciles, cou- » lans et grands ; contours qu'on aperçoit dans le fameux » torse du Belvédère. On oppose le style qu'on remarque » dans cette figure, à la manière forte et ressentie des

» Athéniens, à la manière faible et efféminée des Corinthiens, et à la manière moelleuse et gracieuse des Rhodiens. » Cette division ainsi énoncée, Hagedorn cherche à faire des applications : il rappelle qu'Apollonius, auteur du torse, était de l'école d'Athènes; il compare certaines productions des écoles antiques avec celles de Michel-Ange, de Raphaël, etc.; toutes ces applications, ainsi que toutes ces définitions, semblent être plutôt un jeu de l'auteur qu'un travail sérieux.

On lit aussi dans Testelin un parallèle des écoles modernes avec les écoles grecques, mais ces deux écrivains se sont copiés; l'école de Sicyone y est comparée à l'école lombarde, l'école d'Athènes à l'école romaine, etc.

Voici les caractères des écoles antiques, ainsi que nous les a donnés Florent le Comte, autre copiste : « École de » Sicyone, douce et correcte; école de Rhodes, tendre et » gracieuse; école d'Athènes, forte et ressentie; école de » Corinthe, faible et efféminée. »

Au sujet de l'école tendre et gracieuse de Rhodes, il ajoute : « Qualités qu'avaient surtout recherchées Phidias » et Praxitèle. » On voit comme Phidias est placé ici à l'aventure. « Quant à l'école de Sicyone, elle était distinguée, » dit-il, par des contours grands, naturels et faciles; » cependant il ne cite point d'auteur ancien à l'appui de cette assertion. Plus loin, il dit : « L'artiste qui vise au sublime » ne saurait trop exalter son imagination, lorsqu'il médite » son idéal. Dans les momens de son enthousiasme, nous » lui accorderons de ne reconnaître pour grâce, que ce » qui pourra remplir la plus haute idée que nous en ayons, » que ce qui pourra le transporter, pour ainsi dire, au milieu des artistes de l'école de Sicyone. » Ici il se méprend sans doute et veut parler de l'école de Rhodes ou d'Athènes. La même confusion se fait remarquer dans les comparaisons qu'a cherché à établir Gérard-Lairesse, qui ne s'accorde pas avec Florent le Comte dans le passage suivant, puisqu'il y regrette dans Phidias le manque des qualités de tendre et de gracieux. « Il paraît certain, dit-il » (tom. 2. p. 449), que si Phidias et Praxitèle eussent été » doués du talent du Bernin dans la partie de l'exécution » et de l'élégance, ou que celui-ci eût possédé le savoir et » le génie des deux artistes grecs, ils auraient été tous les » trois beaucoup plus admirables encore dans leur art. » Or on sait que l'exécution de Bernini était tendre, pour ne pas dire molle et douillette, et que celle de Praxitèle était merveilleusement imitatrice du caractère des chairs.

J'ai cité des écrivains qui, je le sais, sont beaucoup plus en arrière sur ces questions que certains observateurs d'aujourd'hui; néanmoins on peut dire qu'on ne découvre rien de positif et de satisfaisant dans les auteurs qui ont eu récemment occasion de parler de ces fameuses écoles antiques. Ces recherches seront probablement faites un jour avec plus de succès par quelqu'artiste savant : elles peuvent éclairer beaucoup non-seulement sur l'étude des styles, mais même sur celle des caractères de l'art ou sur la théorie.

Au surplus, les divers goûts des écoles antiques ne devaient point être des goûts de caprice, des goûts accidentels et étrangers aux caractères essentiels de l'art. Il n'en résultait point des manières fantasques, bizarres, et comme disent les modernes, originales; ces goûts étaient seulement le résultat d'une application particulière et plus ou moins exclusive à certaines parties de l'art ou à certaines beautés de la nature, ce qui est la même chose. Les écoles de Corinthe, de Sicyone et d'Athènes étaient peut-être distinctes à certaines époques par les préférences des gens de l'art et des connaisseurs; mais tous ces goûts d'école étaient certainement moins des préjugés qu'une ancienne impulsion et une détermination presque religieuse pour la méthode que quelque maître fameux avait adoptée et consacrée dans les moyens d'exprimer et de caractériser. Ce qui nous autorise à croire que, malgré les diversités de styles dans les écoles antiques, on se proposait néanmoins constamment la nature pour modèle et les vraies conditions de l'art pour règles, c'est que les écrivains anciens n'emploient aucun terme de critique ni de blâme pour caractériser quelques-unes de ces écoles; car ce qu'ils ont dit sur la dureté du goût toscan et égynétique, est la seule critique que l'on remarque à ce sujet, tandis que nous autres, au sujet de nos écoles modernes, nous nous expliquons sans équivoque en signalant dans l'école romaine, par exemple, la beauté du dessin et le défaut de coloris; dans l'école vénitienne, l'excellence du coloris et la négligence du dessin; dans l'école flamande et hollandaise, la vérité de représentation et l'absence d'idées élevées; dans l'école française du 18e siècle surtout, la manière et la facilité; et dans l'école anglaise, l'incorrection, le fantasque et le grandiose. On peut donc avancer que les variétés des écoles antiques appartenaient à la nature, malgré les nuances qui les faisaient distinguer, et que les peintres et les sculpteurs de l'antiquité étaient différens entr'eux, non par des manières ou par l'oubli des règles, mais, ainsi que leurs écrivains, par quelque caractère distinct dans quelques-unes des véritables conditions de l'art.

CHAPITRE 48.

CLASSIFICATION DES STYLES ANTIQUES PAR ÉPOQUES OU PÉRIODES.

Comment donc classer les styles antiques? Nous venons de voir que la classification par écoles sera impossible, tant que nous n'aurons pas mieux caractérisé ces mêmes écoles antiques. Faut-il plutôt adopter la classification par maîtres et par élèves? Ce que nous apprennent les écrivains à ce sujet est trop vague pour nous servir de base, et d'ailleurs ce n'est pas l'histoire des artistes qu'il nous importe de rechercher, mais l'histoire de l'art. Prenons donc le parti le plus capable de nous faire atteindre le but utile que nous nous proposons. Établissons de grandes divisions, selon les grands changemens qu'il est évident que l'art a éprouvés; signalons les maîtres qui sont en tête de ces diverses influences, et rangeons dans ces époques les artistes que nous savons par la chronologie y avoir figuré et sur les ouvrages desquels les écrivains ont laissé des indications suffisamment positives. Par ces indications, ces rapprochemens et ces grandes divisions établies dans l'histoire des styles, nous parviendrons à tracer d'après nature cet intéressant tableau; et sans nous attacher à plusieurs particularités étrangères à notre sujet, nous généraliserons et ne ferons ressortir que les traits qui importent le plus à son ensemble.

Winckelmann qui a abordé avec tant de talent l'histoire des styles de l'art, laisse après lui des doutes et des lacunes remarquables. M. Heyne n'a pas voulu précisément parler des styles dans ses savantes dissertations, où il traite des époques que Pline a distinguées dans l'art. D'autres auteurs modernes n'ont considéré d'ailleurs les styles de l'art que chez un peuple seulement et en particulier, tels ont été Fierli, Guarnacci et autres au sujet des Étrusques. Mais ni dans nos encyclopédies, ni dans nos dictionnaires, ni dans nos théories modernes on ne trouve de données satisfaisantes et habilement posées sur un point aussi important de l'étude des anciens.

Winckelmann distingue quatre époques. Le caractère de la première époque, selon lui, est la force réunie à la dureté de l'expression : cependant on conçoit difficilement que la force d'expression puisse avoir lieu à l'époque où l'art manque encore de vérité et de justesse. Dans la seconde époque se trouve encore la force, mais unie à la beauté, et il paraît qu'il ne veut entendre ici que la beauté corporelle et non la beauté de disposition ou de combinaison, qualité qui ne fut déterminée qu'à l'époque du complément de l'art. Ce n'est, à son avis, que dans la troisième époque qu'on voit se développer cette perfection de l'art qui a donné une si grande supériorité aux anciens, et ce n'est que dans cette époque que la beauté et la vérité parfaite sont réunies à la grâce. Enfin dans la décadence de l'art, le talent, au lieu de s'élever à une inspiration qu'il n'éprouve plus, ne fait que copier les ouvrages des grands maîtres ; c'est le tems de l'imitation ou de la manière du style des écoles, et surtout de la nullité d'invention. Ces deux dernières époques semblent fort bien caractérisées, mais en général on ne trouve pas que les styles successifs reconnus et signalés par le célèbre antiquaire, soient bien tels que les a offerts l'art chez les anciens. Winckelmann n'a pas eu une idée nette de ces différences, et le lecteur se trouve peu éclairé après avoir lu cette partie de son ouvrage.

Tous les écrivains ont répété d'après Winckelmann que le beau style commence à Praxitèle. S'entend-on bien lorsqu'on parle de beau style ? Praxitèle est séparé de Phidias par un intervalle de cent ans environ, et si par beau style on entend le style élevé et grave, le haut style enfin, il est certain que celui-ci a été déterminé du tems de Phidias et avant que Praxitèle ou Lysippe aient fait connaître leurs chefs-d'œuvre. De même, quand on parle du style romain, on ne s'entend pas non plus tout à fait; car il y avait à Rome, sous les Antonins, des statuaires venus de la Grèce, comme tout le monde le sait, et qui étaient très-habiles. L'ouvrage était bien travaillé à Rome, cependant l'ouvrage était encore grec, c'est-à-dire fait dans les principes des écoles grecques. Enfin, il y a peut-être deux erreurs remarquables dans les opinions de ceux qui s'occupent des styles antiques : celle qui est relative à l'ancien style dont ils exagèrent l'imperfection, et celle qui regarde le style de l'art à Rome, style qu'ils ont généralement trop discrédité. Quand je dis le style de l'art à Rome, je veux dire celui des meilleurs ouvrages de l'art exécutés sous les empereurs, parce que je reconnais avec ces auteurs que les Romains ont négligé à la fin la nature et sa simplicité, en voulant conserver et étaler les beautés de combinaison, celles du luxe et de la magnificence. Mais on comprendra mieux ces différences dans les chapitres suivans.

Ce n'est donc qu'en rapprochant les monumens analogues, ce n'est qu'en consultant les répétitions authentiques faites dans l'antiquité d'après des originaux connus, ce n'est enfin qu'en comparant toutes ces diverses espèces de monumens qu'on pourra reconnaître véritablement les différens styles de l'art. Or, ces classifications ne peuvent se faire au moyen des gravures plus ou moins infidèles que nous possédons; ce sont les monumens eux-mêmes qu'il faudrait classer. Mais dans les collections de nos musées, on recherche, comme je l'ai dit, un arrangement tout étranger à l'étude de l'art et à la science: c'est une affaire de luxe et de décoration, et non un moyen d'étendre l'instruction en donnant à connaître véritablement les anciens et leurs différens styles [1].

Quant aux époques que nous voudrions assigner aux divers caractères du style de la peinture d'après les tableaux antiques que nous possédons, elles sont encore à déterminer, soit que l'on considère ces tableaux comme des copies faites d'après des originaux classiques exécutés dans telles ou telles périodes de l'art, soit qu'on les regarde comme des productions originales créées en Italie à diverses époques, soit enfin que l'on suppose quelques-unes

[1] Il faut croire qu'on fut forcé à Paris de laisser échapper l'occasion la plus rare et la plus favorable de se procurer une riche collection d'empreintes. Le musée de Paris, avant de restituer les antiques dont il s'était enrichi au dépens de ceux de l'Italie, de l'Allemagne, de la Prusse, etc., ne put pas apparemment s'assurer au moins les moules des plus instructifs de ces monumens, ainsi qu'on le fit à Rome au vatican et au capitole, lorsqu'on y fut forcé de céder l'Apollon, le Laocoon, etc. dont les moules précieux furent soigneusement exécutés et déposés ensuite au château Saint-Ange. Je me permets cette observation, bien qu'elle semble superflue; mais elle est faite dans le but d'éveiller l'attention des personnes chargées de l'augmentation de ces sortes de dépôts et de les faire tourner au profit des élèves et des beaux-arts. Au chap. 116, je parlerai expressément d'un projet de galerie d'empreintes.

de ces peintures avoir été rapportées de la Grèce en Italie comme tant d'autres monumens précieux. Par exemple, peut-on placer dans telle ou telle période déterminée la peinture du Thésée vainqueur du Minotaure? La noce aldobrandine est-elle faite incontestablement par une main contemporaine de l'empereur Titus, ou serait-elle une peinture grecque apportée à Rome, ou bien une copie d'après un original célèbre des beaux tems de l'art? N'y a-t-il pas enfin des rapprochemens analytiques à faire entre tous les meilleurs fragmens de peinture que nous possédons? La Roma ou Pallas et la Vénus du palais Barbérini ont l'air, quant au style et à l'exécution, d'avoir été séparées par des siècles, et cependant on les croit peintes toutes les deux dans le même tems, parce qu'elles ont été trouvées dans le même lieu et dans la même fouille. L'âge de certaines peintures des catacombes, quoique moins importantes, est de même indéterminé, ainsi que celui de beaucoup d'autres ouvrages de ce genre.

Il serait donc à désirer qu'on pût, à l'aide de nouvelles études, faire cesser ces principaux doutes, afin que ceux qui exercent l'art sussent à quoi s'en tenir eux-mêmes sur ces questions, et pussent instruire suffisamment les élèves sur un point qui, presque toujours, excite vivement leur curiosité. Or, ce ne sera qu'à l'aide d'une analyse de l'art antique, ou de l'art tel qu'il a dû être dans tous les tems, que l'on pourra éclaircir ces difficultés.

Convenons de bonne foi qu'on a délaissé ces questions dans la crainte de se compromettre, soit en donnant aux peintures des louanges que plus tard des critiques auraient pu appeler des exagérations ridicules, soit en en faisant trop peu de cas, ce qui aurait pu être relevé par des amis de l'antiquité; en sorte qu'on en est resté à ce point. Voyez comme les auteurs du texte du musée d'Herculanum cherchent à éluder cette difficulté; lisez seulement ce qu'ils ont écrit au sujet de cette peinture du Thésée vainqueur du Minotaure. M. Cochin, et après lui l'abbé Dubos, ne tranche-t-il pas hardiment sur cette question? Et cela, pour ne pas se mettre à dos les peintres et les artistes académiciens dont les tableaux étaient quant au style si différens des tableaux antiques, de manière qu'on trouve encore aujourd'hui des amateurs, des marchands de tableaux et des professeurs qui sont révoltés, quand on leur cite des peintures antiques comme modèles de bon goût.

A l'égard de l'étude des styles d'après les pierres gravées, les camées, les médailles, etc., ne peut-on pas dire aussi qu'on est encore aujourd'hui dans des doutes que cependant les moyens de la théorie pourraient de plus en plus éclaircir, si on les employait plus souvent et avec plus d'assiduité? Les contradictions d'un grand nombre d'archéologues, et entr'autres les conjectures souvent déraisonnables de Stosck, de Bracci, etc. sur le caractère artistique de plusieurs pierres antiques, n'auraient peut-être pas eu lieu si l'on se fût étudié à bien analyser les signes qui appartiennent réellement à l'art et qui peuvent servir à faire reconnaître ses périodes, ses différens progrès et ses nuances caractéristiques.

Je vais finir par une dernière observation. Winckelmann regarde comme une copie des astragalizontes ou joueurs d'osselets de Polyclète, un groupe mutilé du palais Barbérini, dont une des deux figures qui est renversée met le pied sur la bouche de son adversaire qui est debout. Comme je ne connais ce groupe que par une fort médiocre gravure exécutée, ainsi que tant d'autres, plutôt dans le goût des Carracci que dans le goût grec, je ne ferai point une critique raisonnée de cette opinion de Winckelmann; je demanderai seulement de nouveau si dans leurs conjectures les écrivains ne tiennent pas trop peu compte du style et du caractère sculptural des monumens. Polyclète a composé ce sujet, il est vrai; mais on aurait voulu savoir à quels signes d'ailleurs on peut reconnaître dans ce marbre de Barbérini, Polyclète, ce statuaire sévère, fin et si habile dans l'art de caractériser les plans, vif et naïf dans les formes, excellent enfin dans la science des proportions ainsi que dans la justesse des plus subtils mouvemens. Winckelmann aurait pu au moins associer ces divers rapports ou d'autres à sa conjecture. Mais, parce que deux adolescens nus semblent lutter après une dispute au jeu, et qu'on voit un osselet dans une de leurs mains, conclure que ce sont les astragalizontes de Polyclète qui sont répétés sur ce marbre, sans signaler autrement le maître, c'est conclure trop arbitrairement. Bientôt j'avancerai à l'article de Polyclète, que la figure représentant une jeune fille jouant aux osselets, figure très-souvent répétée par les anciens, est peut-être une imitation de l'original de ce statuaire ou de Polignote; c'est parce que j'y trouve, surtout dans la figure qu'on a vue à Paris sous le n° 272, une finesse dans les mouvemens et une sévérité d'imitation qui était, comme j'en ai prévenu auparavant, le caractère distinctif de ce maître. La partie du dos et des hanches, si remarquables dans cette jolie statue, peuvent donc aussi devoir leur perfection à l'original de Polignote qui avait sans doute représenté vue de dos une de ces figures, l'autre étant vue pardevant. Ma conjecture peut être contestée, il est vrai; mais ce n'est pas avec les seules armes de l'érudition, c'est par des discussions sur l'existence ou sur l'absence des caractères que je prétends y retrouver, et l'art ne pourra que gagner à de pareilles controverses. Au surplus, il convient au sujet de cette question en particulier de rappeler le texte de Pline, qui dit : *Fecit nudum talo incessentem, duosque pueros item talis nudos ludentes, qui vocantur astragalizontes.* Ce *nudum talo incessentem* ne fixe pas l'idée d'un groupe semblable à celui que cite Winckelmann, et s'il voit dans ce groupe les astragalizontes de Pline, il ne faut pas oublier que Pline les appelle *pueros* des enfans. Or, le monument cité offre deux adolescens bien formés; cependant peu importerait ce défaut de rigueur, si l'exemple cité par Winckelmann donnait une idée juste du style qu'on désire connaître au sujet de Polyclète, et si des indications suffisantes nous traçaient la marche de cet ancien statuaire.

Ce serait peut-être ici le cas de demander aussi à quel célèbre maître Winckelmann était tenté d'attribuer cette figure de génie ailé de la villa Borghèse, figure qu'il trouve toute céleste, et, pour ainsi dire, d'une beauté au-dessus de toute expression, quoique les statuaires et les peintres n'y voient qu'une statue pesante et sans finesse (musée de Paris, n° 417); je suis loin de prétendre blâmer indirectement un savant aussi justement illustre que Winckelmann, je désire seulement faire sentir de nouveau la nécessité de connaître l'art par sa théorie, lorsqu'il s'agit de signaler les monumens.

On lit le nom de Polyclète sur une pierre gravée représentant Diomède enlevant le Palladium. Cette inscription, qui est suspecte, a fait avancer à un autre auteur une assertion qui doit être relevée ici. Il prétend qu'un ouvrage du tems de Polyclète devait, malgré la beauté du travail, avoir un style sec et forcé, tel que doit être celui d'un artiste de l'école d'Agéladas antérieur à Praxitèle. Cependant le même auteur avait dit un peu auparavant, d'après Pline, que Polyclète, élève d'Agéladas, avait porté l'art à son plus haut degré de perfection, contradiction qui prouve de nouveau le peu d'importance qu'on met en général à l'étude des styles, étude qui doit avoir pour base la théorie de l'art.

Il paraît donc que c'est une opinion reçue dans les livres, qui répètent presque tous avec exagération ce que Winckelmann a avancé avec trop peu de circonspection, que toute sculpture antérieure à Praxitèle est dure, sèche et forcée ; ce n'est guère rendre justice aux prédécesseurs de ce maître, à Phidias, à Alcamène, aux Parrhasius, aux Polignote, aux Polyclète et aux autres statuaires qui, dans le beau siècle de Périclès, étonnèrent les Grecs par la grande vérité de leurs images.

Cette prévention un peu vulgaire contre tous les ouvrages antérieurs au siècle d'Alexandre, est adoptée volontiers, parce qu'on trouve quelque chose de honteux à applaudir à des productions qu'on suppose avoir été entachées d'un caractère de barbarie et de grossièreté, d'un caractère étranger à la grâce et à la délicatesse. Cependant qui ne sait que la primitive naïveté apportait presque toujours dans les images une force et une finesse précieuses, que l'art souvent ne peut retrouver, lorsqu'il tend à de plus hautes perfections ?

CHAPITRE 49.

DES SEPT PÉRIODES QU'IL PARAIT NÉCESSAIRE DE DISTINGUER POUR LA CLASSIFICATION DES STYLES DE L'ART CHEZ LES ANCIENS.

Voici les divisions qui dans l'histoire de l'art antique semblent s'offrir d'elles-mêmes et être assez frappantes pour devoir être adoptées.

1re période : Depuis Dédale (1400 ans environ avant notre ère) jusqu'à Bularque, peintre (700 ans environ avant notre ère). — Intervalle de 700 ans environ.

2e période : Depuis Bularque jusqu'à Dipœnus et Scyllis, sculpteurs et chefs d'école (580 ans avant notre ère). — Intervalle de 120 ans.

3e période : Depuis Dipœnus et Scyllis jusqu'à Phidias (430 ans environ avant notre ère). — Intervalle de 150 ans.

4e période : Depuis Phidias jusqu'à Praxitèle (336 ans environ avant notre ère). — Intervalle de 100 ans environ.

5e période : Depuis Praxitèle jusqu'au pillage de Corinthe par les Romains (vers l'an 146 avant notre ère). — Intervalle de 200 ans environ.

6e période : Depuis le pillage de Corinthe jusqu'au commencement de notre ère, époque où l'influence du goût romain sur le style grec est le plus remarquable. — Intervalle de 150 ans environ.

7e période : Peinture chez les Romains depuis le commencement de notre ère jusqu'au moyen âge ou au tems de Constantin. — Intervalle de 300 ans environ.

CHAPITRE 50.

Ire PÉRIODE : INTERVALLE DE SEPT CENTS ANS ENVIRON. — CARACTÈRE DU STYLE DE L'ART EN GRÈCE DEPUIS DÉDALE L'ANCIEN, QUI FLORISSAIT QUATORZE CENTS ANS ENVIRON AVANT NOTRE ÈRE, JUSQU'A BULARQUE, PEINTRE (SEPT CENTS ANS ENVIRON AVANT NOTRE ÈRE).

Les écrivains grecs voulaient citer un grec inventeur de la sculpture, et ils nommèrent Dédale athénien. Celui de la plastique fut trouvé aussi ; ce fut, selon eux, Dibutade de Sicyone. Quant à la peinture, non-seulement ils attribuèrent à la fille de ce même Dibutade l'invention du dessin, mais ils citent plusieurs inventeurs grecs et font la part de chacun d'eux dans les découvertes relatives à cet art. Cette vanité, utile peut-être sous le rapport de l'émulation, est de tous les tems et de tous les pays. Cimabüe, chez les modernes, ne fut-il pas proclamé à Florence comme le premier inventeur de la peinture ? Vasari reconnait-il d'autres créateurs de l'art que les Toscans ? On ne comprend pas que les écrivains aient pu risquer ces petites supercheries dont tôt ou tard le tems fait justice. Comment les auteurs grecs ont-ils osé avancer, par exemple, qu'Ardices de Corinthe était l'inventeur des figures de profil *catagrapha*, lorsque tous les Grecs qui allaient en Égypte voyaient de ces profils peints par centaines sur tous les temples, profils dont l'antiquité remontait à plusieurs siècles peut-être au-delà de la guerre de Troie ?

L'Inde même dut leur offrir de fort antiques preuves d'une peinture existante long-tems avant qu'on pensât à la pratiquer à Athènes, à Égyne et à Sicyone. Et en supposant que ces preuves ne fussent pas alors fournies par la peinture, il est certain que les travaux en sculpture, et probablement en sculpture colorée, en ciselure ou damasquinure, travaux qui étaient vus par tant de voyageurs, ne pouvaient être considérés nulle part comme des résultats de nouvelle création et postérieurs aux débuts de l'art dans la Grèce.

L'affectation des écrivains grecs dans leur scrupule historique est fort à remarquer. Ils nomment l'auteur de la plus ancienne statue de bronze connue : cet inventeur est Cléarque ou Léarque de Rhégium. Rhæcus de Samos inventa ensuite l'art de fondre le bronze. Théodore celui de fondre le fer : il inventa même le tour. Enfin ce Rhæcus imagina le niveau, l'équerre, etc., de même que Dédale avait imaginé, disent-ils, la scie et les voiles. Quant à Glaucus de Chio qui vint après Rhæcus, il fut l'auteur de la damasquinure, etc., etc. Un passage de Pausanias n'est pas de trop ici. Il rapporte qu'à Argos on lui dit qu'une tête de Méduse, sculptée en marbre, était l'ouvrage des Cyclopes ; et cependant Pline désigne la 42e olympiade comme l'époque où l'on commença à employer le marbre dans la sculpture. Mais en voilà assez sur ce sujet.

Nous devons supposer que le style des plus anciennes peintures en tout pays a ressemblé à celui des sculptures du même tems, et par conséquent que les monochromes ou antiques peintures d'une seule couleur ne le cédaient en rien aux anciens bas-reliefs et aux ciselures. Les descriptions que les écrivains ont faites des plus anciennes sculptures, nous donnent donc à croire par analogie que les premières images en peinture offraient de la grandeur et une certaine expression de vie et de divinité. Cela nous rappelle que ce n'est pas le besoin d'imiter les choses triviales ou insignifiantes qui a donné naissance à la peinture, mais que c'est plutôt le besoin de fixer les images des choses belles et intéressantes, en sorte que, bien que l'art fût en enfance, il aspirait déjà à son but qui est le noble et le beau. Ainsi, quoique les difficultés attachées au dessin et à l'art d'imiter soient toujours très-multipliées lors des premiers essais, l'idée de celui qui imitait domina cependant sur l'imperfection de l'image et sembla triompher des obstacles. Je pense donc que le plus ancien style de l'art de la peinture, tout inexact et tout aride qu'il fût, communiquait déjà des idées élevées, indiquait de grandes beautés de la nature, de grandes allégories, et tendait à toucher l'ame par des images intéressantes et sublimes.

Du tems de Pausanias on se rappelait encore plusieurs ouvrages de Dédale que le tems avait détruits. Ce Dédale paraît avoir été chef d'une nombreuse école qu'il fonda à Cnosse, et dont tous les élèves ne nous sont pas connus. Il ne faut pas oublier que Pausanias dit que ses ouvrages, quoique grossiers et n'offrant rien de gracieux à la vue, avaient beaucoup de force et exprimaient bien la majesté des dieux. Ce caractère a dû influer sur tous les styles primitifs de l'art grec ou n'être même probablement que le caractère général et dominant de toutes ces anciennes écoles qui ne cultivaient guère la sculpture et la peinture que pour servir la religion et les mœurs : or ce Dédale était architecte et mécanicien. A Platée, à Olympie, à Pithye et ailleurs, on célébrait une fête en son honneur, parce qu'on le regardait comme le père des arts et le bienfaiteur du genre humain (*Hesychius. Emendente Jos. Meursio.*). Athénagoras le place, et c'est à tort, après Cléanthès, Craton et Dibutade. (Voy. sur Dédale, Diodore de Sicile. L. 10. Ch. 4.)

Quelques archéologues ont pensé avec raison que le nom de Dédale pourrait bien avoir été donné comme nom générique à tous ceux qui, lors de ces tems reculés, avaient exercé la sculpture, la plastique ou même l'architecture et la mécanique. Voici le passage de Pausanias sur les Dédales (l. 9. c. 3) : « Les Platéens célèbrent une cer-» taine fête qu'ils appellent les Dédales, parce qu'ancien-» nement toutes les statues de bois étaient appelées des » Dédales. Je crois même ce nom plus ancien que Dédale » l'athénien, fils de Palamon, et je suis persuadé que » Dédale fut surnommé ainsi à cause des statues qu'il » faisait, mais que ce n'était pas son vrai nom. » Nous savons qu'on donna ensuite le nom de Xoana à toutes les statues de bois d'une très-haute antiquité. On lit dans Pétrone que Trimalcion avait donné le nom illustre de Dédale à son cuisinier, parce qu'il avait le talent de représenter avec certains mets les formes de divers animaux.

Dédale fut l'auteur du fameux labyrinthe de l'île de Crète. On en voit l'indication sur les médailles de Cnosse, ville près de laquelle il a été construit. Malgré sa grandeur et sa beauté, ce labyrinthe, que Dédale composa en imitation du labyrinthe d'Égypte, n'en offrait que la centième partie. Aussi Hérodote dit-il : « Tous les ou-» vrages, tous les édifices des Grecs ne peuvent être » comparés à ce labyrinthe égyptien ni du côté du tra-» vail ni du côté de la dépense; il l'emportait même sur » les pyramides. » Douze cents cours couvertes, quinze cents appartemens sous terre, quinze cents au-dessus, une pyramide de 300 pieds, plusieurs autres de quarante coudées, plusieurs escaliers de quatre-vingt-dix gradins, enfin vingt-sept palais avec des colonnes de porphyre, des statues de rois, des effigies monstrueuses, et partout des bas-reliefs et des peintures : telles étaient les principales parties qui rendaient admirable le labyrinthe d'Égypte. Aussi cet immense édifice fut mis au nombre des sept merveilles du monde. Néanmoins celui de Dédale est célèbre dans l'histoire de l'antiquité, et aujourd'hui encore on dit un dédale pour dire un labyrinthe ou un lieu embarrassé dans lequel on a peine à trouver une issue. Cette indication dispose beaucoup à se méfier des prétentions des Grecs comme inventeurs de la plastique, de la perspective, de la peinture, etc., et à croire que si ce Dédale obtint tant de louanges, ce fut parce qu'il était athénien.

CHAPITRE 51.

IIe PÉRIODE : INTERVALLE DE CENT VINGT ANS ENVIRON. – CARACTÈRE DU STYLE DE L'ART EN GRÈCE, DEPUIS BULARQUE, PEINTRE, QUI FLORISSAIT SEPT CENTS ANS ENVIRON AVANT NOTRE ÈRE, JUSQU'A DIPŒNUS ET SCYLLIS, STATUAIRES ET CHEFS D'ÉCOLE (CINQ CENT QUATRE-VINGTS ANS AVANT NOTRE ÈRE).

PLINE nous apprend que le peintre Bularque représenta le combat des Magnètes, et que ce tableau lui fut payé au poids de l'or par Candaule, roi de Lydie. Cette peinture fut faite avant la 18e olympiade ou 700 ans environ avant notre ère, époque à laquelle Candaule mourut.

Rien ne nous instruit du degré de mérite de cet ouvrage, et les écrivains nous parlent seulement du haut prix qu'y attacha Candaule; cette preuve est bien faible, puisque chez les modernes la grande pompe avec laquelle on promena à Florence, vers l'an 1300, un tableau de Giotto, et les honneurs que rendit à ce peintre Charles d'Anjou, n'empêchent pas que nous ne trouvions aujourd'hui cette production fort médiocre. Cependant il n'est pas à croire que Bularque fut un peintre sans mérite ni que ses tableaux furent aussi faibles que l'on est tenté de se le figurer. Les statuaires, ses contemporains, se faisaient déjà remarquer, et Pline, ainsi que Pausanias, nous entretient d'eux avec assez de détails; mais, il faut l'avouer, n'ayant point de tableaux de ces tems, nous ne pouvons rien affirmer à ce sujet.

Ce que nous savons, c'est que Pausanias, en parlant des figures en bas-relief de Neptune et d'Amphitrite, exécutées par Gitiadas qui parut à Sparte dans ces tems reculés, dit que cet ouvrage était d'une beauté merveilleuse. Nous avons déjà eu occasion de citer cet ancien artiste, poète, architecte et statuaire, qui construisit en airain le temple de Minerve Chalciœcos.

Ne doit-il pas nous venir à la pensée que les âges que nous appelons âges d'ignorance, ont vu naître le divin Homère, et que, de même que ce génie créateur se servit, pour perfectionner la poésie, des progrès que cet art avait faits jusqu'à lui, de même les peintres devaient non-seulement soutenir l'état déjà recommandable de la peinture, mais encore lui faire faire des progrès constans [1].

[1] On lit dans les Mémoires de l'Académie Royale des Sciences de Munich (21 décembre 1811) un Mémoire bien intéressant du professeur

Nous savons aussi que, deux cents ans après Bularque, il existait une école de peinture à Rhodes : c'est Anacréon qui nous a conservé ce fait. Ce poète, qui vivait cinq cents ans avant notre ère, dit, pour exprimer l'habileté d'un peintre : « Souverain dans l'art que l'on cultive » à Rhodes. »

Il convient encore de citer comme une indication de l'état de l'art à cette époque, le monument le plus ancien que l'on voyait en Grèce du tems et au dire de Pausanias; je veux parler du fameux coffre de Cypsélus. Cet écrivain nous en a laissé une ample description. Quoique ce coffre ne fut orné que de sculptures, c'est-à-dire de bas-reliefs et probablement de ciselures ou d'incrustations, peut-être colorées, il peut aujourd'hui nous faire connaître par induction le style animé et les heureuses inventions de la peinture de ces tems. On a cru que son antiquité remontait au-delà de 650 ans avant notre ère, mais d'autres lui assignent une époque beaucoup plus re-

Thiersu, dans lequel ce savant expose qu'il ne pense pas qu'Hésiode ait été imitateur d'Homère, ni qu'Homère ait imité Hésiode. Selon lui, les poèmes attribués à Hésiode sont les restes d'une école poétique qui aurait existé dans l'Attique, l'Achaïe et la Béotie, avant les guerres causées par la migration des Tribus Doriques, et l'Epopée grecque aurait reçu ses formes rhytmiques et poétiques dans cette école, dont l'école ionienne aurait été un démembrement. On expliquerait par cette hypothèse comment les poètes de la Béotie et de l'Ionie ont pu à une époque bien postérieure écrire des ouvrages dans le même genre, sans seulement avoir connaissance les uns des autres.

Ce savant mémoire, qui indique un nouveau point de vue pour les discussions sur l'origine des poésies d'Homère, semble faire naître des doutes analogues sur cette espèce de long sommeil qu'on se plaît à reprocher à la peinture pendant l'intervalle qui nous occupe et qui ne se trouve rempli par aucun nom de peintre fourni par les historiens.

culée. Les sujets représentés sur ce monument servirent très-long-tems de modèles aux artistes.

Un passage de Pline peut encore être donné pour preuve que l'art grec de ces tems dut s'aider et profiter beaucoup de quelques exemples étrangers. Cet écrivain nous dit donc (liv. 35. chap. 3.) que les peintures étrusques d'Ardée et de Céré, fort belles, selon lui, passaient pour être plus anciennes que la fondation de Rome.

Je ne crains pas de dire encore ici que les modernes mettent de la prévention dans le jugement qu'ils portent sur les peintres de ces anciennes époques. N'eût-on pas il y a cinquante ans, blâmé et même tourné en ridicule un critique qui se serait permis de citer avec éloges le nom de quelque peintre des écoles primitives d'Italie, sans montrer de ses œuvres ? Et cependant aujourd'hui on fait taire de semblables critiques en exposant quelques-uns de ces mêmes tableaux primitifs, qui malgré leurs défauts et surtout leur roideur et leur sécheresse, offrent souvent de très-grandes beautés. De même, je suis persuadé que nous trouverions dans le tableau de Bularque une élévation, une simplicité et un certain ton poétique qui nous surprendrait, si nous pouvions contempler cet ouvrage. D'ailleurs quelques monumens et quelques bas-reliefs conservés jusqu'à nous ne peuvent-ils pas fixer suffisamment notre opinion sur le caractère de l'art en ces tems éloignés ?

Ici il importe de remarquer que cette période fixe l'époque du très-ancien style grec, distingué de l'ancien style proprement dit, qui précéda le tems où fleurit Phidias. On a donc cru apercevoir les caractères de ce très-ancien style primitif sur les figures de quelques vases peints; mais un discernement délicat doit diriger les dessinateurs dans ces conjectures. Nous verrons que parmi les figures roides, sèches et anguleuses qu'on remarque sur certains monumens, il peut s'en trouver qui aient été faites fort tard et en style d'imitation. Au dire de M. Fierli et d'autres [1], il n'est pas facile de décider si les plus anciens monumens de la sculpture sont grecs ou étrusques. Il en est même ainsi, ajoute-t-il, du second style de l'art chez l'une et l'autre nation, et cette ressemblance est indiquée par Diodore de Sicile (*lib.* 1 et *l.* 35) et par Strabon (*lib.* 17). Caylus, Winckelmann, Guarnacci (*Origini Italiche*), ont été convaincus que les Grecs n'avaient d'abord fait qu'imiter le goût et le style des Étrusques, d'autres veulent que l'art ait été apporté de la Grèce en Étrurie par les premières colonies grecques. Cependant Pline, en citant Cléophantes, peintre, qui vint en Italie avec Démarate, père de Tarquin l'ancien, et en citant Eugrammus et Euchir qui apportèrent en Italie, vers l'an 680, l'art de la plastique, semble vouloir assigner à cette époque l'origine de l'art en Italie; bien que, selon lui, Ludius d'Étolie ait produit déjà de belles peintures à Ardée, etc., etc. Mais laissons ces difficultés qui sortent de notre sujet.

Disons plutôt quelque chose touchant le caractère du style des sujets et des figures que l'on voit sur certains vases peints qui semblent d'une haute antiquité, nous réservant de parler du style égynétique et du style choragique au chapitre suivant, en signalant le style de l'art dans la période que nous avons cru devoir distinguer après

[1] George Fierli de Cortone. Du mérite des statuaires étrusques comparé à celui des Grecs. (Voyez les Mémoires de l'Académie Etrusque de Cortone. Tome 8.)

celle-ci. Les figures de ces vases font remarquer une grande vivacité de mouvement, un jeu très-libre des articulations et une verve particulière dans l'invention générale, ainsi que dans le jet des draperies et les accessoires. Ces qualités caractéristiques établissent nécessairement une démarcation sensible entre le style égyptien et étrusque qui précéda celui-ci et qui était plus roide, moins animé et plus froid, et le style grec ancien proprement dit, mais postérieur, qui était plus réservé, plus châtié, plus gracieux, et qui s'acheminait déjà vers le grand perfectionnement qu'il reçut du tems de Périclès. Voici une conjecture nouvelle et toute technique au sujet de ce style. L'usage traditionnel des peintres égyptiens et étrusques de procéder le compas à la main et d'opérer trop par mesures convenues, et trop peu d'après le naturel, a dû leur faire imaginer divers moyens d'obtenir la graphie de la figure humaine par construction, c'est-à-dire en faisant jouer à volonté les membres ou leurs parties aux véritables points naturels d'articulation. (V. le chap. 184, sect. 2, où ce procédé se trouve expliqué.) Ils ont dû imaginer aussi un moyen pratique analogue, celui d'employer des découpures mobiles, à l'aide desquelles ils purent composer des attitudes très-variées et très-vives sans s'écarter jamais de la bonne proportion et de la vraie structure humaine. J'ai été conduit à cette induction par les essais que j'ai faits moi-même à l'aide de figures découpées et mobiles : et l'analogie très-sensible que j'ai remarquée entre ce procédé graphique et les figures des vases peints, analogie que chacun reconnaîtra s'il veut étudier ce moyen, me fait regarder comme très-vraisemblable son emploi par les peintres de cette antique époque et probablement des époques suivantes, durant lesquelles ils ont dû le perpétuer et le perfectionner. Je ne puis pas entrer ici, à propos de l'historique de l'art, dans une digression relative aux procédés pratiques, mais j'engagerai les artistes studieux à faire des recherches particulières sur ce moyen, afin qu'ils prennent une idée de ces attitudes hardies et libres à la fois, et de ces pantomimes énergiques et simples, si remarquables sur les vases grecs, et que ni les modèles vivans, j'ose le dire, ni l'imagination ne sauraient procurer.

Au reste, cette seconde période fut illustrée par le talent de plusieurs statuaires parmi lesquels il convient de citer Euchir de Corinthe, Léarque de Rhégium, son élève, Aristoclès et Glaucus de Chio. Ces artistes excellaient les uns dans la plastique, les autres dans l'art de fondre et de battre le fer; quelques-uns dans la damasquinure ou ciselure sur métaux, etc. (Voyez la liste chronologique à la fin de ce volume.)

CHAPITRE 52.

IIIe PÉRIODE : INTERVALLE DE CENT CINQUANTE ANS ENVIRON. – CARACTÈRE DU STYLE DE L'ART GREC, DEPUIS DIPŒNUS ET SCYLLIS, STATUAIRES ET CHEFS D'ÉCOLE, CINQ CENT QUATRE-VINGTS ANS ENVIRON AVANT NOTRE ÈRE, JUSQU'A PHIDIAS, QUI FLORISSAIT QUATRE CENT TRENTE ANS AVANT NOTRE ÈRE.

L'ÉTUDE du style de l'art dans cette période, qui n'est caractérisée à la vérité que par un très-petit nombre de peintres remarquables, bien qu'elle ait dû en fournir plusieurs dont les noms ne nous sont pas parvenus, est très-importante, car on peut dire que pendant cet intervalle on vit l'art se préparer pour ces hommes à jamais célèbres qui depuis illustrèrent la Grèce par des chefs-d'œuvres. Ce fut effectivement alors que fut consacrée dans les écoles cette méthode sévère de représenter les plans, les mouvemens et les formes, et ce fut alors aussi que le style simple prit un caractère fixe, et pour ainsi dire religieux, austérité qui procura à l'art entier une force et une puissance que plus de vingt siècles ne parvinrent pas à lui enlever.

Indépendamment de ces progrès, résultant du perfectionnement des doctrines, tout concourait à favoriser la marche générale de l'art, tout contribuait déjà à cette époque à l'élever, à l'épurer, à le faire chérir et apprécier par les peuples, par les législateurs et par les chefs de l'état.

Dans tout le cours et avant la fin de cette 3e période de l'art, les grandes leçons de Dipœnus et de Scyllis, illustres chefs d'école, les travaux importans et nombreux d'Anthermus et de Bupalus, sculpteurs dont s'enorgueillissait la ville de Chio, ceux de Canachus, ceux de Dorychidas et de Médon, qui avaient avec leurs maîtres Dipœnus et Scyllis orné l'Héraéum ou temple de Junon, à Olympie, de vingt statues d'or et d'ivoire que Pausanias appelle ouvrages d'ancien style, etc.; ces grandes leçons, dis-je, avaient déjà fait faire de grands pas à l'art, et avaient déjà attiré sur ces artistes l'admiration de toute la Grèce. Aussi sont-ils désignés comme de grands statuaires, malgré le mérite postérieur des Phidias et des Praxitèle, par Pausanias qui devait être l'interprète des admirateurs de leurs ouvrages et qui nous fait connaître tout le cas que l'on en faisait même de son tems. Pline en parle avec les mêmes égards. Au surplus nous savons que les Romains étaient loin de dédaigner les monumens de cet âge et qu'ils en transportèrent un grand nombre pour la décoration de leur capitale.

Tectœus et Angélion sont appelés par Pausanias statuaires célèbres. Ménechmus et Soïdas sont aussi, selon cet écrivain, des artistes fameux. Onatas d'Égyne était un statuaire excellent, dit encore Pausanias, et cet artiste n'est inférieur à aucun de ceux qui sont sortis de l'école d'Athènes depuis Dédale; il ajoute que Callitèle et Calynthus furent associés à son mérite. On pourrait citer encore ici ce Pythagore de Rhégium, dont les ouvrages furent si bien appréciés : son Enthyme, dit toujours Pausanias, est une statue admirable, son Philoctète est plein d'expression; enfin ce Pythagore, ajoute-t-il ailleurs, est un statuaire aussi excellent qu'il y en ait jamais eu. Comment croire que ce voyageur si exact se fût permis d'adresser de pareils éloges aux artistes antérieurs à Phidias, si ces éloges n'eussent pas été justes et approuvés de tout le monde ?

Canachus de Sicyone, que nous venons de citer comme étant un habile statuaire de cette époque, fit plusieurs statues de vainqueurs et de cavaliers. Cela ne paraît-il pas indiquer le talent vrai et la connaissance des caractères que ces artistes ont dû manifester dans leurs ouvrages ? Canachus représenta trois fois Apollon : il fit une Vénus assise, une Diane très-célèbre à Sicyone, une Muse, un cerf pris dans des filets et cherchant à s'échapper par tous les efforts imaginables, sujet conforme à son grand talent d'imitation. Pline, en citant cet ouvrage de bronze, semble vouloir en expliquer le mouvement et la pondération; il avait peut-être alors sous les yeux quelque passage technique qu'il ne comprit que confusément et qu'il ne put par conséquent expliquer. Voilà Canachus apprécié par des admirateurs : voyons-le soumis à la critique de Cicéron et de Varron.

« *Quis non intelligit,* dit Cicéron (*De claris oratoribus. Cap.* 18. §. 70.), *Canachi signa rigidiora esse quàm ut imitentur veritatem?* Qui ne sent pas que la roideur des figures de Canachus empêche qu'elles ne s'approchent assez de la vérité? » Quant à Varron, il reprochait à ce statuaire que ses figures étaient travaillées trop carrément et se ressemblaient toutes. N'est-ce pas l'histoire de Mantégna et d'Albert-Durer qu'on blâmait beaucoup dans les écoles du siècle de Louis XIV? On ne recherchait guère il y a cent ans leurs tableaux arides et trop durs, qui cependant ont été et seront toujours célèbres, malgré les justes critiques et malgré l'incertitude des goûts. On ne peut s'empêcher en effet d'admirer dans ces tableaux une certaine justesse graphique et quelque chose de pénétrant et de vif qui attache. Ces considérations nous obligent à expliquer ce que peut avoir d'obscur l'histoire des styles de l'art de cette période, et par conséquent à signaler les caractères qui devinrent comme les fondemens et les principes premiers de la peinture et de la sculpture, avant que ces deux arts ne fussent parvenus à d'autres perfections.

Il paraît que l'art se fit remarquer à cette époque par trois grandes qualités : 1° l'élévation et la simplicité du style, 2° la distinction que l'on y établit entre les divers caractères des figures ou des individus, et 3° la manière d'exprimer et de représenter les formes, condition qui distingue particulièrement la fin de cette 3e période. Considérons séparément ces trois questions importantes.

Elévation et simplicité du style.

Il est hors de doute qu'à cette époque les artistes refondirent, pour ainsi dire, ce que les signes de la mythologie avaient eu auparavant de gigantesque, de rude et de terrible, et qu'ils déterminèrent le juste degré de poétique et de sublime qui convient à l'art, quoique ce ne fût qu'après Phidias, comme nous le dirons bientôt, que les modèles archétypes des grandes divinités furent consacrés. Des modèles antérieurs au tems de Phidias, avaient donc été non-seulement ébauchés, mais déjà même appréciés et adoptés. Phidias et ses successeurs posèrent les bornes de l'art, il est vrai; mais avant eux on avait imaginé et reconnu ce qui devait convenir et ce qu'il fallait préférer. Un nombre infini de statues de dieux et de héros étaient représentées pendant cette période dans un langage noble, sévère, imposant et plein de majesté, quoique rude et manquant de souplesse. Les vêtemens étaient ajustés avec grâce et dignité; les accessoires étaient disposés avec goût, économie et simplicité; les gestes étaient conformes aux mœurs des personnages; enfin ces Grecs, qui puisaient dès ce tems dans la nature, ne lui empruntaient déjà que ses plus beaux modèles. Qu'est-ce qui retenait donc l'art? Quel obstacle l'empêchait de s'élever tout à coup, et pourquoi fallait-il un Polyclète et un Phidias pour lui faire enfanter des prodiges? C'est que l'art, quand rien ne le force et ne le contraint, ne procède que peu à peu et méthodiquement, c'est qu'il ne s'élève que sur des degrés bien affermis, en sorte que si Phidias, pour atteindre à la perfection, eût délaissé et dédaigné les bonnes maximes antérieures, pour s'élancer tout à coup, comme le firent quelques modernes, dans la région des fantômes et des extravagances pittoresques, il eût manqué son but. Il fallait donc se souvenir de ce qui avait été fait, et ajouter ce qui manquait encore; il fallait reconnaître ce qui appartenait aux bases fondamentales de l'art, et ce qui n'était que routine ou préjugé; il fallait imaginer ce qui restait à trouver, tâcher de le créer et de l'ajouter, sans jamais perdre de vue la nature, mais il fallait aussi ne jamais perdre de vue l'esprit de l'art, son but et sa destination. Avant Phidias, l'art était donc déjà grand, poétique, plein de noblesse, tout près enfin de recevoir le complément de son caractère propre. Cependant des études particulières et difficiles étaient nécessaires. Il restait à découvrir certains secrets plus internes de la nature et à perfectionner sur les figures les beautés extérieures par les beautés intérieures. Quels étaient ces secrets? C'était l'anatomie, la pondération, le mécanisme, la science des mouvemens, l'étude artistique des os, des muscles, des chairs, ce qui donne la vie, ce qui fait remuer, ce qui frappe enfin par la justesse et la convenance dans l'art comme dans la nature. Pour cela, il fallait que l'on fût affranchi de l'obligation de découvrir les règles relatives à la composition, au style et au poétique de l'art.

Ainsi donc, la seule contemplation du petit nombre de monumens que nous possédons de cet ancien style, les passages des auteurs et le simple bon sens suffisent pour nous persuader que cette période, qui précède celle de

Phidias, vit naître, même dans son commencement, des ouvrages très-relevés et d'un très-grand caractère. Oublions ces Hermès informes sans jambes et sans bras, ces très-antiques pierres carrées, ces Xoana toutes brutes, ces monstres enfin qu'on adorait peut-être encore comme dieux et que les prêtres s'attachèrent long-tems à rendre vénérables : tous ces symboles barbares que les détracteurs de l'antique rappellent avec affectation n'empêchèrent point les sculpteurs d'alors d'atteindre à la beauté dans leurs images des divinités. Minerve était déjà noble, chaste et gracieuse; Jupiter était grand de majesté; Mercure paraissait éclatant de jeunesse et de charmes; et Vénus n'attendait que la vie et un certain ordre plus délicat, plus harmonieux dans la disposition naïve de ses membres et dans le mouvement de toutes ses parties, pour enchanter les regards. Divin Praxitèle, tu dérobas au ciel cette grâce des formes, cette délicatesse animée et cette disposition enchanteresse qui attirait à Gnide tous les peuples vers ta Vénus immortelle! Savant et gracieux Apelle, tu sus ajouter aussi cette grâce et cette disposition qui, comme un magique et invisible aimant, nous attache et s'empare de nous en la présence des merveilles de l'art!

Antérieurement à Phidias, on avait donc trouvé de grandes conditions primitives très-essentielles et qu'il est difficile d'obtenir; on avait déjà donné de la poésie et de la majesté au langage de l'art; la grandeur, la dignité, la richesse et l'élégance des vêtemens, des accessoires et des objets symboliques rendaient les ouvrages attrayans. L'Étrurie, l'Inde et l'Égypte avaient enrichi l'art statuaire de certains arrangemens optiques qui brillaient avec éclat dans la forme de ces draperies, dans le style de ces ornemens et dans la combinaison des matières précieuses dont étaient souvent composés ces monumens. Les coiffures, les casques étaient d'un grand goût; les étoffes formaient des plis gracieux et légers, des chutes régulières et imposantes; les grandes masses étaient pittoresques: en un mot, on avait très-bien saisi ces caractères de l'optique qui procurent au langage des arts ce ton qui le fait sortir du langage ordinaire de la nature imitée sans choix. Au reste, pour être autorisé à douter que les artistes de cette époque aient connu et pratiqué le grand style et le grand goût dans les ajustemens, il faudrait supposer que dans leurs cérémonies publiques et dans leurs mœurs privées même, ils aient aussi été dépourvus de ce goût, et qu'ils aient été étrangers aux charmes du costume; or, cette supposition répugne : d'ailleurs les modèles de l'Égypte et de l'Étrurie firent sûrement faire des pas à l'art grec; en multipliant les comparaisons. Presque tous les accessoires et les costumes religieux, répétés par la sculpture, devaient être d'un effet pittoresque, et de même que le thyrse élégant de Bacchus provenait du grand roseau qu'on avait donné en attribut à Osiris (Plutarque), de même certaines autres combinaisons, belles à l'œil, devaient avoir été empruntées aux autres peuples. On trouve, par exemple, dans Pausanias (Liv. 8. ch. 15) que chez les Phénéates une statue de Vénus était appelée *Cidaria*, du nom d'une coiffure persane dont elle était décorée. D'un autre côté, Athénie dit positivement que les artistes, pour donner à leurs figures des poses agréables, en prenaient les images dans les danses.

Il est nécessaire ici que je m'explique sur la conséquence qu'on pourrait supposer que je tire de cette marche de l'art. Je n'en conclue pas que les élèves doivent d'abord chercher le beau et le poétique pour passer plus tard à l'étude du vrai et du naturel; je pense le contraire. Mais autre chose est la marche des arts chez les peuples qui les cultivent, autre chose est la marche des études chez un élève. Ailleurs je m'étendrai sur cette question.

Si donc on a été autorisé à classer parmi les ouvrages de ce très-ancien style certaines statues, à cause du manque de vérité, à cause de la roideur et de la méthode ferme, angulaire, dure et presque systématique que l'on trouve dans l'exécution du nu et même des draperies, défauts signalés par Varron, par Cicéron et par Quintilien, ce n'a jamais été du moins à cause de la pauvreté des idées, à cause du mesquin de la composition et du manque de caractère. Au contraire, ces figures sont d'un grand jet, d'une conception très-poétique et d'un style général appartenant à la haute beauté. On doit donc placer ces monumens plutôt avant Phidias qu'après, puisque ce grand statuaire sut ajouter à ces qualités la vérité et la correction, la beauté vraie et la convenance parfaite des formes. Ainsi, certaines Minerves, certaines statues d'Apollon et beaucoup de figures qu'on appelle assez inconsidérément étrusques, sont peut-être des ouvrages grecs de cet âge et exécutés peu avant Phidias. La fameuse Cérès d'Onatas d'Égyne, que Pausanias voulut voir à Phigalie, devait donner un exemple de ce style mixte et moyen entre l'ancien style toscan ou égynétique et le style de Phidias : elle était imitée d'après un antique ouvrage détruit, et devait en répéter jusqu'à un certain point le style; mais elle devait être de beaucoup préférable à l'original, sans toutefois offrir encore les qualités dont plus tard Phidias sut vivifier et embellir les divinités qui sortaient de son ciseau. Comme on est assez généralement prévenu contre le style qui fut antérieur au beau siècle de Périclès, une foule d'écrivains étrangers à ces questions n'ayant pas hésité à ne faire commencer le bel âge de l'art que depuis Alexandre, on est presque toujours tenté de n'attribuer qu'aux époques où l'art fut complet, certains beaux ouvrages, qui ont été exécutés néanmoins avant ce tems de Périclès. On devrait se décider avec plus de retenue. Pour offrir ici une comparaison à ce sujet, ne peut-on pas citer dans l'histoire de la peinture moderne quelques tableaux de P. Perugino et de J. Bellini, qui par leur mérite soutiennent la comparaison avec ceux de leurs célèbres élèves et rectifient l'idée des critiques qui pensaient qu'avant Raphaël et Tiziano on n'avait encore presque rien produit de remarquable ?

Je crois pouvoir mentionner ici comme des monumens dont le style semble dater de cette époque, les fameux colosses que l'on voit à Rome sur la place de Monte-Cavallo : et bien que certaines personnes aient avancé assez légèrement, à la vérité, que ce sont des ouvrages faits à Rome, je puis assurer au moins que le style primitif y est bien caractérisé et que ces deux sculptures si remarquables nous offrent un exemple très-frappant de la haute simplicité et de la grandeur de l'art avant le perfectionnement ajouté par les Polyclète et les Phidias.

De toutes les figures nues que nous possédons de l'antiquité, il n'y en a guère qui offrent un style aussi élevé, aussi simple et aussi héroïque que ces deux groupes. Ils furent apportés de la Grèce, selon Vasi, pour orner les thermes du grand Constantin, où ils ont été retrouvés.

Sixte-Quint les plaça sur le Mont-Quirinal et en décora une place de Rome, qui depuis fut appelée Monte-Cavallo, à cause du cheval qui accompagne chaque écuyer. Ces colosses représentent Castor et Pollux, divinités si souvent figurées sur les monumens. La disposition que l'on a donnée à chaque cheval, par rapport à chaque écuyer, est une restauration vicieuse, et Canova a très-judicieusement fait observer dans une petite dissertation à ce sujet, que ce n'était pas ainsi que ces figures étaient placées dans l'origine. Il veut, et cela avec raison, que le cheval et l'écuyer soient placés non parallèlement ou latéralement, mais presque de front et développés sur une même ligne, ce qui, en effet, produit unité de disposition. Il cite à l'appui de sa critique des médailles et des monumens sur lesquels des figures semblables, soit qu'elles représentent les Dioscures, soit qu'elles représentent de simples écuyers, sont placées ainsi qu'il l'indique à l'aide d'une gravure dans son projet de restauration. Pour peu qu'on ait consulté les monumens de l'art antique, on partage entièrement l'opinion de ce célèbre statuaire. Ces fameuses statues portent près de vingt pieds de hauteur. Autant l'inspection de l'ensemble de ce monument fait naître d'admiration, autant l'inspection de ces têtes et de ces jambes, considérées en particulier, inspire d'étonnement et d'extase. La simplicité la plus sublime, la résolution la plus imposante, la grandeur la plus naïve, font le caractère de cet ouvrage classique. Comment croire qu'elles soient du nombre de ces statues exécutées en imitation par quelque ciseau ordinaire et dégénéré? Ne sont-elles pas plutôt des originaux pleins de pureté, et travaillés par une main très-austère? La manière dont les épaules et les genoux sont traités, fera long-tems l'admiration et peut-être, j'ose le dire, le désespoir des statuaires; c'est le goût grec dans sa primitive chasteté, c'est le haut style dans son maximum de simplicité et de grandeur, c'est la poésie de l'art enfin dans toute sa jeunesse et sa naïveté. Que laisse donc à désirer ce monument, sous lequel on n'a pas craint d'inscrire les noms illustres de Phidias et de Praxitèle (*Opus Phidiæ, opus Praxitelis*), malgré les anachronismes de ces modernes inscriptions, ces deux groupes étant évidemment du même travail? Quelle est la partie faible de cet ouvrage que je viens d'appeler classique, et que cependant je crois, non postérieur à Phidias, mais exécuté au contraire quelque tems avant lui? C'est l'imitation du mécanisme humain; c'est l'imitation de son mouvement, dont les combinaisons et les finesses ne sont ni senties ni rendues sur ces beaux ouvrages, comme elles le furent depuis sur les statues de Polyclète et de Phidias; c'est l'anatomie sculpturale, qui doit être comme fondue dans l'action et les formes et non écrite comme après coup et surajoutée à ces formes; c'est la souplesse de la chair qui doit avoir aussi ses mouvemens et ses finesses, et qui, toute ferme et toute héroïque qu'elle puisse être, offre toujours des passages un peu irréguliers par lesquels est interrompu parfois le parallélisme symétrique des formes, passages savans qui, dans certains cas, déguisent la structure osseuse sans la corrompre, et tout en la laissant deviner; c'est cette élasticité enfin et cette justesse des plans qui, je le dis de nouveau, répètent la vie et font tressaillir le spectateur, qualités complémentaires qui, ajoutées dans le tems de Praxitèle à ce que l'optique et la convenance peuvent produire de beau, ont fait de la statuaire grecque un art surprenant, à la perfection duquel les modernes ne pourront jamais ajouter : heureux ! si quelque jour ils parviennent à y atteindre.

Au reste il convient de remarquer que Dipœnus et Scyllis avaient exécuté les Dioscures qu'on voyait à Argos, qu'Égyas et Micon avait traité depuis le même sujet. A cette époque, on représenta fréquemment soit ces deux fils de Léda, soit des écuyers avec leurs chevaux ; on en admirait plusieurs dans l'Altys (Bois sacré de Jupiter à Olympie). Pausanias dit : « A Olympie on voyait entr'autres deux beaux chevaux de bronze; ils ont chacun un palefrenier qui les tient par la bride. Denys d'Argos a fondu l'un, et Simon d'Égyne a fondu l'autre, quoique l'un d'eux ne fût pas le plus beau cheval qu'il y ait dans l'Altys. » Tous ces statuaires sont antérieurs à Phidias et à l'époque que je signale ici. D'ailleurs les tables que nous avons cru devoir ajouter à la fin de cette histoire de l'art antique faciliteront les rapprochemens et les inductions qui peuvent éclaircir ces questions. On composait donc, avant Phidias, des groupes tels que nos colosses de Monte-Cavallo, et il est même probable que les données de ces belles figures remontent à une plus haute antiquité.

Ainsi, toutes les fois que nous verrons quelque chose de calculé, de symétrique, de roide et d'un peu systématique dans les plans du nu et des draperies, et que ces plans seront fermes et non amollis, comme en offrit plus tard l'école grecque à Rome, même lorsqu'elle voulut reproduire des imitations des très-anciens monumens, nous serons autorisés, malgré la grande beauté de l'idée et de la composition, malgré la noblesse du geste et le goût relevé des ajustemens et de tout le style, à décider que l'ouvrage appartient à la période que nous étudions ici.

Remarquons encore qu'il n'est pas étonnant qu'on se trompe souvent, au sujet du style des monumens, lorsque leur disposition rappelle une époque très-antique, quoique l'exécution en soit moins ancienne, ce qui donne le change. Ainsi, le groupe de Castor et Pollux qu'on voit à Saint-Ildefonse en Espagne, malgré son style qui rappelle même les poteaux sacrés devenus des images conventionnelles des Dioscures, ce groupe, dis-je, malgré sa disposition peu pittoresque, indique par son travail les tems postérieurs à Praxitèle. Une copie moderne qu'on en voit aux Tuileries donne bien plus le change encore, vu l'exécution un peu lâche et pesante qui contraste davantage avec la très-antique disposition de l'ensemble. Quant au sujet de ce groupe, peu importe à notre question qu'il en représente un tout autre, tel qu'Oreste et Pylade, ou Mercure et Vulcain. Au surplus, les monumens de ce style sont rares, parce que les plus beaux ont dû aller périr à Constantinople, et les colosses de Monte-Cavallo doivent peut-être, comme je l'ai dit, à leur volume leur conservation. Je placerai dans cette même période la belle statue colossale de Cérès qui orne la grande rotonde du musée du Vatican. La Melpomène de la même rotonde, statue de douze pieds de haut, et qu'on voit aujourd'hui au musée de Paris, me paraît être une copie, faite plus tard, d'un original de ce même style et de cette même période: quoiqu'elle fasse voir un ciseau et un procédé d'exécution plus sévère que celui des monumens romains, la vie, le nerf et l'austérité primitive n'ont point passé dans cette copie.

Si l'époque que je viens d'assigner aux deux groupes de Monte-Cavallo, vu le caractère sculptural que je crois y reconnaître, n'est pas adoptée par certains observateurs qui placeraient plus volontiers ces monumens beaucoup après Phidias et même au tems où Rome produisait déjà un très-grand nombre de statues, je ne crois pas que ces observateurs aient à opposer à ma conjecture autre chose aussi que des conjectures. Néanmoins les caractères que j'indique sur ces figures ne peuvent guère être contestés, et je crois avoir, en cela, l'assentiment des statuaires qui en ont étudié particulièrement le travail. Si cependant ces monumens étaient en effet une copie faite plus tard, et même avec quelques modifications, soit, comme je l'ai dit, d'après l'original d'Égyas ou de Micon, soit d'après Dipœnus, Scyllis, Denys d'Argos ou Simon d'Égyne, soit enfin d'après tout autre statuaire très-ancien et appartenant à l'époque que nous étudions ici, cela ne détruirait point la justesse de ma remarque sur le caractère principal de ces monumens. Au surplus, le lecteur apercevra aisément que mon but, dans ce travail sur les styles de l'art grec, n'est point d'assigner très-précisément et par de téméraires assertions l'époque certaine et les écoles auxquelles appartiennent en effet tous les monumens importans que nous avons l'avantage de posséder, et que je me suis plutôt proposé d'éclaircir la théorie de la peinture par les monumens, que de jeter de la lumière sur certaines obscurités de l'archéologie. Ainsi, je reconnaîtrai volontiers parfois avec quelques critiques, que tel ou tel monument est une copie plus ou moins ultérieure d'un original ancien, mais je persisterai à signaler et à analyser les monumens dans lesquels ces caractères dominans percent à travers la traduction, malgré l'influence des écoles plus ou moins postérieures dans lesquelles on repéta ces originaux [1].

Je dois ajouter encore une remarque, c'est que le plus grand nombre des monumens que nous possédons sont d'un caractère équivoque, c'est-à-dire qu'ils ont été la plupart travaillés à Rome après l'époque éclatante de l'art. Ainsi les productions d'un statuaire qui, au lieu d'avoir pour but, lors de ces tems du déclin de l'art, de lutter dans son ouvrage avec Phidias, Polyclète ou Praxitèle, au lieu de se proposer pour modèles les caractères si admirables et inaccessibles pour lui de ces maîtres, se

[1] Les biographes qui s'occuperont de la vie et des travaux de Canova, ne seront peut-être pas fâchés de savoir que ce célèbre statuaire, à son arrivée à Rome, débuta par étudier avec un grand enthousiasme le monument plus haut cité. Il se plaçait pour cela dans le bâtiment destiné à la cavalerie. Il modela et surtout dessina très-long-tems ces deux figures. Aussi on peut dire que, pendant toute sa vie, l'idée des formes simples, grandes et construites comme par arrangement, ne se désassocia jamais de ses inventions animées et de ses idées sur la pantomime et l'expression des proportions. L'étude des sculptures du Parthénon eût été bien plus profitable à ce célèbre artiste ; car ce n'était ni le style égynétique, ni celui de Céphissodote, statuaire si excellent dans l'imitation de la chair, qui eût le plus aidé le grand talent naturel de Canova, mais c'était le style savant et châtié de Phidias ou de Polyclète. Canova, reconnaissant donc la pauvreté et le mesquin de cette figure de vieillard qu'il venait de modeler à Venise avec tant de naïveté et de recherche, s'élança à Rome jusqu'au style opposé et préféra les modèles dont nous parlons ici, modèles bien propres en effet à électriser un élève aussi distingué, aussi ardent que lui. Au reste, Canova avait une tendance vers le style choragique et vers celui des figures qu'on voit peintes sur les vases grecs ; mais il abandonna ce style à Flaxman, son contemporain, avec lequel il paraît qu'il s'accorda peu. Aussi l'a-t-il représenté parmi les délateurs et détournant le rideau dans son bas-relief de Socrate en présence de ses juges. J'ignore si ces particularités ont été publiées.

contentait de créer une image dans le goût mixte de son tems et dans le goût romain (car je puis employer cette expression, quoique certains antiquaires semblent se refuser, un peu, je crois, pour leur commodité, à ne reconnaître dans tout l'art antique qu'une seule et unique école), ces productions, dis-je, sont d'un caractère équivoque, et ne peuvent guère servir de preuve claire et, pour ainsi dire, palpable de la marche de l'art lors des belles époques. Ces milliers de statues ne sont-elles pas, par rapport à celui qui veut étudier les styles de l'art de l'antiquité, comme ces milliers de tableaux sortis de l'école des Caracci et dans lesquels on a bien de la peine à reconnaître un peu Corrégio, un peu Michel-Ange, un peu Raphaël, etc. De pareilles productions, intéressantes sans doute pour les amateurs en général, le sont beaucoup moins pour ceux qui recherchent les modèles types et les ouvrages offrant à l'instruction un caractère déterminé. Je ne veux pas dire qu'il n'existe pas dans les musées et les cabinets un assez grand nombre d'exemples classiques dans lesquels on ne reconnaisse ostensiblement la marche de l'art grec; mais souvent de pareils monumens, signalés quelquefois par des artistes connaisseurs, sont restés néanmoins confondus avec les ouvrages dont l'aspect et le dehors déguisent, pour ainsi dire, le fond. Comme d'ailleurs les livres n'ont rien appris sur ces nuances de l'art, on aime à répéter que toutes les recherches sur les styles sont une affaire de goût, que l'art n'a point offert dans l'antiquité toutes ces nuances, et que l'excellence grecque rend, pour ainsi dire, semblables toutes les antiques. Quant à moi, qui aimerais à découvrir et à suivre, sans d'autre guide que des tableaux seulement, la marche moderne de la peinture, fussé-je privé du secours des livres qui signalent les dates, les manières et les écoles, je ne cesserai jamais d'étudier les caractères de l'art grec, malgré le silence des auteurs anciens et modernes sur cette question. Je dirai plus; j'affirmerai que cette étude est la plus belle, la plus instructive et la plus attrayante que puisse faire un artiste, vu l'exercice qu'elle procure à l'esprit sur tant de points principaux de la pratique et de la philosophie de l'art. Ces réflexions auraient pu être placées au commencement de cette histoire des styles; mais, comme j'entre peu à peu en matière, le lecteur doit mieux apercevoir déjà le but que je me suis prescrit dans cette partie de mon ouvrage, et peut-être qu'il reconnaît dès à présent que cette étude des styles de l'art grec était réellement un besoin de la théorie et qu'elle n'est point ici un prétexte pour établir des paradoxes vagues et quelques recherches d'érudition sans utilité.

Je passe à la seconde qualité remarquable et caractéristique dans cette 3e période de l'art.

Distinction faite par les Artistes entre les divers caractères des figures ou des individus modèles.

Les artistes de cette période, dépendant déjà de la nouvelle mythologie et de la politique qui mettaient les arts à contribution, déterminèrent, comme je l'ai dit, les caractères relatifs des principales divinités; mais, outre ces caractères mythologiques fort variés, ils furent encore obligés à représenter les portraits des vainqueurs dans les jeux olympiques, jeux à jamais célèbres, qui contribuèrent autant à instruire des artistes qu'à former des

guerriers. En effet, cette obligation conduisait les peintres et les sculpteurs dans la vraie route de la perfection, en leur faisant faire des études toute particulières sur les différentes natures, sur les facultés caractéristiques des individus et sur la variété des modèles. Il est à croire que l'usage des statues iconiques ou portraits des vainqueurs aux jeux olympiques a commencé avec les olympiades, car Pausanias dit (Liv. 5. ch. 8) : « Dès la pre-
» mière olympiade, on proposa un prix de la course, et
» ce fut Corœbus Élien qui le remporta; cependant il n'a
» point de statue à Olympie, mais on voit son tombeau
» sur les confins de l'Élide. » Et si parfois le manque de savoir des artistes dans l'anatomie et dans le mécanisme humain les arrêtait, lors de cette période de l'art, et ne leur permettait pas de répéter avec toute l'exactitude et toute la précision qu'on y mit plus tard, ces variétés si frappantes et si distinctes qu'ils remarquaient dans les palestres, ils durent néanmoins éclaircir leurs idées sur le point que j'indique ici, établir des données générales et faire faire de grands progrès à l'art.

Manière d'exprimer et d'imiter les formes.

Les monumens que nous possédons et que nous devons regarder comme sortis incontestablement de la fameuse école de Phidias, nous apprennent que les artistes avaient conservé et respecté sous ce grand maître une antique manière de procéder qui était propre à donner à l'art de la force, de la pureté et de l'expression. Cette manière qui provenait des Égyptiens, et qui semble avoir été conservée à Égyne plus long-tems qu'ailleurs, était particulièrement en vigueur dans la période que nous étudions ici.

Elle consiste en une résolution ferme, austère, concise dans l'expression des plans et des formes, en une indication très-franche des mouvemens et de la pantomime, manière éloquente et forte, basée sur le vraisemblable et sur le vrai langage de la sculpture et du dessin, style grave et énergique repoussant l'indécision, la mollesse et le vague doucereux qui tôt ou tard affadissent, appauvrissent et dénaturent l'art lui-même.

Tout fait croire que la peinture de ces tems dut participer de cette méthode vive et ressentie, et il est même à présumer que le peu de perfectionnement qu'avait reçu le clair-obscur qui arrondit les objets, qui modèle et complète l'existence optique des formes, avait fait beaucoup plus apprécier dans ces mêmes tems la rigueur et l'austérité linéaire, et que les tableaux d'alors étaient plus rudes même que les statues. Je sais que le marbre, par sa nature, oblige à certaines manières d'exécution ou exagérations conventionnelles auxquelles n'est pas soumise la peinture que rien n'oblige à une fermeté particulière; cette considération est nulle ici, puisqu'il s'agit non de la force de l'outil, mais de la force dans l'indication et de la résolution qui convertit une plate peinture en une image forte, fière et imposante.

Nous savons au reste que Varron reprochait aux peintres Diorès, Arimna et Micon certaines manières ou pratiques vicieuses dont Protogène et Apelle avaient su, selon lui, s'affranchir. Ces reproches étaient sûrement fondés. Remarquons cependant que les défauts de ces peintres étaient analogues à celui du peintre Méchopane qui vint beaucoup plus tard, et qui réparait sa dureté de couleur par une exactitude que les artistes seuls, dit Pline, étaient capables d'apprécier. Il reste donc à savoir si Varron savait apprécier lui-même ces qualités d'exactitude et d'austérité dans les peintres dont il critiquait avec justesse la sécheresse et la roideur.

Micon, malgré ses défauts, fut jugé digne de concourir avec Polygnote aux peintures du Pœcile. Son combat des Athéniens contre les Amazones, celui des Lapithes et des Centaures, dont nous avons déjà parlé, le combat des Argonautes où il s'était surtout appliqué, selon Pausanias, à bien représenter Acaste et ses chevaux, cette autre peinture du Pœcile représentant la défaite des Perses par les Athéniens; enfin, ses ouvrages en sculpture ont dû faire considérer ce peintre comme un dessinateur très-habile.

Je viens de dire que la peinture de ces tems était peut-être plus rude que la sculpture; les reproches de Varron à Micon sembleraient le prouver. Si quelques bas-reliefs du Parthénon représentant des centaures et autres sujets, sont effectivement de sa composition, les peintures de ce maître pourraient bien, sans avoir rien eu de très-choquant à cet égard, avoir été plus rudes encore que ces bas-reliefs, quoiqu'ils offrent quelque chose de cette rudesse antique qui, il faut le redire, n'était jamais dénuée de la force et de la vivacité d'expression. Rappelons-nous toujours que Varron, ainsi que beaucoup d'auteurs romains, écrivaient sous l'influence du goût de leur siècle et qu'il leur était difficile de se taire sur des défauts qui, contrastant avec les productions arrondies de leur tems et souvent dénuées d'éloquence, devaient choquer les partisans du style moderne d'alors. C'est ainsi que nos critiques, accoutumés à la lourde fusion du coloris, fusion prodiguée souvent sans que le sujet le commande, se déclarent ennemis de certains tableaux qui, sans flatter la vue, intéressent vivement et pénètrent le cœur.

Ces bas-reliefs, attribués à Micon, portent deux pieds six pouces six lignes de haut. Ils représentent les combats des Centaures et des Lapithes, les exploits de Thésée et les combats des Athéniens contre les Amazones. Or, comme Micon était sculpteur et peintre et qu'il représenta en peinture ce dernier sujet dans le temple de Thésée, on a lieu de croire que ces bas-reliefs pourraient bien avoir été travaillés de sa main.

Ainsi donc, à cette époque, point de contours amollis, point de plans indécis : tout était franc, décidé, hardiment débrouillé, fortement taillé. Le sentiment du gracieux régnait néanmoins et traversait cette austérité; mais la rigueur de la méthode était consacrée et conservait la chasteté de l'art, en le garantissant de la contagion et en le maintenant toujours grand et robuste. Ce que l'on serait tenté d'appeler manque de fini dans cette 3e période, n'est qu'une méthode fière et très-fine d'exécuter; c'est l'essentiel que les artistes d'alors voulaient trouver et signifier, et quoiqu'ils ne l'eussent pas encore entièrement obtenu, ils ne prétendaient point se dédommager par des caractères minutieux, languissans ou inutiles. Leurs vues étaient droites, leurs ouvrages étaient sains. Ils étaient un peu sauvages, mais de cet aspect sauvage qui inspire le respect, et qui repousse la fadeur et la minauderie. Ils étaient rudes, mais de cette rudesse calme et généreuse qui dédaigne le mensonge et les bassesses. Quelques efforts vers la pureté, la délicatesse et le soin les firent tomber parfois dans les défauts d'une exécution recherchée et aride. Cette exécution venait aussi probablement des exemples toscans, égyptiens, égynètes, et peut-être de l'école de Sparte; mais quelle vivacité dans cette exécution, quel éclat dans ces procédés!

Il me semble important d'étendre davantage une des remarques précédentes. On rencontre tous les jours dans les musées certains monumens qui, par leur style et leur physionomie générale, pourraient être inconsidérément attribués à ce tems des très-antiques écoles, et qui cependant ne sont que des ouvrages d'imitation exécutés beaucoup plus tard. Souvent le style en est regardé comme ancien, quoique l'exécution en soit romaine, c'est-à-dire, arrondie, polie, quelquefois lourde, et presque toujours dépourvue de ce nerf et de cette âpreté qui caractérise les originaux. Ces bas-reliefs, ces statues sans austérité, bien qu'offrant des poses anguleuses et roides, ont dû être faites en Italie, et peut-être en Grèce, même sous les Antonins, par de médiocres artistes, soit pour servir la curiosité de quelque Mécène qui, comme cela a lieu de nos jours, était sans doute dupe des supercheries pastiches, soit pour retracer d'anciens modèles détruits et fort révérés par le culte, soit pour être accordées et mises en pendant avec des monumens de tems fort anciens et plus ou moins endommagés, soit enfin pour obéir aux intentions de quelques directeurs des arts qui, voulant redonner de la force à la statuaire, tâchaient de rappeler à l'étude primitive les artistes de leur tems. Mais ceux-ci ne pouvaient plus comprendre ni ressaisir les antiques principes et n'imitaient par conséquent que l'apparence grossière et les dehors rudes et mal ordonnés de ce style. On voit de ces imitations du très-ancien style grec exécutées même dans le bas-empire. De même on voit aujourd'hui des imitateurs ou plutôt des parodistes du style dit étrusque, composer des figures bien roides, bien isolées, qui n'offrent que des pantomimes burlesques et ne font voir ni jet naturel et convenable, ni intention raisonnée, ni rien enfin qui puisse attacher l'esprit et rappeler la dignité de l'art.

Citons un monument qui serve d'explication à ce que nous venons de dire au sujet de ces imitations : il s'agit du bel autel triangulaire des douze dieux qui est exposé dans la salle des monumens égyptiens au musée de Paris, n° 378. Cet ouvrage passe pour être de l'ancienne école attique ou de l'école égynétique, mais non de travail étrusque. Voilà trois rapports établis qui sont faits pour éveiller l'attention des curieux de ces sortes de questions; cependant je ne m'y arrêterai point. Je dis seulement que cette sculpture ne nous offre du très-ancien style que le fantôme, et de même que les parties toutes modernes et si mal restaurées dans ce monument en font ressortir le caractère, de même cette copie antique, si elle était mise à côté du très-ancien original d'après lequel elle a été exécutée, nous paraîtrait molle, froide et sans aucun éclat. Au reste, si l'on veut s'en apercevoir aisément, que l'on en compare le travail avec celui, par exemple, de la Minerve (même musée, n° 398) indubitablement de très-antique style et provenant du palais ducal de Modène, ou avec des bas-reliefs dits choràgiques sur lesquels le ciseau est si vif et si rapide, le dessin si franc et si dégagé; le travail de notre monument semblera plus froid, trop adouci et incertain : et si on lui met en opposition celui des Panathénées, qui est de l'école de Phidias, l'on demandera pourquoi celui-ci, qui fut exécuté beaucoup plus tard, offre un travail plus franc et plus expressif que celui de cet autel, qui très-probablement n'est qu'une copie faite sous les empereurs d'après un très-ancien monument détruit. Je sais qu'un certain poli insignifiant se fait voir sur quelques monumens égyptiens ; je sais aussi que s'il n'eût fallu, pour répéter ce très-ancien style, qu'aviver l'outil, et le rendre hardi, léger, libre et tranchant, les Romains eussent singé avec succès les Toscans ou les Égynètes ; mais c'est de toute la méthode en général, c'est de tout le caractère du dessin que j'entends parler au sujet de ce style austère, quelquefois trop âpre et trop cru, mais toujours fier, vigoureux et éclatant.

Enfin pour tâcher encore de me faire comprendre, je ferai une application de ce qui précède à une copie qu'on voit au jardin des Tuileries, près du grand bassin. Cette figure, qu'on appelle vulgairement une dame romaine, est de Legros, sculpteur français ; et toute copie qu'elle est d'une antique de beau style, elle est exécutée dans la manière lourde, amollie et arrángée des sculpteurs du siècle de Louis XIV, qui n'ont pas manqué d'avancer qu'elle laisse loin derrière elle l'original. C'est ainsi qu'en littérature, au lieu de traduire par peu de mots bien précis un passage de quelqu'écrivain serré et concis, on arrange des phrases trop polies, trop lâches, et par cela même dénuées du caractère nerveux de l'original.

Une importante condition de l'art manque au style de cette antique époque, c'est le beau calcul dans la disposition des lignes, du tout et des parties. Ce n'est point dans ce chapitre qu'il convient d'exposer et d'expliquer ce qu'on doit entendre par la beauté de disposition : un court exposé de la marche de l'art considéré sous ce point de vue pourra suppléer ici à cette explication. Je dirai donc que les très-anciennes productions démontrent que la simplicité et la gravité des images ou symboliques ou mythologiques avaient accoutumé à une certaine symétrie ou parité dans la répartition des objets. Les monumens égyptiens dans lesquels il semble que l'on n'a tenu aucun compte de l'arrangement, font remarquer que, pour obtenir ce mode grave et solennel, on avait soumis la diversité des objets à une certaine uniformité et régularité de disposition. Ce principe, qui fut appliqué aussi aux objets seuls, produisit ces statues droites et d'une composition symétrique et retarda l'emploi des mouvemens variés, naïfs et animés. Pendant long-tems donc cette parité fut le cachet d'un style particulier et pour ainsi dire mystique; mais vers la fin de cette même période, c'est-à-dire avant Phidias, l'art tendit à la diversité. De savans imitateurs délaissèrent cette monotone réserve : les Myron, les Calamis saisirent la vie avec ses irrégulières dispositions, et prirent sans calcul, trop souvent peut-être sans aucun arrangement, la nature sur le fait. Cependant Phidias parut, et outre qu'il sut exprimer lui-même si habilement cette nouvelle vie, il restitua la majesté antique trop délaissée, et soutint ainsi par un heureux mélange le grand style de l'art jusqu'au tems où Praxitèle, aidé des leçons de la peinture déjà parfaite alors, comprit et rendit tous les secrets les plus délicats de l'optique, ajoutant ainsi au perfectionnement qu'il venait d'apporter dans la représentation des souplesses de la chair, les charmes de la plus parfaite disposition. Plus tard, les Romains perpétuèrent cette science de calcul optique, mais ils abandonnèrent peu à peu la vie, l'exactitude et la primitive austérité de leurs anciens maîtres. Alors l'art, devenu une affaire de combinaisons et d'arrangemens optiques sans naïveté et sans énergie vraie, dépérit bientôt et fit regretter même les rudes leçons des vieux toreuticiens et le langage plein de verdeur des écoles de Sparte, d'Égyne et d'Éphèse : telle est en deux mots, et soit dit en passant, l'histoire des vicissitudes de l'art grec [1].

Ainsi, pour en revenir à notre question particulière, le manque de bonne disposition, disons que dans l'art antique il y eut une époque où il fut menacé d'un autre extrême, savoir, le désordre des lignes ou des masses, la répétition

[1] Dans la description des antiques du musée royal de Paris, M. le comte de Clarac nous dépeint avec beaucoup de justesse le style des monumens choragiques. (Voy. ce mot au dictionnaire.) « Ces bas-reliefs, » dit-il, tiennent beaucoup de l'ancien style connu sous le nom d'école » d'Égyne. Le costume en est remarquable et diffère ordinairement de » celui des statues. Les tuniques sont en général très-larges par le haut et » assez serrées à la taille. Les ouvertures pour les bras sont très-grandes. » Les étoffes, fines et à très-petits plis, paraissent gauffrées. Les peplus ou » les manteaux sont moins amples qu'à des époques plus rapprochées ; ils » forment des plis réguliers presque droits, et dont les bords en tombant » offrent une suite de triangles et se terminent par une ou deux pointes. » On peut observer aussi qu'en général les figures y ont peu de saillie, » qu'elles offrent moins de nu, et que les coiffures, d'un caractère parti- » culier, sont divisées en grosses tresses, dont deux ou trois coniques » tombent sur les épaules. Le reste des cheveux se relève en arrière sur » le sommet de la tête. Les poses des figures sont ordinairement droites » et simples ; les tailles très-sveltes, et, malgré une certaine rectitude de » lignes dans leur contour, elles ont beaucoup de grâce et de naïveté. » La plupart des têtes sont de profil. On croit reconnaître dans ces bas- » reliefs des imitations de la sculpture en bois. » Ailleurs, l'auteur fait remarquer les manteaux légers et plissés, ainsi que les étoffes à petits plis en travers et à larges bandes en long, les bracelets aux poignets et aux bras, et les doigts qui, aux mains ouvertes, sont recourbés en arrière et vont se perdre dans l'épaisseur du marbre.

vicieuse des angles, l'irrégularité de l'ensemble offrant, par exemple, un côté chargé et l'autre nu. Ces défauts et d'autres étaient peut-être le résultat du dédain des artistes pour toute espèce d'arrangement et d'affectation, affectation qu'ils blâmaient et qui leur répugnait dans quelques ouvrages symétriques antérieurs; mais cela ne les autorisait point à négliger ni à abandonner les lois indispensables de la belle disposition. Il paraît donc que les Calamis, les Myron, qui visaient à l'expression de la vie, ne recherchaient que cette expression seulement, sans penser à coordonner les lignes et les masses. Polyclète sembla pourtant par sa belle Junon et ses gracieuses Canéphores avoir adopté un peu de cette philosophie qui compte pour quelque chose le beau de disposition; toutefois ses ouvrages devaient être en cela fort au-dessous et fort différens de ceux de Praxitèle, qui excella complétement en cette partie. Cette négligence d'arrangement qui a fait appeler inconsidérément cette période l'enfance de l'art (il eût été plus juste de l'appeler son âge adulte), ce peu de liaison, dis-je, dans la composition des groupes et des parties des figures, ce spectacle peu agréable même de lignes sans ordre et sans eurythmie, semblent avoir été favorables à la recherche des principes profonds du dessin et de l'imitation; car les peintres, ainsi que les statuaires d'alors, étant exclusivement occupés des secrets et du sentiment qui sont propres à rendre, à caractériser les formes et à rivaliser par une très-rigoureuse exactitude avec la nature, retirèrent un avantage infini de leurs études. J'espère que ce que l'on trouvera dans ce traité au sujet du beau de disposition et au chapitre 306 qui traite du sentiment des plans, suffira pour suppléer à tant d'exemples antiques qui nous manquent et pourra éclairer et guider dans les recherches dont nous nous occupons ici et dont le but surtout est de fortifier notre théorie de la peinture.

Poursuivons nos rapprochemens : Pierre Perrugino, Gentil-Bellini voulurent purifier et donner de la finesse à l'art que leurs devanciers traitaient trop symétriquement, trop conventionnellement, et ils tombèrent dans le mesquin. Raphaël et Tiziano agrandirent la manière de ces maîtres, et cherchèrent (je ne dis pas qu'ils l'aient trouvé) ce médium alliant le vrai et le beau. Enfin Corrégio semble avoir voulu compléter l'art, et il l'eût complété en effet si le dessin et la composition eussent été excellens à cette époque. Après ces maîtres modernes, la peinture, pour continuer la comparaison, resta quelque tems stationnaire jusqu'à l'époque où elle commença à s'altérer sous les Carracci qui, en voulant faire plus que leurs devanciers, tombèrent malgré tous leurs talens dans l'enflure et la manière. Enfin, grâce à David et aux nouvelles idées qui germaient dans toutes les têtes, à la fin du 18e siècle, l'art s'est élevé. Puisse-t-il s'élever encore ! Puisse son nouvel éclat ne pas être semblable à la lueur vive d'un flambeau qui, après avoir brillé quelque tems, scintille, éblouit, puis s'éteint !

Parlons maintenant des principaux artistes qui illustrèrent la fin de cette période. On serait tenté de distinguer ici cette fin dans une subdivision particulière, puisqu'on vit fleurir vers ce tems Calamis, Myron, Polyclète, artistes si célèbres, et qui, par leur style, semblent n'appartenir qu'aux beaux tems de l'art ; mais cette subdivision embarrasserait le tableau général que nous voulons exposer des progrès de l'art dans l'antiquité. Faisons donc seulement remarquer en passant que ces fameux artistes, prédécesseurs, quoique contemporains de Phidias, avaient conduit l'art entre les mains de ce grand statuaire. Ces Myron, ces Calamis excellaient par la précision et la vie des figures; mais il leur manquait cette philosophie ou ce mélange puissant de grandeur et de justesse, cette union si magique du beau et de l'individuel, de l'extrême vérité et de la plus haute majesté, union dont le génie de Phidias sut enrichir l'art après eux.

Calamis qui précéda Myron acquit une grande célébrité par l'artifice avec lequel il imita la figure humaine ainsi que les chevaux. Il fut très-remarqué, parce qu'il fut un des premiers, et le premier peut-être qui changea sensiblement la roideur primitive en souplesse vraie, et qui s'attacha aux moyens positifs servant à répéter la vie et l'agilité. Aussi Denys d'Halycarnasse dit-il de Calamis que son style avait de la grâce et de la légèreté comme celui de Callimaque, son contemporain, qui n'était jamais satisfait de ses ouvrages. Il est à remarquer, au sujet de ce Callimaque, que les recherches infinies qu'il avait faites pour atteindre à la correction, l'éloignaient de la beauté. Aussi Pline dit de cet artiste : « Ses Lacédémo- » niens dansans sont un ouvrage sans défaut, mais d'où » une correction trop sévère a fait fuir toutes les grâces. » On le surnomma Cacizotechnos, qui signifie gâte chef- » d'œuvre. » (Pline. Liv. 34. C. 8.)

Calamis représenta des écuyers de tous les âges. Il fit les statues de plusieurs jeûnes garçons tendant les bras comme pour implorer le secours du ciel. Une belle figure en bronze, du musée de Berlin, et qui a été trouvée à

Herculanum, est dans cette attitude: son style n'a rien qui indique l'époque et le travail de Calamis, et si l'on veut que ce soit une copie de ce statuaire, il faut convenir qu'elle est tout-à-fait traduite dans le style de l'avant-dernière période de l'art à Rome, sous les empereurs. Ne serait-ce pas ici l'occasion de relever encore certaines méprises et assertions inconsidérées des antiquaires qui, à propos d'analogie de mots, semblent reconnaître de l'analogie de style. En effet, outre que le statuaire Bédas, élève de Lysippe, et qui fleurit beaucoup plus tard, avait représenté en bronze un vainqueur remerciant les dieux, on pourrait objecter que les jeunes garçons de Calamis ne devaient lever qu'un bras pour implorer le ciel, car c'est ainsi que nous voyons ce geste représenté sur plusieurs monumens. Il est à remarquer que le bras droit de cette statue et une partie de la main sont modernes. On peut ajouter que la statue de bronze, dite le tireur d'épine, ouvrage précieux que l'on peut sans inconvénient attribuer à des artistes qui fleurirent peu après le tems de Calamis, n'offre certainement aucune similitude de style avec notre bronze de Berlin. Nous reparlerons du tireur d'épine à l'article d'Alype de Sicyone. Il paraîtrait que Calamis ne s'en tint pas à l'art de représenter; il sut aussi choisir. Pline vante la noblesse de son Alcmène, et ajoute que l'on admire le sourire malicieux de sa statue de Sosandre, ainsi que son ajustement pittoresque. Lucullus transporta à Rome son Apollon colossal, et Germanicus faisait le plus grand cas des coupes ciselées par cet artiste.

Peu après Calamis, on vit paraître Myron qui ajouta encore aux qualités fondamentales que ce premier avait découvertes et appliquées à son art. Voici comment s'exprime à ce sujet Quintilien : « Callon et Égésias travaillaient durement et dans le goût toscan; Calamis vint et » corrigea cette roideur originaire; Myron donna ensuite » plus de souplesse et de naturel à ses productions, mais » ce fut surtout dans les ouvrages de Polyclète que l'on put » reconnaître la régularité et l'agrément. » (L. 12. C. 10.)

Myron, qui recherchait, comme Calamis, la grande justesse et l'austérité d'imitation, passe pour avoir excellé dans la représentation des athlètes. Le talent avec lequel il imitait les animaux prouve son grand savoir dans l'art de représenter : cette fameuse génisse, ce chien célèbre, ce satyre considérant des flûtes, ces statues d'enfans et de vainqueurs aux jeux, ce Discobole enfin dont Quintilien (liv. 2. ch. 13.) nous donne, ainsi que d'autres auteurs, une espèce de description, tout nous prouve que ce statuaire fut frappé surtout des mouvemens et du jeu mécanique de l'homme et des animaux. Aussi ne se lassait-on point d'admirer ses imitations, tant elles étaient naïves et frappantes de vérité.

Pline dit que Myron est le premier dont le talent fût aussi varié, mais il lui reproche de n'avoir pas mieux traité les cheveux et la barbe que dans la grossière antiquité. Néanmoins le poil de sa fameuse génisse devait être vrai et bien exécuté, car elle fut comblée d'éloges. On voyait encore ce chef-d'œuvre dans le 6e siècle. Quant à la négligence qu'il apportait, selon Pline, dans l'exécution des cheveux, elle paraît être une conséquence de la direction qu'il donnait à ses idées. En effet, dans ces tems où l'art n'était point encore parfait, l'étude des qualités premières, et surtout de qualités nouvelles alors, devait absorber toutes les idées des artistes. Ainsi, Myron a pu exécuter les cheveux moins bien qu'Agoracrite et que Phidias, parce que dans l'art de la statuaire en marbre et surtout en bronze, il faut indépendamment du sentiment d'imitation certains procédés presque mécaniques, sans lesquels des objets tels que les cheveux, par exemple, ne sauraient être excellemment exprimés par la matière. Cependant, d'un autre côté, il chercha et trouva le mouvement, le jeu vrai des os, la science des plans; il sut animer, faire respirer ses figures; il les fit remuer, et atteignit peut-être le premier à cette grande qualité qui mène à l'expression de la vie en action. Au surplus, et pour employer une comparaison au sujet de cette critique des cheveux exécutés par Myron, ne savons-nous pas que, parmi les peintres modernes, Holbein et Léonard de Vinci, ces grands dessinateurs, passent au dire des demi-connaisseurs pour n'avoir pas su représenter les cheveux avec autant d'art et de facilité que le firent depuis, dit-on, Guido-Reni, les Carracci, Largillières et Rigaud, quoique pourtant Léonard surtout les imita avec une grande naïveté? Remarquons à ce sujet que les cheveux du tireur d'épine, bien que finement ondulés, sont traités dans cette manière sèche et très-antique que les statuaires du tems de Pline auraient blâmés par comparaison avec les cheveux de l'Apollon du Belvédère et du Laocoon, et que des critiques d'aujourd'hui blâment peut-être encore, en lui comparant la manière fondue de Canova.

Lucien dit que Myron fut comblé des plus justes éloges, et qu'il fut du nombre de ces artistes qu'on adorait avec les dieux. Dans l'anthologie, on a recueilli jusqu'à quarante épigrammes sur la fameuse vache de Myron. En voici quatre dont je ne donne que le sens : « Berger, conduis » plus loin ton troupeau, car la vache de Myron pourrait » se mêler avec tes génisses. — La vache de Myron res- » pire ; si vous ne l'entendez pas mugir, c'est la faute de » l'airain. — Non, Myron ne l'a pas moulée : le tems l'a- » vait changée en métal, et Myron a fait croire qu'elle » était son ouvrage. — Si ses mamelles ne contiennent » point de lait, c'est la faute de l'airain ; ô Myron ! ce » n'est point ta faute. » On trouve dans Ausone jusqu'à sept éloges en vers sur ce morceau célèbre.

Les modernes cherchant quelquefois à justifier les artistes du 15e siècle de ce qu'ils n'ont pas excellé dans la représentation de la figure humaine, prétendent que les mœurs d'alors et la rigueur du christianisme empêchaient la contemplation du nu dont les anciens Grecs tiraient tant d'avantage. Mais on peut leur répondre que les Grecs atteignirent à cette perfection en s'aidant aussi des exercices faits sur des figures d'animaux, moyen qu'eussent pu employer les modernes. J'ose donc avancer que tel peintre ou tel sculpteur qui saura exprimer la vie, le mouvement et la beauté sur une figure de cheval, de génisse, de chien ou même d'oiseau, sera bien près d'être un habile peintre de héros et de dieux. Cette assertion ne paraîtra singulière qu'aux personnes étrangères à l'art, car elles croient que c'est par inspiration seulement qu'on parvient à faire des Achille, des Vénus, des Jupiter, tandis que le positif dans la technie de l'art fait plus de la moitié de l'œuvre. Faisons donc remarquer combien d'artistes de cette époque s'attachèrent à la représentation des animaux.

Pérille fit en airain ce terrible taureau commandé par

le tyran Phalaris. L'artiste périt lui-même dans les flancs de ce bronze sous lequel on allumait un brasier ardent, en sorte que les malheureux que le tyran y faisait enfermer jetaient des cris effroyables. Ces cris et ces gémissemens imitaient par quelque moyen acoustique le mugissement des taureaux. Le statuaire Philiscus coula aussi en bronze avec Théoprobus, deux vaches. Ménaëchme fit une génisse célèbre : elle était représentée tombant sur ses genoux, la tête renversée en arrière. Canachus, que nous avons cité, fit un cerf embarrassé dans des filets, et Iphicrate représenta une lionne. On vit aussi à cette époque des chevaux animés par le talent de Dipœnus et de Scyllis, de Denys d'Argos, d'Agéladas, d'Égésias, de Calamis, de Calynthus, de Simon d'Égyne. Le cheval représenté par ce dernier attirait les chevaux naturels. Micon avait peint des centaures et un cheval, et ce même Simon d'Égyne lui montra l'erreur qu'il avait commise en exprimant des cils à la paupière inférieure de ce cheval. Simon avait de plus sculpté un chien. Enfin Myron fit, outre sa vache si admirée, un chien, un veau, des cigales et des sauterelles. Ajoutons que Naucydès d'Argos et Onatas d'Égyne avaient fait chacun un bélier, Pithodore des syrènes, Théoclès un serpent, et Polyclète l'hydre à sept têtes, assommée par Hercule.

Ce que nous savons du Discobole de Myron sert beaucoup à caractériser la marche de l'art à cette époque. Il paraît qu'ayant été frappé de l'attitude d'un Discobole en action, Myron le surprit sur le fait et l'imita sans s'embarrasser du bon ou du mauvais effet optique que cette attitude devait rendre permanent. Il pensa seulement à faire vivre la matière. Aussi le résultat fut-il une figure animée, admirable pour le mouvement, mais désagréable à la vue.

Quintilien éprouva cette sensation en voyant ce bronze : « Qu'y a-t-il de plus contrefait, dit-il (*Inst. Orat. L.* 2. » *C.* 13), et de plus peiné que ce joueur de palet de » Myron ? Cependant, si on s'avisait de blâmer cette » posture comme peu naturelle, ne montrerait-on pas » son ignorance en reprenant justement ce qui fait la sin- » gularité de l'ouvrage et tout son prix ? »

Voici la description que Philostrate nous a laissée d'une figure d'Hyacinthe, peinte dans une attitude qui paraît analogue à celle du Discobole de Myron, selon la remarque de Mr Em. David, dont j'emprunte ici la traduction. « Le » jeune Hyacinthe allait lancer le disque dans le jeu fatal » où il perdit la vie. La cuisse droite, fortement inclinée, » portait le poids du corps. Le torse et la tête se pen- » chaient en avant. La jambe gauche, en l'air et en arrière, » suivait le mouvement du bras droit. Le visage se tournait » vers la hanche droite. Le corps, par l'action des reins » et du jarret, allait se relever, et, en sautant, chasser le » disque de toute sa force. » (Rech. sur l'art stat.) On possède quelques copies antiques de ce Discobole ; celle du musée du Vatican fut trouvée à la fin du 18e siècle dans la villa Adriana à Tivoli.

Parlons maintenant de Polyclète. Ce célèbre statuaire dut faire avancer l'art, en l'enrichissant de certains principes qui furent particuliers à son talent. En effet, ses ouvrages différaient de ceux de Myron, son émule, et ne ressemblaient point à ceux que Lysippe fit plus tard, c'est-à-dire que, sans produire les charmes de l'école des contemporains d'Alexandre, il avait néanmoins ajouté à la statuaire des qualités qui lui manquaient de son tems. Cicéron s'exprime ainsi (*Lib. 3. De Oratore*) : « Les manières de

» Myron, de Polyclète et de Lysippe sont différentes, et » pourtant personne ne se plaint de ces différences ; car » elles n'empêchent pas que l'art ne soit un. » Plutarque (*Lib.* 11. *Probl.* 3) parle des perfectionnemens apportés à l'art par Polyclète, et des difficultés qu'il eut à vaincre. Vitruve (*In Præmio. Lib.* 3) dit que Polyclète en portant l'art à son apogée, ainsi que Phidias, Lysippe et autres, s'est fait un nom qui ne périra jamais. L'opinion vulgaire, dit encore Pline, attribuait à Polyclète le mérite d'avoir conduit l'art à son plus haut degré de perfection. Néanmoins, quoique convaincus de l'excellence de Polyclète, nous voudrions avoir une idée de son style et de ses qualités. Voici ce que dit Quintilien (*Lib.* 12. *Cap.* 10. *Inst. Orat.*) : « Polyclète, qui vint après Calamis et Myron, » ajouta la régularité et la grâce ; la plupart lui donnent » le premier rang : cependant ils disent que ses statues, » pour ne rien perdre de leur prix, auraient besoin d'un » peu plus de force. En effet, il a représenté les hommes » avec une grâce infinie et mieux qu'ils ne sont ; mais il » n'a pas tout à fait atteint la majesté des dieux (*Non* » *explevisse deorum autoritatem videtur*). On dit même » que l'âge robuste étonnait ses savantes mains, c'est » pourquoi il n'a guère exprimé que la tendre jeunesse. » Mais ce qui manquait à Polyclète, Phidias et Alcamène » l'ont eu en partage. Phidias pourtant passe pour avoir » moins bien représenté les hommes que les dieux. » Ce passage intéressant me semble très-propre à caractériser le style de Polyclète. Par le mot régularité, Quintilien entendait sans doute la juste proportion et la précision extrême dans l'imitation de la statique et de la mécanique ; par la grâce, il voulait sûrement dire que les figures de

Polyclète tendaient déjà à cette aisance agréable que ni Calamis, ni Myron n'avaient point encore assez cherchée.

On peut donc croire que Polyclète s'attacha plus à la stricte vérité qu'à la grandeur et à la divinité, et quoique sa fameuse Junon de Mycènes, statue d'or et d'ivoire, passât pour égaler en mérite les grands ouvrages de Phidias, il n'en est pas moins évident qu'il rechercha plus la perfection des images que leur aspect imposant : son Apoxyomènos le prouve. Il voulut obtenir l'excellence par l'imitation ; la poésie, par les caractères ; l'expression, par la vie au moyen de la géométrie, de l'anatomie et des proportions : précieuse résolution qui purifia et perfectionna l'art ; idée forte et naïve à laquelle on dut plus tard les merveilles du pinceau de Protogène et celles du ciseau de Lysippe, lequel avait tant étudié Polyclète et avait pris pour guide son célèbre Canon (Cic. *De clar. oratoribus*). Enfin de là vint la correction constante qui concourut si long-tems à l'excellence des chefs-d'œuvre de l'école grecque.

Polyclète fit donc une statue qu'on appela le Canon ou la Règle, tant elle était correcte et sévère, tant les lois de la mécanique osseuse et musculaire et dés proportions y étaient observées. « C'est vraisemblablement, dit un auteur » moderne, pour transmettre à la postérité la tradition des » règles de la sculpture que Polyclète avait fait une statue » qui les contenait toutes, et qu'il appelait à cause de cela » la Règle ou le Canon. » Cette conjecture n'est point satisfaisante ; toutes les dissertations qu'on a faites sur cette statue ont été inutiles, et Pline nous a laissé à ce sujet dans une incertitude qui prouve qu'il n'avait point lui-même une idée nette du caractère de cet ouvrage. « Les » artistes, dit-il, étudient le dessin de cette statue, et ils

» en font pour l'art une espèce de loi; Polyclète est enfin » le seul de tous les hommes qui ait créé l'art par une pro- » duction de l'art (*Fecit et quem Canona artifices vocant* » *lineamenta artis ex eo petentes, velut à lege quâdam,* » *solusque hominum artem ipse fecisse artis opere judi-* » *catur. L. 34. C. 8.*) »

Il est absurde de penser avec quelques écrivains étrangers à la sculpture, que cette statue était le type de toutes les proportions, ou de la meilleure proportion, puisque la diversité des caractères nécessite la diversité des proportions. Il eut été plus naturel d'imaginer qu'on la considérait comme parfaite dans son genre, sous le rapport de la propriété dans la proportion, ainsi que sous le rapport de l'imitation et du mécanisme. Je crois avoir découvert ce qu'on pensait dans l'antiquité et quel usage on faisait de cette statue de Polyclète; je renvoie le lecteur à ce qui sera dit aux chapitres 226 et suivans sur les proportions. Je me contenterai d'avancer ici que cette statue représentait seulement l'homme et qu'elle offrait le véritable point moyen entre les individus modèles, par conséquent plus ou moins imparfaits, et les figures embellies, héroïques ou divines. Elle n'avait donc d'autre caractère déterminé que celui de la perfection de l'homme en général, et tenait le milieu entre l'individu et l'archétype, en sorte qu'elle servait de canon ou de règle pour embellir l'un et éviter le fantastique dans l'autre. Comme le procédé de tous les artistes les obligeait à faire usage d'un canon, ils désiraient beaucoup en avoir un qui fût excellent, et ils adoptèrent la figure que Polyclète avait exécutée. Cette figure représentait simplement un homme debout, armé d'une lance.

Il importe de rappeler ici la conjecture erronnée des

écrivains qui ont supposé que l'art avait commencé par la plus rigide vérité, et qu'il ne s'était élevé qu'ensuite à la haute beauté ; nous voyons au contraire que les artistes de cette époque avaient déjà délaissé par trop les antiques arrangemens que Phidias ne manqua pas de ressaisir et d'emprunter avec une juste convenance.

Rassemblons ici les sujets que choisit Polyclète pour atteindre au but qu'il se proposait par l'extrême justesse d'imitation, c'est-à-dire à la pureté, à la naïveté et à la force. Il fit son Diadumènos, c'est-à-dire un jeune homme ceignant sa tête, statue que l'on acheta un très-grand prix ; son Apoxyomènos ou athlète se frottant avec un strigile ; son joueur d'osselets ; ses Astragalizontes, ou deux jeunes garçons nus, jouant aux osselets ; son Périphorétos, qui représentait Artémon. Il fit la statue d'un brave prenant ses armes pour courir au combat ; deux Canéphores ou jeunes filles portant des corbeilles ; Alcibiade, statue dont les mains étaient mutilées du tems de Dion-Chrysostôme (on sait avec quel art Polyclète représentait les mains) ; enfin, ce fameux Doryphore, c'est-à-dire un homme portant une lance, statue célèbre qui servit de canon à tous les artistes qui vinrent depuis.

Cicéron (*In Verr.*) nous a laissé une description des Canéphores de Polyclète. « C'était, dit-il, deux statues de » bronze, d'une dimension médiocre, mais de la grâce la » plus exquise ; leurs vêtemens et leur maintien rendaient » témoignage à leur virginité : elles portaient sur la tête » les choses sacrées à la manière des vierges athéniennes » qu'on nommait Canéphores. Les personnes mêmes, » ajoute-t-il, qui n'avaient aucune idée de l'art, ne pou» vaient se défendre d'admirer la beauté de ces figures. »

On a cru que des copies de ces Canéphores se voyaient à la villa Albani dans quatre statues servant à décorer deux espèces de grottes qui se trouvent à l'entrée du parterre; je doute fort que le rapprochement soit heureux.

On croit, par exemple, avec assez de raison, que la pierre gravée, publiée par Winckelmann sous le nom de Tydée, qui, dit-on, se retire un javelot du pied, n'est qu'une imitation de l'Apoxyomènos de Polyclète. Winckelmann regarde comme étrusque cette figure qui n'est pas d'une disposition gracieuse, et dont cependant l'original pouvait être un chef-d'œuvre à cause de sa vérité; il en était de cette figure comme du discobole de Myron. C'est ce qui me fera dire au sujet de Praxitèle que si Polyclète fit concourir le choix du mouvement à la vie, Praxitèle le fit concourir à la vie et à la beauté.

Winckelmann trouve aussi une copie du fameux Diadumènos dans une statue plus petite que nature, qui se voit à la villa Farnèse; il croit également en reconnaître une autre copie en bas-relief sur une urne funéraire de la villa Senibaldi. Ne connaissant ni l'une ni l'autre de ces figures, je suis dispensé d'émettre mon opinion sur cette comparaison. Quant à ces figures si souvent répétées, assises par terre une main appuyée sur le sol et jouant aux osselets, on peut penser qu'elles sont des imitations des Astragalizontes de Polyclète. Nous savons aussi par Pausanias que Polygnote avait peint à peu près le même sujet; c'était les deux filles de Pindare jouant aux osselets. Pline, en parlant de ces Astragalizontes, dit que ces figures qu'on voyait de son tems dans les appartemens du palais de l'empereur Titus, passaient pour être l'ouvrage le plus parfait qu'on eût jamais vu. (V. ce qui a été dit au ch. 48. p. 271.)

Vasi dit que la Flore Farnèse (c'est une Therpsicore) est l'ouvrage de Polyclète, et que l'on croit que c'est une des statues de ce célèbre Sicyonien rassemblées par Titus dans le vestibule de son palais. Il est vrai que ce que Cicéron dit du vêtement des Canéphores justifierait assez cette conjecture; cependant aucun écrivain ancien ne fait mention de cette prétendue Flore, et ce n'est probablement que parce que Titus avait réuni des ouvrages de Polyclète, qu'on a attribué à cet artiste la statue dont il s'agit. Il ne faut pas cependant rejeter toutes les vieilles traditions conservées à Rome au sujet des auteurs des antiques. Leurs inscriptions perdues depuis leur découverte, certaines confrontations faites par des praticiens sur le matériel de l'art, certains manuscrits consultés peuvent nous avoir conservé la vérité des faits. Malgré tout, d'après sa belle disposition dans l'ensemble, je crois que cette élégante figure appartient à une époque non antérieure à Praxitèle.

On lit dans *Auct. Rhet. ad Herenium. Lib.* 4. que Polyclète excellait dans la représentation du torse de l'homme et de la poitrine. Enfin M. Heyne croit que Polyclète fixa le type de Mercure; c'était en effet une statue dans son genre. M. Heyne a sans doute voulu indiquer le Mercure que, suivant Pline, on voyait à Lysimachie. Rappelons ici qu'à Naples on conserve un bronze de grandeur naturelle représentant une excellente figure d'un jeune Mercure assis. La vérité, la simplicité de la pose, la grande justesse de mouvement rappelle le style pur et châtié de Polyclète; on en possède un ectype à l'école de Paris. L'étude de cette figure peut donner une idée du style de l'art grec dans cette période : on y remarque cette justesse extrême résultant de la pratique des proportions prises au compas avec un scrupule remarquable, méthode qui seule pourrait faire refleurir l'art chez les modernes, bien qu'il soit certain que le sentiment et le grand goût doivent, ainsi que la philosophie, présider à tout ce que produisent les beaux-arts. Une mauvaise copie de la Flore Farnèse se voit aux Tuileries à l'entrée de la grande allée. Cette copie, faite sans exactitude et sans expression, nous fait bien voir où peuvent conduire le sentiment et la manière, lorsqu'aucun procédé rigoureux, austère et précis ne sert de soutien à l'artiste.

Quoique je ne doive considérer ici Polyclète que comme statuaire, je ne puis passer sous le silence un mot de Pausanias sur ce grand artiste. « Dans le temple même d'Esculape, dit-il (liv. 2. c. 27.), les Épidauriens ont un » théâtre qui est à mon avis d'une beauté remarquable, » puisque les théâtres des Romains surpassent évidemment » tous les autres en magnificence, en ornemens et même » en grandeur, sans en excepter celui qui est à Mégalopolis chez les Arcadiens : mais pour l'élégance et la » symétrie, qui pourrait le disputer à Polyclète ? Or, c'est » Polyclète lui-même qui a été l'architecte de ce théâtre que » l'on voit à Épidaure, aussi bien que de la rotonde dont » je viens de parler (celle qui renfermait des peintures de Pausias). » Enfin Pline, grand admirateur de Polyclète, termine son article en disant qu'il avait encore ajouté à ce que Phidias trouva dans l'art de la toreutique.

Vers le même tems, on vit fleurir Naucydès d'Argos, très-habile statuaire; il s'illustra par des statues iconiques. On admirait de lui Euclis de Rhodes, vainqueur au pugilat; l'athlète Chimon, ouvrage dont on embellit Rome; la fameuse Érinne de Lesbos, femme poète à laquelle on érigea cette statue de bronze; un homme sacrifiant un bélier; un Discobole en bronze, et d'autres sujets. Pline indique cette statue de Discobole, sans ajouter aucune description de l'ouvrage. Il eut été à désirer que quelques indications nous fissent connaître par induction si cette statue était la même qu'on a répétée souvent dans l'antiquité, et dont nous avons une copie si excellente au musée du Vatican. On pourrait supposer que cette copie approche de très-près de la beauté de l'original lui-même, tant elle est supérieure aux autres répétitions de cet ouvrage; elle n'est pas entièrement terminée, et c'est peut-être ce qui l'a préservée des enlèvemens d'autres fois. Cette belle antique a été trouvée près de Rome, vers la fin du 18e siècle: la tête, qui est antique, provient d'une autre statue et a été rapportée. On peut dire ici en passant que l'étude de cette figure classique est une des plus utiles que puissent faire les dessinateurs sous le rapport de l'imitation du mouvement et des plans. Cette précieuse statue, bien que d'une austère correction, est loin d'offrir une disposition désagréable, et on serait tenté de croire que déjà Phidias avait influé sur l'art lorsque cette excellente figure de bronze fut exécutée. Le caractère du style transmis sur cette copie ainsi que l'époque à laquelle nous savons que fleurit Naucydès coïncident par cette supposition qui nous conduit naturellement à la période suivante.

CHAPITRE 53.

IVe PÉRIODE : INTERVALLE DE CENT ANS ENVIRON.– CARACTÈRE DU STYLE DE L'ART EN GRÈCE, DEPUIS PHIDIAS, QUATRE CENT TRENTE ANS ENVIRON AVANT NOTRE ÈRE, JUSQU'A PRAXITÈLE, QUI FLORISSAIT TROIS-CENT TRENTE-SIX ANS AVANT NOTRE ÈRE.

Tout se préparait déjà, comme nous venons de le voir, pour la perfection et pour la longue durée de l'art, lorsque Phidias parut. Pendant la vie de ce grand artiste, les circonstances les plus favorables à la sculpture se développaient; et s'il dut à son propre génie et aux excellentes leçons de ses maîtres la plus grande partie de son prodigieux talent, il dut à son siècle ce qui élève toujours les artistes habiles à un dégré supérieur, je veux dire l'amour de tout un peuple pour les grandes choses, la protection du premier citoyen de l'état, et les applaudissemens de toute une patrie ivre de gloire et idolâtre de chefs-d'œuvre. Ce fut au milieu de tous ces élémens que brilla le génie le plus élévé qui ait jamais paru dans la carrière des arts; ce fut dans les plus beaux jours d'Athènes que fleurit l'immortel Phidias.

Quand tous les Athéniens, fiers des batailles de Salamine et de Platée, s'enflammaient en jouissant de leurs succès, quelle ardeur et quel enthousiasme durent enflammer les artistes jaloux d'ajouter eux-mêmes à tant de gloire? Phidias voulut donc élever l'art à son plus haut degré, et il parvint à ce triomphe. Les grands ouvrages d'Onatas d'Égyne, de Pythagore de Rhégium, de Ménaëchme qui avait écrit sur son art; les travaux de ses contemporains Calamis, Myron et Polyclète même ne furent point aux yeux de ce grand génie les véritables types de la grandeur et de la dignité de la sculpture. Nouvel Homère, il voulut rendre la divinité sensible aux mortels : philosophe, citoyen et poète sublime, il voulut embellir les mœurs, et parler aux Grecs un langage digne de leur nouvelle splendeur. On vit donc bientôt le plus grand des dieux, le père de tout l'Olympe, sortir de ses mains éclatant de majesté; l'image de Minerve fut offerte aux Grecs sous les formes d'une beauté inconnue jusqu'alors, car l'ivoire et l'or s'étaient divinisés sous son immortel ciseau; Vénus, Apollon, Mercure et plusieurs autres dieux reçurent aussi une vie nouvelle du grand art de ce statuaire: alors les Grecs lui donnèrent le surnom de divin. Jupiter lui-même m'a apparu, leur disait-il, et tel que je l'ai représenté à Olympie. Il l'avait vu en effet, mais comme voient les grands peintres et les grands statuaires, c'est-à-dire que dans son imagination s'étaient fixés les rapports très-déterminés qui devaient exister entre toutes les formes du modèle archétype pour lequel il avait long-tems consulté la nature. Selon le récit de plusieurs écrivains, l'idée de son Jupiter olympien lui fut inspirée par ce passage d'Homère : « Il dit, et baisse ses noirs sourcils; la chevelure divine s'agite sur la tête du roi des dieux; le vaste Olympe tremble.... » Tous ceux qui ont répété ce passage, n'ont peut-être pas distingué l'heureux parti qu'en sut tirer le beau génie de Phidias qui, à la vérité, a pu s'exalter par la lecture d'Homère, mais qui a su élever son Jupiter à la hauteur de ce poète par la sublimité du langage particulier à la statuaire et par des moyens d'art qu'il trouva le premier dans son propre talent.

Phidias eut donc la gloire de créer plusieurs archétypes qui servirent depuis à presque tous les statuaires pour représenter les premières divinités. Ce que ses prédécesseurs avaient ébauché, il le finit; ce que les poètes avaient imaginé, il le réalisa, pour ainsi dire, en sorte qu'on peut avancer qu'il ne fut surpassé ni dans le style, ni dans les caractères de certaines divinités. Ce fut donc ainsi que fut fixé le type de Jupiter, par celui qu'il exécuta à Olympie, lequel fut mis au nombre des sept merveilles du monde; ainsi fut fixé le type de Minerve, par sa fameuse statue du Parthénon, et très-probablement celui de Vénus dont il développa les charmes dans plusieurs statues également renommées. Pausanias cite deux Vénus sorties du ciseau de Phidias, et Pline nous apprend qu'on en voyait une à Rome de la plus grande beauté (*Eximiæ pulchritudinis. L.* 36. *C.* 5). Phidias mit, comme on le sait, la dernière main à une Vénus de son élève Alcamène. Il paraît vraisemblable que la Vénus de Scopas était conforme au type de Phidias, ainsi que celle de Praxitèle, statue si supérieure à celle de Scopas. M. Heyne conjecture aussi que Phidias fixa le type de la Victoire, par celle qu'il plaça dans la main de son Jupiter, et qui était d'or; celui de Cybèle, par la statue de cette déesse qu'on érigea dans le Métroum d'Athènes; enfin ceux des Amazones, des Fleuves et des Grâces : ces figures ornaient, comme on le sait, le trône du Jupiter olympien.

Cependant Phidias en servant les temples, en donnant aux peuples religieux les plus belles images de leurs grandes divinités, voulut aussi servir les mœurs : il représenta les jeux solennels des Athéniens; il peignit les mœurs dans ces jeunes vierges choisies pour embellir les cérémonies des temples; il peignit les mœurs dans ces jeunes Grecs qu'il représenta pleins de courage et de sécurité, soit avant les combats dans le stade, soit après ou pendant leurs glorieux exercices. Le beau Pantarcès brilla de toute sa perfection dans une image de bronze à jamais célèbre, et un grand nombre d'autres figures non divinisées offrirent aux yeux des Grecs tout ce que peuvent avoir d'attrayant la décence, la grâce et la dignité.

Néanmoins les successeurs de Phidias trouvèrent encore des conditions, des perfections à ajouter; les Praxitèle, les Euphranor enrichirent l'art de nouvelles beautés et de secrets inconnus qui en furent le complément. Qu'en devons-nous conclure? C'est que l'art qui est immense va se perfectionnant peu à peu, et que ses graduations sont toujours très-sensibles et non interrompues, tant que les bases sur lesquelles il s'élève sont sûres et excellentes, car alors rien ne peut le faire rétrograder, ni arrêter le cours de ses progrès plus ou moins rapides.

Rappelons-nous que ce n'était point une chose nouvelle, au tems où parut Phidias, que d'inventer des dispositions nobles, des costumes imposans, des attitudes grandes, et même qu'on possédait l'artifice de relever le tout ensemble par un certain tour pittoresque qui donnait aux images quelque chose de mystique et de divin. Nous avons vu que les prêtres étrusques, qui étaient probablement poètes et artistes, n'étaient point indifférens sur les caractères des images, et qu'ils avaient conservé des Égyptiens l'art d'émouvoir par des spectacles extraordinaires, de toucher et de surprendre par des combinaisons qu'ils étaient en droit d'appeler magiques. On est même assuré par l'inspection des monumens égyptiens, indiens, étrusques, égynétiques, etc., que cette partie pittoresque de l'art était portée jusqu'aux fantaisies les plus ingénieuses. Les plis et le jet symétrique des draperies, l'arrangement singulier des cheveux distribués par anneaux et par longues tresses en spirales régulières, l'ordre des lignes dans toutes les masses, le grand choix dans le caractère de certains accessoirs ou ornemens servant à relever le costume, tout le langage enfin était calculé et poétiquement combiné. Par la même raison, les cérémonies religieuses qui servaient si souvent de modèles aux artistes, devaient offrir à cette époque une pompe d'un très-grand aspect. Par rapport à nos mœurs et à nos cérémonies moins soumises aux lois du goût, elles nous sembleraient peut-être étranges, mais les Grecs y avaient bien certainement épuisé toutes les combinaisons du beau. Enfin cette marche de l'art est la marche naturelle que, dans tous les âges et chez tous les peuples, on cherche à suivre, et que le savoir seul des artistes peut diriger. Aujourd'hui ne voyons-nous pas dans nos églises des images décorées ou plutôt affublées d'une manière souvent piquante, quoique de mauvais goût? Cette propension des prêtres et des peuples vers ces décorations étranges va souvent parmi nous jusqu'à couvrir d'une couronne de clinquant la tête des Saints et de la Vierge peints sur les tableaux, et à relever ainsi ce que la plate peinture semble avoir souvent de froid et de peu éclatant.

Qu'est-ce qui donnait donc un caractère de nouveauté si attrayant aux ouvrages de Phidias? C'est qu'il rendit plus conformes à la nature et à l'art ses compositions participant du style de ses devanciers; c'est que les charmes et les artifices de son dessin donnèrent une autre vie, une autre existence à ces dieux, à ces déesses et à ces héros dont la dignité était auparavant comme inanimée, dont les formes étaient un peu conventionnelles n'étant pas saisies réellement sur la nature; c'est que ces expressions, ces gestes, ces jeux mécaniques du corps, ces physionomies, ces yeux et ces bouches, ces mouvemens de draperies enfin, et toutes ces formes, tant des figures que des accessoires, furent imitées selon l'esprit de la nature, conformément à ses caractères et avec une énergie et un sentiment de justesse extraordinaires. Phidias, en étudiant la beauté, étudia donc la nature; il l'observa en statuaire à l'aide de la géométrie, à l'aide de l'anatomie et à l'aide de la philosophie. Il l'avait même observée en peintre; car il était de ces artistes, dit Grégoire de Nazianze (*Orat.* 34), propres à produire des chefs-d'œuvre, soit avec le ciseau, soit avec le pinceau : on voyait à Athènes un portrait de sa main, c'était celui de Périclès.

Phidias n'ignorait pas que le ciel l'avait favorisé par un génie supérieur, une sensibilité exquise et une tendance naturelle vers le beau et le sublime; mais il reconnut que, pour servir sa patrie, des études nouvelles et des sacrifices nouveaux étaient nécessaires. Il travailla donc sans relâche et parvint définitivement à découvrir par la force de sa pénétration, activée par une constante étude, les secrets les plus importans de son art, et les grandes lois fondamentales de la statuaire, de la plastique, de la peinture et de la toreutique (*Primusque artem toreuticen aperuisse atque demonstrasse meritò judicatur.* PLINE. *Lib.* 34. *Cap.* 8.). Les connaissances qu'il acquit sur la mécanique des corps vivans et sur les proportions, devaient être immenses. Il reconnut de suite, dit-on, à la seule inspection de la griffe d'un lion, qu'elles devaient être précisément la dimension et les proportions de tout l'animal. Il paraît qu'il mit le premier en vigueur les grandes leçons de l'anatomie artistique, et qu'il se fit sur cette science des règles certaines qui le soutinrent dans tout le cours de ses travaux.

Quant à l'optique de l'art, condition que Vitruve a distinguée particulièrement, il est évident que Phidias possédait sur ce point des données plus certaines que ces devanciers. Alcamène, son élève, fut chargé d'exécuter en concurrence avec lui une Minerve qui devait être placée sur une très-haute colonne. Mais quoiqu'Alcamène ait dû s'instruire dans les exemples de tous les statuaires qui avaient déjà rempli la Grèce de grands monumens, dans lesquels les règles de l'optique devaient avoir été consultées, Phidias l'emporta de beaucoup sur Alcamène. La statue de Phidias, quoique moins belle et moins agréable de près, éclipsa au véritable point de vue celle de son concurrent et devint un chef-d'œuvre aussitôt qu'elle fut mise en place. C'est Tzetzès qui rapporte ce fait (*Chiliad.* 8. *Hist.* 193). Les grands fragmens de sculpture provenant du fronton du Parthénon sont remarquables par ces qualités optiques, et sans entrer ici dans des détails qui n'appartiendraient pas à mon plan, puisqu'ils concerneraient l'art de la sculpture, je dirai que l'on reconnaît les calculs que ce grand artiste avait suivis, en traitant soit le relief des Métopes éclairés du haut et en dehors, soit le relief des frises de l'intérieur éclairées par reflet. L'art du bas-relief est parfait dans ces modèles classiques que nous avons le bonheur de posséder, et les raisons de ces reliefs sont si savantes que, sans une haute instruction, un élève ne pourrait pas en retirer tout le fruit qu'on en doit attendre. Je ne parlerai pas non plus de cet art qui tient aussi à l'optique, et par lequel Phidias rendait sensibles et savait toujours retrouver les points extrêmes propres à déterminer et la grande silhouette de toute une figure et ses articulations principales, malgré et à travers les draperies et les accessoires. Enfin, ce furent de grandes découvertes sculpturales qui donnèrent tant de valeur à son école, ce furent ces axiômes techniques qui formèrent les Agoracrite, les Alcamène, les Colotès, et tant d'autres artistes qui contribuèrent avec ce statuaire divin à illustrer le siècle de Périclès.

Phidias changea donc entièrement la face de l'art; et, tout en conservant dans son école l'antique gravité et la haute décence des images, il les vivifia et obtint des figures plus animées, pour ainsi dire, sur le marbre et le bronze que sur la nature, et cela par une nouvelle force dans le langage plastique et par la puissance du sentiment des dessous, des plans et des formes. L'art acquit ainsi un perfectionnement qui excita l'admiration de toute la Grèce. Lors donc qu'on voulait caractériser un ouvrage d'un ordre supérieur, on l'appelait ouvrage à la Phidias (*Signum Phidiæ*), et cette dénomination s'est conservée jusqu'à nous.

Les Grecs ne trouvaient point de termes assez relevés pour exprimer leur admiration, quand ils parlaient du style de cet artiste célèbre; ils lui comparaient celui de Thucydide, celui de Démosthène. La beauté mâle que représentait Phidias était pleine de douceur, d'élégance et de grâce. Ingénieux et sublime, dit Pausanias, il imitait les grandes choses avec énergie, les petites avec naïveté. Son style, qu'il variait dans ses divers ouvrages, était, selon les anciens auteurs, magnifique et recherché tout à la fois. « Allons à Olympie, disait-on, voir l'ouvrage de » Phidias, puisque l'on compte au nombre des malheurs, » de mourir sans avoir vu les productions de ce grand » artiste (*Aniani Epict. Lib.* 1. *Cap.* 6). — Le génie » du jeune Hortensius, selon Cicéron (*De claris Ora-* » *toribus*), ressemble à un ouvrage de Phidias, que l'on » admire aussitôt qu'on le voit. » Cet orateur dit encore (*in Bruto*) : « Je n'ai rien vu de plus parfait que les ou- » vrages de Phidias.—La beauté de son Jupiter olympien, » dit-il ailleurs, semble avoir ajouté quelque chose à la » religion des peuples, tant la majesté de l'ouvrage égale » celle du dieu. » Pline, en parlant de ce chef-d'œuvre, se sert de l'expression *quem nemo æmulatur*, c'est-à-dire inimitable (*Lib.* 34. *Cap.* 8). Enfin, on osait avancer que Phidias avait eu Jupiter même pour approbateur. Suidas regardait Phidias et Zeuxis comme des artistes qui avaient travaillé d'inspiration. « Son amour pour la beauté » était porté au plus haut degré; il avait écrit ces mots sur » un doigt de son Jupiter : Pantarcès est beau (*Arnob.* » *adv. gent.*). — Phidias, dit Quintilien (Liv. 12), réussit » mieux à représenter les dieux que les hommes. — C'est » surtout, selon Denys d'Halycarnasse (*in Isocrate*), dans » la gravité, dans la grandeur et la dignité que consistait » le mérite de l'art sous Phidias et sous Polyclète. » Démétrius de Phalère dit la même chose. N'en concluons pas que Phidias manqua d'exécution et d'adresse; nous avons déjà parlé de son influence sur l'art de la toreutique. « Il » travaillait, dit Sénèque (*Epistol.* 85), l'ivoire, le bronze, » le marbre et même les matières inférieures avec une

» égale supériorité. » (Voyez aussi *Philon Judæus de temulentiâ, etc. etc.*)

L'école de Phidias est donc l'école mère, l'école pure dans laquelle tous les artistes de la Grèce et de Rome allèrent puiser leurs leçons; Phidias est le véritable fondateur de l'art. Quelle émulation dans ces tems heureux, quelle ardeur pour les savantes recherches, et combien de secrets découverts! Les lois de la statique et de la pondération, les calculs certains et vivifians de la géométrie furent discutés par des sculpteurs et des peintres philosophes, sous ces beaux portiques dont Périclès venait d'embellir Athènes. On connut à la fin les véritables et les seuls moyens d'atteindre à l'expression, à la grâce et à la beauté. Tous les citoyens instruits apportaient leurs lumières à la masse qui devenait la propriété de tous. On interrogea les voyageurs et les savans qui avaient médité sur les arts lointains. On envoya de nouveaux voyageurs. On forma le serment de rendre l'art glorieux et durable autant que la patrie, et depuis le grand Périclès jusqu'au dernier citoyen, tous les Grecs renfermaient ce vœu sacré dans leur cœur. Et quand je dis les savans, je veux dire les géomètres, les mécaniciens, les anatomistes, les médecins, les opticiens qui s'associèrent aux moralistes et aux métaphiciens, en sorte qu'il résulta de leurs conférences et de leurs discussions un concours d'idées qui en élevant l'art le dirigeaient vers la perfection.

Dans ces tems à jamais fameux, les statuaires et les peintres furent unanimement assurés que de toutes les parties de l'art, celle qui tient le premier rang, celle qui sert de soutien à toutes les autres et sans laquelle les autres ne sont rien, c'est la science du dessin. La partie mathématique du dessin a pu long-tems être pratiquée seule et sans l'association de l'anatomie, tant qu'on n'en fit l'application qu'à l'architecture, par exemple, et aux productions qui ont pour premier principe la statique. Mais aussitôt que la représentation du corps humain devint l'objet des études d'artistes très-instruits, aussitôt que l'anatomie fut considérée comme le second moyen du dessin, des hommes d'un génie supérieur posèrent les véritables bases de la théorie de la statuaire et de la peinture, et sur ces bases élevèrent à l'envi des chefs-d'œuvre.

Qui peut éluder ici une comparaison qui sourit à l'imagination excitée par ces belles questions, et qui n'est pas étonné à l'aspect de ce monument impérissable érigé par les Grecs à l'honneur de l'esprit humain? Oui, je le vois, ce trône indestructible de l'art antique, du haut duquel la peinture dicte encore ses lois à l'univers...... Combien de peuples concoururent à ses vastes fondemens! Il me semble voir l'Égypte prodiguer le basalte, le granit et le porphyre; l'Inde et la Perse apporter leurs pierres éclatantes et leurs métaux précieux; l'Étrurie et la Campanie étaler ce que l'industrie peut imaginer et produire de plus ingénieux : mais, trop heureux Phidias, toi seul l'élevas sur ses bases inébranlables ce trône brillant que nous respectons encore; ce fut toi qui gravas sur le marbre et le bronze le Code sacré qui, comme ta belle Minerve, devint le palladium de l'art. Non, tout l'or qui composait la tunique divine de cette Minerve; tout l'or dont tu formas la Victoire que soutenait dans sa main le père des dieux assis dans son temple olympien; l'ivoire éblouissant qui modelait les belles joues de la déesse, ne produisit jamais un aussi vif éclat...... Grand Phidias, ta gloire n'a point péri, et même aujourd'hui nous t'offrons des couronnes...... Viens donc nous inspirer aussi, viens nous apprendre par quelle méthode, par quels secrets ton génie divin enfanta des merveilles.

Cependant que nous est-il parvenu de tant d'ouvrages sortis du ciseau de cet artiste immortel? L'enthousiasme des modernes pour l'art grec en a heureusement sauvé quelques débris, et les lumières des archéologues ont fait recueillir avec recherche jusqu'aux copies de ces chefs-d'œuvre. Indiquons brièvement ici quelques-unes de ces richesses.

On savait que le Parthénon, fameux temple de Minerve à Athènes, et qui subsiste encore aujourd'hui, avait été décoré de sculptures exécutées par les soins de Phidias, c'est-à-dire sous sa direction. Déjà des voyageurs éclairés avaient rapporté en Europe et publié des dessins de ces célèbres monumens. Depuis l'an 1800, un amateur zélé avait même fait jouir les artistes de Paris de l'avantage inappréciable d'étudier, sur des empreintes moulées à Athènes, un certain nombre de bas-reliefs provenant de ce temple. M. le comte de Choiseul-Gouffier avait de plus rapporté quelques fragmens originaux, entr'autres un Métope et le bas-relief dit des Panathénées. Le musée de Paris les possède l'un et l'autre aujourd'hui. Mais de plus grandes leçons vinrent enfin éclairer les savans sur l'excellence de l'art dirigé par Phidias. En 1816, lord Elgin, qui était parvenu à dépouiller le Parthénon de ses sculptures et à les conduire en Angleterre, les céda au gouvernement britannique, qui les réunit dans le musée de Londres. J'ai indiqué dans le 1er volume plusieurs écrits publiés à ce sujet. Qu'il me suffise de dire que cette importante collection doit avoir de très-grandes conséquences sous le rapport du bon goût et des véritables doctrines artistiques dans toute l'Europe. Les empreintes des morceaux les plus importans sont déjà répandues dans diverses capitales. En France, l'art s'est ressenti pendant un certain tems de l'heureuse influence provenant de l'étude des bas-reliefs dont je viens de parler. Mais il faut le dire, cette influence fut blâmée depuis et semble redoutée aujourd'hui par des envieux qui, craignant la comparaison de leur méchant goût et de leur pauvre dessin avec le goût si élevé, si beau, et le dessin si nerveux, si vrai de la haute antiquité, dessin remarquable dans ces empreintes où brille la fleur de l'art, ne cessent de répéter que de pareils modèles sont faits pour tarir le génie [1].

Des caractères, nouveaux pour nous, sont à remarquer dans ces monumens dernièrement enlevés au Parthénon et qui doivent être l'ouvrage de divers artistes, tous surveillés par Phidias. N'ayant pu examiner que quelques empreintes de cette précieuse collection, je ne communiquerai ici qu'un petit nombre d'observations. Je vais d'abord parler de la statue de Thésée (ou d'Hercule, comme l'appelle Visconti). Elle est d'une grande dimension, les pieds et les avant-bras ont été perdus, et la tête est fort mutilée. Cette statue est assise et appuyée sur le coude gauche. A la vue de ce chef-d'œuvre, on reconnaît aussitôt que Phidias avait réduit en une manière simple et généralisée ce que Myron et Calamis avaient recherché avec détails

[1] Ces bas-reliefs, disposés à la suite les uns des autres, occupent une longueur de plus de deux cents pieds. Leur hauteur est de trois pieds trois pouces.

et sûrement avec quelque peine. Combien est libre et facile sur cette statue le jeu de tous les membres! Comme les plans de ses formes sont accusés avec résolution! Par quel savant artifice tout ce mouvement est-il si animé et si conforme à la structure naturelle? Il est impossible de conduire l'art avec plus de savoir, plus d'énergie, plus d'enthousiasme et de retenue. Enfin l'art disparaît dans cet ouvrage; on oublie la matière, on ne voit que la nature et la vie. Aussi cette sculpture est-elle frappante au premier aspect et imposante à l'examen. C'est ce qu'en pensait Cicéron, lorsqu'il disait, en parlant d'un ouvrage quelconque de Phidias : « On l'applaudit aussitôt qu'on » le voit (*Phidiæ signum simul adspectum et probatum* » *est. Brut.* §. 64). » Le torse du Belvédère, le Laocoon, comparé à cette figure, semble affecté et dénué de simplicité. Dans cette confrontation, le torse ressemble à un beau discours académique, et notre figure du Parthénon à une harangue de Démosthène.

Je ne dois pas en dire davantage, car l'art n'est point encore complet dans cet ouvrage : la marche de l'artiste était sûre et rapide, mais il n'arriva pas jusqu'au but. Et ce qui me fait penser qu'en effet l'art en était resté du tems de Phidias à ce dernier degré qu'il fallait encore franchir, c'est que dans une autre admirable figure de ce même fronton, et que Visconti appelle le fleuve Ilissus, l'artiste ayant cherché avec plus de soin l'expression des souplesses de la chair, n'a pu, malgré ses efforts et malgré ceux qu'il a fallu pour exécuter les figures d'enfans dont il me reste à parler, n'a pu, dis-je, parvenir à ce moelleux facile et vrai, à ces douces inflexions musculaires et si variées, à cette vie de l'épiderme et enfin à ce dessus complet dont nous avons l'idée par les figures du style parfait de Praxitèle, de Lysippe et des grands statuaires du beau siècle d'Alexandre.

Que Michel-Ange fasse approcher de cette figure son Moïse prétendu terrible ou ses fortes statues de Florence, il paraîtra chargé et sans ressort, il paraîtra lourd et bosselé. Aucune des statues même les plus vraies et les plus étudiées de cet illustre Florentin ne se soutiendra auprès de cette figure toute vivante. Il suffit même pour porter ce jugement de comparer quelques parties, telles que le col, par exemple, vu parderrière sur ce Moïse à St-Pierre-ès-liens, et le derrière du col de notre figure qui tourne noblement la tête vers l'épaule. Je dis donc que cette sculpture impose tellement, qu'on ne pense plus en la voyant à rien demander à l'art. Cependant quel est l'artiste un peu exercé qui n'exigerait pas que les deux pectoraux si excellemment placés et modelés selon leur mouvement, offrissent la même excellence dans les dessus? Le pectoral droit n'a point vers son renflement dans sa partie inférieure cette abondance charnue que fait désirer la plénitude de l'autre pectoral plus étendu. De même dans ce pectoral gauche alongé vers l'humérus qui le tire, on ne trouve point ce mouvement de la chair exprimé avec élasticité, avec vraisemblance, tel enfin qu'il est si bien imité sur la belle figure du Nil exécutée cent ans plus tard dans l'école de Lysippe.

Une autre observation porte sur l'extrême vérité individuelle qu'offrent une portion de dos, une main, un bras et d'autres fragmens de figures de jeunes garçons. On ne peut pas, au sujet de ces morceaux, s'exprimer autrement qu'en disant que ces marbres semblent moulés et estampés sur les individus pris pour modèles. Mais il faut dire plus : ils sont plus vrais que s'ils étaient ainsi moulés. Enfin, aucune figure antique que nous connaissions, soit le gladiateur, soit la statue dite le Germanicus, soit la Vénus du capitole, soit enfin le Mercure de Naples ou le tireur d'épine, n'approche de ce haut degré de vie et de naïveté.

Quant à la plus belle tête de cheval de ce fronton, je dirai que celles des chevaux de Venise, comparées à celle-ci, paraissent engorgées, lourdes et sans feu. Sur le marbre grec, c'est l'espèce arabe qui respire et dont l'œil étincelle. Si on lui compare encore immédiatement et sous le même jour la tête du cheval de Marc-Aurèle, on n'en croira à peine ses propres yeux. Cette tête, qui sur la place du capitole, comme dans les ateliers même, fait admirer son exécution et son beau caractère, s'éteint aussitôt et devient sans vie dès qu'on l'approche à côté de ce marbre animé. Rien n'est instructif comme ces comparaisons, car ou il faut être sans chaleur, sans goût et sans amour pour l'art, ou il faut en présence de ces différences se rendre compte du pourquoi. La tête du capitole est donc froide et pesante. Dans celle du Parthénon au contraire on sent un air brûlant s'exhaler de ses naseaux, les oreilles sont vivement agitées, un sang exalté court en se ramifiant sous cette peau légère et tressaillante : l'agilité se fait sentir jusque sur son front. Enfin, on sent que l'animal jouit de l'instinct de sa force, de sa vélocité et de son fier courage. Mais quelles savantes recherches d'anatomie, de plastique et de pondération ! Quel artifice, quel génie dans la manière de rendre et d'exprimer ! Combien il est évident ici que c'est l'instruction qui a échauffé l'artiste ! Combien il est évident en voyant le bronze du capitole, que c'est le manque de savoir qui a refroidi son auteur ! Au reste, n'est-ce pas ce même savoir qui élevait Phidias lorsqu'il traitait les plus petits sujets. Martial admirait des poissons modelés par ce grand artiste. « Qu'on ajoute un peu d'eau, disait» il, et ils nageront (*Adde aquam, natabunt. Epigr.* 35. *Lib.* 3.). »

Enfin, pour bien sentir ces comparaisons, ces nuances de l'art, il faudrait d'abord opposer à ces fameux bas-reliefs les sculptures languissantes de l'arc de Septime-Sévère, puis les bas-reliefs de l'arc de Titus, et ceux de Marc-Aurèle placés aujourd'hui sur l'escalier du musée du Capitole, il faudrait ensuite remonter par des confrontations successives jusqu'à l'époque que l'on veut étudier ici.

Je ne dirai que peu de mots de l'art surprenant avec lequel, sur ce fronton du Parthénon, certaines figures de femmes assises sont vêtues et drapées. Non-seulement le savoir le plus profond et l'imagination la plus élevée ont composé et ajusté ces draperies, mais l'exécution en est d'une hardiesse, d'une liberté, d'une intrépidité et d'une dextérité vraiment étonnante ; ces draperies offrent des modèles inconnus jusqu'ici dans ce genre.

Il nous est facile maintenant de concevoir par induction le style et l'effet du Jupiter olympien. La composition nous en est à peu près conservée dans le Jupiter qui provient du palais Vérospi et qu'on voit au Vatican, et aussi par quelques médailles. Ainsi, à cette noble composition que nous connaissons, nous devons ajouter la gravité, la magnificence, le style élégant enfin, et l'espèce de symétrie de l'école austère de Dipœnus et Scyllis ; nous devons supposer une simplicité de formes et une grandeur de contours tout-à-fait appropriées au sujet, un mouvement fin et noble à la fois, animé et d'une décence majestueuse; nous devons supposer les grâces de la jeunesse dans les extrémités, sur les joues, les lèvres et sur toutes les autres parties, caractère de jeunesse que favorisait, non ce poli si souvent insignifiant du ciseau égyptien, mais la finesse des plans et l'austérité du ciseau vivifiant de Polyclète. Enfin, nous devons supposer que ce chef-d'œuvre de l'art se faisait remarquer par un laconisme énergique qui devait saisir le spectateur, qui devait sembler agiter l'or et l'ivoire, et qui tenait en extase les peuples accourus à Olympie pour jouir de la présence du dieu [1].

La belle Minerve, dite la Pallas de Vellétri (musée de Paris, n° 310), est-elle copiée d'après Phidias? On peut le croire, bien qu'elle n'offre point précisément les caractères décrits par les auteurs qui ont cité les différentes Minerves produites par ce statuaire. Le buste colossal de la villa Albani semble en être une autre répétition. Le style de ces figures est admirable; mais elles ont été très-certaine-

[1] Écrivant plus pour l'instruction des artistes que pour les gens du monde, je prévois que ceux-ci seront fatigués de l'éloge tout technique que je fais de ces illustres monumens. Plusieurs lecteurs voudraient sans doute qu'on ne parlât de Phidias ou des grands artistes grecs que dans un langage exalté tout poétique, c'est-à-dire en fournissant des expressions qui sont si fort de mode aujourd'hui : mais comme je ne m'attends pas à ce que mon ouvrage se trouve jamais dans les boudoirs ou entre les mains des aimables du jour, je ne courrai point après cette chaleur d'emprunt. D'ailleurs pourquoi tenterais-je une poésie dans le goût de ces exigeans? Savez-vous quelle idée se font du Jupiter olympien ces beaux esprits à prétention, ces dédaigneux recherchés, ces élégans qui se piquent d'un goût exquis? Croyez-vous que réellement ils s'identifient avec les gracieuses et nobles pensées des Grecs? Ils en sont bien loin, et vous seriez fort surpris de découvrir, si vous leur demandiez au sujet du Jupiter de Phidias leur réponse le crayon à la main, qu'ils ne se figurent rien de fort différent d'un grand tambour-major ou d'un lourd capucin.

ment copiées bien long-tems après cet illustre chef de l'école d'Athènes. La Pallas de Vellétri est un de ces monumens dont la grandeur et la majesté de style imposent tellement que, quand on le voit, la pensée se transporte aussitôt jusqu'au tems de Périclès.

Faisons remarquer, au sujet des Minerves de Phidias, que celle de la citadelle dont on voyait l'aigrette, ainsi que la lance, du cap de Sunium, distant de cinq lieues d'Athènes, était par conséquent différente de la nôtre, dont le casque est tout uni. Celle qui était placée dans une des cours du Parthénon et qui avait trente-sept pieds de haut, différait encore de la nôtre; car du milieu de son casque s'élevait un sphinx, et de chaque côté Phidias avait placé deux griffons (Paus. L. 1. C. 24). On retrouve ce même casque sur une Minerve Hygiéa, bas-relief admirable qui décore une des trois faces du piédestal d'un grand candélabre au musée du Vatican. Je dis admirable, et j'ajoute qu'il le paraît de plus en plus à mesure qu'on l'étudie. Une des preuves de la justesse de ce que j'avance ici, c'est la difficulté qu'éprouvent les artistes pour bien copier cette figure et pour lui conserver la même noblesse, la même grâce et cette finesse éloquente qui appartient si bien au style de Phidias. L'aigrette très-élevée dans la Minerve d'Aspasius, pierre gravée, nous fait encore voir ce même casque : je veux parler de cette figure gravée qu'on a faussement appelée Aspasie. Ces données sur le style de Phidias nous portent à croire que son style participait beaucoup du grand goût de décoration qui ennoblissait les très-anciennes statues de Minerve des Endœus, des Dipœnus et des Scyllis, statues conformes aux types consacrés et desquels Phidias ne devait pas même oser s'éloigner.

Cette conjecture serait fortifiée, si l'on admettait comme ouvrage incontestablement copié d'après lui la Minerve au colier (musée de Paris, n° 192), dont le travail et la disposition symétrique indiquent évidemment un style beaucoup plus antique que celui de notre belle Pallas de Vellétri.

Cependant Phidias a dû varier ces Minerves non-seulement par fécondité de génie, mais aussi par le calcul que lui commandaient les caractères différens qu'il devait imposer à ces diverses images. Notre Minerve représenterait donc la déesse des arts de paix. Son regard chaste et pénétrant, sa bouche où respire la sagesse, ses grandes joues calmes et qui indiquent la méditation, enfin cette magnificence et cette haute simplicité de costume n'expriment-elles pas à merveille toute cette pensée?

On attribuerait d'autant moins volontiers cet ouvrage au talent de Praxitèle ou de Lysippe, que ces artistes ne sont point cités pour avoir représenté cette déesse. Scopas seulement et Euphranor, parmi les très-habiles statuaires postérieurs à Phidias, en exécutèrent l'image. Mais Alcamène en fit deux, une à Thèbes, une autre à Athènes en concurrence avec Phidias par qui il fut vaincu. Agoracrite en exécuta aussi une en bronze à Coronée.

Qu'importent au reste à nos études ces difficultés? Oui, la Pallas de Vellétri est dans le style de Phidias. Un statuaire très-habile fit cette belle copie; et telle qu'elle est, nous pouvons la considérer, sous le rapport de l'invention et de la donnée générale, comme un modèle de ce style qui sépare l'antique manière de celle du tems d'Alexandre. Mais si nous pouvions voir les Minerves mêmes de Phidias, combien celles-ci nous paraîtraient froides et travaillées de pratique, puisque les marbres du Parthénon nous mettent sous les yeux la vie, l'ame et le mouvement même de la nature ! [1]

Au reste, ces mêmes incertitudes feront long-tems le charme de cette étude des styles pour laquelle il suffit d'avoir de grandes données distinctes et bien établies. Combien de conjectures ne peut-on pas former sur une foule de monumens dont le caractère ne semble pas appartenir à des styles d'école bien reconnus ? N'est-il pas évident, par exemple, que les figures de la tour des vents, que certains bas-reliefs de Phigalie, etc. offrent un style d'une nuance fort particulière et dont il nous serait difficile de classer heureusement le caractère ? Mais parlons des deux principaux élèves de Phidias.

Agoracrite était remarquable par sa beauté et par l'agrément de sa personne, et il est à croire qu'on retrouvait dans les productions de ce beau statuaire la noblesse et la grâce qu'il savait mettre dans ses manières. Phidias, qui le chérissait, fit passer plusieurs ouvrages de cet illustre élève pour les siens propres. Pline dit (L. 36. C. 5), au sujet de la Vénus Némésis d'Agoracrite, que Marcus Varron lui donnait la préférence sur toutes les autres statues (*Omnibus signis prætulit*). Selon M. Heyne, il créa peut-être le type de Cibèle.

[1] On a cru reconnaître que quelques parties de la Pallas de Vellétri avaient été colorées en rouge ; mais on ne doit point regarder cette particularité comme un indice certain de haute antiquité. En effet, on a pu employer ce moyen pour des copies exécutées très-long-tems après les anciens originaux qu'on a voulu remplacer et dont on aura cru devoir répéter aussi la couleur anciennement révérée. Il paraît au reste qu'on a aperçu des traces de couleur rouge sur des statues représentant des personnages romains du tems même des Antonins.

Quant à Alcamène, il semble que Denys d'Halycarnasse l'assimile en quelque sorte à Phidias. On trouve ce rapprochement dans la comparaison que fait cet écrivain entre le style de Démosthène et les ouvrages de Phidias.

La Vénus d'Alcamène, son Amour qu'on voyait à Thespies, ses centaures, ses statues d'or et d'ivoire admirées à Athènes, son Vulcain, etc. étaient sans doute brillans de grâce et remarquables par leur caractère. Il paraît qu'on regardait Alcamène comme un des plus grands statuaires après Phidias. Son Pentathle en bronze fut surnommé *Encrinoménos*, ce qui veut dire généralement approuvé.

Suivant M. Heyne, Alcamène aurait eu la gloire de créer l'image archétype de Mars, ainsi que celle de Vulcain dont il représenta la pose avec tant d'art et de finesse. Une réflexion de Pausanias terminera ce que je voulais dire sur Alcamène, c'est qu'à Athènes, où tant d'ouvrages admirables attiraient les regards, on ne se lassait point de contempler la beauté de sa Vénus qu'on appelait *Vénus aux Jardins*, à cause du quartier où elle se trouvait. On remarquait surtout la belle forme de son sein et toute la partie antérieure du corps, ainsi que la grâce et les charmes de la main dont les doigts se terminaient avec élégance (V. *Lucien, dialogue des portraits*). Aussi les envieux disaient-ils que Phidias avait retouché cette figure. (V. *sur Alcamène, Cicéron et Valère-Maxime.*)

On cite encore comme élèves de Phidias, Colotès et Théocosme. Colotès travailla au Jupiter olympien. L'Esculape d'ivoire qu'il avait fait pour les Éléens, était un ouvrage admirable, selon Strabon. Théocosme travailla aussi avec Phidias à un Jupiter qui resta imparfait à Mégare.

Je crois que c'est dans ce même tems que fut exécuté l'original d'un groupe superbe dont nous avons retrouvé plusieurs copies, je veux parler du sujet représentant Ménélas emportant le corps de Patrocle. La beauté de ces copies atteste la célébrité du commun original dont néanmoins nous ne trouvons pas l'indication dans les écrivains. Il me semble que ce groupe a dû être l'ouvrage de quelque fameux statuaire venu immédiatement après Phidias. Le peu de calcul qui se trouve dans la disposition de cette sculpture paraît le prouver. Quant à la manière large et moelleuse dont sont traitées quelques-unes de ces copies faites beaucoup plus tard, cela ne doit point nous faire prendre le change, c'est-à-dire qu'elles ne sont pas toutes exécutées dans la manière probablement très-austère et très-vive de l'original.

Une simplicité, une grandeur, une naïveté bien remarquable, et de plus une forte expression des caractères, tout cela rappelle dans ces morceaux trop peu connus de nos artistes le style héroïque, et je pourrais dire homérique, des antiques écoles grecques, en sorte que la donnée de cet ouvrage presque colossal fait remonter l'imagination aux tems fameux où la grandeur primitive s'alliait à la vérité et à la correction : union bien précieuse que ces maîtres grands et sévères, et Phidias surtout, surent effectuer dans leur art : époque mémorable où l'on vit la sculpture et la peinture s'agrandir et se fortifier mutuellement, et où apparurent de nobles images toutes vivantes et des statues rivales des héros.

Le court examen que nous allons faire des répétitions antiques de ce monument va prouver de nouveau que, si quelquefois l'étude des styles n'est fondée que sur des conjectures, il n'en est pas moins vrai que cette étude ouvre la porte de la théorie, fixe les idées sur des points artistiques très-importans et nous fait sortir de cette langueur volontaire où une admiration peu raisonnée nous laisse en présence d'un nombre infini d'antiques, qui toutes, selon leurs différences, doivent cependant nous rapporter quelque fruit.

Il existe cinq à six répétitions ou fragmens de répétitions antiques du groupe de Ménélas; peut-être en existe-t-il un plus grand nombre encore çà et là, que l'on n'a pas signalés. Le plus beau de tous est le fragment qui est à Rome et qu'on désigne sous le nom de *Pasquino* [1]. Après celui-ci, on remarque à Florence deux groupes entiers et assez bien conservés : l'un se voit au palais Pitti, l'autre sur le Ponte-Vecchio. C'est, je crois, sur une troisième copie antique que M. Giraud a fait mouler la précieuse empreinte qu'il possède à Paris et à laquelle il a réuni des jambes moulées sur celles que l'on conserve au musée du Vatican avec d'autres fragmens de ce même groupe, fragmens parmi lesquels se voient les épaules de Patrocle avec la blessure qu'Euphorbe lui avait faite : on y conserve aussi la tête de Ménélas. Ces fragmens furent trouvés de nos jours à la villa Adriana à Tivoli. M. Giraud possède en outre l'empreinte du bras droit de Ménélas, bras provenant d'une autre copie; il conserve aussi un pied de Patrocle appartenant à une autre répétition antique.

La réunion et la comparaison de ces divers fragmens

[1] Ce *Pasquino* est un torse fort mutilé qu'on a placé au coin d'une rue, et sous lequel on laisse placarder des satyres ou des notes piquantes, qu'on appelle *Pasquinate*.

seraient sans doute bien instructives; mais dans cet écrit je ne puis qu'indiquer certains rapprochemens. Le groupe conservé chez M. Giraud, groupe parfaitement moulé, malgré sa grande dimension, donne selon moi au premier abord l'idée qu'il a été exécuté par un copiste fort postérieur à l'époque où fut produit l'original. Cependant une certaine retenue arrête dans ces critiques : c'est ainsi qu'en présence de l'Apollon du Belvédère, on tremble de dire qu'il n'est qu'une copie, on pourrait même dire celle d'un statuaire dégénéré, et qu'il ne perpétue point la pureté et la naïveté attique du modèle archétype. En effet, après quelque tems d'examen, ces copies deviennent moins imposantes, et tout en excitant notre admiration et nos regrets pour les vrais originaux perdus, elles nous laissent libres à la fin dans l'analyse qu'il nous importe d'en faire. Ce fut donc avec raison que je crus trouver dans l'exécution de l'admirable groupe en question une certaine facilité un peu insouciante et une certaine exagération froide qui n'a pas dû appartenir à la haute science que font supposer dans l'original la donnée et le mouvement général du groupe et de ses grandes parties. Je pensai que ces plans, qui devaient avoir été si savans, si fidèlement et si laconiquement répétés d'après nature, avaient sûrement perdu dans cette copie beaucoup de leur chaleur et de leur expression animée. Enfin, je reconnus le très-habile praticien et le sage statuaire, mais non le rival hardi de la nature, qui semble souffler la vie sur ses images en usant habilement des secrets de la mécanique et de l'anatomie, et en écrivant avec les termes les plus propres et les plus précis. Certains passages même me parurent factices et plus téméraires que vrais, plus hasardés que libres et ressentis. Cependant ces regrets me semblèrent un peu vagues, mes idées sur la perfection un peu exaltées, et il n'y avait que quelque répétition meilleure du même groupe qui eût pu me satisfaire et justifier l'espèce de retenue que j'imposais à mon admiration. Ce fut d'abord l'empreinte du bras moulé sur le Pasquino qui dissipa une partie de mes doutes; puis un pied de la figure de Patrocle fixa mes préférences. Ce pied est plus vrai, plus savant, plus naïf et plus délicatement exprimé que tous les autres; et dans le Pasquino, le bras, le pectoral, la main et le pouce de la main, sont plus vrais, sont traités par plans plus savans et plus animés que ces mêmes parties dans le groupe entier qui, selon moi, laissait beaucoup à désirer. Dans ces fragmens, point de vain luxe d'outil, point de ciseau routinier et conventionnel; c'est vraiment l'imitation de la nature par des moyens simples et puissans. Cependant je suis convaincu que dans l'original même ces moyens étaient encore plus simples et encore plus conformes à l'art : nous possédons quelques fragmens grecs qui, par leur caractère et leur travail antique, peuvent nous en donner la preuve.

Mais, me dira-t-on, c'est peut-être le contre-pied de votre opinion qu'il conviendrait d'adopter, et l'ouvrage original a peut-être été composé sous les Antonins par un statuaire qui aura voulu ressaisir l'ancien style; en sorte que cette particularité ou toute autre aura fait répéter fréquemment ce morceau célèbre. Que l'on sache bien, répondrai-je, qu'on peu renouveler en effet l'aspect de l'ancien style, sa simplicité et même une certaine austérité qui rappelle les hautes écoles : c'est ainsi que peut-être on nous fera encore des pastiches de Léonard de Vinci ou de Masaccio; cependant, outre que l'exécution moderne trahit presque toujours l'ouvrage, le sentiment vrai, énergique et naturel n'y domine jamais. Ces tours heureux saisis avec justesse; ces riens offerts par le modèle, et qui, sous une main peu habile, sont négligés et même abandonnés, mais qui, sous un ciseau savant, deviennent des expressions pleines de caractère et de propriété; ce goût d'ajustement, de coiffure, de draperie, qu'on peut singer et non pas égaler, parce qu'il faut le trouver dans la nature, quoiqu'on prétende le répéter de souvenir; toutes ces choses, dis-je, font reconnaître aisément les procédés et les goûts d'imitation suivis à certaines époques chez les Romains : goûts et travail qui percent, malgré les précautions et les efforts des artistes pour s'en affranchir. Ces artistes sont louables, il est vrai, de puiser ainsi aux sources pures de l'antiquité; mais, quel que soit leur mérite, on distingue toujours l'époque où ils ont voulu en vain lutter avec les modèles des hauts tems de l'art.

Pour en revenir à notre groupe, je répète qu'il est à regretter que les élèves le connaissent si peu. Quelle vérité, quelle robuste jeunesse dans ce beau corps de Patrocle que la mort vient de frapper! Comme le roi de Sparte est noble dans cette attitude vigoureuse! Son bras droit, qui soulève Patrocle, fait tressaillir le spectateur; sa tête est martiale. On entend sa voix sonore, et l'ardeur des combats anime tout ce sujet. Non, Homère lui-même n'a pas mieux peint les héros.

Je ne puis taire ici l'opinion de Cochin au sujet de ce morceau fameux. Le même critique, qui trouva pitoyables les peintures d'Herculanum, a pensé et a dit que le groupe de Ménélas du Ponte-Vecchio de Florence est un ouvrage moderne : et, comme on ne doit pas rester en si beau chemin lorsqu'on n'a à craindre que le blâme des savans à venir, il a ajouté avec la même impertinente sécurité que ce morceau est de la main de Jean de Boulogne. Or, ce qu'il y a de restauration moderne dans ce groupe n'est même pas de ce sculpteur, mais bien de Ludovico Salvetti. Qu'on soit insensible aux beautés d'une sculpture grecque, cela peut se concevoir : mais qu'on ait l'impudeur de trancher sur des questions qui ne peuvent être traitées qu'à l'aide d'un long et savant examen, et qui intéressent autant le goût public, c'est ce qu'on ne peut que difficilement tolérer.

Mais parlons de quelques peintres de cet âge. Panœnus était frère de Phidias qui faisait grand cas de ses conseils. Strabon (liv. 8) nous dit que Panœnus partagea les travaux de Phidias dans la confection de son Jupiter, surtout quant à l'effet coloré des draperies. On assure même que Phidias ne fit cette fameuse statue qu'après avoir consulté Panœnus sur la disposition qu'il devait lui donner. Voici la matière d'une digression particulière sur l'influence qu'a pu avoir eue dès ce tems la peinture sur la sculpture. Phidias se serait-il servi de Panœnus, comme Praxitèle se servit plus tard de Nicias, pour colorer ou vernir ses statues? Ou bien les calculs d'optique que Panœnus avait étudiés comme peintre, déterminèrent-ils cette déférence de Phidias pour les conseils de son frère? On peut répondre qu'il est très-vraisemblable que les conseils d'un peintre tel que Panœnus, furent d'un grand secours à Phidias, de même que ceux de Parrhasius le furent aux statuaires qui observèrent et étudièrent ses peintures. Cette donnée est un point d'appui qui dès à présent nous sert pour asseoir notre opinion au sujet de l'influence qu'Apelle et quelques-uns de ses devanciers exercèrent sur la statuaire du tems d'Alexandre.

On ne peut mettre en doute que le même style et la même science de dessin possédée par Phidias caractérisèrent les peintures de Panœnus, dont la réputation, quoique beaucoup inférieure à celle de son frère, était néanmoins fort considérable. Voici quelques sujets peints par Panœnus et qui semblent nous avoir été transmis par les ouvrages ultérieurs de la sculpture : 1° Hercule supportant le ciel et la terre. Si les atlas antiques que nous connaissons sont imités de cette peinture de Panœnus, nous devons croire qu'il possédait bien l'art des raccourcis et de la perspective, car cette figure ne peut-être rendue vraie en peinture sans ces moyens. 2° Cassandre, après l'injure qu'elle reçut d'Ajax. Plusieurs pierres antiques nous retracent cette composition. 3° Penthésilée rendant le dernier soupir dans les bras d'Achille. Tout le monde connaît la fameuse pierre gravée qui semble représenter ce sujet et qui, en effet, paraît avoir été fournie par une peinture, vu la ressource du peintre pour dissimuler par le coloris et par l'effet des masses de draperies, certaines lignes croisées trop tranchantes et peu agréables dans ce groupe expressif. Winckelmann a publié le premier cette pierre et veut qu'elle représente Thésée après avoir tué Phœa ou Phaya. Dans tous les cas, et sans rechercher s'il est vraisemblable que cette antique soit une copie du sujet peint par Panœnus, je la considère comme très-propre à nous donner une idée du style de cet artiste. On voit la gravure d'une autre cornaline pareille dans la Description des pierres du cabinet de Stosch, p. 329. 4° Enfin le combat des Athéniens contre les Amazones. Si certaines compositions que nous avons de ce sujet, soit sur des pierres gravées, soit sur des bas-reliefs, et entr'autres celle d'un superbe sarcophage en marbre gris du musée de Vienne, sont des imitations de Panœnus, nous ne saurions douter de la beauté et de la force de ses conceptions pittoresques.

Panœnus obtint un grand succès dans son tableau du Pœcile où il représenta la bataille de Marathon ; les Athéniens y croyaient reconnaître leurs propres chefs et ceux des ennemis : du côté des Grecs, Miltiade, Callimaque, Cynégire ; et du côté des Perses, Datys et Artapherne. Si l'on objectait que le talent de saisir les ressemblances n'illustre pas toujours un artiste, il faudrait faire observer que c'étaient les mœurs de ces capitaines que Panœnus avait su rendre reconnaissables. Cependant, malgré tout son mérite, il fut vaincu aux jeux pythiens par Timagoras de Chalcis avec qui il concourut (PLINE. L. 35. Ch. 9.). Il faut croire que ce Panœnus était fort instruit aussi sur le matériel de l'art : il fit en Élide, dit encore Pline (L. 36. Ch. 23.), un enduit ou tectorium, dans le temple de Minerve, et cet enduit était composé de lait et de safran ; ce qui se reconnaît encore aujourd'hui, ajoute-t-il, car si l'on frotte cet enduit avec le pouce humecté de salive, on obtient bientôt le goût et l'odeur du safran.

Il paraît que c'est Polygnote qui fit réellement faire un grand pas à l'art de la peinture ; il l'emportait évidemment sur Micon et sur Aglaophon. Quoique Polygnote ne connût pas tous les artifices du coloris, quoiqu'il eût conservé la pratique antique d'inscrire le nom des personnages auprès des figures, quoique la composition de ses tableaux de Delphes où il avait épuisé tout son art, comme dit Synésius (*Epist* 35.), et où il avait représenté la prise de Troie au moment du départ des Grecs, ainsi que la descente d'Ulysse aux enfers, quoique ces compositions, dis-je, paraissent, d'après la longue description de Pausanias, avoir été disposées sans liaison et sans ensemble, ce qui a fortement choqué certains écrivains modernes, dont la critique à cet égard n'affaiblit cependant en rien le mérite de ces tableaux, malgré même le blâme de Quintilien que nous allons citer, on peut assurer que le talent de Polygnote dans la partie du dessin et de l'expression des caractères ou des mœurs était très-grand et très-remarquable. Voici cette critique :

« On tient, par exemple, que les premiers peintres cé-
» lèbres qui aient été, et dont les ouvrages soient recom-
» mandables pour autre chose que pour leur antiquité,
» sont Polygnote et Aglaophon, dont le coloris tout simple
» et nullement varié plaît encore tellement à quelques-uns
» que, charmés de ces ébauches imparfaites, pour ne pas
» dire grossières, et qui, à le bien prendre, sont les com-
» mencemens d'un art naissant, ou, si l'on veut, des pré-
» sages de sa grandeur future, ils les préfèrent aux ouvrages
» des plus grands maîtres, sans raison pourtant, selon moi,
» et seulement pour faire croire qu'ils s'y connaissent... »
(*Instit. Orat. Lib.* 12. *Cap.* 10.)

Rien en effet n'était plus propre à provoquer la critique que cette prétention des faux connaisseurs de placer Apelle ou Protogène au-dessous de Polygnote; mais remarquons en même tems comment Quintilien s'explique : « Les premiers peintres célèbres, dit-il, dont les ouvrages soient recommandables pour autre chose que pour leur antiquité, sont Polygnote et Aglaophon.... » Ils étaient donc recommandables par de véritables qualités, et peut-être que si Quintilien eût aussi bien connu la théorie de la peinture que celle de l'art oratoire il eût, comme Aristote, recommandé aux jeunes artistes l'étude des peintures de Polygnote. « Il faut, dit ce fameux théoriste (*Politic. L.* 8. *C.* 5), » que les jeunes gens qui se destinent soit à la sculpture, » soit à la peinture, étudient autant avec leurs yeux qu'avec » leur esprit les ouvrages de Pauson et de Polygnote. » Ailleurs il s'explique ainsi sur la qualité dominante de ce dernier : « Polygnote excelle dans la représentation des » mœurs. » Or, comment concevoir cette expression des mœurs, sans la qualité du dessin ? Il faut remarquer qu'Aristote était plus voisin du tems de Polygnote que Quintilien, et qu'il habitait la ville même où étaient la plupart des ouvrages de ce peintre. Ces mots de Quintilien, qui écrivait dans le tems où le goût romain dominait les arts, ne rappellent-ils pas les expressions des écrivains contemporains de nos Guido-Reni et de nos Guercino ? Ces admirateurs exclusifs de la manière moderne des élèves des Carracci n'accordaient qu'avec peine quelque mérite aux vives peintures des écoles primitives de Perrugino, de Masaccio et des peintres antérieurs. On appelait aussi alors les ouvrages de ces derniers des ébauches imparfaites et grossières, et cela parce qu'elles étaient dépourvues de ce moelleux, de cette douceur dont on a si souvent abusé, et dont on fit parade au préjudice de la sévérité, de la naïveté et de cette correction puissante qui, dans tous les tems, est l'ame et la vie de l'art. Au reste Quintilien appelle ces anciennes peintures les présages de la gloire future de l'art ; un tel hommage n'a jamais été rendu par les critiques modernes aux artistes primitifs du 15e siècle.

Denys d'Halycarnasse (*De Demosthenis acumine ac vi.*) range Polygnote au nombre des artistes les plus estimés. Voici comment il s'exprime ailleurs sur le mérite des anciennes productions de l'art, probablement de ce tems : « Je citerai quelques tableaux, dit-il (Art. 4. sur Isée), pour » faire connaître d'une manière plus sensible la différence » qui se trouve entre ces artistes. Les anciens ouvrages de » ce genre, quoique d'une seule couleur, sont cependant » bien dessinés et paraissent très-agréables. Les tableaux » qui ont été faits dans la suite, sont d'un dessin moins » pur, mais on y remarque beaucoup plus d'art et d'effet » dans le jeu des lumières et des ombres ; c'est de là qu'ils » tirent leur mérite. Lysias, fameux rhéteur, ressemble à » un ancien tableau, par sa simplicité et les agrémens de » son style ; Isée, au contraire, peut être comparé à ces » tableaux qui sont plus travaillés, et où l'on voit plus » d'art. » La force et la puissance du dessin étaient donc senties, reconnues et appréciées par presque tous les hommes de génie de l'antiquité.

Écoutons Cicéron (*De claris Oratoribus*) : « Dans » Zeuxis, Polygnote, Timanthe, et dans les peintres qui » ne se servaient que de quatre couleurs, nous louons les » formes et le dessin, etc... » Philostrate, dont le jugement doit aussi faire loi, écrivait (*De vitâ Apollinii. Lib.* 11. *Cap.* 9) : « Les tableaux de Zeuxis, de Polygnote et d'Eu» phranor, sont remarquables par la vie, la consistance et » le relief qu'ils ont su donner à leurs peintures. »

On sait que Polygnote était statuaire, et quand même Pline et l'Anthologie ne nous l'apprendraient pas, nous devrions le conjecturer. Pour peindre les mœurs, il faut être consommé dans le dessin. Ce n'est pas une expression vague, une certaine physionomie agitée dans les personnages, ce ne sont pas des émotions incertaines et des gestes imaginaires, quoiqu'animés, qui peuvent servir à bien représenter les mœurs; c'est dans la nature qu'il faut les trouver et les prendre, mais les prendre en entier, les enlever, les transporter sur le tableau; c'est la science des lignes, des plans, des formes; c'est l'art du statuaire enfin qui devient, après la philosophie, le principal guide du peintre.

Il faut prévenir ici l'objection que feront avec plaisir les personnes offensées des louanges qu'elles entendent donner aux anciens. L'expression dans les tableaux de Polygnote, diront-elles, était bien peu de chose, puisque Pline nous dit positivement que Parrhasius fut le premier qui mit de l'expression dans ses tableaux, et le premier qui rendit les finesses du visage. Mais ces ennemis des anciens n'ont pas compris qu'Aristote entendait par le mot *éthos* les mœurs; ce qui n'est point encore, il est vrai, l'expression des mœurs mises en action, ou ce que les anciens appelaient *perturbationes* les passions. Or, pour bien rendre ces mœurs seulement, il faut avoir déjà acquis des qualités dont ne manquent que trop souvent les modernes qui prétendent à l'imitation des perturbations sans savoir exprimer même les mœurs ou les caractères.

Polygnote voulut représenter dans un de ses tableaux du Pœcile, Laodice, une des Troades, et il choisit pour modèle la sœur de Cimon; on la nommait Elpinice. Il est à croire que Polygnote, le peintre des mœurs, ne fit pas ce choix sans un motif de convenance; il fallait que cette Elpinice eût un caractère convenable à son sujet. Or, comme on reconnaissait la ressemblance de la sœur de Cimon, sous les traits de Laodice, j'en conclue que Polygnote avait très-bien représenté les mœurs, car Plutarque ne nous eût pas conservé ce fait (*in Cimonis vitâ*) uniquement pour nous dire que Polygnote avait fait ce modèle ressemblant; c'eût été un bien faible mérite : il fallait donc que ce fût un éloge.

Quintilien dit du coloris de Polygnote, qu'il est tout simple, n'étant nullement varié. Je remarquerai d'abord que ce coloris tout simple devait ne point repousser et qu'il n'offrait probablement point toutes ces teintes à prétention, si communes parmi les modernes et dont l'effet tend beaucoup moins à la naïveté d'aspect qu'au factice et à la recherche. Polygnote cependant par le moyen du coloris avait fortifié l'expression de l'infortunée Cassandre, qu'il avait représentée à l'instant où elle venait d'être outragée par Ajax. On voyait, disent les historiens, la rougeur sur le front de cette princesse, à travers le voile dont elle se cachait la tête, ce que nous avons déjà eu occasion de citer. Peindre avec succès cette rougeur pudibonde, n'est point un triomphe aussi vulgaire qu'on le pense, car le plus ou le moins produit aisément dans ce cas ou un contre-sens grossier ou un effet choquant. Or le peintre des mœurs ne devait pas être si ignorant dans le coloris, puisqu'il atteignit le degré d'expression qu'il se proposait de rendre dans sa peinture.

Aristote dit de Polygnote (*Cap. 3. de Poeticâ*) qu'il peignait les hommes mieux qu'ils ne sont. Ælien, dans un passage que nous allons citer à l'article de Denys de Colophon, semble faire un grand éloge de Polygnote. Ce passage, qui s'applique au talent de ce peintre, quant à l'expression des mœurs et des caractères, fortifie l'idée que nous en donne Aristote; il s'applique même à l'excellence de Polygnote dans l'art des draperies. Synésius nous apprend (*Epist.* 135) qu'un proconsul romain ne put résister à l'envie d'enlever de très-belles peintures de ce maître.

Polygnote dessinait très-bien les animaux, et cela devait être le résultat de sa science dans l'art de rendre les lignes, les plans et les mouvemens de la nature. Il avait peint un âne et un lièvre qui devaient être d'une rare perfection, puisque plusieurs auteurs en ont parlé avec éloges malgré le peu de beauté du sujet. On lui attribue aussi un cheval peint dans le Pœcile, et le chien de Marathon représenté à côté de son maître dans le tableau du combat de Marathon. Ælien a dit cependant (*de Animalibus. L.* 7. *C.* 28) que ce chien était peint par Micon.

On sait que ce grand artiste refusa d'être payé de ses peintures du Pœcile. Les Amphictyons, qui étaient les états-généraux de la Grèce, ordonnèrent, pour répondre à sa générosité, qu'il aurait partout son logement gratuit. (Pline. Liv. 35. Ch. 9.)

Pausanias, dans sa Description de la descente d'Ulysse aux enfers par Polygnote, nous dit : « .....Plus haut, on » voit Marsyas assis sur une pierre ; un jeune enfant est » auprès qui apprend à jouer de la flûte : c'est Olym- » pus..... » Dans une peinture déterrée à Résina en 1739 et gravée dans le tome 1er des peintures d'Herculanum, planche 9, on trouve le même sujet représenté ; on le trouve aussi dans une autre peinture déterrée à Civita en 1760 et gravée dans le 3e volume du même recueil. Je croirais plutôt que c'est cette dernière qui pourrait être la copie de l'ouvrage de Polygnote. L'action en est vraie, et il y règne une ingénuité prise sur la nature. La disposition n'en est pas très-agréable, et ce caractère fortifierait ma conjecture, puisque la partie de la disposition qui tient aux calculs attrayans de l'optique, n'a été véritablement déterminée et généralement connue, dans la peinture surtout, qu'après Parrhasius et Zeuxis ou vers le tems d'Apelle. Cette même considération m'a fait regarder le beau groupe de la galerie de Florence, représentant Pan et Olympe, comme étant d'une époque très-postérieure à Polygnote. J'en parlerai à l'article d'Héliodore.

Dans ce même tems fleurit Apollodore d'Athènes. Ce peintre fit faire de grands progrès à l'art. Il fut inventeur et éclaircit la théorie de l'optique pittoresque. De son vivant même des hommes habiles profitèrent de ses découvertes et il en conçut un vif chagrin. Zeuxis surtout l'avait éclipsé. Apollodore exhala sa douleur par des vers dans lesquels il convient de la supériorité de son rival. « J'avais trouvé, dit-il, pour la distribution des ombres » des secrets inconnus jusqu'à moi; on me les a ravis! » L'art est entre les mains de Zeuxis. » Il avait en effet écrit un traité sur les règles de son art et était parvenu à des découvertes dont Zeuxis sut aussitôt tirer avantage. Pline parle d'Apollodore avec enthousiasme, et ajoute même, peut-être au figuré, qu'on lisait sur ses ouvrages : Il sera plus facile de les critiquer que de les imiter. Ses plus fameux tableaux étaient un prêtre en prière devant une idole et un Ajax frappé de la foudre : ces ouvrages étaient très-admirés. Plutarque dit que c'est ce peintre qui a inventé la fonte des couleurs et le véritable caractère des ombres. Suivant Pline, il montra plus d'art dans le maniement du pinceau que Polygnote. D'autres veulent qu'avant lui on n'eût point encore exécuté de peinture au pinceau; mais je pense qu'on ne doit rien affirmer sur un point qui paraît si douteux.

Apollodore était très-fier de ses succès et se regardait comme le prince des peintres. Il est évident que c'est ce qu'il ajouta au clair-obscur et peut-être au coloris qui le rendit aussi glorieux, car ce ne peut être par les caractères ni par le dessin qu'il se distingua de ses devanciers, puisqu'on ne le vante point sous ce rapport, mais par le pittoresque des masses et par ce qu'on appelle l'effet et l'harmonie. Le grand enthousiasme de Pline pour ce peintre, prouve combien le charme du clair-obscur a d'empire sur tous les admirateurs des tableaux. Pline dit d'Apollodore : «*Neque ante eum tabula ullius ostenditur* » *quæ teneat oculos*. Avant lui on n'avait encore vu aucun » tableau capable de retenir la vue (L. 35. C. 9.). » Cette expression de Pline n'a pas besoin de commentaire.

Qu'on ne croie point ici que ces peintres, après avoir découvert les principes du clair-obscur, aient abandonné pour cela le dessin, et que, comme tant d'élèves de Rubens, ils n'aient plus vu dans la peinture que des teintes et des effets de clair-obscur. On peut recueillir certains éloges servant à expliquer quelle fut en ce point, comme en tous les autres, la marche régulière de l'art antique. Enfin ne perdons jamais de vue l'influence que dut avoir la parfaite imitation des formes sculptées, sur l'art de les représenter avec le pinceau. A ce sujet, on peut citer Stratonicus, statuaire de cette époque. Il avait représenté en bronze un satyre endormi. Cet ouvrage était si vrai qu'on le vantait de mille manières. « C'est le statuaire qui l'a en- » dormi, disait-on; pousse-le, tu l'éveilleras. (*Anthol.* » *L.* 4. *C.* 12.) — Ce satyre n'est pas l'ouvrage de Strato-

» nicus. L'artiste l'a pris tout endormi et l'a posé sur cette » pierre. (PLINE. L. 33. C. 12.) — Il dort, parle tout bas » de peur que tu ne l'éveilles (PHILOST. *Icon. L.* 1. *in Midâ.*). » On voit à Rome, au palais Barbérini, une statue semblable; elle est frappante de vérité, et n'est sans doute qu'une bonne copie d'après ce bronze célèbre. Mais revenons aux peintres.

Après Polygnote, on remarque dans l'histoire des peintres, Aristophon, son frère, qui peignit comme lui des tableaux contenant un grand nombre de figures. Pline en cite un où l'on voyait Priam, Hélène, la Crédulité, Ulysse, Déiphobe et Dolus. Il représenta aussi dans un autre ouvrage Ancée, blessé par le sanglier de Calydon, avec Astypalé, compagne de sa douleur. Vient ensuite Pauson, qui excellait, comme nous l'avons dit, dans l'expression des mœurs et dont Aristote recommandait l'étude aux jeunes peintres.

Dans le même tems on remarqua Denys de Colophon, qui imitait la perfection de Polygnote. Il représentait moins en grand que lui; mais on voyait d'ailleurs dans ses ouvrages, dit Ælien (VAR. *Hist. Lib.* 4. *Cap.* 3.), la même excellence dans l'imitation, la même expression des affections de l'ame et des mœurs, la même exactitude quant aux habitudes du corps, le même art enfin et la même élégance dans les draperies.

Si l'on en croit Plutarque, il y avait moins de facilité dans les tableaux de Denys. Cet écrivain dit (*in Timoleonte*) que les poésies d'Antimaque et les tableaux de Denys, qui étaient tous deux de la ville de Colophon, ne manquaient point de vigueur et de force, mais qu'on y sentait trop la peine et le travail; tandis que les peintures de Nicomaque, comme les vers d'Homère, avaient, indépendamment du nerf et de la grâce, le mérite d'être faciles et de couler pour ainsi dire de source. Enfin Aristote, dans sa poétique (chap. 2) dit que Denys peignait les hommes tels qu'ils sont.

« Parrhasius d'Éphèse, dit Quintilien, s'attacha particulièrement à la justesse des contours. Il était si correct et si exact, qu'il est regardé aujourd'hui comme le législateur des peintres, parce que tous les tableaux qu'il a laissés des héros et des dieux sont comme autant de modèles que tous les peintres suivent comme si c'était une nécessité indispensable. » Ici Quintilien, semble nous donner à entendre que cet assentiment des artistes se rapporte à l'excellence des divers canons (ou proportions) déterminés par ce peintre et adoptés ensuite par eux pour la représentation des dieux et des héros, de même qu'ils adoptèrent celui de Polyclète pour la figure de l'homme. Voyez, pour l'intelligence de cette question, ce qui est dit au chapitre 225 et suiv. au sujet des proportions. Parrhasius semble en effet avoir été le Polyclète de la peinture. Il écrivit sur les proportions et même sur le coloris. On appelait ses peintures des réalités, et Grégoire de Nazianze dit qu'il ne produisait que des chefs-d'œuvre. Socrate était souvent chez Parrhasius, dont la maison, fréquentée par les citoyens de la première distinction, était quelquefois le théâtre des disputes, des conférences et des lectures de Socrate. L'art dut s'enrichir beaucoup alors des lumières de la philosophie. L'entretien de Parrhasius avec Socrate, rapporté par Xénophon, nous laisse entrevoir l'importance des questions dont ils s'occupaient et la profondeur de leurs recherches sur l'essence de l'art.

Parrhasius fut donc un grand dessinateur ; aussi tous les peintres allèrent étudier après sa mort les dessins qu'il avait laissés. Ce fut lui qui fournit les sujets que Mys grava sur le bouclier de la grande Minerve en bronze de Phidias.

Antigone et Xénocrate, qui avaient écrit sur la peinture, citent Parrhasius comme un modèle dans l'art de peindre les contours. Et non-seulement ils accordent à ce peintre cette qualité, mais ils la recommandent en la louant. Nous avons vû, p. 230, comment Pline rapporte leur observation. Aucun écrivain ne pourrait aujourd'hui enchérir sur les expressions employées dans ce passage, même lorsqu'il voudrait signaler et vanter les contours moelleux de Corrégio ou de Tiziano. Pline dit aussi que Parrhasius excella dans l'art de bien rendre la finesse du visage et les agrémens de la bouche ; il vante encore l'élégance de ses chevelures. « Enfin, ajoute cet écrivain, Par» rhasius d'Éphèse apporta beaucoup de grandes qualités » à son art (*Ipse multa constituit*). »

Il paraît certain que Parrhasius recherchait l'expression des passions. Son Prométhée déchiré par le vautour, ses deux Hoplites, son Ulysse contrefaisant l'insensé, son peuple d'Athènes, son Philoctète souffrant, et de plus la nature de ses entretiens avec Socrate, semblent le prouver assez. Au sujet de son Prométhée, on fit un conte qui est peut-être le résultat de la vive et déchirante expression qui saisissait à la vue de cette figure célébrée dans l'Anthologie : on dit, et c'est Senèque le père qui l'a écrit, qu'il fit supplicier un esclave posé dans l'attitude de ce Prométhée. Mais ce sont de ces histoires qui courent les livres et que les modernes mêmes ont répété au sujet d'une figure de Michel-Ange.

Quant à ses deux Hoplites, dont l'un paraissait courir au combat avec tant d'ardeur qu'on croyait le voir suer, et l'autre se dépouillait de son armure et semblait tout essouflé, il faut convenir que jamais un artiste médiocre et faible sur le dessin n'eût osé choisir de pareils sujets, pour peu qu'il eût eu de prudence. Ce choix semble donc prouver que Parrhasius était sûr de triompher et de faire de ces deux tableaux deux chefs-d'œuvre. Aussi son grand savoir le servit-il parfaitement dans cet ouvrage. Je me figure que tous les caractères propres à l'action de chaque personnage avaient été cumulés par cet artiste qui les avait puisés dans la nature. Il étudia un grand nombre d'individus dans une situation analogue à son sujet; il fit comme Zeuxis pour son tableau d'Hélène; il fit comme l'auteur du gladiateur et peut-être mieux que lui.

Je ne ferai aucune recherche sur son tableau représentant le peuple d'Athènes et dans lequel il était parvenu à exprimer, au moyen d'une seule figure, le caractère de ce peuple inconstant, colère, injuste, et en même tems inexorable, clément, compatissant, humain, glorieux, féroce et porté à prendre la fuite....... Ici Pline devient inintelligible et ne pouvait guère sans doute se comprendre lui-même. Ce passage prouverait donc seulement qu'on reconnaissait dans ce peintre un grand talent pour l'expression des caractères. Euphranor, Lyson et Léocharès traitèrent ce même sujet.

Ce célèbre peintre se délassait en faisant de petits tableaux. Tibère en conservait quelques-uns dans sa chambre à coucher; l'un représentait Méléagre, un autre Atalante. Ce prince paya fort cher celui où l'on voyait Archigallus : il goûtait beaucoup cet ouvrage.

Parrhasius était vain. Il prit le surnom d'*Abrodiœtus*, qui signifie *vivant dans les délices*. Mais des personnes piquées de sa vanité, changèrent par dérision ce nom en *Rhabdodiœtus*, qui signifie *porte-baguette*, à cause de l'usage où sont les peintres de soutenir, à l'aide d'une baguette, la main qui conduit le pinceau. Théophraste, cité par Ælien, dit que Parrhasius, qui était d'un caractère irritable, avait coutume de se délasser par le chant des fatigues de son art. Il se prétendait issu d'Apollon, et il s'était même peint sous les traits de l'Hercule de l'Inde en repos et sous ceux de Mercure. Thémistius (*Orat.* 14) dit à ce sujet : « Il a prêté sa propre ressemblance à Mer- » cure, non pour honorer le Dieu, mais pour être honoré » lui-même à la faveur de ce simulacre. »

Au surplus, tous les auteurs sont d'accord sur son grand talent, et Justinien même, dans ses Institut. (liv. 11), parle également du mérite transcendant d'Apelle et de Parrhasius. Il convient encore de remarquer que Pline vante la grande fécondité de cet artiste.

Quant au coloris de son Thésée, coloris trop rose, au dire d'Euphranor qui avait peint le même sujet, cette critique n'affaiblit en rien le crédit de Parrhasius. Euphanor qui vécut soixante ans plus tard florissait dans un tems où non-seulement on savait représenter des raisins et des rideaux avec la plus grande vérité, mais où l'on savait imiter les carnations avec la même exactitude. Or, si Parrhasius ne fut pas aussi heureux qu'Euphranor dans le coloris, et si, malgré son infériorité en cette partie, sa célébrité égala celle de ce peintre, il fallait donc qu'il possédât à un très-haut degré certaines qualités qui sont essentiellement grandes et fondamentales. Cette critique ne prouve rien non plus contre le mérite des Hoplites de Parrhasius au moins aussi habile qu'Euphranor dans le dessin.

Nous pouvons, je crois, placer ici une remarque sur la fixité des couleurs dans les tableaux des Grecs, c'est que, si Euphranor critiquait les teintes trop rosées du Thésée de Parrhasius, sujet exécuté plus de soixante ans avant le sien, cela prouve que les teintes dans le tableau de Parrhasius n'avaient point poussé à l'obscur ou au jaune. Or nous savons, et le peintre Prudhon vient de le prouver, que la peinture à huile est rarement trop rose au bout de dix ans, à moins qu'on ait calculé et exagéré à ces fins la couleur. Le Psyché de Prudhon et son Zéphyr étaient donc beaucoup trop roses en sortant de son atelier, et, si Euphranor revenait aujourd'hui, il lui ferait un reproche bien différent de celui qu'il adressa à Parrhasius, il reprocherait à Prudhon d'avoir représenté plutôt la couleur de chamois que la couleur de chair. Cette observation peut s'appliquer à beaucoup d'autres tableaux récens que le public est surpris de retrouver si flétris, après un petit nombre d'années seulement.

Zeuxis d'Héraclée, élève de Démophile ou de Niséas, a joui d'une très-grande célébrité; cependant les auteurs ne nous informent point du caractère de son talent, ni des progrès qu'il fit faire à l'art. Il ne nous paraît pas difficile néanmoins de le supposer : Apollodore lui avait ouvert les secrets du clair-obscur et du coloris, et Zeuxis savait imiter. Ce qu'on raconte de son défi avec Parrhasius, prouve que ces deux peintres étaient devenus familiers avec l'art de représenter le relief et les teintes des objets : Zeuxis apporta des raisins qu'il avait imités, et les oiseaux vinrent pour les becqueter; Parrhasius apporta la peinture d'un rideau, et Zeuxis alla pour le tirer. Zeuxis, dit-on, s'avoua vaincu, parce qu'il n'avait pu tromper que des oiseaux, tandis que son rival l'avait trompé lui-même. Ce petit conte prouve combien le coloris avait fait de progrès. Mais non-seulement Zeuxis savait imiter, il savait aussi choisir, et ses recherches sur la beauté, jointes à son talent excellent dans l'imitation, firent regarder ses ouvrages comme autant de chefs-d'œuvre.

Aristote, dans sa poétique (ch. 6), dit que Zeuxis ne savait pas peindre les mœurs. Il est possible que les nouvelles perfections que ce peintre ajouta à l'art l'aient distrait des recherches qu'il devait faire sur les mœurs; il est possible aussi que le tour même de ses idées et son sentiment naturel l'aient attaché plutôt à la beauté extérieure et à la vie du dessin qu'à l'expression des mœurs. Cependant il dut être au moins au niveau de ses contemporains en cette partie, et l'on ne doit point supposer que, dans sa théorie, il confondît les qualités secondaires avec les qualités principales. Nous avons déjà fait remarquer (ch. 40. pag. 218), son mécontentement, lorsqu'ayant exposé son tableau de la Centaurelle, il s'aperçut que le public ne s'attachait point à ce qui faisait le principal mérite de cet ouvrage. Rappelons encore que l'éloge que Lucien fait de ce tableau porte sur le dessin, les proportions, le coloris et le clair-obscur. Zeuxis fit un tableau de Pénélope, où, selon Pline, les mœurs de cette princesse étaient parfaitement représentées. Voilà Pline en contradiction avec Aristote. Nous avons vu que ce peintre célèbre faisait usage de petits modèles en terre pour exécuter ses tableaux, et nous savons de plus que l'on conserva ces modèles après sa mort. Ce fait qui nous a été transmis par Pline, prouve que ces figurines étaient plus que des marquettes faites uniquement pour indiquer l'ensemble des effets de la lumière, mais qu'elles offraient des études réelles de mouvement et de style. D'ailleurs la conduite que Zeuxis tint pour composer la fameuse Hélène qu'il fit pour les Crotoniates, donne assez à supposer combien sa marche était rigoureuse et savante. Cinq belles filles, qu'il choisit lui-même parmi les vierges de Crotone, servirent aux études qu'il croyait nécessaires pour atteindre à la beauté et à la chasteté d'Hélène. Cette Hélène était nue, mais sa pudeur lui servait de vêtement. Zeuxis avait la plus grande idée de son art, et c'est sûrement cette idée grande et sublime qui lui fit faire aux Crotoniates la demande de leurs plus belles filles, à l'occasion de l'ouvrage dont il s'agit ici. Pline fait la même remarque (*Lib.* 35. *Cap.* 9) et cite ce fait comme une preuve du grand soin (*diligentiæ*) que Zeuxis apportait dans l'exercice de son art. On appela cette Hélène de Zeuxis la courtisane, parce que ce peintre fit voir cette peinture pour de l'argent. Il paraît qu'à Athènes et à Rome on copia fréquemment ce chef-d'œuvre. Je ne manquerai pas d'exposer mes conjectures sur la méthode qui dut guider Zeuxis dans l'emploi qu'il fit de ces cinq modèles. (V. surtout le chap. 223.)

Il fit au roi Archélaüs un présent qu'il crut digne d'un souverain : c'était un tableau représentant le dieu Pan. Zeuxis, devenu très-riche, étalait un grand luxe dont il faisait honneur à son art. Il se montrait aux jeux olympiques, vêtu d'un manteau où son nom était brodé en lettres d'or. Il ne se faisait plus payer de ses ouvrages; il les donnait, croyant qu'on ne pouvait pas les acheter ce qu'ils valaient. Tant de grandeur dut passer dans ses peintures; aussi son nom fut-il honoré de la postérité. Son Ménélas et son Cupidon couronné de roses faisaient l'ornement d'Athènes et étaient admirés de toute la Grèce. On raconte qu'il avait peint une vieille extrêmement comique, et qu'il fut lui-même très-sensible à l'extrême vérité de cette peinture. On ajoute qu'un jour étant seul en présence de ce portrait, il fut saisi par un rire inextinguible dont il mourut. Ce que nous apprend de vrai cette histoire, c'est que Zeuxis savait parfaitement imiter.

Possédons-nous quelques copies d'après les tableaux de Zeuxis? C'est ce qu'on ne peut guère affirmer. Cependant la collection d'Herculanum nous fait voir une peinture qui retrace un des sujets qu'avait traités ce peintre : c'est Hercule enfant qui étouffe des serpens en présence d'Amphytrion, d'Alcmène et de Jupiter. L'Alcmène est dans le style des Niobés, et les autres figures sont d'un excellent goût malgré quelques grossières erreurs du copiste (V. la planche 7. du tom. 1.); la disposition en est bonne, et tout le caractère du tableau est très-relevé et fort pittoresque. Pline commence ainsi la description de cette peinture de Zeuxis : *Magnificus est Jupiter ejus in throno, adstantibus diis.* Les dieux ne paraissent point dans le tableau d'Herculanum, ce qui laisse quelqu'incertitude au sujet de cette question; cependant l'idée première est digne d'un très-habile artiste, et la manière dont le peintre a imaginé l'ensemble du sujet le rend susceptible d'une grande perfection. Au reste il peut se faire que le copiste ait supprimé les figures qui, étant placées à côté de Jupiter, le faisaient paraître sur l'original situé plus au milieu de la scène.

« Zeuxis, dit Quintilien, inventa le mélange des lumiè-

» res et des ombres; il peignait les corps plus grands que » nature, croyant qu'il y avait en cela plus de dignité et » plus de noblesse. Ses partisans le louent en ceci disant » qu'il suivit Homère qui se plaît à donner même aux » femmes la forme la plus robuste qu'elles puissent avoir. » Ce style de Zeuxis devait être d'autant plus remarqué, que Parrhasius, son émule, visait à la plus grande exactitude et à la plus sévère correction.

Pline semble dire qu'on reprochait à Zeuxis d'avoir fait les têtes trop fortes, et Quintilien le blâme d'avoir généralement chargé les membres de ses figures. Ces reproches me semblent mal exprimés par ces critiques. Pline n'entendait sûrement pas l'auteur qu'il compilait sur ce sujet; peut-être même l'auteur grec compilé avait-il mal répété cette critique que des artistes seuls pouvaient communiquer. D'ailleurs Pline et Quintilien sont en contradiction: si les membres du corps sont trop chargés, les têtes ne sont pas trop fortes, ou la figure serait tout-à-fait défectueuse; il vaut mieux laisser ces mots qui auraient besoin d'interprètes. N'est-il pas évident qu'il ne s'agit ici que du plus ou du moins à un très-faible degré, degré qui sert les intentions d'un artiste savant, déterminé par des raisons théoriques pour en agir ainsi? Car dire que Zeuxis se trompait lourdement dans la proportion des têtes et des membres, c'est avancer une chose insoutenable.

En général il me paraît absurde de supposer que les artistes de l'antiquité aient péché grossièrement contre les proportions qu'il est si aisé de conserver lorsqu'on possède des tables ou canons dont les mesures sont consacrées dans les écoles. Tels étaient chez les Égyptiens, par exemple, leurs patrons ou modèles de proportions. Mais ces écrivains ont voulu dire que le canon que Zeuxis, par exemple, avait établi pour tel ou tel caractère, laissait à désirer plus de petitesse et de légèreté dans les têtes et peut-être même dans toute la figure; car, à cette époque, chaque artiste cherchait à composer des canons particuliers pour les différens caractères. (V. la remarque de la page 368.)

Visconti attribue à Zeuxis l'original d'après lequel on exécuta une statue antique de Marsyas, qu'on voit au musée de Paris et qu'on trouve souvent répétée dans d'autres cabinets. Mais sa remarque n'est-elle pas de pure érudition et sans critique fondée sur l'art? Il ne suffit pas d'avoir aperçu dans Pline ou tout autre auteur l'indication d'un sujet dont nous possédons la représentation antique, pour être autorisé à décider que cette antique est de la main même de l'artiste auquel Pline ou tout autre en ont attribué l'exécution dans leur indication. De même parce que Pline a dit que Zeuxis avait peint Marsyas lié (*religatus*), cela ne suffit point pour nous faire croire que notre statue qui, en effet, est un Marsyas lié et de plus suspendu par les mains à un arbre, soit copié d'après le tableau de Zeuxis : et s'il ne s'agit que d'érudition, on peut remarquer que Pline eût pu ajouter suspendu (*suspensus*), ce qui eût mieux exprimé l'attitude de notre Marsyas, dont les pieds ne touchent point la terre et qui est absolument pendu à l'arbre par les mains. Il en est de cette observation comme de celle que j'ai faite au sujet des astragalizontes de Polyclète. D'ailleurs, nous connaissons beaucoup d'autres Marsyas liés, mais les mains derrière le dos et non suspendus, ce qui offre une attitude plus susceptible de beauté en peinture que celle-ci qu'on prétend être du choix de Zeuxis, peintre qui semble cependant avoir tenu grand compte de la beauté. Quant au travail de cette statue, qui est très-étudiée, il ne date certainement pas de la très-belle époque de l'art.

Si l'on en croit Marius-Victorinus, on voyait encore des ouvrages de Zeuxis dans le 4e siècle, ce qui fait supposer une durée de sept siècles et demi.

Les peintres savaient déjà exprimer la vie : Polygnote et Pauson savaient peindre les mœurs ou les caractères; Timanthe de Cythnos ajouta l'action des mœurs, c'est-à-dire les passions. Le choix des tableaux de ce dernier nous fait connaître qu'il visait au tragique et au pathétique. Le meurtre de Palamède, le sacrifice d'Iphigénie, la reprise de la ville de Pellène, etc. étaient de ces sujets qui comportaient de grands mouvemens. Avant lui, Onatas avait peint Euryganéas la tête baissée et attendant, accablée d'inquiétude, l'issue du combat de ses fils. D'autres sujets, favorables aux expressions fortes, avaient probablement été traités; mais il paraît que c'est Timanthe qui, le premier, porta cette partie de l'art à un très-haut degré, et cela sans rien diminuer de la justesse des caractères. Il peignit, en concurrence avec Parrhasius, un Ajax disputant à Ulysse l'armure d'Achille; le peuple qui lui décerna le prix, dans le concours de Samos, s'y détermina sans doute à cause de l'expression des personnages. Il avait peint aussi un tableau qu'on regardait à Rome, où il fut transporté, comme un ouvrage achevé (*Absolutissimi operis*. PLINE. *L.* 35. *C.* 10) : il représentait un héros. Quant à son très-petit tableau où l'on voyait un Cyclope endormi et des Satyres qui mesuraient son pouce avec leurs thyrses, pour donner au spectateur l'idée de sa grandeur gigantesque, cet ouvrage devait avoir été un délassement du peintre, plutôt qu'un tableau dans son véritable genre, et si les écrivains ont tant de fois cité cet ouvrage, c'est qu'ils confondaient les ressources les plus vulgaires de l'art de la peinture et de la perspective, avec les grands secrets de l'art libéral. Au surplus, il peut se faire que cette opposition fût alors une nouveauté en peinture, sous le rapport de l'exacte perspective linéaire et de la dégradation des distances, dégradation qui rendait l'idée de Timanthe. Revenons à son tableau d'Iphigénie.

On remarque deux idées dominantes chez les écrivains qui se sont occupés de ce tableau : la première est relative à la haute expression des personnages, la seconde est relative au pan de manteau jeté par le peintre sur la tête d'Agamemnon; mais, selon moi, ces deux idées n'en doivent faire qu'une. En effet, il était dans les mœurs de faire représenter voilée la tête d'Agamemnon, vu l'extrême affliction qui devait altérer ses traits, et il était judicieux de le faire, vu les efforts qui avaient épuisé les ressources de l'art quant à l'expression des autres personnages. Mais s'il n'eût pas été question d'un Agamemnon, c'est-à-dire d'une haute dignité de caractère, il n'eût pas été permis d'employer cette ressource peu convenable sur un personnage plus subalterne : c'est ce que n'ont pas senti les écrivains qui ont tant vanté cette idée comme un expédient du génie de Timanthe. D'ailleurs l'idée du manteau cachant la tête d'Agamemnon, n'était rien moins que nouvelle du tems de Timanthe, soit dans le costume, soit dans les mœurs, soit même dans l'art. Euripide en avait donné l'exemple, et Homère avait eu à peu près la même pensée.

Ainsi le mérite de ce tableau consistait, non dans l'invention de la draperie qui cachait le front royal du malheureux père, mais dans la force et la convenance d'expression de tous les personnages.

Indépendamment de son talent pour rendre les passions, il paraît que Timanthe excellait à représenter les personnages héroïques. Pline dit aussi de ce grand peintre qu'il avait l'art dans tous ses ouvrages de laisser imaginer plus qu'il n'offrait réellement sur son tableau, en sorte que, quoique son art fût immense, son génie s'élevait encore par-delà. Revenons aux statuaires.

Scopas fut un des plus grands statuaires de la Grèce. Le doute où étaient quelquefois les écrivains, si tel ouvrage était de la main de Scopas ou de celle de Praxitèle, prouve que Scopas était rangé presque sur la même ligne que ce dernier, quant au mérite; car, quant à la célébrité, celle de Praxitèle fut encore plus éminente. Ce n'est pas ici le lieu de faire des réflexions sur les causes des célébrités respectives en général, il suffit de faire remarquer que certaines statues de Scopas furent aussi estimées et aussi estimables que certaines statues de Praxitèle. Les antiquaires ne sont pas d'accord sur l'antériorité d'âge de l'un ou de l'autre statuaire. Peu nous importe un doute à ce sujet. Il paraît évident au reste que tous deux ont travaillé au fameux tombeau de Mausole; on peut donc les considérer comme contemporains. Pour ce qui est de leur style respectif, je me rangerais volontiers du côté de Winckelmann, qui avait remarqué que le style de Scopas devait tenir à une école un peu plus antique que celui de Praxitèle. Leur contemporanéité n'empêcherait point cette différence.

Pline nous dit qu'on doutait de son tems si la Niobé mourant avec ses enfans, ouvrage qu'on admirait à Rome dans le temple d'Apollon Sosien, était de la main de Scopas ou de celle de Praxitèle. On élevait le même doute, nous dit-il encore, sur un Janus apporté d'Égypte et consacré par Auguste, et sur un Cupidon tenant un foudre et placé dans les portiques d'Octavie. Il est à remarquer qu'une épigramme anonyme de l'Anthologie grecque et une autre d'Ausone, attribuent cependant à Praxitèle la Niobé tuée avec ses enfans.

Pline s'excuse d'une manière assez singulière au sujet de son ignorance sur ce point. « A Rome, dit-il, on a trop » de distractions et trop d'affaires pour examiner à loisir » et avec réflexion ces productions de l'art; aussi ignorons-» nous le nom des auteurs de plusieurs statues admira-» bles. » Cependant il me semble que si Pline se fût donné la peine d'interroger sur ce point un ou deux habiles statuaires, qui n'avaient qu'une affaire en tête, celle de leur art, ils lui eussent appris à distinguer ces deux sculpteurs célèbres qu'il est fort douteux, quoiqu'en dise Pline, qu'on ait confondus de son tems.

On possède dans les cabinets plusieurs statues représentant des filles de Niobé, ou d'autres figures que l'on croit appartenir à l'histoire tragique de cette malheureuse épouse d'Amphion. Ce sujet se trouve représenté sur quelques bas-reliefs, et entre autres sur un sarcophage du musée du Vatican; mais le musée de Florence offre une suite nombreuse de statues représentant ce sujet fameux. On les a rassemblées dans un seul local, et on en reconnaît comme avérées, c'est-à-dire comme appartenant à ce sujet, au moins treize, dont cinq filles et six fils: Évelyn, qui visita Rome en 1664, en a compté quinze. (V. sur cette collection, Winckelmann, Fabroni, Mengs, Visconti, Millin, Goëthe, etc.; quant à ce que dit ce dernier, voyez le Magasin Encyclopédique, tom. 2, 3e et 6e années.) Plusieurs de ces figures ont fourni des empreintes et sont connues des artistes. Ces statues furent déterrées à Rome en 1525 sur le mont Esquilin. Achetées à un assez bas prix par le grand-duc de Florence, elles furent placées dans les jardins de sa villa Médicis à Rome; il semble qu'on n'en faisait pas un grand cas d'abord, puisqu'on ne leur donna point place dans la galerie réservée pour les morceaux les plus estimés et qu'on les laissa exposées à l'air dans le jardin. En 1770, Léopold les fit passer à Florence.

Personne n'a douté que le groupe presque colossal de la mère et de sa jeune fille ne soit au moins la copie de cette Niobé mourante que, selon Pline, on voyait à Rome dans le temple d'Apollon Sosien. Une foule de réflexions pourraient être communiquées sur la conjecture qu'on a faite que ces figures décoraient un fronton au milieu duquel aurait été placée cette figure principale de la mère groupée avec sa plus jeune fille; mais j'éviterai cette digression, ainsi que toutes celles qui me semblent ne rien rapporter à l'art. J'arrive donc à des questions plus relatives à mon sujet.

Nous connaissons par des copies le style de Praxitèle: offre-t-il une différence sensible avec le style des Niobés? Oui. Il me semble que la Vénus de Gnide, le Faune Périboétos, l'Apollon Sauroctonos et les Vénus Phryné nous donnent une idée assez déterminée du style de Praxitèle. Or ce groupe de Niobé mère et les autres meilleures figures de cette collection manifestent un style plus antique, très-sévère et très-fin à la vérité, mais moins souple, moins complet sous le rapport, soit de l'imitation, soit du charme, soit de la disposition, que celui que nous connaissons de Praxitèle. Je sais que tous ces ouvrages étant des copies, nous devons beaucoup nous méfier des comparaisons que l'on est tenté de faire pour arriver à un jugement assuré sur ces styles respectifs, car tout l'ordre respectif des qualités peut être dérangé dans ces copies. Un passage de Denys d'Halycarnasse ne sera peut-être pas de trop ici; au moins devons-nous en tenir compte. Voici à peu près ce qu'il dit : « Toujours une certaine grâce » naturelle et une certaine beauté distinguent les origi- » naux des copies, et quand même dans celles-ci on aurait » poussé jusqu'au dernier degré l'exactitude d'imitation, » on y retrouve quelque chose d'affecté et de peu naturel. » C'est ce qui sert de règle non-seulement aux rhéteurs » pour juger les rhéteurs, mais aussi aux peintres pour » juger, par exemple, les copies ou les originaux d'Apelle, » aux statuaires pour distinguer les ouvrages sortis de la » main même de Polyclète, et aux sculpteurs quant aux » productions qui sont originales de Phidias (*Dyo. Hal.* » *in Dinarcho*). »

Que le groupe de la Niobé mère et sa fille, ainsi que toutes les figures de la collection de Florence, soient des copies, c'est ce dont on ne saurait douter. Peut-être est-ce à la différence de talent des copistes qu'il faut attribuer la différence de style et d'exécution qui se remarque entre le groupe principal ou la statue isolée de la plus jeune Niobé, et le jeune homme qui, un genou à terre et la tête élevée, élance son regard vers le ciel, ou bien encore entre la plus jeune Niobé et l'autre jeune sœur qui, avec une attitude très-vive aussi, offre pourtant des formes bien moins vraies, bien moins animées et bien plus indécises. Comment trouver aussi que le groupe des lutteurs, qu'on regarde comme deux Niobides, soit du même style que la Niobé mère? N'est-on pas tenté plutôt de le supposer de Céphissodote, élève de Praxitèle et déjà vanté pour avoir su exprimer avec le marbre la molesse de la chair?

Quand on a beaucoup examiné le groupe de la Niobé mère et la copie de la Vénus de Gnide, on reconnaît que dans celle-ci le statuaire a répandu un certain charme provenant et du mouvement général et du mouvement particulier des formes, et que dans la Niobé la finesse et la sévérité, bien qu'offrant une grâce très-pure, ne produisent point encore ce charme qui, chez Praxitèle, procura le complément de l'art.

Lens, dans son livre sur le goût en peinture, dit qu'il a vu à Rome une tête de la mère des Niobés et le corps d'un de ses fils, bien plus beaux que le groupe de Florence. « Je ne connais, dit-il, rien de semblable pour la beauté » des caractères et pour la finesse de l'expression... » Où les a-t-il vus? D'où venaient ces fragmens? D'autres que lui en ont-ils parlé? C'est ce qu'il nous laisse ignorer. Si ces fragmens, vus par Lens, sont réellement au-dessus des Niobés de Médicis, que penser de la perfection des véritables originaux? Au surplus il n'est guère probable que l'on ait laissé à Rome les originaux de ce groupe cité par Pline. Les nombreuses répétitions des Niobés que l'on voit à Rome et ailleurs, en prouvant la célébrité des originaux, donnent donc à croire que le tems ne nous a laissé que des copies, les archétypes ayant été transportés à Constantinople où ils auront péri.

Voici ce que dit Mengs sur ces statues : « Il règne une » grande inégalité entre les figures qui composent le groupe » des Niobés ; on peut même dans plusieurs remarquer » des incorrections, et un grand nombre de statues anti- » ques leur sont bien supérieures en beauté. On voit au » Vatican une Vénus assez médiocre, et d'un style qui ap- » proche du lourd, mais dont la tête est fort belle et ne le » cède pas à celle de Niobé ; cependant cette tête est bien » celle de cette statue de Vénus, et n'en a jamais été sépa- » rée ; cette statue est certainement la copie d'une bien » meilleure [1]. Dans le palais du roi d'Espagne à Madrid, » on conserve une tête parfaitement ressemblante à celle » de la Vénus du Vatican, mais infiniment plus belle ; en » sorte qu'il n'y a, pour ainsi dire, aucune comparaison » entre l'une et l'autre. Je pense qu'il en est de même du » groupe des Niobés dont les statues nous paraissent fort » belles, parce que nous n'avons pas celles d'après les- » quelles on les a copiées et qui étaient bien plus parfaites » encore. En effet, je ne regarde pas ce groupe comme » la production de très-grands artistes, mais comme de » bonnes copies faites d'après de meilleurs originaux, par » différens artistes plus ou moins habiles, qui peut-être » même y ont ajouté les figures qui nous paraissent si » médiocres. On doit remarquer aussi qu'elles ont été en » partie restaurées dans le tems du bas-empire, et que » dans la suite les modernes les ont enfin dégradées tota- » lement en voulant les réparer par de maladroites res- » taurations. »

[1] Il s'agit probablement de la copie antique de la Vénus de Gnide par Praxitèle, copie d'après laquelle on coula en bronze celle qu'on voit aujourd'hui au jardin des Tuileries.

Outre qu'il est naturel de supposer qu'on n'eût pas laissé à Rome des marbres originaux aussi célèbres, il existe des preuves que dans ces monumens nous ne possédons que des copies. L'examen attentif de quelques parties de la figure de Niobé mère fait découvrir qu'elle est sûrement une copie, les inexactitudes qu'on y remarque étant des oublis dont les auteurs originaux eussent été incapables. Que l'on observe, pour ne citer qu'un exemple, l'insertion des deux muscles sterno-mastoïdiens sur la poitrine, et l'on verra que le tendon gauche devait se prolonger davantage sur le sternum, et cela, malgré les ménagemens prescrits par les lois de la beauté. Une pareille erreur ne peut être que celle d'un copiste.

Il importe peu dans le fait que les très-belles statues des Niobés que nous possédons soient sorties du ciseau même de Praxitèle ou de celui de Scopas : le nom de l'artiste ne nous fait rien; il suffit de reconnaître ces figures pour classiques après en avoir étudié les caractères relatifs. Il nous suffit aussi d'affirmer, pour compléter ici notre système sur les styles, et cela malgré le doute de Pline, que Scopas participait plus de l'école antique et austère de Polyclète que de l'école gracieuse de Praxitèle.

Ces admirables morceaux sont de l'excellente école grecque, et la nuance qui peut les différencier des autres ouvrages de ces beaux tems tient peut-être plus au génie naturel du sculpteur qu'au crédit de certaines maximes. La beauté s'y trouve soutenue de toute la force résultant de l'exactitude et de la vérité, et ce qu'on appelle l'idéal y est en tout conforme aux caractères de la nature. La poésie n'y diminue point l'imitation; l'imitation exacte ne diminue en rien l'éclat de la poésie. Ces inappréciables productions ne repoussent point l'esprit vulgaire et peuvent remplir l'ame la plus élevée : elles émanent d'une source pure et vivifiante que nous ne pouvons assez apprécier. Enfin ne peut-on pas, au sujet de ce chef-d'œuvre, employer la même expression dont se sert Pline, lorsqu'il parle du portrait d'Apollodore fait par Silanion, et dire que cette jeune figure de Niobé représente moins une fille innocente que l'innocence elle-même, et que la principale figure représente moins Niobé que la douleur et l'effroi d'une mère ?

Je n'ajouterai rien à l'article de Scopas, sinon que, selon M. Heyne, ce statuaire semble avoir fixé l'archétype de Mars. Le Mars assis de la villa Ludovisi pourrait bien en être une copie. On voyait l'original au cirque flaminien : il était colossal. Le même savant croit aussi que Scopas fixa l'archétype de Diane dans celle qu'on appela *Eucléa* ou la glorieuse. Enfin, nous savons que Scopas fut l'auteur d'une Bacchante furieuse : Callistrate, l'Anthologie et Pausanias en font mention. Or plusieurs bas-reliefs que nous possédons, et entr'autres celui du musée de Paris, n° 200, pourraient bien, ainsi que plusieurs pierres gravées, en offrir des copies. Cette figure y est représentée vue par-derrière, un genou plié et appuyé sur une base, le corps et la tête surtout fort renversés en arrière, les cheveux épars ; enfin cette pose semble bien exprimer la fureur bacchique et rentre évidemment dans le mode phrygien. Il est à croire aussi que plusieurs bas-reliefs ou pierres gravées représentant des Néréïdes et autres figures marines assises sur des tritons et des chevaux marins, sont des répétitions de Scopas. (V. PLINE. L. 34. C. 5.)

Ici je crois convenable de rappeler de nouveau une des

causes qui contribuaient à la grande vérité, à la vie et à la ressemblance qu'on mettait alors dans les portraits, qualités qui caractérisent encore l'art de cette époque; j'entends parler de l'usage des images iconiques, et des statues ressemblantes des vainqueurs dans les jeux, genre de représentation qui, comme je l'ai dit, a dû perpétuer dans la statuaire l'antique exactitude dans l'imitation.

Un peu avant Scopas, on admirait donc les ouvrages d'Alype de Sicyone, élève de Naucydès d'Argos. Il représenta entr'autres figures exécutées en bronze Néolaïdas, enfant vainqueur au pugilat, et Archidamas, enfant vainqueur à la lutte. Rien n'empêche de croire que le bronze que nous connaissons sous le nom de Tireur d'épine et que l'on voit au capitole dans le palais des Conservateurs, ne soit une copie d'après ce maître. La précision du mouvement, la naïveté de l'imitation, ainsi que le travail fin et précieux de la chevelure, atteste la sévérité de la haute école grecque dans laquelle florissait Alype de Sicyone, dont Pausanias avait remarqué les ouvrages à Delphes et dans l'Altys. On voyait encore d'Alyve de Sicyone, l'athlète Symmaque et l'athlète Euthymène, tous les deux en bronze, et de plus sept statues de chefs alliés. Le statuaire Tysaudre en avait fait onze autres. Lyson représenta les mêmes sujets. Amphion de Cnosse fit à Delphes, en bronze probablement, Battus sur un char conduit par Cyrène, Lybie couronnant Battus. Calliclès de Mégare, très-vanté par Pausanias, fit sortir de son ciseau, outre ses statues de philosophes en bronze, Diagoras et Gnaton, tous les deux vainqueurs au combat du ceste. Stipax imita en bronze un jeune esclave soufflant le feu, pour faire rôtir des viandes. Philotimus fit pour l'Altys la statue équestre de Xénombrote. La prêtresse Lysimaque, l'écuyer Sarmenès, qui le premier écrivit sur l'équitation, et Péléichus d'Alopée semblaient vivre en bronze par l'art de Démétrius. Enfin Micon de Syracuse jetait aussi en bronze des figures d'athlètes, et il fit deux statues d'Hyéron, l'une à pied et l'autre à cheval. Jusqu'à l'époque de Zeuxis, on trouve aussi des peintres occupés de pareils sujets. Simonide employait ses pinceaux à représenter des portraits, et dans le même tems Aristophon peignit, outre son fameux tableau d'Alcibinde avec Némée, beaucoup de tableaux iconiques. On peut ajouter encore à ces contemporains de Scopas, Samolas qui fit Triphilus et Azan; Astérion qui représenta l'enfant Chéréas, vainqueur; Pison de Calaurie, chef d'école, dont on voyait à Delphes le devin Abas; enfin Dédale de Sicyone, qui produisit aussi des portraits. On admirait de ce dernier dans l'Altys, Aristodème, vainqueur à la lutte; Eupolème, vainqueur à la course; Naryadas, lutteur; Timon et son fils à cheval, vainqueurs des Lacédémoniens; Trophonius; deux statues d'Arcas, et deux enfans de bronze se frottant avec le strigile. Mais ne dois-je pas ajouter la statue d'Yppon, enfant vainqueur au pugilat? Ce fut l'ouvrage de Démocrite de Sicyone, qui fit en bronze des statues de philosophes. Enfin, toutes ces statues d'enfans vainqueurs, ouvragés en bronze de Cléon de Sicyone, et pour en finir, celle du jeune Cratinus, le plus beau et le meilleur athlète de son tems, sont aussi de cette époque. Ce fut Cantharus de Sicyone qui exécuta cette dernière image ainsi que celle d'Alexinicus, lutteur et vainqueur au palestre entre les enfans.

Maintenant nous devons citer le peintre Eupompe qui

fut maître de Pamphile. Nous avons vu qu'il fit distinguer dans l'école asiatique, l'école d'Ionie et l'école de Sicyone. A l'article de Lysippe, nous dirons que le même Eupompe conseillait de ne s'attacher à aucune manière des maîtres, mais d'imiter la nature. Il paraît que son athlète vainqueur fut un tableau très-célèbre.

Il importe aussi, pour caractériser cette période de l'art, de ne pas oublier de citer Pamphile d'Amphipolis, maître d'Apelle. Ce Pamphile, qui cultivait toutes les parties des belles lettres, était profondément instruit dans les mathématiques et la géométrie, et il les regardait comme les fondemens de la peinture. Un professeur aussi savant dut avoir une grande influence sur son art. Il exigeait de ses élèves dix ans d'études chez lui, et un talent ou cinq mille quatre cents livres pour ces dix années. Nous savons qu'Apelle et Mélanthius lui payèrent cette somme. Pamphile donna tant de lustre à la peinture, qu'elle fut mise au premier rang entre les autres arts libéraux. Il fut cause que les jeunes gens bien nés étudièrent l'art du dessin. Pline dit qu'on apprenait à tous les jeunes gens non pas à peindre, mais l'art graphique, ce qu'on appelait *pictura in buxo*, c'est-à-dire dessin sur buis ou sur des tablettes de buis, probablement enduites de cire noire, ce qui permettait d'effacer aisément les erreurs qu'on voulait rectifier. Ce fut aussi Pamphile qui fit porter une loi qui ne permettait qu'aux personnes libres d'exercer la peinture, sage précaution à laquelle il est permis d'attribuer en partie la longue durée de cet art. Eupompe, maître de Pamphile, a dû coopérer à ces innovations philosophiques, et Aristote, ce profond théoricien, n'était peut-être pas étranger aux fortes résolutions qui dominèrent dans l'art sous Alexandre. Nous verrons que ce prince ne permit qu'à Apelle de peindre son portrait, à Lysippe de couler son image et à Pyrgotèle de la graver. Pamphile était d'ailleurs fort habile dans l'exécution; Quintilien dit positivement qu'il se faisait admirer par une grande connaissance du dessin et par la beauté de l'ordonnance. Aratus n'estimait rien tant que les tableaux de Pamphile et de Mélanthius. Il fit présent à un roi d'Égypte de quelques-uns des ouvrages de Pamphile, les accompagnant de ceux de Mélanthius, son élève (*Plutarch. in Arato*). On cite de Pamphile, le combat de Phliunte, la victoire des Athéniens, un tableau que Pline nomme *Cognatio* et qui représentait peut-être un sujet de famille, enfin le débarquement d'Ulysse. Il convient, je crois, de rappeler ici que Lucullus, qui à la vérité devait payer très-cher de simples fantaisies, acheta les Argonautes de Cydias, peintre de cette époque, la somme de 140 000 sesterces, c'est-à-dire 28 110 francs.

Échion, peintre et sculpteur, fut considéré par Pline et par Cicéron comme un artiste excellent; Pline le cite parmi les peintres qui, avec quatre couleurs seulement, produisirent les plus beaux ouvrages, et il parle avec éloge de ses tableaux représentant la comédie et la tragédie, Sémiramis, une vieille portant une lampe, et surtout de cette jeune mariée dont la pudeur était si remarquable. L'expression que Cicéron emploie au sujet d'Échion est affirmative et décisive; après avoir parlé des qualités des plus grands peintres qui précédèrent celui-ci, il finit par dire : « Quant à Échion, tout est parfait dans ses ouvrages. » Quoique le nom de ce peintre soit peu répété par les écrivains, l'assertion remarquable de Cicéron et les éloges de Pline doivent nous le faire regarder comme un artiste du premier ordre. Son talent en sculpture, ou peut-être en plastique, doit augmenter cette prévention.

Hyppatodore fut aussi un artiste très-habile : sa belle Minerve à Aliphèze, Amphiaraüs sur son char, et des figures iconiques attirèrent sur lui l'admiration des Grecs. Enfin Léochârès, si toutefois il est plus jeune que Praxitèle, doit être cité ici à cause de la beauté d'un ouvrage d'or et d'ivoire représentant Philippe, Alexandre et Amyntas. On remarquait aussi comme autant de chefs-d'œuvre son Jupiter tonnant, transporté par les romains au Capitole, son Apollon coiffé d'un diadême, et son enlèvement de Ganimède où l'on distinguait la précaution avec laquelle l'aigle approchait ses serres des vêtemens du bel adolescent : deux groupes semblables de marbre qui se voient dans le musée du Vatican représentent le même sujet. Martial a rendu la même idée dans ces deux vers :

Æthereas aquilâ puerum portante per auras,
Illæsum timidis unguibus hæsit onus.

Liv. 1. Epigr. 7.

Un des derniers statuaires célèbres avant Praxitèle, est Briaxis. On voyait de lui à Daphné près d'Antioche, un Apollon; c'était un ouvrage admirable et inimitable au dire de saint Clément d'Alexandrie, qui ne tarit point sur l'éloge qu'il fait de cette statue. Briaxis avait fait encore les statues de Jupiter et d'Apollon, et ceux qui voyaient ces ouvrages à Patarès doutaient s'ils étaient de lui ou de Phidias. Ce doute suffit pour nous détourner de l'idée que l'Apollon du Belvédère est copié d'après ce statuaire, car les éloges de saint Clément d'Alexandrie sont bien moins une preuve ici que ne l'est la différence extrême entre le style de notre Apollon et celui de Phidias ou de Briaxis. Enfin Pline appelle ses statues qu'on voyait à Gnide, des chefs-d'œuvre, et les Grecs le mirent au rang de leurs plus fameux statuaires. Il représenta deux fois Esculape. J'aimerais bien mieux entendre attribuer à Briaxis l'original d'une excellente statue d'Esculape de la villa Albani, aujourd'hui au musée de Paris, nº 192, que d'entendre lui attribuer l'Apollon du Belvédère. Cet Esculape est d'un style, il est vrai, tout-à-fait différent de celui de notre Apollon; cependant il offre une majesté, une grâce et une certaine finesse vraiment remarquables, bien qu'il tienne de la très-grande simplicité et du travail austère de l'antique école d'Athènes.

Nous pourrions citer encore le statuaire Aristodème, contemporain du roi Seleucus : il travaillait en bronze. Comme Polyclète, il fit un Doriphore d'une grande beauté. Tatianus, en parlant de son portrait d'Ésope le fabuliste, dit que cette statue contribua à la célébrité de celui qu'elle représentait autant que ses fables mêmes; cet éloge n'est pas à délaisser. Pline nous dit qu'Aristodème fit des lutteurs. Rien ne peut, ce me semble, empêcher d'attribuer à cet artiste célèbre le groupe des lutteurs de Florence; l'indication de Pline nous y engage. Cependant l'inspection du style de ce monument nous inviterait aussi à l'attribuer, comme je l'ai dit, à Céphissodote, fils de Praxitèle, et qui, cinquante ans plus tard qu'Aristodème, excellait, comme son père, dans l'art d'exprimer la chair.

Mais un autre beau monument qui peut, selon moi, être cité et classé ici sans inconvénient, c'est le groupe de Pan et Olympe. Nous ignorons le nom de l'auteur de cette excellente sculpture que conserve le musée de Florence.

Serait-ce Héliodore, cité par Pline (l. 34. c. 8) comme ayant exécuté en bronze Pan et Olympe qui se disputent le prix de la flûte? Il dit que ce groupe passait pour le second en beauté parmi tous ceux qu'on connaissait. L'autre, plus admiré encore, était celui de ce même Céphissodote dont nous venons de parler. Le groupe en marbre de la galerie de Florence semble avoir été exécuté d'après un bronze : il fait voir une vive expression et offre un excellent mode d'exécution qui rappelle la savante école de cette époque. Une aisance, un naturel, une variété piquante, une propriété de caractère remarquable et beaucoup de nerf dans l'exécution, font de cet ouvrage une des plus précieuses leçons de l'antiquité.

Citons maintenant quelques peintres qui illustrèrent la fin de cette période. Pausias, chargé de réparer les peintures de Polygnote, voulut employer l'encaustique au pinceau; mais, comme ce n'était point dans ce genre que les originaux avaient été exécutés, on remarqua le non-succès de Pausias. Pline nous a transmis ce fait qui, en prouvant que Pausias était étranger à l'espèce d'encaustique employée par Polygnote, prouve aussi qu'il était digne de remplacer les parties effacées de cette peinture et d'associer ses travaux à ceux d'un des plus grands dessinateurs. D'ailleurs le choix de ses propres tableaux et leur renommée servent à démontrer qu'il était lui-même, ainsi que son fils Aristolaüs, un peintre sévère. Il peignit Glycère assise; elle était représentée la tête ceinte d'une de ces couronnes de fleurs qu'elle savait faire avec tant d'adresse. Cet ouvrage était si admiré que Lucullus en paya une copie près de onze mille francs. Pline dit que Pausias avait aimé, étant plus jeune, cette Glycère qui était une célèbre bouquetière de Sicyone, et qu'en voulant rivaliser avec elle dans l'art de composer des couronnes, il fit faire un pas à la peinture, en imitant la belle variété des fleurs (*Lib*: 35. *Cap.* 11) : Pline aurait pu ajouter et leur vive harmonie. Pausias avait peint un Amour prenant une lyre et laissant ses flèches ; de plus, une femme personnifiant l'ivresse et dont on distinguait les traits à travers le flacon dans lequel elle buvait. Ce peintre, ajoute Pline, passa sa vie à Sicyone, ville qui fut long-tems la patrie de la peinture.

Aristolaüs, fils et élève de Pausias, était aussi un peintre très-sévère, et ses tableaux furent fameux par l'excellence du dessin. Nous remarquerons qu'ils étaient pour la plupart d'une seule figure. Il fit plusieurs portraits de héros; Thésée, Épaminondas, Périclès, Médée, la Vertu, le peuple d'Athènes, retrouvèrent la vie sous son pinceau. Pausanias vante ces admirables ouvrages. Ce peintre avait exécuté aussi de vastes tableaux, et entr'autres un sacrifice de bœufs qui alla plus tard embellir à Rome le portique de Pompée; mais il préférait exécuter des tableaux de petite dimension. Il représenta souvent des enfans. Les grâces et la correction des ouvrages d'Aristolaüs ne l'empêchaient pas de travailler très-vite, et il fit un tableau qui fut appelé *Héméresios* ou l'ouvrage d'un jour : il représentait encore un enfant. Méchopane, autre élève de Pausias, était un peu dur de couleur, mais il réparait ce défaut, dit Pline, par une exactitude que les artistes seuls étaient capables d'apprécier. Ce peintre, ajoute Pline, était élégant et soigné dans son art, et peu de peintres peuvent lui être comparés quant à la beauté; il joignait à ces qualités une manière grande, grave et digne du cothurne.

Nous ne saurions douter qu'Euphranor n'ait été un peintre excellent, car tous les auteurs qui le citent sont d'accord sur son grand mérite. Quintilien le met au premier rang; il le compare, dans son art, à Cicéron dans le sien, et il dit : « Qu'il l'emportait sur tous les autres peintres, » en ce qu'il possédait presque toutes leurs différentes » qualités dans un degré aussi éminent qu'eux. » Il excella aussi dans la sculpture, et travaillait en marbre et en airain. Cet artiste studieux et savant avait écrit plusieurs livres sur les proportions. Il forma un élève bien remarquable dans Cydias dont les ouvrages se payaient extrêmement cher, car Hortensius lui compta 44 000 sesterces pour son tableau des Argonautes, et il fit faire une salle particulière pour placer cette peinture dans sa maison de Tusculum. Plus tard, ce tableau fut mis dans le portique de Pompée par Marcus-Agrippa, qui en fit l'acquisition.

« Euphranor, dit Philostrate (*De vitâ Apollonii. L.* 11. » *C.* 9.), faisait sentir la vie dans ses figures, et le relief de » ses peintures étonnait tous les yeux. » Il avait écrit aussi sur le coloris. Lorsque Paul Diacre voulut vanter le talent de l'empereur Adrien en peinture et en sculpture, il le compara expressément à Euphranor et à Polyclète. Dans cette citation il ne s'agit pas de la flatterie de l'auteur, mais de la comparaison faite entre notre peintre et le grand statuaire de Sicyone. Pline dit qu'il était toujours égal à lui-même dans quelque genre qu'il travaillât, et que son talent très-docile était soutenu par la plus constante application.

Euphanor avait peint la bataille de Mantinée. Plutarque nous apprend que ce tableau était divinement exécuté. Pausanias a occasion de vanter aussi cet ouvrage en parlant des peintures du Céramique; il paraît que ce morceau était plein d'enthousiasme. Ce peintre y avait représenté aussi douze grands dieux, et on remarqua qu'il avait épuisé toute l'expression de la dignité et de la majesté dans la figure de Neptune, mais qu'il se trouva embarrassé pour exprimer convenablement celle de Jupiter.

On voyait de lui un tableau représentant Ulysse qui contrefait l'insensé en attelant ensemble un bœuf et un cheval en présence de deux hommes en manteau qui le considéraient avec attention. Il peignit aussi un général remettant son épée dans le fourreau, un Apollon, le Peuple, la Démocratie, et d'autres tableaux dont l'indication ne nous est pas parvenue.

Quant à ses statues, nous en connaissons par tradition une douzaine. Toutes étaient en bronze : Pâris, Minerve, Latone, le bon Succès, la Vertu, la Grèce, une Adorante, Vulcain, Philippe, Alexandre, un héros armé d'une massue, bronze qui, selon Pline, était d'une grande beauté. Enfin il fit plusieurs colosses, des quadriges et des vases.

Il y a beaucoup de raisons pour considérer Euphranor comme le peintre qui compléta la peinture; de même que Praxitèle fut le sculpteur qui perfectionna et qui compléta la sculpture. Les statues du peintre Euphranor ont même dû être d'un grand secours à Praxitèle pour ajouter ce qui manquait encore à la statuaire, je veux dire la souplesse et la douceur des chairs, ainsi que la belle disposition dans laquelle on doit comprendre la combinaison du clair-obscur en tant qu'il concerne l'art de la sculpture. Il serait fort inutile de tenir compte ici de la critique de Pline qui lui reproche les corps trop grêles, les têtes et les articulations trop fortes. Le rapprochement que nous venons de citer d'après Paul Diacre, entre ce peintre et Polyclète, maître fameux dans les proportions, détruit cette imputation qui (je suis obligé de renouveler ici cette conjecture) ne se rapportait sûrement qu'à quelques proportions qu'Euphranor avait cru devoir adopter pour les canons particuliers à certains caractères déterminés.

Quand même Quintilien ne nous aurait pas dit que la peinture était plus florissante encore que la sculpture vers le règne de Philippe, et jusqu'aux successeurs d'Alexandre, nous sommes portés naturellement à le supposer. Aussi nous allons remarquer des peintres qui, chacun selon son génie particulier et ses diverses préférences pour telle ou telle partie de l'art, prouvent incontestablement qu'il n'y avait plus rien à ajouter à l'art et qu'il avait à cette époque acquis toute son intégrité. Les peintres ne pouvaient plus étonner par de nouvelles qualités inconnues jusqu'à eux, et cependant ils ne se livraient point à des fantaisies vicieuses qui pussent porter atteinte à la chasteté de leur art. La peinture se maintenait toujours sévère, pure et élevée. Point de cette orgueilleuse insouciance qui fait négliger les études austères et difficiles; point de cette témérité pauvre et funeste qui, en étourdissant les gens étrangers à la définition de la peinture, en accélère la décadence. Tous ces Grecs, si sensibles et si bien instruits, ne cessaient de se rendre encore plus sensibles, encore plus instruits, encore plus sages, plus délicats et plus énergiques.

Antidote fut un peintre sévère qui travaillait beaucoup, mais qui produisit peu d'ouvrages. Son joueur de flûte, tableau qu'on voyait à Athènes, était une peinture achevée. Qui nous empêcherait de supposer que les figures souvent répétées de jeunes Faunes, jouant de la flûte et dont on en voit deux fort gracieuses au musée de Paris, n° 146, ne soient exécutées d'après cette peinture d'Antidote? La disposition en est excellente et le travail rappelle l'époque où nous les plaçons ici. Une copie plus sevère serait nécessaire, il est vrai, pour fortifier cette conjecture. On a voulu aussi qu'elles soient copiées d'après l'Anapauoménos de Protogène : il est certain qu'elles semblent représentées dans le moment où elles prennent haleine, moment exprimé par ce mot grec. Antidote et Protogène florissaient à peu près dans le même tems.

Athènes, patrie de Nicias, honora ce peintre de la sépulture accordée aux grands hommes. Cet artiste méritait ce souvenir et par son talent et par sa générosité, car les offres considérables du roi Attale, pour un de ses tableaux, ne le détournèrent point de l'idée d'en faire hommage à son pays. Nicias avait les sentimens d'un véritable peintre. Ce n'était point dans le monde qu'il travaillait à ses succès, mais au sein de son atelier. Il portait l'assiduité à l'excès, car il fallait l'avertir quand il avait oublié de prendre ses repas. Ce peintre, malgré ses richesses, ne cessait de travailler à acquérir de la gloire. On peut voir dans Démétrius de Phalère quelle haute idée Nicias avait de son art. Aussi avait-il coutume de dire que le sujet n'est pas moins important dans le tableau que la fable dans un poëme. « Les grandes actions, ajoutait-il, élèvent et agrandissent » le génie du peintre, comme les actions basses et com- » munes le rétrécissent et le rabaissent. »

On cite, comme un de ses plus beaux ouvrages, son Évocation des Ombres. Ce tableau représentait Ulysse évoquant les ombres des morts, tel que le décrit Homère.

Ce fut de ce chef-d'œuvre qu'il fit don à sa patrie. Un autre ouvrage de Nicias, presqu'aussi remarquable, était son Hyacinthe ; la plus grande beauté juvénile brillait sur cette charmante figure, et rappelait tout l'amour qu'Apollon lui avait porté. Auguste fut séduit par ce tableau qui était à Alexandrie, et l'envoya à Rome ; plus tard, Tibère le consacra dans le temple d'Auguste.

Voici la description que Pausanias nous donne (L. 7, C. 22.) d'une des peintures de Nicias : « Avant d'entrer à » Tritia, ville d'Achaie, on voit, dit-il, un magnifique tom» beau de marbre blanc, plus précieux encore par les pein» tures de Nicias, que par les ouvrages de sculpture dont il » est orné. Une jeune personne, d'une grande beauté, est » représentée assise dans une chaise d'ivoire ; à côté d'elle » est une de ses femmes qui lui tient une espèce de parasol » sur la tête. De l'autre côté on voit un jeune garçon qui » n'a point encore de barbe : il est vêtu d'une tunique et » d'un manteau de pourpre ; près de lui est un esclave » qui, d'une main, tient des javelots, et de l'autre des » chiens de chasse en laisse. On ne put pas me dire les » noms de ces figures, mais je compris sans peine que c'é» tait le tombeau d'un mari et d'une femme. » Un vase grec publié dans Passeri, et d'autres monumens, ne retracent-ils pas cette peinture ?

Nicias excella dans la représentation des femmes, ainsi que dans celle des animaux ; sa Némée, assise sur un lion, fut apportée d'Asie à Rome. Il peignit Io ; Calypso assise ; Andromède ; Diane ; et un Alexandre d'une grande beauté.

Outre ses qualités remarquables en fait de dessin, on admirait la justesse et la force de son relief, et ses rigoureuses études sur le clair-obscur (*Lumen et umbras custodivit, atque ut eminerent è tabulis picturæ maximè curavit.* PLINE. *L.* 35. *C.* 11). Ce n'est point ici le lieu de parler de son enduit encaustique (*circumlinitio*) dont Praxitèle faisait tant de cas, et il faut remarquer que Pline dit que peut-être ce fait doit être appliqué à un autre Nicias que celui-ci.

Il nous faut citer ici Athénion que la mort enleva avant qu'il ait pu multiplier ses chefs-d'œuvre, et qui promettait de surpasser tous les autres peintres. On mettait même ses ouvrages au-dessus de ceux de Nicias. Son coloris, dit-on, était austère, et ses tableaux n'en étaient pas moins agréables, car cette austérité faisait ressortir ses vives expressions. On admirait surtout son palefrenier avec un cheval; son Polygynæcon qui représentait une assemblée ou une procession de femmes; Ulysse découvrant Achille caché sous des habits de femme; et Phylarque, tableau peint dans le temple de Cérès Éleusine.

Nicomaque, que Cicéron range parmi les excellens peintres, fit remarquer, outre son grand savoir, une facilité étonnante. Cette facilité n'était point une pratique vaine et impertinente; c'était une belle qualité dont il était naturellement doué. Plutarque fait à son sujet une comparaison qui est bien honorable pour l'artiste; il dit : « Que » sa manière facile de peindre était semblable à celle avec » laquelle Homère faisait ses vers.... » Cette facilité, jointe à un grand art, fut très-remarquée dans l'ouvrage qu'il fit pour Aristrate, tyran de Sicyone : c'étaient les peintures du tombeau du poète Téleste, (PLINE. Liv. 35. Ch. 11).

Vitruve dit aussi de ce Nicomaque, habile élève du très-habile maître Aristodème de Carie, qu'il posséda un rare talent, mais qu'il eut à combattre la fortune et les contrariétés de l'intrigue. Il sentait vivement et pénétrait dans les secrètes beautés de l'art. Aussi n'osa-t-on pas entreprendre de mettre la main à une Vénus que la mort l'avait empêché d'achever. Un ignorant ne trouvait rien de beau dans une Hélène de Zeuxis : « Prends mes yeux, » lui dit Nicomaque, elle te paraîtra une déesse. »

On cite de Nicomaque, outre cette Vénus, l'enlèvement de Proserpine ; la Victoire s'élevant sur un quadrige ; Apollon ; Diane ; la mère des dieux sur un lion ; Ulysse, qu'il imagina le premier de représenter coiffé ; et enfin son tableau où l'on voyait des Bacchantes et des Satyres.

Mélanthius, élève de Pamphile, imita son maître. Ce peintre donnait pour maxime dans ses écrits sur la peinture : « Qu'il faut savoir mettre de l'austérité et de l'as- » surance (M. Heyne traduit une certaine hardiesse et du- » reté de pinceau) dans ses ouvrages comme dans ses » mœurs (*Laërt. L. 4. De vitâ Philosoph. in Polemone.*). » Selon Quintilien, on remarquait que le caractère de ce peintre, comme celui de son maître, était la sagesse, et que, comme lui, il était admirable par une grande connaissance du dessin et la beauté de l'ordonnance. Pline, en citant Mélanthius avec d'autres artistes qui n'usaient que de quatre couleurs, dit : « Qu'il produisit des ouvra- » ges immortels, ne s'attachant pas seulement à des de- » hors spécieux (Liv. 35. Ch. 7.) ». Ces indications sont importantes, surtout parce qu'il s'agit d'artistes qui étaient maîtres ou contemporains du grand Apelle, dont nous voudrions tant connaître le style.

Plutarque (*in Arato*) nous apprend qu'Aratus, doué d'un goût éclairé pour la peinture, faisait le plus grand cas des tableaux de ce peintre, et qu'il ne voulut pas détruire un portrait d'Aristrate que Mélanthius avait représenté placé sur un char de triomphe avec la Victoire et environné de toute sa cour. Ce tableau, où Apelle avait mis la main, se trouvait à Sicyone avec les autres portraits des tyrans que détruisit Aratus, lorsqu'il affranchit cette ville. Le peintre Néalcès contribua aussi par ses instances auprès d'Aratus à la conservation de cette peinture. Il lui disait comme Protogène disait à Démétrius : « Tu viens faire la guerre aux tyrans, mais non pas à la » peinture. » Plutarque ajoute « que l'école de Sicyone » était alors dans toute sa splendeur et parée de toute sa » grâce. » Il est à remarquer aussi que c'est vers cette époque qu'on produisit les plus belles médailles.

Protogène travaillait donc à une époque très-favorable à son talent naturel, vu la marche sévère que la peinture avait suivie jusqu'à lui, et il paraît que ce grand peintre sut très-bien en profiter. Il aspirait à la plus haute perfection. Non-seulement il voulait que ses tableaux rivalisassent avec les plus belles statues ; mais il voulait produire par le pinceau quelque chose de plus surprenant et de plus vivant que les ouvrages les plus beaux en marbre ou en airain. Savant et correct, délicat et plein d'énergie, il voulait être excellent en tout point. Mais il ne put aller au-delà des bornes prescrites à l'humanité ; il ne put outrepasser les forces naturelles de son talent ni les limites de son art. Aussi il semble qu'il les a plutôt mises en évidence qu'il n'a su les déguiser. En effet, à force de vouloir perfectionner, il oublia l'art de s'arrêter. Apelle s'en aperçut, et tout en admirant son grand talent, il l'avertit de cet excès qui, selon lui, privait de grâces ses précieuses peintures.

On a supposé que Protogène avait de la difficulté dans l'exécution. Le tems fort long qu'il employait à terminer ses tableaux pourrait le faire croire ; mais cette conjecture est peu solide, et c'est plutôt la sévérité de son esprit que l'inhabileté de sa main, qui lui aurait causé cette difficulté. Car de même que Léonard de Vinci ne regardait aucun de ses ouvrages comme finis et qu'il les reprennait sans cesse, de même Protogène trouvait toujours dans son génie de nouveaux perfectionnemens à exécuter sur ses tableaux. Quintilien dit : « Protogène était admirable » par le soin qu'il prenait, en ne laissant sortir de ses » mains aucun ouvrage qui ne fût achevé. »

Le plus fameux tableau de Protogène représentait Jalysus, fils du Soleil et de la nymphe Rhodos. Un chien accompagnait ce personnage, ce qui le fit appeler un chasseur. L'application avec laquelle Protogène travailla à ce tableau fut fort remarquée. Il paraît que cette peinture resta sept ans soumise aux rigoureuses corrections de son auteur, qui ne considérait comme terminée, au bout de ce tems, que la figure seule de Jalysus. On ajoute que, pendant qu'il y travaillait, il vivait avec une frugalité sans pareille. L'expression de Pline indique même un excès de sobriété que l'on peut regarder comme une précaution née de la tournure d'esprit de cet artiste. Mais Pline avait apparemment sous les yeux un historien fort exagéré et très-conteur, lorsqu'il s'occupait de l'article de Protogène. En effet, notre écrivain naturaliste, plus d'une fois répète sans ménagement des assertions très-hasardées et quelquefois ridicules. Il ne donne donc pour tout aliment à Protogène, pendant les sept ans qu'il travailla à son Jalysus, que des lupins détrempés dans l'eau : or, il faut savoir que ces lupins sont des pois jaunes qui ne valent pas grand'chose, même en Grèce, pour ceux qui ont très-faim. Pline ajoute, au sujet de ce peintre célèbre « que » son Jalysus fut peint quatre fois successivement sur la » même superficie (ce qui eût fait quatre Jalysus les uns » sur les autres) et que ce procédé fut imaginé pour la » plus longue durée de l'ouvrage... » Mais on voit que Pline, ou l'auteur qu'il compulsait, s'étant embrouillé dans une question d'encaustique, s'en tira par une historiette plus risible que vraisemblable. C'est sûrement le même conteur qui fit dire à Pline que Protogène, impatienté de tenter vainement l'imitation de la bave du chien, lança son éponge sur le tableau et fut servi à souhait par le hasard qui fit d'une tache d'éponge une excellente représentation de cette bave. Un critique demande à ce sujet si Protogène jeta aussi quatre fois l'éponge sur cet endroit de son tableau. Pline dit ailleurs que Néalcès en fit autant pour exprimer l'écume d'un cheval retenu par son écuyer. Ces espèces de plaisanteries nous prouvent que chez les anciens il y avait des faiseurs d'histoires qui cachaient leur ignorance sous l'apparence du merveilleux, quelque trivial qu'il pût paraître aux yeux des gens instruits.

N'oublions pas que Protogène était statuaire, ce qui explique très-bien sa grande application au dessin, aux formes et à la correction. Son nom est trop célèbre pour que nous puissions douter de son mérite, et sa première pauvreté de laquelle il ne sortit que par la force de son talent, sert à confirmer cette opinion. On sait qu'Apelle, frappé du grand mérite de ce peintre que ses compatriotes récompensaient mal, lui offrit généreusement cinquante talens de ses ouvrages, et fixa ainsi l'opinion des curieux sur la valeur de ses peintures. Son savoir lui attira ensuite les égards de Démétrius de Phalère, lorsqu'il assiégeait la ville de Rhodes. Ce roi, qui connaissait son beau tableau de Jalysus, épargna le quartier habité par ce peintre logé en dehors de la ville, et il alla le voir souvent, lui laissant une garde qui fît respecter son repos. « Je sais, lui disait » Protogène, que vous êtes venu pour faire la guerre aux » Rhodiens, mais non aux beaux-arts... » Il travaillait alors à la figure qu'on appela *Anapauoménos*. Nous venons d'en parler à l'article d'Antidote, pag. 399. Je ne dirai rien ici au sujet des lignes d'Apelle et de Protogène, et de l'espèce de combat qui donna lieu à ces délinéations, conservées sur un panneau qu'on voyait à Rome. J'en parlerai ailleurs.

Le tableau le plus fameux de Protogène, après le Jalysus, fut celui de Nausicaa. Il prit ce sujet dans l'Odyssée, et représenta cette jeune princesse conduisant une voiture tirée par des mulets. Il fit aussi, d'après les conseils d'Aristote, le grand Alexandre et plusieurs sujets tirés de la vie de ce prince. Il peignit la mère d'Aristote, ainsi que le poète Philiscus occupé à composer une tragédie. Protogène représenta le roi Antigone, Paralus, Cydippe, Tléopolème, le dieu Pan, un athlète, et fit encore d'autres tableaux dont l'indication ne nous est pas parvenue. Pline, qui dit qu'on avait de lui des statues de bronze, n'en cite aucune en particulier.

Pausanias parle aussi des travaux de ce peintre et des portraits d'hommes illustres qu'on voyait de lui à Athènes. Aucun écrivain ancien ne lui reproche de défauts; je ne sais donc pourquoi l'auteur, chargé de son article dans l'Encyclopédie méthodique, s'exprime ainsi : « Ce qu'on » peut croire, c'est que Protogène était un peintre très- » pur, mais un peu froid, un peu timide, un peu peiné, » et qu'il devait pécher dans la manœuvre, parce qu'il » avait été obligé de chercher, en tâtonnant, les procédés » du métier. » .....Où cet écrivain a-t-il puisé ces indications? Nous l'ignorons; mais ce qui est évident, c'est que ni Pausanias, ni Pline, ni Quintilien, ni Cicéron, en parlant de ce peintre classique, ne disent de cela un seul mot. Quintilien cependant, qui sait bien nous dire que le peintre Antiphile était admiré par la légèreté de son pinceau, aurait pu remarquer l'embarras et la peine dans celui de Protogène. Quant à Pétrone il me semble faire l'éloge le plus complet de ce peintre, lorsqu'il dit : « *Et » Protogenis rudimenta cum ipsius naturæ veritate cer- » tantia, non sine quodam horrore tractavi.* Je vis des » tableaux de Protogène qui, par leur vérité, luttaient » avec la nature, et je ne pus mettre le doigt sur ces fi- » gures sans éprouver un certain frémissement. »

On dit que Protogène avait travaillé jusqu'à l'âge de cinquante ans aux peintures des navires. Mais il ne faut pas ici comparer ces peintures à celles de nos frégates d'aujourd'hui, ni même à celles de nos gros vaisseaux du 17e siècle, tels que ceux que le statuaire Puget décorait à Marseille avant de se livrer à la sculpture en marbre. Les vaisseaux d'alors étaient décorés magnifiquement. Celui de Ptolémée-Philadelphe était orné de statues d'ivoire et de superbes peintures. Au reste, un artiste aussi châtié, aussi profond que Protogène doit acquérir et se perfectionner jusqu'à l'âge de vieillesse, et il était peut-être très-vieux, lorsque Démétrius lui témoignait tant d'égards.

CHAPITRE 54.

Ve PÉRIODE : INTERVALLE DE DEUX CENTS ANS ENVIRON. – CARACTÈRE DU STYLE DE L'ART GREC, DEPUIS PRAXITÈLE, TROIS CENT TRENTE-SIX ANS AVANT NOTRE ÈRE, JUSQU'AU PILLAGE DE CORINTHE PAR LES ROMAINS, CENT CINQUANTE ANS ENVIRON AVANT NOTRE ÈRE.

PRAXITÈLE, au dire des anciens, a fixé la perfection de l'art. C'est au tems de Praxitèle, disent-ils, et les modernes ont répété cette assertion, que l'art a acquis son maximum d'excellence. Si l'on juge les ouvrages de Praxitèle d'après leur résultat général, cette assertion est vraie; mais si l'on veut distinguer dans l'art l'importance de ses parties respectives, ou, pour m'expliquer, si l'on distingue les parties qu'il est le plus essentiel de conserver, de perpétuer pures et sans affaiblissement, celles enfin qui sont les plus propres à soutenir pendant plusieurs siècles l'éclat de l'art, on remarquera que Praxitèle ne saurait dans ce cas être placé avant Phidias, malgré le résultat et le complément de ses œuvres admirables et malgré le manque de quelques conditions dans les statues de l'auteur du Jupiter olympien. Il devait donc arriver que les spectateurs qui ne veulent qu'un résultat, qu'un tout excellent, préférassent Praxitèle à Phidias, et peut-être que beaucoup d'observateurs anciens se sont violentés pour placer au premier rang le grand statuaire athénien, qu'ils trouvaient surpassé par l'auteur de la Vénus de Gnide et du Cupidon de Thespies.

Ainsi il y a deux façons de considérer l'art, abstraction faite du mérite et de la valeur du maître. Or, s'il est vrai que Praxitèle ait réuni à la science et à la pureté de l'ancienne école grecque, les charmes provenant de l'étude de l'optique qui produit la suavité ainsi que la grâce de l'ensemble, et qui contribue même à cette imitation si attrayante de la douce élasticité de la chair, si enfin le spectacle qu'offraient ses ouvrages avait quelque chose de délicieux et de ravissant par la réunion de toutes les qualités constituantes de la statuaire, gardons-nous bien nous autres qui voulons étudier l'art en l'analysant, de penser que ce résultat si puissant des œuvres de Praxitèle et des maîtres subséquens, provint d'une force plus grande dans tous les moyens alors employés, mais sachons que c'est du complément de l'art ou de la réunion de toutes ses parties, tandis que la puissance résultant des œuvres de Phidias et de Polyclète, provenait de l'excellence des principales parties seulement.

Je suis loin de conclure que ce n'est pas à ce complément qu'il faille aspirer dans tous les tems, puisqu'il constitue véritablement le chef-d'œuvre; mais je veux faire remarquer la priorité que savent toujours disputer les artistes qui se rattachent constamment et de préférence aux grands principes fondamentaux considérés et observés dans toute leur force et leur intégrité : car, par cette seule doctrine, ces artistes se soutiennent au premier rang.

Envisageons l'art de ces tems d'un point de vue un peu plus reculé et embrassons-en l'ensemble.

Les statuaires et les peintres étaient devenus familiers dans l'art des caractères, dans l'art de représenter la nature avec puissance et vivacité. Les archétypes des divinités étaient déterminés. Les différens modes par les ajustemens, par le style ou par le langage optique, étaient presque tous fixés. La hauteur de l'art statuaire une fois aperçue et reconnue par tous les artistes, les merveilles dont cet art était susceptible pouvaient être préjugées dans le génie des statuaires et des peintres de ce tems. Il ne s'agissait donc plus alors que de cumuler tous ces moyens, que de conserver tout ce qui était acquis et d'ajouter quelques combinaisons de plus, mais faciles pour des esprits vastes, ingénieux et délicats. Praxitèle obtint ce triomphe, il toucha réellement le but et il embrassa le maximum ou la perfection de l'art, puisqu'à la force d'imitation ce grand statuaire sut ajouter tous les agrémens et tous les charmes. Et ce qui prouve qu'à cette époque l'art était arrivé à son point de perfection, c'est qu'il ne s'éleva jamais plus haut, qu'il se soutint seulement sous Alexandre par les travaux des Lysippe et des Apelle, et qu'après cet éclat plus ou moins prolongé, il commença à s'éteindre et à décliner jusqu'à sa chute entière sous les derniers empereurs romains.

Ainsi, dans les ouvrages de Praxitèle, on devait trouver, non cette seule austérité imposante et qui est isolée des autres conditions de l'art, austérité qui donnait tant de valeur aux ouvrages des Ménœchme, des Onatas d'Égyne, etc., etc., mais on y devait trouver aussi la force, la précision et l'expression animée des excellens ouvrages de l'école de Polyclète et de Phidias. La matière devait sembler remuante, par l'art avec lequel Praxitèle avait saisi le choix des mouvemens et des poses les plus propres à répéter la vie et tout le naturel. La plus grande vérité devait régner dans leur ensemble, ainsi que la plus grande convenance dans le caractère de ces mouvemens.

Praxitèle, à ce que l'on peut croire, perfectionna et compléta l'art par trois qualités distinctes et remarquables : 1° le choix savant et tout artistique des mouvemens, 2° le sentiment artistique avec lequel il exprima les chairs, et 3° le pittoresque ou, pour mieux dire, la beauté dans la disposition, peut-être faudrait-il dire l'eurythmie. On ne voit pas que les artistes antérieurs à Praxitèle aient su, aussi bien que lui, imaginer des mouvemens favorables à l'expression de la vie et à cette magie qui semble communiquer quelque chose de remuant à la matière. Il ne suffisait pas d'imiter avec énergie et naïveté, il ne suffisait pas de choisir d'excellentes pantomimes, il fallait faire disparaître l'immobilité de la matière et imaginer certains contrastes, certains jeux des parties qui pussent favoriser cet aspect animé et cette idée de vie si propre à rendre la sculpture et la peinture attrayantes et à faire naître la surprise. Quand on oppose à cette délicate doctrine de Praxitèle les recettes grossières de l'école de Michel-Ange, consignées dans Paul Lomazzo et autres écrivains qui prescrivent le mouvement flamboyant et la continuelle contraposition des parties, on n'est plus surpris de la grande différence qui distingue les anciens des modernes.

La seconde qualité apportée évidemment dans l'art par Praxitèle, est la souplesse et le moelleux élastique de la chair. Depuis qu'il étonna les statuaires par le perfectionnement qu'il donna à cette condition, on vit tous les artistes la rechercher avec ardeur, et elle se perpétua jusque sous Trajan et Adrien. Au reste, si l'on ne veut pas s'en rapporter à ce que nous indiquent sur ce point certains monumens que nous avons sous les yeux, qu'on ouvre Pline et qu'on observe ce qu'il dit de Céphissodote, fils de Praxitèle et digne héritier, selon cet écrivain, du talent de son père. Il nous apprend qu'à Pergame on voyait de ce statuaire un groupe distingué par le sentiment de la chair. Les doigts des figures, dit-il, y paraissent imprimés plutôt dans un vrai corps que dans le marbre : c'était un des plus beaux groupes connus. Un autre ouvrage de Céphissodote, la statue d'Ényus, passait, au dire de Pline, pour être de la main de Praxitèle. Et ici je ferai observer aux personnes qui croient avoir trouvé dans les sculptures du Parthénon cette même qualité, qu'il est nécessaire de confronter immédiatement les divers monumens, pour bien les juger respectivement sous quelque point que ce soit, et que d'ailleurs j'entends ici cette souplesse qu'on obtient, non par la seule imitation de la souplesse générale individuelle, mais par le choix du vraisemblable et des effets exclusivement favorables à l'expression si attrayante de ce caractère.

Enfin la troisième qualité, très-remarquable en ce qu'elle complète le caractère total de l'art, c'est l'excellente disposition optique du tout ou des parties, disposition qui, dans tout l'ensemble, attire et enchante la vue, et qui, dans les parties seulement, produit des transitions plus ou moins agréables et combinées, comme les sons dans un concert, de manière à flatter l'organe en complétant la beauté. Au reste ces conditions doivent être considérées dans leur perfection, je veux dire associées toujours à la convenance et au mode prescrit par le sujet.

Praxitèle sut donc jeter sur ses ouvrages un charme inexprimable provenant non-seulement du sentiment exquis dont il était naturellement doué, mais des secrets que venait de découvrir son heureux génie. Il sut être noble et plein de convenance, fort et tout naïf à la fois, précis, vrai et sévère, mais plein de suavité, de charmes et de grâces. Quel résultat ! Quelle sculpture ! Quels talismans que de pareilles images ! Aussi les peuples accouraient-ils à Gnide et à Thespies, pour admirer sa Vénus et son Cupidon ; aussi la belle Phryné, incertaine sur le choix de tant d'ouvrages qui causaient tous l'ivresse, eut-elle recours à la ruse pour obtenir de l'artiste le vrai chef-d'œuvre que lui seul pouvait distinguer parmi ses autres chefs-d'œuvre [1] ; aussi les historiens ont-ils répété que le nom de Praxitèle était répandu sur toute la terre [2]. Les gens opulens, après avoir goûté ses belles productions pendant leur vie, exprimaient, en mourant, le vœu que ce fût Praxitèle qui exécutât les images qu'ils voulaient perpétuer [3]. Enfin toute l'antiquité plaça Praxitèle à côté de Phidias et sur la même ligne que lui. Son satyre fut connu sous le nom du *Fameux* ou *Périboètos*, et quand on disait la Vénus de Gnide, de même que quand on disait le Jupiter olympien, toute la Grèce s'entendait sur cette expression.

Si Phidias rendit très-perceptible la majesté et la haute beauté, en y ajoutant une vérité inconnue dans l'art jusqu'à lui, Praxitèle rendit plus sensible la vérité en l'embellissant des charmes de l'art, charmes trop négligés

[1] Qu'on sauve mon satyre, qu'on sauve mon Cupidon, s'écria-t-il, lorsqu'elle vint lui annoncer que le feu était à son atelier.

[2] Varron. *Lib.* 1. *Rerum. human.* — Aulug. *Noct. Attic. Lib.* 13. *Cap.* 16.

[3] Laërt. *Lib.* 5. *in Theophrasto.*

auparavant. Quintilien n'hésite donc pas à dire que Praxitèle et Lysippe avaient le mieux approché de la vérité; mais il ne distinguait peut-être pas que cette vérité n'était pénétrante, que parce qu'elle était devenue très-aimable et vraiment enchanteresse, tandis que la vérité de Polyclète était peut-être tout aussi pure et tout aussi admirable, quoique moins parée des charmes d'un ingénieux calcul.

On doit déjà conclure de ces aperçus, non que Praxitèle porta encore plus haut les qualités dominantes de Phidias et de Polyclète, mais qu'il ajouta quelque chose de plus à ces qualités, et que probablement même ce fut aux dépens et de l'austère pureté et de cette force virginale appartenant exclusivement à ces maîtres antérieurs, que Praxitèle obtint cet équilibre complémentaire des parties, qui fit de ses ouvrages comme autant d'enchantemens et dont le résultat fut d'un effet si puissant sur les spectateurs de tous les âges. Quand je dis que Praxitèle ajouta ce complément de l'art aux dépens peut-être de cette force et de cette austérité antique, je veux plutôt dire son école que lui-même; car comment croire, en jetant les yeux sur les Niobés ou sur la tête de la Vénus de Gnide ou sur le jeune Apollon Sauroctonos, comment croire, dis-je, que la sévérité de l'imitation et l'austérité du dessin aient été déprisées et délaissées par un si grand artiste? D'autres peut-être iront plus loin que moi dans l'opinion opposée; ils penseront que l'art a été affaibli aussitôt qu'on s'occupa de le décorer par ces nouveaux attraits, et ils compareront volontiers son antique chasteté à celle d'une jeune vierge qui semble moins pure, moins innocente, dès qu'à ses charmes naïfs elle veut ajouter la parure.

Une des remarques qu'il importe le plus de faire sur Praxitèle et sur ses illustres successeurs, c'est que ces maîtres purent davantage, puisque toute la science était acquise, s'abandonner au sentiment. Plus d'incertitude à cette époque sur les moyens ou sur le but; point de négligence dans l'éducation artistique des statuaires et des peintres. Ils connaissaient familièrement toutes les ressources et toutes les parties de leur art : ils durent donc se faire une véritable joie de la sculpture et de la peinture; ils durent convertir en une jouissance de sentiment ce qui, pour leurs devanciers, avait été un exercice d'une plus ou d'une moins grande contention, et je ne doute pas que cette aisance dans la pratique et cette sécurité dans la conception de l'art entier ne leur aient été extrêmement favorables, en ce qu'ils pouvaient choisir, pour ainsi dire, selon leur goût, chanter dans toutes sortes de tons, et être maîtres de la nature comme de l'art lui-même. Praxitèle voulut représenter la déesse des Amours et rendre visibles tous ses charmes; il n'eut qu'à faire sa Vénus de Gnide. Il voulut donner aux hommes une image touchante de la joie calme et de la santé champêtre des premiers âges; et il fit son jeune Périboètos. C'était un faune plein de vie et de félicité; le sourire naïf du bonheur des campagnes embellissait ses joues et ses lèvres pudiques, la fraîcheur de l'adolescence était répandue sur ses membres pleins et embellis de santé, son attitude était agreste, quoique fort gracieuse, et tout l'ensemble du spectacle avait quelque chose de neuf et de naturel, de puissant et de très-simple à la fois. Voulut-il représenter les grâces tendres d'un plus jeune âge; il les exprima sur son Cupidon si enchanteur et si admiré. Un autre Cupidon, plus adulte, avait l'attitude et le mouvement si délicat que nous admirons dans l'Apollino, statue de l'école de Praxitèle, si toutefois elle n'est pas elle-même une répétition variée de ce Cupidon. Nous connaissons, par des copies aussi, son Apollon Sauroctonos ou qui guette un lézard : c'est encore une image de l'adolescence naïve. Nous en parlerons tout-à-l'heure. Il répéta plusieurs fois les charmes de la belle Phryné, et il représenta des nymphes qu'on ne se lassait pas d'admirer. Une matrone qui pleure attirait tous les regards, ainsi qu'une femme qui portait des couronnes. Praxitèle variait ses sujets et choisissait à volonté : tel un habile musicien joue à loisir de l'instrument qui cède à son génie, enivrant de plaisir et d'extase celui qui écoute ses délicieux concerts ; de même Praxitèle passait d'un sujet à un autre et excitait mille idées attrayantes, mille sentimens délicieux et bienfaisans chez les admirateurs de ses chefs-d'œuvre.

Mais pour revenir à cette espèce de volition toute puissante, qui probablement était le partage des maîtres célèbres de cette époque si abondante en statues merveilleuses, il est à remarquer, je crois, que cette force créatrice, provenant de la liberté de la pensée, ne semblait plus être dépendante et provenir de l'art ni des règles. C'est donc alors que la science disparaissant, le sentiment semblait seul dominer. Pour employer une comparaison, je dirai que le sourire gracieux des figures de Léonard de Vinci, sont le résultat de son sentiment, il est vrai, mais que s'il n'eût pas eu à sa disposition toutes les ressources de la perspective et du dessin, s'il n'eût pas été maître de ces ressources, nous n'eussions peut-être jamais admiré cette excellence dans ses peintures. Ainsi, lorsque l'art fut parfait, les artistes purent décorer, pour ainsi dire, leurs ouvrages du voile attrayant du sentiment, et quoiqu'ils ne sentissent pas plus vivement que leurs devanciers, ils communiquaient dans leurs productions plus vivement et plus nettement leurs idées et leurs sentimens, ils excitaient plus fortement l'intérêt et l'admiration dans les observateurs de leurs ouvrages. Ici je dois ajouter, pour compléter l'idée que je viens d'émettre, que les artistes qui, après ces grecs savans, voulurent s'abandonner à leur sentiment, sans posséder cette même science et sans être maîtres, comme eux, des moyens de l'art, furent loin de soutenir la sculpture ou la peinture, et la firent au contraire rétrograder. C'est par ce fatal abandon des règles que se sont perdus de nos jours une foule d'artistes qui, voulant se persuader que l'art de Raphaël et de Michel-Ange n'est qu'un art d'inspiration, et qu'il suffit que l'on sente ou que l'on soit électrisé, pour produire des chefs-d'œuvre, ne mettent au jour que des ouvrages faibles, exaltés parfois, mais trop souvent sans vie et sans substance.

Ce fut donc vers cette époque que le charme des combinaisons optiques, soit des lignes, soit des masses du clair-obscur ou du coloris, fut obtenu par des moyens certains. Les efforts d'Euphranor, d'Apelle et de leurs contemporains déterminèrent probablement des résolutions optiques qui n'avaient point encore été conçues dans les ouvrages antérieurs à Zeuxis. Et comme le principe du beau, appliqué à la disposition, est le même pour les peintres que pour les sculpteurs (cela doit être ainsi, puisqu'il est puisé dans la nature,) ce fut à la peinture que la sculpture fut redevable de ce principe heureux qui en détermina le complément.

Ainsi, à l'antique parité ou répartition symétrique provenant des écoles étrusques et égynétiques succéda un ordre conforme à l'harmonie ou à la beauté optique, et cette théorie, une fois découverte, parut si féconde en combinaisons, fut trouvée si commode et si nécessaire, que l'art s'en empara pour toujours.

On peut dire en général que lors de cette heureuse époque de l'art et à ce terme de sa maturité et de son excellence, tous les secrets furent débrouillés, toutes les lois furent consacrées, toutes les finesses et toutes les règles les plus abstraites furent réduites en axiômes clairs, positifs et complets. Il faut bien se rappeler que dans les périodes subséquentes les conditions qui n'exigeaient que de la méthode et du calcul furent toujours conservées et servirent à soutenir l'art jusqu'à sa fin, mais que les autres conditions qui se lient à la chasteté des idées, à la rigueur des mesures et des études naturelles, et qui d'ailleurs dépendent d'un sentiment naïf et d'une résolution d'esprit sans laquelle on ne saurait lutter avec la nature, furent insensiblement négligées. Les Romains dégénérés n'auraient jamais pu ressaisir le style des Niobés, la vie et la vivacité du Discobole, la force et l'élasticité du Gladiateur: mais il leur restait l'aspect plus ou moins agréable et toujours imposant, aspect heureux qui résultait des combinaisons de la disposition; il leur restait la convenance dans les conceptions générales, et une certaine justesse dans l'idée et le jet des images. Toutes les statues d'Antinoüs, les bas-reliefs des colonnes trajane et antonine, ceux de l'arc de Titus en sont la preuve. Quant à cette vie animée, résultat de l'austère et rigoureuse exactitude dans l'imitation, quant à ce sel attique, qui vivifiait le marbre et l'airain sous les Phidias, les Polyclète et les Myron, les Romains en étaient dépourvus, et plus d'une fois leurs spectacles offrirent des fantômes et de grandes impostures au lieu d'images pures, exactes et touchantes par la vérité. Enfin, si avant Praxitèle il était impossible, plusieurs secrets essentiels n'étant point encore découverts, que les meilleures productions fussent parfaites, elles le furent depuis ce grand statuaire, et cette perfection dura tant que les peintres et les sculpteurs se firent un devoir de convertir en un miel excellent les fleurs précieuses que leur avaient préparées avec tant de pénibles soins leurs illustres devanciers. Il arriva donc qu'avec de la méthode seulement et du sentiment ils devaient tous exceller dans leur art, et, comme ils étaient d'ailleurs secondés par des circonstances presqu'aussi favorables que celles qui accompagnèrent le siècle de Périclès, leurs tableaux et leurs statues devaient être autant de merveilles.

Lorsque nous jetons les yeux sur les copies mêmes des monumens de ce tems, nous sommes frappés de l'étendue des moyens devenus familiers à tous les artistes d'alors, nous sommes étonnés de la sécurité de leur marche, de la rectitude de leurs vues, de l'excellente direction de tous leurs efforts et de la plénitude de leur savoir. Ouvrons seulement les livres théoriques d'Aristote; nous y voyons que cet instituteur d'Alexandre avait une idée nette, très-profonde et complète des grandes doctrines des écoles et des ateliers. Soit qu'il parle de poésie, de rhétorique ou de peinture, il est aussi sûr de ses principes dans une de ces questions que dans l'autre; on voit qu'il n'est préoccupé que de la manière de les communiquer. Cette manière n'a pas toujours contenté les modernes, parce qu'Aristote s'adressait à des Grecs et qu'il ne pensait pas aux tems-lointains où les hommes ne recevraient les grandes vérités de sa doctrine qu'au travers de préjugés fallacieux et très-invétérés. Enfin, pour caractériser cet état de perfection de l'art, ne peut-on pas emprunter à ce même Aristote l'expression qu'il emploie au sujet de la tragédie et de la comédie, et qu'il appliquait peut-être aussi à la peinture et à la sculpture, lorsqu'il dit : « Ces » deux arts se reposèrent, quand ils eurent tout ce qui » leur était propre. »

Je rappellerai ici le passage déjà cité de Pline, relatif à l'enduit conservateur dont Praxitèle faisait recouvrir ses statues par le peintre Nicias. Cet écrivain dit que Praxitèle ne croyait ses statues terminées que lorsque Nicias les avait enduites d'un vernis précieux. Peut-être Praxitèle voulait-il dire que ce moyen, en les conservant plus long-tems pures et intactes, les lui rendait plus chères, et qu'il les croyait dignes de ce soin recherché. Peut-être aussi Nicias avait-il porté fort loin l'art de colorer et de vernir les marbres à l'aide de procédés encaustiques particuliers qu'il avait su découvrir. Au reste, et Pline même le suppose, il s'agit peut-être d'un Praxitèle autre que le célèbre statuaire athénien. Je laisse donc ce passage, et renvoie le lecteur à ce qui sera dit à la fin du chap. 591.

Parlons de quelques copies que nous possédons d'après Praxitèle, et commençons par la fameuse Vénus de Gnide. Il paraît que nous avons retrouvé, sinon une très-bonne copie, au moins une copie avérée de la célèbre Vénus de Gnide, sculptée en marbre par Praxitèle. Cette copie se voit à Rome au Vatican, et il est très-vraisemblable que d'autres copies antiques du même original existent dans quelques cabinets. N'est-ce pas ici le lieu de rappeler combien serait utile, pour faire cesser l'ignorance où l'on est à cet égard, l'exécution de notre projet de calcographie universelle d'antiques? A l'aide de cette calcographie on aurait sans beaucoup de peine des indications importantes pour l'étude qui nous occupe ici. Indépendamment de cette copie, nous possédons des médailles de Gnide sur lesquelles on voit cette même Vénus. Philostrate, dans son Dialogue des Amours, nous en donne une espèce de description. Blaise de Vigenère, traducteur de Philostrate, dit au sujet de cette Vénus : « Selon le bruit commun, » l'original est tout entier de marbre à Rome dans le jar- » din du Belvédère, et de bronze en ceux de Fontaine- » bleau, jeté en moule sur l'antique, par le grand roi Fran- » çois Ier de ce nom, père et restaurateur des bonnes let- » tres. » Ce bronze se voit maintenant dans le jardin des Tuileries, sur la terrasse du midi; c'est sur cette copie que je vais faire quelques observations. M. Heyne s'exprime ainsi au sujet de cette statue : « La Vénus sortant du bain » et qu'on voit au Belvédère, est celle qui approche le plus » de la Vénus gnidienne par l'attitude. Elle couvre avec la » main droite les parties du sexe, et lève avec la gauche » sa draperie posée sur un vase. » M. Heyne cite dans une note les ouvrages suivans, où l'on trouve gravée cette Vénus de Gnide : Perrier, 83; Raccolta, t. 4; Bishof, 46; Aldovrande, p. 120; Lalande, t. 3, p. 233; Lippert, t. 1, 81. M. Heyne croit la retrouver encore dans une Vénus très-mutilée de Florence (Mus. Flor. t. 35). Comme les qualités qui sont à remarquer dans cette copie ne sont point des qualités vulgaires, et qu'il faut, pour les comprendre, être, je ne dirai pas initié dans les mystères de l'antique, car cette expression plairait aux détracteurs de l'art des Grecs, mais être familier avec les secrets du dessin, il arrive quelquefois que les observateurs superficiels sont peu favorablement prévenus à l'aspect de cette copie de la Vénus de Praxitèle. Ce n'est qu'aux vrais amis de l'art que j'en recommande l'examen.

L'attitude de cette Vénus est tout à fait convenable et dans les mœurs ; son geste est pudique, sans affectation, chaste et innocent, sans trop d'abandon. Quoique le bras gauche, ou plutôt la main, ait éprouvé des altérations sensibles, ainsi que la situation de la jambe d'aplomb, on peut dire que les lignes principales des grandes parties sont conservées dans le tout, à quelques finesses près qu'on n'exige guère dans de pareilles copies. La tête de la déesse se tourne légèrement et par un mouvement délicat sur le côté gauche. Avec quel art ces contrastes dans la tête, le col, et surtout dans le torse dont la partie supérieure se meut insensiblement sur les hanches, avec quel art, dis-je, ces mouvemens et ces lignes devaient être exprimés sur l'original ! Cette figure semblait sûrement remuante, quoique pleine de réserve et de pudeur. A la souplesse elle alliait une chasteté calme, à la variété un aspect extrêmement simple. Comme les épaules jouent savamment avec les hanches ! Comme les hanches elles-mêmes se meuvent d'une manière fine et gracieuse sur les cuisses ! Quel artifice ! Quelle donnée ingénieuse et favorable à l'expression de la vie ! Tout est art et tout paraît sans art. La copie en semble peut-être insipide aux yeux du vulgaire, parce qu'elle est dépouillée de ces délicatesses vraies que Praxitèle était seul capable de rendre ; cependant cette copie, toute grossière qu'elle paraîtra sans doute, renferme un principe merveilleux et sacré. Le jeu du squelette seul, sous cette enveloppe un peu commune, en est vraiment admirable. Dans ce bronze altéré, le sein est d'une grande beauté; le ventre et les hanches sont vrais et d'un noble contour, la tête est d'un caractère divin. Cette tête rappelle, plus directement qu'aucune autre, comme je l'ai dit au sujet de Scopas, les traits des plus belles Niobés et le haut style de formes du plus bel âge de l'art. Quand on a bien compris cette statue classique, combien d'autres paraissent froides et sans art! Elle n'appelle point le spectateur, mais elle le retient; elle le captive et l'attache, non tout d'un coup, mais peu à peu. Enfin, si la déesse des Amours passionnait les amans à Cythère, la déesse de Praxitèle devait passionner à Gnide les amis de la statuaire et de la beauté.

Il paraît qu'aucune des autres statues de Vénus, qui la représentaient sous les traits de Phryné, ne manifestait à un si haut degré que celle-ci le caractère de divinité. Aussi l'auteur d'une jolie épigramme de l'Anthologie fait-il dire à Vénus : « Je me suis fait voir nue à » Pâris, à Anchise et à Adonis; mais Praxitèle où m'a-t-il » vue? » (Antipater de Sidon. *Anthol. L. 4. Edit. francof.*)

L'original de Praxitèle devait donc être un ouvrage parfait, renfermant toutes les conditions de l'art, savoir : convenance dans le choix et la donnée première, mouvement exquis et le plus expressif qu'on puisse rencontrer dans la nature, beauté de formes, disposition excellente et complétement belle, effet heureux sous tous les aspects, enfin charme inexprimable dans la tête et les extrémités; car Praxitèle excellait dans la représentation des visages et des bras, et Pétrone, pour signifier une bouche parfaite, la compare à celle que Praxitèle avait supposée à Diane. Ainsi aucun ouvrage ne devait réunir autant de perfections, et il n'est point étonnant que l'on soit accouru de toutes parts pour jouir d'un spectacle aussi enchanteur. Nous ne percevons par la médiocre copie que nous en voyons, qu'un faible reflet de ce grand éclat, et cependant nous reconnaissons, en l'étudiant, que sous Praxitèle l'art avait atteint à la perfection [1].

Praxitèle fit plusieurs statues de la belle Phryné, dont une fut exécutée en société avec Hérodote d'Olinthe. Nous en serait-il parvenu quelques copies, et la meilleure que nous possédons est-elle digne de l'original?

Tout le monde connaît la statue dite la Vénus du Capitole. Cette statue ressemble beaucoup à un portrait, et représente aussi bien et plutôt une belle femme entrant dans le bain, qu'une Vénus. Certains caractères dans les formes de cette statue appartiennent indubitablement à un portrait individuel; mais la tête surtout offre évidemment l'imitation d'un individu modèle vu en beau, et non l'imitation de Vénus rendue vraie par le moyen de ce modèle. Le menton, les yeux et la bouche sont surtout remarquables en ce que ces parties sortent du grand caractère de beauté que l'on trouve toujours, même dans les répétitions médiocres faites d'après des statues de déesses. Je n'en excepte pas les cheveux qui, comme ceux de la Vénus Médicis, semblent appartenir à un portrait de blonde.

[1] Mengs dit avoir vu en Espagne une tête de cette même Vénus infiniment supérieure à celle du Belvédère. Le musée de Paris offre aussi, sous le nº 59, une tête en marbre de la Vénus gnidienne; mais, quoique d'un très-beau style et d'une haute beauté, elle n'est point supérieure à celle du Belvédère, et me semble exécutée par un ciseau moins austère et plus amolli.

La Vénus de Gnide du Vatican est bien plus divine, bien plus noble dans son principe que celle du Capitole.

Il n'est point hors de propos de faire remarquer ici que le motif de toutes ces figures si souvent répétées est l'expression de la pudeur naïve au moment où tous les charmes du corps viennent d'être découverts. Ovide rend cette pensée : « *Ipsa Venus pubem, quoties velamina ponit,* » *protegitur lævâ semireducta manu.* » Ainsi, ce n'est point lorsqu'elle sort du bain, mais bien lorsqu'elle va y entrer, ou simplement lorsqu'elle vient de déposer ses légers vêtemens, soit sur un vase, soit à terre, que les artistes anciens ont voulu la représenter sur tant de statues, de médailles, de pierres fines et de peintures. Les figures de cette déesse offrent d'autres poses lorsqu'elles signifient Vénus en présence de Pâris et déesse de la beauté. Peut-être est-ce Phryné elle-même qui a offert cette pose simple et charmante, et n'a-t-elle été consacrée que depuis Praxitèle. Arnobe l'ancien nous assure que toutes les figures de Vénus connues dans la Grèce avaient été faites d'après cette illustre beauté. (Voy. plus bas ce qui est dit sur la Vénus d'Apelle.)

Notre Vénus du Capitole pourrait donc bien être la copie du portrait d'une femme célèbre par sa beauté, copie exécutée par un artiste du troisième ordre. Or on sait que Praxitèle, qui aimait Phryné, la représenta souvent. Outre cette statue du Capitole, on voit ailleurs beaucoup d'autres répétitions de la même figure, et on connaît aussi plusieurs têtes toutes semblables et qui par conséquent offrent les mêmes traits individuels que cette antique célèbre. Le musée de Paris en possède une très-remarquable, n° 210; elle provient de la villa Borghèse.

Pourquoi aurait-on si fréquemment, pour représenter la déesse Vénus, répété les traits d'une image individuelle, si cette image n'eût intéressé par quelque cause particulière ? On peut supposer que la célébrité du modèle a été la cause de ces nombreuses répétitions, et il est à croire que nous possédons dans cette antique une bonne copie de la plus belle statue de marbre qu'on voyait à Thespies [1]. Si à ces considérations nous ajoutons les indices que fournit le style de cet ouvrage, nous fortifierons notre conjecture. Or il est évident que cette statue, dont la conservation est bien remarquable, puisqu'il n'y manque que deux doigts et l'extrémité du nez, est une image fort vraie de la chair et de la santé. Ses formes pleines et coulantes appartiennent à un tempéramment distinct et facile à reconnaître. Indépendamment de cette excellente imitation de la chair, qualité que laisse très-bien juger la pureté diaphane du marbre de Paros, cette statue rappelle aussi un excellent principe de mouvement et de souplesse. On peut penser que les finesses de l'original en cette partie ont été fort altérées dans notre copie, mais on y découvre que ce mouvement est convenable et très-bien senti. Une certaine retenue empêche la trop grande liberté du squelette, que semble déguiser la douce fermeté de la chair. Un épiderme frais et un peu tendu, tel qu'on suppose

[1] Il est assez vraisemblable que, pour perpétuer par des représentations la beauté de l'illustre Phryné, on procéda comme on avait coutume de le faire à l'égard de tous les personnages célèbres, c'est-à-dire que l'on conserva leurs mesures et toutes leurs proportions dans des dessins géométraux très-fidèles, sans expression d'action ou de mouvement. Par ce moyen on put multiplier bien après cette célèbre courtisane, ses images, parce que tous les statuaires et tous les peintres en possédaient le canon particulier. (V. les chap. 225 et suiv.)

celui d'une blonde et même d'une carnation rosée, se fait sentir avec beaucoup d'art et de vérité. Enfin nous trouvons indiquées dans cette précieuse copie la science, la correction et la très-grande simplicité des hautes écoles, et de plus le moelleux et l'eurythmie de celle de Praxitèle. Tout est agréable, suave et grand à la fois dans cette copie supérieure à toutes celles que nous connaissons, et tout y est très-naïf et conforme à la nature. Nous verrons que le mérite de la Vénus Médicis est d'un tout autre caractère.

Exiger maintenant que je dise quel est le degré d'excellence de cette copie par rapport à l'original de Praxitèle, ou au moins en quoi elle doit en différer, ce serait beaucoup trop demander ? Au surplus une comparaison doit nous suffire, c'est celle que nous fournissent les plus belles statues des Niobés et la savante copie de la Vénus de Gnide. Par ces comparaisons nous pourrons nous persuader que Praxitèle, en ajoutant la grâce de la disposition et la vraie souplesse des formes, n'a jamais abandonné l'antique sévérité, ni donné de la rondeur pour de la suavité, de la molesse pour de l'élasticité. Enfin, en attendant qu'on découvre une autre copie plus fine et plus savante de la Phryné, on peut jeter un coup-d'œil sur plusieurs autres répétitions par lesquelles on reconnaîtra que cette morbidesse des chairs n'a pas été la seule qualité dominante de l'original. Je conclue donc que notre Vénus du Capitole a été exécutée long-tems après Praxitèle, et qu'elle est pour ainsi dire une traduction à la romaine d'un chef-d'œuvre de l'école grecque. Je crois pouvoir ajouter même que très-probablement les statuaires postérieurs, en répétant l'excellente donnée et la pose trouvée par Praxitèle, imitèrent dans leurs copies (le canon pris d'après Phryné se trouvant perdu) le caractère individuel des modèles vivans qu'ils se mirent sous les yeux pour exécuter leur ouvrage, méthode excellente que j'aurai occasion de signaler ailleurs et qui fut très-propre à perpétuer dans l'art et la vérité et la beauté.

C'est ici qu'il convient de parler d'une antique infiniment précieuse et tout récemment trouvée à Milo; elle fait aujourd'hui un des plus beaux ornemens du musée de Paris. C'est une figure de grande dimension représentant une femme demi-nue et autant dans l'attitude d'une Muse que d'une Vénus. Sur ce point il s'est déjà établi bien des conjectures. Elle est exécutée en marbre de Paros petit grain, et a été restaurée probablement à plusieurs époques de l'antiquité. Les qualités remarquables de cette statue classique, sont l'heureuse imitation de la chair et l'enthousiasme dans la manière grande, facile et vraie avec laquelle est exprimé sur ce beau corps le caractère de formes souples, soutenues, délicates et divines à la fois. Comparée à cette statue, la Vénus Médicis paraît plutôt soignée que belle et expressive; elle semble plus péniblement perfectionnée que librement animée. A côté de cette antique de Milo, la Vénus du Capitole semble commune et trop individuelle; elle paraît dénuée de cette élégance divine et de ce grand caractère qui attache et qui impose dans l'autre. Le sein, le nombril, le plis du bras droit là où il refoule la poitrine, sont des parties incomparables pour l'élasticité, la variété et la souplesse des formes. Cet ouvrage nous fait sentir très-bien ce que Pline dit de Céphissodote, fils et élève de Praxitèle, et qui fit ce groupe si admirable que nous avons déjà cité. Au reste cette figure appartient probablement à un groupe. Serait-elle Vénus accompagnée de Mars? On ne saurait l'affirmer, malgré l'analogie qu'offre cette pose et plusieurs groupes antiques représentant ce sujet? Est-ce plutôt la courtisane Glycère d'Argos, joueuse d'instrumens, statue exécutée par cet Hérodote d'Olynthe, qui travailla en société avec Praxitèle à la statue de Phryné? Ne suppose-t-on pas naturellement la lyre qu'elle tenait de la main gauche et que l'autre main était prête à faire résonner? Qui osera décider ces questions? Ce qu'on serait tenté néanmoins d'affirmer, c'est que cette statue n'est point une copie, et cette supposition sera probablement faite par les curieux capables d'apprécier dans cet ouvrage la beauté du ciseau et la rare qualité qui ne fait trouver en effet dans l'Apollon du Belvédère qu'une exécution froide et roide, et dans celle de tant de Vénus en marbre nulle souplesse, nulle naïveté et nuls charmes divins. Cependant, pourquoi affirmerait-on que notre Vénus est un original, lorsque nous y découvrons des imperfections qui semblent déceler le copiste? L'auteur de cette admirable production me semble donc s'être trahi par le peu d'expression de la tête, par le dessin de la hanche gauche dont le muscle oblique semble trop court par rapport à l'autre, et cela, malgré l'effet de l'action, enfin par l'exécution peu délicate des pieds, et surtout par une certaine incertitude dans le jet de l'ensemble et le mouvement général, grandes conditions que les plus habiles statuaires de l'école de Praxitèle ont dû toujours sentir et faire admirer. Au reste, ce n'est pas la première fois que nous rencontrons de très-bonnes copies qu'on est tenté de considérer comme des originaux; mais ici, malgré l'excellente répétition des caractères de la chair, je doute qu'Hérodote d'Olynthe, ou tout autre auteur de l'original, n'eût pas renié cet ouvrage, malgré tout son mérite. Le musée britannique possède une statue semblable à la Vénus de Milo. Comme celle de Paris, elle est de deux pièces de marbre, dont la jointure imperceptible est à la partie basse du corps dans la draperie : cette antique fut trouvée à Ostie, dans les ruines des bains de Claude.

Après les Vénus et le Périboètos que j'ai indiqués, disons un mot de l'Apollon Sauroctonos ou guétant un lézard. Nous avons plusieurs copies antiques de ce sujet. Winckelmann en cite deux à la villa Albani, dont une de bronze, statue remarquable par sa dimension et sa belle conservation. Une troisième de marbre se voyait à la villa Borghèse : cette statue est aujourd'hui au musée de Paris, nº 19. Winckelmann, après avoir justement loué cette figure, fait remarquer la beauté de ses genoux et les cite comme des modèles pour cet âge. Le Sauroctonos Borghèse est la plus belle antique connue qui exprime ce sujet. Cette statue représente Apollon, pasteur chez le roi Admète, et sous les traits d'un adolescent rempli d'ingénuité. L'ouvrage rappelle au prime abord ce que les écrivains nous disent de la pureté et de la simplicité des figures de Polyclète ; mais la grande suavité et l'aimable douceur des formes rappellent encore mieux la manière postérieure de Praxitèle. Cette copie, toute belle qu'elle est, le cède certainement de beaucoup à l'original ; néanmoins elle a un accent particulier qui nous transporte dans l'atelier de ce grand artiste. Cette scrupuleuse et naïve représentation de la nature, ce charme sans apparence d'affectation, cette pureté si attrayante, cette candeur, et enfin ce calme dans le tout, décèlent la haute science et le goût exquis du second statuaire du monde. Une restauration moderne gâte l'ouvrage. Le bras gauche est mal disposé, et le mouvement de la tête est loin du mouvement fin qui devait caractériser l'ouvrage même de Praxitèle ; mais telle qu'elle est, cette charmante figure offre plus qu'une réminiscence des productions excellentes du beau tems de l'art, et fournit à l'artiste un beau sujet de méditation.

Je dois encore ici mentionner la célèbre statue de Florence connue sous le nom d'Apollino, parce qu'elle représente Apollon dans sa jeunesse. Cette statue, copiée probablement d'après un bronze très-célèbre, est aussi une des plus belles productions que nous possédions des anciens. Dire que cette copie est exécutée d'après un original de Praxitèle, c'est, selon moi, avancer une chose très-vraisemblable. D'abord on ne saurait rejeter cette conjecture par la seule raison que Pausanias et Pline, en citant chacun un Apollon par Praxitèle, l'un à Mégare, l'autre dans les monumens d'Asinius Pollio, ne désignent point un Apollon adulte et précisément tel que le représente notre antique ; car on remarque que rarement les auteurs qui signalent les images des divinités, entrent dans ces particularités. Aucun Apollon ne serait cité sur le compte de Praxitèle, que ces mots de Pline : « On voit de lui de » très-belles statues de bronze dans le temple de la Féli- » cité, » me sembleraient suffisans, comme moyen d'érudition, pour s'autoriser à attribuer à ce grand statuaire cet Apollino. Mais laissons ce point et voyons l'art.

Y a-t-il dans les antiques, après celle de la Vénus de Gnide, un mouvement plus heureusement choisi que le mouvement et la pose de ce jeune Apollon ? Beauté et vie, souplesse et simplicité, unité et vivacité, toutes les perfections de l'art nous sont offertes dans cette charmante sculpture. Quel caractère d'unité dans cette jeunesse, dans cette chair ferme et si douce! Quelle élégance dans la jambe, dans la tête vivement soutenue sur le col et brillante à la fois de divinité et d'ingénuité! Et ces pieds et ce col, qui seraient presque le col et les pieds d'une jeune fille parfaite, et cette grâce enfin dans les plans et dans le jeu de tout le corps de ce bel individu dont l'ensemble offre d'ailleurs une si belle disposition, où trouverait-on tant de qualités réunies? Comment était donc le marbre ou le bronze de Praxitèle? Il respirait donc, il était donc tout vivant? Ah! je comprends bien, en contemplant cette statue délicieuse, pourquoi Quintilien disait que Praxitèle et Lysippe avaient approché le mieux de la vérité.

Voici à ce sujet un passage que M. Émeric David a emprunté à Callistrate (stat. 3) : « La pose de l'un des » Cupidons de Praxitèle, dit-il, était à peu près semblable » à celle de l'Apolline. Le poids du corps portait sur la » jambe gauche; la jambe droite était ployée. Le dieu ne » marchait pas, il était prêt à marcher. De la main gau- » che il élevait son arc; le bras droit reposait sur la tête. » Callistrate n'a pas dédaigné de nous dire que, par un » effet de cette position, la hanche gauche se portait en » avant; que l'os des iles, la cuisse et la jambe décrivaient » ensemble une grande courbe, et que Praxitèle par ce » balancement avait changé en souplesse la roideur na- » turelle de l'airain. » Cette citation intéressante fait regretter que nous n'ayons pas une bonne traduction entière de Philostrate et de Callistrate. Mais quel est le sculpteur ou le peintre qui entende assez le grec, ou quel est l'helléniste qui soit assez artiste pour réussir dans ce travail?

Parmi les ouvrages qu'on a attribués à tort, ce me semble, à Praxitèle, j'ai cité une des deux figures de Monte-Cavallo, qui, selon moi, est beaucoup plus ancienne que Praxitèle. Je suis bien aise de la rappeler ici, parce que, si le lecteur a tenu compte des caractères que j'ai signalés dans les périodes précédentes, il reconnaîtra combien le style de cette sculpture diffère de celui de Praxitèle.

Une autre antique que je ne regarde point comme une copie faite d'après le Cupidon nu de Praxitèle, est la figure qu'on appelle communément l'Amour grec du musée du Vatican. Malgré le beau caractère du visage et l'élégance de la chevelure, qualités qui au reste ne semblent rien prouver en faveur de ce rapprochement, je ne puis assimiler le mérite de cette donnée, de cette composition ou de ce mouvement, bien qu'il ne s'agisse que d'un torse, à l'admirable invention de la Vénus de Gnide, du faune Périboétos, du Sauroctonos ou de l'Apollino. Ce Cupidon est froid, et le travail en est roide, si on le compare à ces belles statues. Il n'est peut-être pas inutile ici de rapprocher de la chevelure de ce Cupidon celle d'un génie du musée de Paris, n° 22, appelé Génie du repos éternel, figure d'un travail beaucoup plus délicat et plus vrai que cet Amour grec, dont l'exécution, je le répète, rappelle peu le style de Praxitèle.

Quant à la prétendue Vénus Parienne drapée, qu'on voit au musée de Paris, n° 185, je ne puis en attribuer l'original à Praxitèle, ainsi que semble le faire Visconti. Elle est accompagnée de l'Amour, et cependant Pline ne nous indique point que cette Vénus drapée, préférée par les Pariens de l'Hellespont à celle de Gnide, ait eu l'Amour à ses côtés. Mais, comme on a trouvé sur la plinte le nom de Praxitèle, l'érudition s'est emparée de cette inscription : *Pseudonyme*. Au reste, cette statue est très-restaurée, et il est difficile de la juger sans un long examen. Ce qu'il y a de certain, c'est qu'à la première vue elle contraste désagréablement avec l'idée que nous pouvons nous former du style gracieux et savant de Praxitèle. Quelque mal entendu tiendra sûrement encore long-tems en suspens au sujet de la classification de ce monument.

Citons maintenant parmi les sujets traités par ce grand statuaire, ceux dont nous avons au moins les indications dans des antiques que nous devons consulter. On peut donc rappeler la pierre gravée du cabinet du duc de Malborough, n° 45, et qui représente un cavalier près de son cheval, sujet que Praxitèle avait traité et qu'on voyait sur le chemin du Pirée à Athènes. Le Bellérophon, grand bas-relief du palais Spada, cité par Winckelmann, offre le même sujet. Praxitèle avait aussi représenté l'Ivresse; un Œnophore ou un homme portant du vin; un satyre chargé d'une outre, tous ouvrages en bronze. Or on connaît un petit bronze de cinq à six pouces dont on a tiré des empreintes, et qui représente un homme portant sur l'épaule un vase. Cette figure, dont le mouvement est très-vrai et très-animé, semble exprimer l'ivresse. Quant à ces Bacchus qui ont un bras sur la tête et l'autre appuyé sur un tronc d'orme, orné quelquefois de pampre, il est probable que Praxitèle en a composé l'archétype; et j'aime à penser que l'idée de ces poses tranquilles, mais animées par le mouvement fin et favorable que donnait un bras levé et posé sur la tête, appartient au même statuaire, qui, sans sortir des antiques préceptes, sut ingénieusement vivifier l'art et le rendre, pour ainsi dire, magique, en ajoutant une grâce nouvelle. On voit au musée de Paris, sous le n° 154, un Bacchus d'un mouvement très-gracieux et d'une composition tout à fait poétique. Quoique cette figure, qui provient du château de Richelieu, ne porte point le bras sur la tête, elle est bien digne d'être assimilée aux excellentes copies faites d'après un si grand maître [1]. Il ne serait pas déraisonnable de supposer encore que certaines figures de Silène, vraies d'imitation, d'un mouvement heureux et d'une disposition gracieuse, malgré leur corpulence, soient des répétitions antiques des Silènes qu'il exécuta en marbre et qui sont célébrés dans l'Anthologie.

Passons à Lysippe. Nous devons d'abord placer ici un fait mentionné par Pline. « Lysippe, dit-il, consulta le » peintre Eupompe sur le maître qu'il devait suivre : Vois- » tu, lui dit ce peintre, cette foule qui passe? Voilà ton » modèle; c'est la nature que tu dois suivre. » Il paraît que ce mot n'a été recueilli que parce qu'en effet Lysippe, tout en conservant les nouvelles qualités ajoutées par

[1] Je ne puis m'empêcher de transcrire ce qu'on lit au sujet de cette statue dans la description des antiques du musée royal de Paris, année 1820. Je choisis cette citation, afin de faire remarquer qu'aujourd'hui c'est avec un sentiment juste de l'antiquité que nos archéologues parlent de certains monumens dont on n'avait jusqu'ici publié les indications que dans des nomenclatures plus ou moins barbares. « Le fils de Sémélé, » debout et absolument nu, s'appuie du bras gauche sur un tronc d'orme » auquel se marie un cep de vigne. Sa tête, parfaitement conservée, est » couronnée de feuilles de lierre et ceinte du bandeau bachique ou crê- » demnon ; ses cheveux descendent en longs anneaux sur sa poitrine ; » la douceur de son regard, la grâce de ses traits, ses formes délicates et » arrondies, tout dans cette figure concourt à exprimer cette langueur » voluptueuse dont les anciens avaient fait le caractère distinctif de Bac- » chus. Cette statue est l'une des plus belles que nous ayons de cette di- » vinité. »

Praxitèle, imita sévèrement aussi la nature. Peut-on communiquer une doctrine plus efficace, lorsqu'elle est exposée à l'esprit d'un artiste qui connaît d'ailleurs toutes les ressources de son art? Homère, le savant Homère, en revenait toujours lui-même à ce principe. Ajoutons d'autres traits propres à la ressemblance de notre portrait.

Lysippe disait que ses prédécesseurs avaient fait les hommes tels qu'ils étaient, et lui tels qu'ils paraissaient être. Ce mot, que nous tâcherons d'expliquer, ne peut partir que d'un artiste consommé, jouant avec les artifices les plus difficiles de la statuaire, et sûr de les faire servir à son génie. Pline, bien qu'embarrassé dans sa traduction des auteurs grecs qu'il compilait, auteurs qui peut-être n'étaient pas tous connaisseurs ou théoriciens, rapporte encore que Lysippe ajouta beaucoup à la statuaire en faisant les têtes de ses figures plus petites que les anciens, et les corps plus sveltes et moins charnus. Puis il finit en disant : « On remarque particulièrement dans ses ouvra-
» ges une finesse et une délicatesse qui lui étaient propres
» et qu'il a observées jusque dans les moindres parties. »
Tout artiste sentira combien ce passage de Pline est rendu incertain, parce qu'il ne comprenait pas l'auteur qu'il avait sous les yeux, quoiqu'il entreprît de le traduire ou plutôt d'en indiquer la pensée, voulant par là donner quelque substance à ses notices sur les artistes. Lysippe ne devait point trouver que ses prédécesseurs fissent les têtes trop grosses et les corps trop charnus, puisqu'il avouait lui-même que le Doryphore ou le canon de Polyclète avait été son maître. Mais ce que Pline ne sut pas et ne put pas nous dire, c'est que Lysippe avait, en artiste persévérant, reconnu dans tel ou tel ouvrage de ses devan-

ciers, qu'il existait des moyens et des artifices particuliers pour faire mieux ressortir les caractères de sveltesse, d'élégance, de force, etc., et que ces artifices dépendent non des proportions telles qu'on les conçoit vulgairement, mais de certaines oppositions qui faiblement indiquées dans la nature peuvent cependant être prononcées dans l'art avec succès; et c'est ce qu'il entendait par faire les hommes tels qu'ils paraissent être.

Pline, je le répète, cherchait probablement à rendre en cet endroit quelque passage technique et abstrait qu'il avait sous les yeux; car, après avoir dit *corpora graciliora, siccioraque,* il ajoute : *Per quæ proceritas signorum magis videretur,* qu'on pourrait traduire ainsi : Et par cet artifice, ce que les signes peuvent avoir de grand apparaît plus grand encore. On voit qu'il s'agit ici de la grandeur esthétique. Vient ensuite le mot difficile de *symetria* (voy. le dictionnaire), ce qui me confirme dans l'opinion que le passage tout technique que compulsait Pline, était appliqué justement à Lysippe, statuaire si habile dans cette condition *symetria,* et qui fleurit à une époque où tous les moyens de l'art étaient généralement en vigueur. C'est ainsi au reste que notre David fait comprendre par quelques traits l'influence d'une ligne plus ou moins rentrante, plus ou moins raccourcie ou alongée : il nous fait voir qu'un col peut sembler augmenter de longueur sans qu'on l'allonge réellement; qu'un genou engorgé empêche la jambe d'un Hercule de paraître puissante et ressentie, etc., etc., et mille autres démonstrations d'optique, de proportion et de géométrie qu'il serait hors de propos d'indiquer ici. De même Lysippe produisait à son gré des caractères naturels, mais très-gracieux et très-convenables;

par certains calculs savans qu'il avait aperçus dans les ouvrages de ses prédécesseurs, et dont il usa en homme sûr de son fait et maître de son art : et voilà peut-être ce qui fit croire qu'il en était l'inventeur.

Une preuve de la finesse de sa doctrine sur ce point, c'est la remarque qui nous est conservée par Plutarque, (lorsqu'il parle de la fortune d'Alexandre, 1re partie), sorte de remarque que des artistes seuls savent recueillir avec fruit. « Tous ceux, dit-il, qui, après Lysippe, voulurent exprimer le léger penchement de tête d'Alexandre, penchement que ce maître avait su rendre gracieux, noble et si naïf à la fois, firent de ce caractère un mouvement désagréable et sans finesse. » C'est qu'ils ne connaissaient pas aussi bien que Lysippe l'artifice des lignes, l'art des contrastes dans les lignes, l'art des diminutions relatives et des séductions de la vue, l'art de faire qu'une tête semble pencher sans qu'elle penche géométriquement et en effet [1], l'art enfin de faire les hommes tels qu'ils paraissent, c'est-à-dire selon leur caractère et non tels qu'ils sont, avec leurs défauts calqués géométriquement et laids sans signification.

Il paraît donc que les perfectionnemens dont Pline semble vouloir attribuer l'invention à Lysippe, l'aidaient à mieux saisir la vérité et à répéter la nature qu'Eupompe lui désignait avec raison comme le seul modèle dans tous les tems. Aussi Quintilien accorde à Lysippe et à Praxitèle,

[1] C'est ainsi, comme je le ferai remarquer, lorsque je traiterai de ces questions en particulier, que la tête de la mère des Niobés semble aux yeux de tout le monde, et même aux yeux des dessinateurs dupes de cet artifice, parce qu'ils procèdent sans instrument vérificateur, pencher en arrière et de côté, bien qu'elle soit absolument droite en tous sens.

ainsi que nous l'avons dit, d'avoir approché plus que les autres de cette vérité naturelle, et Varron (Liv. 8. en parlant de l'influence des mauvais exemples) confirme cette opinion. Mais je ne pense pas, malgré cela, que Lysippe ait été plus vrai, je veux dire plus vif imitateur que Polyclète dans la représentation de ses figures. On aperçoit ici combien il importe de s'entendre sur les mots nature, vérité, imitation, justesse de représentation. J'espère éclaircir cette difficulté en traitant de la définition de la peinture (V. les chap. 94, 95, etc.). Être complétement vrai, c'est, comme on le sait, répéter tous les caractères de la vérité; or, parmi ces caractères, il y en a de plus importans pour l'imitation, et d'autres moins. Ceci admis, il ne peut pas être douteux que Phidias, ainsi que Polyclète, avait répété ces plus importans caractères. Mais Lysippe recherchait de plus certains secrets subtils et tout esthétiques, pour aider à l'expression de cette vérité que les premiers obtenaient par une force naturelle à laquelle peu d'artistes postérieurs pouvaient facilement atteindre dans le tems surtout où toutes les conditions de l'art étant découvertes et signalées, on regardait comme indispensable de les observer les unes et les autres. Il est bon de dire ici que Columelle (*Libro primo, De re rusticâ*) semble assimiler Lysippe à Polyclète, et que plusieurs connaisseurs étaient tentés d'attribuer à Polyclète un Éphestion de la main de Lysippe. (Voy. PLINE. Liv. 34. Ch. 7.)

Indépendamment de la correction et de la grâce, Lysippe se faisait admirer par une expression très-distinguée dans ses figures. Plutarque vante la facilité et l'art avec lesquels cet habile statuaire sut rendre la mobilité des traits et surtout l'expression vraie du regard de plusieurs courtisans et amis d'Alexandre. Parmi les antiques appartenant à ce tems, nous connaissons un fragment qu'on appelle masque d'Alexandre mourant, et rien n'est expressif comme son regard ; mais avant Lysippe on avait obtenu de pareils résultats. Scopas avait admirablement représenté le regard touchant de Niobé et de sa fille éplorée. Plutarque dit encore : « Lysippe sut si bien ren- » dre cette tète majestueusement élevée d'Alexandre et » son regard tourné vers le ciel, selon l'habitude de ce » prince, que le bronze animé semblait, en s'adressant à » Jupiter, lui dire : Garde l'empire des cieux, ô mon père! » mais laisse-moi celui de la terre. »

Properce, dans sa huitième élégie, loue aussi ce grand statuaire pour avoir su donner de l'ame à ses figures. « Bouchez vos oreilles, dit Martial, si vous ne voulez » pas les avoir rompues par les sons aigres que cette » joueuse ivre tire de sa flûte. » Ce bronze de Lysippe était très-célèbre. Une épigramme de l'Anthologie (*Lib.* 4. *Cap.* 7) fait ainsi l'éloge d'un cheval de Lysippe. « Vois » ce cheval, prodige d'imitation ; sa tête est superbe, le » feu sort de ses nazeaux. Qu'un cavalier lui presse les » flancs, aussitôt il se sentira emporté ; car la vie est dans » ce bronze. » Stace vante ce même ouvrage. Recueillons encore la citation suivante : « Lysippe instruisit son » élève Charès, non en ne lui laissant voir que le génie de » Myron, la main de Praxitèle ou l'ame de Polyclète, » mais en lui offrant réunies en lui seul toutes les qua- » lités de ces illustres maîtres. » (*Auct. Rhet. ad Herennium, Lib.* 4.)

Lysippe aidait Apelle et le conseillait. Il le blâma d'avoir mis un foudre dans la main d'Alexandre. « Moi, » dit-il, je ne l'ai armé que d'une lance, instrument véri- » table de sa gloire, et toujours on applaudira à mon » choix. » Lysippe, avons-nous dit, avait seul le droit d'exécuter en sculpture les portraits et les statues d'Alexandre; ce qui rend probable que les copies que nous possédons de ce prince ont été exécutées d'après des originaux de ce maître. Il ne travaillait guère qu'en bronze, et même, selon quelques-uns, il ne travailla jamais en marbre. Pline fait monter au nombre de quinze cents ses ouvrages; ce nombre prodigieux a exercé la sagacité des érudits. Je ne dirai rien sur ce point : une faute de copiste cause peut-être toute la difficulté. Alexandre ne lui avait sûrement pas recommandé d'aller vite, mais de bien faire.

Pline dit, au sujet de la célébrité de ce statuaire : « Je ne » rapporterai qu'un seul exemple de la vogue où furent les » ouvrages de Lysippe, encore ne le prendrai-je ni parmi » ses simulacres des dieux, ni parmi ses effigies des hom- » mes. Je rappelerai donc à mes contemporains qu'au » sanctuaire de Junon, avant l'embrasement du Capitole » par les Vitelliens, ils ont pu voir comme moi, de la main » de Lysippe, un chien en airain léchant sa blessure; » imitation si vraie et si merveilleusement expressive (*cu- » jus eximium miraculum et indiscreta veri similitudo*), » que la dédicace qu'on en fit au Capitole ne parut pas un » témoignage suffisant de l'admiration qu'inspirait ce » chef-d'œuvre : et comme on ne trouvait pas qu'aucune » somme imaginable pût, à tout événement, compenser » la perte de ce miracle de l'art, il avait été statué par » une ordonnance publique que les gardiens en répon-

» draient sur leur tête (PLINE. L. 35. C. 7.). » Cet écrivain nous donne un second exemple néanmoins du prix qu'on attachait aux ouvrages de Lysippe, et il le rapporte au sujet de son fameux Apoxioménos. Nous citerons ce passage en parlant du goût des Romains pour les productions d'art.

Si, par un retour qu'il est bien naturel de faire, nous portons un moment nos regards sur les statuaires du siècle de Louis XIV, et que nous les comparions à ceux du siècle d'Alexandre, nous verrons dans toutes ces statues de bronze et de marbre, si nombreuses à Versailles, la preuve de l'influence des doctrines sur les résultats, et le peu de puissance de l'or tant que ces doctrines sont fausses ou relâchées. Quel luxe dans cette scène des neufs sœurs et d'Apollon, exécutée en beau marbre par Girardon ! Quels frais n'ont pas nécessités ces colosses en bronze, ces dieux marins lançant des gerbes d'eau, ces groupes d'enfans décorant de grands bassins, ces rangées de figures allégoriques, de thermes et de bustes, ces portraits de souverains, ces mausolés funèbres dans tant d'églises et dans les palais ! Et cependant où est la seule empreinte moulée sur ces figures qui soit et qui mérite d'être aujourd'hui entre les mains des élèves ? Il n'y a pas une de ces figures qui ne soit ou nulle pour l'instruction ou pernicieuse par le faux goût et la science factice. En Italie Bernini, Algardi, et tant d'autres épuisèrent les marbrières de Carrare, mais ils n'épuisèrent pas, comme les Grecs, les ressources de leur art.

Ferons-nous intervenir maintenant Rubens à propos de peinture, et, puisque nous allons parler des deux beaux fleuves antiques du musée Vatican, citerons-nous, par exemple, la figure de l'Arno, que Rubens a peinte dans son tableau de la naissance de Marie de Médicis? Y a-t-il un contraste plus frappant entre l'antique et le moderne? Si Rubens traitait ainsi ses figures, répondra-t-on, c'est parce qu'il faisait trop de tableaux et qu'il y introduisait trop de personnages, ce qui ne lui laissait pas le loisir de porter ces figures à la perfection. D'ailleurs, ajoutera-t-on, Rubens ne voulait pas faire mieux, concevant tout autrement son art que le concevaient les Grecs, et obtenant nonobstant un résultat merveilleux et des titres qui n'appartiennent jamais qu'à un très-rare talent. Telle est la réponse détournée que font des raisonneurs impatientés quand on leur vante l'antique, en sorte qu'ils concluent de ce que les modernes ont fait voir de l'imagination, de la fécondité, de l'enthousiasme et du génie, que leurs ouvrages sont admirables.

Mais, puisque j'en suis par hasard sur le compte de Rubens, que j'admire souvent, qui m'étonne, qui me paraît un des plus grands génies qu'aient enflammés les arts, je ne le quitterai pas sans lui faire certains reproches. J'aurai occasion de critiquer son Apollon dans son tableau du gouvernement de la reine, et j'oserai dire qu'il a prétendu animer la pantomime de cette figure plus qu'elle ne l'est dans l'antique statue, qu'on admire au Belvédère, et qu'en voulant chanter plus fort il a chanté faux. Depuis cette critique, j'ai aperçu encore d'autres prétentions tout près de celle-là, et qui me paraissent tout aussi choquantes. On reconnaît donc à côté d'Apollon, la figure du groupe Ludovisi, appelé Aria et Pœtus. Mais quelle pesanteur! Quelle négligence! Une femme à genoux rappelle la Vénus accroupie. Quelles formes lâches!

Quel mouvement dénué de vérité et de grâce ! Je ne l'en tiens pas encore quitte ; car quatre figures sont là comme réunies et d'intelligence pour faire nargue aux sculpteurs grecs. On reconnaît donc l'emprunt du Gladiateur, bien qu'on ait cru l'animer plus que le marbre antique, dans une figure vue de dos et qui fuit. Je sais que Rubens lui a fait lever la jambe en arrière, lui a écarté les bras, a ajouté des griffes pour exprimer la fureur, et que ce n'est plus précisément la figure du gladiateur qu'on voit sur le tableau ; mais pourquoi à cet ingénieux clair-obscur qui enfonce dans l'ombre la partie supérieure de cette figure, à ce coloris qui en fait saillir admirablement bien l'autre extrémité, n'avoir pas associé plus de correction, ou pour m'exprimer sans choquer certains louangeurs, ne l'avoir pas mieux disposée et esquissée au moins d'ensemble ? Car les allégoristes, les coloristes et les amateurs, tout émus, lorsqu'ils se mettent à vanter la fougue, l'enthousiasme pétulant, les éclats magnifiques de Rubens, ne manquent pas d'objecter que dans ce tableau, dans cette machine pittoresque, il ne s'agit ni de pureté, ni de pénible et glaciale correction, et que cette peinture est une grande page toute poétique, une riche et admirable conception. Mais qu'ils conviennent au moins qu'une courte explication ne serait pas de trop pour nous annoncer, par exemple, que cette femme si burlesquement penchée, et dont la jambe est retroussée près d'un guerrier, est la déesse des Amours ; que celle qui est derrière elle, et qui est en tout si commune, est Cérès ; enfin que c'est Junon que nous devons reconnaître dans cette femme vilainement ajustée, auprès du grand Jupiter renversé au moins d'un bon pied trop en arrière, bien que son trône soit un tabouret, et par conséquent sans dossier. Si Rubens ici a raison, Phidias et Apelle étaient de grands ignorans. Soyons donc justes : rendons à Rubens ce qui est à Rubens, et aux Grecs ce qui est aux Grecs. Mais ne cessons d'encourager les élèves qui, toujours sévères observateurs du bon goût et des lois de la nature, toujours studieux en fait de pondération, d'anatomie et de convenance, redoutent le faux éclat de l'art, et qui, modestes et sages dans leur enthousiasme, savent en se respectant respecter le public, n'en abusant jamais par une vaine parade et une barbare facilité.

Passons en revue les ouvrages les plus remarquables de Lysippe, et commençons par les dieux. Il fit un Jupiter colossal, de quarante coudées, pour les Tarentins. L'effort de la main suffisait pour le faire tourner, et il résistait à la violence des plus fortes tempêtes. Il fit un autre Jupiter à Némée. On voyait à Athènes et à Corinthe deux autres Jupiter de sa main. Il fit plusieurs Hercules, ainsi que Neptune, Junon, les Muses, et le Cupidon fameux qui se voyait avec celui de Praxitèle à Thespies. Mais le nombre de ses figures non mythologiques est bien plus considérable. Plusieurs vainqueurs aux jeux furent illustrés de sa main. Il jeta en bronze son fameux Apoxioménos ou athlète se frottant, dont nous avons parlé, et fit plusieurs admirables statues d'Alexandre qui représentaient ce prince à tous les âges. Il exécuta aussi des quadriges de diverses espèces, et un, entr'autres, qui était monté par le soleil. Une tête antique, dite l'Alexandre du Capitole, mais appelée depuis tête du soleil, ne serait-elle point une copie de la tête du soleil monté sur ce char et représenté sous les traits d'Alexandre? Cette tête a été radiée, ainsi que la représentaient les Rhodiens (Voy. D. Chrysostôme, dans son Disc. aux Rhodiens). On vit aussi de sa main plusieurs figures d'animaux. Il fit un lion terrassé; agrippa l'enleva de la ville de Lampsaque, où on l'admirait. Il coula en bronze un cheval très-vanté par les poètes; des chiens et une chasse; peut-être était-ce celle où figurait Alexandre. Enfin cet artiste fécond traita, comme Praxitèle, toutes sortes de sujets.

Parmi les antiques qui nous sont parvenues, et qu'on s'est cru autorisé à regarder comme des copies, d'après ce fameux statuaire, on cite le Cupidon ailé et tendant ou essayant son arc. Un assez grand nombre de répétitions de cet Amour se conservent à Rome et dans les cabinets. Le palais Lanti à Rome en renferme plusieurs. Celui qu'on a vu au musée de Paris est assez mal restauré, et la disposition en est rendue vicieuse; mais ce qui est antique, est précieux par la vérité et la délicatesse. Le bras gauche, qui est bien conservé, semble moulé sur nature. Cependant, je ne vois dans cette statue rien qui engage à en attribuer l'original à Lysippe en particulier, et l'on peut supposer que nous trouverions dans quelqu'écrivain une indication positive de cette figure, si elle était en effet exécutée d'après Lysippe. Pausanias se contente de dire qu'on voit de Lysippe un Cupidon en bronze à Thespies.

Winckelmann cite une statue d'Alexandre du palais Rondinini à Rome. Aujourd'hui on voit au musée de Paris, sous le n° 684, une figure colossale de ce prince. Cette statue ne nous apprend rien de particulier sur le caractère des ouvrages de Lysippe, dont elle doit cependant indiquer le style. Une grande dignité, une belle imitation de la chair, des formes pleines sans pesanteur, et un grand goût dans le tout, tel est le caractère que présente au prime abord cette antique. Mais en la considérant avec plus d'attention, on ne remarque qu'un faible degré de science dans le jeu des parties osseuses, et il est évident que le copiste n'a pas su répéter les finesses mécaniques et anatomiques dans lesquelles excellait ce maître. Nous ignorons s'il était défendu aux autres artistes de faire même des copies d'après les Alexandres de Lysippe. Si cette défense eut lieu, il faut croire que les portraits que nous possédons de ce prince, sont des copies faites postérieurement au tems où ce réglement fut maintenu en vigueur.

Il convient, je crois, de faire ici une remarque. Lysippe fit beaucoup de portraits, et entr'autres ceux de vingt-et-un cavaliers d'Alexandre, morts au passage du Granique. Ces statues, ainsi que celles de divers personnages composant le cortège d'Alexandre, avaient, au dire de Pline, le mérite de la ressemblance. Lysippe se serait-il aidé du moyen pratiqué, dit-on, pour la première fois par Lysistrate, son élève, qui imagina de mouler les visages des personnes dont il entreprenait le portrait ? Cette conjecture n'a rien, je crois, de déplacé. Premièrement, il n'est pas vraisemblable que Lysippe n'employa qu'un petit nombre d'élèves pour l'aider dans l'exécution du nombre infini de statues qu'il produisit en bronze. Secondement, ce Lysistrate était peut-être exclusivement chargé de mouler les visages des individus que Lysippe représentait. Cette supposition n'empêche point de présumer que ces empreintes étaient ensuite soumises aux lois de l'embellissement. Un fragment conservé au musée de Paris, n° 98, semble être de cette époque, et la physionomie paraît être un portrait. Visconti a pensé qu'il représentait le fleuve Inopus, parce que ce fragment fut trouvé à Délos, île arrosée par ce fleuve. Il me semble plutôt que ce morceau, qui est d'un travail superbe, provient d'une statue iconique. Le jet des cheveux, semblable à celui qu'on observe sur les têtes d'Alexandre et de Jupiter, laisserait à penser que ce peut être une copie ou d'un de ces vingt-et-un cavaliers qui périrent au passage du Granique, ou d'un de ces personnages qui composaient le cortège de ce prince, ou peut-être même d'Éphestion ou enfin d'Alexandre lui-même. Au surplus, je crois ne pas me tromper en avançant que le travail de ce précieux fragment le fait appartenir à l'école de Lysippe, et que d'ailleurs il est particulièrement propre à nous donner une juste idée de la manière grande de cette école, qui cependant, on en a la preuve encore dans ce morceau, ne cessa de suivre la nature. L'imitation noble et vraie de la chair et des dessus est donc portée sur ce fragment grec à un plus haut degré que sur les figures du Parthénon.

Si les deux têtes que je viens de citer, l'Alexandre mourant et la tête du soleil, sont copiées d'après Lysippe, elles donnent une haute idée du style de cet artiste. Une grande noblesse dans l'ensemble et une belle vérité dans l'imitation de la chair s'y font admirer; la force, la santé, l'ame et la dignité dominent dans ces morceaux.

Je ne puis m'empêcher, à propos du style de Lysippe, de citer un fragment admirable représentant Bacchus, et que l'on conserve à Naples [1]. Ce torse, une des productions les plus classiques que nous ayons de l'art antique, serait-il une copie, faite dans l'école de Lysippe, de son fameux Bacchus que l'on admirait sur le mont Hélicon?

[1] M. Giraud en possède à Paris une très-belle empreinte.

Doit-on plus raisonnablement l'attribuer à Eutychide, son élève, qui fit un Bacchus très-vanté? Ce doute est sans conséquence pour notre étude des styles. Je laisse donc ces conjectures. Néanmoins je ferai observer que dans ce torse nous voyons clairement l'art tel que je l'ai signalé dans la période où fleurirent Lysippe et Praxitèle, c'est-à-dire à son état de complément et de perfection. La vérité, la grandeur, la suavité, la belle manière d'exécuter, la grâce enfin, toutes les qualités sont portées à un degré éminent dans ce morceau merveilleux, et si l'on cherchait à lui comparer quelques antiques analogues, ce serait la figure du Nil, qui, par le travail et le principe, s'en rapprocherait le plus. En un mot les différens fragmens que nous attribuerions volontiers à cette époque de l'art, nous rappellent tous combien les grands artistes d'alors savaient jouer avec la nature et maîtriser le marbre et l'airain.

Quoique l'un des deux beaux fleuves du musée du Vatican n'ait point encore été signalé comme une copie d'après Lysippe, et quoique Pline, qui avait vu ce même sujet du Nil traité en basalte, ne l'ait attribué à aucun statuaire en particulier, il n'en est pas moins vrai que cette antique fixe à peu près, par le caractère général du style qu'on y remarque, l'époque où elle fut exécutée. Or cette époque doit être celle de Lysippe et de ses premiers élèves. En effet, toutes les qualités essentielles qui étaient acquises dans cette période, se retrouvent dans cet ouvrage, et particulièrement cette pureté, cette aisance et ce goût grand, simple et d'antique école, goût manifesté dans le style de cet âge. Pline dit donc (Liv. 36. Ch. 7): « On n'a » jamais vu un plus gros morceau de ce basalte qu'on » trouve en Éthiopie et qui a la couleur et la dureté du

» fer, que celui qui se trouve dans le temple de la Paix,
» consacré par l'empereur Vespasien Auguste, et où l'on
» voit le Nil avec seize petits garçons qui jouent autour
» de lui et qui désignent un pareil nombre de coudées,
» pour marquer le plus haut accroissement des eaux de
» ce fleuve. »

Cette désignation est positive; il s'agit d'un ouvrage dont la répétition ou l'original nous est parvenu; le nôtre est en marbre blanc, et Lysippe, comme on sait, ne travaillait guère qu'en bronze, ce qui annoncerait déjà que ce fleuve, cité par Pline, n'était pas de Lysippe lui-même. Mais il pouvait avoir été exécuté par un de ses élèves, tel que Tisicrate, par exemple, dont on confondait les ouvrages avec ceux de son maître, ou plutôt tel qu'Eutychide, fameux disciple de Lysippe, et qui fit une statue du fleuve Eurotas. « Cette statue, dit Pline (Liv. 34. Ch. 8), était plus » coulante que les eaux mêmes du fleuve. » Mais Pline (remarquons-le en passant) copiait cette expression dans quelqu'auteur grec qui avait vu l'original, et il n'est pas étonnant que la vue de l'ouvrage en basalte n'ait point éveillé une idée de comparaison entre ces deux morceaux chez Pline, qui n'avait pu observer l'Eurotas d'Eutychide. Le silence de cet écrivain ne prouve donc point contre notre antique considérée comme ouvrage de cet élève de Lysippe. La grosseur unique du bloc de basalte fait supposer aussi qu'il a été employé par une main habile; car on sait que la qualité de la matière est souvent un indice du mérite de l'artiste, et cet indice est d'un bon recours, comme je l'ai dit, pour distinguer la valeur des camées et des pierres gravées. Qu'est-ce qui empêche donc de penser que notre statue, copie ou original de celle que

Vespasien fit transporter d'Égypte, fut exécutée sous les Ptolémées par un des élèves de Lysippe, tel qu'Eutychide, par exemple, ces élèves ayant porté leur art dans cette contrée, après la mort d'Alexandre? Cette conjecture sur l'auteur original de la statue du Nil, m'a parue très-fortifiée par l'examen d'une pierre gravée que plus tard je remarquai dans Ficoroni, tab. 6. Elle représente un fleuve posé comme celui du Nil. On lit dessous le mot grec *Eurotas*. Or, comme aucun autre statuaire que notre Eutychide n'est cité pour avoir représenté ce fleuve Eurotas, il faut que cette gravure soit la répétition de l'Eurotas, original d'Eutychide. La statue du Nil, presque colossale, nous donne donc une idée fort juste du style de Lysippe et de ses élèves, qui, quoiqu'en ait dit Winckelmann, ne furent pas, ainsi que leurs successeurs, des imitateurs sans invention, eux qui soutinrent et conservèrent l'art dans sa pureté pendant plus de deux siècles après la mort d'Alexandre. Il est évident que la statue du Tibre, qui lui sert de pendant, fut exécutée à l'instar de la statue du Nil par un ciseau grec, mais inférieur; car la différence de mérite dans les deux est sensible. D'ailleurs il se peut que de très-bons statuaires grecs aient exécuté des figures du Tibre, et cela dans leurs ateliers de la Grèce, pour les expédier ensuite à Rome. Ainsi, quoique le pendant qu'on est tenté de croire romain, à cause du sujet, soit moins beau que la figure du Nil, et quoiqu'une figure semblable à ce Tibre, et qu'on voit au Capitole, soit peu remarquée [1], il n'en faut pas conclure que toutes les figures du Tibre, toutes les Roma,

[1] On l'appelle vulgairement *Marforio* du nom, dit Vasi, du *Forum Martis*, où elle fut trouvée. Elle sert de fontaine dans une des cours du Capitole.

tous les groupes de la louve romaine allaitant ses illustres nourrissons soient des ouvrages tout à fait inférieurs, car, ainsi que je viens de le rappeler, quelques-uns ont pu être exécutés en Grèce lors des bonnes époques de l'art, et être très-dignes de notre admiration et de notre étude.

Enfin on trouve dans la superbe statue du Nil toutes les qualités des figures du Parthénon, moins transcendantes à la vérité et moins vives, et de plus cette souplesse de chair et ce charme harmonieux ajouté, comme je l'ai dit, par Praxitèle. Mais, il faut bien se le rappeler, Lysippe, partisan de la vérité, se rattacha probablement autant à Phidias qu'à Praxitèle. Aristote fut peut-être pour quelque chose dans la conduite de ce grand statuaire. Homère et Phidias étaient les modèles chéris d'Aristote, et Alexandre avait le même goût. On sait que ce prince avait toujours avec lui l'Illiade et l'Odyssée, et qu'il les plaçait sous son chevet dans une boîte d'or.

Je finirai par faire remarquer que le nombre de statues excellentes devait être bien considérable à Rome, puisque ces riches et précieuses figures du Nil et du Tibre faisaient l'ornement extérieur de deux fontaines placées à l'avenue du temple d'Isis et de Sérapis.

Une autre antique bien célèbre peut sans invraisemblance être supposée la copie d'un Hercule de Lysippe; c'est l'Hercule Farnèse. D'abord le travail de la peau du lion rappelle le travail d'un ouvrage en bronze. Mais ce qui me porte à croire que Lysippe est l'auteur de l'original sur lequel on a fait l'Hercule Farnèse, c'est le style et l'exécution des parties non restaurées dans cette belle statue. Je dois cependant offrir d'autres preuves que celles que je pourrais tirer de ma seule expérience ou d'une théorie qu'il serait fastidieux d'appliquer à tout instant à tel ou tel ouvrage; ces preuves sont les citations fournies par les écrivains. Or nous savons que Lysippe avait plusieurs fois représenté Hercule. Pausanias parle particulièrement de celui que l'on voyait dans le temple de Jupiter Néméen. Un autre Hercule d'un pied de dimension de la main de Lysippe, et qui fut célébré par Sénèque, Stace et Martial, faisait voir, comme on sait, toute la grandeur de ce demi-dieu. Le héros vainqueur du terrible lion de Némée ne pouvait être mieux représenté que par cet artiste habile; non-seulement ce statuaire était enclin vers les sujets grands et énergiques à la fois, mais ses études avaient dû lui rendre familiers les caractères de la force et ceux de la plus grande puissance physique. Il avait consulté la nature athlétique dans ses portraits de Pyrrhus, de Xénarge, célèbres pancratiates; de Callicrate, vainqueur à la course, etc., etc. Mais il faut se rappeler surtout qu'il avait fait celui du fameux Polidamas, illustre par sa force et sa taille extraordinaire. Aussi sa statue était, dit Pausanias, la plus éminente dans l'Altys. Lysippe avait de plus représenté sur le piédestal de cette statue de bronze les prodigieuses actions de ce célèbre pancratiate. Enfin ce maître si habile dut exécuter avec un grand art la peau du lion terrible devenu le trophée et l'attribut du plus puissant des Héros; car on sait qu'il avait admirablement exprimé en bronze un lion terrassé, dont plus tard Agrippa décora la ville de Rome. (STRABON. L. 13.)

Winckelmann fait remarquer qu'il se trouve à Florence au palais Pitti une figure d'Hercule d'une moyenne dimension et semblable à celle de l'Hercule Farnèse. Sur le socle de cette statue, médiocre selon lui, on voit une inscription antique qui porte le nom de Lysippe. C'est, dit Winckelmann, une de ces supercheries que se sont permises les anciens. J'ai peu de preuves à tirer de ce fait; mais il n'est point à délaisser, parce que le nom de Lysippe, écrit par un ancien au bas d'une statue traitée dans un autre style que celui de Lysippe, eût été une imposture grossière et aussi choquante que si de nos jours nous signions du nom de Raphaël une copie de Rubens. Quant à l'inscription moderne de l'Hercule Farnèse, inscription qui semble désigner Glycon comme l'auteur de cette figure, je dirai que si Winckelmann demandait pourquoi l'Hercule tout semblable du palais Pitti ne porterait pas aussi le nom de Glycon, on aurait pu lui demander aussi pourquoi l'Hercule Farnèse ne porterait pas le nom de Lysippe. Au surplus, il n'est pas invraisemblable que ce Glycon, qui n'est cité dans aucun auteur, ait été le copiste de l'original si souvent répété de Lysippe, original dont notre Hercule Farnèse est une copie savante et de semblable dimension. C'est ainsi que nous voyons le nom de Ménophante sur une copie que ce statuaire exécuta d'après la Vénus de Troas (musée de Paris, n° 190).

Voici comment Winckelmann décrit ce morceau : « Rien de plus capable de faire sentir les qualités de » l'Hercule que nous venons de décrire (il veut parler du » torse du Belvédère), que d'en faire la comparaison avec » d'autres figures de ce héros, et surtout avec celle du » fameux Hercule Farnèse, dont l'auteur est Glycon d'A» thènes. Dans cette statue, Hercule est représenté se » reposant au milieu de ses travaux. Le statuaire nous » offre ce héros ayant les veines gonflées, les muscles » tendus et élevés par un développement extraordinaire.

» Ici nous le voyons se reposer échauffé en quelque sorte » et cherchant à respirer après sa course pénible au jar» din des Hespérides dont il tient les pommes dans sa » main. Glycon ne s'est pas montré moins poète qu'Ap» pollonius, en empruntant des formes surhumaines dans » l'expression des muscles qui sont rendus comme des » collines pressées; et l'artiste s'est proposé pour but » d'exprimer l'élasticité rapide des fibres, en resserrant » les muscles et en leur donnant une tension circulaire. » C'est sous ce point de vue qu'on doit considérer l'Her» cule Farnèse, afin que le génie poétique du maître ne » soit pas pris pour de l'enflure, ni sa force idéale pour » une hardiesse outrée; car vous pouvez supposer avec » assurance cette intention à celui qui a été capable d'en» fanter un pareil chef-d'œuvre.... »

J'ai déjà annoncé que l'Hercule Farnèse a été retouché pardevant, et qu'il est devenu d'un travail maniéré. Le dos est plus vrai, ce colosse n'ayant pu être retouché de ce côté. Il rappelle les beautés de la statue du Nil. D'après ce fait, ce que dit Winckelmann de la tension circulaire des muscles resserrés par l'élasticité des fibres doit nous paraître une exagération qui n'a aucune application juste, rien n'étant beau que le vrai.

Les élèves de Lysippe furent nombreux; plusieurs étaient dignes de leur illustre maître. J'ai déjà cité Eutychide et Tisicrate. Celui-ci égala plus d'une fois Lysippe luimême, dont on confondait quelquefois les ouvrages avec les siens. Il est vrai qu'il n'était pas précisément élève de Lysippe, mais bien d'un fils de Lysippe appelé Euthycrate. On remarqua que ce Tisicrate tenait bien plus du style de Lysippe que de celui de son fils. Pline dit (L. 54.

C. 8) : « Cet Euthycrate, fils de Lysippe et le plus habile » de ses élèves, imitait plutôt la persévérance que l'élé- » gance de son père ; il aima mieux être imposant par » un style austère, que de se faire des partisans par un » style agréable. » Ce passage de Pline nous fait voir que ce style austère n'était point choisi par Euthycrate pour imposer, mais bien parce qu'il le sentait de préférence à celui de son père, dont le style lui semblait d'une trop grande difficulté, vu qu'il consistait en une très-savante combinaison de l'antique austérité et de la grâce de l'apparence. Cet élève aima donc mieux rétrograder, pour ainsi dire, pour frapper plus fort, en s'appuyant sur un point où il ne craignait pas d'être chancelant : et peut-être que les modèles de Polyclète et de Myron le déterminèrent plutôt que ceux qu'il recevait de son père lui-même. C'est ainsi que se détermina aussi Téléphane de Phocée dont nous parlerons bientôt. Euthycrate exécuta donc avec un grand succès et dans la manière antique Hercule, Alexandre, Thespis chasseur, des Thespiades, un combat équestre, plusieurs Médées sur des quadriges probablement attelés de dragons, un cheval, des chiens de chasse, Trophonius, etc. Quant à son élève Tisicrate, qui suivit davantage le style de Lysippe, Pline ne nous a conservé l'indication que de trois de ses ouvrages : un vieillard thébain ; le roi Démétrius ; et Peuceste, qui avait sauvé la vie à Alexandre.

Pour ce qui est de Bédas, autre élève de Lysippe, Pline cite de lui une figure en adoration, ou remerciant les dieux. Elle était en bronze (Voy. ce qui a été dit p. 314 sur l'Adorante de Berlin). Vitruve parle d'un Bédas de Byzance ; rien n'empêche de croire qu'il s'agit de celui dont Pline fait mention et dont il vante aussi le mérite. Vitruve remarque que c'est faute de fortune que cet artiste n'acquit pas une plus grande célébrité; cependant, grâce à Pline et à l'équité de Vitruve, le nom de Bédas n'est point resté dans l'oubli.

Dahippe, autre élève de Lysippe, semble aussi avoir voulu imiter le style de son maître, au moins dans le choix d'une de ses figures; car elle représentait un homme au bain et près de tomber en défaillance.

Après ces élèves de Lysippe, on remarque surtout un autre contemporain, c'est Silanion d'Athènes. Ses compatriotes le regardaient comme un statuaire du premier ordre, et le mettaient au même rang dans son art que Parrhasius dans le sien. (Voy. Plut. *De Poët. aud.*). Ce passage de Plutarque semble prouver beaucoup en faveur de la peinture des Grecs; car quand même cette comparaison n'eût porté que sur le style seulement, c'est-à-dire sur le goût et la science du dessin, les statues que nous connaissons de cette époque sont si admirables, bien que nous n'ayions que des copies à contempler, que nous sommes forcés à louer les ouvrages du pinceau produits dans ce même tems. Silanion n'eut point de maître, selon la remarque de Pline (*In hoc mirabile, quod nullo doctore nobilis fuit ipse.*); mais à cette époque toutes les statues étaient autant de maîtres, et la surprise de Pline pourrait sembler singulière. Pline cite deux élèves de Silanion, Zeuxis et Iade. Silanion avait laissé, dit Vitruve, des traités sur les Symétries : il ne travaillait qu'en bronze, et représenta plusieurs vainqueurs au pugilat. Il fit le portrait du statuaire Apollodore, dont le caractère était impatient et emporté. C'est de cette figure que Pline dit qu'elle représentait moins un homme que la colère elle-même. Il fit aussi la statue d'Achille, statue qui fut très-célèbre. Silanion représenta aussi Sapho; Verrès s'empara de ce morceau. Il fit les statues de Jocaste mourante, de Corine, de Platon et de Thésée. Tous ces ouvrages servirent à l'illustrer. Le musée de Paris possède une statue d'Achille, qu'il est plus naturel d'attribuer à Silanion qu'à Alcamène, ainsi que le fait Visconti. Le travail de cette statue offre une savante imitation des souplesses de la chair, et ne saurait appartenir à l'époque ancienne ni au style austère de cet élève de Phidias. Au reste, n'est-ce pas un peu la manie des érudits de ne pas laisser échapper une seule occasion de rapprocher les citations qui ont entre elles quelques analogies? Un musée nous procure une belle statue d'Achille, et voilà de suite une conjecture hardiment proposée. Pline cite un Pentathle en bronze par Alcamène; cette statue, se dit-on, ne serait-elle pas la copie du pentathle d'Alcamène, de ce pentathle en bronze surnommé Encrinoménos? Mais au premier coup-d'œil son travail prouve le contraire : au premier coup-d'œil ce marbre nous indique un tems postérieur d'un siècle ou de deux siècles même au tems de Phidias.

Parmi les ouvrages que l'on est tenté de rapporter par analogie de style à l'école de Lysippe, on remarque surtout une tête colossale de Jupiter, d'une grande beauté de caractère : elle se voit au musée du Vatican. On croit avec raison qu'elle est le fragment d'une statue entière. Cette tête est réellement admirable. La douceur et la majesté, la sérénité et la bonté d'un dieu sont évidemment exprimées sur ce superbe fragment. La bouche surtout, ainsi que les yeux, offre une convenance parfaite. Un grand savoir a dirigé cet ouvrage, le plus vif sentiment l'a soutenu. Les anciens donnaient à Jupiter l'épithète de clément (*mansuetus*) ; cette tête rend très-bien cette idée. Si le torse du Belvédère est grand, moelleux et élégant à la fois, cette superbe tête offre les mêmes qualités. Le front, les joues, la coiffure, le travail large et imitatif de la chair, tout rentre dans ce style que nous cherchons à caractériser ici, et qui fut propre aux artistes qui fleurirent vers le tems d'Alexandre. Nous avons vu que Lysippe avait fait pour les Tarentins un Jupiter colossal haut de quarante coudées : rien ne s'oppose à ce qu'on croie que nous possédons dans ce fragment la copie de cet archétype de Lysippe. Au surplus ce statuaire représenta cinq fois en bronze, le père des dieux. Il est vrai que Polyclète avait exécuté en marbre un Jupiter clément (Paus. L. 20 C. 20), et peut-être que quelque cabinet renferme une copie de cet ouvrage de Polyclète ; mais je ne pense point qu'on doive attribuer à cet ancien statuaire notre buste colossal du Vatican, à cause seulement de quelques analogies de caractère et d'expression. En effet, il n'y a point d'analogie dans l'exécution, les ouvrages de Polyclète étant essentiellement austères, vifs et ressentis, et n'offrant pas, comme qualités dominantes, ce moelleux, ce large, cette disposition excellente qu'on acquit plus tard sous Praxitèle, et que Lysippe sut si bien perpétuer. S'il fallait au reste signaler une copie du Jupiter clément de Polyclète, il serait plus raisonnable d'indiquer un masque de travail grec qu'on a restauré en Jupiter Sérapis, et qu'on voit au musée de Paris, sous le nº 13 : cet ouvrage est en marbre de Paros.

Mais on objectera peut-être que notre colosse qu'on croit

exécuté en marbre de Luni ou de Carrare [1], doit être par conséquent une copie faite à Rome assez tard : on objectera que la suavité qu'on y remarque n'est point copiée d'après Lysippe, mais qu'elle n'est que l'effet du goût romain, qui parfois adoucissait et amollissait dans les copies l'austérité des anciens modèles. Ici il est évident que cette suavité n'est point une fantaisie ou un goût surajouté par la manière propre au copiste ; cette qualité semble répétée d'après le caractère d'un original. En effet, cette douceur et ces formes toutes de chair sont savantes et empruntées à des modèles naturels d'un grand choix, ainsi qu'elles durent l'être par les habiles élèves de Lysippe. Ces formes ne sont point exécutées de pratique et dans la manière un peu conventionnelle qui s'introduisit chez les Romains, manière dont nous trouvons tant d'exemples dans presque

[1] Voici ce qu'on lit dans Visconti (Notice sur les antiques du musée de Paris, article de l'Apollon du Belvédère) : « C'est une question parmi » les antiquaires et les naturalistes de savoir précisément de quelle car- » rière a été tiré le marbre de l'Apollon. » Les marbriers de Rome qui par état ont une grande connaissance des marbres anciens, l'ont toujours jugé un marbre grec antique, quoique d'une qualité différente des espèces les plus connues. Au contraire, le peintre Mengs écrit que cette statue est de marbre de Luni ou de Carrare, dont les carrières étaient connues et exploitées dès le tems de Jules César. Un illustre minéralogiste (feu M. Dolomieu) était du même avis, et il prétendait avoir trouvé, dans une des anciennes carrières de Luni, des fragmens de marbre qui ressemblent à celui de l'Apollon. Malgré ces autorités, on peut regarder la chose comme très-douteuse, les anciens écrivains nous apprenant qu'il y avait dans la Grèce asiatique, dans la Syrie et ailleurs, des marbres statuaires de la plus belle qualité, dont les carrières inconnues aujourd'hui peuvent avoir fourni le marbre de l'Apollon.

On doit, ce me semble, partager le doute du savant antiquaire, et ne pas se fier à des aperçus de cette nature, surtout dans des questions où il s'agit moins de la matière que de l'art.

toutes nos collections. Au reste, il en est du travail moelleux de cette tête de Jupiter clément, comme du travail de la Vénus Milo ou de la Phryné du Capitole; on ne s'avisera pas de dire, parce qu'elles semblent de chair, que l'exécution en est molle, doucereuse et pesante. C'est cependant ce qu'il conviendrait de penser d'un grand nombre de sculptures exécutées sous les Antonins. Sur cette tête colossale le travail de la barbe et des cheveux décèle assez la bonne école grecque, et si nous possédions la statue entière de ce Jupiter, nous la placerions indubitablement au premier rang et sur la même ligne que le torse du Belvédère. Je ne vois donc aucune raison artistique de considérer cet admirable fragment comme une copie faite d'après le colosse d'ivoire de Pasitèle, qui florissait sous Vespasien et plus de deux cents ans après Lysippe.

Parmi les statues classiques dont l'âge est resté jusqu'ici indéterminé, la statue dite le Gladiateur Borghèse est certainement une des plus remarquables. La science du dessin, qui domine dans cet ouvrage, a fait dire à certains critiques qu'il appartient au plus bel âge de la sculpture, et qu'il est l'ouvrage d'un des plus célèbres statuaires de la Grèce. Cependant le grand mérite que nous trouvons dans cet ouvrage provient de ce que nous ne possédons point de chefs-d'œuvre de la main même des premiers maîtres de l'antiquité. Récemment on a découvert une statue héroïque (musée de Paris, n° 411) avec une inscription portant ces mots : « Héraclidès, fils d'Agasias » Éphésien, et Harmatius m'ont fait. » L'auteur du Gladiateur est très-probablement ce même Agasias d'Éphèse, son nom étant écrit tout semblablement sur le tronc de sa statue et sur le tronc de cette statue héroïque.

(Disons en passant que Diogène Laërte, liv. 5, cite un Héraclidès Phocéen, statuaire.) Il reste à savoir maintenant, si le travail de cette statue, sortie du ciseau d'Héraclidès, nous indique et fixe par son style une époque déterminée; car, dans ce cas, l'âge de son père Agasias se trouverait à peu près fixé. En considérant donc cette statue héroïque sculptée par Héraclidès et par Harmatius, on ne remarque rien qui décèle la très-antique école, soit de Policlète, soit même de Praxitèle, et ce serait plutôt dans les dernières périodes de l'école grecque que l'on se déciderait à ranger cet ouvrage assez froid et sans sévérité.

D'après cette donnée, l'auteur du Gladiateur appartiendrait à un tems postérieur à celui qui lui est généralement assigné; il serait plus éloigné qu'on ne l'a pensé de l'époque du plus bel âge de l'art. Toutes ces considérations semblent rentrer un peu, il est vrai, dans de vaines conjectures chronologiques; mais en général il serait bon de prévenir les observateurs, que très-postérieurement à Lysippe, je veux dire dans le tems où l'art faiblissait, certains statuaires qui font exception, ont pu reprendre pour leurs études l'art d'un peu plus haut, et aimer mieux, comme je l'ai déjà dit, adopter certaines manières particulières et sûres des anciens, que de suivre précisément l'art, en partant du point de complément où ils le trouvaient parvenu. D'ailleurs peu à peu l'inclination naturelle de chaque artiste a dû prévaloir sur cet ordre régulier dans la marche progressive de l'art, lorsqu'il commençait à décroître. Si donc le Gladiateur Borghèse rappelle par son style une des belles époques de la sculpture, ce n'est qu'une indication, mais il ne frappe point par un caractère d'art bien déterminé. Cette statue doit être supposée du second ordre, soit qu'on la compare aux merveilles des Polyclète, des Scopas et des Praxitèle, soit que l'on tienne compte du silence des écrivains qui ne font nullement mention des ouvrages et du talent de son auteur : ou bien, si elle est l'ouvrage d'un de ces maîtres qui vinrent un siècle après Lysippe, et à cette époque où l'art, selon Pline, brilla d'un éclat secondaire, elle est alors fort remarquable, vu surtout la grande vérité des formes et la profonde étude du mécanisme humain qu'on y retrouve. Or c'est probablement à ce tems qu'il faut en fixer l'exécution. Cet Héraclidès et cet Harmatius n'étaient peut-être pas fâchés de se recommander du nom de leur maître ou de leur père, vu la médiocrité de leur propre talent; et ce maître a pu être fort considéré. Mais encore une fois, ce ne serait qu'à une époque à laquelle les artistes ne semblaient pas aussi dignes qu'autrefois d'être vantés par les écrivains.

Tout ce que je dis ici n'est point avancé pour affaiblir par un paradoxe la considération qu'on doit perpétuer pour cet ouvrage précieux, mais bien pour déterminer à peu près le rang qu'il aurait pu tenir jadis parmi les productions de l'art grec. Ce qui me confirmerait dans mon opinion, c'est que le mérite de cette statue, qui est originale, nous frappe surtout par rapport au mérite d'autres statues qui ne sont que des copies. Celle-ci est réellement sortie de la main d'Agasias lui-même, et si nous n'en connaissions qu'une copie, sans connaître l'original, notre estime pour le maître copié décroîtrait considérablement. De même si nous connaissions des originaux de Polyclète, de Myron et de Praxitèle, nous serions bien plus détournés encore de l'idée de placer cette statue au premier rang.

Une autre considération critique qui doit persuader que cette statue n'est pas l'ouvrage d'un des très-célèbres artistes du bel âge de l'art, c'est l'extrême tension, et l'on pourrait dire la violence exagérée dans tout le jet de cette figure. Le sculpteur ne semble-t-il pas avoir poussé à l'excès cet allongement et cette tension des membres et des os? Quel autre mouvement peut opérer facilement un individu ainsi allongé? Et cet individu, pour reprendre son état ordinaire, n'éprouverait-il pas une certaine difficulté? Enfin cette pose qu'on retrouve sur plusieurs bas-reliefs antiques n'y est point représentée aussi forcée, et les modernes mêmes, qui l'ont empruntée pour leurs tableaux, ont craint de la répéter avec ce jet longitudinal et cet élancement outré, étranger ce me semble à l'aisance et à la souplesse, conditions respectées dans les plus belles statues des maîtres de la Grèce, qui au surplus étaient loin d'être insoucians dans leurs ouvrages sur les qualités d'énergie et de vivacité. Finissons par une observation relative à la dénomination de héros donnée à cette figure iconique. Tous les caractères individuels, exprimés avec tant de particularité sur chaque point de cette image, ne suffisent-ils pas pour nous persuader que le sculpteur s'est proposé la ressemblance exacte d'un individu représenté dans une action qui lui fut propre et personnelle, et qui lui mérita peut-être l'honneur de cette statue? Il me semble donc qu'on ne saurait voir dans ce personnage un héros, mais bien une image individuelle, un portrait : la tête et la poitrine l'indiquent assez.

A quelle époque fixerions-nous donc aussi, dans l'histoire des styles de l'art grec, cette autre figure prétendue de Gladiateur mourant conservée au musée du Capitole?

Le travail en est assez naïf, et l'imitation très-individuelle. Irons-nous rapporter cet ouvrage aux tems illustres de Polyclète, lorsqu'il paraît évident que cette statue décorait à Rome quelque monument élevé par un vainqueur des Gaulois, et qu'elle a été peut-être exécutée sous Germanicus? Il ne suffit pas qu'un ouvrage fasse voir du soin, de l'étude anatomique et une certaine vérité, pour que nous soyons autorisés à l'attribuer aux anciens maîtres austères qui disaient tant avec si peu, et qui à la naïveté alliaient toujours le nerf et la vivacité : nous devons au contraire suspendre notre jugement tant que nous ne pouvons pas l'asseoir sur des comparaisons et des confrontations immédiates et scrupuleusement établies entre les monumens d'âges souvent si différens.

Enfin, par ce que je viens de dire, je désire avoir démontré que notre antique célèbre, que nous avons appelée Gladiateur, n'est point l'ouvrage d'un des plus fameux statuaires grecs, mais qu'il est seulement celui d'un des bons artistes de l'avant-dernière période de l'art, laquelle précéda l'influence du goût romain sur le style grec, et je dis cela, malgré l'espèce de sévérité et de vivacité qu'on remarque dans ce bel ouvrage. Agasias a pu, je le répète, s'attacher exclusivement à l'exactitude par une préférence de sentiment, étant peut-être dans le cas de ces artistes dont j'ai parlé et qui suivirent leur goût pour des études sévères, sans céder à la corruption qui menaçait l'art de leur tems. Rappelons-nous encore ce que nous dit Quintilien sur Démétrius (Liv. 12. Ch. 10) : « On peut lui re-» procher de s'être plutôt montré rigide observateur de » l'exactitude, que partisan de la beauté. » Or Quintilien cite ce statuaire Démétrius après Praxitèle et Lysippe.

Pourquoi cette statue, peut-on encore ajouter, est-elle restée à Rome et n'est-elle pas allée décorer, comme tant d'autres, un palais ou un temple de Constantinople?.... Elle est saine et presqu'entière; elle n'est point colossale et difficile à transporter; elle n'offre pas, comme le torse antique, un tronc tout mutilé; et, si elle a échappé aux enlèvemens, malgré son excellence, pourquoi Pline, Pausanias et les autres écrivains ne nous ont-ils jamais parlé de cet Agasias? Pourquoi n'en avons-nous trouvé aucune copie? Enfin toutes les déclamations des modernes sur ce bel ouvrage, que par rapport à nos autres antiques, nous nommons avec raison classique, n'affaiblissent en rien les preuves que peut fournir l'étude critique des divers styles de l'art. On a remarqué que la figure de Jason, appelée long-tems Cincinnatus, musée de Paris, n° 710, offre une certaine analogie avec le Gladiateur Borghèse. Ce rapprochement est en effet motivé. Mais cette espèce de similitude entre ces deux ouvrages sert encore à fortifier notre conjecture qu'Agasias, malgré sa grande sévérité, n'a point fleuri lors des antiques écoles; car ce Jason, qui au surplus n'est qu'une copie, n'offre ni le travail vif et savant, ni la méthode vraiment austère qui était propre aux artistes grecs des hauts tems de l'art. Quelques antiquaires s'étant rappelé que le statuaire Lycius d'Éleuthère avait fait en bronze des statues d'Argonautes, ont pensé aussitôt à ce Lycius en voyant cette figure de Jason; cependant il n'y a guère de connaisseurs qui trouvent réalisée dans le travail de cette statue, estimable d'ailleurs, l'idée qu'ils ont pu se faire de la manière de Myron, ce vif et énergique statuaire dont Lycius était fils, et qui reçut même des leçons de Polyclète. Et de plus, comme la pose de ce Jason se retrouve sur de très-anciens monumens, on s'est cru autorisé par cela même à citer un artiste des anciens tems. Cependant il faut observer que dans les plus bas tems de l'antiquité, on a répété de très-antiques données, et que dans le cas même où cette figure serait une copie d'après Lycius, on doit la regarder comme une traduction fort affaiblie et très-altérée de l'original.

Je rappelerai encore ici la très-belle figure de Silène tenant Bacchus enfant dans ses bras, statue de la villa Borghèse (aujourd'hui à Paris, n° 709). Ce beau groupe, dont le mérite est constaté par plusieurs répétitions antiques, fut trouvé dans les fameux jardins de Saluste, avec le superbe vase bachique du même musée, n° 711. Ce groupe de Silène est sans contredit un des beaux ouvrages qui nous soient parvenus des anciens, et néanmoins je crois qu'il doit être classé dans la période un peu postérieure que nous signalons ici. Il y a aussi dans le travail de cette antique quelque chose d'analogue au travail du Gladiateur Borghèse.

Je ne sais pourquoi on a cru devoir avancer que les formes de ce Silène sont d'une grande élégance, et que ses jambes sont citées comme les plus beaux modèles; car, outre qu'elles ne peuvent être prises pour modèles que pour des figures analogues à ce Silène, ce n'est guère dans cette nature-là qu'il convient de chercher des modèles généraux de beauté.

On peut dire ici que le silence qui se perpétue sur ces importantes questions, autorise des aperçus qu'on ne hasarderait pas de publier sans les motiver, si plus d'artistes savans, occupés de ces recherches intéressantes et essentielles à l'art, en faisaient un objet de doctrine et les traitaient dans des conférences auxquelles le public pourrait assister. Des observations faites par des artistes zélés faciliteraient la classification d'un grand nombre d'antiques qu'un seul observateur ne parviendrait pas pendant sa vie entière à connaître et à bien confronter. Ce travail sera fait un jour dans les écoles, on peut le supposer, si les institutions et la marche de l'art sont favorables à ces recherches; mais il faut le concours de beaucoup d'artistes éclairés, enthousiastes et judicieux, ainsi que celui d'un grand nombre de monumens bien classés, pour éclaircir cette hiérarchie instructive, propre à soutenir et notre émulation et une lutte honorable avec les anciens, lutte que les artistes modernes devraient constamment entretenir, et que les critiques ne devraient jamais se lasser d'exciter. Rappelons seulement ici quelques antiques très-connues.

L'Hermaphrodite de la villa Borghèse, statue qu'on voit aujourd'hui au musée de Paris, n° 527, est une charmante figure qui joint l'élégance à la vérité : c'est la plus belle de toutes les répétitions antiques qu'on ait de ce sujet. Le même musée en possède une autre, n° 461, qui provient aussi de la collection Borghèse. Cette autre antique nous fait connaître l'excellente méthode des anciens, qui, en répétant les données archétypes, savaient, à l'aide d'individus modèles, créer de nouveaux originaux sans craindre le reproche de plagiat, reproche si mal entendu parmi nous. Pline dit que Polyclès, fils de Timarchide, avait fait en bronze une figure d'hermaphrodite. Il est fort vraisemblable que c'est à cet artiste, qui florissait probablement à l'époque où nous le plaçons ici, qu'il faut attribuer l'original des figures d'hermaphrodites couchées que nous connaissons. Je dis couchées, parce qu'on en voit une debout à la villa Borghèse, mais d'un travail bien moins savant que les deux que je viens d'indiquer [1]. Le style de ces deux ouvrages semble encore appartenir à l'époque dont nous nous occupons ici.

Aucune figure n'a été si fréquemment répétée dans l'antiquité que celle qu'on a appelée vulgairement Vénus accroupie, et qui est dans l'attitude d'une femme qui, un genou en terre et la cuisse inclinée le long de la jambe, est occupée à se laver au bain (*lavantem sese*) ; car telle est l'expression de Pline, qui indique cette figure dont l'auteur fut, selon lui, Polycharme. Le musée Justiniani en offre trois ; à la Farnesine on en voit deux, et au musée de Paris deux autres, nº 698 et 681. Un bas-relief du même musée, nº 315, fait voir dans cette même pose Diane surprise par Actéon, etc.

Je ne crois pas que les auteurs nous aient rien laissé à savoir d'instructif sur Pyrgotèle, graveur privilégié d'Alexandre, ni sur d'autres célèbres artistes en glyptique. Le lecteur aura sans doute remarqué que dans les comparaisons diverses auxquelles j'ai été conduit jusqu'ici dans cette histoire des styles, je ne me suis point appuyé sur les ouvrages en gravures, sur les camées, les médailles, etc. ; je dois en donner la raison. Premièrement, rien ne nous garantit l'authenticité des inscriptions que

[1] On voit aussi à la villa Albani une petite figure d'hermaphrodite debout, ayant le bras posé sur la tête. Le Moniteur du 12 août 1824, annonce une figure d'hermaphrodite posée debout, et qu'on voit chez M. Cortot, statuaire, à Paris. On sait que la galerie de Florence renferme deux figures d'hermaphrodites couchées.

portent ces pierres. Elles peuvent être, il est vrai, des copies plus ou moins heureuses; mais nous n'y pouvons juger que de la composition et de la donnée générale. Quant au véritable mouvement original, il est rare qu'il soit conservé, parce que la petitesse du sujet et l'exiguité de la matière peuvent entraîner un artiste secondaire et copiste dans des différences et des altérations considérables, ce qui ne présenterait plus qu'une fausse traduction. Secondement, n'ayant que trop peu de preuves à emprunter à ce genre de monumens considérés même comme des originaux, et ne m'étant d'ailleurs engagé à traiter que de la peinture, je n'ai point jugé à propos d'exposer des rapprochemens entre Dioscoride, par exemple, et Pyrgotèle, entre les graveurs grecs et les graveurs romains.

Il nous reste maintenant à parler des peintres qui contribuèrent au moins autant que les statuaires à embellir le siècle d'Alexandre. Notre tâche ici devient moins difficile, parce que, ne possédant point de peintures de cette époque mémorable, nous ne nous trouvons point engagés à les classer, ainsi que nous nous sommes mis dans l'obligation de le faire au sujet de tant de statues connues de tout le monde et que chacun est souvent tenté de juger selon ses goûts plutôt que selon la vraisemblance. Cependant il nous est peut-être parvenu quelques copies d'après les Apelle, les Zeuxis, etc.; mais nous ne pouvons parler que très-indirectement des originaux d'après de pareilles traductions, si toutefois il est vrai qu'on soit autorisé à les reconnaître pour telles.

J'ai dit que la peinture avait illustré ce beau siècle au moins autant que la sculpture. En effet, les noms d'Apelle, de Protogène, de Zeuxis, etc., sont plus illustres et même plus connus aujourd'hui que les noms des statuaires contemporains de Lysippe. Cicéron (*de Claris Oratoribus*) nous dit : Que tout est parfait dans Apelle, dans Échion, dans Protogène et Nicomaque ; et Quintilien, après nous avoir appris que la peinture fut encore plus florissante que la sculpture vers le règne de Philippe et jusqu'aux successeurs d'Alexandre, distingue les talens dominans des principaux peintres de ce tems et ajoute : « Mais » Euphranor l'emportait sur tous les autres, en ce qu'il » possédait ces différentes qualités dans un degré aussi » éminent que les meilleurs maîtres. » Pline est du même sentiment.

Il n'y a donc point lieu de douter que l'art des peintres ne fût complet à l'époque d'Alexandre. Dans ce tems précisément et jusqu'à la fin de cette période de deux cents ans, la peinture fut cultivée par des artistes qui en soutinrent l'éclat en pratiquant toutes les qualités essentielles et déjà acquises alors, et l'on doit penser ainsi, malgré ce qu'on peut imaginer au sujet de cette grâce particulière qui, dit-on, caractérisait les ouvrages d'Apelle. Cette grâce était propre à ce peintre, mais n'était point une nouvelle condition inconnue et inusitée dans l'art. Apelle, d'après un mot qui nous est conservé de lui, distinguait très-bien la partie de la disposition parmi les autres conditions de l'art. Or ce mot disposition prouve que sur ce point la théorie était alors claire et positive, et c'est cette qualité de disposition qui, à cette heureuse époque, rendit surtout la beauté de l'art complète, en sorte que les peintres, comme les statuaires, ne trouvant plus rien à ajouter à leur art, soit en doctrines, soit en moyens théoriques ou pratiques, s'attachèrent tous alors à la maintenir et à la conserver.

Apelle fut le plus célèbre des peintres de l'antiquité; les écrivains s'accordent à dire qu'il les surpassa tous, et il ne nous est guère permis d'en douter. Néanmoins certaines causes qui rendirent sa célébrité si considérable sont à remarquer. D'abord Apelle fit voir dans ses tableaux cette grâce toute particulière, que les autres peintres n'avaient pas su répandre comme lui dans leurs peintures: en second lieu, les faveurs d'Alexandre, qui ne voulut être peint que de sa main, ne contribuèrent pas peu à sa grande renommée. On savait aussi que sa Vénus de Cos, qui passait pour une merveille, avait été peinte d'après une maîtresse favorite d'Alexandre, et que ce prince avait donné cette belle esclave au peintre qui semblait en être épris. D'autres, il est vrai, ont dit que c'était la belle Phryné, dont les charmes lui avaient servi de modèle; ce fait ne serait pas moins favorable à sa célébrité. La persécution que ce grand artiste éprouva à la cour de Ptolémée, les honorables dédommagemens que ce prince lui prodigua ensuite, son fameux tableau de la Calomnie, qui fut le fruit de cet événement, plusieurs particularités enfin relatives au grand Alexandre, toutes ces causes, dis-je, auraient presque suffi seules pour faire passer de bouche en bouche jusqu'à nous le nom d'Apelle.

Il ne paraît pas cependant que ce peintre si illustre fut, quant au mérite, aussi supérieur aux peintres ses contemporains, que Phidias le fut aux statuaires qui vécurent dans son siècle, et, lorsque les écrivains nous citent avec Apelle certains peintres très-habiles, ils ne semblent pas hésiter sur la justesse de ces parallèles ou du rapprochement qu'ils font de ceux-ci à cet homme admirable. Je ne puis donc m'empêcher de croire que le mérite éminemment supérieur d'Apelle consista dans cette grâce infinie que le ciel lui avait départie[1]. On a dit aussi qu'il ramena la peinture à une très-grande simplicité ; mais ce moyen, quoique fort puissant, lorsqu'il est uni au charme de la grâce, n'était point une nouveauté. D'ailleurs Apelle convenait de son infériorité sur quelques points de l'art ; il avouait modestement, dit Pline, qu'Amphion entendait mieux que lui l'ordonnance ou la disposition, et qu'Asclépiodore particulièrement le surpassait dans l'art d'espacer les objets. Ailleurs nous reviendrons sur le sens de ces mots d'Apelle. L'assiduité, le savoir profond et la grande facilité de ce peintre merveilleux furent aussi les sources de sa gloire. Au surplus, il ne négligeait rien pour s'éclairer sur ses défauts, consultant le public dont il écoutait les critiques en se tenant caché derrière ses tableaux. Cependant il n'avait égard qu'aux justes observations. Un jour le blâme d'un cordonnier lui fit corriger une chaussure. Fier de son succès, ce même critique se permit une autre fois quelqu'absurdité, en prononçant sur des parties qui étaient hors de sa compétence ; alors Apelle se montra et le reprit à son tour : « ami, lui dit-il, que ta censure ne dépasse » point la chaussure. » Tous les jours on le trouvait au travail. Point de jour sans dessiner (*nulla dies sine lineâ*) ; c'était sa devise : elle passa en proverbe dans les ateliers.

[1] Plusieurs écrivains modernes croient éclaircir leurs idées sur ce point, en comparant la grâce de Corrégio à celle d'Apelle ; ce rapprochement, qui n'est fondé sur aucune preuve, n'est que le résultat de la longue stagnation de nos théories en peinture et de ce qu'on ignore en général qu'un dessin excellent est indispensable pour arriver à la véritable grâce et à ce charme qui, sans lui, n'est obtenu qu'à demi.

Ce grand peintre sentait très-bien toute la valeur de son talent. « Il y a deux Alexandres, disait-il, l'un invincible » et l'autre inimitable..... » Il voulait parler du portrait qu'il avait fait de ce conquérant. Apelle écrivit sur son art et pour les artistes, et il dédia son traité de peinture à son élève Persée. Ce beau génie excellait tellement dans les portraits, qu'on rapporte que Bucéphale hennit un jour à la vue d'un portrait de son maître. Un auteur cité par Pline, dit que les métoposcopes, ou devins sur les physionomies, en voyant les portraits peints par Apelle, devinaient, où si la personne était morte, ou combien elle avait encore à vivre (Liv. 35. Ch. 10). Pline vante de plus son talent à dissimuler les défauts des modèles dont il faisait les portraits.

On n'est pas d'accord sur l'ouvrage le plus admiré de ce peintre : les uns nomment sa Vénus Anadyomène que l'on voyait à Cos; les autres citent son roi Antigone cuirassé et à cheval; d'autres enfin, son beau tableau de Diane au milieu d'un chœur de vierges qui lui sacrifient. On ajoute qu'il avait surpassé par ce tableau les vers d'Homère qui décrit le même sujet.

Voici l'indication de quelques autres tableaux d'Apelle, qui en fit un grand nombre : un Clitus à cheval (il courait au combat); Gargosthène, poète tragique; la Victoire et Alexandre; la Guerre; Néoptolème combattant à cheval; Archelaüs avec sa femme et sa fille; la princesse Nausicaa; une Grâce vêtue; une pompe religieuse conduite par un mégabyse ou prêtre de Diane. Pétrone dans une de ses satyres prête à Apelle les trois tableaux suivans, exécutés en monochromes : l'enlèvement de Ganimède; Hylas et une Nayade; Apollon, qui, après avoir tué Hyacinthe, couronne sa lyre avec la fleur née du sang de cet adolescent. Il n'est pas hors de propos de faire remarquer ici que l'usage des peintures monochromes ne provenait point de l'impuissance des coloristes d'alors, mais de la théorie des artistes qui faisaient consister la grâce et les séductions de la peinture dans d'autres moyens que ceux du coloris. Apelle, le peintre des grâces, pouvait donc confier à une seule couleur savamment modifiée ses pensées les plus délicates : il savait très-bien que par le juste coloris d'une bouche on est loin d'en rendre toutes les émotions.

Le nombre des citations qu'on pourrait recueillir sur Apelle est très-considérable, mais peu instructif. Un écrivain s'est occupé de les rassembler [1].

Parmi les monumens antiques que nous possédons, nous ne sommes donc point certains d'avoir quelques copies d'après les compositions d'Apelle. La petite Vénus assise et portée sur une coquille par des Tritons (*Admiranda. Rom.* Planche 30.) semble indigne de ce grand peintre et en donnerait une idée fausse. Mais une Vénus s'essuyant les cheveux, et dont on trouve beaucoup de répétitions et quelques petits bronzes, est assez vraisemblablement une imitation de la célèbre Vénus Anadyomène (V. MILLIN. Monumens inédits. Tom. 2). Cette Vénus, ainsi nommée, parce qu'elle sortait des eaux, était représentée debout et pressant de chaque main sa chevelure humide. D'après plusieurs répétitions antiques connues de cette même Vénus (V. MARIETTE. Pierres gravées Pl. 25. Tom. 1er.), on peut juger que le mouvement général du corps était

[1] Ce travail a été annoncé dans le Moniteur Universel de juin 1813. Cependant ce recueil ne peut pas servir à composer un portrait frappant de ce peintre qu'on désirerait mieux connaître sous le rapport de l'art.

très-heureux, qualité qui n'échappait jamais aux premiers artistes grecs de cette époque : les copies de la Vénus de Gnide en sont la preuve. Ses mains tiennent de chaque côté, mais d'une manière variée, une mèche de cheveux, et l'ensemble est d'une excellente disposition. Ce tableau se trouva gâté par le tems dans sa partie inférieure : personne n'osa le retoucher. Une autre Vénus, que la mort empêcha Apelle de terminer, resta imparfaite aussi et par la même raison; la tête en était entièrement achevée et parfaitement belle : Apelle voulait surpasser sa Vénus de Cos dans cet ouvrage. Pline présume que la Vénus Anadyomène d'Apelle fut faite d'après Campaspe; mais Athénée dit expressément qu'Apelle avait fait sa Vénus d'après Phryné, lorsque cette fameuse courtisane, à la fête de Neptune, se déshabilla devant le peuple et entra toute nue dans la mer.

Outre ce que les écrivains nous ont transmis sur la grâce de ce peintre, sur sa facilité et sa simplicité, ils nous apprennent qu'il exprimait avec un art merveilleux le relief des corps. Nous avons vu que Pline, en parlant d'un tableau d'Apelle, disait que les doigts paraissaient avoir du relief, et que le foudre semblait être saillant hors du tableau. Je hasarderai à ce sujet de citer, comme une copie d'après Apelle, une peinture qu'on trouve gravée dans le recueil des peintures d'Herculanum (T. 4. Pl. 1re). Le dieu tenant le foudre (*fulmen tenentem*), comme dit Pline, et non lançant le foudre, comme on l'a quelquefois traduit, offre en effet une disposition propre à laisser saillir les doigts hors du tableau, ainsi que Pline le décrit. Le mouvement souple de la tête et la pose de la main gauche rappellent le style des fleuves du Vatican, ouvrages qu'on peut regarder comme ayant été exécutés du tems d'Apelle. Enfin le Jupiter de cette peinture d'Herculanum est peut-être imité d'après cet Alexandre qu'Apelle avait représenté tenant un foudre à la main.

Je ne crois pas que les autres indications qu'on pourrait emprunter aux auteurs, ajoutent rien à ce qu'un artiste doit désirer connaître relativement à ce peintre. Je finis par la description de son tableau de la Calomnie, traînant l'innocence au tribunal de l'ignorance. C'est à Lucien que nous la devons; elle se trouve dans son Traité de la délation. « A droite du tableau, dit-il, est assis un homme » d'éclat et d'autorité : il a de grandes oreilles, et il tend » la main à la Calomnie pour l'inviter à s'approcher; il » a à ses côtés l'Ignorance et le Soupçon. La Calomnie » semble s'avancer : c'est une femme d'une grande beauté. » On entrevoit sur son visage et dans sa démarche quel- » que chose de violent et d'emporté, comme d'une per- » sonne animée de colère et de fureur; d'une main elle » tient un flambeau pour allumer le feu de la discorde; » de l'autre, elle traîne par les cheveux un jeune homme » qui tend les mains vers le ciel et qui implore l'assis- » tance des dieux. Devant elle, marche une personne qui » a le visage pâle, le corps sec et décharné, les yeux per- » çans, et qui semble mener la bande; c'est l'Envie. La » Calomnie est accompagnée de deux autres femmes qui » l'excitent, qui l'animent, et qui s'empressent autour » d'elle pour relever ses attraits et ses atours. Leur air » composé fait voir que c'est la Ruse et la Trahison. En- » fin, après tous les autres, suit le Repentir, couvert d'un » habit noir et déchiré : il tourne la tête en arrière avec » beaucoup de confusion et de larmes, et reconnaît dans

» le lointain la Vérité qui s'approche environnée de lumière [1]. »

L'excellent talent d'Aristide de Thèbes est assez caractérisé. Les sujets de ses tableaux servent même à l'expliquer. C'est lui qui peignit avec les traits les plus pathétiques que l'art puisse jamais choisir ou imaginer, cette mère expirante, qui blessée à mort, dans une ville saccagée, exprimait en mourant la crainte que son enfant ne suçât au lieu de son lait déjà tari par la douleur, le sang de sa blessure. Ce tableau, tant vanté dans l'antiquité, fait connaître le génie d'Aristide. Alexandre fit transporter ce chef-d'œuvre à Pella. Trois autres sujets, traités par ce grand peintre, augmentent encore nos regrets. Il avait donc peint un suppliant; Pline semble dire de cette figure, qu'il ne lui manquait que la voix. Dans un autre tableau, il avait représenté un malade; on ne tarissait point sur la beauté de cette peinture, et les physiologistes, dit-on, y reconnaissaient, comme sur les peintures d'Apelle, combien de tems ce malade avait encore à vivre. Enfin, il avait mis au jour ce Bacchus celèbre, enlevé de Corinthe par le consul Mummius, malgré l'offre de six cents mille sesterces 117 500 fr. que le roi Attale lui fit, pour avoir ce tableau.

Pline dit d'Aristide qu'il peignit l'ame, les mœurs et les passions (*perturbationes*). Mais on lui reproche, dit ensuite Pline, un peu de dureté dans le coloris. Cette critique ne semble-t-elle pas faire mieux ressortir le mérite éminent de ce peintre dans le pathétique et dans ce que nous appelons quelquefois l'expression. Aristide fit de très-

[1] On voit au musée de Paris un dessin peu satisfaisant de ce sujet; il est attribué à Raphaël.

grands tableaux. Son Combat contre les Perses ne contenait pas moins de cent personnages. Il paraît que dans ses vastes compositions l'excellence des figures fut portée au même degré que dans les tableaux qui n'en contenaient qu'une seule, méthode merveilleuse qui appartient à ce temps heureux où l'art était parfait, méthode que notre David a voulu faire revivre dans ses peintures et surtout dans son tableau classique des Sabines, méthode enfin qui justifie la critique que nous nous sommes permise tout à l'heure au sujet des figures strapassées de Rubens. Cette critique est applicable à beaucoup de peintres qui savent rassembler et agencer cent figures sur une toile, mais qui n'en savent pas exécuter une seule de manière à la rendre remarquable. Le tyran Mnason paya à Aristide cet ouvrage à raison de 900 fr. par figure.

Je hazarderai ici une supposition : c'est qu'on peut attribuer à Aristide l'original ou au moins l'idée et la composition d'une peinture d'Herculanum, représentant Chiron et Achille. On sait qu'Aristide représenta un vieillard montrant à un enfant à jouer de la lyre ; on voyait ce tableau du tems de Pline dans le temple de la Foi.

N'est-il pas convenable, pour fortifier nos divers rapprochemens relatifs au style de l'art à cette époque, de signaler encore le talent du peintre Antiphile ? Quintilien nous vante son extrême facilité. Il est rapproché de Protogène et d'Apelle par Théon le Sophiste, et de Lysippe par Varron. Lucien fait encore mention de cet artiste, qui par la variété des sujets sortis de son pinceau, prouve aussi ce que j'ai avancé en disant que les artistes jouaient alors avec leur art. Outre l'Hésione, qui était un tableau très-renommé d'Antiphile, outre son fameux Faune, qu'on appela *Aposcopéonta*, parce qu'il était représenté aux aguets et portant peut-être la main au-dessus des yeux pour mieux considérer de loin, il attira tous les spectateurs par la peinture remplie de vérité d'un enfant qui soufflait le feu. Nous avons déjà dit, en parlant du clair-obscur des anciens, qu'on admirait et la bouche de cet enfant et la lueur du feu qui laissait apercevoir de riches appartemens. Outre ce sujet, il représenta divers figures de Minerve, Bacchus, Cadmus, Europe, Philippe, Alexandre enfant, et Alexandre accompagné de son père et de Minerve. Le pinceau d'Antiphile produisit encore des caricatures : il fit la peinture d'une fabrique d'ouvrages en laine, où des femmes se hâtent d'expédier leur tâche; et enfin la chasse de Ptolémée, roi d'Egypte, à la cour duquel il était attaché, et où (ce qui flétrit, selon moi, toute sa gloire) il conçut le lâche projet de perdre Apelle.

Nous savons qu'Apelle, qui était alors chez Ptolémée, échappa au danger en dessinant de mémoire et au charbon, en présence du roi, sur le mur même du palais, la ressemblance frappante de son délateur. Il convient de faire remarquer ce trait sous le rapport de l'art. On doit donc en tenir compte comme preuve du talent des peintres d'alors dans la représentation des portraits, genre de tableaux qui, ainsi que nous le dirons, n'était pas affecté chez les anciens à une certaine classe de peintres en particulier (v. le chap. 536). Pausanias désigne tous les personnages dont Omphalion, contemporain d'Apelle, avait fait les portraits à Messène : c'était une suite des souverains qui avaient régné dans la Messénie. Il peignit aussi des héros. D'autres peintres se firent de même remarquer dans ce tems par des portraits.

Pline cite Philoxène d'Érétrie dont le tableau, représentant le combat d'Alexandre contre Darius, pouvait se soutenir à côté des meilleurs ouvrages. Ce peintre, qui traitait aussi des sujets familiers, découvrit des moyens particuliers d'exécuter avec facilité et célérité.

Je ne décrirai point ici le célèbre tableau d'Aëtion, représentant les noces d'Alexandre et de Roxane. Lucien nous a détaillé cette composition, qui semble avoir été fort goûtée par les modernes, à cause peut-être de la richesse, de la variété et de l'élégance du sujet. L'idée assez jolie d'enfans jouant avec les armes et avec le casque d'Alexandre est peut-être aussi pour quelque chose dans cet assentiment. Un enfant badinant avec le bonnet d'un cyclope a été aussi fort remarqué dans un bas-relief du musée de Paris, n° 239. Cependant il est à croire que toute cet composition d'Aëtion a dû être d'un goût sévère quoique gracieux. Quant aux figures d'enfans qu'on voit dans les peintures d'Herculanum, disons ici qu'elles sont sans mignardises, sans manières, et qu'on est charmé de leur gracieuse naïveté. Ces remarques conviennent ici, parce que dans certains tableaux modernes où ce sujet est traité, on a fait de ces noces d'Alexandre un ensemble dans le goût galant et efféminé de l'Opéra de Paris. Les peintres, qui ont représenté dans les appartemens de la Farnésine ce même sujet, n'ont rien offert du goût grec, bien que leur composition soit sage et sans apprêt. Nous savons que ce tableau d'Aëtion fut couronné au concours de peinture des jeux olympiques, et que le juge, charmé de cet ouvrage, offrit au peintre sa fille en mariage.

Je ne dois point passer sous silence Métrodore d'Athènes. Nous savons que Paul Emile avait demandé aux

Athéniens un philosophe de mérite qui élevât ses enfans, et un peintre habile qui décorât son triomphe ; ils lui envoyèrent Métrodore qui remplit parfaitement ces deux conditions. Ce fait seul peut nous donner une idée de l'état de l'art et de la dignité des artistes grecs à cette époque. Ce Métrodore écrivit sur l'architecture.

Enfin Théon de Samos peut nous servir à compléter l'esquisse que nous venons de tracer. En effet, l'art à cette époque étant parfait, et aucune nouvelle ressource ne se présentant aux peintres, puisque tous les moyens de l'art étaient déployés, Théon eut recours à un stratagême qui prouve que la peinture ne pouvait plus lui en fournir. Ce peintre vigoureux, dont Quintilien vante la hardiesse, le feu et la fantaisie, avait peint un guerrier. Avant d'en faire jouir le public, son tableau étant couvert d'un rideau, il fit exciter et préparer les spectateurs par les sons d'une musique vive et guerrière; et, quand l'ame des spectateurs fut bien en harmonie avec son tableau, il fit lever le rideau : on aperçut alors un soldat menaçant armé d'une épée; son œil était égaré, et il paraissait tout enflammé de la fureur des combats. Il est superflu de faire remarquer que le mode phrygien devait composer tout le caractère de cette musique et de cette peinture. Ælien, qui raconte ce fait (L. 2. C. 44), observe que ce peintre n'ajouta aucun accessoire à son tableau, comptant assez sur la perfection de l'ouvrage.

CHAPITRE 55.

VIe PÉRIODE : INTERVALLE DE CENT CINQUANTE ANS ENVIRON. - CARACTÈRE DU STYLE DE L'ART GREC, DEPUIS LE PILLAGE DE CORINTHE PAR LES ROMAINS, CENT CINQUANTE ANS ENVIRON AVANT J.-C., JUSQU'AU COMMENCEMENT DE NOTRE ÈRE, ÉPOQUE OU L'INFLUENCE DU GOUT ROMAIN SUR LE STYLE GREC EST LE PLUS REMARQUABLE.

DÉJA la Grèce déchue de son ancienne splendeur et asservie sur tant de points, ne comptait plus d'artistes très-célèbres, bien que l'on continuât à élever des statues d'or et d'ivoire, et bien que la peinture et la sculpture fussent toujours en vigueur. Déjà il n'y avait plus d'écoles distinctes, et cependant de plus grandes calamités étaient réservées à l'art. Luc. Mummius, lors de sa conquête de l'Achaïe, saccagea Corinthe, et, en dépouillant cette ville, ainsi que Sicyone et Ambracie, de leurs statues et de leurs tableaux, pour en orner son triomphe, il porta le découragement et le désespoir chez tous les artistes. Dans le même tems Ptolémée Physcon les persécutait en Égypte, d'où ils s'enfuirent pour se réfugier à Rome. Mais la conquête de toute la Grèce devait porter les derniers coups. Vers l'an 126 avant J.-C., les Romains enlevèrent même les artistes grecs; et sous Scylla, qui dépouilla Athènes de ses statues et qui ruina les monumens et les temples de Delphes, d'Épidaure et d'Élis, on ne comptait presque plus de sculpteurs ni de peintres. Cependant, malgré ces conquêtes et malgré la barbarie de ces spoliateurs sans goût et sans délicatesse, l'art se soutenait toujours chaste et robuste. Mais il dut s'affaiblir à la fin, et nous le verrons bientôt se relâcher de son antique austérité ; nous verrons que les charmes dont Apelle vivifiait ses tableaux, dont Praxitèle animait ses statues, devinrent à la fin des écueils pour des artistes déjà amollis et dont l'énergie morale allait se perdant peu à peu. L'art ne fut point corrompu, il est vrai ; cependant les grandes leçons de Phidias, les exemples sévères de Polyclète et de Protogène étaient plus admirés qu'observés, et l'idée de la perfection s'obscurcissant dans l'esprit des artistes, l'éclat de l'art finit par s'obscurcir aussi.

Ces Romains, couverts de fer et de lauriers, devenaient cependant les esclaves des savans, des artistes et des philosophes qui ornaient toujours le beau sol de la Grèce. Bientôt ils eurent honte de leur propre ignorance et ne pensèrent point à y éteindre des arts dans lesquels ils espéraient s'instruire et qu'ils voulaient déjà faire servir à leurs nouveaux triomphes. Que de frais, en effet, les empereurs ne firent-ils pas pour étendre leur magnificence jusque dans les provinces subjuguées et pour s'attacher ces peuples, pour qui les monumens, les statues, les tableaux étaient toujours un besoin, et dont on n'eut jamais l'intention, et cela par une très-bonne politique, de changer les mœurs.

Les moyens d'émulation étaient taris, il est vrai : on ne voyait plus de réunions de philosophes intéressés à la peinture autant qu'à la poésie et aux autres arts du génie ; mais les ateliers se remplissaient toujours de statuaires et de peintres, et l'exportation des ouvrages d'art pour Rome et pour toute l'Italie devenait même une nouvelle source de spéculations. En effet, les Romains chérissaient de préférence les images des dieux apportées d'Athènes ou de Corinthe, et malgré les travaux faits dans Rome même, ceux de la Grèce étaient à peine suffisans pour apaiser l'avidité croissante de ces mêmes Romains pour les statues et pour les tableaux.

On ne cessa donc point de couler en airain et de travailler en marbre, en or et en ivoire, des dieux, des héros et des images de toute espèce. Le pinceau répétait encore les charmes des Vénus célèbres; les merveilles qu'on n'avait pu enlever du Pœcile et des autres édifices étaient encore étudiées, copiées, et soutenaient la peinture dans toute la Grèce. Corinthe, dit Pausanias (L. 2. Ch. 2), est ornée d'une grande quantité de beaux monumens, dont les uns sont antiques, restes précieux d'un plus grand nombre qui s'y voyaient avant le sac de la ville, et dont les autres ont été faits depuis son rétablissement, lorsqu'elle a commencé à refleurir.

Quand on parle du siècle d'Alexandre, en fait de beaux arts, on ne s'entend donc pas très-bien; car ils se soutinrent encore au moins trois siècles après la naissance de ce prince, et l'on peut même avancer que la chute de l'art n'eut lieu qu'avec la ruine même de la Grèce. Ainsi il ne s'éteignit pas de lui-même, mais il s'abaissa parce qu'on en détruisit réellement les fondemens et qu'on enleva de la Grèce les artistes qui allèrent peu à peu étouffer les restes de son feu sacré dans le luxe immodéré des Romains.

Une foule d'artistes grecs dont nous n'avons pas les noms, illustraient donc encore leur patrie, malgré ses désastres et son asservissement. Les grandes règles techniques de Polyclète, de Phidias, de Praxitèle, de Parrhasius, de Protogène, d'Euphranor avaient jeté de profondes racines et produisaient toujours des fruits, après avoir échappé au malheur des tems.

Il importerait de satisfaire ici la curiosité sur un point intéressant ; ce serait de démontrer quelle était, outre l'influence des principes, l'influence et l'autorité des maîtres et des écoles, et comment il se faisait, par quelle puissance, par quelle discipline enfin, il arrivait que cet art, soumis par les modernes à tant de caprices, à tant de goûts fantastiques, et dans lequel a presque toujours régné la licence, se trouvait conservé chez les anciens, toujours noble, raisonnable et conforme à sa destination. Il y avait donc de rigides écoles d'art ; il y avait donc une inspection supérieure et d'autorité sur ces artistes, sur ces chefs d'ateliers, ces professeurs, ces élèves, etc. On n'a encore rien cité d'après les auteurs anciens qui soit directement relatif à cette question, et cependant il répugne un peu de supposer que l'amour du beau et du vrai ait pu seul maintenir la perfection et la chasteté de l'art. On ne peut guère supposer non plus qu'aucun artiste de ces tems n'ait été enclin aux écarts de l'imagination, au faux brillant, à l'affectation, à la bisarrerie, et qu'il n'ait autorisé ses élèves dans ces mêmes défauts. Il est donc naturel de croire qu'il existait un frein, un régulateur et une force conservatrice dans l'art. Était-ce parmi les philosophes qu'elle résidait, était-ce dans l'autorité civile ou religieuse ? Nous l'ignorons. L'érudition nous éclairerait sûrement à ce sujet ; mais cette question semble n'avoir jamais été considérée en particulier par les critiques. Aussi est-ce ne rien avoir recueilli que d'avoir retenu que Numa, vers l'an 715 avant notre ère, défendit dans ses lois de représenter les dieux sous des formes humaines, et qu'il établit à Rome un collége ou confrairie de modeleurs ou ouvriers en argile (*figulini*). Nous savons bien que chez les Éléens une loi existait contre les artistes qui blessaient la beauté; nous savons qu'Alexandre fit un réglement pour ne permettre qu'aux personnes libres et aisées d'exercer la peinture; et enfin Vasi, qui ne donne point d'étendue à cette indication, nous apprend qu'à l'endroit où est aujourd'hui l'église de Ste-Marie-des-Anges sur le Capitole, il y avait dans l'antiquité une école de peinture. Mais, je le répète, quelles lumières apportent ces stériles citations au sujet de la question intéressante que nous signalons ici? Un mot de Vitruve (*Lib.* 1. *In Præm.*) donne à entendre que les maîtres n'instruisaient que leurs enfans, leurs parens ou ceux qu'ils croyaient capables des grandes connaissances nécessaires à un artiste. On pense donc que chaque élève payait son maître. Cependant nous savons qu'Onatas à Égine, Agéladas à Argos, Phidias à Athènes, Pamphile à Sicyone, érigèrent des écoles. (Voy. ce qui a été dit au chap. 47.)

Dans cette 6e période, il a pu exister plusieurs artistes très-habiles dont les noms seront restés dans l'oubli, parce qu'ils s'étaient éloignés de leur patrie et qu'ils portèrent leurs talens dans des lieux peu renommés. C'est ainsi, par exemple, qu'avant et après la mort d'Alexandre, Téléphane de Phocée n'était connu que dans la Thessalie, qu'il habitait et où il travaillait exclusivement pour les rois de Perse, Xerxès et Darius. Les connaisseurs et les artistes ne faisaient cependant pas difficulté de l'assimiler à Polyclète, à Myron et à Pythagore de Rhégium. Ce Téléphane, ne suivant pas la marche un peu déclinante de l'art, n'avait probablement recueilli en Thessalie où il était isolé, que les antiques et sévères maximes des illustres maîtres auxquels on jugeait convenable de le comparer. Il me semble que cette comparaison, considérée sous le rapport de l'influence des doctrines, est assez remarquable.

Il faut rapporter au milieu de cette 6e période ce qu'écrivait Pline : « L'art statuaire, dit-il, cessa quelque tems ; » (*cessavit deinde ars*) » et il ajoute immédiatement : « mais il se réveilla de sa léthargie dans la 155e olympiade » (100 ans après) (*Ac rursùs olympiade centesimâ quin-* » *quagesimâ quintâ revixit*), pour produire des talens qui, » s'ils n'égalèrent pas ceux des artistes précédens, furent » cependant applaudis. » Et il cite Anthée, Callistrate, Polyclès, Athénée, Callixène, Pythoclès, Pythias, et Timoclès. Qu'est-ce qui empêche de croire que, si nous ne trouvons point dans les écrivains les noms des auteurs de l'Apollon et du Gladiateur, c'est que leur mérite, quoiqu'il nous paraisse surprenant, n'égalait point encore celui des artistes de cette 2e classe que Pline distingue de la 1re. Une statue originale d'un habile maître du 3e ordre, paraît, comme je l'ai déjà dit, et est réellement supérieure à toutes les copies répétées par des sculpteurs ordinaires d'après les célèbres modèles des plus grands artistes.

Voici la description que Winckelmann nous a laissée du torse du Belvédère : « Mutilée au dernier point, sans » bras et sans jambes, la statue d'Hercule, telle qu'on la » voit aujourd'hui, se présente à ceux qui savent pénétrer » dans les mystères de l'art, avec un éclat qui décèle son » ancienne beauté. L'auteur de ce chef-d'œuvre nous » offre dans son ouvrage la plus sublime idée d'un corps

» dominant au-dessus de la nature humaine, d'une consti-
» tution parvenue à tout le développement de l'âge fait, et
» d'une nature élevée jusqu'au degré qui caractérise le
» contentement divin. Hercule paraît ici au moment où
» il vient de se purifier par le feu des parties grossières de
» l'humanité, à l'instant où il obtient l'immortalité et une
» place parmi les dieux. C'est ainsi que le peignit Artémon.
» Il est représenté sans besoin de nourriture et sans être
» obligé de déployer davantage la force de son bras. Vous
» n'apercevez point de veines : son corps est fait pour
» jouir et non pour se nourrir, étant rassasié sans pléni-
» tude. Il est à présumer que dans son attitude de repos,
» qui suppose que ses regards étaient dirigés vers le ciel,
» on voyait exprimé sur sa physionomie le contentement
» que lui inspirait le souvenir de ses grands exploits. C'est
» ce que semble aussi indiquer son dos courbé comme
» celui d'un homme occupé de méditations profondes. Sa
» poitrine, puissamment élevée, nous offre bien cette poi-
» trine contre laquelle il étouffa le géant Géryon. La force
» et la longueur de ses cuisses nous représentent l'homme
» agile qui poursuivit, qui atteignit le cerf aux pieds d'ai-
» rain ; elles nous donnent une idée de ce héros infatigable
» qui, traversant des pays sans nombre, porta ses pas jus-
» qu'aux confins de l'univers. Que l'artiste admire dans
» les contours de ce corps la transition successive d'une
» forme à l'autre, ces traits cadencés dont la marche on-
» doyante ressemble aux vagues qui se haussent et se
» baissent, puis s'engloutissent les unes dans les autres :
» il trouvera qu'en dessinant cet étonnant morceau, on
» ne peut jamais s'assurer en avoir saisi la justesse ;
» car la convexité, dont on croit suivre la direction, s'é-

» carte de sa marche, et, prenant un autre tour, déroute
» l'œil et la main. Les os paraissent revêtus d'une épi-
» derme nourrie; les muscles sont gros, sans superfluité,
» et il n'y a point de figure qui soit aussi bien de chair
» que celle-ci. L'on peut dire que cet Hercule s'approche
» encore plus du bel âge de l'art, que l'Apollon même.

» Je commence à me figurer aussi tous les autres mem-
» bres qui manquent à cet admirable tronc. Tous ses
» membres me sont présens; ils se reproduisent et se ras-
» semblent... Je les vois tous subitement restaurés... La vi-
» gueur de l'épaule m'indique celle des bras qui ont étouffé
» l'affreux lion de la forêt de Némée, et mon œil cherche
» à se figurer ceux qui ont lié et emmené Cerbère. Ces
» cuisses et le genou qui est nu, donnent une idée de ces
» fortes jambes qui ne se lassaient jamais. Mais un artifice
» secret, en nous faisant parcourir tous les exploits de sa
» force, nous retrace l'image de sa grande ame. Le torse
» est en effet un monument que les poètes ne lui ont jamais
» élevé : tous n'ont chanté que la force de ses bras; l'ar-
» tiste a fait beaucoup plus qu'eux. Ce que l'on voit de
» son héros ne rappelle aucune idée de violence ou d'a-
» mour effréné : le calme et le repos du corps est l'ex-
» pression de l'ame supérieure et tranquille; on reconnaît
» l'homme que les poètes proposent comme un parfait
» modèle de vertu; le bienfaiteur du genre humain, qui par
» amour pour la justice, s'est exposé aux plus grands dan-
» gers, et qui, partout où il a porté ses pas, a rendu la tran-
» quillité aux pays et aux habitans. Cette forme éminente
» et noble, d'une nature si parfaite, est fondue, pour ainsi
» dire, dans l'immortalité même; la figure n'en est que
» l'enveloppe. Un esprit sublime semble occuper la place

» des parties mortelles et s'être étendu pour les suppléer.
» Ce n'est plus ce corps disposé à combattre les monstres
» et les perturbateurs de la paix publique; c'est celui qui
» sur le mont Œta a été purgé des souillures de l'humanité,
» séparées par le feu, et rapproché ainsi de la ressemblance
» du père des dieux. Ni cet Hylas si chéri d'Alcide,
» ni la tendre Iole n'ont vu ce héros si parfait.... C'est
» ainsi qu'il faut concevoir dans Hébé l'idée de cette éternelle
» jeunesse dont l'influence se renouvelle sans cesse.
» Son corps n'est pas nourri d'alimens mortels, ni de
» parties grossières; c'est l'aliment des dieux qui le soutient;
» il paraît jouir sans besoin....... Ah! que ne puis-
» je voir cette image dans la grandeur et dans la beauté
» avec lesquelles elle s'est montrée à l'imagination de l'artiste,
» pour pouvoir dire seulement sur ce qui nous reste,
» ce qu'il a pensé et ce que nous devons penser! Le plus
» grand bonheur, après le sien, serait de décrire dignement
» cet ouvrage. Mais, comme Psyché pleura l'Amour,
» lorsqu'elle eut appris à le connaître, ainsi je regrette
» vivement la perte irréparable de l'Hercule d'Apollonius,
» après être parvenu à force d'étude à la connaissance de
» ses beautés. » On ne reprochera pas à Winckelmann de s'être enthousiasmé pour une production vulgaire. Depuis Michel-Ange jusqu'à Canova, toujours ce torse antique a causé l'admiration des statuaires et des peintres. Son grand caractère joint à une souplesse imitatrice, sa poésie et sa grande justesse de représentation, un grand savoir et un sentiment animé, toutes ces qualités réunies au même degré dans ce fragment superbe, en font un des plus précieux modèles échappés de l'antiquité. Cependant le style des figures du Parthénon (nous avons déjà indiqué ce rap-

prochement) a plus de franchise et de nerf, plus d'éloquence naturelle et de verdeur; le groupe de Ménélas semble traité plus vivement et avec plus d'enthousiasme; et le torse inimitable du Bacchus de Naples offre une finesse, une douceur, un naturel et une grâce qui le font disputer de mérite à ce torse fameux, le plus bel ornement peut-être du musée Vatican.

On lit ces mots sur le rocher où est assis cet Hercule: « Apollonius, fils de Nestor, athénien, la faisait. » Un Apollonius de Rhode est cité par Pline au sujet d'un groupe d'un seul bloc qui représente Zéthus et Amphion attachant leur mère Dircé aux cornes d'un taureau furieux. Notre torse du Belvédère n'a rien qui ressemble, quant au style, à la copie antique de ce sujet de Dircé qu'on voit à Naples. Ce groupe a, selon Vasi, treize pieds de haut et neuf pieds huit pouces de large. On le voyait autrefois à Rome dans la cour du palais Farnèse d'où il a pris son nom. Au surplus, Pline ne dit pas Apollonius, fils de Nestor, athénien; mais il dit Apollonius de Rhode et Tauriscus, son frère, etc. Winckelmann cite, d'après Pirro Ligorio, le torse d'un Hercule ou d'un Esculape exécuté par ce même Apollonius, athénien. Ce morceau, qui avait appartenu à l'architecte San Gallo, a disparu. On a de la peine à croire à un tel abandon au sujet d'un morceau qui portait le même nom d'auteur que notre très-célèbre torse du Belvédère. L'Apothéose d'Homère, bas-relief fait à Rome et que possède la galerie Colonna, porte le nom d'Archélaüs de Prienne, fils d'Apollonius. Un autre Apollonius a mis son nom sur une pierre gravée représentant Diane des montagnes. Enfin, un Apollonius fut poète et bibliothécaire de la fameuse bibliothèque d'Alexandrie, après Érathosthène, etc., etc. Mais revenons à notre revue des styles de l'art.

Cléomène, auteur de la Vénus Médicis, était fils d'un Apollodore; quand même ce ne serait pas de ce même Apollodore colère et imité par Silanion, ce Cléomène dont nous allons parler peut très-bien trouver ici sa place par la nature de son style et de son talent.

Les antiquaires regardent comme authentique le nom de Cléomène qu'on est parvenu récemment à lire sur l'ancien socle de cette statue : or, quel autre Cléomène pourrait-ce être, sinon celui dont parle Pline, et qui excellait à un haut degré dans la représentation des femmes ? [1] Cet auteur nous raconte qu'un chevalier romain devint amoureux d'une de ses figures : c'était une Thespiade, statue qui fut transportée à Rome avec d'autres semblables par le consul L. Mummius. Indépendamment de cette indication qui s'accorde avec l'excellence de notre Vénus, il s'en présente une autre assez favorable à cette conjecture, c'est qu'un fils de ce Cléomène a mis son nom sur une statue que nous connaissons, musée de Paris, n° 712, et que cette statue, par son travail et par son caractère enfin, décèle l'élève ou le fils de ce Cléomène dont nous connaissons et admirons le talent. Cette statue est celle que l'on a nommée à tort Germanicus; elle représente probablement un personnage romain sous les traits de Mercure, dieu de l'éloquence. Céphissodote,

[1] M. Heyne, dans sa Dissertation sur les différentes manières de représenter Vénus, dit : « Il faut qu'il y ait eu un tems où l'on a singulièrement abusé du nom de Cléomène. Dans la collection du comte de » Pembrock à Wiltonhouse, il y a quatre morceaux avec son nom : » une Euterpe, une Amazone, un Faune et un Amour; cependant M. » Kennedy ne s'avise pas de douter de la vérité de ces inscriptions. »

qui, selon Pline, imitait si bien la chair, fit en bronze un orateur tenant la main levée; notre statue en est peut-être une copie exécutée en marbre par ce Cléomène.

On doit remarquer combien ce prétendu Germanicus, ouvrage du fils de Cléomène, est propre à caractériser l'état de l'art à cette époque, c'est-à-dire, 150 ans avant notre ère. Il est évident que les artistes d'alors s'attachaient surtout à amollir le marbre et à exprimer cette suavité, ce poli, ce fondu de la chair, conditions précieuses et complémentaires de l'art ajoutées par Praxitèle. Mais il est évident aussi que cette grande application à l'expression des dessus et de la superficie, détourna peu à peu les artistes secondaires d'alors de l'étude forte, austère et primitive des dessous; en sorte que de cette figure si naturelle, mais si froide, de Cléomène, il n'y avait qu'un pas au style des figures bien plus lourdes, bien plus froidement fondues d'Antinoüs et d'autres, tandis qu'il y avait déjà bien loin de là au style des Polyclète et des Scopas. De tels exemples, et des preuves aussi palpables éclaircissent, ce me semble, tellement l'histoire de l'art, sous le rapport des styles, que notre exposé doit paraître moins un système ou un tableau romanesque qu'un portrait représenté d'après la réalité.

Je dirai aussi de la Vénus Médicis, que cette sculpture prouve très-évidemment que l'art avait atteint depuis long-tems son complément à l'époque où on l'exécuta, et qu'elle ne saurait être ni antérieure à Praxitèle ni postérieure aux Antonins, tems de la dégradation de l'art. En effet, on y remarque toutes les conditions de la sculpture, si pourtant la convenance, quant au caractère de divinité, est bien observée. Cette antique peut donc être critiquée en ce point, vu surtout le caractère individuel de la tête et de quelques autres parties. Il est évident qu'on s'est moins proposé d'offrir l'image de Vénus que celle d'une belle femme sous les traits de cette déesse. Praxitèle, qui avait aussi représenté la belle Phryné, donna peut-être un exemple dangereux en la faisant voir sous les traits de Vénus, et l'on sait que Pline reprochait au peintre Arèlius, qui vint peu avant Auguste, d'avoir conservé la ressemblance des courtisanes qu'il prenait pour modèles dans ses représentations de Divinités. Ainsi, qui est-ce qui empêcherait de croire que Cléomène avait eu en vue dans cette statue les attraits de quelque célèbre courtisane de son tems, de même que Céphissodote et Eutycrate, dont nous avons déjà parlé, imitèrent ceux de la courtisane Myro et ceux d'Anyta? Au reste, notre Vénus de Médicis n'offre rien des traits de la Phryné du Capitole, statue si souvent répétée. A cette licence près dans la convenance, on peut donc dire que dans la Vénus Médicis se trouvent observées toutes les règles de la statuaire : la justesse et la précision dans l'attitude; la vérité du mouvement et de la mécanique osseuse, condition si bien et mieux remplie par Polyclète; le charme de l'école de Praxitèle et de Lysippe; le beau travail enfin et le sentiment qui devaient animer à un si haut degré les ouvrages de ces deux derniers maîtres. Cependant ces diverses qualités ne sont pas portées dans notre Vénus au même degré où parvinrent les seconds maîtres de l'école grecque, en sorte que je pense avec Mengs que cette statue n'est sortie du ciseau d'aucun de ces statuaires si célèbres, mais qu'elle est l'ouvrage d'un artiste du troisième ordre, qui, pénétré des excellentes maximes de la statuaire, mit tous ses soins à cet ouvrage. Au surplus, ce qui rend par-dessus tout cette statue remarquable, c'est l'imitation des délicatesses de la chair. On trouve en effet des torses antiques de Vénus sur lesquels les grandes données sont aussi belles et peut-être plus vivantes, et plus animées que sur la Vénus Médicis ; mais celle-ci offre une recherche, un fini, un soin et un travail si châtié, qu'elle provoque l'attention et l'admiration. Cependant combien est autrement vraie de chair et savamment exprimée la Vénus Milo ! Combien la manière grande de cet ouvrage fait paraître le travail de notre Vénus Médicis recherché et petit, peiné et doucereux ! L'une semble l'ouvrage d'un statuaire qui ne pourra jamais rien de plus, l'autre semble une production magique du génie. Cependant, bien qu'Homère soit au-dessus de tous les poètes, l'illustre nom de Virgile ne périra point : de même notre Vénus Médicis, qui est au-dessous des prodiges de l'art grec, causera toujours le plaisir et l'admiration.

Le nombre des statues que l'on suppose être des répétitions de la Vénus Médicis est considérable ; mais ce que j'ai dit de la Phryné de Praxitèle, suffit pour faire penser que ce ne sont au fait que le même mouvement et la même donnée seulement qui se trouvent aussi souvent répétées, et que ce ne sont point précisément ces Vénus qu'on a voulu copier. Aussi quand on nous dit que l'original de la Vénus Médicis se trouve aujourd'hui à Londres chez le marquis de Lansdowne (journal de Paris, 21 mars 1818), et qu'en la voyant Canova fut de cet avis, je n'adopte pas de suite et inconsidérément cette opinion, tout en croyant qu'on a pu découvrir en effet une Vénus plus admirable que celle de Médicis (Il s'agit probablement de celle qu'on a trouvée à Naples en l'année 1817, et qui aura été transportée en Angleterre). La petitesse de la tête dans la Vénus Médicis, est regardée comme un défaut par tout le monde, et l'intention de faire un portrait ne justifie le sculpteur aux yeux de personne. Cléomène, l'auteur des charmantes Thespiades, aurait-il fait cette faute? J'en doute; j'aime donc mieux l'attribuer à un artiste moins illustre, les erreurs de proportion étant bien rares dans les excellentes productions des anciens. Faisons encore remarquer ici que la tête du Mercure, dit Germanicus, n'est guère plus en harmonie avec le corps que ne l'est la tête de la Vénus Médicis. Était-ce un défaut commun aux Cléomènes, ou était-ce le résultat de quelque volonté tyrannique prescrite à l'artiste qu'on obligeait à répéter certaines proportions individuelles, pour produire des portraits ressemblans? Dans tous les cas, les grands modèles laissés par les maîtres classiques ne nous font point voir de fautes ou de dissonnances semblables. Enfin, une autre remarque nous persuade encore que la Vénus Médicis n'est point une des premières productions de l'art des anciens. Faites copier la Vénus de Gnide ou le Discobole de Naucydès, vous aurez toujours un superbe mouvement : mais faites copier la Vénus Médicis sans qu'on répète les finesses du ciseau et la même étude des détails, vous n'aurez rien de très-satisfaisant (les surmoules usés d'après cette figure en sont la preuve), et cela, parce que cet ouvrage, je le répète, charme plutôt par la délicatesse et le fini recherché des chairs, que par la grande donnée et l'excellent jeu du squelette, qualités qui caractérisent, ne craignons pas de le redire encore, tous les statuaires célèbres de la Grèce, et par lesquelles

Cléomène ne put s'élever qu'à un certain degré, vu l'état où se trouvait l'art de son temps. Quant à cette délicatesse du travail et à ce fini des formes, j'ajouterai que des artistes qui ont vu des empreintes de cette célèbre Vénus, faites avant sa restauration, ont affirmé qu'elle était embellie de beaucoup plus de charmes encore, mais qu'ils ont disparu par la maladresse peut-être de ces mêmes ouvriers qui de plus lui ont adapté ces bras si ridicules et si éloignés des mœurs antiques et naturelles. Je ne veux point omettre la description que nous en a laissée Winckelmann, quoique les artistes n'y puissent rien apprendre de technique ni de nouveau : « La Vénus de » Médicis est semblable à une rose qui paraît à la suite » d'une belle aurore et s'épanouit au lever du soleil; elle » entre dans cet âge où les vaisseaux commencent à s'é- » tendre, où le sein prend de la consistance. Quand je » la contemple dans son attitude, je me représente cette » Laïs qu'Apelle instruisait dans les mystères de l'amour; » je me figure la voir comme elle parut, lorsqu'elle se vit » obligée la première fois d'ôter ses vêtemens et de se » présenter nue aux yeux de l'artiste extasié. » Il serait à désirer qu'on réunit les empreintes des Vénus les plus célèbres, afin de pouvoir les comparer. On en cite plusieurs que les artistes étudieraient avec beaucoup de fruit. Heyne fait mention de celle de Jenkins, trouvée en 1762; elle est en Angleterre, à Newby, près Rippon en Yorkshire, campagne de M. Wedels. La collection des Dilettanti en signale une remarquable, tom. 1er. Nous venons de parler de celle qu'on a découverte à Naples en 1817. Rome et Paris en offrent plusieurs, etc. Enfin, différens torses, connus par des empreintes, ont déjà beaucoup servi à l'instruction des artistes. L'utilité de notre projet de calcographie universelle d'antiques peut encore être rappelée ici.

Le groupe de Laocoon est un des plus imposans de tous les monumens conservés et retrouvés dans les ruines. Le riche spectacle qu'offrent les trois figures qui le composent, le concours des premiers sculpteurs modernes pour remplacer le bras non retrouvé, sa rare conservation, la description que Pline fait de cet ouvrage (on croit du moins qu'il parle du même groupe que nous possédons), les grands éloges qu'il lui donne, la place qu'occupait ce monument dans une des salles du palais de l'empereur Titus, le crédit enfin qu'il obtint dans nos écoles, depuis sa découverte jusqu'à nos jours, tout nous porte à considérer ce morceau de sculpture comme une des productions les plus recommandables et les plus précieuses de l'antiquité. Cependant il conviendrait de faire abnégation de plusieurs de ces considérations, et de la juger par rapport à l'art seulement et sans prévention.

Je vais d'abord exposer ici l'opinion de Mengs sur ce morceau fameux. « Pline, dit-il, qui a fait un éloge magnifique de cet ouvrage, assure que c'était la plus belle » production d'art qu'il connût. On pourrait cependant » demander si Pline était un juge compétent, d'autant plus » qu'il admire surtout les serpens qu'il appelle des dra- » gons, et que cette admiration des accessoires ne prouve » pas une grande intelligence, puisque dans ce cas ils » nuisent aux choses principales. D'ailleurs, il reste à » mettre en doute si le groupe de Laocoon que nous pos- » sédons est bien le même que celui dont parle Pline, qui » nous apprend qu'il était fait d'un seul bloc de marbre, » tandis que celui que nous connaissons est de cinq mor-

» ceaux. Les anciens écrivains ne parlent point d'Agé-
» sander comme d'un excellent sculpteur, et comme il est
» vraisemblable que le groupe de Laocoon n'est pas le
» seul ouvrage qu'il ait fait, on peut croire que les éloges
» que Pline lui prodigue étaient dictés par d'autres motifs
» que la beauté de ce groupe même, tels que son amitié
» pour l'artiste, sa complaisance pour l'empereur Titus à
» qui peut-être ce monument plaisait beaucoup, ou bien
» l'impression que les serpens avaient faite sur son esprit,
» puisque ces serpens sont la seule partie qu'il loue de
» prédilection, tandis que l'ouvrage offre tant d'autres
» beautés qui méritent d'être admirées. » Mengs ne trouve
pas non plus que les figures des deux fils soient exécutées
avec la délicatesse qu'on admire dans d'autres antiques.

Voici maintenant la description que Winckelmann nous
a laissée de ce groupe. « Le Laocoon nous offre le spec-
» tacle d'une nature plongée dans la plus vive douleur,
» sous l'image d'un homme qui rassemble contr'elle toute
» la force de son ame. Quoique la violence de ses tour-
» mens soit imprimée sur chaque muscle et semble enfler
» tous ses nerfs, vous voyez la sérénité de son esprit briller
» sur son front sillonné, et sa poitrine oppressée par une res-
» piration gênée et par une contrainte cruelle, s'élever avec
» effort pour renfermer et concentrer la douleur qui l'a-
» gite. Les soupirs qu'il n'ose exhaler, lui compriment le
» ventre et lui creusent les flancs de manière à nous
» faire juger du mouvement de ses viscères. Toutefois ses
» propres souffrances paraissent moins l'affecter que celles
» de ses enfans qui lèvent les yeux vers lui et qui implo-
» rent son secours. La tendresse paternelle de Laocoon
» se manifeste dans ses regards languissans; on croit voir

» la compassion nager dans ses yeux comme une vapeur » trouble ; sa physionomie exprime les plaintes et non » pas les cris ; ses yeux, dirigés vers le ciel, implorent » l'assistance suprême ; sa bouche respire la langueur, et » la lèvre inférieure qui descend, en est accablée ; mais » dans la lèvre supérieure qui est tirée en haut, cette lan- » gueur est jointe à une sensation douloureuse. La souf- » france, mêlée d'indignation sur l'injustice du châtiment, » remonte jusqu'au nez, le gonfle, et éclate dans les na- » rines élargies et exhaussées. Au-dessous du front est » rendu avec la plus grande sagacité le combat entre la » douleur et la résistance, qui sont comme réunies en un » point ; car pendant que celle-là fait remonter les sour- » cils, celle-ci comprime les chairs du haut de l'œil et les » fait descendre vers la paupière supérieure qui en est » presque toute couverte. L'artiste, ne pouvant embellir » la nature, s'est attaché à lui donner plus de développe- » ment, plus de contention, plus de vigueur. Là même où » il a placé la plus grande douleur, se trouve aussi la plus » haute beauté. Le côté gauche, dans lequel le serpent » furieux lance son mortel venin par sa morsure, est la » la partie qui semble souffrir le plus à cause de la proxi- » mité du cœur, et cette partie du corps peut être regar- » dée comme un prodige de l'art. Ses jambes semblent » faire un mouvement pour se soustraire aux maux qu'il » endure. Aucune partie n'est en repos. Les traces mêmes » du ciseau paraissent comme autant de rides qui contri- » buent encore à l'expression de la douleur. »

Cette description du Laocoon antique est fort belle, mais elle ne porte ni sur le style ni sur l'originalité du monument, et rien n'empêche que toute cette expression, toute cette poésie ne soit copiée d'après un archétype plus parfait, qui ne nous est point parvenu. Pourquoi ce monument n'est-il pas allé embellir Constantinople avec les précieux ornemens des temples et des palais de Rome? Pourquoi surtout l'exécution mécanique de ce morceau est-elle si supérieure à la science et à la sévérité des formes? Pourquoi le genou offre-t-il des erreurs assez remarquables contre l'anatomie? Ces chairs si habilement taillées, ne nous plaisent point par cette naïveté, cette souplesse appartenant à la pondération et au caractère varié des corps compressibles et élastiques, comme on les voit sur les fleuves du Vatican, sur la figure de Ménélas, sur le torse même du Belvédère et sur plusieurs autres antiques du premier mérite. Pourquoi ce calcul un peu routinier dans toutes les formes, dont le travail indique beaucoup de luxe dans l'outil, mais peu de retenue et peu de sévérité dans l'imitation? Pourquoi enfin plus d'écorce que de pulpe, plus de dehors que de dedans?

Le groupe de Laocoon semble donc être une copie faite à Rome d'après un original bien meilleur et admirable, ainsi que cette copie, par l'expression et le sentiment. On rencontre d'ailleurs des fragmens d'un groupe pareil, et ces fragmens qui rappellent un style bien plus ancien, n'ont pas été par conséquent exécutés d'après celui que nous possédons [1]. Pline peut n'avoir pas connu l'original de cette copie qu'il admira. D'ailleurs celui qu'il vante et dont il loue les dragons, était peut-être placé dans une pièce autre que celle où l'on déterra notre groupe décorant aussi le palais de Titus. On peut supposer encore

[1] On en voit un entr'autres au Capitole dans la cour à gauche, près le buste colossal de la Roma, vis-à-vis le Marphorio.

que Virgile aura été frappé de l'expression de quelque monument plus ancien que le notre, et représentant cet épisode auquel ce grand poète a donné une teinte si pathétique dans son Énéide. Voyez sur cette question ce qu'a écrit Lessing. Il paraît que Pline cite le Laocoön en copiant quelque Recueil où il s'agissait d'ouvrages d'un seul bloc, car, avant et après avoir indiqué ce Laocoon, il indique aussi comme étant d'un seul bloc, un ouvrage de Lysias et un autre d'Arcésilas, puis le groupe de Zéthus, par Tauriscus et Apollonius de Rhode, se servant de l'expression (*ex uno lapide*) d'une seule pierre. C'est ainsi que Pline réunit aussi les noms des artistes qui ont fait des ouvrages de très-petite dimension. Le groupe du Laocoon est l'ouvrage d'Agésander et de ses fils Athénodore et Polydore de Rhode : on sait qu'un Polydore travailla en bronze. La chevelure de Laocoon est d'une disposition qui rappelle un original en bronze. Nous venons de voir que Pline prétend que ce groupe est d'un seul bloc, et cependant on y reconnaît six pièces aujourd'hui. On répond à cela que les joints n'étaient pas visibles du tems de Pline; une remarque de cette sorte était pourtant de la compétence de ce savant naturaliste.

Si le torse du Belvédère a été souvent ou mal étudié ou parodié dans l'école de Michel-Ange, la figure du Laocoon a été ou mal sentie ou parodiée par beaucoup de peintres et statuaires de l'école des Carracci. J'en ai vu une copie exécutée en terre cuite par le célèbre Algardi où il y avait deux fois plus de bosses et de creux que dans l'original. J'ai vu des dessins de maîtres, ou pour mieux dire des bavardages de maîtres dans lesquels ce Laocoon était dépécé, bosselé et boursouflé. On en a donc souvent abusé, et, si l'on a tant vanté cette sculpture dans les ateliers, c'est moins, je crois, parce qu'elle exprime fortement la douleur, que parce qu'elle ressemble, plus qu'aucune autre production antique, par son goût de dessin, aux figures des écoles lombardes et en général à celui des dernières écoles et académies d'Italie. Je n'omettrai pas de rappeler que l'on a signalé avec raison l'analogie qui est à remarquer entre le travail de cette sculpture et celui des Centaures des musées du Capitole et de Paris. Il est évident que le défaut de simplicité dans les formes, et quelque chose de cahoté et de ressenti avec affectation, rappelle dans ces sculptures, exécutées au tems d'Adrien, les ressources d'artistes éloignés déjà des écoles austères et naïves du haut tems de l'art. Quant à ces traces du ciseau, qui contribuent, dit-on, à l'expression de la douleur physique, ou qui forment ce travail brut, grenu et semblable à la peau d'un homme sain, ainsi que le dit ailleurs Winckelmann, ce sont de véritables rêveries. On voit, en examinant ce morceau avec attention, qu'il a reçu par quelque main ignorante des coups d'Érilloir sur quelques parties, et ces traces, loin d'être l'effet de la science, sont des accidens étrangers à l'intention de l'auteur.

Tout ce que je viens de dire ici (car je suis obligé de m'expliquer de nouveau), n'est point avancé dans l'intention de hasarder une opinion étrange. Je prétends sentir autant que tout autre, ce que cette sculpture a de pathétique, de fort et de touchant, mais je crois devoir sacrifier tout ce qui me semble préjugé au désir d'éclairer la théorie de l'art et de rétablir l'ordre véritable dans les maximes. Je pense donc que le groupe que nous possédons n'est qu'une copie qu'on voyait dans le palais de Titus d'après l'original beaucoup plus ancien et justement admiré dans le même palais.

« Que dirons-nous maintenant, continue Mengs, des » plus belles statues antiques qui nous restent, telles que » celle de l'Apollon Pythien du Belvédère? La regarde- » rons-nous comme un de ces ouvrages qui ont immorta- » lisé leurs auteurs? Si sa beauté nous faisait croire qu'elle » doit être placée dans cette classe, il faut remarquer ce- » pendant qu'elle est de marbre Carara ou Séravezza [1], » et si l'on prétendait qu'elle a été exécutée en Italie par » quelque grand artiste des plus beaux siècles de la Grèce, » je pourrais objecter que les carrières de Lunes ou de » Carara venaient d'être nouvellement découvertes du » tems de Pline, de sorte qu'il est probable que cette sta- » tue fut faite sous le règne de Néron et placée à Nettuno » où elle a été trouvée. Il est à croire aussi que son au- » teur n'a pas eu autant de talent que les autres statuaires » employés par cet empereur à ses édifices de Rome où » devaient nécessairement se faire les plus belles choses » par les plus habiles artistes. Il est à croire que l'endroit » où l'Apollon fut découvert a été la villa qu'Adrien avait » à Anzio, où, suivant Philostrate, cet empereur avait dé- » posé un livre et plusieurs lettres de ce philosophe, et il » ajoute que cette villa était de toutes les maisons impé- » riales celle où Adrien se plaisait le plus. »

Maintenant écoutons Winckelmann. « De toutes les » statues antiques qui ont échappé à la fureur stupide des » barbares et à la puissance des tems, la statue d'Apollon » est sans contredit la plus sublime. L'artiste a composé

[1] Voyez la note de la page 460.

» cet ouvrage sur l'idéal et n'a employé de matière que » ce qu'il lui en fallait pour exécuter et représenter son » idée. Autant la description qu'Homère a donnée d'A- » pollon surpasse les descriptions qu'en ont faites après » lui les poètes, autant cette figure l'emporte sur toutes » les figures de ce même dieu. Sa taille est au-dessus de » celle de l'homme, et son attitude respire la majesté. » Un éternel printems, tel que celui qui règne dans les » champs fortunés de l'Élysée, revêt d'une aimable jeu- » nesse son beau corps et brille avec douceur sur la fière » structure de ses membres. Pour sentir tout le mérite » de ce chef-d'œuvre de l'art, tâchez de pénétrer dans » l'empire des beautés incorporelles, et devenez, s'il se » peut, créateur d'une nature céleste; car il n'y a rien ici » qui soit mortel, rien qui soit sujet aux besoins de l'hu- » manité. Ce corps n'est ni échauffé par des veines, ni » agité par des nerfs. Un esprit céleste circule, comme » une douce vapeur, dans tous les contours de cette figure » admirable. Ce dieu a poursuivi Python, contre lequel il » a tendu pour la première fois son arc redoutable. Dans » sa course rapide il a atteint le monstre, et il lui a porté » le coup mortel. De la hauteur de sa joie, son auguste » regard perce comme dans l'infini et s'étend bien au- » delà de sa victoire. Le dédain siége sur ses lèvres. L'in- » dignation qu'il respire gonfle ses narines et monte jus- » qu'à ses sourcils; mais une paix inaltérable est em- » preinte sur son front, et son œil est plein de douceur, » comme s'il était au milieu des Muses empressées à le » caresser. Parmi toutes les figures de Jupiter, vous ne » verrez dans aucune le père des dieux approcher de la » grandeur, avec laquelle il se manifesta jadis à l'intelli-

» gence d'Homère, aussi bien que dans les traits que vous of-
» fre ici son fils. Les beautés individuelles de tous les autres
» dieux sont réunies dans cette figure comme dans celle
» de Pandore. Ce front est le front de Jupiter renfermant
» la déesse de la Sagesse ; ces sourcils, par leur mouve-
» ment, annoncent sa volonté ; ce sont les grands yeux de
» la reine des déesses, et sa bouche est la bouche même
» qui inspirait la volupté au beau Branchus. Semblable
» aux tendres rejetons du pampre, sa belle chevelure
» flotte autour de sa tête, comme si elle était légèrement
» agitée par l'haleine du Zéphir ; elle semble parfumée de
» l'essence des dieux, et attachée négligemment par la
» main des Grâces. A l'aspect de ce chef-d'œuvre j'ou-
» blie tout l'univers ; je prends moi-même une attitude
» noble pour le contempler avec dignité. De l'admiration
» je passe à l'extase. Je sens ma poitrine qui se dilate et
» s'élève, comme l'éprouvent ceux qui sont remplis de
» l'esprit des prophéties. Je suis transporté à Délos et
» dans le bois sacré de la Lycie, lieux qu'Apollon hono-
» rait de sa présence ; car la figure que j'ai sous les yeux
» paraît recevoir le mouvement comme le reçut jadis la
» beauté qu'enfanta le ciseau de Pygmalion. Mais com-
» ment pouvoir te décrire, ô inimitable chef-d'œuvre !
» Il faudrait pour cela que l'art même daignât m'inspirer
» et conduire ma plume. Les traits que je viens de crayon-
» ner, je les dépose à tes pieds ; ainsi ceux qui ne peuvent
» atteindre jusques à la tête de la divinité qu'ils adorent,
» mettent à ses pieds les guirlandes dont ils auraient voulu
» la couronner. »

Que critiquer après une pareille description ? Quels doutes proposer au sujet de ce prétendu chef-d'œuvre des chefs-d'œuvre?...... Cependant, pourquoi l'amour de la vérité céderait-il ici à une vénération peu raisonnée, et pourquoi n'étudierions-nous pas cette très-belle statue dans l'intention de la juger, de la classer et non uniquement de nous extasier sur ses perfections.

Michel-Ange s'est dit élève du torse; mais personne ne s'est dit élève de l'Apollon. Sous Bouchardon, les crayonneurs d'atelier donnaient même à cet Apollon le nom trivial de navet ratissé; et cette critique, bien que faite lors du mauvais goût des écoles, n'est pas à rejeter. Rubens, dans son Apollon de la galerie de Paris, semble avoir voulu, comme nous le dirons ailleurs, donner une leçon au statuaire ancien en peignant avec souplesse et une certaine mollesse les chairs de l'Apollon de son tableau : mais malheureusement Rubens échoua dans cette critique, qui toute fondée qu'elle était, sortait de la compétence de son pinceau. Mengs n'hésite pas à dire que cette figure n'a pas la morbidesse qu'on remarque dans quelques autres ouvrages antiques. Tout le monde sera de son avis.

Qui oserait nier que cette statue d'Apollon ne soit noble, animée et divine? Qui ne sent pas qu'elle représente la colère superbe d'un dieu? Qui n'admire et l'élégance de son corps, et la jeunesse de ses jambes, et la beauté de ses pieds et de sa chaussure? Mais il ne s'agit pas de cela, et ce n'est point en montant sur son trépied qu'on admirera mieux ce dieu.

Cet ouvrage ne serait pas en marbre de Carare, il serait en marbre penthélique que je dirais : cette statue est la copie d'une belle figure grecque, ajustée à la romaine. Le statuaire qui fit cette copie était plein de sentiment, de verve et de belles idées; mais il n'appartient pas à l'école grecque pure et des tems fameux de l'art. Les formes, le jeu des os et des grandes parties est exprimé de sentiment, il est vrai, et dans un caractère ou mode convenable; mais l'artiste manquait de ces études, de cette méthode sévère de la statuaire, études par lesquelles on rend la vérité dans tous ses caractères, par lesquelles on est très-correct en faisant beau, précis et poétique à la fois, enfin châtié et tout naturel en paraissant inspiré et brûlant d'enthousiasme.

Quant à cette chevelure que Winckelmann parfume de l'essence des dieux et qu'agite légèrement le zéphir, elle devrait peut-être moins voltiger dans cette poésie sculptée, et je croirais qu'elle n'excite pas l'admiration de tout le monde, malgré l'adresse de l'outil, qui au surplus montre très-évidemment dans cette chevelure une exécution non pratiquée lors des plus belles époques de l'art, et qui, soit dit en passant, pourrait peut-être servir à prouver qu'elle est répétée d'après un bronze, vu la fragilité qui résulte de tant de mèches de cheveux isolées et toujours assez solides quand elles sont exécutées en métal. On doit aussi se méfier, je le sais, de l'analogie qu'elle offre avec les coiffures déplaisantes du siècle de Louis XIV, et il faut considérer pour quelque chose le dégoût que peut causer cette impression. Malgré tout, je crois devoir persévérer dans mon opinion.

Pour ce qui est de la pantomime et du geste, on aperçoit dans cette figure un certain aprêt, un certain étalage et un calcul un peu recherché dans son mouvement; contraste qui, bien que conforme aux règles et à l'expression, rappelle les tems de luxe et d'apparat, ainsi que la pompe théâtrale des Romains. Au surplus, connaissons-nous l'historique de toutes les antiques? N'aurait-on pas, sous les Antonins, exigé certaines copies d'ouvrages classiques avec des changemens? N'aurait-on pas influencé les artistes par quelques volontés capricieuses et un peu contraires à l'art?.... J'ai déjà fait part de cette conjecture. Mais, disons encore, au sujet de la pantomime de l'Apollon du Belvédère, qu'il est essentiel de se rappeler ici combien est grande l'altération que subit l'expression, lorsqu'on change en plus ou en moins certaines parties d'une figure. Aussi on ne doit point s'étonner, par exemple, que les bras modernes de la Vénus Médicis en aient fait une figure coquette. De même, ce théâtral que nous remarquons dans l'Apollon et qui n'existait probablement point dans l'original, est peut-être l'ouvrage du copiste qui travaillait à Rome [1].

Il convient encore de proposer à ce sujet une remarque que j'étendrai à son lieu; c'est que dans cette période, où l'art commençait à être influencé par le goût romain, il semble que les artistes aient recherché avec quelqu'affectation les pantomimes développées et calculées dans leur signification. Était-ce pour dédommager l'art de ce qu'il perdit du côté de la perfection des formes et de l'imitation de la vie; ou bien cette recherche était-elle le résultat de l'influence des théâtres de Rome? Je laisse à résoudre cette question. Ce qu'on ne saurait nier, c'est que les bas-reliefs et les monnaies mêmes de ce tems, nous frappent par une certaine énergie un peu factice qui fait ressortir davantage et qui fait regreter l'éclat et la simplicité pure de l'art

[1] J'ai eu occasion de dire quelque chose, pag. 57, concernant les restaurations qu'a subies l'Apollon du Belvédère.

attique. La Diane à la biche, statue dont nous allons parler, offre une preuve de ce que j'avance ici.

Il existe des ouvrages postérieurs à Adrien qui peuvent soutenir la comparaison, quant au travail et à la science, avec cette statue célèbre d'Apollon. Prenons, par exemple, certains portraits, et un entr'autres trouvé à Gabies (musée de Paris, n° 97), et représentant Géta, frère de Caracalla. Ce buste antique est sain comme s'il sortait de l'atelier de l'artiste, et nous pouvons en raisonner. Je dirai d'abord que la draperie de ce buste, ainsi que celle de Septime-Sévère, qui lui sert de pendant (*idem* 99), ne le cède en rien à celle de l'Apollon et sous aucun rapport. Quant au nu de ce Géta, la tête est pleine de vie et de vérité, les plans sont vrais autant que dans l'Apollon. Une harmonie excellente règne dans le tout. Le tour du col sur le buste, et de la tête sur le col est tout aussi habilement traité, dans son genre, que celui de l'Apollon. Même fini, même douceur d'outil, mais aussi même froideur de plans, même routine de métier. Étranger à cette vive méthode grecque qui faisait arriver au fini par la vraie science des formes et de l'anatomie, l'artiste n'a pas su mépriser l'espèce de poli qui n'est pas le résultat de l'imitation.

Les finesses qu'on apperçoit au flambeau sur l'Apollon, me semblent même prouver l'époque de son exécution. On fit sous Adrien des statues très-finement travaillées; mais les formes auraient du être franches, libres, tirées, comme je viens de le dire, de la connaissance immédiate des plans, et puissées toujours dans la nature. Dans l'Apollon ces finesses paraissent timides, sans vivacité et sans variété. Tous les petits plans des muscles y sont indiqués, il est vrai, mais comme si l'artiste les y avait ajoutés, non en bâtissant le tout, mais pardessus, isolément, et comme pour faire voir un grand soin. Or, la sculpture grecque des plus beaux tems de l'art, ne se traitait pas ainsi, puisque les finesses étaient les conséquences de beautés premières et fondamentales, et qu'elles étaient homogènes avec ces beautés.

N'osant pas critiquer l'Apollon, on vous dit qu'il a été altéré par devant, et que, n'ayant pas été retouché par derrière, il offre de ce côté un plus admirable travail. On veut absolument que ce soit un ouvrage du premier ordre, et d'un des plus fameux statuaires qui aient existé. Or, voici le vrai moyen de se convaincre de la vérité. Placez le torse de l'Apollon à côté du torse de Bacchus de Naples ou de la Vénus Milo ou des figures du Parthénon : vous verrez bientôt que c'est la pantomime de ce bel ouvrage et l'élégance des proportions surtout qui vous séduisent, mais que la vie, la vérité et la souplesse du mécanisme osseux n'y sont pas exprimées au même degré que dans ces morceaux classiques. D'ailleurs cette chair si jeune, si divine dans cet Apollon, est loin d'être aussi vraie que dans les plus belles Niobés qui, bien qu'elles ne représentent pas des divinités, sont traitées dans le style de la haute beauté.

Si donc on veut trouver qu'elle est parmi les statues d'Apollon citées par les écrivains, celle de laquelle le nôtre pourrait bien être la répétition, on peut admettre la supposition qu'il a été imité d'après celui de Briaxis qui devait fleurir presque en même tems que Praxitèle. Nous avons vu que St Clément d'Alexandrie, en parlant de cet ouvrage, qu'on voyait à Daphné, l'appelle admirable et inimitable. Le dieu était représenté lançant ses flèches contre le serpent Python. Si donc l'original de l'Apollon du Belvédère est de Bryaxis, il est évident que son copiste qui travailla sous Néron, près de 400 ans plus tard, ou peut-être sous Trajan, n'a pas atteint le degré de savoir et de naïveté qui était propre à presque tous les ouvrages fameux des écoles qui brillaient au tems de Philippe et d'Alexandre.

Je ne puis m'empêcher ici de dire un mot sur la belle statue de Diane que possède la France depuis plus de deux siècles, et dont le vrai mérite semble cependant avoir été méconnu jusqu'ici. Aujourd'hui on la croit exécutée par l'auteur de l'Apollon du Belvédère. Cette conjecture n'a rien que de très-raisonnable, car on y voit même vivacité d'expression, même élan, même contraste, même fierté. Je me garderai bien de dire qu'elle est plus belle que l'Apollon; mais j'assurerai que la contemplation de cette statue excite en moi d'aussi vifs sentimens d'admiration que le fameux marbre du Belvédère. Je trouve de plus que les jambes de cette statue, et qui sont la plus considérable partie du nu, sont d'un travail plus savant, plus vrai et tout aussi beau que celui de l'Apollon. Ce qui me paraît remarquable surtout dans cette belle figure, c'est le caractère de chasteté qui y est exprimé avec une unité, et, si je puis dire ainsi, avec une intensité merveilleuse. Rien de voluptueux, rien d'amoureux dans cette image de la chaste sœur du dieu du jour. Une austère pudeur semble préserver cette vierge de toute atteinte. Elle impose même et commande le respect, tant les mœurs de la déesse sont manifestées avec force et propriété dans cette admirable sculpture. Combien les copies modernes qu'on en a faites et qu'on a voulu rendre aimables, font valoir cette savante et antique qualité ! Cependant, malgré cette image des mœurs, malgré la grâce et l'agilité de ces jambes élégantes, malgré cet excellent goût de draperie, je reconnais, non un original des plus belles périodes de l'art, mais une précieuse copie faite dans le commencement de son déclin. Et, quand même cette figure serait un original, on doit dire à son sujet, qu'un statuaire peut dans toutes les époques et en tout pays faire briller une verve ardente, une imagination exaltée et expansive; mais que c'est dans le bel âge des Grecs seulement, c'est-à-dire, lors des merveilleuses écoles grecques, qu'on a offert les véritables modèles que peuvent produire la sculpture et la peinture parvenues à leur perfection.

Chez les Romains le retour vers l'antique sévérité devenait donc de plus en plus difficile. L'art de produire beaucoup avec peu était perdu; cette force, obtenue par les grâces toutes naturelles, n'était plus à la portée des artistes, et ils durent faire dans les écoles d'alors un mélange singulier de l'ancien style et d'un goût somptueux, lourd, recherché, insipide quelquefois et sans éclat [1].

[1] C'est avec une grande satisfaction que j'ai remarqué la même opinion chez le célèbre David, l'homme le plus compétent sur ces matières. Il regarde aussi la Vénus Médicis, plutôt comme un portrait de courtisane que comme une image déifiée de Vénus ou comme un archétype grec du 1er ordre. L'Apollon du Belvédère ne lui paraît pas non plus le morceau le plus admirable de l'antiquité : il y reconnaît le goût des artistes du tems d'Adrien et l'assaisonnement qui fut imaginé pour suppléer à cette force de simplicité grecque si naïve et si savante. En conversant avec ce chef illustre de l'école du 19e siècle, sur ces belles questions, en présence des chefs-d'œuvre du musée de Paris, je tenais compte de ses remarques sur plusieurs signes caractéristiques du style grec dans les sta-

Pour finir l'examen de la période qui nous occupe ici, citons encore quelques artistes : Sopylon et Dionysius, peintres établis à Rome, jouissaient d'une grande réputation. Les Pinacothéques étaient remplies de leurs ouvrages; ils excellèrent dans le portrait. Dionysius, qui ne représentait que des figures d'hommes, était appelé pour cela Anthropographe. Cependant ces deux artistes voyaient payer un plus haut prix que les leurs, les tableaux en miniatures de Lala de Cysique, femme peintre, qui exécutait des portraits de femmes avec beaucoup de célérité. Je remarque cette préférence, parce qu'elle semble indiquer encore le déclin de l'art.

Pasitèle de la grande Grèce, mais établi à Rome où il fut reconnu citoyen Romain, était un artiste savant et studieux. Outre ses ouvrages en or et en ivoire, et outre le Jupiter colossal en ivoire qu'il fit pour le temple de Métellus, il paraît qu'il apporta des perfectionnemens dans l'art des modèles en Argile. Pasitèle composa cinq livres précieux sur les chefs-d'œuvre qui se trouvaient dans le monde entier [1]. On le surnomma *Autodidactos*, c'est-à-dire, qui s'instruit soi-même, parce qu'il n'avait pas eu de maître. On prétend qu'il fit les premiers miroirs en argent. Il cisela sur argent le portrait du jeune Roscius, qu'une flamme céleste environne dans son berceau. On croit aussi qu'il s'occupa d'encaustique. Cet artiste célèbre, dont on voyait beaucoup d'ouvrages à Rome, n'exécutait

tues du Discobole, du Méléagre, etc. Que ne dois-je pas à ce célèbre maître dont je me suis fait un devoir de recueillir les hautes leçons, soit dans son école, soit dans ses entretiens particuliers!

[1] Outre Pasitèle, qui écrivait 75 ans avant J.-C., Pomponius Atticus fit à la même époque un ouvrage sur les portraits des grands hommes.

rien sans l'avoir modelé d'après nature. Un jour qu'il étudiait un lion, il faillit périr et devenir la proie d'une panthère échappée de sa loge.

Arcésilaüs, plasticien, fut aussi très-vanté, et on payait cher ses ouvrages : Lucullus et Octavius y mirent un très-haut prix. Mais ce qui nous importe ici, c'est de savoir que les artistes recherchaient beaucoup ses *proplasmata* ou ses modèles en terre cuite.

Strongylion, sculpteur grec à Rome, excella non-seulement dans la représentation des chevaux et des bœufs, mais dans celle de la figure humaine. On admirait à Rome, outre ses muses célèbres et cet enfant de bronze auquel on donna le surnom de Brutus, parce qu'un Brutus l'avait possédé, on admirait, dis-je, son Amazone aux belles jambes appelée pour cela *Eucnèmos;* elle était de bronze; Néron, a qui elle appartenait, la faisait transporter à sa suite dans ses voyages.

Nous ne parlerons pas de tous les artistes qui ornèrent de leurs ouvrages les palais des empereurs, tels sont Cratérus, Hermolaüs, etc.; citons seulement, et pour terminer, Timomaque de Bysance, qui s'illustra par un talent probablement bien remarquable, car les poètes célébrèrent ses peintures, et Jules César, dictateur, paya la somme de 80 talens ou 432 000 francs, deux de ses tableaux : l'un représentait Ajax furieux; l'autre, Médée massacrant ses enfans. Son chef-d'œuvre était une Gorgone. On vit aussi de lui Oreste, Iphigénie, le coureur Lécythion, etc., tous ouvrages cités par Pline avec éloges. On peut donc dire que ce peintre soutenait à cette époque la haute réputation de l'art de la Grèce, et qu'il contribua par son pinceau à prolonger la gloire de cette contrée fameuse.

CHAPITRE 56.

VIIe PÉRIODE : INTERVALLE DE TROIS CENTS ANS. - CARACTÈRE DU STYLE DE L'ART DEPUIS L'INFLUENCE DU GOUT ROMAIN SUR LE STYLE GREC, VERS LE COMMENCEMENT DE NOTRE ÈRE JUSQU'A CONSTANTIN OU AU MOYEN AGE, L'AN TROIS CENT ENVIRON AVANT J.-C.

Si quelques critiques ont prétendu, au sujet du style de l'art chez les anciens, qu'il n'y avait point de nuances à y remarquer, excepté celles qui résultent des divers degrés de talens des artistes et des avantages de certaines circonstances, en sorte que, selon eux, l'art grec à Rome aurait été le même qu'à Athènes, il s'est trouvé aussi d'autres observateurs qui ont reconnu et admis dans leur critique des nuances distinctes et caractéristiques de l'art, soit qu'il ait été pratiqué dans la Grèce, soit qu'il l'ait été plus tard chez les Romains.

Dans le chapitre précédent, en signalant l'influence que commençait déjà à exercer le goût romain sur le style grec, je n'ai point assigné l'époque déterminée de ces altérations, ni même établi de ces subdivisions de périodes dans lesquelles il serait possible, après un mûr examen des monumens, de reconnaître certains changemens, certains mélanges, certaines combinaisons, et de classer des différences et des nuances dans ces styles et ces tems. De même, je crois qu'il conviendra de prendre simplement pour le point de démarcation de cette dernière période, le commencement de notre ère, cette époque coïncidant assez bien avec l'état de l'art lors de cette influence du goût romain. En effet, dans le courant du siècle qui précéda cette nouvelle ère, la voix des Phidias et des Polyclète, retentissait encore, et les seules leçons de ces maîtres étaient sous les yeux des artistes; mais vers la fin et dans le siècle suivant, une multitude infinie de statues, de bas-reliefs, de tombeaux, de décorations sculptées et peintes de toutes manières inondèrent Rome et toute l'Italie, et firent négliger, oublier même les leçons antiques provenant du beau siècle de l'art. Enfin le tems qui efface tout par l'éternel battement de ses aîles, effaçait peu à peu les antiques souvenirs et les préceptes primitifs. Au reste, la critique de l'art devient moins intéressante, moins utile aux élèves, à partir de l'époque qui va nous occuper, bien qu'elle soit toujours aussi intéressante pour les antiquaires et les érudits.

Comme c'est l'art à Rome que nous allons observer, il faut d'abord et en particulier en reprendre l'histoire depuis son origine en cette ville antique, afin de nous retrouver ensuite à l'époque que nous venons de quitter; puis dans un autre chapitre nous poursuivrons notre étude des styles jusqu'au moyen âge, en signalant, comme nous l'avons fait juqu'à présent, le caractère de quelques monumens très-connus.

CHAPITRE 57.

HISTOIRE DU STYLE PRIMITIF DE L'ART ROMAIN [1].

Rome possédait une statue d'Hercule 1269 ans avant notre ère, c'est-à-dire 300 ans avant la guerre de Troie : cette statue, qu'on disait consacrée par Évandre, se voyait encore du tems de Pline. Quoique l'âge des plus anciens monumens, qu'on supposait avoir été exécutés à Rome, fût incertain, on savait très-bien cependant que les Étrusques, voisins des Romains, avaient exercé les arts avec succès dans un tems où la sculpture et la peinture étaient à peine connues en Grèce. Pline dit que les peintures qu'on voyait de son tems à Céré, ancienne ville d'Étrurie, étaient regardées comme plus anciennes que la fondation de Rome, et il paraît même que Ludius d'Étolie avait peint le temple d'Ardée plus de soixante ans auparavant.

Romulus et tous les rois ses successeurs s'étaient fait ériger des statues, ce qui fait remonter l'art à Rome vers l'an 716 avant notre ère, époque où florissait le peintre Bularque. Numa dédia, 672 ans avant J.-C., une statue de Janus, et sous le règne de Tarquin l'ancien, 100 ans après, on plaça à Rome deux statues de Sybilles, ainsi que celle de l'Augure Attus Navius, et de plus, un Hercule et un Jupiter en terre cuite : cette époque correspond à celle où fleurirent en Grèce Dipœnus et Scyllis. Horatius Coclès obtint les honneurs d'une statue, l'an 507 avant notre

[1] Il faut entendre ici par l'*art romain* l'art exercé par les Romains, comme on entend par l'*art grec* l'art exercé par les Grecs.

ère. Pline nous apprend que la première statue d'airain, faite à Rome, date de 484 ans avant J.-C.; les biens confisqués de Spurius Cassius servirent aux frais de cet ouvrage. L'an 302 avant J.-C., Trémulus obtint le même honneur. On avait aussi récompensé par une statue, 50 ans avant, Hermodore d'Éphèse, interprète des décemvirs. Enfin, si l'on consulte sur ce point les écrivains, on pourra compter encore plus de huit statues érigées depuis cette dernière époque, jusqu'au tems de Fabius Pictor.

Vers ce même tems aussi, Appius Claudius consacra des boucliers ornés de portraits de famille; mais nous ignorons s'ils étaient peints, ciselés ou sculptés. Nous savons encore que 150 ans plus tard on éleva deux statues équestres, l'une à Luc. Fur. Camillus, et l'autre à Maenus. Ce fut à cette époque, 300 ans avant J.-C., que Fabius Pictor peignit à Rome le temple de la déesse Salus : d'autres Fabius exercèrent après lui la peinture. Il fut le deuxième peintre et le premier historien de Rome; la famille Fabius était illustre. Il est à remarquer que les statues romaines eurent la barbe et les cheveux longs jusqu'au tems de ce Fabius. La statue en bronze d'Apollon que l'on consacra dans ce même tems au Capitole, était si grande qu'elle était vue du Mont-Albain. Le siècle et demi qui s'écoula ensuite, vit sûrement naître des artistes, dont les noms ne nous sont point parvenus. Cependant, 260 ans avant notre ère, M. V. Messala fit placer sur les murailles de la Curia-Hostilia un tableau où était peinte sa victoire sur les Carthaginois. On plaça aussi vers ce tems dans le Capitole deux tableaux représentant, l'un la victoire de Lucius Scipion en Asie, et l'autre la prise de Carthage : dans ce dernier on remarquait Lucius

Hostilius Mancinus, montant le premier à l'assaut. 212 ans avant J. C., le goût des arts se répandit à Rome : il y entra avec les dépouilles de la Grèce. Cependant les personnes de condition ne se livrèrent plus à la peinture, et Pacuvius, poète et peintre, fut un des derniers de cette classe qui s'y exerça, au moins dans ces premiers tems de l'art. Il décora de ses tableaux le temple d'Hercule dans le Forum Boarium. Un peu auparavant, c'est-à-dire, à la suite de la prise de Syracuse, on envoya à Rome le premier artiste grec qui y ait paru. Ce fut vers l'an 176 avant J. C., que Manlius, triomphateur, fit connaître aux Romains les trépieds, les meubles d'airain, etc., travaillés avec art. La peinture faisait dès-lors quelques progrès, et on avait déjà représenté des victoires nationales. Enfin, on vit Turpilius s'illustrer par beaucoup de belles peintures qu'il exécuta à Vérone.

Cette époque nous ramène à celle où les Romains apportèrent successivement de la Grèce une foule de chefs-d'œuvre. On étalait donc déjà dans cette ville conquérante une grande quantité de statues et de tableaux apportés du dehors. Les généraux vainqueurs regardaient comme un objet de luxe les tableaux qu'ils enlevaient aux ennemis, et ils trouvaient glorieux de les exposer aux yeux du peuple romain. Curius Dentatus, après la défaite de Pyrrhus, avait apporté à Rome des tableaux avec d'autres richesses ; mais ce fut Marcellus qui, au dire de Plutarque, apprit le premier aux Romains à estimer et à admirer les beautés et les grâces de ces chefs-d'œuvre qu'il avait enlevés aux Syracusains. Bientôt Lucius Scipion plaça au Capitole un tableau de sa victoire en Asie ; et Caïus Torentius fit voir des peintures représentant des combats de gladiateurs. Le fameux triomphe de Paul-Émile fut peint par Métrodore. Le peuple vit lors de ce triomphe deux cent cinquante chars remplis de tableaux et de statues.

Mais la plus grande vogue des tableaux étrangers commença à l'époque de Lucius Mummius, vers l'an 150 avant notre ère. Ce fut ce consul qui dédia le premier dans le temple de Cérès le fameux tableau de Bacchus, peint par Aristide, tableau qu'il avait enlevé à Corinthe. Lorsque ce Bacchus fut mis en vente à Corinthe, le roi Attale, comme nous l'avons dit, poussa l'enchère jusqu'à la somme considérable de six cents mille sesterces. Mummius fut surpris d'une offre aussi forte, et s'imaginant que ce tableau avait quelque propriété secrète, il refusa de le céder à Attale. Lors de cette prise de Corinthe, les Romains sentaient encore si peu le prix de la peinture, que les soldats se servaient des tableaux, jetés confusément par terre, pour faire des tables sur lesquelles ils jouaient aux dés. Velleïus Paterculus nous raconte (*Hist. Rom. L.* 1.) que ce même Mummius dit aux pilotes du vaisseau chargé des plus belles statues de Corinthe, que, s'ils ne les amenaient pas à bon port, il leur en ferait rendre d'autres (*Si eas perdidissent, novas reddituros*). Mais depuis Mummius, les Romains virent fréquemment des tableaux grecs exposés dans les portiques, dans les temples et jusque dans les marchés. Enfin Marcus Agrippa en consacra aussi et prononça à cette occasion une belle harangue, dont le but était de ne souffrir qu'aucun particulier possédât en propre des tableaux ou des statues et de faire déclarer tous ces objets appartenant à la république.

L'an 145 avant J.-C., on vit au Capitole les premiers plafonds dorés. 42 ans après, Scaurus bâtit pour quatre-vingt mille personnes un théâtre qui ne devait durer qu'un mois, et trois mille statues le décorèrent. Ce Scaurus forma le premier une dactyliothèque ou collection de pierres gravées. Sylla dépouille Athènes en l'an 86, et en 75 Verrès compose sa fameuse galerie. Enfin vers ce tems on prit goût pour les perles, les pierres précieuses, les vases Murrhins, etc. Une dactyliothèque fut consacrée au Capitole. Les triomphes de César étalèrent des images d'argent, d'écaille, d'ivoire, représentant des villes conquises. On revêtissait déjà les maisons de marbre, et on les décorait avec des colonnes de marbre de Caryste et de Luni. Ce fut à cette époque que Lucullus enleva d'Apollonie un Apollon de trente coudées. Plus tard, Jules César enrichit de peintures grecques plusieurs temples de Rome dans lesquels il les consacra. Il avait formé une belle galerie ou pinacothèque, et consacra six collections de pierres gravées. Nous savons de plus qu'il acheta pour la somme de quatre cent trente-deux mille francs l'Ajax et la Médée de Timomaque. Auguste exposa publiquement deux peintures qui représentaient, l'une la victoire d'Actium, et l'autre son propre triomphe. Il fit aussi placer dans le temple de son père adoptif Jules César, un tableau des Dioscures et un autre de la Victoire. Dans la salle du sénat, il fit appliquer sur le mur une peinture représentant la forêt de Némée personnifiée et assise sur un lion : on la voyait accompagnée d'un vieillard debout avec son bâton ; au-dessus était représenté un char avec deux chevaux. Enfin Auguste plaça dans le même endroit un autre tableau : on y voyait un fils en âge de puberté, qui ressemblait parfaitement à son père, malgré la différence d'âge. Les Romains qui étaient riches imitèrent le luxe d'Auguste, et Marcellus consacra à Rome une dactyliographie. Ce fut sous Auguste que le peintre Ludius se faisait remarquer par ses tableaux représentant des paysages et des marines avec des figures.

Nous voici revenus à l'époque où nous avons laissé l'art à Rome et en Grèce. Il resterait maintenant à faire connaître quel était le caractère de ce style primitif de l'art à Rome. Rien ne nous fait présumer que ce style ait eu quelque caractère particulier, ni qu'il différa de celui qui était pratiqué par les artistes de la Grèce du même âge. Ainsi, les statues de Clélie, d'Horatius Coclès et autres étaient probablement exécutées en Sphurélaton et dans le style des ouvrages de Dipœnus et Scyllis. Il est possible que Fabius Pictor, contemporain des élèves d'Apelle, tint dans son style du caractère des maîtres plus anciens, par la raison que les progrès de l'art grec n'ont pas dû influer promptement sur l'art naissant à Rome. De même Pacuvius n'était peut-être pas aussi avancé, quant au style, que ce Métrodore, appelé de Rome par Paul-Émile dans le même tems que lui. Enfin on doit croire qu'avant la conquête de la Grèce par les Romains, aucun goût particulier n'influa sur le peu de productions d'art que Rome put fournir, mais que ce fut seulement depuis l'époque de sa domination que commença cette influence. Attachons-nous donc à dépeindre avec justesse ce caractère qui domina l'art, cette corruption qui en prépara et en hâta la chute.

CHAPITRE 58.

CARACTÈRE DU STYLE DE L'ART ROMAIN.

Rome qui se trouvait, pour ainsi dire, saturée de tous les chefs-d'œuvre de la Grèce, voulut, reportant les yeux sur elle-même, enfanter aussi des chefs-d'œuvre. Ce fut alors qu'on s'apperçut que, sans les secrets des écoles, sans des études fortes, saines et rigoureuses, l'art ne peut que s'enfler, s'envelopper d'une magnificence factice, et se parer d'un luxe étranger, sans atteindre jamais aux grands résultats qui en Grèce avaient tiré de la simplicité et de la pureté leur plus vif éclat. Les Romains sentirent cette vérité, mais ils n'aimaient pas à en convenir.

En général, lorsqu'on observe la marche des arts parmi les peuples, et que l'on suit leurs transmissions successives, on est étonné de cette espèce de dédain qui se développe toujours avec les connaissances acquises dans les pays nouvellement civilisés, et de cette ingratitude des nations qui oublient si aisément les véritables auteurs de leurs arts et leurs premiers maîtres. L'histoire nous apprend que l'antique peuple d'Égypte, qui ordonnait avec tant de vigilance de respecter ses mystères, ses arts et ses sciences, s'annonçait aux hommes comme le père de tant de merveilles et désignait son propre sol comme leur véritable berceau. L'histoire nous a démontré aussi que les Grecs, redevables à l'Égypte des principaux élémens des arts, ne voulurent pas convenir de cette obligation. Il en coûtait à ces Grecs, devenus à leur tour si admirables, de reconnaître les primitives sources de la perfection de leurs arts. Ils étalèrent donc la même ambition que les Égyptiens; la sculpture et la peinture, selon les Grecs, étaient nées parmi eux. Si on veut les croire, ils n'ont rien emprunté, ils ont tout créé, jusqu'aux premiers élémens; et depuis l'essai fabuleux de Dibutade, jusqu'aux miracles d'Apelle, tout leur appartient. Sycione et Corinthe se disputaient surtout la gloire d'avoir inventé la peinture, comme si ces deux écoles n'avaient point eu assez de celle de l'avoir perfectionnée.

En descendant maintenant aux Romains, nous verrons que ces guerriers conquérans, admirateurs d'abord des chefs-d'œuvre dont ils dépouillèrent la Grèce, finirent par se faire une espèce de goût particulier, et dédaignèrent le vrai goût de leurs maîtres. Cette même vanité, qui ne regarde comme parfait que ce qu'elle a produit, finit donc par étouffer peu à peu cette vie de l'art attique, en sorte que l'on substitua bientôt à la naïveté, à la simplicité précieuse et charmante qui décoraient la peinture et la sculpture des Grecs, une pompe vaine et sans chaleur, une ostentation sans délicatesse et une parade qui trompait les artistes et émoussait leur goût. La cause d'une pareille altération ne pouvait donc provenir que du dédain vaniteux de ces vainqueurs du monde qui prétendaient faire oublier leurs antiques rivaux, et des louangeurs ignorans qui dans leur obstination trouvaient plus facile d'applaudir aux écarts fastueux de leurs contemporains que de vanter la sagesse et la vertu des ouvrages des anciens; exemple imposant, qui devrait rallier aux anciennes doctrines tous nos artistes et tous ceux qui peuvent influer sur les arts.

Les mœurs des Romains s'opposaient moins qu'on ne pense aux succès de la peinture et de la scupture, et sans avoir tous les avantages dont jouirent les Grecs, ils étaient suffisamment favorisés. Il est vrai que les artistes furent beaucoup moins considérés à Rome qu'à Athènes, mais ce n'est point là la véritable cause de leur infériorité.

Les Romains étaient grands admirateurs des chefs-d'œuvre ; ils les aimaient passionnément ; et chez eux ce goût même devint un luxe qui fut porté au plus haut degré. « La peinture, dit Winckelmann, consacrée aux » dieux et aux monumens publics, servait chez les Ro- » mains d'ornement aux temples ; quelques-uns de ces » temples formaient des pinacothées, ou galeries de ta- » bleaux, à l'instar de celui de Junon à Samos. A Rome, » on appendit dans les galeries supérieures du temple de » la Paix les peintures des meilleurs maîtres, et il y avait » pareillement dans les thermes de Dioclétien une salle » ou galerie où l'on admirait les plus belles productions » en peinture et en sculpture ; elle subsiste encore au- » jourd'hui, et fait même une des plus belles églises de » Rome. Vespasien attira auprès de lui et encouragea » par ses gratifications les poètes et les artistes. Après » avoir fait bâtir le temple de la Paix, il le décora d'une » partie des statues que Néron avait fait venir de la Grèce : » il y fit exposer surtout les tableaux des plus célèbres » peintres de tous les tems ; de sorte que ce fut là, comme » l'on dirait aujourd'hui, la plus grande galerie publique » de peintures. Il paraît pourtant que ces peintures n'é- » taient pas placées dans le temple même, mais dans les » salles d'en-haut, auxquelles on montait par un escalier » conservé jusqu'à ce jour. »

Le goût des Romains pour les tableaux semble avoir été porté à l'excès. « Que voulez-vous que je réforme pre-» mièrement, écrivait Tibère au sénat? Sera-ce vos palais » et vos maisons de plaisance qui occupent quelquefois » des provinces entières? Sera-ce ce nombre infini de » valets, distingués par nations? Sera-ce la vaisselle d'or » et d'argent, et la fureur pour les tableaux et pour les » statues, etc..... » (TACITE.)

L'attachement du peuple pour les chefs-d'œuvre était même extraordinaire. Pline raconte le fait suivant : « La » statue de Lysippe, représentant un homme au bain et » qui se frotte, plut tellement à l'empereur Tibère, que » ce prince, qui sut se commander à lui-même dans le » commencement de son règne, ne put résister à la ten-» tation de l'enlever des bains d'Agrippa où celui-ci l'a-» vait consacrée, et de la faire transporter dans sa cham-» bre à coucher. Il y substitua une autre figure; mais » l'obstination du peuple était si forte, qu'il demanda à » grands cris, dans l'amphithéâtre, que le baigneur fût » replacé. L'empereur, quelqu'attaché qu'il fût à cette » statue, la fit remettre à sa place. »

Personne n'accusera les écrivains d'exagération, lorsqu'ils parlent de la grandeur des idées, de la magnificence et du luxe des Romains en général. Leurs monumens sont encore là pour attester cette extrême magnificence, et le seul aspect des ruines immenses qui couvrent encore le sol de l'ancienne Rome, suffit pour nous donner une idée de ce peuple géant. Il est encore debout ce Colysée dont notre œil embrasse à peine la vaste enceinte, ce Colysée aux dépens duquel des palais ont été bâtis, et qui suffirait presque à la construction d'une ville. Ces basiliques, ces arênes, ces aqueducs, ces arcs triomphaux, ces temples, ces colonnes, ces théâtres que leur immensité protège contre tous les ravages, contre les fureurs de la guerre et contre les efforts du tems, sont encore debout. Il semble que l'amour pour le colossal fut pour les Romains un besoin. Néron fit exécuter son portrait sur une toile haute de cent vingt pieds. Pline qui vit ce tableau l'appelait une folie de son siècle (*nostræ ætatis insaniam*); ce tableau fut brûlé par la foudre. Les fragmens énormes de statues colossales en bronze et en basalte même, ne sont pas rares à Rome. Un petit doigt appartenant à la main d'une statue colossale en marbre blanc, se voit à Rome sur l'escalier du palais Altiéri; il porte de hauteur plus de trois pieds. Quant au luxe de l'art à Rome, il faut considérer que les Romains ne le cédèrent à aucun peuple en raffinemens. Des détails positifs nous attestent leur extrême sensualité et leurs subtiles recherches. Citons au hasard deux exemples. L'impératrice Popée se faisait suivre dans ses voyages par une troupe d'ânesses, pour se baigner dans leur lait. Les pages des riches Romains étaient assujétis à des précautions particulières pour la conservation de leur teint; souvent un masque de mie de pain mouillée leur couvrait le visage pendant la nuit. Ainsi il est à croire que ce qui avait été imaginé de plus recherché en Asie était devenu peu à peu une habitude et un besoin pour ce peuple jadis couvert de fer et nourri d'alimens grossiers.

Si l'on veut tenir compte de l'influence du climat, on reconnaîtra que celui de Rome et de toute l'Italie était très-favorable aux arts. Les jardins délicieux et les villa des Romains étaient propres à entretenir le charme de leurs idées et toute la fraîcheur de l'imagination. Ce qu'on nous raconte de la beauté de leurs campagnes passe, pour ainsi dire, toute croyance. Enfin, comme les Grecs, les Romains avaient sous les yeux des Gymnases, des fêtes superbes, de beaux individus pour modèles [1] et des esclaves de toute espèce à leur disposition.

Que manquait-il donc aux artistes pour devenir de nouveaux Apelles, de nouveaux Protogènes ?..... des écoles et des préceptes sévères. Les efforts des inspirés étaient vains, à cause de la corruption des doctrines. Le goût fastueux étouffait insensiblement le génie et les idées naturelles. Ce goût fut élevé, il est vrai, et les inventions des artistes étaient souvent magnifiques ; mais les ouvrages étaient souvent pauvres et privés de ce nerf et de cette vie qui en eussent fait des chefs-d'œuvre. Les Romains cherchèrent constamment des dédommagemens à cette pauvreté et à cette froideur, cependant l'écorce seule s'embellit; les dehors devinrent trompeurs et sortirent de la convenance. Les allèchemens, la profusion d'ornemens et la quantité, devinrent pour eux un besoin et une routine, et ils s'accoutumèrent à préférer au goût pur et simple de l'Attique leur goût national et composé. Leurs mœurs, corrompues par les conquêtes de l'Asie, se retrouvèrent dans leurs arts : la pompe romaine dicta des lois à la sculpture et à la peinture ; et, malgré les philosophes et les savans, qui allaient étudier à Athènes, comme les Athéniens étudiaient autrefois à Memphis et à Thèbes, le goût fastueux

[1] Du tems même de saint Jean-Chrysostôme, qui florissait sous l'empereur Théodose, les athlètes étaient encore tous nus et se tenaient debout exposés aux rayons du soleil. C'est ce que nous apprend ce père de l'église, qui ajoute qu'on exigeait d'eux des preuves publiques de bonnes mœurs.

triompha de la simple naïveté, et le style des antiques écoles commença à disparaître. Alors les dieux et les héros d'Homère, figurés jadis par les arts, n'avaient plus pour eux la même majesté; le type des Phidias n'était plus dans les mœurs; et, lorsque Pline nous dit que de son tems il y avait encore des artistes aussi habiles que dans l'antiquité, nous sommes portés à croire que cette opinion participait déjà de l'influence du tems, influence dont il était bien difficile de se garantir. Enfin, sans en chercher les effets parmi tant d'hommes célèbres d'alors, je ne citerai que quelques mots de Quintilien, qui au reste, tout élève qu'il était des Grecs, ne connaissait rien de plus admirable que le costume des triomphateurs romains de son tems. « Nous » ne saurions, dit-il, avoir la simplicité, la délicatesse des » Grecs; ayons plus de force. Ils l'emportent sur nous » en légèreté de style; donnons plus de poids à nos pa- » roles. La propriété des termes est plus en leur pouvoir; » surpassons-les dans la pompe et la richesse. (QUINTIL. » *Inst. Oratio. L.* 12. *C.* 10). » Ailleurs Quintilien, en recommandant la simplicité et la retenue dans la prononciation et le geste, ajoute : « Cependant une action un » peu chargée de mouvemens est du goût d'aujourd'hui; » on l'exige même, et en quelques endroits elle convient » assez (*Inst. Oratio. L.* 11. *C.* 3). » Les types si touchans et toujours naturels des Grecs furent donc abandonnés peu à peu pour la richesse, la magnificence des combinaisons et le goût d'apparat; l'art prit, malgré son reste de grandeur, un caractère de dégradation.

Les artistes grecs, dépendans des Romains, conformèrent donc à la fin leur style et leur manière au style et à la manière de leurs maîtres. Ces Grecs n'étaient plus des artistes chastes et incorruptibles, fiers de leur austérité, passionnés pour la perfection et la simplicité; mais on les vit, s'éloignant peu à peu des antiques écoles et des premiers modèles déjà moins considérés, ambitionner des suffrages d'une autre espèce. Il fallait plaire aux Romains, servir leur faste, peupler leurs palais de divinités romaines, de héros romains, de figures à la romaine. Le but ne fut plus d'égaler les anciens; le but fut de plaire aux modernes, à l'aide des leçons des anciens, leçons qui furent, pour ainsi dire, malgré les Romains, le soutien et la sauve-garde de l'art. Cette disposition des Romains, pour les qualités secondaires des arts, était manifeste; et Suétone nous dit positivement, en parlant même du tems d'Auguste, que sous cet empereur, Mécène aimait dans le style, l'orné, le doux et l'agréable.

Ainsi il y eut une époque déterminée où cette influence remarquable établit la ligne de démarcation qui sépare le style grec pur du style grec romain, démarcation qu'il me semble très-essentiel, pour notre étude, de signaler et de distinguer. Cependant, si nous persistons à suivre ce seul art grec exclusivement jusqu'à la fin et à travers les écoles romaines, nous verrons qu'il ne s'est point corrompu et qu'en vieillissant il est retourné à son état d'innocence. Lors donc que l'art fut altéré, chargé et corrompu par les Romains et par les peuples du Nord, on peut dire qu'il n'était plus lui-même et que c'était un art étranger. Mais en Grèce, dans sa terre natale, ses productions les plus languissantes attestèrent toujours la pureté de son origine. En effet, dans le 15e et le 16e siècle même, les représentations faites à Constantinople, à Rome, à Venise, à Ravenne, etc. par des Grecs qu'on y appelait de la Grèce, étaient des images fort resssemblantes à celles des premiers âges de l'art grec. Les apôtres, qui sont si souvent représentés accompagnant Dieu et la Vierge, toutes les grandes images exécutées en mosaïque ou autrement sur les absides des anciennes basiliques, sont plus semblables qu'on ne pense aux premières productions des tems de Dibutade et des Dédales, tandis que l'art, exclusivement romain, se dégrada, se dénatura véritablement. Toutefois, si l'on voulait discerner et trier, pour ainsi dire, cet art grec fondu dans l'art romain, il faudrait pouvoir étudier une suite de monumens exclusivement grecs et exécutés hors de l'Italie.

Si parmi les écrivains anciens qui ont dû manifester leurs regrets sur la décadence de l'art, nous ne connaissons pas ceux qui se sont expliqués en particulier et en termes techniques, nous avons au moins les écrits de ceux qui ont employé des termes généraux pour la même fin. Vitruve s'exprime un peu plus positivement, parce qu'il était artiste lui-même et familier par conséquent avec le langage de l'art, ce qui nous prouve que les écrits perdus des artistes anciens nous auraient beaucoup éclairés sur différens points de critique et principalement sur cet abandon des antiques qualités de l'art.

Voici ce que Pétrone écrivait 50 ans avant J.-C. : « Autrefois les arts étaient dans toute leur force, et c'était un » beau combat que celui des hommes qui ne voulaient rien » laisser à découvrir aux siècles à venir. Lysippe mourut » pauvre, parce que dans ses statues la correction d'un » seul contour l'arrêtait (*Lysippum statuæ unius lineamentis inhærentem*). Myron, qui savait renfermer dans » ses figures en bronze l'ame et la vie de ses modèles

» (*Qui penè hominum animas ferarumque œre compre-
» henderat*), n'eut point d'héritiers. Mais de notre tems,
» enfoncés dans les plaisirs de la table et de la débauche,
» nous ignorons ces mêmes beaux-arts et nous critiquons
» les productions des anciens. L'argent fait tout, et un
» lingot d'or paraît bien plus beau que toutes les pro-
» ductions de Phidias et d'Apelle, que nous appelons de
» petits Grecs qui n'en savaient pas bien long. »

Quant à Pline, voici comment il s'exprime au sujet de la peinture (L. 35. C. 1) : « Cet art était autrefois très-noble,
» dit-il, lorsque les rois et les républiques l'honoraient à
» l'envi et qu'on n'était dans l'usage de peindre que des
» personnes dignes de la postérité. Mais aujourd'hui, ce
» même art est expulsé par la manie des marbres et quel-
» quefois remplacé par l'or même... Les portraits aujour-
» d'hui représentent moins l'effigie vivante des personnes
» que leur luxe et leur opulence (*id. id.*). La molesse
» des mœurs a perdu les arts, et, parce qu'on négligea
» l'image de l'ame, on a négligé aussi celle des corps (*Ar-
» tes desidia perdidit : et quoniam animorum imagines
» non sunt, negliguntur etiam corporum*). »

On trouve çà et là dans les auteurs des expressions de regrets sur cet état de l'art. C'est ainsi que Plutarque dit que sous Domitien on gâta à Rome, en les voulant polir, des colonnes de marbre pentélique travaillées à Athènes.

Enfin, malgré quelques exceptions, on doit reconnaître que chez les Romains le caractère général de l'art consiste principalement dans la disposition toujours calculée pour produire un certain luxe de parure, une certaine élégance pompeuse et trop souvent magnifique. Tout ce calcul dans la disposition et dans l'arrangement, outre qu'il est trop apparent, semble n'avoir été acheté qu'aux prix de la naïveté et des finesses naturelles. Les Grecs cherchaient la grâce dans la vie et dans la simplicité ; les Romains paraissent n'avoir cherché la grâce et le beau que dans les combinaisons optiques, en sorte qu'on vit Rome surchargée de sculptures molles et arrondies ; sculptures belles, il est vrai, par l'arrangement, et gracieuses par la superficie ; sculptures pleines, douces et moelleusement polies, mais dénuées de ce nerf attique qui jadis vivifiait jusqu'à l'épiderme, qui faisait respirer le bronze et semblait rendre l'art plus vivant que la nature.

Les ouvrages des Grecs étaient fins et savans, vifs et délicats : les ouvrages des Romains furent savans avec parade ; chauds, mais d'une chaleur artificielle ; vigoureux, mais toujours trop ronflans ; en sorte qu'on peut exprimer toute cette différence en disant que les Grecs passèrent de l'anatomie, de la mécanique et de la géométrie au beau optique et à la parure de l'aspect, mais que les Romains commencèrent par l'extérieur et par cette parure de l'aspect, sans avoir ensuite la force de remonter aux longues, aux fortes études de l'anatomie, du mouvement ou de la mécanique du corps humain et de la science des plans. C'est cette disposition toujours belle, toujours noble, si souvent convenable dans les ouvrages romains, qui a fait penser qu'il n'y avait d'autre différence entre l'art grec et l'art romain, que cette finesse, cette naïveté qui tenait, dit-on, aux mœurs et à la différence des artistes. Mais tout observateur éclairé reconnaît que ces statues grecques, si vives, si charmantes par le naturel, ont été mesurées cent fois d'après la nature, ont été exécutées avec un scrupule savant ; que, voulant le fond et non la superficie seulement, voulant le dessous et non l'écorce, les artistes grecs parvenaient, à force de méthode et de savoir, à rendre animés le marbre et l'airain, tandis que les Romains n'aspiraient qu'à paraître grands et imposans au dehors par la belle disposition et le travail suave des formes.

Aussi tous les critiques ont-ils raisonné à peu près comme Winckelmann, qu'il nous faut citer ici : « Les ar-
» tistes romains, dit-il, peuvent néanmoins se glorifier d'a-
» voir conservé leur grandeur, même dans les tems où
» l'art était le plus sur son déclin. Le génie de leurs pères
» ne les avait pas entièrement abandonnés. On voit des
» ouvrages médiocres de ces derniers tems, travaillés en-
» core d'après la maxime des grands maîtres. Les airs de
» tête conservent l'idée générale de l'antique beauté. La
» position, l'attitude, l'ajustement des figures, décèlent
» toujours les vestiges d'une beauté pure et simple. Cette
» élégance recherchée, cette grâce affectée et mal enten-
» tendue, cette souplesse contournée et outrée, dont sou-
» vent les meilleurs ouvrages des sculpteurs modernes ne
» sont point exempts, n'ont jamais été capables d'éblouir
» l'esprit des anciens. Nous trouvons même quelques sta-
» tues excellentes qui sont du troisième siècle, à en juger
» par l'ajustement des cheveux, et qu'on peut regarder
» comme des copies faites d'après des ouvrages plus an-
» ciens. Il se trouvait donc des artistes capables de bien
» copier les belles figures des premiers maîtres. » Il n'est pas hors de propos de faire remarquer qu'on dut le plus souvent, pour les copies, faire choix d'originaux d'un bel ensemble et dont le bon effet pût subsister malgré l'incorrection du copiste, les statuaires devant redouter de répéter les originaux sévères des Polyclète et des Myron.

Le style de l'art à Rome peut se diviser en plusieurs périodes, mais je ne crois pas que cette subdivision soit très-utile aux artistes. Si l'étude des nuances de l'art à cette époque est instructive, c'est par l'examen seulement des défauts qui corrompaient l'art de plus en plus à Rome, et non par l'étude de quelques nouvelles qualités, puisque les Grecs avaient rendu l'art complet. Cette subdivision des caractères de l'art à Rome me semble donc appartenir plutôt à l'archéologie qu'à la théorie de l'art. Cependant je ne doute point qu'une étude approfondie des monumens romains ou exécutés à Rome, ne fasse parvenir un jour quelque savant à distinguer nettement les nuances de ces styles qui doivent offrir en effet des caractères sensibles; ces classifications serviront probablement plus tard à enrichir l'histoire de l'art.

Outre les indices généraux fournis par l'art proprement dit, tels que le style, la méthode de choisir et d'exprimer les mouvemens et les formes, l'anatomie, etc., moyens que nous venons de considérer dans nos observations précédentes, on peut encore reconnaître et distinguer des âges différens dans les ouvrages d'art faits à Rome, en remarquant soit la manœuvre du statuaire, telle que la méthode de fouiller le marbre, de traiter les cheveux, la barbe, etc., de conduire le ciseau sur le nu et d'exécuter les plis, soit la façon de rendre certaines parties que la matière doit exprimer par des procédés conventionnels et plus ou moins arbitraires, comme les yeux, les prunelles, les paupières et quelques accessoires enfin. Toutes ces méthodes ont dû être diversement et généralement adoptées à certaines époques. Les connaisseurs savent à l'inspection du style des coiffures, à la forme de certains accessoires, aux draperies, etc., distinguer une antique du 2e, du 3e ou du 4e siècle, comme les lexicographes distinguent l'âge des manuscrits. Mais ces recherches, qui sont fort étendues, appartiennent à la sculpture et à l'archéologie.

Cependant, je vais extraire de l'histoire de Winckelmann quelques observations relatives à ces questions que personne, je crois, n'avait abordées avant lui. « Sous » Adrien, dit-il, le style devint plus fini, plus pur, plus re» cherché que sous les premiers empereurs. Les cheveux » sont plus travaillés, plus unis, plus détachés; les cils » sont relevés; les pupilles sont indiquées par un trou pro» fond; usage rare avant ce prince et fréquent après lui... » Le style, sous Adrien, perdit de ce sublime qu'on avait » appris chez les Grecs; mais étant grand néanmoins, il » a eu des admirateurs. De même, on préfère quelquefois » Pline à Cicéron, Velléïus à Tite-Live. L'art continua » sous les Antonins et diminua sous Sévère. On voit ce» pendant d'excellentes têtes sous Caracalla. On faisait » alors plus de bustes que de statues. Sous Tibère et sous » Claude, le mérite des portraits va en diminuant. Enfin » sous Alexandre Sévère commence une nouvelle manière » qui tombe dans le grossier. Les pupilles sont plus creu» sées; les fronts sillonnés; les figures des femmes et des » enfans sont sèches et languissantes. L'art déclinait » donc et tombait insensiblement. » Selon Visconti, on peut dire, au sujet d'un buste de Pupien, ouvrage du 3e siècle et qu'on voit au musée de Paris, n° 79, que c'est le dernier portrait excellent dans la série des empereurs.

Il y aurait bien des réflexions à faire au sujet de ces diverses assertions; la matière est nouvelle, et peu d'antiquaires, je le répète, sont assez familiers avec le technique de l'art, pour prononcer précisément sur ces divers points particuliers. Je ne puis m'empêcher de donner ici une idée du malentendu fâcheux que produit si souvent cette ignorance de la vraie théorie et de la technie des beaux-arts. Je crois donc devoir signaler l'étonnement qui se propage chez tant de curieux en antiquités, au sujet de la prétendue beauté et perfection des bustes romains, perfection qu'ils désignent indiscrétement dans leurs éloges par les mots de travail précieux, fini parfait, etc. Ils prodiguent aussi ces éloges, au sujet des médailles, des pierres gravées et des camées exécutées dans le même tems que ces bustes. La cause de cet étonnement, selon eux, c'est l'état de décadence des arts sous les empereurs ; décadence qu'il me semble inconséquent de leur part d'avouer, mais qu'il leur serait trop difficile de contester.

Winckelmann leur sert d'autorité, et cependant toute la raison qu'il donne de cette prétendue excellence, c'est que « le tems étant venu où l'on fit moins de statues nou- » velles, à cause du grand nombre des anciennes, la prin- » cipale occupation des artistes fut de sculpter des têtes » et des bustes (Hist. de l'Art. L. 4. C. 6). » Caylus et d'autres cherchent encore, hors de la vérité, la cause de cette perfection ; j'emploie ce mot, puisque ces admirateurs emploient celui de prodiges d'exécution, prodiges de l'art, beauté parfaite, etc. à propos de certains bustes, par exemple, de Lucius-Verus, de Marc-Aurèle, etc. D'autres, après Caylus, voulurent pénétrer plus avant dans cette cause prétendue. Ils rappelèrent donc l'usage où étaient les Romains d'orner leurs bibliothèques, leurs bains, leurs jardins, leurs chemins de bustes, de thermes, d'hermès de toute espèce. Jusque là cette admiration assez vague ne produit que peu de dommage à l'art; mais une assertion précise de Winckelmann n'est-elle pas funeste? « Peut-» être, dit-il, que Lysippe n'aurait pas mieux fait la tête » de Caracalla-Farnèse : toute la différence qu'il y a, c'est » que le maître qui fit ce buste n'aurait pas été capable » de faire une figure comme Lysippe. » Or je prétends et j'affirme que Lysippe eût bien autrement fait, je veux dire qu'il eût fait infiniment mieux cette tête de Caracalla.

Mais n'en restons pas à ce rapprochement sans nous expliquer encore. D'où vient cette prévention, si ce n'est de ce que ces critiques n'ont pas acquis l'idée distincte des conditions de fini, poli, soin de l'outil, finesse ou ténuité, délicatesse ou minutie sans caractères? Comment se fait-il que ces mêmes curieux qui blâment tous les jours les personnes dupes de ce poli, de cette ténuité sur des ouvrages modernes souvent si misérables, si peinés et si mesquins, soient dupes eux-mêmes, à propos d'ouvrages romains, par cela seul qu'ils offrent une convenance qui satisfait, une dignité qui impose et une disposition toujours belle? Ils savent pourtant que quatre coups d'un ciseau éloquent en disent souvent plus que la râpe ou la ponce. Et d'ailleurs ces critiques n'ont-ils pu, à propos de peinture, comparer la touche animée et significative de Téniers, au poli monotone de Miéris ou à la propreté toute de glace de Wanderwerf? Considérons donc les indications émises par Winckelmann comme des aperçus propres à nous donner l'éveil et à nous exciter vers cette étude, sur laquelle nous n'avons vu faire jusqu'à présent que des réflexions générales. C'est ainsi que M. de Châteaubriant dit avec beaucoup de justesse : « Tout ce que les empereurs ont touché à Athènes se re-

» connaît au premier coup-d'œil et forme un disparate » sensible avec les chefs-d'œuvre du siècle de Périclès. »

Toute cette critique que nous venons de faire du goût romain en faveur du goût grec, nous a donc paru d'autant plus nécessaire que la grandeur et la magnificence de l'art romain semblent le mettre à l'abri des attaques que les observateurs pourraient lui porter [1].

Maintenant citons quelques monumens. Voici ce que Winckelmann dit de la statue long-tems appelée l'Antinoüs du Belvédère, figure en marbre de Paros, trouvée à Rome sous le pontificat de Paul III, qui la jugea digne d'être placée au Belvédère du Vatican, près de l'Apollon et du Laocoon. Ce fut elle que Poussin, à ce que les livres répètent, étudia sous le rapport des proportions : « Cette » figure, qui représente plutôt un Méléagre, est mise » avec raison au nombre des statues de la première classe, » plus néanmoins pour la beauté de ses details, que pour

[1] A Rome, au premier coup-d'œil, l'étranger distingue les monumens antiques des modernes, non par leur état de ruine, mais par cette grandeur imposante qui forme un disparate sensible avec les édifices modernes, en sorte que, si, pour mieux observer ce spectacle, on se place sur le mont Janicule, non loin de la magnifique fontaine Pauline, auprès de laquelle toutes les fontaines publiques de Paris ne paraîtraient que de misérables robinets, on n'est frappé que des masses antiques du temple de la Paix, du Colysée, de la voûte du Panthéon, etc. Ce sont des géans, et les palais Farnèse, Barbérini, les églises St-André, St-Pierre même, semblent autant de Pygmées enjolivés. Mais où en sommes-nous donc en France, par exemple? Rome moderne, comparée à Paris, est une ville magnifique par ses églises, par ses palais, auprès desquels les hôtels du faubourg St-Germain sont de tristes et monotones casernes, et nos plus belles églises de chétifs monumens. Que de Paris on aille ensuite faire des comparaisons à Rouen, à Lyon et dans presque toutes les villes de France; quelle dégradation! Et cependant Thèbes, Memphis, Babylone, imposaient encore plus qu'Athènes, qui elle-même était si supérieure à Rome.

» la perfection de l'ensemble. Les jambes et les pieds, » ainsi que le bas-ventre, ne répondent point, quant à la » forme et à l'exécution, au reste de cette figure. La tête » est, sans contredit, une des plus belles têtes de jeune » homme qui nous soit parvenue de l'antiquité. La fierté » et la majesté règnent sur le visage de l'Apollon; mais » la physionomie du Méléagre nous offre l'image des grâces » de l'aimable jeunesse et de la beauté du bel âge, accom- » pagnée de l'innocence qu'anime une douce sensibilité » sans mélange d'aucune passion capable d'altérer la » paix de l'ame et l'harmonie des parties. La position et » toute l'attitude de cette noble figure marquent ce calme » profond, cette jouissance de soi-même, effet d'un re- » cueillement tel, que les sens ne paraissent plus avoir rien » de commun avec les objets extérieurs. Ses yeux ont la » courbure modérée de ceux de la déesse des Amours; » ils expriment la candeur et l'innocence et ne montrent » aucun désir. Sa bouche, qui réunit une juste petitesse » et la forme la plus agréable, inspire une quantité d'é- » motions sans paraître les ressentir. Ses joues, nourries » et embellies par les Grâces, forment un heureux accord » avec son menton plein et saillant, et terminent le con- » tour gracieux de ce bel adolescent. Cependant son front » indique plus qu'un jeune homme; semblable à celui » d'Hercule jeune, il annonce le héros futur par la gran- » deur imposante avec laquelle il se développe. Sa poi- » trine élevée présage la force. Ses épaules, ses côtes, ses » hanches sont d'une beauté achevée, mais ses jambes » n'ont point cette belle forme qu'exigerait un tel corps. » Ses pieds sont d'une exécution grossière et le nombril » est à peine indiqué. »

Ce qui a déterminé Winckelmann à choisir cette figure pour sujet d'une description poétique, c'est qu'elle offre un bel aspect, c'est que la donnée en est excellente et bien conservée, et que la morbidesse, le grandiose des formes, le poli éclatant de l'ouvrage, ainsi que sa grande dimension, produisent un effet imposant. Cependant il y a une observation à faire ici, c'est que si l'on n'écoutait jamais que son propre goût et ses propres sensations pour faire un choix parmi les monumens, on préférerait toujours les productions où les qualités dont nous venons de parler sont très-évidentes; mais quand il s'agit d'étudier l'art, il faut pourtant se servir aussi d'un autre moyen surajouté au sentiment, et ce moyen c'est celui de la connaissance des parties de l'art. Ainsi, Winckelmann qui ne cite point avec le même éloge le célèbre groupe du Méléagre du même musée, semble avoir été séduit par un espèce d'appât qui l'attachait à la première de ces deux figures.

Je dirai donc en passant que cette figure de Méléagre ayant la hure du sanglier à ses côtés et à ses pieds le chien fidèle, est une des plus belles productions que nous ayons de l'art grec; qu'elle est plus simple d'exécution, c'est-à-dire moins chargée, moins arrondie que le Mercure, dit l'Antinoüs, dont Winckelmann vient de faire la description; qu'elle est même plus vraie, plus fine et plus dans le goût attique que l'autre, tout en offrant une composition aussi heureuse et aussi agréable. Je pense enfin que ce groupe doit être une fort bonne copie antique d'après un très-célèbre original. Cette statue en marbre du mont Hymète, existait à Rome sous Paul III; c'est Clément XIV qui la fit placer au Vatican. Nous ne connaissons aucune citation qui puisse nous indiquer l'auteur d'une figure de

Méléagre en repos. Cependant Pline cite plusieurs statuaires qui avaient représenté des chasseurs : Euthycrate, élève de Lysippe, fit la statue du chasseur Thespis. Protogène représenta Jalysus, etc. La donnée de ce dernier groupe n'est pas indigne de ce grand peintre et a du rapport avec le style qu'on peut supposer aux artistes de son tems.

Je citerai encore le Mercure ou Antinoüs du Capitole, connu long-tems en France sous le nom de l'Antin. Je crois essentiel de rappeler cette figure, parce qu'elle est tous les jours offerte comme modèle dans les écoles, et que les empreintes en sont très-multipliées. Il n'y a pas de doute que c'est la plénitude des formes et une assez grande harmonie dans cette figure fort simple qui l'ont fait autant considérer. Cependant, indépendamment de la certitude que l'on avait que cette statue du favori d'Adrien n'était point un ouvrage des beaux tems de l'art grec, on aurait dû y reconnaître une certaine pesanteur et quelque chose de froid et d'engorgé qui s'éloigne du goût vif et très-animé de l'école grecque. Cette figure est loin d'offrir tous les signes ostensibles de la vie et d'indiquer avec propriété l'aptitude aux fonctions d'un parfait adolescent. Peut-être a-t-on voulu exprimer une certaine langueur indolente dans cet individu. Mais si l'on se représente ce jeune homme au milieu des jeux, déployant ses membres arrondis dans les brillans exercices de son âge, on ne retrouve pas ce mécanisme harmonieux, cette liberté des articulations, ce jeu naïf et libre de la tête sur le cou et du cou sur la poitrine, etc. L'artiste s'est encore arrêté à l'écorce, à la plénitude, à la rondeur ; et il a négligé le dessous et la vie. Les joues toutes belles et toutes virginales qu'elles soient, ne sont pas, à beaucoup près, aussi vraies que les joues de la mère des Niobés, ni que celles de sa plus jeune fille.

Visconti a dit : « Annoncer un portrait d'Antinoüs, » c'est annoncer un ouvrage de mérite. » Cette assertion ne serait pas du goût de tous les connaisseurs en antiques. Ailleurs, au sujet du bas-relief d'Antinoüs de la villa Albani, si remarquable par sa dimension et son beau poli, il dit : « C'est un des plus beaux ouvrages qui nous restent » dans le genre des bas-reliefs; la pureté des formes y est » alliée au style le plus gracieux et relevée par le plus » beau fini. Ce bas-relief faisait le plus bel ornement de » la villa Albani. »

Je répéterai donc, au sujet de cette opinion et de cet éloge peu motivé, que si la sculpture, sous Adrien, offre en effet des ouvrages dont la disposition produit un beau spectacle, dont le grandiose est imposant, dont le travail suave et moelleux a quelque chose de séduisant par son beau poli, il n'en est pas moins vrai que, depuis Praxitèle jusqu'à l'influence du goût romain, ces mêmes qualités n'étaient jamais seules dominantes, et que la correction, la vivacité et la science du nu et des plans, science provenant des exemples de Phidias, de Polyclète, etc., étaient réellement les ornemens principaux de tous les ouvrages peints et sculptés. Ainsi j'ose affirmer que la tête des Niobés, et, pour remonter au style si imposant des écoles très-antiques, que les têtes mêmes des Dioscures de Monte-Cavallo sont au fait plus vraies et plus grandes de caractère, et tout aussi finies, que ces Antinoüs dont le style est, il faut le dire, pesant, pour être grave; lissé et froid, pour être châtié; et plein d'enflure enfin, pour paraître sain et vigoureux.

Pausanias est plus réservé sur ce point que nos antiquaires modernes, car il avait une occasion de témoigner son admiration pour des images d'Antinoüs, et cependant il en parle sans louanges. « A Mantinée, dit-il (L. 8. C. 9), » il y a une maison où l'on conserve des statues d'Antinoüs; cette maison est à voir pour la beauté du marbre » dont elle est ornée et pour ses peintures. Antinoüs y est » peint en plusieurs endroits sous la forme de Bacchus. » Pausanias ne nous cite point le nom du peintre et ne parle point du caractère artistique de ces peintures, qui au surplus devaient être toutes semblables aux statues que nous avons de ce Bythinien, statues qui, comme nous venons de le dire, sont grandioses, moelleuses et d'une belle décoration, mais que Polyclète eût appelées des fantômes sans existence et sans naturel.

Encore une remarque. Quelques bustes de Lucius-Verus, sculptés un demi-siècle après ces Antinoüs, font voir un luxe d'outil et une exécution particulière très-recherchée, ainsi qu'une rare dextérité dans l'imitation des cheveux et de la barbe. La villa Borghèse possédait une tête colossale de cet empereur (on la voit aujourd'hui sous le n° 140 au musée de Paris). Mais cette perfection même en cette partie, cette adresse nouvelle peut-être, n'est point un perfectionnement de l'art. Rien, si ce n'est l'obligation où étaient les artistes de flatter la vanité de cet empereur qui, malgré ses traits peu conformes à la vraie régularité, prétendait à la beauté, n'a pu justifier cette recherche. Pourquoi les Grecs n'ont-ils pas ainsi frisotté le marbre et les poils d'une barbe crépue? C'est que c'eût été produire un défaut d'unité dans le spectacle, dans l'imitation et dans la matière même; c'est que des cheveux ainsi traités feraient exiger une finesse, une vérité indicible dans l'imitation des chairs. Aussi voyons-nous que ces paupières, ce globe de l'œil, ces narines de Lucius-Verus ne sont que grossières, bien que lisses et polies, et que ces dissonances indiquent au prime abord la dégradation de l'art.

C'est surtout dans cette dernière période de l'art que furent exécutées à Rome ces milliers de statues, d'autels, de sarcophages, de grands bas-reliefs si communs même encore aujourd'hui. Qui n'aperçoit pas au premier coup-d'œil la physionomie de cette sculpture romaine si différente de la sculpture grecque? Les figures de la colonne trajane et surtout de la colonne antonine, ne sont-elles pas d'un langage, d'un accent tout différent de celui de Phidias ou de Polyclète? Toutes ces statues trouvées à Gabies ne semblent-elles pas sorties d'une fabrique plutôt que des ateliers de statuaires savans et très-habiles? Ophélion a inscrit son nom sur une statue qu'on voit au musée de Paris, n° 150, et selon les érudits cette figure offre les traits de Sextus Pompée : mais, si elle fut faite du vivant de cet illustre Romain, l'art était déjà fort influencé un demi-siècle avant notre ère; et, si elle ne fut exécutée que plus tard, elle n'est qu'une copie arrangée à la romaine d'un original qui, ayant paru avant la décadence manifeste de l'art, devait se distinguer encore par le style et la savante exécution qui illustraient alors les Olympiosthène, les Strongilion dans la statuaire, les Dioscouride dans la gravure, et les Timomaque dans la peinture.

Toutes les copies romaines d'après les ouvrages classiques, ont dû offrir de très-infidèles répétitions du fameux style original, et on peut dire cela, malgré le mérite des copistes et peut-être malgré certaines qualités non empruntées à ces originaux. Par exemple, si l'Enfant à l'oie est une copie d'après Boéthus, carthaginois, émule de Mentor lors du plus beau tems de l'art, elle est certainement arrondie et adoucie par un ciseau romain. Je doute fort que Ménodore qui copia dans le premier siècle de notre ère le Cupidon de Praxitèle, et que Dorothée qui dans le même tems remplaça par une peinture de sa main la Vénus d'Apelle, aient fait connaître dans ces copies Apelle et Praxitèle.

Cependant il peut se faire que, le déclin de l'art ayant été aperçu, on ait eu recours aux fortes leçons antiques et aux études sévères des premières écoles grecques; mais il fallait comprendre ces leçons et pénétrer dans ces études. On nous dit que Trajan établit des écoles propres à épurer et à vivifier l'art; rien pourtant dans la sculpture de son tems n'annonce de salutaires réformes : il ne faut pas croire sur ce point délicat à quelques mots des historiens. C'est ainsi que cet Arcésilaüs, que Pline appelle peintre sévère et brillant, était peut-être fort éloigné de la route antique de Protogène et de Nicomaque.

Si donc on voulait citer un monument exécuté dans ces derniers tems de l'art et portant l'empreinte de l'école grecque, c'est-à-dire du style simple, réservé et caractérisé par la finesse des mouvemens, on pourrait le signaler dans la figure assez froide d'ailleurs de Julien l'apostat qu'on possède à Paris [1]. Mais d'autres antiques de cet âge, et que je ne connais pas, offrent probablement ce carac-

[1] On a imaginé fort heureusement de placer à Paris, dans les thermes de cet empereur, cette statue, qui était restée dans l'oubli, chez un marbrier. Les restes de ces thermes, situés rue de la Harpe, viennent d'être restaurés.

tère et cette preuve d'un retour tenté vers la simplicité. Au reste, cette critique, que dans l'intérêt de l'art j'ai cru devoir entreprendre au sujet de l'influence romaine, peut se comprendre encore mieux, si l'on examine nos copies modernes d'ouvrages anciens faites dans le 17e et le 18e siècle, copies qui décorent nos jardins et nos palais. Ce poli froid et sans vie, cet outil énervé et pesant, cette prétention à l'effet et non à l'imitation de la nature, frappent, j'imagine, les observateurs les moins exercés. Mais peut-être existe-t-il quelque copie, soit de l'antique statue du Tireur d'épine, soit de quelqu'autre ouvrage sévère et de haut style. Cette comparaison serait une preuve suffisante sur ce point, de même que nous en avons une dans des copies médiocres du Discobole de Nancydès, copies si inférieures à celle du Vatican. Deux statues, qu'on voit sur le pallier de l'escalier du musée de Paris, servent encore à démontrer la grande influence qui sépare les productions grecques des productions romaines ; ces statues, copies du même original, représentent un jeune vainqueur en repos, le pied élevé et posé sur la borne qui peut-être sert de but dans l'arène : l'une des deux, de travail grec, semble respirer ; l'autre, de travail romain, est froide et sans agilité, quand on la compare à la première.

CHAPITRE 59.

CONCLUSION RELATIVE AUX DIFFÉRENS STYLES DE L'ART CHEZ LES GRECS ET CHEZ LES ROMAINS JUSQU'AU MOYEN AGE.

Je conclus de tout ce que je viens de recueillir sur les styles de l'art grec, mais que je n'ai pu prouver par tous les monumens que j'aurais voulu avoir à ma disposition, je conclus, dis-je, que la marche de l'art antique ne doit plus paraître incertaine, irrégulière, ou l'effet du hazard; que les progrès qui caractérisent les styles de l'art sont réglés, successifs, faciles à remarquer, et qu'ils sont l'ouvrage des Grecs, et non le résultat d'une faveur céleste qui leur fut particulière. Je conclus aussi que les causes de la décadence sont l'ouvrage des hommes, et non un repos de la nature, en sorte que l'on peut, je crois, réduire à ce qui suit cette histoire des styles comprenant l'histoire de la peinture chez les anciens.

Les Grecs empruntèrent aux Égyptiens, aux Étrusques, aux peuples de l'Inde, de la Perse, etc., les premières données grandes, gigantesques, mystérieuses et extraordinaires qui procurèrent aux productions de l'art un aspect imposant, quelquefois terrible et propre à le faire respecter; et ces qualités furent d'autant plus religieusement consacrées, que ces artistes primitifs sentaient leur faiblesse dans l'art d'être fidèles et exacts imitateurs. A ces grandes qualités se joignit la méthode pratique d'exécuter par plans simples et principaux, à l'aide d'un outil vif, fin et très-austère. Peu à peu on ajouta dans ces images, presque toutes mythologiques, plus de justesse de mouvement et plus de similitude avec les formes naturelles. L'art tendait à ce perfectionnement si essentiel, lorsque Phidias s'en empara. A cette même grandeur il allia une savante vérité. Polyclète était déjà plus stricte encore, plus sévère, et peut-être plus vif et plus parfait dans l'art de la ressemblance. Il trouva une partie de la grâce dans la justesse de représentation, et l'expression de la vie dans l'exacte imitation : les statues iconiques des vainqueurs favorisèrent cette étude, mais il fallait conserver les grandes données premières. Zeuxis, Parrhasius ne s'écartèrent jamais de ce principe. Tous ces artistes, et plus tard Apelle, se sentant forts par la science du dessin, voulurent se distinguer par la plus grande simplicité, qui, alliée au vrai savoir, produit la magie et la noble puissance de l'art.

Praxitèle parut. Il voulut, pour ainsi dire, que la vérité fût parée de la main des Grâces, c'est-à-dire qu'il reconnut si bien la constitution morale et physique des hommes, pour qui les arts sont faits, qu'il imagina, afin de mieux leur faire sentir l'harmonie et les accoutumer au beau par tous les moyens de l'art, d'épuiser les combinaisons, qui étant elles-mêmes dans la nature, pouvaient devenir la parure de la statuaire sans la corrompre. Il ne s'écarta point de la majesté antique; il conserva la vie dans les images et rendit cette vie encore plus attrayante; il charma par l'expression des douces élasticités de la chair, mais il n'offrit cette vérité qu'au milieu d'un spectacle enchanteur, à l'aide des anciennes règles qui avant Phidias avaient produit l'ordre, la symétrie et une certaine austérité dans la disposition des figures. Il parvint donc à trouver la théorie complémentaire du beau, et il en fixa les principes. Il plut à la fois aux yeux, à l'esprit et au cœur ; enfin ses images, ainsi que celles des Apelle, des Euphranor et des Échion, furent de véritables enchantemens qui devinrent utiles à la religion et aux mœurs. Lysippe et ses successeurs respectèrent le même principe et perpétuèrent la même théorie.

Mais peu à peu ces charmes extérieurs, faciles à conserver et à faire briller dans les ouvrages, parce qu'ils sont le résultat de combinaisons positives à la portée de tous les artistes intelligens, furent cause, par cela même qu'ils étaient faciles à obtenir, que l'on négligea les hautes et antiques qualités fondamentales et les secrets primitifs. L'art enfin en était à ce point ou à cet état de chancellement, lorsque les Romains le subjuguèrent et lui imposèrent des lois. Bientôt leur goût national, qui devint un goût de parade et d'ostentation, accéléra l'abandon et l'oubli des hautes et précieuses maximes de Phidias, de Polyclète et de Protogène. Le mal augmenta de plus en plus. En vain les critiques rappelaient aux documens primitifs et à l'école antique, séparée déjà de quatre siècles des artistes d'alors ; c'était une autre éducation qu'il eût fallu donner aux artistes, c'était toute une révolution dans les arts qui seule eût pu de nouveau les vivifier.

Malgré son enflure à Rome, l'art s'appauvrit donc ; il languit et tomba enfin dans un état duquel il ne pouvait plus sortir, car les seuls moyens qu'on eût voulu employer, pour le relever, eussent été des moyens étrangers aux documens et à la théorie. En effet, il ne put devenir à la fin ni plus noble, malgré la magnificence de Constantin, ni plus austère ou plus vrai, malgré la sainteté de la religion chrétienne.

Cependant il faut le remarquer, la tige primitive de l'art grec existait toujours en Orient, et là il ne se corrompit point dans son dépérissement et dans sa langueur extrême. La simplicité attique semble même l'avoir constamment préservé. Il fallait donc la chute et l'entier anéantissement de l'empire, pour qu'il fût lui-même anéanti. Mais si l'art périt en Orient, ce fut en conservant jusqu'à la fin sa dignité; et, de même que le dernier des Constantins, assailli et forcé de succomber sur les murs escaladés de Bysance, déposait avant de périr son manteau et ses ornemens royaux, pour qu'ils ne fussent point souillés par les hordes de Mahomet, de même on vit l'art grec s'éteindre sans se laisser flétrir et sans jamais abandonner son antique majesté.

CHAPITRE 60.

CONSIDÉRATIONS SUR LA LISTE CHRONOLOGIQUE DES PEINTRES, SCULPTEURS ET GRAVEURS DE L'ANTIQUITÉ.

On a multiplié à l'infini les biographies et les listes des peintres et des sculpteurs modernes, mais on s'est rarement occupé d'offrir la liste générale des peintres et des sculpteurs de l'antiquité. Aucune raison cependant ne pouvait rendre indifférent sur ce moyen d'instruction, qui même aurait dû être regardé comme indispensable. Convaincu de la nécessité de ce moyen, j'ai donc entrepris de composer cette liste, malgré les nombreuses difficultés qui dans un tel travail proviennent des incertitudes, des obscurités et même des contradictions assez fréquentes qu'on rencontre dans les écrivains sur ce sujet.

Depuis que j'ai exécuté cette liste, de véritables savans se sont occupés et s'occupent encore d'études semblables, et quelques-uns ont publié leurs recherches. Les lumières de ces savans m'ont été d'un grand secours, et je me suis trouvé heureux, quand je suis revenu sur mes pas à l'aide d'aussi bons guides. La table que M. le comte de Clarac a annexée à sa description des antiques du musée de Paris, offre un ordre chronologique qui m'a paru devoir être suivi.

Puissent les élèves dont on entretient si rarement l'émulation en les instruisant des belles inventions et des expressions admirables des peintres grecs, sortir enfin du cercle bannal où l'art moderne est resté si long-temps circonscrit! Puissent-ils, en jetant un coup-d'œil sur ce nombre assez grand, quoiqu'incomplet, d'habiles artistes, d'autrefois, et sur la liste plus incomplète encore de leurs productions, remonter à des comparaisons imposantes, et entrevoir dans leur art de nouvelles grâces et de nouvelles perfections!

LISTE *chronologique des peintres, sculpteurs et graveurs de l'antiquité, depuis Dédale qui florissait* 1400 *ans avant notre ère, jusqu'au tems de l'empereur Constantin, l'an* 300 *environ après J.-C.*

ABRÉVIATIONS

Des noms d'auteurs cités dans cette Liste.

Add.—Addée.
Aël.—Aëlianus.
Am. Marc.—Ammien Marcellin.
Anth. Gr.—Anthologie Grecque.
Apul.—Apulée.
Aristœn.—Aristœnète.
Aristoph.—Aristophane.
Aristot.—Aristote.
Arnob.—Arnobe.
Athénag.—Athénagoras.
Athén.—Athénée.
Auct. ad her.—*Auctores ad herennium.*
Aus.—Ausone.

Callist.—Callistrate.
Cedr.—Cedrénus.
Chœrob.—Georgius Chœroboscus.
Chron. d'Al.—Chronique d'Alexandrie.
Cic.—Cicéron.
Clém. Al.—Clément d'Alexandrie.
Colum.—Columelle.

Démét.—Démétrius.
Den. d'Hal.—Denis d'Halicarnasse.
Diod. de Sic.—Diodore de Sicile.
Diog. L.—Diogène de Laërce.
Dion. C.—Dion-Chrysostôme.
Dyd.—Dydime.

Et. de Bys.—Etienne de Bysance.
Eunap.—Eunapius.
Eus.—Eusèbe.
Eust.—Eustathe.

Fest.—Festus.

Gal.—Galien.
Grég. Na.—Grégoire de Naziance.

Héren.—Hérennius.
Hérod.—Hérodote.
Hesych.—Hesychius.
Hipp.—Hippocrate.
D. Hyér.—D. Hyéronymus ou St.-Jérôme.

Jul. Cap.—Jules Capitolin.
Jul.—Julianus *imperator.*
Juv.—Juvenal.

Luci.—Lucien.
Lucil.—Lucilius.

Macr.—Macrobe.
Marc. Vict.—Marcus Victorinus.
Mart.—Martial.
Max. de T.—Maxime de Tyr.
Meurs.—Meursius.

Niceph.—Nicephore.

Ovid.—Ovide.

Paul, diac.—Paul, diacre.
Paus.—Pausanias.
Philost.—Philostrate.
Phot.—Photius.
Plat.—Platon.
Plin.—Pline.
Plut.—Plutarque.
Pol.—Polybe.
Porphyr.—Porphyre.
Procop.—Procope.
Prop.—Properce.
Publ.-V.—Publius-Victor.

Quint.—Quintilien.

Schol. in Aret.—Le Scholiaste d'Aretée.
Schol. in Plut. Aristoph.—Le Scholiaste sur le Plutus d'Aristophane.
Sénèq.—Sénèque.
Serv. Fuld.—Servius Fuldensis.
Sim.—Simonide.
Stac.—Stace.

Stob.—Jean Stobée.
Strab.—Strabon.
Strom. — Stromates, de St.-Clément d'Alexandrie.
Suét.—Suétone.
Suid.-Suidas.
Symm.—Symmaque.
Syn.—Synésius.
Tat.—Tatien.
Tert.—Tertullien.
Th. Soph.—Théon le Sophiste.
Thém.—Thémistius.
Théo.—Théophile.
Théophr.—Théophraste.
Tzet.—Tzetzes.
Val. Max.—Valère Maxime.
Varr.—Marcus Varron.
Vell. Pat.—Velleius Paterculus.
Vet. Schol.—Anciens Scholiastes.
Vit.—Vitruve.
Voss.—Vossius.
Xénoph.—Xénophon.

Il paraît que les dénominations *élève, fils,* s'employaient indistinctement parmi les artistes de l'antiquité.

1re PÉRIODE. — INTERVALLE DE 700 ANS.

Années av. J.-C.

1400. **DÉDALE**, d'Athènes, ou **DÉDALE** l'ancien, *statuaire* et *architecte*, fils d'Eupalamus et petit-fils d'Erecthée, roi d'Athènes. Paus. l. 7. c. 4. Plato in Ion. —— Minerve, stat. à Gnosse. Paus. l. 9. c. 40. — Un chœur de danses, à Gnosse. Paus. l. 9. c. 40. — Hercule en bois, près de Mégalopolis. Paus. l. 8. c. 35. — Hercule en bois, à Thèbes. Paus. l. 9. c. 40. — Throphonius, à Labadée. Paus. l. 9. c. 40. — Britomazzis, à Olunte. Paus. l. 9. c. 40. — Un siége pliant dans le temple de Minerve Polyade, à Athènes. Paus. l. 1. c. 27. — Hercule en bois, à Corinthe. Paus. l. 2. c. 4. — Hercule, stat. en poix. — Une statue, à Omphace. Paus. l. 8. c. 46. — Vénus, stat. en bois, à Délos. Paus. l. 9. c. 40. — Le fameux Labyrinthe, près de Gnosse, dans l'île de Crête.

1350. **BRIAXIS** l'ancien, *statuaire*. —— La statue d'Osiris en Egypte. Cette statue, commandée par Sésostris, était composée de matières riches et variées. Clém. Al.

1270. **EPÉUS**, *statuaire, ingénieur* et *architecte*, fils de Panopée. Plato in Ion. —— Le fameux cheval de Troie. Plin. Paus. l. 1. c. 23. et l. 2. c. 19. Athén. Aristot. Plat. Fest. etc. etc. — Mercure, statue en bois, dans le temple d'Apollon Lycien, à Argos.

JÉMÉLIUS. Il fit le fauteuil arrondi, entièrement d'ivoire et d'argent, sur lequel s'asseyait Pénélope. Odissée. l. 19. vers 57.

TYCHIUS et **ICMALIUS**, ouvriers en armes. Homère.

ALEXANOR, fils de Machaon, *statuaire* et *architecte*. Paus. l. 42. c. 11. —— Esculape et le temple de ce dieu, à Titane. Plat. Paus. l. 15. c. 2. On ne pouvait pas distinguer de quelle matière était cette statue, qui d'ailleurs était couverte d'une tunique et d'un manteau. Paus. l. 2. c. 11.

900. **CLÉANTHE**, de Corinthe, *peintre*, un des inventeurs de la peinture. Plin. l. 35. c. 3. —— Neptune offrant un thon à Jupiter enfant. Démét. l. 3. Athén. l. 8. — Diane portée sur un dauphin. Strab. l. 8.

SAURIAS, de Samos, *peintre,* un des inventeurs de la peinture. Athénag. *In legat. pro Christian.*

CRATON, de Sicyone, *peintre,* un des inventeurs de la peinture. Athénag.

PHILOCLÈS, d'Egypte, *peintre,* un des inventeurs de la peinture. Plin. l. 35. c. 3.

DIBUTADE, de Sicyone, *plasticien.* —— Un médaillon en terre cuite, à Corinthe. Plin. On attribue à sa fille l'invention du dessin.

TÉLÉPHANE, de Sicyone, *peintre,* un des inventeurs de la perspective linéaire. Plin. l. 35. c. 3.

ARDICÈS, de Corinthe, un des inventeurs de la plastique. Plin. l. 35. c. 3.

850. HYGIÉMON, *peintre.* —— Des Monochromes. Plin. l. 35. c. 8.

DINIAS, *peintre.* —— Des Monochromes. Plin. l. 35. c. 8.

CHARMIDAS ou CHARMAS, *peintre.* —— Des Monochromes. Plin. l. 35. c. 8.

EUMARE, d'Athènes, *peintre.* —— Des Monochromes. Plin. l. 35. c. 8.

830. CIMON ou CONON, de Cléone, *peintre,* élève d'Eumare. Ael. Var. Hist. l. 8. c. 8. Il perfectionna l'art et fit des *catagrapha* et des têtes dans toutes sortes de positions. Plin. l. 35. c. 8.

764. LUDIUS, d'Etolie, *peintre.* —— Des peintures dans le temple d'Ardée. Plin.

IIe PÉRIODE. — INTERVALLE DE 120 ANS.

700. BULARQUE, *peintre.* —— Le Combat des Magnètes, acheté par Candaule, roi de Lydie. Plin. l. 7. c. 38.

GITIADAS, de Sparte, *statuaire, architecte* et *poète.* Paus. l. 3. c. 17. —— Minerve Chalciœcos, à Sparte. Paus. liv. 3. chap. 17. — Amphitrite et Neptune, et d'autres bas-reliefs, à Sparte. Paus. l. 3. c. 17. Ces bas-reliefs étaient d'une beauté merveilleuse. Paus. — Le temple d'airain, où l'on voyait ces mêmes ouvrages, à Sparte. Paus. liv. 3. c. 17.

ONASSIMÈDES, *statuaire.* —— Bacchus, statue massive en airain, à Thèbes. Paus. l. 9. c. 12.

ALCON, *statuaire.* — Hercule, statue en fer, à Thèbes. Plin. l. 34.

688. SYADRA et CHARTA, de Sparte, *statuaires.* Paus. l. 6. c. 4.

680. EUCHIR, de Corinthe, *plasticien,* élève de Syadra. On peut l'appeler aussi Euchir l'ancien. Arist. Il fut un des inventeurs de la plastique. Plin. l. 7. c. 55.

EUGRAMMUS, de Corinthe, *plasticien* et *architecte.* Plin. l. 25. c. 12. Il apporta, dit-on, avec Euchir, en Italie l'art de la plastique. Il était grand architecte. Paus.

654. CLÉOPHANTES, de Corinthe, *peintre.* Il vint en Italie avec Démarate, père de Tarquin l'ancien. Il passe pour un des inventeurs de la perspective aérienne. Plin. l. 35. c. 3.

Années av. J.-C.

LÉARQUE, de Rhégium, *statuaire*, élève d'Euchir, de Corinthe, ou, selon d'autres, de Dédale. PAUS. l. 6. c. 4. et l. 3. c. 17. Maître de Pythagore, de Rhégium. ——Jupiter, statue exécutée en Sphurélaton, et la plus ancienne qu'on connaisse de ce genre. On la voyait à Sparte. PAUS. l. 3. c. 17.

630. **TÉLÉCLÈS**, de Samos, *statuaire*, père de Théodore. DIOD. de Sic. l. 1. PAUS. l. 8. c. 14. ATHÉNAG.——Apollon Pythien, à Samos. Téléclès fit la moitié de cette statue à Samos, et Théodore fit l'autre à Ephèse. Lorsqu'on réunit ces deux moitiés à Samos, elles se rapportèrent parfaitement. DIOD. de Sic. l. 1. ATHÉNAG.

612. **THÉODORE**, de Samos, *statuaire* et *architecte*, fils ou frère de Téléclès. PAUS. l. 8. c. 4. PLIN. l. 34. c. 8. et l. 7. c. 56. —— Apollon Pythien, à Samos. Il n'en fit que la moitié. *Voy.* Téléclès. — Une très-grande patère en argent, à Delphes. HÉROD. l. 1. c. 51. — Une coupe en or, dans le palais des rois de Perse. CHARÈS DE MYTIL. l. 5. ATHÉN. l. 11. c. 2. — Sa propre statue, portant d'une main une lime, et de l'autre un quadrige d'une petitesse remarquable. PLIN. l. 34. c. 8. Ce bronze était célèbre par la ressemblance et la tenuité du travail. PLIN. l. 34. c. 8. — Un édifice pour prendre le frais, à Sparte. PAUS. l. 3. c. 12. — Le labyrinthe de Samos. PLIN. l. 34. c. 8. — La fameuse émeraude du tyran Polycrate. PAUS. l. 8. c. 14. STRAB. l. 14. SUID. HÉROD. l. 3. D'autres l'attribuent à un Théodore de Milet qui, dit-on, est plus ancien. Selon Clément d'Alexandrie (PÆDAG. l. III. p. 289. édit. de Potter), cette émeraude, qui servait de sceau à Polycrate, représentait une lyre; d'autres ont attribué la gravure de cette émeraude à Rhæcus.

RHÆCUS, de Samos, *statuaire, plasticien, fondeur* et *architecte*, fils de Philæus. PAUS. l. 8. c. 14. HÉROD. —— La Nuit, statue, à Ephèse. PLIN. l. 10. c. 38. —Un temple, à Ephèse. C'était le plus grand temple connu en Grèce du tems d'Hérodote. PLIN. l. 3. c. 56. EUST. Vers 534 Théodore travailla avec lui à ses fondations, dans lesquelles il fit mettre du charbon. HÉSYCH. DIOG. L. Il fut un des inventeurs de la plastique. PLIN. l. 35. c. 12, et de l'art de fondre les statues en diminuant l'épaisseur du métal. PAUS. l. 8. c. 14.

ARISTOCLÈS, de Sidonie, ou **ARISTOCLÈS** l'ancien, *statuaire*. PAUS. l. 5. c. 25. —— Groupe d'Hercule combattant l'amazone Anthiope, pour lui ravir son bouclier, à Élis. PAUS. l. 5. c. 25.

DÉDALE, autre que Dédale l'ancien. Il fit faire de grands progrès à l'art.

600. **SMILIS**, d'Egyne, *statuaire*, fils d'Euclides. PAUS. l. 7. c. 4. —— Junon, à Samos, dans un temple antique. PAUS. l. 7. c. 4. — Les Heures placées sur des trônes, à Olympe, dans l'Héracéum ou temple de Junon. PAUS. l. 5. c. 17. Quoique Pausanias semble avoir écrit Emilus d'Egyne, l'antiquité qu'il donne au temple et aux statues, doit faire attribuer celles-ci à Smilis. (*Voy.* Doriclidas.)

600. **MALAS**, de Chio, *statuaire*. PLIN. l. 36. c. 5.

MICCIADÈS, de Chio, *statuaire*, fils de Malas. Il employait le marbre de Paros, ainsi que Malas et Anthermus.

590. GLAUCUS, de Chio, *statuaire*. PAUS. l. 10. c. 16. Inventeur de l'art de la damasquinure. HÉROD. PAUS. —— Une Coupe en fer, à Delphes, ouvrage orné d'animaux, d'insectes et de petites plantes. C'était un présent des rois de Lydie à Apollon. PAUS. l. 10. c. 16.

TURIANUS, de Frégelles de l'Étrurie, *modeleur* et *architecte*. PLIN. l. 31. c. 12. —— Jupiter capitolin, à Rome. En terre cuite peinte de vermillon. PLIN. l. 35. c. 12. — Ornemens en terre cuite du temple de ce Jupiter capitolin. PLIN. l. 35. c. 12. — Hercule, à Rome. En terre cuite. PLIN. l. 35. c. 12.

IIIe PÉRIODE. — INTERVALLE DE 150 ANS.

580. DIPÆNUS et SCYLLIS, de Crète, *statuaires* et *toreuticiens*, élèves de Dédale, probablement de Dédale, de Sycione. PAUS. l. 2. c. 15. —— Apollon, Diane, Hercule et Minerve, à Sycione. PLIN. l. 36. c. 5. CLÉM. AL. — Minerve en marbre vert, à Bysance. CEDR. — Hercule, à Tirynthe. CLÉM. AL. — Castor et Pollux, Hilaire et Phœbé, Anaxis et Mnasinoüs, à Argos. CLÉM. AL. PAUS. l. 2. c. 22. Ces figures et les chevaux étaient d'ébène et d'ivoire. — Minerve, près de Corinthe. PAUS. l. 2. c. 15. Ils furent les premiers qui travaillèrent le marbre avec succès. PLIN. l. 36. c. 5. Ces artistes, chefs d'une nombreuse école, remplirent de leurs ouvrages les villes d'Ambracie, d'Argos et de Cléone. PLIN. l. 36. c. 6.

AÉROPUS ou EUROPUS, roi de Macédoine. Il s'amusait à faire des lampes et de petites tables.

572. ANTHERMUS, de Chio, *statuaire*, fils de Micciadès. PLIN. l. 6. c. 5; ou ARCHENNUS. ARISTOPHAN. coméd. des oiseaux; ou bien ATHENIS. ARISTOPHAN. *id.* SUID. Il travaillait en marbre. Sa célébrité, ainsi que celle de Bupalus, enorgueillissait la ville de Chio. Ces deux statuaires avaient rempli la Grèce de leurs ouvrages. PAUS.

565. PHILÉSIUS, d'Erétrie, *statuaire*. PAUS. —— Deux vaches en bronze, dans l'Altys. PAUS. l. 5. c. 27. Ce statuaire les fit avec Théopropus.

THÉOPROPUS, d'Egine, *statuaire*. PAUS. —— Deux vaches en bronze, à Delphes, dans le temple d'Apollon. PAUS. l. 10. c. 9. Il les fit avec Philésius. (*Voy.* Philésius.)

560. THÉOCLÈS, de Lacédémone, *statuaire*, fils d'Hégulus ou d'Etyle, et élève de Dipœnus et Scyllis. PAUS. l. 5. c. 17. et l. 5. c. 19. —— Atlas soutenant le ciel, à Olympie. PAUS. l. 6. c. 19. Cette statue était en bois de cèdre. — Hercule venant enlever les pommes des Hespérides. — Statue à Olympie. PAUS. l. 6. c. 19. — Cinq Hespérides en or et ivoire. PAUS. l. 5. c. 17.

TECTÉE et ANGÉLION, *statuaires* et *architectes*, élèves de Dipœnus et Scyllis. ATHÉNAG. PAUS. l. 2. —— Diane, à Délos. ATHÉNAG. *Legat.*

pro Christian. Paus. l. 9. c. 35. —Apollon, à Délos. Paus. l. 9. c. 35. — Apollon portant les trois Grâces sur sa main. — Tectée construisit le trésor des Epidamiens, à Olympie. — Atlas et les Hespérides, statues en bois, à Olympie. Ces sculpteurs étaient célèbres. Paus. l. 2.

560. PÉRILLE, d'Agrigente, *statuaire*. Plin. l. 36. c. 8.—— Le fameux taureau d'airain du tyran Phalaris, à Agrigente. Plin. l. 36. c. 8, et plus de vingt autres auteurs. Il fut aidé dans ce travail par Dontas.

DONTAS, de Lacédémone, *statuaire*, élève de Dipœnus et Scyllis. Paus. l. 6. c. 19. —— Des statues, dans le trésor, à Mégare. Paus. l. 6. c. 19. Il travailla au taureau de Phalaris, exécuté en partie par Pérille.

MNÉSARQUE, *graveur*, père de Pythagore le philosophe. Diog. L. Vie de Pythag.

DORYCLIDAS, de Lacédémone, *statuaire*, élève de Dipœnus et de Scyllis. Paus. l. 5. c. 17. ——Thémis, statue d'or et d'ivoire placée près des Heures, ses filles, dans l'Héracéum, à Olympie, où l'on voyait vingt statues d'or et d'ivoire d'ancien style. Paus. l. 5. c. 17. (*Voy.* Smilis d'Egyne, cité pour avoir traité le même sujet.)

MEDON, de Lacédémone, *statuaire*, frère de Doryclidas, et élève de Dipœnus et Scyllis. Paus. l. 5. c. 17. —— Minerve armée, statue d'or et d'ivoire, à Olympie. Paus. l. 5. c. 17.

BATYCLÈS, de Magnésie, *statuaire*, élève de Tectée. —— Le trône d'Apollon, à Amyclée. Ce fut Crésus qui fournit l'or. Pausanias en fait une longue description, l. 18 et 19.

540. BUPALUS, de Chio, *statuaire*, *peintre* et *architecte*, fils du second Anthermus. Plin. Paus. —— Des statues, à Rome. Plin. l. 36. c. 57. —Une Junon, à Bysance. Plin. l. 36. c. 5. —Diane, à Suze. Plin. l. 36. c. 5. — Diane, à Chio. Plin. l. 36. c. 5. — Un ouvrage vanté, à Délos. Plin. l. 36. c. 5. —Le poète Hypponax. Plin. l. 36. c. 5. —Portrait peint. Plin. l. 36. c. 5. Ce portrait représenté avec la difformité du poète, excita son courroux. —Diverses statues à Délos. Plin. l. 36. c. 5. —Les Grâces, en or, à Smyrne. Paus. l. 9. c. 35. — La Fortune. Paus. l. 4. —Les Grâces, à Pergame. Plin. l. 4. c. 35. (*Voy.* Anthermus.)

POLYCLÈTE l'ancien, maître de Canacchus.

CALLON, d'Egine, *statuaire*, élève de Tectée et d'Angélion. Paus. l. 3. c. 18. et l. 7. c. 19. —— Un trépied orné de bas-reliefs, représentant Proserpine, à Amyclée. Paus. l. 3. c. 18. — Minerve Sthéniade, statue en bois, à Trézène. Paus. l. 2. c. 33. — Proserpine, à Amyclée. Callon et Egésias travaillaient dans le goût toscan. Quint.

532. CHRYSOTHÉMIS, d'Argos, *statuaire*. Paus. l. 6. c. 10. —— Les statues de Démarate, vainqueur, dans l'Altys. Paus. l. 6. c. 10. Ces statues portaient une inscription indiquant qu'elles étaient l'ouvrage de Chrysothémis et d'Eutélidas, d'Argos. Paus. l. 6. c. 10.

EUTÉLIDAS, d'Argos, *statuaire*. Paus. l. 6. c. 10. (*Voy.* Chrysothémis.)

525. **CANACHUS**, de Sicyone, *statuaire*, élève de Polyclète l'ancien. Plin. l. 36. c. 5. Paus. l. 6. c. 13. Cic. *in Bruto*. Cic. *de Claris Orat*. c. 18. Varr. —— La statue de Bycellus, de Sicyone, premier enfant vainqueur au pugilat. Paus. l. 6. c. 13. — Apollon, isménien, statue en bois de cèdre, à Thèbes. Paus. l. 9. c. 10. — Apollon, statue en bronze, à Branchides. Paus. l. 9. c. 10. — Apollon, nu, surnommé Philésius, statue qu'on voyait à Dyndime; elle était en bronze égynétique. Plin. l. 34. c. 8. — Un cerf pris dans des filets et cherchant à s'échapper par tous les efforts imaginables, en bronze. Plin. l. 34. c. 8. Pline cherche à expliquer les mouvemens de cette figure. — Des enfans courans, en bronze. Plin. l. 34. c. 8. — Diane Loutrophore, à Sicyone, statue d'or et d'ivoire. Paus. l. 2. c. 10. — Dix statues de héros, à Delphes. Paus. l. 10. c. 9. Ces statues, ainsi que celle d'Epesnicus, furent exécutées en société avec Patroclès. — Une Vénus assise, à Corinthe. Paus. l. 2. c. 10. Cette statue d'or et d'ivoire était très-célèbre. — Une Muse. Anth. Gr. l. 4. t. 12. Canachus a fait aussi des ouvrages en marbre. Plin. l. 36. c. 5.

ARISTOCLÈS, de Sicyone, *statuaire*, frère de Canachus chef de l'école de Sicyone et maître de Synnoon. Paus. l. 6. c. 9. —— Une muse. Anth. Gr. l. 4. t. 12. Pausanias le dit presque égal en mérite et en célébrité à son frère Canachus.

AGÉLADAS ou **AGÉLADÈS**, d'Argos, *statuaire*. Plin. l. 34. c. 8. Paus. l. 8. c. 42. Tzet. Chil. 7. hist. 154. v. 930. et Chil. 8. hist. 192. v. 326. Il fut maître de Phidias, de Myron et de Polyclète. —— Cléosthène, vainqueur à la course. Il était représenté monté avec son écuyer sur un char attelé de quatre chevaux. On voyait cet ouvrage dans l'Altys. Paus. l. 6. c. 9 et 10. Une inscription désignait les noms des quatre chevaux. Paus. l. 6. c. 9. — Anochus, vainqueur à la course, dans l'Altys. Paus. l. 6. c. 14. — Des chevaux d'airain et des captives, à Delphes ou à Tarente. Paus. l. 10. c. 11. — Jupiter, à Ithome. Paus. l. 4. c. 33. — Hercule, à Mélite. Aristoph. coméd. des Gren. — Timasithée, athlète, statue, dans l'Altys. Paus. l. 4. c. 8. — Trois muses citées dans l'Anthologie grecque.

516. **MENOECHME**, de Naupacte, *statuaire*. —— Une génisse en bronze tombant sur ses genoux, et la tête jetée en arrière. Plin. l. 34. c. 8. — Diane Laphria en habit de chasse, statue d'or et d'ivoire, à Pâtra. Paus. l. 7. c. 18. En société avec Soïdas.

SOIDAS, de Naupacte, *statuaire*. —— Diane Laphria, en habits de chasse, statue d'or et d'ivoire, à Pâtra. Paus. l. 7. c. 18. En société avec Menechmus. Ce statuaire fameux avait écrit sur son art. Paus. Plin. l. 34. c. 8.

PATROCLÈS, de Crotone, *statuaire*, fils de Catyllus. Paus. l. 6. c. 20. Plin. l. 34. c. 8. —— Apollon, dans l'Altys. Paus. l. 6. c. 19. Cette statue était de buis, la tête était dorée. — Des athlètes, des chasseurs et des sacrificateurs, statues de bronze. Plin. l. 34. c. 8. — Dix statues de héros, à Delphes. Paus. l. 10. c. 9. Il les fit en société avec Canachus de Sicyone.

LAPHAÈS, de Phliasie ou de Pliunte, *statuaire* fort célèbre. Paus. l. 7. c. 26. —— Un Hercule en bois, à Corinthe. Paus. l. 2. c. 10. — Un Hercule, statue colossale en bois, à Sicyone. Paus. l. 7. c. 26. — Apollon, à Egyre, statue colossale en bois d'une grandeur prodigieuse. Paus. l. 7. c. 26.

ANTÉNOR ou, selon Winckelmann, AGÉNOR, d'Athènes, *statuaire.* —— Plusieurs statues d'hommes illustres, dans le Céramique. Paus. l. 1. c. 8. — Harmodius et Aristogiton, statues célèbres.

PYTHODORE, de Thèbes, *statuaire.* Paus. —— Junon portant des Syrènes sur sa main. Paus. l. 9. c. 34.

ENDŒUS, d'Athènes, ou ENDYRUS. Athenag. *statuaire,* élève de Dédale l'ancien. Paus. l. 1. c. 26. —— Une Minerve colossale en bois. Elle tient un rameau et porte sur la tête un Gnome. Cette statue se voyait à Erythrès. Paus. l. 7. c. 5. — Une autre Minerve assise : on la voyait dans la citadelle, à Athènes. Paus. l. 1. c. 26. — Une Minerve Aléa, statue toute d'ivoire, à Rome, à l'entrée du forum. Paus. l. 8. c. 46 ou 47. Athénagoras cite une Diane à Ephèse.

Les artistes suivans fleurirent de cinq cents à six cents ans avant J.-C. On manque de renseignemens pour leur assigner une époque plus précise.

BYSÈS, de l'île de Naxi, *statuaire* et *architecte.* —— Plusieurs statues, à Naxi. Paus. l. 5. c. 10.

EURIPIDES, *peintre.* Il était peintre avant que d'être poète. Moscopolus *in vitâ Euripidis.* Suidas.

POLYSTRATUS, d'Ambracie, *statuaire.* —— Le tyran Phalaris dévorant les enfans arrachés du sein de leurs mères, statue effrayante par sa vérité. Tat. *adv. Græcos.*

IPHICRATE, *statuaire.* Plin. —— Une lionne sans langue, à Athènes. Plin. l. 34. c. 8. Statue de bronze érigée par les Athéniens en l'honneur de la courtisanne Léœna.

POTHAEUS, *statuaire.* Paus. Il travailla au trésor des Carthaginois, près Sicyone, en société avec Antiphile et Mégaclès. Paus. l. 6.

ANTIPHILE, *statuaire.* Paus. —— Le trésor des Carthaginois. (*Voy.* Pothaeus.) Paus. l. 6.

MÉGACLÈS, *sculpteur* et *architecte.* (*Voy.* Pothaeus.) —— Le trésor des Carthaginois. Paus. l. 6.

PYRRHUS, *statuaire.* Plin. —— Hygie. Plin. l. 34. c. 8. — Minerve. Plin. l. 34. c. 8. — Le trésor de Selinunte : Lacratès et Hermon, fils de Pyrrhus, y travaillèrent avec lui. Paus. l. 6.

LACRATÈS, *sculpteur*. (*Voy.* Pyrrhus.)

HERMON. (*Voy.* Pyrrhus.) Cet Hermon est probablement le même qu'Hermon de Trézène, qui fit une statue consacrée par Auliscus, et les statues en bois de Castor et Pollux, citées par Pausanias. l. 2. c. 32.

CLÉOETAS, *statuaire*, fils d'Aristoclès. Paus. l. 5. c. 4. —— Sa propre statue. Paus. l. 6. c. 20. — Une statue d'athlète en airain; les ongles étaient d'argent. — Il construisit la barrière d'Olympie qu'Aristides perfectionna après lui. Paus. l. 6. c. 20.

SYNNOON, *statuaire*, élève d'Aristoclès, de Sicyone. Il fut maître de Polychus. Paus. l. 6. c. 9.

491. DIORÈS, *peintre*. Varr. l. 8.

ARIMNA, *peintre*. Varr. l. 8.

MICON ou MECON. Paus. l. 6. c. 12. Aristoph. in Lysistrat. Plin. l. 35. c. 9. *peintre* et *statuaire*. Paus. l. 6. c. 6. Fils de Phanochus et père d'Onatas. Aristoph. *in Lysistrat.* ——Il peignit des Satrapes. Sopater. *controvers.* — Butès, personnage représenté placé sous une montagne, de manière qu'on ne lui voyait que la tête et les yeux. (*Proverb. græc, appendix Vatic. Centuriæ primæ. Proverb.* 12). — Astéropée et Antinoé, filles de Pélias. Paus. *l.* 8. c. 11. Leurs noms étaient écrits au bas de ces portraits. — Le combat des Athéniens contre les Amazônes, le combat des Centaures et des Lapithes, fort belles peintures, à Athènes, dans le temple de Thésée. Paus. l. 1. c. 15. Aristoph. — Un tableau qui ne fut jamais terminé, à Athènes. Paus. l. 1. c. 15. — La bataille de Marathon. — Castor et Pollux, tableaux en pied. — Le combat des Argonautes, dans le temple des Dioscures, à Athènes; on distinguait surtout Acaste et ses chevaux. Plin. l. 1. c. 18. (*Voy.* Polygnote.) — Diverses peintures, au Pœcile. Paus. l. 1. c. 15. Plin. l. 35. c. 9. — Callias Pancratiaste, vainqueur, statue, dans l'Altys. Paus. l. 6. c. 6. Varr. l. 8. Pollux. l. 2. c. 4. (*Voy.* aussi sur cet artiste Meurs. *atti. lect.* l. 1. c. 12.) Il y eut un autre Micon de Syracuse, fils de Nicomaque, et qui travailla pour Hyéron. Pline l. 3. c. 9. cite un autre Micon, peintre. (*Voy.* encore Ælien au sujet d'un Nicon qui paraît bien être le même que Micon. *De Animalib.* l. 4. c. 50. et l. 7. c. 38.)

HÉGIAS, d'Athènes, *statuaire*. Plin. Paus. l. 8. c. 42. ou ÉGÉSIAS. Quint. l. 12. c. 10. —— Minerve. — Pyrrhus. — Des enfans à cheval. — — Castor et Pollux. — Hercule, qu'on voyait à Parium. Plin. l. 34. c. 8. Toutes ces statues étaient de bronze. Pausanias ne confond point Hégias avec Égésias. (*Voy.* Callon d'Égyne.)

GLAUCIAS ou CLAUCIAS, d'Égyne, *statuaire*. Paus. l. 6. c. 10. —— Le char et la statue de Gelon, et près de ce char la statue de Philon. — L'athlète Glaucus. — Théogène jeune, vainqueur. On voyait ces statues de bronze dans l'Altys. Paus. l. 6. c. 10.

DAMÉAS, de Crotone, *statuaire*. —— Milon de Crotone, statue de bronze. Paus. l. 6. c. 14.

Années av. J.-C.

STOMIUS, *statuaire*. PAUS. —— Hyéronyme, vainqueur au pentatlhe. PAUS. l. 6. c. 13.

SOMIS, *statuaire*. —— Le jeune Proclès, d'Andria, lutteur. PAUS. l. 6. c. 14.

484. SIMON, d'Égyne, *statuaire*. PLIN. —— Un cheval et un palfrenier le tenant par la bride, à Olympie. Ce cheval qui avait la queue coupée, ce qui le rendait un peu difforme, attirait les chevaux naturels. PAUS. l. 5. c. 27. — Un archer. PLIN. l. 34. c. 8. — Un chien. DIOG. L. l. 11. Tous ces ouvrages étaient de bronze.

SIMON, fils d'Eupalamus, *statuaire*. —— Statue de Morychus, à Athènes. CLÉM. AL. *in Protreptic.*

GLAUCUS, d'Argos, *statuaire*. —— Amphitrite. — Neptune. — Vesta. On voyait ces statues dans l'Altys. PAUS. l. 5. c. 26.

DYONISIUS, d'Argos, *statuaire*. On peut l'appeler l'ancien. —— Un groupe, dans l'Altys. PAUS. l. 5. c. 36. — Un cheval et un palfrenier le tenant par la bride, groupe semblable à celui de Simon d'Égyne; le cheval était peu estimé. — Bacchus. — Orphée. — Jupiter, dans l'Altys. PAUS. l. 5. c. 27.

ARISTOMÈDE ou ARISTODÈME, de Thèbes, *statuaire*. —— Cibèle, à Thèbes. PAUS. l. 9. c. 25. — Statue de marbre blanc, faite en société avec Socrate de Thèbes.

ASCARUS, de Thèbes, *statuaire*. PAUS. —— Jupiter couronné de fleurs et tenant un foudre, chez les Éléens. PAUS. l. 5. c. 24.

AGENOR, *statuaire*. (*Voy.* Anténor.)

MANDAS, de Paros, ou MENDŒUS, de Pœonie, *statuaire*. —— Une Victoire élevée sur une colonne, chez les Doriens. PAUS. l. 5.

HYPPIAS ou, selon Dion Chrys. Orat. 55, HIPPUS, *statuaire*, maître de Phidias. —— Duris, jeune vainqueur au pugilat, dans l'Altys. PAUS. l. 6. c. 13.

480. ONATAS, d'Égyne, *statuaire*, fils de Micon. PAUS. l. 8. c. 42. —— Idoménée, statue qu'on voyait dans l'Altys. PAUS. l. 6. c. 12. — Cérès, en bronze, imitée d'un ancien ouvrage détruit. Pausanias dit (l. 8. c. 42) qu'il vint exprès à Phygalie pour l'admirer. — Apollon, déjà adulte, statue en bronze, à Pergame. ANTH. GR. l. 4. Pausanias appelle admirable cette statue. l. 8. c. 42. — Le char de bronze d'Hiéron, à Olympie. PAUS. l. 8. c. 42. Les hommes et les chevaux étaient de Calamis. — Hercule, statue colossale en bronze, de dix coudées, à Olympie. PAUS. l. 5. c. 25. — Mercure; il est casqué et vêtu d'une tunique et d'un manteau, et porte un bélier sous son bras : ouvrage fait en société avec Callitèles, son élève. PAUS. l. 5. c. 27. — Plusieurs statues de héros à pied et à cheval, parmi lesquels était représenté Opis, blessé et mourant, et Phalunte ayant près de lui un dauphin. — Les statues des dix-neuf guerriers désignés par le sort pour combattre Hector après son défi; en face on voyait Nestor jetant leurs noms dans un casque : ces belles

statues, dit Pausanias (l. 5. c. 25), se voyaient dans l'Altys. Pausanias appelle Onatas excellent statuaire. Il ne le croit inférieur à aucun de ceux qui sont sortis de l'école d'Athènes depuis Dédale.

CALAMIS, d'Athènes, *statuaire*. Paus. l. 10. Et *graveur*. Plin. l. 33. c. 12. —— Les chevaux et les enfans qui accompagnent le char d'Hyéron. Le char est d'Onatas d'Égyne. Paus. l. 6. c. 12. — De jeunes enfans qui tendent les bras pour implorer le secours du ciel, à Olympie. Paus. l. 5. c. 12. — Une victoire sans ailes, dans l'Altys. Paus. l. 5. c. 26. — Des enfans à cheval. Paus. l. 6. — Bacchus. Selon Pausanias (l. 9. c. 20), on voyait cette très-belle statue à Tanagre. — Mercure. Paus. l. 9. c. 20. — Ammon, à Thèbes, dans le temple de cette divinité. Paus. l. 9. c. 16. — Vénus, à Athènes. Paus. l. 1. c. 23. Statue placée près de la lionne Léœna. — Apollon Alexicacon, à Rome, dans les jardins de Servilius. Paus. l. 1. Plin. l. 36. c. 5. — Un Esculape imberbe, tenant un sceptre d'une main et une pomme de pin de l'autre. Cet ouvrage, en or et en ivoire, se voyait à Sicyonne. Paus. l. 2. c. 10. — Apollon, libérateur, à Athènes. Paus. l. 1. c. 3. — Eurydame, à Delphes. Paus. l. 10. c. 16. — Hermione. Paus. l. 10. c. 16. — Apollon, statue colossale, à Rome, au capitole, transportée d'Apollonie par Lucullus. Strab. l. 7. — Sosandre, à Athènes, dans la citadelle. On admirait son sourire malin et son ajustement pittoresque. Luci. *in Imag.* — Un quadrige, ouvrage parfait. Plin. l. 34. c. 8. : Praxitèle en fit plus tard l'écuyer. — Alcmène. Pline vante la noblesse de cet ouvrage. — Deux coupes singulièrement estimées par Germanicus-César. Plin. l. 34. c. 8. (*Voy.* Zénodore, peintre.) Properce a rappelé le talent de Calamis dans le vers suivant: *Exactis Calamis se mihi jactat equis.* Pline (l. 34. c. 8) dit aussi qu'il n'avait point d'égal dans la représentation des chevaux. Denis d'Halicarnasse dit que son style avait de la grâce et de la légèreté, comme celui de Callimaque, son contemporain, qui n'était jamais content de ses ouvrages.

CALYNTHUS, *statuaire*. —— Quelques statues équestres et pédestres, à Delphes. Paus. l. 10. c. 13. Il fit ces statues en société avec Onatas d'Égyne.

ANAXAGORE, d'Égyne, *statuaire*. Diog. L. l. 11. —— Jupiter, à Olympie. Paus. l. 5. c. 23. — Il écrivit sur la perspective des théâtres. Vit.

ARISTOCLÈS, fils et élève de Clœotas, *statuaire*. —— Jupiter Ganimède, dans l'Altys. Paus. l. 5. c. 24.

AMYCLAÉUS et DIYLLUS, *statuaires*. —— Apollon et Hercule se disputant un trépied, à Delphes. Paus. l. 10. c. 13. (Un bas-relief du musée de Paris, n° 168, offre ce sujet; il est d'ancien style.) — Le devin Tellias fait en société avec Diyllus.

DIYLLUS ou DRYLLUS, de Corinthe, *statuaire*. —— Il a fait des statues avec Amyclaéus, qui était aussi de Corinthe. Paus. l. 10. c. 15. (*Voy.* Diyllus.)

Années av. J.-C.

ARISTOMEDON, d'Argos, *statuaire.* Paus. —— Plusieurs statues, chez les Phocéens. Paus. l. 10. c. 1. — Le devin Tellias.

CHIONIS, de Corinthe, *statuaire.* Paus. l. 10. c. 13. —— Minerve, Diane et Latone, appaisant Apollon et Hercule qui se disputent un trépied. Paus. l. 10. c. 13. — Le devin Tellias. Vit. *In Præmio.* l. 3. en parle comme d'un très-célèbre statuaire.

SOCRATE, de Thèbes, *statuaire.* Paus. ——Cibèle, à Thèbes. Paus. l. 9. c. 25. Selon Pausanias il fit cette statue en marbre blanc avec Aristomède de Thèbes.

PTOLICHUS, de Corcyre, *statuaire,* élève de Critias d'Athènes, et maître d'Amphion. Paus. l. 6. c. 3.

POLYCHUS, d'Egyne, *statuaire,* fils et élève de Synnoon. Paus. l. 6. —— Théognète enfant, vainqueur à la lutte, et le jeune Epicradius, vainqueur au ceste, dans l'Altys. Paus. l. 6. c. 9. et 10.

SERAMBUS, d'Egyne, *statuaire.* Plin. ——Le jeune Agiadas, vainqueur au ceste. Paus. l. 6. c. 10.

PYTHAGORE, de Rhégium, *statuaire.* Pausanias (l. 6. c. 4) le dit élève de Cléarque, de Rhégium. Il règne beaucoup de confusion au sujet des artistes portant le nom de Pythagore. Pline ne semble pas s'accorder avec Pausanias en ce point. Dans tous les cas un Pythagore, de Samos, statuaire et peintre, vanté par Pline, est évidemment moins ancien que les autres; nous le placerons à l'an 432. Ici donc nous rassemblerons avec les ouvrages de Pythagore de Rhégium ceux qui peut-être appartiennent à d'autres artistes de ce nom, mais qui dans tous les cas semblent être à peu près du même tems que lui. Pausanias cite donc de cet artiste les statues suivantes qu'on voyait dans l'Altys: ——Léontiscus Pancratiaste. l. 6. c. 4.—Protolas, vainqueur au pugilat, statue de bronze. —Euthyme, vainqueur au pugilat, bronze admirable, au dire de Pausanias. (l. 6. c. 6.)—Et la statue de Daméas, athlète. *id.* l. 6. c. 7. — Pythagore fit de plus Mnaséas, vainqueur; il le représenta armé. Paus. l. 6. c. 13. —Le char de bronze de Cratisthènes: la Victoire était sur ce char, et le vainqueur auprès d'elle. Paus. l. 6. c. 18. — A Delphes, on voyait de lui un Pancratiaste qu'il fit en concurrence avec Myron qui fut vaincu. Diog. L. l. 8. *in Pythag.* Plin. l. 36. c. 8. —Astylon, de Crotone, vainqueur à la course, statue qui ornait Olympie. Plin. l. 34. c. 8. Paus. l. 6. — Pline (l. 34. c. 8.) cite encore d'un Pythagore la statue d'un jeune Lybien nu portant des fruits et tenant une tablette; Apollon Dicéus jouant de la lyre, et un homme qui boite et dont la jambe était rongée par un ulcère : cet ouvrage se voyait à Syracuse. Le spectateur, dit Pline, croit en éprouver de la douleur. On supposait que cette statue célèbre représentait Philoctète. — Dion. Chrysostôme (Orat. 37.) cite de Pythagore un Persée ailé. — Tatianus cite un enlèvement d'Europe, et de plus Etéocle et Polynice s'entr'égorgeant. — Selon Pline (l. 34. c. 8), un Pythagore fit une statue d'Apollon tuant à coups de flèches le serpent Python. Cet auteur dit, au sujet du Pythagore de Léonte, qu'il imita mieux que ses prédécesseurs les muscles, les veines et les cheveux (l. 34. c. 8). — Pausanias dit de Pythagore de Rhégium, qu'il fut un statuaire aussi excellent qu'il y en ait eu. Elid. c. 5. — On distinguerait donc celui de Rhégium, celui de Paros, celui de Léonte, et un Pythagoras, plus le Pythagore de Samos, peintre et statuaire. Mais tout est fort conjectural dans ces nomenclatures.

459. TIMAGORAS, de Chalcis, *peintre.* —— Il l'emporta sur Panœnus dans un concours de peinture aux jeux pythiens. PLIN. l. 34. c. 9.

SOPHRONISCUS, *statuaire,* père de Socrate. VAL. MAX. l. 3. c. 4. *Exempl. Ext.* 1. TH. SOPH. *in Progymnasm. id. in Plato. in Theæteto et in Alcibiade.* 1.

SOCRATES, d'Athènes, ou SOCRATES le philosophe, *statuaire,* fils de Sophroniscus. PLAT. *in Theæteto.* PAUS. l. 1. c. 22. —— Les Grâces vêtues, à Athènes, au Propylée. PAUS. l. 1. c. 22. Une foule d'écrivains lui attribuent cet ouvrage, mais rien ne prouve que Socrate, qui abandonna de très-bonne heure la sculpture pour se livrer à la philosophie, en ait été réellement l'auteur. — On lui attribue aussi la statue de Mercure, à Athènes. PAUS. l. 1. c. 22, et plus de vingt autres statues.

SOSTRATE, de Chio, *statuaire,* neveu et élève de Pythagore de Rhégium. PLIN. l. 34. c. 8. PAUS. l. 6, père et maître de Pantias de Chio. PAUS. l. 6. c. 9. —— Minerve, à Aliphère. POL. l. 4. ou 7, statue d'airain faite en société avec Hécatodore. Il y eut un Sostrate, graveur. (*Voy.* ce nom.)

PRAXIAS, d'Athènes, *statuaire,* élève de Calamis. —— Il commença les bas-reliefs d'un des frontons du temple d'Apollon, à Delphes. On y voyait les figures de Latone, de Diane, d'Apollon, des Muses, du Soleil couchant, de Bacchus et des Thyades. PAUS. l. 10. c. 19. — Ce fronton, que la mort l'empêcha de terminer, fut fini par Androsthène. PAUS. l. 10. c. 19.

POLYCLÈTE, de Sicyonne, *statuaire* et *architecte,* élève d'Agéladas. PLIN. l. 34. c. 8. PAUS. l. 2. —— Une Amazône, à Éphèse, dans le temple de Diane. Elle fut préférée dans un jugement public à celle de Phidias et à celles que firent Ctesilaüs, Cydon et Phradmon. PLIN. l. 4. c. 8. — Un Hercule soulevant Antée, à Rome. PLIN. *id.* — Un brave qui prend ses armes pour courir au combat, à Rome. PLIN. *id.* — Un Artemon, surnommé Périphorétos, à Rome. PLIN. *id.* — Junon, à Argos, fameuse statue d'or et d'ivoire d'une grandeur extraordinaire. Au-dessus de sa couronne on voyait les Heures et les Grâces admirablement représentées. On la regardait comme égale en mérite aux grands ouvrages de Phidias. STRAB. l. 8. PAUS. l. 2. c. 17. PLUT. *in vitâ Periclis.* LUCI. *in Somnio.* ANTH. GR. l. 4. Voici ce que Maxime de

Tyr dit de cette Junon de Polyclète (Dissertation 14) : « Elle avait des bras d'une blancheur de neige, des épaules d'ivoire, des yeux » ravissans, un maintien majestueux ; vêtue d'habits royaux, elle » était assise sur un trône d'or. » Martial célèbre ainsi la même statue (Épig. 89. l. 10.) : « O Polyclète ! cette Junon, le miracle de » ton art, cet heureux titre de ta gloire, la main de Phidias l'envierait » à ton ciseau : sa beauté a quelque chose de si imposant, que sur le » mont Ida, Pâris, sans balancer, lui eût donné la préférence sur les » déesses forcées de s'avouer vaincues. Polyclète, si Jupiter n'eût aimé » sa Junon, il eût aimé la tienne. » — Deux Canéphores en bronze de la grâce la plus exquise, à Rome. Cic. l. 4. *in verrem.* Symmachus. l. 1. Epist. 23. Fest. *de Canephoris.* Schol. *in Aristoph. Acharnensis.* — Jupiter Melichius ou le Clément, en marbre blanc. Paus. l. 2. c. 20. — Cérès, Proserpine et Bacchus un flambeau à la main. On voyait ces statues à Athènes, hors de la ville. Paus. l. 1. c. 2. — Apollon, Latone et Diane. Pausanias dit (l. 2. c. 24.) que ces statues en marbre blanc se voyaient entre Argos et Tégée. — Vénus, à Amyclée. Paus. *id.* — Alcibiade. Les mains de cette statue étaient mutilées. Dion. C. Orat. 37. — Cyniscus, jeune enfant, vainqueur au pugilat, dans l'Altys. Paus. l. 6. c. 4. — Antipater, de Milet, vainqueur entre les enfans. — Un Doriphore ou guerrier portant une lance, statue célèbre qui fut appelée la Règle. Plin. l. 34. c. 8. Cic. *Orat. ad Brutum.* Gal. l. 1. et 11. Luci. *de Saltat.* — Un jeune homme ceignant sa tête, statue qu'on surnomma Diadumenos. Plin. l. 34. c. 8. Luci. *in Philop.* — Pythoclès Pentathle, dans l'Altys. Paus. l. 6. c. 7. — Un athlète qui se frotte avec le strigile. On donna à cette statue, qui fut transportée à Rome, le nom d'Apoxiomenos. Plin. l. 34. c. 8. — Un joueur d'osselets. Plin. *id.* — Deux jeunes garçons jouant aux osselets. On les nomma Astragalisontes, à Rome, dans le palais de Titus. Plin. *id.* — Un Mercure, statue en bronze, à Lysimachie. Plin. *id.* — Hercule tuant l'hydre. Cic. l. 11. *de Orat.* Plin. l. 34. c. 8. — Salmonéus. Anth. Gr. l. 3. et 4. La statue de Polixène. *id.* l. 4. — Hécate, bronze qu'on voyait à Argos. Paus. l. 2. c. 22. — Xénoclès, lutteur. Paus. l. 6. c. 9. — Un théâtre et une rotonde, à Epidaure, ouvrages très-vantés. Paus. l. 2. c. 27. — Un fanal fort estimé en Perse. Athén. l. 5. c. 9. — Polyclète excellait dans la représentation du torse. *Auct. Rhet. ad Her.* Il passait pour avoir perfectionné la toreutique, après Phidias. Plin. l. 34. c. 8. Max. de T.

450. CALLON, d'Élis, *statuaire.* —— Statues en bronze des trente-cinq enfans messéniens qui périrent dans un naufrage avec leur maître de musique et leur joueur de flûte, à Olympie. Paus. l. 5. c. 25. — Mercure tenant le caducée, chez les Eléens. Paus. l. 5. c. 25.

MYRON, d'Eleuthère, *statuaire,* élève d'Agéladas, d'Argos. Plin. l. 34. c. 8. —— Une vache, célèbre ouvrage en bronze. Pline l. 34. c. 8. et une foule d'écrivains de l'antiquité. — Un chien. Plin. *id.* — Un Discobole, ouvrage très-vanté. Plin. l. 34. c. 8. Quint. l. 11. c. 13. Luci. *in Philop.*

— Persée. Plin. l. 34. c. 8. — Des ouvriers en action. — Un satyre qui considère des flûtes. Plin. *id.* — Minerve. Plin. *id.* — Des Pentathles et des Pancratiastes, à Delphes. Plin. *id.* — Deux statues de Lycinus qu'on voyait dans l'Altys. Paus. l. 6. c. 2. — Timanthe Cléonien, pancratiaste, à Rome. Paus. l. 6. c. 2. — Hercule couronné d'olivier, à Rome. Plin. l. 34. c. 8. Publ.-V. Cic. *in Ver.* l. 4. — Une statue que Pausanias (l. 6. c. 13.) cite à propos de Chionis, vainqueur. —Le jeune Azan, vainqueur au ceste. Paus. *id.* c. 14. — Une vieille ivre ; ce chef-d'œuvre était de bronze et se voyait à Smyrne. Plin. l. 36. c. 5. — Bacchus, ouvrage en bronze qu'on voyait sur le mont Hélicon ; il passait pour être le plus bel ouvrage de Myron, après son Erectée. Paus. l. 9. c. 30. Anth. l. 4. — Un veau sur lequel il plaça une Victoire. Tat. *adv. græc.* — Jupiter, Hercule et Minerve, belles statues qu'on voyait à Samos et qui étaient placées sur le même piédestal. Strab. l. 14. — Hercule, chez les Mamertins. — Apollon, chez les Agrigentins. Cic. *in Ver.* l. 4. — Lucius enfant, propre fils de Myron, portant un vase d'eau lustrale, statue de bronze. — Persée au moment de son exploit contre Méduse (peut-être le même qui est cité plus haut). Ces deux statues se voyaient à la citadelle d'Athènes. Paus. l. 1. c. 24. — Hécate, à Egyne. Paus. l. 2. c. 30. — Erectée, ouvrage qui se voyait à Athènes et qui était presqu'aussi estimé que son célèbre Bacchus. Paus. l. 9. c. 30. — Des cigales et des sauterelles. Plin. l. 34. c. 8. — Deux niches en métal précieux. Paus. l. 6. c. 19. — Cibèle, à Thèbes, statue en marbre blanc. Lucien dit (*in somn.*) que Myron fut un de ces artistes qu'on adorait avec les dieux ; il excellait dans la représentation des athlètes. Auct. *Rhet. ad her.* Pline (l. 34. c. 8.) lui reproche d'avoir représenté grossièrement les cheveux et la barbe, comme dans la haute antiquité. Il dit ailleurs (l. 34. c. 3.) que Myron, condisciple de Polyclète, employa toujours le bronze d'Égyne, et que Polyclète employait toujours le bronze de Délos. Un Myron, cité dans l'Anthologie grecque, et qui fit la statue du coureur d'Alexandre, ne doit pas être confondu avec le célèbre Myron. On trouve encore un Myron : il est de Syracuse et eut pour père Nicocrate.

CALLIMAQUE, de Corinthe, *statuaire, peintre* et *architecte*. Plin. Vit. —— Junon assise ; on la voyait à Platée. Paus. l. 9. c. 3. —Des Lacédémoniens dansans. Cet ouvrage en bronze était sans défauts, dit Pline (l. 34. c. 8.), mais une correction trop sévère y avait fait fuir toutes les grâces ; aussi a-t-on surnommé Callimaque Kakizotechnos, ou gâte chef-d'œuvre. —Une lampe d'or qui se voyait à Athènes au Parthénon. Paus. l. 1. c. 26. — On lui attribue un bas-relief conservé à Rome au Capitole, représentant un Faune nu et trois Bacchantes drapées. Cet ouvrage porte le nom de Callimaque. Winckelmann le croit une copie. Il fut le premier qui sut fouiller le marbre. Cet artiste est l'inventeur du chapiteau corinthien. Vit. Quoique moins habile que les premiers artistes, il les surpassait tous par une grande finesse d'exécution. Paus.

l. 1. c. 26. Denis d'Halicarnasse le dit contemporain de Calamis, dont il compare le style à celui de Callimaque.

CRITIAS, d'Athènes, *statuaire*, maître de Ptolycus, de Corcyre. Plin. l. 34. c. 8. Paus. l. 6. c. 3. —— Des statues d'hommes illustres dans le Céramique. Paus. l. 1. c. 8. — La statue de Pindare.

CALLITÉLÈS, *statuaire*, fils et élève d'Onatas, d'Egyne. —— Il travailla au Mercure d'Onatas d'Egyne. Paus. l. 5. c. 27.

NAUCYDÈS, d'Argos, *statuaire*. Paus. Elid. l. 6. c. 1. Plin. l. 34. c. 8. fils de Mothon. Paus. l. 2. c. 22. et frère de Périclète. Paus. *id.* —— On voyait de lui dans l'Altys la statue d'Euclès de Rhodes, vainqueur au pugilat. Paus. l. 6. c. 6. — Il fit aussi deux statues de Chimon athlète. Selon Pausanias (l. 6. c. 9.), ces statues étaient deux chefs-d'œuvre : l'une se voyait à Olympie, et l'autre passa d'Argos à Rome, où elle fut placée dans le temple de la Paix. — Une Hébé en or et en ivoire; elle se voyait à Corinthe. Paus. l. 2. c. 17. — Hécate, statue en bronze qui, selon Pausanias (l. 2. c. 22), était à Argos. — La fameuse Erinne de Lesbos, femme poète; statue de bronze. Tat. *ad Grec.* — Bacis, vainqueur à la lutte. Paus. l. 6. c. 8. Plin. l. 34. c. 8. — Un Mercure, un Discobole, un homme sacrifiant un bélier : ces trois statues, citées par Pline (l. 34. c. 8.), étaient de bronze.

IVe PÉRIODE. — INTERVALLE DE 100 ANS.

443. PHIDIAS, d'Athènes, *statuaire* et *peintre*. Grég. Na. *Orat.* 34. fils de Charmidas. Paus. l. 5. c. 10. et non de Charminus. Strab. l. 10. Il fut élève d'Eladas ou d'Agéladas. Tzet. Suid. ou bien encore d'Hippias ou Hippus. Dion C. *Orat.* 55. —— Le célèbre Jupiter Olympien et les bas-reliefs qui décoraient ce monument d'or et d'ivoire. Paus. l. 5. c. 10 et 11. — Minerve, au Parthénon ; statue d'or et d'ivoire, haute de 26 coudées. Paus. l. 1. c. 24. Plin. l. 36. c. 25. — Minerve, dans la citadelle d'Athènes. Cette statue, qui était la plus grande de toutes les statues de Minerve, était en bronze. Paus. l. 1. c. 28. Phidias avait ciselé sur le bouclier de la Minerve, haute de 26 coudées, le combat des Amazônes, et en dedans du même bouclier, la guerre des dieux et des géants. Sur la chaussure il avait ciselé le combat des Centaures et des Lapythes, et sur le piédestal la naissance de Pandore et celle de vingt autres divinités, parmi lesquelles on remarquait surtout la Victoire. Les connaisseurs admiraient le serpent au milieu duquel pose la lance de la déesse. Plin. l. 85. c. 8. — Minerve Lemienne, à la citadelle d'Athènes. Pausanias ne dit point comme des deux précédentes, qu'elle était colossale ; il ne dit pas non plus en quelle matière elle était exécutée, mais il dit qu'elle est le chef-d'œuvre de Phidias (l. 1. c. 28). — Minerve Aléa. Cette statue, qui était à Platée, était dorée, à l'exception du visage, des mains et des pieds, qui étaient du plus beau marbre. Elle était presqu'aussi grande que la Minerve de bronze qu'on

voyait dans la citadelle d'Athènes. Paus. l. 8. c. 4. — Minerve, statue d'or et d'ivoire, à la citadelle d'Elis. Phidias avait orné d'un coq le casque de la déesse. Paus. l. 6. c. 26. — Vénus Céleste, en or et en ivoire, à Elis ; elle a un pied sur une tortue. Paus. l. 6. c. 25. — L'Occasion. Aus. — Vénus-Uranie, statue de marbre, à Athènes. Paus. l. 6. c. 4. — La mère des dieux, à Athènes. Arian. *in Peripto. Pont. Eux.* — Apollon Parnopius, statue en bronze, à Athènes. Paus. l. 1. c. 24. —Pallas Lemnienne, à Lemnos. Paus. l. 1. c. 24. Luci.—Némésis, statue en marbre de Paros, à Rhamnus, près d'Athènes ; sa couronne était ornée de Victoires et de cerfs. Paus. l. 1. c. 33. — Pantarcès, la tête ceinte d'un bandeau ; statue en bronze, et le seul athlète que Phidias ait représenté. Paus. l. 6. c. 4. — Un Jupiter, à Olympie ; statue commencée en société avec Théoscomus, et qui ne fut pas terminée. Paus. l. 1. — Esculape, à Epidaure. Athénag. *Leg. pro Christi.* — Une Amazône. Cette statue, qui était à Ephèse, fut jugée inférieure à celle de Polyclète. Val. Max. l. 1. c. 1. *Exempl. extrà.* 3. Plin. l. 34. c. 8. — Minerve, statue en or et en ivoire, près Pellène. On croit, dit Pausanias, que Phidias fit cette Minerve avant celle qui est dans la citadelle d'Athènes, et avant celle qui est à Platée ; sous son piédestal on avait établi une fosse, afin que l'humidité pût contribuer à conserver l'ivoire. —Minerve, statue en bronze, surnommée la belle par excellence. Plin. l. 34. c. 8. — Mercure, à Thèbes, statue en marbre. Paus. l. 9. c. 10. — Minerve, Apollon, Miltiades, Erecthée, Cécrops, Paudion, Léos, Antiochus, Egée Acammas, Codrus, Thésée, Philéus ; statues qu'on voyait à Delphes, dans le temple d'Apollon. Paus. l. 10. c. 10. — Vénus, statue en marbre d'une grande beauté, à Rome, dans les portiques d'Octavie. Plin. l. 36. c. 5. — Minerve, dans le temple de la Fortune. Plin. l. 34. c. 8. —Un Cliduchus ou porte-massue, deux figures drapées, un colosse nu. Pline appelle ces trois statues, qu'on voyait à Rome, Palliatæ (l. 34. c. 8). — Un autre ouvrage. Procop. *de Bell. Gothico.* l. 4. c. 22. — Apollon et Jupiter. On attribuait ces deux statues à Briaxis ; on les voyait à Patare. — Une cigale, une abeille, une mouche. Jul. *imperat. Epist.* 8. Nicéph. Grég. *Hist.* l. 8. — Des poissons très-vantés. Mart. l. 3. *Epig.* 35. — Le portrait de Périclès, surnommé l'Olympien, tableau qu'on voyait à Athènes. Pline dit encore (l. 36. c. 5.) que la magnificence de Phidias était égale dans les petites choses et dans les grandes. Enfin il nous apprend (l. 34. c. 8.) que les chefs-d'œuvre de Phidias sont innombrables. Phidias travailla aussi en marbre. (*Voy.* sur Pausanias les indications de Fr. Junius.)

ALCAMÈNE, d'Athènes, *statuaire,* élève de Phidias. Paus. l. 5. c. 32. Plin. l. 34. c. 8. et l. 36. c. 5. ——Un pentathle, statue de bronze, surnommée Encrinoménos. Plin. l. 34. c. 8. — Les figures du fronton de derrière du temple de Jupiter Olympien. Sur ce fronton était représenté le combat des Centaures et des Lapithes. Pausanias en donne la description, ainsi que celle du fronton antérieur exécuté par un statuaire pœonien. PAUS. l. 5. c. 10. — Esculape, à Mantinée. PAUS. l. 8. c. 9. — Hercule et Minerve. Ces statues colossales se voyaient à Thèbes. PAUS. l. 9. c. 11. — Vénus aux jardins, citée comme un chef-d'œuvre, à Athènes. On disait que Phidias y avait mis la main. PLIN. l. 36. c. 5. LUCI. *imag.* PAUS. l. 1. c. 19. — Vénus, statue faite en concurrence avec Agoracrite. — Un Amour, à Thespies. Il était aussi vanté que la Vénus aux jardins. LUCI. — Vulcain, ouvrage célèbre selon Cicéron. *de Nat. deor.* l. 1. VAL. MAX. l. 8. c. 11. — Il fit encore Junon, Diane, Bacchus, Progné et Itys son fils, dont elle médite la mort; statues d'or et d'ivoire, à Athènes. PAUS. l. 1. c. 20. — Hécate, statue composée de trois pièces différentes, à Corinthe. PAUS. l. 11. — Des Centaures. PAUS. l. 5. — Mars, à Athènes. PAUS. l. 1. c. 8. — Minerve, à Athènes. Cette Minerve fut faite en concurrence avec Phidias, par qui Alcamène fut vaincu. TZET. *Child.* 8. *Hist.* 193.

AGORACRITE, de Paros, *statuaire,* élève de Phidias. PAUS. —— Minerve, Jupiter; statues en bronze, à Coronée. PAUS. l. 9. c. 4. — Vénus ou Némésis, qu'on voyait à Rhamnus. Il la fit en concurrence avec Alcamène qui le vainquit. Varron n'en regarde pas moins cette statue comme la plus belle de l'antiquité. Selon Suidas, on l'attribuait même à Phidias. Agoracrite fit, dit-on, par dépit, une Némésis de cette Vénus. On attribue à Agoracrite une statue qu'on voyait aussi à Rhamnus, dans le temple de la mère des dieux. — La mère des dieux, à Athènes. PLIN. l. 36. c. 5.

MYS, *graveur.* PLIN. l. 33. On voyait à Rhodes, dans le temple de Bacchus, des coupes sur lesquelles cet artiste avait gravé un Silène et des Amours. PLIN. l. 33. c. 12. Il grava aussi sur le bouclier de la grande Minerve de Phidias, le combat des Centaures et des Lapithes, et d'autres sujets, d'après les dessins de Parrhasius. PLIN. l. 1. c. 28. (*Voy.* sur ce graveur PROP. l. 3. *Eleg.* 8. MART. l. 8. *Epig.* 33. MART. l. 8. *Epig.* 50. MART. l. 14. *in Apophoret.* n° 93.)

PANŒNUS, d'Athènes, ou PANŒUS, ou PLISTŒNETUS, *peintre,* frère de Phidias. PLUT. —— On voyait de lui sur les compartimens de la balustrade qui entourait la statue de Jupiter Olympien, Atlas supportant le ciel et la terre, et Hercule qui se prépare à le soulager de ce fardeau; le fils d'Alcmène est accompagné de Thésée et de Pirithoüs. PAUS. l. 5. c. 11. Il fit pour le même temple les sujets suivans (PAUS. l. 5. c. 11.) : la Grèce et Salamine personnifiées; Salamine tenait en ses mains un ornement composé de rostres ou proues de navires. — Hercule combattant le lion de Némée. — Cassandre après l'injure qu'elle reçut d'Ajax. — Hyppodamie avec sa mère Œnomaüs. — Prométhée chargé de chaînes, et Hercule prêt à le délivrer. — Penthésilée rendant le dernier soupir dans les bras d'Achille. — Enfin deux Hespérides portant les pommes d'or. Panœnus peignit aussi dans le Pœcile la bataille de Marathon, tableau dans lequel les Athéniens croyaient reconnaître leurs propres chefs et ceux des ennemis : du côté des Grecs, Miltiades, Callimaque et Cynégire ; du côté des Perses, Datès et Artapherne. PAUS. l. 5. c. 11. PLIN. l. 35. c. 8. Il orna aussi de peintures l'intérieur du bouclier que Colotès exécuta pour la Minerve de Phidias. Ce fut du tems de Panœnus qu'on institua un concours de peinture à Corinthe et à Delphes. Panœnus disputa le premier le prix à Timagoras de Chalcis au concours des jeux pythiques, et il fut vaincu. Ce peintre est appelé fameux par Plutarque.

AGLAOPHON, de Thasos, *peintre*. PLIN. l. 35. c. 9. père de Polygnote. —— Alcibiade plus beau qu'une femme et assis sur les genoux de la courtisanne Némée qui lui prodigue les plus tendres caresses. ATHÉN. Plutarque attribue ce tableau à Aristophon. — Alcibiade de retour d'Olympie à Athènes et couronné par Pythias et Olympias. ATHÉN. l. 12. c. 9. — Une Victoire d'abord ailée, puis dépouillée de ses ailes. (*Voy*. Meurs. *Lect. attic.* l. 1. c. 20.) — Une cavale parfaitement bien peinte. ŒLI. *de Animal.*

MYRMÉCIDE, de Milet ou de Lacédémone, *sculpteur*. PLIN. —— Un quadrige en marbre, et si petit qu'une mouche pouvait le couvrir de son aile. — Un petit vaisseau en marbre qu'on pouvait cacher sous l'aile d'une mouche. PLIN. l. 36. c. 5. VARR. l. 4. ÆLI. c. 17. Myrmécide avait la prétention de rivaliser avec Phidias et même de l'emporter sur lui. JUL. *imp. Orat.* 3. Voy. aussi Suidas, au sujet de ce passage de Julien, Œlien dit-il (c. 17.) que Callicrate de Lacédémone avait travaillé aux ouvrages de Myrmécide, et que ces deux artistes eurent la vanité d'y inscrire leurs noms en lettres d'or. Voy. aussi Cic. l. 4. *acad. quæst.*

CALLISTRATE, de Lacédémone. (*Voy*. Myrmécide.)

CRITIAS NÉSIOTE, *statuaire*. PLIN. l. 34. c. 8. —— Des statues de Tyrannicides. LUCI. *in Philopseud.* — Un vainqueur à la course. On le voyait dans la citadelle, à Athènes. PAUS. l. 1. c. 24. Il y a eu un autre Critias. (*Voy*. Nestoclès.)

NESTOCLÈS, *statuaire*. PLIN. l. 34. c. 8. Gedoyn dit qu'il est le même que Critias Nésiote, dont le nom a été changé par les copistes, en celui de Nestoclès.

DIONYSODORE, *statuaire*, élève de Critias Nésiote. Il travaillait en bronze et en argent. PLIN. l. 34. c. 8.

SCYMNUS, de Chio, *statuaire*, élève de Critias Nésiote. —— Une statue d'Esculape, à Sicyone, en or et en ivoire. PLIN. l. 35. c. 8.

MICON le jeune, *peintre*. PLIN. l. 35. c. 9.

TIMARÈTE, *peintre*, fille de Micon le jeune. PLIN. l. 35. c. 9. —— Diane, à Ephèse. PLIN. l. 35. c. 11.

MOSCHUS, *statuaire*. PLIN.

LADAMAS, *statuaire*. PLIN.

ENCADMUS, *statuaire*, maître d'Androsthène. PAUS. l. 10. c. 19.

Années av. J.-C.

COLOTÈS, *statuaire,* élève de Phidias. Plin. l. 34 et 35. c. 8. Il fit Esculape, statue admirable en or et en ivoire, à Cyllène, chez les Eléens. Strab. l. 8. Eustath. *ad Verr.* 603. *Iliad. B.* —— Des statues de Denis; plusieurs statues en bronze représentant des philosophes. Plin. l. 34. c. 8. — Le bouclier de la Minerve, d'or et d'ivoire, que Phidias avait fait pour la citadelle d'Elis. Plin. l. 35. c. 8. — Un Jupiter Olympien en bronze, fait en société avec son maître. Plin. l. 34. c. 8.

437. APPELLES ou APPELLAS, *statuaire.* Plin. l. 34. c. 8. ——La statue de Cynisca, fille d'Archidamus, roi de Sparte. Des femmes en adoration. Plin. l. 34. c. 8. —Un baigneur, en bronze. Plin. l. 34. c. 8. —Harmodius et Aristogiton, statues en bronze. Plin. l. 34. c. 8.

PANTIAS, de Chio, *statuaire,* fils et élève de Sostrate. Paus. l. 6. c. 9. —— Nicostrate, jeune lutteur. Paus. l. 6. c. 3. — La statue du jeune Aristée d'Argos, vainqueur dans le stade. Paus. l. 6. c. 9. — Le jeune Xénodicus, vainqueur au pugilat. Paus. l. 6. c. 14 : ces trois statues se voyaient dans l'Altys. Pausanias dit encore (l. 6. c. 3), en parlant de Pantias, que c'est le septième maître sorti de l'école d'Aristoclès de Sicyone, dont l'art et l'habileté avaient passé de main en main jusqu'à Pantias.

POLYCLÈTE, d'Argos, *statuaire,* élève de Naucydès. Paus. l. 6. c. 6. (Ce n'est pas le Polyclète d'Argos qui fit la statue de Junon. Paus. *Elid.* l. 6. c. 6.)—— On voyait dans l'Altys la statue du jeune Agénor, lutteur. Paus. l. 6. c. 6. — Alcétus, Tersiloque et Aristion, jeunes vainqueurs au ceste; statues de bronze, dans l'Altys. Paus. l. 6. c. 9. et c. 13. Pausanias cite encore un Jupiter à Mégalopolis (l. 8. c. 31); il cite un trépied en bronze qu'on voyait à Amyclée, et sur lequel il avait représenté en bas-relief Vénus et Amyclée (l. 3. c. 18). Il y avait de lui à Mégalopolis un Bacchus portant des cothurnes et tenant une coupe d'une main et un tyrse de l'autre; un aigle est en haut du tyrse. Paus. l. 8. c. 31.

436. POLIGNOTE, de Thasos, *peintre,* fils et élève d'Aglaophon. Plat. *in Ion. Harpocration. Artemon.* Suid. Æli. l. 4. c. 3. *statuaire.* Plin. l. 34. c. 8. Anth. l. 3. c. 4. *ciseleur* en argent. Plin. l. 3. c. 4. Selon Suidas, Polignote d'Athènes et Polignote de Thasos ne sont qu'un. Aussi Théophraste dit-il que ce Polignote d'Athènes était l'inventeur de la peinture en Grèce. Plin. l. 7. c. 56 et 57. Citons d'abord les peintures de cet artiste. —— Le combat des Athéniens avec les Lacédémoniens ou le combat de Marathon ; on le voyait au Pœcile. Paus. l. 1. c. 15. Cette peinture est attribuée aussi à Micon par Ælien, et cet auteur (*de Animal.* l. 7.) cite de ce tableau un soldat et son chien. —Les Troades, parmi lesquelles on reconnaissait, sous les traits de Laodicée, Elpinice, sœur de Cimon. Plut. *in Cimonis vitâ.* Ce tableau se voyait au Pœcile, ainsi qu'un cheval que Tzet. *Chil.* 12. *Hist.* 427 attribue aussi à Micon. Il fut chargé conjointement avec Micon de diverses peintures. Plin.

l. 35. c. 8. PAUS. l. 35. c. 9. DIOG. *Laërc.* l. 7. *in Zenone.* Dans ces peintures, au dire de Synénius (*Epist.* 35), Polignote avait épuisé tout son art. (*Voy.* aussi Meurs. *Athen. Attic.* l. 1. c. 5.) Sur les murs du parvis du temple de Minerve Aléa, à Platée, on voyait, selon Pausanias (l. 9. c. 4), une fort belle peinture. Il représenta encore Ulysse, maître chez lui après sa vengeance sur les prétendans de Pénélope. — Les fameuses peintures du Lesché, décrites par Pausanias (l. 10. c. 25, 26 et suiv.). PLIN. l. 35. c. 8. — De grandes peintures, à Delphes. Elles représentaient la prise de Troie ; le départ des Grecs ; la descente d'Ulysse aux enfers. PLIN. l. 35. c. 8. PAUS. l. 10. c. 25, 26 et suiv. On voyait de lui à Athènes, dans la citadelle, Diomède emportant de Lemnos les flèches de Philoctète ; Ulysse enlevant le Palladium ; Oreste poignardant Egisthe ; Pylade tuant les enfans de Nauplius qui étaient venus au secours d'Egisthe ; Polixène qu'on immole sur le tombeau d'Achille ; Ulysse aperçu par Nausicaa et par ses compagnes. PAUS. l. c. 22. — A Athènes, dans le temple des Dioscures, les Aventures de Castor et Pollux ; les fils de ces demi-dieux, figures équestres ; les noces des filles de Leucippe. PAUS. l. 1. c. 18. (*Voy.* l'article de Micon, qui peignit les Argonautes dans le même temple.) — Cassandre venant d'être violée par Ajax. LUCI. — A Thespie, on voyait dans un temple des peintures qui avaient été restaurées au pinceau par Pausias, mais par un procédé différent de l'original et moins estimé. PLIN. l. 35. c. 11. — A Rome, on vit de ce peintre un guerrier couvert de son bouclier. On ne sait pas, dit Pline (l. 35. c. 8), s'il monte à l'assaut ou s'il en descend. Polignote peignit aussi un âne et un lièvre. HÉSYCH. PAUS. l. 3 et l. 10. *Apost. Centur.* 16. *Parem.* 39. PLUT. *de Defect. Orat.* PHILOST. *de vitâ Apoll.* l. 6. c. 6. Quant aux statues attribuées à Polignote par Pline (l. 34. c. 8), et qui étaient exécutées en bronze, il ne les désigne point en particulier, mais l'Anthologie grecque (l. 3. c. 16, et l. 4. c. 8.) nous fait savoir qu'il fit celle de Salmonéus. Polignote représentait de grands sujets ; il excellait dans l'expression des mœurs et des affections de l'ame, dans l'art de représenter les habitudes du corps, et ses draperies étaient légères et gracieuses. ÆLIAN. l. 4. c. 3. (*Voy.* l'art. Denys de Colophon.) Aristote appelle Polignote bon peintre de mœurs. *de Poëti.* c. 6. Il recommande spécialement aux jeunes gens l'étude des ouvrages de cet artiste. *Poetica.* l. 8. c. 5. Denys d'Halicarnasse le place au rang des artistes les plus distingués (*de Demosth. acum. ac vi*). Pline parle des différens perfectionnemens apportés dans l'art par Polignote (l. 35. c. 8).

EVÉNOR, d'Ephèse, *peintre,* père de Parrhasius. PLIN. l. 35. c. 9.

PHRAGMON ou PHRADMON, d'Argos, *statuaire.* PLIN. l. 34. c. 8. — Une Amazône, à Ephèse, dans le temple de Diane, belle statue, mais inférieure à celle de Polyclète et à celle de Phidias. PAUS. l. 34. c. 8. — Le jeune Amertas, lutteur, dans l'Altys. PAUS. l. 6. c. 8. Columelle (l. 10.) place cet artiste au même rang que Dédale, Polyclète et Agéladas.

Années av. J.-C.

GORGIAS, *statuaire*. Plin. l. 34. c. 8.

MENTOR, *graveur*, Plin. l. 7. c. 38. Pline cite de cet artiste des vases ornés de ciselures, qu'on voyait dans le temple de Jupiter Capitolin, et d'autres vases qu'on voyait dans le temple de Diane, à Ephèse. Il dit que, de même que le Jupiter Olympien atteste le talent de Phidias, de même ces ouvrages de Mentor attestent son art infini. Pline cite encore (l. 33. c. 11.) deux coupes payées cent sesterces par l'orateur Lucius Crassus, et un vase d'airain possédé par Varron. Cicéron parle des coupes dites d'Héraclée ciselées avec un grand art par Mentor et enlevées par Verrès. Ce célèbre graveur est également vanté dans divers passages des écrits de Varron, de Properce, de Juvénal et de Martial.

OLYMPUS, *statuaire*. —— Statue de Xénophon, vainqueur au Pancrace. On voyait cette statue dans l'Altys. Paus. l. 6. c. 3.

PERELLIUS, *statuaire* et *fondeur*. Pline cite un Parellius parmi les artistes célèbres. l. 34. c. 8.

CYDON, *statuaire*. —— Une très-belle statue d'Amazône, à Ephèse, dans le temple de Diane. Plin. l. 34. c. 8. (*Voy*. Polyclète.)

ACRAGAS, *graveur*. Plin. l. 33. On voyait de lui, à Rhodes, dans le temple de Bacchus, des coupes ornées de Centaures et de Bacchantes. Plin. l. 33. c. 12. Il grava encore sur des coupes une chasse; cet ouvrage lui fit une grande réputation. Plin. l. 33. c. 12.

CTÉSILAS ou CRÉSILAS, *statuaire*. Plin. l. 34. c. 5 et c. 8. —— Dans le temple de Diane, à Ephèse, une très-belle Amazône blessée. Plin. l. 34. c. 5. (*Voy*. Polyclète.) — Une statue en bronze, surnommée Doryphore, et représentant un guerrier armé d'une lance. Plin. l. 34. c. 8. — Une Amazône blessée, statue de bronze. Plin. l. 34. c. 8. — Un homme prêt à mourir d'une blessure, statue en bronze et pleine d'expression. Plin. l. 34. c. 8. — Périclès l'Olympien, autre célèbre statue en bronze. Ctésilas travaillait aussi en argent.

BOETHUS, de Carthage, *statuaire* et *graveur*. Plin. l. 32. —— A Olympie, une petite statue en bronze doré représentant un enfant nu et assis. Paus. l. 5. c. 17. — Un enfant qui étrangle une oie. Plin. l. 34. c. 8. — Un grand vase ciselé d'un travail infiniment précieux, dérobé par Verrès, à Pamphile. Cic. l. 4. c. 8. Boëthus, dit Pline (l. 3. c. 8), excellait dans les ouvrages en argent, et il le place, quant au mérite, immédiatement après Mentor, le plus célèbre graveur en argent. Plin. l. 33. c. 12. Virgile vante aussi les ouvrages de Boëthus.

432. PYTHAGORE, de Samos, *statuaire* et *peintre*. Plin. l. 34. c. 8. —— A Rome, sept statues nues. Elles sont vantées par Pline. — Les Grâces, à Pergame, dans le temple d'Apollon Lycien. Paus. l. 9. — Ce Pythagore fit encore un vieillard nu.

PAEONIUS, de Mende, *statuaire*. —— Une Victoire, dans l'Altys. Paus. l. 5. c. 26. Il travailla dans le tems d'Alcamène au temple d'Olympie.

Années av. J.-C.

425. ALEXIS, de Sicyone, *statuaire,* élève de Polyclète. Plin. l. 34. c. 8. Paus. l. 6. c. 3. Un Alexis fut père de Canthare de Sicyone. Paus. l. 6. c. 3.

ASOPODORE, d'Argos, *statuaire,* élève de Polyclète. Plin. l. 34. c. 8.

ARGIUS, *statuaire,* élève de Polyclète. Plin. l. 34. c. 8.

ARISTIDES, de Sicyone, *statuaire,* élève de Polyclète. —— Les chars d'Iphicrate, à deux et à quatre chevaux, en bronze. Plin. l. 34. c. 8. — La courtisanne Léœna. Plin. l. 34. c. 8. Il excellait dans ces sortes de représentations.

DINON, *statuaire,* élève de Polyclète. Plin. l. 34. c. 8.

ATHÉNODORE, de Clitore, *statuaire,* élève de Polyclète. —— Dans le temple de Delphes, les statues en bronze de Jupiter, d'Apollon et de femmes illustres. Paus. l. 10. c. 9. Plin. l. 34. c. 8.

PHRYNON, *statuaire,* élève de Polyclète. Plin. l. 34. c. 8.

APOLLODORE, d'Athènes, *peintre.* Plin. l. 35. c. 9. On admirait les deux ouvrages suivans de ce peintre : un prêtre en prière devant une idole, et Ajax frappé de la foudre. Il écrivit sur son art. Pline parle d'Apollodore avec enthousiasme, et dit qu'il était écrit au bas de ses ouvrages : Il sera plus facile de les critiquer que de les imiter.

LYCIUS, d'Eleuthère, *statuaire,* fils de Myron. Plin. l. 3. c. 8. Paus. l. 5. c. 22. Athén. l. 9. c. 11. élève de Polyclète. —— Dans l'Altys, des bas-reliefs représentant huit combattans en regard les uns des autres. Paus. l. 5. c. 22. — Deux ouvrages en bronze cités par Pline (l. 34. c. 8). Le premier représentant les Argonautes, et le second un enfant soufflant le feu.

STRATONICUS, *statuaire* et *ciseleur* en argent. Anth. Gr. l. 4. c. 12. Il représenta sur un vase en bronze un Satyre endormi. Cette figure était de la plus grande vérité. Plin. l. 33. c. 12. Il représenta aussi les combats d'Attalus et d'Eumenès contre Gallus, ouvrage en bronze. Plin. l. 34. c. 8. Il fit encore en bronze plusieurs statues de philosophes. Philost. *Icon.* l. 1. *in Midâ.* Plin. l. 34. c. 8. (*Voy.* Isigonus.)

LESBODOCUS, *statuaire.*

PYTHODICUS, *peintre* et *ciseleur* en argent. Plin. l. 34. c. 8.

NÉSÉAS, de Thasos, *peintre,* maître de Zeuxis. Plin. l. 35. c. 9.

AGATHARQUE, de Samos, *peintre,* fils d'Eudemus. Suid. Plutarque nous apprend que cet artiste, qui représentait les animaux, peignit le palais d'Alcibiade. Il fit les décorations du théâtre d'Athènes, et il écrivit sur ce genre de peinture. Vit. préface. Suidas parle d'Agatharque comme d'un artiste remarquable.

NICODŒMUS, de Ménale, *statuaire.* —— On voyait de lui dans l'Altys les ouvrages suivans : Androsthène, pancratiaste vainqueur. Paus. l. 6. c. 6. — Antiochus, autre pancratiaste vainqueur. Paus. l. 6. c. 3. — Damoxenidas, vainqueur au pugilat. Paus. l. 6. c. 6. — La statue de Minerve, ayant le casque et l'Egide, dans l'Altys. Paus. l. 5. c. 26. — Hercule jeune, et tuant à coups de flèches le lion de Némée, dans l'Altys. Paus. l. 5. c. 25.

CÉPHISODORE, *peintre*. Plin.

DÉMOPHILE, d'Himère, et GORGASUS, *peintres, architectes, sculpteurs* et *plasticiens*. Plin. l. 35. c. 9. Varr. Pline (l. 35. c. 11.) vante les ouvrages suivans de ces artistes : Oreste ; Iphygénie en Tauride ; Lecythion, coureur ; une assemblée de famille ; des hommes en manteau, les uns assis, les autres debout et conversans ; une Gorgone, le chef-d'œuvre de ces artistes, et des peintures dans le temple de Cérès. Plin. l. 35. c. 12. On voyait à Rome, dans le même temple, des ouvrages de ces plasticiens, qui passaient pour être très-habiles. Plin. l. 35. c. 12.

ANDROSTHÈNES, d'Athènes, *statuaire*, élève d'Encadmus. Paus. l. 10. c. 19. —— Les statues du fronton du temple d'Apollon, à Delphes, que la mort empêcha Praxias de terminer.

PTOLICHUS, de Corcyre, *statuaire*, élève de Critias. Paus.

THÉOSCOME, de Mégare, *statuaire*, élève de Phidias et père de Calliclès. Paus. l. 6. —— La statue d'Hermon, à Delphes. Paus. l. 10. c. 9. Il travailla avec Phidias à la statue du Jupiter Olympien qu'on voyait à Mégare et qui resta imparfaite ; la face de cette statue était d'or et d'ivoire, mais le corps, qui n'était pas terminé, n'était que de plâtre et de terre cuite. Paus. l. 1. c. 40.

424. PÉRICLÈTE, *statuaire*, frère de Naucydès d'Argos et élève de Polyclète. Paus. l. 2. c. 22. *id.* l. 5. maître d'Aristophane.

412. ANTIPHANE, d'Argos, *statuaire*, élève de Périclète. Paus. l. 5. —— A Delphes, les statues d'Elatus, d'Aphidas et d'Erasus. Paus. l. 10. c. 9. — Castor et Pollux, à Delphes. Paus. l. 10. c. 9. — Et chez les Lacédémoniens, un cheval de bronze en imitation du cheval de Troie.

PHRYLLUS, *peintre*. Plin. l. 35. c. 9.

PAUSON, *peintre*. Aristot. *de Poeticâ*. c. 2. ou PASON. Luci. *in Demosth. Encomio*. —— Un cheval. Plutarch. *cur Pythia, etc.* Æli. *Var. Hist.* 14 et 15. Luci. *in Demosth. Encomio*. Aristote recommande l'étude des ouvrages de Pauson sous le rapport de l'expression des mœurs. *Politic.* l. 8. c. 5.

DIONYSIUS, de Colophon, *peintre*. Æli. *Var. Hist.* l. 4. c. 3. (*Voy.* au sujet de ce peintre ce que disent Plutarque *in Timoleont.*, Aristote *de Poetic.* c. 2. et Ælien.)

NICANOR, de Paros, *peintre*. —— Des ouvrages à l'encaustique. Plin. l. 35. c. 11.

ARCESILAUS, *peintre*. Plin. l. 35. c. 11. —— Léosthène et ses enfans, tableau qu'on voyait à Athènes. Paus. l. 1. c. 1.

LYSIPPE, d'Egyne, *peintre*. —— Des peintures à Egyne. Plin. l. 35. c. 11.

ARISTOPHON, *peintre*, fils d'Aglaophon et frère de Polygnote. Plat. *in Gorg.* —— Ancée blessé par le sanglier de Calydon ; Astyphale est près de lui et partage sa douleur. Il peignit dans un seul tableau Priam, Hélène, la Crédulité, Ulysse, Déiphobe et Dolon. PLIN. l. 35. c. 11. On vit aussi de lui, selon Plutarque, un tableau de Philoctète souffrant; Alcibiade avec la courtisanne Némée. Athénée attribue cependant ce tableau à Aglaophon. (*Voy*. Aglaophon.) Toute Athènes courut admirer ce tableau. PLUT. Aristophon est classé parmi les premiers artistes par Pline (l. 35. c. 11).

ALCIMAQUE, *peintre*. PLIN. ——Dioxippus, fameux pancratiaste. PLIN. l. 35. c. 11. ATHÉN. l. 6. c. 13. ÆLIAN. *Var. Hist.* l. 10. c. 22. Q. CURTIUS l. 9. c. 7. Pline le classe parmi les artistes du second ordre.

BRIÉTÈS, de Sicyone, *peintre*. PLIN. l. 35. c. 11.

PARRHASIUS, d'Ephèse, *peintre*, fils et élève d'Evenor. PLIN. l. 35. c. 9. Il fit les dessins des sujets que Mys grava sur le bouclier de la Minerve en bronze de Phidias, à la citadelle d'Athènes. PAUS. l. 1. c. 28. Il peignit le peuple d'Athènes personnifié ou le génie des Athéniens. PLIN. l. 35. c. 10. PAUS. l. 8. Ce sujet fut choisi par plusieurs peintres et sculpteurs, et entr'autres par Euphranor, Lyson et Léocharès. ——Ulysse contrefaisant l'insensé. PLUT. *de Audiend. Poetis.* — Mégabysus. TZET. *Chil.* 8. *Hist.* 198. — Un hoplite, ou soldat fortement armé. PLIN. l. 35. c. 10. Il paraissait courir au combat.—Un autre hoplite se dépouillant de ses armes. PLIN. l. 35. c. 10. Il semblait suer et tout essoufflé. — Philoctète souffrant. ANTH. GR. l. 4. c. 8. — Méléagre, Atalante, petits tableaux. PLIN. l. 35. c. 10. SUÉT. *in Tiber.* c. 44. Parrhasius avait fait dans ses délassemens ces deux sujets libres. Tibère les plaça dans sa chambre à coucher. — Mercure. Il prêta à ce dieu sa propre ressemblance. THÉMIST. *Orat.* 14. — Au Capitole, un amiral vêtu de la cuirasse. PLIN. l. 35. c. 10. — A Rhodes, dans un même tableau, Méléagre, Hercule et Persée. PLIN. l. 35. c. 10. On voyait encore, dans la chambre à coucher de Tibère, un tableau estimé 60000 sesterces, et que cet empereur goûtait beaucoup : ce tableau représentait un grand prêtre de Cybèle ou Archigallus. PLIN. l. 35. c. 10. DÉCIUS ECULEO. Pline cite encore de Parrhasius un Philiscus, à Rome (l. 35. c. 10.)—Son fameux Thésée. C'est ce tableau qui fut critiqué par Euphranor qui avait peint le même sujet. Euphranor disait que son Thésée était nourri de chair, mais que celui de Parrhasius était nourri de roses. PLUT. *Bellone an Pace.* PLIN. l. 35. c. 10. — Une nourrice crétoise avec son enfant. PLIN. l. 35. c. 10. —Bacchus. PLIN. l. 35. c. 10. — Un grand prêtre et un jeune enfant couronné de fleurs, et tenant l'acerra. PLIN. l. 35. c. 10. — Deux enfans et près d'eux la Vertu personnifiée et debout. PLIN. l. 35. c. 10. On remarque, dit Pline, la sécurité et la simplicité de leur âge. On voyait de Parrhasius, dans un même tableau, Enée, Castor et Pollux; dans une autre peinture Télèphe, Achille, Agamemnon et Ulysse. PLIN. l. 35. c. 10. — Ajax disputant à Ulysse les armes d'Achille. PLIN. l. 35. c. 10. Il exécuta ce tableau en concours avec Timanthe, qui fut vainqueur. — Hercule de l'Inde. Parrhasius disait qu'il l'avait peint d'après Hercule lui-même, qui lui avait apparu : cette figure exprimait le repos. Plin. l. 35. c. 10. —Divers petits tableaux libres. Plin. l. 35. c. 10. —Un rideau. (*Voy.* Zeuxis.)—Les figures des dieux et des héros de Parrhasius servaient de canon ou de règle aux peintres. Den. d'Hal. *de Ant. Orat. in Demosth.* c. 41. Quint. l. 10. c. 1. et l. 12. c. 10. Plin. l. 35. c. 11. Pline vante la fécondité de Parrhasius, et dit qu'il écrivit sur les proportions et sur le coloris (l. 35. c. 11). Il cite aussi les perfectionnemens nombreux que cet artiste apporta dans son art, perfectionnemens que reconnurent aussi Xénocrate et Antigonus (l. 35. c. 10). Grégoire de Naziance dit que ce peintre ne produisait que des chefs-d'œuvre. *Orat.* 34. Théophile (*Act. Simocrat. Epist.* 6.) appelle ses peintures des réalités. Une foule d'autres auteurs le citent avec éloge. Selon Ælien, Théophraste dit que Parrhasius, qui était d'un caractère irritable, avait la coutume de se délasser par le chant des fatigues de son art (l. 9. c. 11). (*Voy.* sur ce peintre Fr. Junius.)

405. LYSON, *statuaire.* —— Des athlètes, des hommes armés, des chasseurs et des sacrificateurs, toutes statues de bronze. Plin. l. 34. c. 8. — Une statue du peuple, à Athènes. Paus. l. 1. c. 3.

ALYPE, de Sicyone, *statuaire,* élève de Naucydès d'Argos. —— Symmaque athlète ; Néolaidas enfant, vainqueur au pugilat ; Archidame enfant, vainqueur à la lutte. Paus. l. 6. c. 1. —Ethymène athlète, statue en bronze, dans l'Altys. Paus. l. 6. c. 8. On voyait à Delphes, de ce statuaire, sept statues des chefs alliés qui avaient remporté avec les Lacédémoniens, commandés par Lysandre, la victoire d'Ægos-Potamos, sur les Athéniens. Paus. l. 10. c. 9.

ARISTANDRE, de Paros, *statuaire.* Paus. l. 3. —— A Amyclée, un trépied d'airain, sur lequel il avait représenté Sparte tenant une lyre : ce trépied fut consacré, après la victoire des Lacédémoniens à Ægos-Potamos.

ATHÉNODORE, *statuaire,* de l'école de Polyclète. (*Voy.* Daméas.)

DAMÉAS ou DAMIAS, de Clitore, *statuaire,* de l'école de Polyclète. Paus. —— Diane, Neptune et Lysandre. Paus. l. 10. c. 9. Plin. l. 34. c. 8. Pausanias le cite avec Athénodore de Clitore. Ils travaillèrent ensemble à l'occasion de la victoire d'Ægos-Potamos.

TISANDRE, *statuaire.* ——A Delphes, dans le temple d'Apollon, onze statues des chefs alliés vainqueurs à Ægos-Potamos. Paus. l. 10. c. 9.

CANACHUS. Un Canachus, *statuaire,* fit aussi les statues des vainqueurs à Ægos-Potamos.

AMPHION, de Cnosse, *statuaire,* fils d'Acestor, élève de Ptolichus et maître de Pison de Calaurée. —— A Delphes, Battus sur un char ; Cyrène conduit le char, et la nymphe Lybie couronne Battus. Paus. l. 10. c. 15.

Les artistes suivans fleurirent de cinq cents à quatre cents ans avant J.-C. On manque de renseignemens pour leur assigner une époque plus précise.

CALLICLÈS, de Mégare, *statuaire,* fils de Théoscomus.——La statue de Diagoras, vainqueur au combat du ceste; celle de Gnaton, autre jeune vainqueur au même combat. Pausanias cite ces statues dans l'Altys (l. 6. c. 7). — Des statues en bronze représentant des philosophes. Plin. l. 34. c. 8. Pausanias fait un grand éloge de ce statuaire.

LOCRUS, de Paros, *statuaire.*——Une Minerve, à Athènes. Paus. l. 1. c. 8.

CALLICRATE, de Lacédémone, *sculpteur,* le même que Callistrate, page 573.—— Des fourmis en ivoire et d'autres insectes si petits qu'à peine l'œil pouvait en saisir les détails. Plin. l. 7. c. 21. Plin. l. 36. c. 5. Æli. Plut.—Le char qu'il fit en société avec Myrmécide et qui était si petit qu'il aurait pu être couvert par l'aile d'une mouche, ou être traîné par elle, était en fer au dire de Chœroboscus. Voy. Varron, Ælien, Pline, etc., cités au sujet de Myrmécide.

STIPAX, de Chypre, *statuaire.* —— Un splanchnopte ou jeune esclave soufflant le feu pour faire rôtir des viandes, stat. en bronze. Plin. l. 34. c. 8.

PHILOTIMUS, d'Egyne, *statuaire.* —— Xénombrote, statue équestre, dans l'Altys. Paus. l. 6. c. 14.

CÉPHISODORE, *peintre.* Plin. l. 35. c. 9.

LACON, *statuaire.* Plin. l. 34. c. 8. Ce Lacon est peut-être Leucon, dont l'Anthologie grecque vante un chien célèbre. (*Voy.* Leucon.)

DÉMÉTRIUS, d'Alopée, *statuaire.* Diog. L. l. 5. —— Lysimaque, prêtresse de Minerve, statue en bronze. Plin. l. 34. c. 8. — Minerve, dite la Musicienne, statue en bronze. Plin. l. 34. c. 8. — L'écuyer Sarmenès ou Simon, et Pelichus d'Alopée : ces deux ouvrages étaient aussi de bronze. Plin. l. 34. c. 8. Luci. *in Philop.* Quintilien reproche à Démétrius (l. 12. c. 10.) de s'être montré plutôt rigoureux dans l'exactitude, que partisan de la beauté.

DIODOTE, *statuaire.* On attribuait à Diodote la Némésis d'Agoracrite, statue qu'on voyait à Rhamnus, et qui ne le cédait en rien aux ouvrages de Phidias quant à la noblesse et à la grâce. Strab. l. 9.

IDŒUS, *peintre* et *sculpteur.* —— Des ornemens de cheval : ils étaient parfaitement travaillés. Xénoph. *Hist.* l. 4.

MICON, de Syracuse, *statuaire,* fils de Nicocrates. Paus. l. 6. c. 12. On voyait à Olympie deux statues de Hiéron, l'une équestre et l'autre pédestre, consacrées par ses fils. Paus. l. 6. c. 12. —— Des athlètes en bronze. Plin. l. 34. c. 8. (*Voy.* Nicostrate, peintre.)

SIMONIDES, *peintre.* Plin. —— Agatharcus et Mnémosyne. Plin. l. 35. c. 11. Peintre du second ordre. Plin.

400. ZEUXIS, d'Héraclée, *peintre,* élève de Démophile d'Himère, ou de

années av. J.-C.

Nésias de Thasos. —— Une centaurelle avec ses petits. Luci. *in Zeux. vel Antiocho.* — Pénélope, tableau dans lequel il avait peint les mœurs de cette princesse. Plin. l. 35. c. 9. — Un athlète. Plin. l. 35. c. 9. Pline fait au sujet de cet ouvrage une observation qui semble devoir s'appliquer aussi à Apollodore. (*Voy.* Apollodore.)—Jupiter assis sur son trône et entouré des dieux. Plin. l. 35. c. 9. — Hercule enfant étouffant deux serpens en présence d'Amphitrion et d'Alcmène qui pâlit d'effroi. Plin. l. 35. c. 9. — Hélène, un Marsyas lié : ces deux tableaux étaient à Rome dans le temple de la Concorde. Plin. l. 35. c. 10. — La fameuse Hélène, chez les Crotoniates, consacrée dans le temple de Junon Lavinienne. Plin. l. 35. c. 9.—Le dieu Pan ; Zeuxis en fit don au roi Archelaüs. Plin. l. 35. c. 9. —Alcmène et Amphitrion, tableau qu'il donna aux Agrigentins. Plin. l. 35. c. 9. —Des peintures monochrômes. Plin. l. 35. c. 9. — Les Muses, exécutées en argile, à Rome. Plin. l. 35. c. 10. — Un enfant portant des raisins. Plin. l. 35. c. 10. — Ménélas, ouvrage très-célèbre. Tzet. *Child.* 8. *Hist.* 196. et 198. — Un Cupidon couronné de roses, tableau exposé dans le temple de Vénus, à Athènes. Schol. *in Acharnens.* Aristoph. Suid. *in Artemon.* — Un Triton. — Autoborée. Luci. *in Timon.* — Le portrait d'une vieille. Fest. (*Voy.* C. Dati, Vies des peintres de l'antiquité. *Voy.* Zeuxipe.)

TIMANTHE, de Cithnos. Quint. ou de Sicyone. Eust., *peintre.* —— Un Cyclope endormi et des Satyres qui mesurent son pouce avec leurs thyrses, très-petit tableau. Plin. l. 35. c. 10. — Un héros dans le temple de la Paix, à Rome, ouvrage parfait. Plin. l. 35. c. 10. Timanthe, dit Plutarque (*in Arat.*), illustra par son pinceau l'action d'Aratus reprenant Pellène sur les Etoliens. — Le sacrifice d'Iphygénie. Plin. l. 35. c. 10. Cic. *de Perfect. Orat.* Val. Max. l. 8. c. 11. (*Exempl. extern.* 6.) Tzet. *Chil.* 8. *Hist.* 198. Eust. *ad vers.* 163. Iliad. Édit. rom. Quintilien dit que Timanthe, par ce tableau, l'emporta sur Colotès de Téos, avec lequel il concourut. (*Orat. Inst.* l. 2. c. 13.)— Le meurtre de Palamède, à Éphèse, tableau qui fit une vive impression sur Alexandre-le-Grand. Phot. *ex Ptolom. Hephest. nov. ad. Var. erudit. Hist.* l. 1. Tzet. *Chil.* 8. *Hist.* 198. Suid. Arianus *de magni Alexand. expedit.* — Ajax disputant à Ulysse l'armure d'Achille. Timanthe, par ce tableau, fut vainqueur de Parrhasius dans un concours, à Samos, d'après le jugement du peuple. Plin. l. 35. c. 10. Athén. l. 10. c. 11. Æli. *Var. Hist.* l. 9. c. 11. Eust. *ad vers.* 545. *Odyss.* 5. Édit. rom.

AGLAOPHON, *peintre.* Plin. l. 35. c. 9. Cet Aglaophon n'est pas le même qu'Aglaophon, père de Polygnote.

MICCION, *peintre,* élève de Zeuxis. Luci. *in Zeuxid.*

NICOSTRATE, *peintre.* Ælien (l. 14. c. 47), en parlant de l'Hélène de Zeuxis, cite un mot de Nicostrate. Celui-ci, entendant quelqu'un parler avec indifférence de ce tableau de Zeuxis, dit à ce spectateur : Prends mes yeux, elle te semblera admirable.

Années av. J.-C.

COLOTÈS, de Téos, *peintre.* Quint. l. 2. c. 13. *Instit.* —— Le sacrifice d'Iphigénie. Il concourut avec Timanthe qui l'emporta sur lui.

ANDROCIDE, de Cizique, *peintre.* Plin. l. 35. c. 9. —— Une bataille, à Thèbes. Plut. *Symp.* l. 4. quest. 2 et 4. — Monstres marins entourant Scylla. Athénée dit (l. 8. c. 5.) que ce tableau était peint avec un art merveilleux. Pline le dit rival de Zeuxis.

EUXÉNIDAS, de Sicyone, *peintre,* maître d'Aristide. Plin. l. 35. c. 10.

PATROCLE, *statuaire.* Plin.

POLYÉIDUS, *peintre.* Diod. de Sic.

PANTIAS, de Chio, *statuaire.* Pausanias dit qu'il fut le septième dans la succession des élèves d'Aristoclès.

395. SCOPAS, de Paros, *statuaire.* Strab. *architecte.* Paus. l. 8. c. 45. —— Plusieurs statues en bronze représentant des philosophes. Plin. l. 34. c. 8. —Vénus vulgaire, à Elis ; elle était assise sur un bouc. Paus. l. 6. c. 25. —Esculape et Hygie, à Tégée. Paus. l. 8. c. 47. —Un autre Esculape et Hygie, à Gortys : ces deux ouvrages étaient en marbre pantélique. Paus. l. 8. c. 18. — Minerve, statue en marbre, à Thèbes. Paus. l. 9. c. 10. — Diane Eucléa ou la Glorieuse. Paus. l. 9. c. 17. — Vénus, le Désir, Phaéton, à Samothrace. Plin. l. 36. c. 5. — Apollon palatin ; à Rome, dans les jardins de Servilius. Une Vesta et deux de ses compagnes assises, ouvrage très-estimé. Plin. l. 36. c. 1. De semblables figures dans les monumens d'Asinius Pollion, où l'on voyait encore de Scopas une Canéphore. Plin. l. 36. c. 5. —Au cirque flaminien, à Rome, les statues suivantes : Neptune, Thésée, Achille, des Néréides assises sur des dauphins, sur des baleines et sur des chevaux marins ; des Tritons, le troupeau de Phorcus, des monstres marins et beaucoup d'autres figures marines, suite d'ouvrages admirables, selon Pline (l. 36. c. 5). —A Rome, au cirque flaminien, Mars assis, statue colossale. Plin. l. 36. c. 5. —Dans le même cirque, une Vénus nue très-vantée. Plin. l. 36. c. 5. — Niobée mourante, avec ses enfans. Plin. l. 36. c. 5. On la voyait à Rome ; on doutait, dit cet auteur, si cette statue était de Scopas ou de Praxitèle. —Un Janus, statue apportée d'Egypte ; un Cupidon tenant un foudre : on avait ce même doute au sujet de ces deux ouvrages. — A Gnide, les statues de Minerve et de Bacchus en marbre pantélique. Plin. l. 36. c. 5. —A Mégare, dans le temple de Vénus Praxis, l'Amour, l'Appétit et le Désir. Paus. l. 1. c. 43. —A Corinthe, dans le Gymnase, Hercule, statue en marbre. Paus. l. 2. c. 10. — A Argos, Hécate, statue en marbre. Paus. l. 2. c. 22. — Une Bacchante furieuse, en marbre de Paros. Callist. Anth. Gr. l. 4. c. 3. Paus. l. 2. c. 12. — Une statue de Mercure. Paus. l. 2. c. 12. — Deux Euménides, à Athènes. Clém. Al. — Diane. Luci. — La statue de la Fortune dans le temple de cette déesse, à Mégare. Paus. l. 1. c. 43. —Latone tenant son sceptre. —Ortygie tenant entre ses bras Apollon et Diane : ces statues se voyaient à Ephèse. — Apollon Sminthien, à Chrysa : un rat est sous son pied. Strab. l. 13.

Eust. *ad vers.* 39. Scopas construisit le temple de Minerve Aléa, à Tégée, et l'orna de sculptures, parmi lesquelles on remarquait, dit Pausanias (l. 8. c. 45), celles des deux frontons. Sur celui de devant, ce statuaire avait représenté la chasse du sanglier de Calydon, dont Pausanias cite les douze ou treize personnages qui y figuraient; sur le fronton de derrière, on voyait le combat de Théléphus et d'Achille dans la plaine du Caïque. Il travailla aussi au tombeau du roi Mausole. Paus. l. 8. c. 5. Scopas est cité avec éloge par Cicéron (*de Divinat.* l. 1), par Horace (l. 4. *Ode* 8), et par Martial (l. 4. *Epig.* 39). Callistrate vante la vérité des ouvrages de Scopas (*in Baccho*).

SAMOLAS, d'Arcadie, *statuaire*. Paus. —— Les statues de Triphylus et d'Azan, à Delphes. Paus. l. 10. c. 9.

ASTERION, *statuaire*, fils d'Eschyle. —— Chéréas enfant, vainqueur au pugilat, dans l'Altys. Paus. l. 6. c. 3.

PISON, de Calaurée, *statuaire*, élève d'Amphion. Paus. l. 10. Paus. l. 6. c. 3. —— Abas, devin de Trézène, à Delphes. Paus. l. 10. c. 9. Son école a produit une certaine suite de maîtres. Paus.

380. DÉDALE, de Sicyone, *statuaire*, fils et élève de Patrocle. —— Dans l'Altys, Timon et son fils, vainqueurs des Lacédémoniens : ce dernier était représenté à cheval. Paus. l. 6. c. 2. — Aristodème, vainqueur à la lutte. Paus. l. 5. c. 3. — Narcydas, fils de Damaratus, lutteur. Paus. l. 6. c. 6. Ces deux ouvrages étaient dans l'Altys. — La statue d'Eupolême éléen, vainqueur à la course. Paus. l. 6. c. 3. — Hercule, statue, à Thèbes. Paus. l. 6. c. 9. — Une Victoire. — Arcas, à Delphes. Paus. l. 10. c. 9. — Trophonius, statue, à Labadée. Paus. l. 6. c. 9. — Deux enfans au bain se frottant avec le strigile, ouvrage en bronze. Plin. l. 34. c. 8. — Une Victoire, chez les Arcadiens. Paus. l. 10. et un trophée consacré par les Eléens, dans l'Altys. Paus. l. 6. c. 2.

DÉDALE, de Bithynie, *statuaire*. —— Jupiter Stratius ou dieu des armées, à Nicomédie. Arianus. Eust.

PAUSANIAS, d'Apollonie, *statuaire*. —— Apollon et Callistho, statues, à Delphes. Paus. l. 10. c. 9.

DÉMOCRITE, de Sicyone. Plin. l. 34. ou DAMOCRITUS, *statuaire*, élève de Pison de Calaurée. Paus. l. 6. c. 3. Paus. l. 10. —— Des statues de philosophes, ouvrages en bronze. Plin. l. 34. c. 8. — Hyppon enfant, vainqueur au pugilat. Paus. l. 6. c. 3. Le cinquième dans la succession des élèves de Critias.

CANTHARE, de Sicyone, *statuaire*, fils d'Alexis et élève d'Entychides. Paus. l. 6. c. 3. Plin. l. 34. c. 8. —— Le jeune Cratinus d'Egyne, le plus beau et le meilleur athlète de son tems. Paus. l. 6. c. 3. — Alexinicus d'Elide, lutteur et vainqueur au palestre entre les enfans, dans l'Altys. Paus. l. 6. c. 17. Canthare travaillait en bronze et en argent. Plin. l. 34. c. 8. (*Voy.* Alexis.) Selon Gédoyn, Pline dit (à l'article Canthare) que

Années av. J.-C.

ce statuaire travaillait également tous ses ouvrages, mais qu'il n'en porta aucun à la perfection. (*Voy.* l'art. Canthare dans Pausanias.)

CLÉON, de Sicyone, *statuaire*, élève d'Antiphane. ——Plusieurs statues de bronze représentant des philosophes. Plin. l. 34. c. 8. — Admète, ouvrage très-vanté. Plin. l. 35. c. 11. —Le jeune Dinolochus, vainqueur à la course. Paus. l. 6. c. 1. — Critodame, athlète. Paus. l. 6. c. 8. — Le jeune Xénoclès, vainqueur à la lutte. Paus. l. 6. c. 9. — Le jeune Lycinus, vainqueur à la course. Paus. l. 6. c. 10. — Deux statues de vainqueurs. Paus. l. 5. c. 24. Tous ces ouvrages se voyaient dans l'Altys. — Vénus, à Olympie, statue de bronze. Paus. l. 5. c. 17. — Deux statues de Jupiter, ouvrages en bronze. Paus. l. 5. c. 21. — Hysmon éléen, pentalthle, dans l'Altys. Paus. l. 6. c. 3. — Alcétus, vainqueur au ceste, dans l'Altys. Paus. l. 6. c. 9.

EUPOMPE, de Sicyone, *peintre*, maître de Pamphyle.——Un athlète.— Un vainqueur aux jeux gymniques tenant la palme. Plin. l. 35. c. 10.

360. PAMPHILE, d'Amphipolis en Macédoine, *peintre*. Suid. *in Appel.* —— Un combat livré devant la ville de Phlius; une autre peinture représentant une Victoire des Athéniens. Plin. l. 35. c. 10. — Un tableau de famille. Plin. l. 35. c. 10.—Les Héraclides implorant le peuple athénien. Schol. *in Plut.* Aristoph. — Ulysse sur son vaisseau. Plin. l. 35. c. 10. Pamphile fit encore plusieurs beaux ouvrages : Aratus les envoya à un roi d'Egypte. Plut. *in Arato.*

CHEIRISOPHUS, de Crète, *statuaire* de l'école de Dédale. ——Apollon en bronze doré, dans le temple de Tégée. Paus. l. 18. c. 53.

ARISTODÊME, *statuaire*. Plin. l. 34. c. 8. —— Des statues de lutteurs, des chars à deux chevaux avec leurs écuyers. Plin. l. 34. c. 8.—Plusieurs statues représentant des philosophes; une vieille; un doriphore d'une grande beauté; la statue du roi Séleucus. Plin. l. 34. c. 8. Il fit aussi des statues de femmes célèbres. Plin. l. 34. c. 8. —Esope le fabuliste. Tat.

EUCLIDE, d'Athènes, *statuaire*. Il fit en marbre pentélique les statues de Cérès, de Bacchus, de Vénus et de Lucine; elles étaient à Bure. Paus. l. 7. c. 24. Il exécuta aussi un Jupiter assis, en marbre pentélique : cet ouvrage était à Egyre. Paus. l. 7. c. 24.

356. CYDIAS, de Cithnos, *peintre*. Dion. Cass. Eust. ——Les Argonautes, à Rome. Plin. l. 35. c. 11. Selon Théophraste (*De lapidibus*), la peinture dut à Cydias une nouvelle couleur rouge.

ECHION, *peintre*. Plin. l. 35. c. 7. *statuaire*. Plin. l. 34. c. 8.——La Comédie et la Tragédie personnifiées; Sémiramis devenant reine, d'esclave qu'elle était; une vieille portant deux lampes devant une nouvelle mariée; Bacchus. Pline (l. 35. c. 7.) vante ces belles peintures. Pline cite encore d'Eschion une nouvelle mariée remarquable, dit-il, par le caractère de pudeur répandu sur toute sa figure : cet auteur le classe parmi les peintres qui, avec quatre couleurs seulement, produisirent les plus beaux ouvrages (l. 35. c. 10). Cicéron dit (*De claris orator.*)

que tout est parfait dans ce peintre. (*Voy.* aussi son 5e paradoxe.)

THÉRIMAQUE, *peintre.* PLIN. l. 34. c. 8.

352. TIMARCHIDES, de l'Attique, *statuaire.* —— Esculape portant une grande barbe, à Platée, dans le temple de ce dieu. PAUS. l. 10. c. 34. Cette statue de bronze fut faite par Timarchides en société avec Timoclès. — Des athlètes, des hommes armés, des chasseurs et des sacrificateurs; ouvrages en bronze. PLIN. l. 8. c. 34. — Apollon Cytharède ou tenant une lyre, à Rome, aux portiques d'Octavie. PLIN. l. 36. c. 5.

DYONISIUS, *statuaire,* fils de Timarchides et père de Périclès. —— Les statues de Jupiter, d'Hercule et d'Orphée. PLIN. l. 5. c. 36. — Une autre statue de Jupiter qu'on voyait à Rome. PLIN. l. 5. c. 36. — Junon et Jupiter, statues faites en société avec son fils Périclès. PLIN. l. 36. c. 5.

PERICLÈS, fils de Dyonisius. (*Voy.* Dyonisius.)

ARISTOGITON, *statuaire.* ——Il fit en société avec Hécatodore le char du prince Amphiaraüs, guidé par l'écuyer Baton. PAUS. l. 10. c. 10. — Les statues de Jupiter et d'Apollon ; elles se voyaient à Patare. On doutait si ces statues étaient de lui ou de Phidias. Il travailla au tombeau de Mausole.

HÉCATODORE, ou HOCATODORE, ou HYPATODORE, *statuaire.* PLIN. —— La statue de Minerve, à Aliphère. PAUS. l. 8. c. 26. Pausanias dit qu'elle mérite d'être vue, tant à cause de sa dimension qu'à cause de sa beauté. Polybe dit encore (l. 4.) que cet ouvrage en bronze était aussi beau que majestueux, et qu'il est le chef-d'œuvre de l'artiste. Ce statuaire est vanté aussi par Pline. — Dix statues d'hommes célèbres, à Delphes. PAUS. l. 10. c. 10. — Le char d'Amphiaraüs. (*Voy.* Aristogiton.)

TIMOTHÉE, *statuaire.* PLIN. 36. c. 5. ——Une Diane sur le mont Palatin. PLIN. l. 36. c. 5. Aulanius Evander fit refaire une tête à cette statue. Timothée fit aussi en bronze des statues d'athlètes, d'hommes armés, de chasseurs et de sacrificateurs. PLIN. l. 34. c. 8. — Esculape, à Thræzène. Selon Pausanias (l. 2. c. 32.), cette statue passait aussi pour être celle d'Hippolyte. Ce statuaire travailla au tombeau de Mausole.

LÉOCHARÈS, ou CLÉOCHARÈS, ou LÉOCHRAS, ou TÉLOCHARÈS, *statuaire.* PLIN. l. 34. c. 8. PAULUS LEOPARDUS. *Emend.* l. 11. c. 19. *ex Tatiano.* VIT. *in Præm.* l. 7. PHOT. *Cod.* 240. —— Dans l'Altys, Philippe, Alexandre et Amyntas, père de Philippe, magnifiques statues d'or et d'ivoire. PAUS. l. 2 et 5. c. 20. — Mars, statue colossale, à Halicarnasse, dans le temple de ce dieu. VIT. l. 11. c. 8. —Jupiter, Apollon, le peuple d'Athènes personnifié : ces quatre statues se voyaient à Athènes au Pyrée. PAUS. l. 1. c. 1 et 3. — L'Enlèvement de Ganimède, ouvrage en bronze très-vanté. PLIN. l. 34. c. 8. TAT. *ad vers. Græc.* MART. l. 1. *Ep.* 7. — La statue en bronze d'Isocrate, à Eleusis. PLUT. *De Isocrate.* PHOT. *Cod.* 240. —Autolycon, pancratiaste, vainqueur entre les enfans, statue de bronze. PLIN. l. 34. c. 8. XÉNOPH. —Jupiter Poliéüs, à Athènes, dans la citadelle. Paus. l. 1. c. 24. — Jupiter tonnant, chef-d'œuvre en bronze qu'on voyait à Rome, au Capitole. Plin. l. 34. c. 8. — Un Apollon en bronze, ceint du diadême. Plin. l. 34. c. 8. Selon Pline (l. 34. c. 8.), Léocharès a travaillé au tombeau de Mausole.

PYTHIS, *statuaire*. Plin. l. 36. c. 5. —— Le quadrige placé au haut du tombeau de Mausole.

BRYAXIS, d'Athènes, *statuaire*. Vit. —— A Rhodes, cinq statues colossales représentant des dieux. Plin. l. 34. c. 7. — Pasiphaé. Tat. *adv. græc.* — Esculape et Hygie, deux statues, à Mégare. Paus. l. 1. c. 20. — A Gnide, les statues de Bacchus, d'Esculape et de Séleucus. Plin. l. 34 et 35. c. 5 et 8. — Apollon, à Daphné. Cedr. Clément d'Alexandrie ne tarit point, lorsqu'il fait l'éloge de ce chef-d'œuvre, qu'il appelle ouvrage admirable et inimitable.

CÉPHISODORE, *statuaire*. —— On voyait de lui, à Athènes, la Paix tenant entre ses bras Plutus enfant. Paus. l. 9. c. 16. — Sur le mont Hélicon, six statues de Muses. Paus. l. 9. c. 30. Il fit en société avec Euthycrate les statues des courtisannes Anyta et Myro. Tat. — Minerve, ouvrage admirable qu'on voyait à Athènes, sur le port. Plin. l. 34. c. 8.

PAUSIAS, de Sicyone, *peintre*, fils de Briétès, son premier maître, puis élève de Pamphile. —— Pline cite (l. 35. c. 11.) un tableau de ce peintre, tableau qu'on appela Héméresios ou l'œuvre d'un jour. Cet ouvrage, fait en vingt-quatre heures, représentait un enfant. Il fit, dit-on, ce tableau pour répondre aux envieux qui lui reprochaient sa lenteur. — Glycère. Pausias avait représenté cette célèbre bouquetière d'Athènes, assise et la tête ceinte d'une couronne de fleurs. Plin. l. 35. c. 11. Une copie de ce fameux ouvrage fut achetée par Lucullus environ 10 800^f. — Un sacrifice de bœufs. On le vit à Rome, au portique de Pompée. Ce tableau, d'une grande dimension, dit Pline (l. 35. c. 11), était traité avec beaucoup d'art. — Un Amour laissant ses flèches et son arc pour prendre une lyre, ouvrage très-vanté : on le voyait à Epidaure dans une rotonde de marbre; cette rotonde avait été construite par Polyclète. Paus. l. 2. c. 27. — L'Ivresse, sous la figure d'une femme qui boit dans un flacon de verre. Pline dit que la transparence du flacon laissait apercevoir les traits de cette femme. Pausias restaura des peintures de Polygnote sur mur; il resta inférieur à l'original quant aux procédés techniques. Pline ajoute qu'il aimait à faire de petits tableaux; il y représentait volontiers des enfans.

EUPHRANOR, de l'isthme de Corinthe, *peintre* et *statuaire*, élève d'Aristide. —— Les douze grands dieux, peints au Céramique. Plin. l. 35. c. 11. Paus. l. 1. c. 3. Selon Valère Maxime (l. 8. c. 11), Neptune et Jupiter étaient bien supérieurs aux autres. — Thésée, au Céramique. Paus. l. 1. c. 3. Plin. l. 35. c. 11. C'est au sujet de cet ouvrage qu'Euphranor disait que le Thésée de Parrhasius était nourri de roses, et que le sien était nourri de chair. — Un combat équestre. Plin. l. 35. c. 11.

Années av. J.-C.

— Apollon Patroüs. Paus. l. 1. c. 3. — Le combat de Grillus et d'Epaminondas, à Athènes. Paus. l. 1. c. 5. — La bataille de Mantinée, à Athènes. Paus. l. 1. c. 1. Plutarque parle du mérite de cette peinture. — Ulysse, contrefaisant l'insensé et attelant à la charrue un bœuf avec un cheval; deux hommes en manteau considèrent Ulysse avec attention. Ce tableau, qu'on voyait à Ephèse, est cité par Pline (l. 34. c. 11). — Une Junon, à Ephèse. Plin. l. 34. c. 11. Selon Lucien (*De imag.*), la chevelure de cette déesse était peinte avec beaucoup d'art. — Le peuple athénien personnifié, tableau qu'on voyait au Céramique. Plin. l. 34. c. 11. Paus. l. 1. c. 3. — La Démocratie personnifiée; on le voyait aussi au Céramique. Paus. l. 1. c. 3. — Un général remettant son épée dans le fourreau. Plin. l. 35. c. 11. On voyait cet ouvrage à Ephèse. Citons les statues d'Euphranor; elles étaient toutes en bronze. — Un Pâris, duquel Pline (l. 34. c. 8.) dit que l'on reconnaissait dans cette statue le juge des trois déesses, l'amant d'Hélène et le meurtrier d'Achille. — Minerve catulienne, à Rome. Plin. l. 34. c. 8. Cette statue fut dédiée par L. Catulus et placée au bas du Capitole. — Le Bon Succès, ou *Bonus Eventus*. Il tient de la main droite une coupe, et de la gauche un épi et un pavot. Plin. l. 34. c. 8. — Latone, portant Apollon et Diane qu'elle vient d'enfanter. On voyait cet ouvrage dans le petit temple de la Concorde, à Rome. Plin. l. 34. c. 8. — Des quadriges. Plin. l. 34. c. 8. — Des chars à quatre et à deux chevaux. Plin. l. 34. c. 8. — La Vertu, bronze colossal. Plin. l. 34. c. 8. — La Grâce, autre bronze colossal. Plin. l. 34. c. 8. — Une adorante. Plin. l. 34. c. 8. — Philippe sur un quadrige. Plin. l. 34. c. 8. — Alexandre sur un quadrige. Plin. l. 34. c. 8. — Vulcain. Dion C. *Orat.* 37. — Des vases. Plin. l. 35. c. 11. — Un Cliduchon ou héros armé d'une massue, statue d'une grande beauté. Pline et Quintilien nous parlent d'Euphranor comme d'un artiste également admirable dans la peinture et dans la statuaire; Pline nous apprend aussi que cet artiste avait écrit sur les proportions et sur le coloris; Quintilien le regarde comme ayant porté l'art à son plus haut degré de perfection; Plutarque le compte au nombre des plus célèbres Athéniens. (Nous avons parlé, à l'article Euphranor, de la critique que l'on fit de ses figures, sous le rapport de la grosseur des têtes et de la sveltesse des corps.)

ARISTODÈME, de Carie, *peintre*, maître de Nicomaque. Plin. l. 35. c. 10. Philost. *in præmio icon.* Ce peintre était très-célèbre.

GLAUCION, de Corinthe, *peintre*. Plin. l. 35. c. 11.

ARISTOLAUS, d'Athènes, *peintre*, fils et élève de Pausias. —— Thésée. — Epaminondas. — Périclès. — Médée. — La Vertu. — Le peuple d'Athènes personnifié. — Un sacrifice de bœufs. Plin. l. 35. c. 11. Aristolaüs, dit Pline, était un peintre très-sévère. Ses tableaux, ordinairement d'une seule figure, excellaient par le dessin.

MÉCHOPANE, *peintre*, élève de Pausias. Pline dit de ce peintre (l. 35.

Années av. J.-C.

c. 11.) qu'il avait de la dureté dans la couleur, mais qu'il réparait ce défaut par une grande exactitude.

CALLICLÈS, *peintre*. Plin. l. 35. c. 10. Varron dit que les tableaux de Calliclès, quoique de très-petite dimension (ils n'avaient que quatre doigts de haut), donnaient à penser que ce peintre aurait pu dans de plus grandes compositions s'élever à la hauteur même d'Euphranor.

NICIAS, d'Athènes, *peintre*, fils de Nicomède et élève d'Antidote. —— Des peintures qui décoraient un magnifique tombeau de marbre blanc, qu'on voyait près de Tritia. Une jeune personne d'une grande beauté, dit Pausanias (l. 7. c. 22.), est représentée assise sur une chaise d'ivoire ; à côté d'elle est une de ses femmes lui tenant une espèce de parasol au-dessus de la tête ; de l'autre côté est un jeune garçon imberbe, vêtu d'une tunique et d'un manteau de pourpre ; près de ce jeune homme on voit un esclave qui d'une main tient des javelots, et de l'autre des chiens de chasse qu'il mène en lesse. Pausanias dit que ce monument était plus précieux encore par ses peintures que par ses sculptures.—Hyacinthe, à Alexandrie. Plin. l. 35. c. 11. Paus. l. 3. Après la prise d'Alexandrie, ce tableau fut transporté à Rome par César Auguste, et fut ensuite placé par Tibère dans le temple qu'il fit élever à ce prince. — Diane, à Alexandrie. Paus. l. 3. Plin. l. 35. c. 11. — Ulysse évoquant les ombres des morts, à Athènes. Plin. l. 35. c. 11. Plut. Stob. Nicias, qui était très-riche, refusa 60 talens ou 270 000 fr. que le roi Attale lui offrit pour ce tableau d'Ulysse, et préféra en faire don à sa patrie. — La forêt de Némée personnifiée et assise sur un lion, à Rome. Paus. l. 35. c. 11. — Bacchus, à Rome, dans le temple de la Concorde. Plin. l. 35. c. 11. — Des peintures ornant le tombeau de Mégabise, prêtre de Diane, à Ephèse. Plin. l. 35. c. 11. — Calypso ; Io et Andromède, grandes figures. Plin. l. 55. c. 11. — Calypso, assise, à Rome, au portique de Pompée. Plin. l. 35. c. 11. —Alexandre, ouvrage d'une grande beauté, à Rome, au même portique. Nicias, dit Pline (l. 35. c. 11.), peignit les femmes avec soin. Il excellait à peindre les animaux et les chiens. Ce fut lui qui le premier se servit de l'ochre trouvée par hasard. Plin. l. 35. c. 6. Nicias enduisait d'un *circumlinitio* les ouvrages de Praxitèle. Plin. Dans les ouvrages de cet artiste, les lumières et les ombres étaient scrupuleusement observées ; il s'attacha surtout à donner du relief aux objets. Plin. l. 35. c. 11. Plutarque (*Bellone an pace*) le met au nombre des plus célèbres peintres athéniens.

ANTIDOTE, *peintre*, élève d'Euphranor. —— Un lutteur. — Un joueur de flûte. — Un guerrier combattant et se servant de son bouclier : ouvrages très-vantés, à Athènes. Plin. l. 35. c. 11. Ce peintre, dont le coloris était très-sévère, produisait peu d'ouvrages, mais ils étaient très-châtiés.

CARMANIDES, *peintre* du 3ᵉ ordre, élève d'Euphranor. Plin. l. 35. c. 21.

ATHÉNION, de Maronée, *peintre*, élève de Glaucion de Corinthe, ou d'Euphranor. — Ulysse découvrant Achille déguisé sous des habits de femme. PLIN. l. 35. c. 11. — Une procession de jeunes filles. PLIN. l. 35. c. 11. — Une assemblée de famille. PLIN. l. 35. c. 11. — Un palfrenier avec un cheval, dans le temple de Cérès Eleusine. PLIN. l. 35. c. 11. Ce tableau fut celui qui lui fit le plus d'honneur. — Philarque. PLIN. l. 35. c. 11. — Diverses figures dans un tableau très-vanté. Athénion fut très-célèbre et on le préférait quelquefois même à Nicoias. Il avait un coloris austère et mettait de l'érudition dans ses tableaux. Pline dit que s'il n'était pas mort à la fleur de l'âge, aucun peintre n'aurait pu lui être comparé.

NICOMAQUE, *peintre*, fils et élève d'Aristodême. — Il peignit le tombeau du poète Teleste, à Sicyone. PLIN. l. 35. c. 11. Cet ouvrage, qui lui fut demandé par Aristratus, tyran de Sicyone, fut exécuté avec autant d'art que de célérité. PLIN. l. 35. c. 11. — Scylla, à Rome. PLIN. l. 35. c. 11. — L'Enlèvement de Proserpine, à Rome au Capitole. PLIN. l. 35. c. 11. — La Victoire s'élevant sur un quadrige, tableau placé au capitole par Lucius-Marcus Plancus. PLIN. l. 35. c. 11. — Apollon. — Diane. — La mère des dieux, assise sur un lion. PLIN. l. 35. c. 11. — Ulysse, qu'il imagina le premier de représenter coiffé (probablement du Pilidion). PLIN. l. 35. c. 10. et 11. SERV. FULD. *ad vers.* 44. l. 11. *Enéid.* MEURS. *Miscel. lacon.* l. 1. c. 17. — Des bacchantes et des satyres : ouvrage très-estimé qu'on voyait à Rome, dans le temple de la Concorde. PLIN. l. 35. c. 10. — Tyndaridas. PLIN. l. 36. c. 10. Tableau resté imparfait par la mort de Nicomaque ; aucun peintre n'osa achever ce tableau. FR. JUNIUS. Cet artiste qui n'employait que quatre couleurs, n'en est pas moins au rang des premiers peintres. Plutarque et d'autres écrivains louent surtout son extrême facilité.

ASCLÉPIODORE, d'Athènes, *peintre*. — Les douze grands dieux, tableau payé par le tyran Mnason, à raison de 1200 fr. par figure. PLIN. l. 35. c. 10. Pline dit aussi (l. 35. sect. 36. parag. 21) qu'Asclépiodore le cédait à Apelle dans l'art de la symétrie. Plutarque le range parmi les plus illustres peintres d'Athènes.

THÉOMNESTE, de Sardaigne, *statuaire*. — Agelès de Chio, enfant vainqueur au pugilat, ouvrage en bronze, dans l'Altys. PAUS. l. 6. c. 15. — Des athlètes, des hommes armés. — Des chasseurs et des sacrificateurs. PLIN. l. 35. c. 8. — Des statues de héros. PLIN. 35. c. 10. Le tyran Mnason lui payait chacune de ces statues de héros 100 mines ou 4000 l. Suidas rapporte des choses admirables de cet artiste.

MÉLANTHE, *peintre*, élève de Pamphile. — Le portrait d'Aristratus, tyran de Sicyone. Il était représenté sur un char accompagné de la Victoire et de toute sa cour. PLUT. *in Arato.* QUINT. *Orat.* l. 2. c. 10. Institut. PLIN. l. 35. c. 7. et 10. Mélanthe, selon Diogène Laërte (*in vitâ philosophor. in Polemone*) était un peintre sage et austère, qui produisit des ouvrages immortels avec quatre couleurs seulement. Il dit aussi que cet artiste écrivit sur son art.

ARISTIDE, *peintre*, frère et élève de Nicomaque. PLIN. 35. c. 10. —— Un tableau représentant la Lasciveté, sujet allégorique, où trois silènes sont mis en action.

MANDROCLÈS, de Samos, *architecte* et *peintre*. —— Il représenta, en mémoire de la construction d'un pont de bateaux jeté sur le Bosphore, Darius, roi de Perse, assis sur un trône au milieu de ce pont, et l'armée de ce prince qui traversait la mer sur ce même pont. TZET. *Chil.* 11.

PROTOGÈNE, de Cannium ou Canne, ville soumise aux Rhodiens, *peintre* et *statuaire*. —— Des portraits d'hommes illustres à Athènes. PAUS. l. 1. c. 3. — Paralus, inventeur des vaisseaux à trois rangs de rames. — Nausicaa, conduisant un char traîné par des mulets (sujet tiré de l'Odyssée). On voyait ces deux ouvrages à Athènes, dans le vestibule du temple de Minerve. PAUS. l. 1. c. 3. — Un anapauoménos ou satire en repos, tenant des fleurs et reprenant haleine. PAUS. l. 1. PLIN. l. 35. c. 10. Protogène travaillait à ce tableau à Rhodes pendant que Démétrius faisait le siége de cette ville. Démétrius respecta son talent. — Cydippe, — Tlépolème. — Philiscus, poëte tragique, occupé à composer. — Un athlète. — Le roi Antigone. — Le portrait de la mère d'Aristote. — Le dieu Pan. — Alexandre et plusieurs sujets de la vie de ce prince. Tous ces tableaux sont cités par Pline (l. 35. c. 10.). Le plus célèbre tableau de Protogène fut Alysus, fils du soleil et de la nymphe Rhodos. On vit ce tableau à Rome, dans le temple de la Paix. PLIN. l. 26. c. 10. — Protogène exécuta en bronze des athlètes, des chasseurs, des hommes armés et des sacrificateurs. PLIN. l. 34. c. 8.

336. CLÉSIDÈME, *peintre*, maître d'Antiphile. —— La prise d'Achalie. — Laodamie. Ces deux tableaux l'ont rendu très-célèbre. Pline le place cependant parmi les peintres du second ordre (l. 35. c. 11.).

Ve PÉRIODE. — INTERVALLE DE 100 ANS.

331. PRAXITÈLE, *statuaire*. Pausanias place Praxitèle trois générations après Alcamène (l. 8. c. 9.). —— Latone et ses enfans, à Mantinée. PAUS. l. 8. c. 9. — Bacchus, à Elis. PAUS. l. 6. c. 26. — Junon assise sur un trône et ayant à ses côtés Hébée et Minerve, à Mantinée. PAUS. l. 8. c. 9. — La Fortune, à Olympie. PAUS. l. 5. c. 17. — Rhéa présentant à Saturne la pierre qu'il va dévorer. — Junon adulte et d'une grandeur extraordinaire. Ces deux ouvrages en marbre pentélique se voyaient à Platée. PAUS. l. 9. c. 2. — Les douze travaux d'Hercule, à Thèbes, sur la voûte du temple de ce demi-dieu. PAUS. l. 9. c. 11. — Diane le carquois sur l'épaule. De sa main droite elle porte un flambeau, et près d'elle à sa gauche est un chien. Statue beaucoup plus grande que nature. On la voyait près d'Anticyre. PAUS. l. 10. c. 37. — Enyus. PAUS. l. 1. — Cadmus, à Thèbes. PAUS. l. 9. c. 12. On attribuait ces deux statues aux

fils de Praxitèle.—Vénus et Phryné, à Thespies, statues en marbre. Paus. l. 9. c. 27. Trophonius, à Labadée. Paus. l. 9. c. 39. Cette statue ressemblait à celle d'Esculape.—Phryné, à Delphes, statue dorée. Ce fut Phryné elle-même qui en fit présent à Apollon. (*Voy.* Hérodote d'Olynthe.)—L'Enlèvement de Proserpine, très-beau groupe en bronze. Plin. l. 34. c. 8. —Proserpine ramenée des enfers, ou Proserpine Cataguse. Plin. l. 34. c. 8. Très-bel ouvrage en bronze. — Bacchus, belle statue en bronze. Plin. l. 34. c. 8. L'Ivresse, ouvrage en bronze. Plin. l. 34. c. 8. — De très-belles statues en bronze devant le temple de la Félicité. Plin. l. 34. c. 8.—Vénus. Plin. l. 34. c. 8. Cette statue en bronze égalait en beauté les plus beaux ouvrages en marbre de cet artiste. Elle périt dans un incendie sous le règne de Claudius. — Une stéphuse en bronze, ou une femme qui tresse des couronnes. Plin. l. 34. c. 8. —Une vieille. Plin. l. 34. c. 8. — Un œnophorus, ou homme qui porte du vin. Plin. 34. c. 8.—Harmodius et Aristogiton, meurtriers des tyrans. Plin. l. 34. c. 8. — Un jeune Apollon appelé Sauroctonos ou tueur de lézard. Il guette avec une flèche un lézard qui se glisse auprès de lui. Plin. l. 54. c. 8. — Une matrone qui pleure. Plin. l. 34. c. 8. — Une courtisanne exprimant la joie. Plin. l. 34. c. 8. (On croit que c'est Phryné.) Tous les ouvrages qu'on vient de citer étaient en bronze. —La fameuse Vénus, à Gnide, ouvrage en marbre. Plin. 36. c. 5. — Vénus, à Paros. Cette statue était vêtue. Plin. l. 36. c. 5. —Cupidon, à Thespies. Il était représenté vêtu. Cet ouvrage en marbre pentélique, est aussi célèbre que la Vénus de Gnide, et attirait les admirateurs à Thespies. Plin. l. 36. c. 5. —Cic. *In verrem. De signis.* (l. 4.) Paus. l. 9. c. 17. Strab. l. 9. Anth. Gr. — Cupidon, à Paros, représenté nu, en marbre. Pline dit encore, au sujet de cet ouvrage, qu'il égalait en beauté la Vénus de Gnide (l. 35. c. 5). — Flore, à Rome. — Triptolême, à Rome. — Cérès, statues en marbre, dans les jardins de Servilius. — Le Bon Succès et la Bonne Fortune, au Capitole. — Des Ménades, des Thyades, des Cariatides, ou jeunes filles, sacrifiant à Diane Caryatides ou de Caryas. — Des silènes (vantés dans l'Anthologie Grecque). Toutes ces statues en marbre se voyaient à Rome. Plin. l. 36. c. 5.—Apollon et Neptune, statues en marbre, à Rome, dans les monumens d'Asinius Pollion. Plin. l. 36. c. 5. — Un satyre, dans un temple, sur le chemin dit les Trépieds. Paus. l. 1. c. 20. Les Grecs appelaient cette statue Périboëtos ou le Fameux. C'était l'ouvrage qu'affectionnait le plus l'artiste. —Un amour, donné par Phryné à Thespies, sa patrie. — Danaë, des nymphes; ouvrages très-vantés dans l'Anthologie gr.—Un satyre portant une outre. —Un cavalier près de son cheval, sur le chemin du Pyrée à Athènes. Paus. l. 1. c. 2. — Cérès, à Athènes, dans le temple de la Déesse. — Un Bacchus qui porte un flambeau. — Diane brauronienne, à Athènes, dans la citadelle. Paus. l. 1. c. 23. — Apollon, Diane, Latone avec ses enfans, et plusieurs autres belles statues : elles se voyaient à Mégare, dans le

Années av. J.-C.

temple d'Apollon. Paus. l. 1. c. 44. — Un satyre, dans un temple de Bacchus, à Mégare, statue en marbre de Paros. Paus. l. 1. c. 43. — Latone, à Argos. Paus. l. 2. c. 21. — Les douze grands dieux, dans un temple de Diane, à Mégare. Paus. l. 1. c. 40. — Deux chevaux, à Athènes, au-dessus de la porte du Panthéon. — Esculape, dans le bois sacré de Trophonius. — La déesse Pitho, ou la Persuasion; la déesse Parigore, ou la Consolation : ces deux ouvrages étaient à Mégare, dans le temple de Vénus Praxis. Paus. l. 1. c. 43. — L'aurige, ou l'écuyer du quadrige exécuté par Calamis. Plin. l. 34. c. 8. — Diverses statues, à Rome, aux portiques d'Octavie. Plin. l. 36. c. 5. — Niobé mourante, avec ses enfans, ouvrage attribué aussi à Scopas, ainsi qu'un Janus et un Cupidon tenant un foudre. (*Voy.* Scopas.) Praxitèle travailla au tombeau de Mausole. Vit. *in præmio* l. 7. Praxitèle excellait à représenter les visages. Arbiter. Satyric. *in descriptione pulchræ*, et à l'occasion d'une Diane. Il excellait surtout dans l'imitation des bras. Hérrn. l. 4. Le marbre s'animait sous son ciseau. Diod. Sic. *in Eclog. ex hist. lib.* 26. Pline dit (l. 34. c. 8.) que Praxitèle fut plus heureux en marbre qu'en bronze. Quintilien (l. 11. c. 19. *Insti.*) parle de la supériorité avec laquelle il travaillait le marbre, et il dit (l. 12. c. 10.) que Lysippe et Praxitèle ont le plus approché de la vérité.

LYSIPPE, de Sicyone, *statuaire*. Plin. —— Un apoxioumène, ou un athlète se frottant avec le strigile. Plin. l. 34. c. 8. — Une joueuse de flûte, dans l'ivresse. Plin. l. 34. c. 8. — Des chiens et une chasse. Plin. l. 34. c. 8. — Un chien léchant sa blessure, à Rome. Plin. l. 35. c. 7. — Le soleil sur un quadrige et radié, tel que le représentaient les Rhodiens. Plin. l. 34. c. 8. — Plusieurs statues représentant Alexandre, à commencer de l'enfance de ce prince. Plin. l. 34. c. 8. Néron fit dorer celle qui offrait le portrait d'Alexandre enfant, mais on enleva ensuite l'or qui cachait les finesses de l'art. — Ephestion. Plin. l. 34. c. 8. Val. Max. l. 4. c. 7. Selon Pline, cet Ephestion de Lysippe fut quelquefois attribué à Polyclète. Pline a soin de critiquer une telle supposition. — Chilon Achéen, lutteur célèbre par dix couronnes, dans l'Altys. Paus. l. 6. c. 4. — Polydamas, pancratiaste fameux par sa force et par sa stature gigantesque; sa statue était la plus éminente de l'Altys. Ses prodigieuses actions étaient représentées sur le piédestal. Paus. l. 6. c. 5. — Pyrrhus, vainqueur aux jeux olympiens. Paus. l. 6. c. 1. — Xenargès, pancratiaste, statue dans l'Altys. Paus. l. 6. c. 1. — Pythès, jeune vainqueur au pugilat. Paus. l. 6. c. 14. — Callicrate, vainqueur à la course. Paus. l. 6. c. 17. — Un Cupidon, à Thespies, ouvrage en bronze. Paus. l. 9. c. 27. — Bacchus, sur le mont Hélicon, bronze. Paus. l. 9. c. 30. — Une chasse d'Alexandre, à Delphes. Plin. l. 34. c. 8. — Un groupe de satyres, à Athènes. Plin. l. 34. c. 8. — Les divers personnages composant le cortége d'Alexandre. Plin. l. 34. c. 8. Ces statues transportées à Rome par Métellus, après la conquête de la Macédoine, étaient toutes d'une extrême ressemblance. — Des quadriges de plusieurs espèces. PLIN. l. 34. c. 8. — Un lion terrassé, à Lampsaque, et transporté à Rome par Agrippa. STRAB. l. 13. — Dionysus et Hercule, ouvrage en bronze. LUCI. *in Jov.* — Neptune, en bronze. LUC. *in Jov.* — Hercule, à Corinthe, statue de bronze. PAUS. l. 2. c. 9. — Junon, à Samos. CEDR. *Edit. reg.* — Le poëte Praxillas, ouvrage en bronze. TAT. *Advers. Græc.* — Alexandre-le-Grand, statue en bronze. ANTH. GR. l. 4. c. 8. — Un Jupiter colossal haut de 40 coudées, chez les Tarentins. PLIN. l. 34. c. 7. LUCIUS. *Satire.* l. 16. — Hercule chez les Tarentins. PLIN. l. 34. c. 7. Cet ouvrage en bronze fut transporté au Capitole par Fabius Varrucosus. STRAB. l. 6. — Hercule affligé de se voir dépouillé de ses armes par l'Amour. ANTH. GR. — Une autre statue d'Hercule, dans l'Arcananie, transportée ensuite à Rome. STRAB. l. 10. — Un petit Hercule en bronze, haut d'un pied. SÉNÈQ. STAC. MART. — Socrate tenant en main la coupe où il but la ciguë, à Athènes. DIOG. L. l. 11. *in Socrat.* — Esope. ANTH. GR. — L'Occasion sous la figure d'un adolescent. ANTH. GR. l. 4. c. 14. — STRATIUS. *Codice* 243. CALLIST. TZET. *Chil.* 8. *Hist.* 200. *Chil.* 10. *Hist.* 322. 323. AUS. *Epigr.* 12. — Les statues de vingt-un cavaliers d'Alexandre, morts au passage du Granique, transportées à Rome par Metellus le Macédonique. VELL. PAT. l. 1. c. 11. ARRIANUS. l. 1. *De mag. Alex. exped.* — Jupiter et les Muses, à Mégare, ouvrage en bronze. PAUS. l. 1. c. 43. — Jupiter, statue en bronze. PAUS. l. 2. — Une autre statue de Jupiter, en bronze. Elle était à Corinthe, sur la place publique. PAUS. l. 2. c. 9. — Un cheval en bronze. ANTH. GR. STAC. — Une statue d'Hercule, près du temple d'Apollon Lycien. PAUS. l. 2. — Jupiter Néméen, dans le temple de ce dieu, à Argos, ouvrage en bronze. PAUS. l. 2. c. 20. — Un pancratiaste, à Olympie. PAUS. l. 2. c. 20. Lysippe disait que le canon de Polyclète avait été son guide dans l'art. CIC. *De clar. orat.* Lysippe était le seul statuaire auquel Alexandre permit d'exécuter son portrait. PLIN. l. 7. c. 37. Ce statuaire, le plus fécond de tous ceux de l'antiquité, était cependant grand observateur des proportions ou de la symétrie, et l'on remarquait une finesse de travail qui lui était propre, jusque dans les moindres choses; il paraît enfin qu'il savait obtenir de sa sévérité même la plus grande élégance.

THRASON, *statuaire.* PLIN. l. 34. c. 8. — Des athlètes, des hommes armés, des chasseurs et des sacrificateurs. PLIN. l. 34. c. 8. Ouvrages en bronze. — Hécate, la fontaine de Pénélope, la vieille Euriclée. Ces trois ouvrages étaient à Ephèse, dans le temple. STRAB. l. 14.

MÉNESTRATE, *statuaire.* — Hercule, à Ephèse, dans le temple de Diane; Hécate, dans le même temple : ces ouvrages étaient très-admirés. PLIN. l. 36. c. 5. Pline parle du grand éclat qui rejaillissait de ces statues (*marmoris radiatio*). — La statue de Léarchides.

APELLE, d'Ephèse, originaire de Colophon. PAUS., ou de l'île de Cos. PLIN. OVID., *peintre*, élève d'abord d'Ephorus d'Ephèse. SUID. et ensuite de Pamphile d'Amphipolis. PLIN. PLUT. SUID. — Le portrait de la princesse Cynisca, à Olympie, dans le bois sacré; elle était représentée appuyée sur une balustrade de marbre. PAUS. l. 6. c. 1. — Une Grâce vétue, à Smyrne, dans le lieu destiné à la musique. PAUS. l. 9. c. 35. — Plusieurs portraits d'Alexandre-le-Grand et de Philippe, son père. PLIN. l. 35. c. 10. On sait qu'il n'était permis qu'à cet artiste de peindre Alexandre. — Alexandre tenant un foudre, à Ephèse, dans le temple de Diane : les doigts semblaient saillans et le foudre sortir du tableau. PLIN. l. 35. c. 10. — Le roi Antigone à cheval. PLIN. l. 35. c. 10. C'était un de ses tableaux les plus estimés. — Diane au milieu d'un chœur de vierges qui lui sacrifient. PLIN. l. 35. c. 10. Apelle dans ce tableau paraissait avoir surpassé les vers d'Homère, qui décrit le même sujet. — Vénus anadyomène ou sortant de l'onde. — Campaspe, maîtresse d'Alexandre. — Une Vénus restée imparfaite : elle était destinée pour l'île de Cos; la mort empêcha Appelle de la terminer, et aucun peintre n'osa achever cet ouvrage. — Il peignit différens tableaux représentant des personnes expirantes. PLIN. l. 35. c. 10. — La pompe sacrée de Mégabyse, pontif de Diane, à Ephèse. PLIN. l. 35. c. 10. — Clitus partant pour la guerre; son écuyer lui présente son casque. — Habron, personnage efféminé, à Samos. PLIN. l. 35. c. 10. — Ménandre, roi de Carie, à Rhodes. PLIN. l. 35. c. 10. — Gorgosthène, le tragédien, à Alexandrie. PLIN. l. 35. c. 10. — Les Dioscures, à Rome. PLIN. l. 35. c. 10. — Ancée, à Rhodes. PLIN. l. 35. c. 10. — La Victoire et Alexandre, à Rome. PLIN. l. 35. c. 10. — Bellone représentée les mains liées derrière le dos et attachée au char triomphal d'Alexandre, à Rome. PLIN. l. 35. c. 10. — On lui attribue l'hercule vu par le dos, conservé au temple d'Antonin, ouvrage où la perspective semble promettre encore plus qu'on ne voit. PLIN. l. 35. c. 10. — Un héros nu. Pline dit (l. 35. c. 10.) que dans cette peinture il provoque la nature elle-même. — Le fameux tableau de la Calomnie. PLIN. l. 35. c. 10. — Un cheval : il fit hennir les chevaux naturels. PLIN. l. 35. c. 10. — Néoptolème à cheval, combattant contre les Perses. PLIN. l. 35. c. 10. — Archélaüs accompagné de sa femme et de sa fille. PLIN. l. 35. c. 10. — Antigone à cheval et cuirassé. Pline dit (l. 35. c. 10.) que les connaisseurs préféraient ce tableau à tous les autres de ce maître. — Cet artiste peignit aussi des effets qui excèdent les bornes de l'art, tels que la foudre, les éclairs, les éclats du tonnerre, et on appela de ces mêmes noms ces tableaux. PLIN. l. 35. c. 10. Apelle réussissait parfaitement dans les portraits; il fut du nombre des peintres qui avec quatre couleurs seulement ont produit des chefs-d'œuvre. Il écrivit sur son art des livres qu'il dédia à son élève Persée, et qui contribuèrent beaucoup, dit Pline, aux progrès de la peinture. Les titres d'Apelle à la célébrité se trouvent consignés dans une foule d'écrivains de l'antiquité. Aucun peintre ne mettait autant de grâce dans ses ouvrages. Enfin Pline dit qu'il est le premier parmi les peintres passés et à venir.

ARISTIDE, de Thèbes, *peintre*, élève d'Euxénidas. Plin. l. 35. c. 10.—— Un fameux tableau représentant, dans une ville prise d'assaut, une mère blessée et mourante, et auprès d'elle son enfant. On remarquait l'inquiétude de cette mère expirante, qui craignait que son enfant ne suçât au lieu de lait le sang de sa blessure. Ce tableau, chef-d'œuvre d'Aristide, fut transporté à Pella par ordre d'Alexandre. — Un suppliant. Plin. l. 35. c. 10. On dit qu'il ne lui manquait que la voix. — Des chasseurs et leur gibier. Plin. l. 35. c. 10. — Un malade. Plin. l. 35. c. 10. On ne tarissait point en louanges au sujet de ce tableau. — Le peintre Léontion. — Bacchus, tableau fameux enlevé de Corinthe par Mummius. — Des quadriges en course. Plin. l. 35. c. 10. — Biblis mourant d'amour pour son frère Caunus. Plin. l. 35. c. 10. — Bacchus et Ariane, à Rome, dans le temple de Cérès. Plin. l. 35. c. 10. — Un tragédien accompagné d'un jeune garçon, à Rome, dans le temple d'Apollon. Plin. l. 35. c. 10. Ce tableau fut gâté par un peintre qui voulut le nétoyer. — Un vieillard montrant à un enfant à jouer de la lyre, à Rome, dans le temple de la Foi. Plin. l. 35. c. 10. — Iris; la mort empêcha Aristide de terminer ce tableau. Plin. l. 35. c. 10. — Un combat contre les Perses. Plin. l. 35. c. 10. Ce tableau où il y avait environ cent figures fut payé 117 500 francs de notre monnaie, par le tyran Mnason. Pline, en reprochant à Aristide de la dûreté dans le coloris, dit qu'il excellait dans l'expression des mœurs et des passions.

ARISTIDE, *peintre*, fils et élève d'Aristide de Thèbes. ——Un satire portant une coupe sur sa tête. Plin. l. 35. c. 10.

ANTIPHILE, d'Egypte, *peintre*, élève de Ctésidême. Plin. —— Un tableau représentant un enfant souflant le feu, ouvrage plein de vérité : on admirait la bouche de cet enfant et la lueur du feu qui laissait apercevoir de riches appartemens. Plin. l. 35. c. 11. — Un faune avec la peau de panthère ou la pardalis. Ce faune célèbre fut surnommé aposcopévonta. Plin. l. 35. c. 11. — Hésione, tableau très-vanté, à Rome. Plin. l. 35. c. 10. — Minerve, Bacchus : ouvrages qu'on voyait à Rome. Plin. l. 35. c. 10. — Hippolyte saisi d'effroi à la vue du monstre envoyé contre lui, à Rome. Plin. l. 35. c. 10. — Cadmus, Europe, à Rome. Plin. l. 35. c. 10. — Philippe, Alexandre enfant : tous ces tableaux se virent à Rome. Plin. l. 35. c. 10. — Alexandre-le-Grand, Philippe et Minerve, à Rome. Plin. l. 35. c. 10. — Un tableau représentant une fabrique d'ouvrages en laine, où des femmes se hâtent d'expédier leur tâche. — Des grylli, espèces de caricatures. Plin. l. 35. c. 10. — La chasse du roi Ptolémée. Plin. l. 35. c. 10. Antiphile était attaché à la cour des Ptolémées, et lorsqu'Apelle y vint, il chercha à le perdre. Quintilien (l. 12. c. 10.) dit qu'il avait dans le travail une extrême facilité. Théon le sophiste rapproche Antiphile d'Apelle et de Protogène. Varron le rapproche aussi de Lysippe. Antiphile est cité aussi par Lucien.

Années av. J.-C.

AGASIAS, d'Ephèse, *statuaire*, auteur de la statue dite le Gladiateur combattant.

MYRON, *statuaire*, autre que Myron l'ancien.—La statue de Ladas, coureur d'Alexandre, ouvrage vanté dans l'Anthologie Grecque. l. 4. c. 2.

LÉONTION, *peintre*, dont Aristide fit le portrait. PLIN. l. 35. c. 10.— (*Voy*. Aristide.)

CTÉSILOQUE, *peintre*, élève d'Apelle.— Jupiter accouchant de Bacchus. Le dieu semble gémir comme une femme dans les douleurs de l'enfantement. Les déesses s'empressent autour de lui. PLIN. l. 35. c. 11.

CTÉSIOCHUS, *peintre*, frère d'Apelle. SUID.

AMPHION, *peintre*. Il l'emportait sur Apelle dans l'art de la disposition. PLIN. l. 35. c. 10.

EUBIUS, de Thèbes, *statuaire*.—Hercule Promachus ou combattant, statue en pierre blanche : elle fut faite en société avec Xénocrite de Thèbes. PAUS. l. 9. c. 11.

XÉNOCRITE, de Thèbes, *statuaire*. (*Voy*. Eubius.)

HÉRODOTE d'Olynthe, *statuaire*. — La courtisanne Phryné. —La courtisanne Glycère d'Argos, joueuse d'instrumens. TAT. *Ad Græc.* statue faite en société avec Praxitèle.

OMPHALION, *peintre*, d'abord esclave, puis élève de Nicias, fils de Nicomède.— A Messène, un grand nombre de portraits dont la plupart représentaient des rois de Messène et des héros. PAUS. l. 4. c. 31.

OPHÉLION, *peintre*. ANTH. GR. l. 6. c. 4.

ARISTOCLÈS, *peintre*, fils et élève de Nicomaque. PLIN. l. 35. c. 10.

PHILOXÈNE, d'Erétrie, *peintre*. — La bataille d'Alexandre contre Darius. PLIN. l. 35. c. 10. tableau qui, selon Pline, pouvait se soutenir à côté des meilleurs ouvrages de l'art. Il paraît que cet artiste inventa des procédés techniques expéditifs.

LÉONIDES, d'Anthédon, *peintre*, élève d'Euphranor. STEPHANUS. *De urbibus*. EUST. vers. 508. *Iliad. B.*

MICON, *peintre*, élève d'Antidote.

CORYBAS, *peintre* du 3e ordre, élève de Nicomaque. PLIN. l. 35. c. 11.

LYSISTRATE, de Sycione, *statuaire*, frère de Lysippe. PLIN. l. 35. c. 12.— Mélanippe, femme célèbre. TAT. *Ad. Græc.* Il passe pour avoir été le premier qui moula les visages pour faire des portraits. PLIN. l. 35. c. 12.

DAÉTONDAS, de Sicyone, *statuaire*. — Le jeune Théolime, athlète éléen, vainqueur au pugilat : statue dans l'Altys. PAUS. l. 6. c. 17.

PYRGOTÈLE, *graveur* en pierres fines. PLIN. l. 7. c. 37. PLIN. l. 37. c. 1. Il n'était permis qu'à cet habile artiste de graver le portrait d'Alexandre. PLIN. l. 37. c. 1. APUL. *in florid.* (*Voy*. aussi Stosch *et* Bracci.)

Années av. J.-C.

PRAXITÈLE, fils de Praxitèle.

304. **CÉPHISSODOTE**, *statuaire*, fils de Praxitèle. PLIN. l. 34. c. 8. —— Un groupe, à Pergame, ouvrage dans lequel on remarquait la belle imitation des chairs. Les doigts, dit Pline, y paraissent imprimés plutôt dans un vrai corps que dans du marbre. PLIN. l. 36. c. 5. — Latone, statue en marbre, à Rome, dans le temple du mont Palatin. PLIN. l. 36. c. 5. — Esculape et Diane, statues en marbre, à Rome, aux portiques d'Octavie. PLIN. l. 36. c. 5. — Des statues de philosophes, ouvrages en bronze. PLIN. l. 34. c. 8. — Bellone, exécutée, dit Pausanias, par les fils de Praxitèle. l. 1. c. 8. — Un autel d'une rare beauté, à Athènes, dans le temple de Jupiter sauveur. PLIN. l. 1. c. 8. — Mercure nourrissant Bacchus enfant, ouvrage en bronze. PLIN. l. 1. c. 8. — Un orateur en bronze; il a la main élevée. PLIN. — La courtisanne Myro. Pline appelle Céphissodote, l'héritier des talens de son père.

XÉNOPHON, d'Athènes, *statuaire*. PAUS. l. 9. c. 16. —— Diane, conservatrice, et la ville de Mégalopolis, à Mégalopolis, dans le temple de Jupiter. PAUS. l. 8. c. 30. Ouvrage en marbre pentélique, fait en société avec Céphissodote d'Athènes.

CALLISTONICUS, de Thèbes, *statuaire*.

THÉRON, de Béotie, *statuaire*. —— Gorgus pentathle, dans l'Altys. PAUS. l. 6. c. 14.

EUTHYCRATE, *statuaire*, fils et élève de Lysippe. PLIN. l. 34. c. 8. TAT. p. 182. —— Hercule, à Delphes. PLIN. l. 34. c. 8. — Alexandre. PLIN. l. 34. c. 8. — Le chasseur Thespis; les Muses, à Thespies; Trophonius; plusieurs Médées sur des quadriges; un cheval muselé; des chiens de chasse; Mnésarchis, femme éphésienne; un combat équestre. Pline indique ces divers ouvrages (l. 34. c. 8). — La courtisanne Anyta, ouvrage fait en société avec Céphissodote. TAT. — Penteuchis, fille enceinte des suites d'un viol : cette statue était en bronze. PLIN. l. 34. c. 8. Pline dit que le style d'Euthycrate fut en général plus austère qu'agréable (l. 34. c. 8.).

CHARÈS, de l'Inde, *statuaire*, élève de Lysippe. PLIN. —— Le célèbre colosse de Rhodes, haut de 70 coudées. PLIN. l. 34. c. 7. — Une tête colossale. PLIN. l. 34. c. 7. Cette statue, très-estimée, fut consacrée dans le Capitole par le consul P. Lentulus.

LACHÈS, de l'Inde, *statuaire*. Il termina le colosse de Rhodes, que la mort de Charès empêcha qu'il ne finît. ANTH. GR. *Ep. De Simonide.* (Peut-être Lachès de l'Inde, n'est-il autre que Charès de l'Inde.)

STHÉNIS, d'Olynthie, *statuaire*. PLIN. l. 34. c. 8. —— La statue de Pyttalus, vainqueur au ceste, dans l'Altys. PAUS. l. 6. c. 16. — Charilus, vainqueur au pugilat, dans l'Altys. PAUS. l. 6. c. 17. — Cérès, Jupiter et Minerve, statues en bronze, à Rome, dans le temple de la Concorde. PLIN. l. 34. c. 8. — Des femmes éplorées, ouvrages en bronze. PLIN. l. 34. c. 8. — Des femmes en adoration et faisant des sacrifices : ouvrages en bronze. Plin. l. 34. c. 8. — Antolycus, fondateur de la ville de Sinople; très-bel ouvrage transporté à Rome par Lucullus après la prise de Sinople. Strab. l. 12. Plut. *in vit. Luculli.*

TISICRATE, de Sicyone, *statuaire*, élève d'Eutychrate. Plin. l. 34. c. 8. — Un vieillard thébain; le roi Démétrius; Peuceste, qui avait sauvé la vie à Alexandre; un char à deux chevaux, en bronze. Plin. l. 34. c. 8. (*Voy.* Piston.) On pouvait à peine distinguer ces ouvrages de ceux de Lysippe.

SILANION, d'Athènes, *statuaire*. Plin. l. 34. c. 8. — Satyrus, vainqueur au pugilat, dans l'Altys. Paus. l. 6. c. 4. — Le jeune Télestas, vainqueur au pugilat. Paus. l. 6. c. 14. — Achille, statue célèbre, en bronze. Plin. l. 34. c. 8. — Démarate enfant, vainqueur au pugilat, dans l'Altys. Paus. l. 6. c. 14. — Le portrait du statuaire Apollodore. Pline dit (l. 34. c. 8.) que Silanion exprima sur ce portrait les emportemens ordinaires de son modèle, en sorte que ce morceau représentait moins un homme que la colère elle-même. (*Voy.* Apollodore.) — Sapho, statue en bronze, probablement celle qu'enleva Verrès. Cicéron (*In Verr.*) en parle avec éloge. Tat. *Adv. græc.* — Corinne. Tat. *Adv. græc.* Jocaste mourante. Plut. *De poetis audiend.* — Thésée. Plut. *De poetis audiend.* — Pluton, statue consacrée dans l'académie par Mitridate de Perse. Diog. l. 3. *in vitâ Platonis.* — Un inspecteur des jeux exerçant des athlètes. Plin. l. 34. c. 8. Pline dit que Silanion ne travaillait qu'en bronze, et que cet artiste est remarquable, parce qu'il devint célèbre sans aucun maître (l. 34. c. 8.). Selon Vitruve (préface du l. 7), Silanion avait laissé un livre de préceptes sur la symétrie. Plutarque dit (*De poetis audiend.*) que les Athéniens donnaient à cet artiste le même rang parmi les statuaires, qu'à Parrhasius parmi les peintres. Il est cité par Thémisthius. *Orat.* 5. p. 64.

ZEUXIS, *modeleur*, élève de Silanion. Plin. l. 34. c. 8. Anth.

JADES, *statuaire*, élève de Silanion. Plin. l. 34. c. 8.

JON, *statuaire*. Plin. l. 34. c. 8.

CRONIUS, *graveur*. — Therpsycore debout, à Rome. Bracci. pl. 56. Plin. l. 37. c. 1. On croit que cette figure a été répétée depuis par Onésas et par Ælius. Il grava aussi les sceaux de l'état, à Rome. Cronius est un des quatre graveurs cités par Pline, et probablement de l'époque de Pyrgotèle.

EUTYCHIDE, de Sicyone, *statuaire*, élève de Lysippe. Plin. l. 34. c. 8. — Le fleuve Eurotas, bronze; figure plus coulante, dit Pline, que les eaux mêmes du fleuve (l. 34. c. 8.). — Bacchus, ouvrage très-vanté, à Rome, dans les monumens d'Asinius Pollion. Plin. l. 36. c. 5. — La Fortune, à Antioche, statue que les Syriens avaient en grande vénération. Paus. l. 6. c. 2. — Un dieu des jardins. Anth. Gr. — La statue de Démosthène. — Timosthène, vainqueur au stade, dans l'Altys. Paus. l. 6. c. 2.

années av. J.-C.

LAHYPPE, de l'école de Lysippe.

TIMARQUE, *statuaire*. PLIN. l. 34. c. 8. de l'école de Lysippe. (Le père Hardouin croit que c'est le même que Timarchides.)

CÉPHISSODOTE, d'Athènes, *statuaire*, de l'école de Lysippe. Il fit en société avec Xénophon d'Athènes, les statues de Mégalopolis et de Diane conservatrice; ces deux statues de marbre pentélique étaient placées de chaque côté de la statue de Jupiter assis sur un trône, dans le temple de Diane, à Mégalopolis. PAUS. l. 8. c. 30. (*Voy*. Xénophon.)

BÉDAS, *statuaire*, fils et élève de Lysippe. —— Un homme en adoration, statue en bronze. PLIN. l. 34. c. 8.

PYROMAQUE, *statuaire*, de l'école de Lysippe, maître du peintre Mydon. Il fit un quadrige en bronze; Alcibiade était monté sur ce char. PLIN. l. 54. c. 8. — Les combats d'Attalus et d'Euménes contre Gallus, ouvrage en bronze. PLIN. l. 34. c. 8. (*Voy*. Philomachus et Phyromachus; *voy*. aussi Isigonus.)

XÉNOCRATE, *statuaire*, élève de Tisicrate ou d'Euthicrate. DIOG. l. 4. *in Xenoc.* Pline dit (l. 34. c. 8.) que Xénocrate écrivit sur son art, et que, par le grand nombre de ses ouvrages, il l'emporta sur Tisicrate et sur Euthicrate. Tatien cite aussi Xénocrate, p. 183.

ARCÉSILAS, *peintre*, fils de Tisicrate. Pline le cite parmi les peintres du troisième ordre (l. 35. c. 11.)

TÉLÉPHANE, de Phocée, *statuaire*. —— La princesse Larissa. Spintarus pentathle, vainqueur. PLIN. l. 34. c. 8. — Apollon. Selon Pline, Téléphane, qui travailla pour les rois de Perse, Xercès et Darius, était comparé à Polyclète et à Myron.

HÉRACLIDES, phocéen, *statuaire*. On lit sur une statue du musée de Paris, n° 411: Harmatius et Héraclides. Ce dernier était fils d'Agasias d'Ephèse. Visconti est porté à croire qu'il s'agit d'Agasias, auteur du Gladiateur ou héros combattant. Diogène Laërce (l. 5.) cite un Héraclides.

HARMATIUS. (*Voy*. Héraclides.)

CALYPHON, de Samos, *peintre*. —— La Discorde, dans le temple de Diane, à Ephèse. PAUS. Il fit cette figure d'après celle qu'on voyait sur le coffre de Cypsélus. On admirait dans le même temple, un tableau où il avait représenté des femmes occupées à couvrir Patrocle de son armure. PAUS. l. 10.

FABIUS PICTOR, *peintre*. —— Diverses peintures, à Rome, dans le temple du Salut. PLIN. l. 35. c. 4. VAL. MAX. l. 8. c. 14. Ces peintures subsistèrent jusqu'à la destruction du temple du Salut, incendié sous le règne de Claude. Il a été le premier peintre et le premier historien de Rome. PLIN. D. HIER. (*in Epist. Nepot.* l. 2. *Epist. fam.* 22.). Voss. l. 1. *De latin. historic.* CIC. *Tusculan.* l. 1.

Les artistes suivans fleurirent de quatre cents à trois cents ans avant J.-C. On manque de renseignemens pour leur assigner une époque plus précise.

AMPHISTRATE, *statuaire.* —— L'historien Callisthène, statue dans les jardins de Servilius. PLIN. l. 36. c. 5. ouvrage vanté. — Clitus, en bronze. TAT. *Adv. græc.*

PERSÉE, *peintre,* élève d'Apelle. PLIN. l. 35. c. 10.

AÉTION, *peintre.* —— Les Noces d'Alexandre et de Roxane : ce tableau fut couronné aux jeux olympiques. Aétion est placé au rang des plus célèbres artistes par Lucien. *In Herodot.* l. 1. *et in imaginib.* l. 11. (*Voy.* Cicéron, qui est du même avis.)

APOLLODORE, *statuaire.* —— Des statues de philosophes, en bronze. PLIN. l. 34. c. 8. Il excellait dans ces sortes de sujets. Cet artiste, soigneux et exigeant, était toujours mécontent de ses ouvrages; il les brisait souvent : aussi l'appelait-on le furieux.

ARISTONIDAS, père d'Ophélion. (*Voy.* Ophélion.)

ÉPHORE, d'Ephèse, *peintre.* SUID.

NICÉROS, *peintre,* fils et élève des fils d'Aristides de Thèbes. PLIN. l. 35. c. 10.

EUPHRONIDES, *statuaire.* PLIN. l. 34. c. 8.

MÉNOPHANTE, *statuaire,* auteur d'une copie de la Vénus de Troas. (*Voy.* Winckelmann. *Hist. de l'Art,* l. 4. c. 2.) Cette copie existe à Rome, et son inscription grecque nous apprend ce fait : une Vénus du musée de Paris est toute pareille, n° 148 ; Alexandre rétablit cette ville antique, ce qui ferait croire que l'original de ces copies fut exécuté du tems des élèves de Lysippe ou de Praxitèle.

NICOPHANE, *peintre.* —— Des courtisannes. Ce genre de peinture, auquel il se livrait exclusivement, lui fit donner, ainsi qu'à Aristides et à Pausanias, le surnom de *pornographe* (peintre de courtisannes). PLIN. l. 35. c. 10. ATHÉN. l. 14. c. 2. Selon Pline, les ouvrages de Nicophane étaient pleins d'élégance, de grandeur et d'agrément ; il avait une grande vivacité de conception et d'exécution.

PAMPHILE, *statuaire,* élève de Praxitèle. —— Jupiter hospitalier, à Rome, dans les monumens d'Asinius Pollion. PLIN. l. 6. c. 5.

CHAÉRAÉAS, *statuaire.* —— Les statues de Philippe et d'Alexandre-le-Grand, ouvrages en bronze. PLIN. l. 34. c. 8. Selon Vitruve et Athénée, il y eut un Chaéraéas architecte, sous Alexandre-le-Grand.

DINOMÈNES, *statuaire.* PLIN. l. 34. c. 8. TAT. p. 182. PAUS. *Attic.* l. 1. —— Protésilas, statue en bronze. PLIN. l. 34. c. 8. — Pythodème, lutteur, en bronze. PLIN. l. 34. c. 8. — Io, fille d'Inachus. PAUS. l. 1. — Callisto, fille de Lycaon ; Besantès, reine des Pœoniens. TAT. *Adv. græc.* — Une statue de Priape, vantée dans l'Anthologie Grecque.

Années av. J.-C.

DAIPPUS, *statuaire,* fils et élève de Lysippe. PLIN. l. 34. c. 6. PAUS. l. 6. —— Callon, vainqueur au ceste, dans l'Altys. PAUS. l. 6. c. 12. — Nicandre, vainqueur à la course, statue, dans l'Altys. PAUS. l. 6. c. 16. — Asamon, éléen, pugilateur, dans l'Altys. — Un homme sortant du bain et se frottant avec un strigile : on appela cette statue Périxioménon. PLIN. l. 34. c. 8. Daïppus fut chargé par Aristote d'exécuter les portraits de sa famille. DIOG. l. 5. *in vitâ Aristotelis.*

GRYLLION, *statuaire.* DIOG. L.

ARISTON, *peintre,* fils et élève d'Aristides de Thèbes. —— Un satyre couronné tenant une coupe. PLIN. l. 35. c. 10.

ANTORIDES, *peintre,* élève de Persée. PLIN. l. 35. c. 10.

PHŒNIX, *statuaire,* élève de Lysippe. —— La statue du lutteur Epitherse, ouvrage en bronze. PLIN. l. 34. c. 8.

PISTON, *statuaire.* Il fit une femme placée sur le char qu'avait fait Tysicrate, ouvrage en bronze. —— Mercure, statue en bronze, à Rome, dans le temple de la Concorde. PLIN. l. 34. c. 8.

THÉON, de Samos, *peintre.* —— Un guerrier l'épée à la main et animé de la fureur des combats. PLUT. *De aud. poet.* ÆLI. *Var. Hist.* l. 11. c. der. — Oreste furieux, poignardant sa mère. PLUT. *De aud. poet.* PLIN. l. 35. c. 11. — Tamire, joueuse d'instrumens. PLIN. l. 35. c. 11. Quintilien parle de ce peintre (l. 12. c. 10.).

NICOSTHÈNE, *peintre.* PLIN. l. 35. c. 11. maître de Théodore de Samos, peintre.

STADIUS, *peintre* et *plasticien,* élève de Nicosthène ; peintre du troisième ordre. PLIN.

PAMPHILE, *peintre.* —— Un corbeau chassant ses petits hors du nid. CIC. *De orat.*

PHILO ou PHILON, *statuaire.* —— Ephestion en débauche. TAT. *Adv. græc.* — Des athlètes, des hommes armés, des chasseurs et des sacrificateurs, en bronze. PLIN. l. 34. c. 8.

PYRRHO, d'Élis, *peintre,* chef de la secte des Pyrrhoniens. —— Des lampadistes, à Élis, dans le Gymnase. DIOG. l. 9. *in Pyrrhone.* SUID. *in Pyrrhone.* VET. SCHOL. *in bis accusat. Luciani.*

THÉODORE, *peintre.* PLIN.

THÉODORE, de Samos, *peintre,* élève de Nicosthène. Pline le cite parmi les peintres du troisième ordre (l. 35. c. 11.)

POLÉMON, d'Alexandrie, *peintre.* PLIN. l. 35. c. 11. peintre du troisième ordre.

TRYPHON, *graveur.* —— Une intaille sur une béryllе orientale. — Les noces de l'Amour et de Psyché, camée du duc de Malborough, sur Sardoyne. STOS. BRACCI. Ce graveur, dont il est fait mention dans une épigramme du poète Addée, florissait probablement sous les rois de Macédoine, successeurs d'Alexandre.

Années av. J.-C.

284. **SATYRION**, *graveur.*

PIRÉICUS, *peintre.* Il peignit des boutiques de barbiers et de cordonniers, des ânes et des légumes. Plin. l. 35. c. 10. On donna à Piréicus le surnom de *rhyparographe.* Ses ouvrages, exécutés en petit, faisaient grand plaisir, et étaient payés plus cher que les nobles productions de plus grands peintres.

CLÉSIAS ou **CTÉSIAS**, *statuaire.* Plin. l. 34. c. 8.

SÉRAPION, *peintre.*—Des décorations et des tableaux d'architecture. Varr. Il ne pouvait exécuter que de très-grands tableaux ; il échouait, quand il fallait faire une seule figure. Plin. l. 35. c. 10.

CALACÈS, ou **CALADÈS**, ou **COLACÈS**, ou **CALATÈS**, d'Athènes, *peintre.* — Des sujets comiques dans de petits tableaux. Pline dit (l. 35. c. 10.) qu'il excellait dans ce genre.

ISIGONE, *statuaire.* — Les combats d'Attale et d'Eumène contre Gallus, ouvrage en bronze. Plin. l. 34. c. 8. Ce sujet a aussi été traité par Pyromaque, Stratonicus et Antigone, ce qui fait supposer qu'il pouvait être leur contemporain.

STRATONICUS, *statuaire* et *ciseleur.*

ANTIGONE, *statuaire.* Il écrivit sur son art.

SOSUS, de Pergame, *mosaïciste.* Il passe pour avoir été le premier qui ait représenté divers sujets sur les mosaïques.

POLYEUCTE, *statuaire.* — La statue de Démosthène. — Un autel aux douze dieux. Plut. *in Demosth.*

DAMOPHON ou **DÉMOPHON**, de Messène, *statuaire.* Pausanias dit (l. 4. c. 31.) que c'est le seul habile statuaire que cette ville ait produit. Cet artiste restaura le célèbre Jupiter Olympien de Phidias, dont les joints s'étaient relâchés : les Éléens lui rendirent de grands honneurs, à cause de cette excellente restauration. Paus. l. 4. c. 31. — Lucine, statue en marbre et en bois ; Esculape et Hygie : ces trois statues se voyaient à Egium. Paus. l. 7. c. 23. — Les statues des deux filles de cet artiste, à Mégalopolis. Paus. l. 8. c. 31. Elles étaient de petites dimensions et sous les traits de deux Canéphores. — Mercure, statue d'ivoire et de bois. Paus. l. 8. c. 30. — Vénus. Paus. l. 8. c. 30. Le visage, les mains et le bout des pieds de cette statue étaient d'ivoire. — Un beau groupe en marbre. Paus. l. 8. c. 37. Cet ouvrage, ainsi que les deux précédens, se voyait à Mégalopolis. — La mère des dieux, très-belle statue en marbre de Paros, à Messène. Paus. l. 4. c. 31. — Diane Laphria, statue, à Messène. Paus. l. 4. c. 31. — Proserpine Despœna. — Cérès, Diane, Anytas et Titan. On voyait ces quatre statues près d'Acacesium. Paus. — Plusieurs statues de marbre, à Messène, dans le temple d'Esculape. Paus. l. 4. c. 31. — Cérès et Junon, assises sur un trône, ayant une estrade sous leurs pieds. Ce groupe, d'un seul bloc, et qu'on voyait dans le temple de Diane, en Arcadie, se répétait dans un miroir ; on en apercevait l'image en sortant du temple. Paus. l. 8. c. 37.

Années av. J.-C.

ADMON, *graveur*. —— Un Hercule buveur. STOSCH. BRACCI. pl. 13. LIPPERT, 603. MILLIN. *Dict.*

DURIS, de Samos. Cet artiste écrivit sur la toreutique. Il est cité par Pline (l. 34. c. 19.).

252. **NÉALCÈS**, *peintre*. CLÉM. AL. Il peignit un combat naval des Égyptiens contre les Perses ; il signala le lieu de l'action en figurant un crocodile attaquant un âne. Il fit encore un tableau représentant Vénus. PLIN. l. 35. c. 11. Néalcès, pour complaire à Aratus après l'affranchissement de Sicyone, effaça du tableau de Mélanthus la figure d'Aristratus. Néalcès disait à Aratus, comme Protogène disait à Démétrius, vous faites la guerre aux hommes et non aux tableaux. Pline raconte de Néalcès (l. 35. c. 10.) ce qu'il avait raconté de Protogène, au sujet de l'éponge, qui, ayant été jetée sur le tableau, produisit l'imitation heureuse de l'écume d'un cheval.

LÉONTISCUS, *peintre* du second ordre. —— Une joueuse de harpe, et Aratus, vainqueur. PLIN. l. 35. c. 11.

220. **ÉRIGONE**, *peintre* du second ordre. Selon Pline (l. 35. c. 11.), de simple broyeur de couleurs chez Néalcès, il devint assez habile pour former Pasias, qui fut un peintre célèbre.

PASIAS, *peintre*, élève d'Érigone et frère du sculpteur Pasias d'Egyne. PLIN. l. 35. c. 11.

PASIAS, d'Egyne, *sculpteur*, frère de Pasias, peintre. PLIN. l. 35. c. 11.

Les artistes suivans fleurirent de trois cents à deux cents ans avant J.-C. On manque de renseignemens pour leur assigner une époque plus précise.

ANAXANDRA, *peintre*, fille de Néalcès. DYD. CLÉM. AL. STROM.

ARTEMON, *peintre*. —— Hercule préparant son apothéose sur le mont Œta ; l'Histoire de Laomédon avec Neptune et Hercule ; Hercule et Déjanire : ces trois ouvrages se voyaient à Rome, aux portiques d'Octavie. PLIN. l. 35. c. 11. — Stratonice et Danaë, tableaux, à Rome. Pline (l. 35. c. 11.) place cet artiste au second rang parmi les peintres.

APOLLONIDE, *graveur*. Pline le cite au nombre des grands artistes, et comme le plus habile, ainsi que Cronius, depuis Pyrgotèles. Apollonides grava les sceaux à l'effigie d'Auguste. PLIN. l. 37. c. 1. On le croit l'auteur d'un bœuf couché, fragment sur sardonix. MILLIN. *Dict.* et d'un masque sur grénat. DEMURR et STOSCH.

CTÉSIDÈS, *peintre*. —— La reine Stratonice au milieu des eaux avec un pêcheur qu'elle aimait. Le peintre exposa ce tableau dans le port d'Ephèse, et s'enfuit. La reine, qui admira ces deux ressemblances, ne fit point détruire ce tableau. PLIN. l. 35. c. 11.

Années av. J.-C.

DIOGÈNE, *peintre* du troisième ordre. Plin. l. 35. c. 11.

NICÉARQUE, *peintre.* —— Vénus au milieu des Grâces et des Amours. — Hercule se repentant. Pline dit (l. 35. c. 11.) que ce peintre était du second ordre.

200. ANTHÉE, *statuaire.* Plin. l. 34. c. 8.

CALLISTRATE, *statuaire.* Plin. l. 34. c. 8. Tat. *Adv. græc.* Ce Callistrate semble être autre que Callistrate de Lacédémone. (*Voy.* Myrmécide.)

ATHÉNÉE, *statuaire.* Plin. l. 34. c. 8.

CALLIXÈNE, *statuaire.* Plin. l. 34. c. 8. Phot. *in biblio.*

GLYCON, *statuaire.* Selon Bracci, il est auteur de l'Hercule Farnèse et d'un autre Hercule de la collection Guarnacci. (*Voy.* ce qui a été dit pag. 454.)

PYTHOCLÈS, *statuaire.* Plin. l. 34. c. 8.

XÉNOPHILE, *statuaire.* —— Esculape assis sur un trône; Hygie est debout près de lui. Paus. l. 2. c. 23. On voyait ce groupe à Argos. Cet Esculape, exécuté en marbre blanc avec Straton, était la plus belle statue de ce dieu, au dire de Pausanias. Pour honorer ces deux artistes, on érigea leurs statues auprès de leur ouvrage.

STRATON, *sculpteur.* Paus. l. 2. c. 23. —— Esculape et Hygie. (*Voy.* Xénophile.) Les combats d'Attale et d'Eumène contre Gallus, ouvrage en bronze. Plin. l. 34. c. 8.

PACUVIUS, de Brindés, *peintre.* Cet artiste exécuta diverses peintures, à Rome, dans le temple d'Hercule, au Forum Boarium. Plin. l. 35. c. 4. Pacuvius était aussi poète tragique très-distingué. Eus. *Chron. ad Olympiad.* 156. Plin.

170. STADIAÉUS, *statuaire,* de l'école d'Athènes, maître de Polyclès. Paus.

HÉRACLIDES, de Macédoine, *peintre* du troisième ordre. Plin. l. 35. c. 11.

MÉTRODORE, d'Athènes, *peintre.* Cet artiste fut envoyé à Paul-Émile, qui avait demandé aux Athéniens un philosophe de mérite pour élever ses enfans, et un peintre habile pour décorer son triomphe. Métrodore écrivit sur l'architecture. Plin. l. 35. c. 11.

164. POLYCLÈS, de l'école d'Athènes, *statuaire,* élève de Stadiaéus. Paus. l. 6. c. 12. —— La statue de Minerve Crœnéa, armée, qu'on voyait près d'Élatée; le bouclier de cette déesse était copié d'après celui de la Minerve appelée la belle. — Hégésarque, athlète. Selon Pausanias (l. 10. c. 12.), on attribuait ces deux statues aux fils ou aux élèves de Polyclès. — Le jeune Amyntas, pancratiaste, vainqueur, statue qu'on voyait dans l'Altys. Paus. l. 6. c. 4. — Plusieurs statues, à Rome, aux portiques d'Octavie. Plin. l. 34. c. 8. — Junon, statue, à Rome, aux mêmes portiques. Plin. l. 36. c. 5. — Des Muses, statues en bronze. Varr. *Lect.* l. 1. c. 2.—Junon, à Rome, dans le temple de cette déesse.

Années av. J.-C.

Plin. l. 34. c. 8. — Jupiter, à Rome, près du temple de Junon. Plin. l. 35. c. 8. Polyclès a fait ces deux statues en société avec son frère Denys. — Hermaphrodite couchée, statue. Plin. l. 34. c. 8.

APOLLONIUS, *statuaire*, fils de Nestor d'Athènes. On lit ce nom sur le fameux torse du Belvédère. (*Voy.* Winckelmann, au sujet d'un autre ouvrage de cet Apollonius.)

CORNELIUS SATURNINUS, *sculpteur*. —— Une petite statue de Mercure, en ébène, à Rome. Apul. *Apologia*. Cet artiste distingué fit cet ouvrage pour Apulée.

CLÉOMÈNE, *statuaire*, fils d'Apollodore. —— Les Thespiades transportées à Rome par Mummius : on les voyait dans les monumens d'Asinius Pollion. On attribue à ce Cléomène la statue de la Vénus Médicis.

ACHÉSITAS, *statuaire*. —— Des centaures portant des nymphes, à Rome, dans les monumens d'Asinius Pollion. Plin. l. 36. c. 5.

146. POLYCLÈS. Il y eut plusieurs statuaires de ce nom, dont deux étaient fils de Polyclès d'Athènes.

CLÉOMÈNE, fils de Cléomène. Le nom de ce statuaire se lit au pied de la statue dite le Germanicus. (*Voy.* Visconti sur les Cléomènes.)

POLYCHARME, *statuaire*. —— Vénus se baignant en présence de Dédale. Plin. l. 36. c. 5. On attribue à ce statuaire l'original des Vénus au bain, et qu'on a appelées Vénus accroupies.

THRASYMÈDE, de Paros, *statuaire*, fils d'Arignotus. —— Esculape, statue colossale d'or et d'ivoire, à Epidaure. Le dieu est assis sur un trône ; d'une main il tient un sceptre ; l'autre est posée sur la tête d'un dragon. Paus. l. 2. c. 27.

PYTHOCRITE, *statuaire*. —— Des athlètes, des chasseurs, des hommes armés et des sacrificateurs, ouvrages en bronze. Plin. l. 34. c. 8.

VIe PÉRIODE. — INTERVALLE DE 150 ANS.

126. TIMOCLÈS, *statuaire*. Un Timoclès, plus ancien que celui-ci, travailla à la statue d'Esculape, qu'il fit en société avec Timarchides. (*Voy.* Timarchides.)

106. AGATHANGELUS, *graveur*. ——Tête de Pompée-le-Grand; Cornaline. (*Voy.* Demurr.)

100. LALA, de Cyzique, fille, *peintre*. —— Des portraits, à Rome. Plin. l. 35. c. 11. —Une vieille. On voyait ce tableau à Naples. — Son propre portrait. Elle excellait dans les portraits de femmes et peignait avec promptitude et légèreté. Ses ouvrages étaient payés plus cher que ceux des autres peintres de son tems. Elle peignait au pinceau et sur l'ivoire (peut-être au cestrum).

SOPYLON, *peintre*. —— Des portraits à Rome. Plin. l. 35. c. 11. (*Voy.* Dionysius, peintre.)

Années av. J.-C.

DIONYSIUS, *peintre.* —— Des portraits à Rome. PLIN. l. 35. c. 10. Ce peintre fut surnommé *anthropographe*, parce qu'il ne peignait que des hommes. Les ouvrages de Dionysius et de Sopilon, remplissaient tous les pinacothées ou cabinets de tableaux. Ces artistes travaillaient avec une grande célérité.

75. PAXITÈLE, *peintre.* PLIN. l. 35. c. 11. On lui attribue, mais sans beaucoup de raison, le perfectionnement de la peinture encaustique. PLIN.

PASITÈLE ou PRAXITÈLE, de la grande Grèce, *statuaire* et *eiseleur*, reconnu citoyen romain. —— La statue de Jupiter, à Rome, dans le palais de Métellus, ouvrage en ivoire. PLIN. l. 36. c. 5. — Beaucoup d'ouvrages à Rome. PLIN. l. 56. c. 5. Varron dit que cet artiste excellait dans la plastique, la statuaire, la sculpture et la ciselure, et qu'il ne faisait aucun ouvrage sans l'avoir préalablement modelé. Pline dit que Pasitèle a écrit cinq livres sur les chefs-d'œuvre qui se trouvaient dans le monde entier (l. 35. c. 12 et 40). Peut-être cet artiste est-il le même que celui qui suit.

PRAXITÈLE, *ciseleur.* Il a représenté sur argent le jeune Roscius, qu'une flamme céleste environne dans son berceau. CIC. l. 1. *De divinat.* Pline dit (l. 33. c. 9.) que cet artiste fut l'inventeur des miroirs en argent, vers le tems du Grand Pompée.

NICOLAUS, *statuaire*, élève de Pasitèle et maître de Ménélas, statuaire, contemporain de Philiscus et auteur du groupe d'Oreste, du palais Ludovici.

67. ARCÉSILAUS, *statuaire* et *plasticien*, fils d'Aristodicus. —— Une statue de Minerve, ouvrage très-vanté. SIM. DIOG. L. — Des modèles ou esquisses en terre cuite (*proplasmata*) très-recherchés des artistes. PLIN. l. 35. c. 12. — Vénus Génitrix, à Rome. PLIN. l. 35. c. 12. — La Félicité. Il fit cette statue pour Lucullus. PLIN. l. 35. c. 12. — Le modèle en terre d'un beau cratère : il le fit pour Octavius.

STRONGYLION, *statuaire* grec, à Rome. —— Des chevaux, des bœufs. PAUS. l. 9. Cet artiste excellait dans la représentation des animaux. — Trois Muses, statues célèbres, sur le mont Hélicon. PAUS. l. 9. c. 20. — Diane, à Mégare. PAUS. l. 1. c. 40. — Une Amazone en bronze. On avait donné à cette statue le surnom d'Eucnémos, à cause de la beauté de ses jambes. Néron la faisait transporter à sa suite dans ses voyages. PLIN. l. 34. c. 8. — Un enfant, statue en bronze, très-estimée, d'un Brutus de Macédoine.

TLÉPOLÈME, cibyrate, *peintre.* Cicéron le cite comme un des complices de Verrès.

OLYMPIOSTHÈNES, *statuaire.* Cet artiste fit trois belles statues de marbre. Elles étaient sur le mont Hélicon. PAUS. l. 9. c. 30.

TIMOMAQUE, de Bysance, *peintre.* —— Ajax furieux. — Médée massacrant ses enfans. (*Voy.* au sujet de ces deux tableaux qui étaient à Rome, les indications suivantes. PLIN. l. 7. c. 38. *Id.* l. 35. c. 4. *Id.* l. 53.

Années av. J.-C.

c. 11. Ovid. v. 525. l. 2. Philost. *de vitâ Apollonii Tyanei*. l. 2. c. 10. Plut. *De aud. poet.* Anth. l. 4. c. 6. *Id.* l. 2. c. 9. Jules César paya ces deux tableaux 80 talens (ou 432000f). Ce dernier ne fut pas entièrement terminé, la mort de l'artiste l'en ayant empêché. Paus. l. 35. c. 11. — La guerre de Troie, en plusieurs tableaux, à Rome, au portique de Philippe. Plin. l. 35. c. 11. — Cassandre, à Rome, dans le temple de la Concorde. Plin. l. 35. c. 11. — Le roi Démétrius. Plin. l. 35. c. 11. — Léontium, maîtresse d'Epicure, livrée à la méditation. Plin. l. 35. c. 11. — Une Gorgone. — Oreste. — Iphigénie en Tauride. — Un Lécythion ou maître de voltige. — Une famille noble.

POSIS, *modeleur.* —— Des raisins et des fruits, à Rome, ouvrages en terre cuite coloriée. Plin. l. 35. c. 11. Marcus Varron dit que ces ouvrages imitaient la nature à s'y méprendre. (On croit que Posis est le même que Posidonius.)

GNAIUS, *statuaire.*

AULANIUS EVANDER, d'Athènes, *statuaire.* Il refit la tête d'une Diane, ouvrage de Timothée, à Rome, dans le temple d'Apollon. Plin. l. 36. c. 5. Aulanius fut amené à Rome par Marc-Antoine, avec d'autres prisonniers. (*Voy.* aussi Horace. l. 1. sat. 3.)

48. ARÉLIUS, *peintre.* On lui reprochait de peindre les déesses d'après ses maîtresses, au lieu de leur donner une beauté divine.

SOLON, *graveur.* —— Tête de Mécène. Stosch. — Tête de Méduse. Stosch. Bracci. (Collection Strozzi.) — Cupidon. Bracci. — Diomède. Bracci.

SAURON, de Lacédémone, *sculpteur* et *architecte.* —— Des temples entourés de portiques, à Rome, en société avec Batrachus. (*Voy.* ce nom.)

BATRACHUS, de Lacédémone, *sculpteur* et *architecte.* Il construisit en société avec Sauron des temples entourés de portiques, dans l'enceinte des portiques d'Octavie. Plin. l. 36. c. 5. Ils sculptèrent dans les volutes des colonnes, des grenouilles et des lézards, pour indiquer leurs noms, le droit de les inscrire leur ayant été refusé.

LUDIUS (Marcus), *peintre.* —— Des paysages avec figures, des marines. Plin. l. 35. c. 10. Pline dit que ses inventions fines et agréables lui valurent les éloges des poëtes, et il ajoute qu'il obtint le droit de cité. Il ne faut pas le confondre avec Ludius d'Étolie, qui peignit le temple d'Ardée 700 ans avant J.-C.

COLOTÈS, de Paros, *statuaire,* élève de Pasitèle. —— Une table d'or et d'ivoire, sur laquelle les vainqueurs aux jeux olympiques déposaient leurs couronnes. Paus. l. 5. c. 20.

OPHÉLION, *statuaire,* fils d'Aristonidas. On lit le nom de cet artiste sur le derrière de la cuirasse d'une statue de marbre de Paros, représentant, à ce qu'on croit, Sextus Pompéius. (*Voy.* musée de Paris, n° 120.)

DIOSCOURIDE, d'Égée (ville de l'Œlide), *graveur*. Suét. *in Octav. Aug.* c. 59. Plin. l. 37. c. 1. Il grava les sceaux de l'empire. — Diomède enlevant le Palladium. Stosch. Bracci. — Mercure Criophore ou portant un bélier. Bracci. — Démosthènes. (Cabinet de M. de la Turbie.) Stosch. Millin. *Dict.* — Io. Bracci. — Persée. Stosch. Bracci. — Mercure, voyageur. Stosch. Bracci. — Deux têtes d'Auguste. Stosch. Bracci. — Tête inconnue. Stosch. Bracci. (*Bibl. roy.*) — Tête de Jupiter Sérapis. Stosch. — Hercule et Cerbère. Stosch. — Un des géants. Stosch. Un hermaphrodite et des Amours. Stosch. Dioscouride fut aussi célèbre sous Auguste que le fut Pyrgotèle sous Alexandre.

AGATHOPUS, *graveur* sur pierres fines. — Tête de vieillard romain. Stosch. Bracci. On lit le nom d'Agathopus, ainsi que celui d'Epintynchanus, dans les inscriptions funéraires des domestiques de la maison d'Auguste, avec le titre d'Aurifex.

EPINTYNCHANUS, *graveur*. — Tête de Sextus Pompée. Stosch. Bracci. — Bellérophon monté sur Pégase. (*Voy.* Millin.)

POSIDONIUS, d'Ephèse, *statuaire* et célèbre *ciseleur* en argent. — Des athlètes, des hommes armés, des chasseurs, des sacrificateurs, statues en bronze. Plin. l. 34. c. 8. — Une sphère céleste. Cic. l. 11. *De nat. deor.* — Posidonius était très-célèbre comme ciseleur. Plin. l. 34. c. 8. et l. 33. c. 12. On croit qu'il est le même que Posis.

LÆDUS, *ciseleur* et *sculpteur*. — De jeunes guerriers, des combats et des hommes armés. Plin. l. 33. c. 12.

ZOPIRUS, *ciseleur*. — Des aréopagistes figurés sur une coupe ; le jugement d'Oreste sur une autre coupe. Plin. l. 33. c. 12.

PYTHIAS, *ciseleur*. — Ulysse et Diomède enlevant le palladium, sujet gravé sur un vase ; de petites coupes exécutées avec beaucoup de délicatesse. Artiste distingué. Plin. l. 33. c. 12.

ALEXANDRE, d'Athènes, *peintre*. On pourrait peut-être placer ici cet artiste, qui a signé une peinture trouvée à Pompeï, et représentant Latone, Niobé, etc. (Voy. *Pitture d'Ercolano*, tom. 1. pl. 1.) Si l'on en croit les paléographes, l'écriture de ce nom appartient au tems qui est un peu antérieur à l'ère chrétienne.

DIOGÈNE, d'Athènes, *sculpteur* et *architecte*. Il exécuta des cariatydes d'une grande beauté, qui furent placées dans le temple du panthéon, dont il fut l'architecte sous Agrippa. Plin. l. 36. c. 5.

APOLLONIUS, de Rhodes, *statuaire*. — Groupe de Zéthus et Amphion, à Rhodes. Plin. l. 36. c. 5. Il le fit avec son frère Tauriscus de Tralles. Leurs noms étaient inscrits sur cet ouvrage, sculpté dans un seul bloc. Ce groupe fut apporté de Rhodes même, et placé dans les monumens d'Asinius Pollion, à Rome. Plin. l. 36. c. 5. Tauriscus fit aussi, selon Pline, une statue d'Hermérotès, à Rome.

Années av. J.-C.

AGÉSANDRE, de Rhodes, *statuaire.* —— Le Laocoon, à Rome. Groupe fameux fait avec Polydore et Athénodore, ses fils. PLIN. l. 35. c. 5.

POLYDORE, de Rhodes, *statuaire.* (*Voy.* Agésandre.)

ATHÉNODORE, *statuaire.* (*Voy.* Agésandre.) Selon Winckelmann, on lit ce nom sur la base d'une autre statue. (Monum. inéd. t. 1. p. 79.)

44. CRATÉRUS, *statuaire,* travailla avec Pythodore, Artémon, et Aphrodisius de Tralles, au palais des empereurs. Il paraît être le même que Cratinus de Sparte, qui, selon Pausanias (l. 6. c. 9.), fit la statue de Philé, lutteur. Cette statue, dit Pausanias, faisait suite à d'autres statues exécutées par Naucydès et par Pantias.

POLYDECTE et HERMOLAUS, *statuaires.* Leurs ouvrages étaient, dit Pline, de la plus belle exécution.

APOLLONIUS, de Prienne. On lit son nom et celui d'Archélaüs, son fils, sur l'apothéose d'Homère, bas-relief du palais Colonna.

ARTEMON, *statuaire.* (*Voy.* Pythodore.)

APHRODISIUS, *statuaire.* (*Voy.* Pythodore.)

PYTHODORE, *statuaire.* Il orna avec Artémon, Craterus et Aphrodisius de Tralles, statuaires, le palais des Césars. Leurs ouvrages étaient très-estimés. PLIN. l. 36. c. 5. et l. 36. c. 10.

TAURISCUS, de Tralles, *statuaire.* (*Voy.* Apollonius de Rhodes.)

Les artistes suivans fleurirent dans le dernier siècle avant notre ère. On manque de renseignemens pour leur assigner une époque plus précise.

ARCÉSILAUS, *statuaire,* employé par Lucullus. —— Une lionne; des Amours ailés jouaient avec elle : ouvrage d'un seul bloc. PLIN. l. 36. c. 5. VARR. — Divers ouvrages vantés par Varron. PLIN. l. 35. c. 12. — Quatorze nations autour du théâtre de Pompée. PLIN. l. 36. c. 5.

ACMON, *graveur.* —— Portrait d'Auguste (Camée). MILLIN. *Dict.*

STÉPHANUS, *statuaire.* —— Des statues équestres de femmes, à Rome, dans les monumens d'Asinius Pollion. PLIN. l. 36. c. 5.

CNÉIUS, *graveur.* —— Un baigneur tenant le strigile, gravé sur saphir. BRACCI. pl. 52. — L'Enlèvement du Palladium. BRACCI. pl. 53. — Hercule jeune. BRACCI. pl. 40. STOSCH. pl. 22. (collect. Strozzi.) — Une tête de Cléopâtre. BRACCI. pl. 53. — Un athlète se frottant d'huile, gravé sur hyacinthe. BRACCI. pl. 51. — Une tête de Thésée. — BRACCI. pl. 48. (*Voy.* Millin et Demurr.)

COÉMUS ou QUINTUS, *graveur.* —— Adonis nu. STOSCH. pl. 24. BRACCI. pl. 54. — Faune célébrant les Bacchanales. STOSCH. pl. 23. BRACCI. pl. 55.

QUINTUS PÉDIUS, *peintre.* Il était petit-fils de C. Pédius, homme consulaire, et faisait de grands progrès dans l'art, lorsqu'il mourut. PLIN. l. 35. c. 4.

Années av. J.-C.

QUINTUS ALEXA, *graveur.* —— Un fragment. Bracci. Millin. *Dict.*

PUBLIUS, *peintre.* —— Sa petite chienne favorite. Martial (l. 1. *Epig.* 109.) vante beaucoup cet ouvrage.

LYSIAS, *statuaire.* —— Un quadrige monté par Apollon et Diane, ouvrage d'un seul bloc et du premier mérite. Plin. l. 36. c. 5. On voyait ce quadrige dans le palais d'Auguste.

VIIe PÉRIODE. — INTERVALLE DE 300 ANS.

Années ap. J.-C.

4. **DÉMÉTRIUS**, d'Ephèse, *ciseleur* en argent.

LUC (St), évangéliste, *peintre.* On montre en Italie, et entr'autres lieux à Bologne, plusieurs madones qu'on attribue à St Luc. (*Voy.* l'écrit de Manni.)

54. **ZÉNODORE**, *peintre, statuaire, ciseleur.* —— Des colosses plus grands que tous ceux qu'on avait exécutés jusqu'alors. — Mercure, colosse en bronze, en Auvergne. Plin. — Néron, peinture sur toile, haute de 120 pieds, dans les jardins de Maia. Cette folie de notre siècle, dit Pline, fut consumée par la foudre. Zénodore fut pendant 10 ans occupé au colosse d'Auvergne. Dans l'art de la sculpture et de la ciselure, il ne le cédait, dit Pline, à aucun maître de l'antiquité. Il copia deux coupes, ciselées par Calamis, et on confondait ces copies avec les originaux.

MÉNODORE ou **MONODORE**, d'Athènes, *statuaire.* Plin. —— Un Amour, à Thespies. Paus. l. 9. c. 17. C'était une copie du fameux Cupidon de Praxitèle, qui avait été enlevé par Néron et qui périt dans un incendie. — Des athlètes, des hommes armés, des chasseurs, des sacrificateurs, statues en bronze. Plin. l. 34. c. 8.

DOROTHÉE, *peintre.* —— Vénus dans le temple de César. Plin. l. 34. c. 8. Néron remplaça par cette peinture, la Vénus Anadyomène, d'Apelle, qui avait été détruite par le tems.

TLÉPOLÉME, cybirate, *peintre.* Un des complices de Verrès. Cic.

AMULIUS, *peintre.* —— Une Minerve, qui regardait le spectateur de quelque côté qu'il l'envisageât. Cette statue était à Rome. Néron employa constamment ce peintre sévère et brillant à la fois. Il l'employa surtout pour sa maison dorée. Plin. l. 35. c. 11. Vossius rapporte à Fabulus tout ce que Pline dit d'Amulius.

69. **CORNELIUS PINUS**, *peintre.* —— Des peintures, dans le temple de l'Honneur et de la Vertu, à Rome. Plin. l. 35. c. 8. (*Voy.* Accius-Priscus.)

ACCIUS ou **ATTIUS-PRISCUS**, *peintre.* —— Des peintures, dans le temple de l'Honneur et de la Vertu, à Rome. Plin. l. 35. c. 8. Il eut pour émule Cornélius Pinus, mais il ressembla plus que lui aux anciens. Plin. l. 35. c. 10.

TURPILIUS, de Vénétie, *peintre.* —— De beaux ouvrages, à Vérone.

Années ap. J.-C.

Plin. l. 35. c. 4. — De petits tableaux très-estimés. Plin. l. 35. c. 4. Il était chevalier romain.

ATÉRIUS LABÉO, *peintre.* — De petits tableaux, à Rome. Plin. l. 35. c. 4. Préteur, même Proconsul. Ses ouvrages étaient peu estimés.

98. EVODUS, *graveur.* — Tête de Julie, fille de Titus et de Marcia, sur un aigue marine. (Paris, cabinet des Antiques.) — Une tête de cheval. (*Voy.* Millin et Demurr.)

ZÉNON, d'Aphrodisium, *sculpteur,* fils d'Attis. Gruter. *inscript.* 421. On lit son nom sur une statue de sénateur, conservée à la Villa Altieri.

ZÉNON, de Staphies, en Asie, *statuaire.* (*Voy.* Winck. Monum. ined. tom. 1. p. 98.)

Les artistes suivans fleurirent pendant le premier siècle de notre ère. On manque de renseignemens pour leur assigner une époque plus précise.

ÆLIUS, *graveur.* — Tête de Tibère. Bracci. pl. 2. Millin dit qu'à l'époque où il florissait, furent gravées l'apothéose de Germanicus et celle d'Auguste, gravures que l'on voit dans le cabinet de Paris.

ALPHÉUS et ARETHON, *graveurs.* Millin attribue à ces artistes une gravure représentant Germanicus et Agrippine, et une autre gravure représentant le jeune Caligula. (*Voy.* Bracci. pl. 14.) — Un roi barbare traîné dans un bige et couronné par la Victoire. (*Voy.* Millin.) Demurr qui cite Winckelmann, attribue à cet artiste la pierre gravée représentant Penthisélée soutenue par Achille.

EUTYCHÈS, *graveur,* élève ou fils de Discouride. — Une Minerve. Bracci. (*Voy.* Demurr et Millin.)

NICÉRATUS, d'Athènes, *statuaire,* fils d'Euctemon. Tat. *adv. græc.* — Esculape, Hygie, bronzes, à Rome, dans le temple de la Concorde. Plin. l. 34. c. 8. — Démarate immolant sa mère à la lueur des flambeaux, ouvrage en bronze. Plin. l. 34. c. 8. — Télésillas. Tat. *adv. græc.* — Alcippe. Tat. *adv. græc.* Plin. l. 7. c. 3. Chron. d'Alex. Vesp. aug. 7.

ARTÉMIDORE, *peintre.* Mart.

MÉNÉLAUS. On lit sur la plinthe du groupe d'Electre, que l'on voit à la villa Ludovici : *Ménélaüs, fils d'Etienne, sculpteur grec.* (*Voy.* Vasi et Stosch cité par Demurr, etc.)

NICANDRE, *graveur.* — Portrait de Julie, fille de Titus. Millin. Bracci. Sur une inscription du cabinet de M. de Choiseuil, on lit les noms de Phidiàs, Calamès et Nicandros, si ce n'est pas Calamès, fils de Nicandros.

ANTIGONE, *ciseleur.* Grutter.

117. ADRIEN (l'empereur), *peintre.* L'architecte Apollodore entendant parler sur son art Adrien, qui, dit-on, excellait dans l'art de représenter des

courges, renvoya cet empereur à ses courges. Cette hardiesse lui coûta la vie. Tzet. *Hist.* 34. *Child.* 2. Paul D., *De Adrian.*

HELLEN, *graveur.* —— Antinoüs sous les traits d'Harpocrate. (Cornaline.) Stosch. Bracci.

ARISTÉAS, *statuaire.* —— Des Centaures faits en société avec Papias. (*Voy.* Musée Clémentin.) Ces noms sont inscrits sur ces ouvrages.

13 DIOGNÈTE, *peintre.* Jul. Cap. Casaubon. Salmasius. Il enseigna son art à l'empereur Antonin.

ANTONIN (l'empereur), *peintre,* élève de Diognète. Jul. Cap.

160. ANDRON, *statuaire.* —— L'Harmonie née des amours de Mars et de Vénus. Tat. *adv. græc.*

Les artistes suivans fleurirent dans le deuxième siècle de notre ère. On manque de renseignemens pour leur assigner une époque plus précise.

ANTIOCHUS, *graveur.* —— Minerve guerrière, tête que l'on croit être celle de Sabine. Stosch. p. 61. Bracci. pl. 21.

ANTÉROS, *graveur.* —— Hercule portant un bœuf. Stosch. Bracci. — Tête d'Antinoüs. Bracci.

ÆPOLIEN, *graveur.* —— Portrait de Marc-Aurèle. Stosch. Bracci. pl. 4. Æpolien grava un Bacchus dans le délire. Cette intaille se voit chez M. de la Turbie. Millin.

ATTALUS, d'Athènes, *statuaire.* —— Apollon Lycien, à Argos. Paus. l. 2. c. 19. Il exécuta aussi une statue destinée à remplacer une ancienne statue de bois. Paus. l. 2. c. 19. Ce nom Attalus se lit sur une petite statue trouvée récemment près du théâtre d'Argos. (*Voy.* la lettre de M. Fauvel. 1809. Magasin encyclopédique.)

211. EUMÉLUS, *peintre.* —— Hélène, à Rome, dans le Forum. Philost. *in vit.* Sophist. *in Alexand.* l. 11.

ARISTODÈNE, *peintre.*

CARTÉRIUS, *peintre.* —— Plote, le philosophe, tenant école de philosophie. Porphyr. *in vitâ Plotini.* Il avait la faveur d'Amulius et jouissait d'un grand renom.

238. MAXALAS, *graveur* (sous Gordien Pie).

284. CASTORIUS, CLAUDIUS, NICOSTRÂTE, SYMPHORIEN et SIMPLICIEN, *sculpteurs* romains, sous Dioclétien. Ils refusèrent de faire des idoles, et furent martyrisés. (*Voy.* l'Abécédario d'Orlandi.)

CHAPITRE 61.

CONSIDÉRATIONS SUR LA LISTE ALPHABÉTIQUE ET GÉNÉRALE DES PEINTRES, SCULPTEURS ET GRAVEURS QUI ONT FLEURI DEPUIS LA HAUTE ANTIQUITÉ JUSQU'AU MOYEN AGE.

Il nous a semblé indispensable de réunir dans un ordre alphabétique les noms de tous les artistes que nous venons de citer. Cette seconde liste est d'autant plus nécessaire, qu'un assez grand nombre d'autres artistes n'ayant pas été placés dans la première liste, puisqu'on manque d'indications chronologiques à leur sujet, doivent néanmoins être désignés, ainsi que leurs ouvrages et les auteurs qui en font mention. Nous intercalerons donc les noms de ces artistes dans cette liste alphabétique. Il s'en trouve dont on n'a recueilli que le nom, et d'autres dont les ouvrages sont indiqués par les écrivains sans aucune date. Ainsi on pourra aisément, à l'aide de ces deux listes, parcourir les noms et les ouvrages de tous les peintres, sculpteurs et graveurs connus qui ont fleuri depuis la haute antiquité jusqu'au moyen âge, époque au sujet de laquelle nous produirons une liste particulière qui, jointe à celle des artistes de l'école primitive moderne et à la grande liste des peintres modernes proprement dits, procurera la série à peu près complète qu'exigeait ici l'historique que nous nous sommes proposé, et qui paraissait indispensable dans ce traité complet.

Liste *alphabétique des peintres, sculpteurs et graveurs de l'antiquité, depuis Dédale, qui florissait 1400 ans avant notre ère, jusqu'au tems de l'empereur Constantin, l'an 300 environ après J.-C.*

On a distingué par un astérisque les années après J.-C.

On a distingué aussi par un astérisque les siècles après J.-C., dans lesquels fleurirent les artistes auxquels on n'a pas pu assigner une époque plus précise.

La dernière colonne de chiffres indique les pages où se trouve le nom de l'artiste dans la liste chronologique.

Les chiffres des colonnes précédentes indiquent la page où on a fait mention aussi de ce même artiste dans le courant de ce volume.

On a indiqué par un tiret les artistes dont l'âge n'est pas connu.

nnées av. J.-C.				Pages du vol. 2.
69.	ACCIUS-PRISCUS,	*peintre.*		611
—	ACESTOR, de Cnosse, *statuaire.* — Alexibius enfant, vainqueur au stade, dans l'Altys. Paus. l. 6. c. 17.			
De 100 à 1. de J.-C.	ACMON,	*graveur.*		610
436.	ACRAGAS,	*graveur.*		576
—	ADAMAS,	*sculpteur.* Bracci.		
284.	ADMON,	*graveur.*		604
117.*	ADRIEN,	*peintre.*		612
00 à 200.	AEGINETA,	*statuaire* et *plasticien.* Plin.		
1 à 100.*	ÆLIUS,	*graveur.*		612
00 à 200.	ÆPOLIEN,	*graveur.*		613
580.	ÆROPUS ou EUROPUS,	*statuaire.*		559
—	ÆSCHINE,	*sculpteur.* Diog. L. l. 11.		
—	ÆTION,	*sculpteur.* Théocrite.		
—	ÆTION,	*graveur.* — Tête de Priam. Stosch. Bracci.		
00 à 300.	ÆTION,	*peintre.*	481	601
331.	AGASIAS, d'Éphèse,	*statuaire.*	461	597
—	AGASIAS, fils de Ménophile, *statuaire.* Gruter. *Inscript.*			
425.	AGATHARQUE,	*peintre.*		577
—	AGATHEMÈRE, *graveur.* — Tête de Socrate (Cornaline). Bracci. Demurr le croit contemporain du graveur Polyclète.			
48.	AGATHOPUS,	*graveur.*		609
106.	AGATHANGELUS,	*graveur.*		606

nnées av. J.-C. Pages du vol. 2.

525. AGÉLADAS, *statuaire.* 561

AGENOR. (*Voy.* Antenor.) *statuaire.*

48. AGÉSANDRE, *sculpteur.* 500 610

400. AGLAOPHON, *peintre.* 582

443. AGLAOPHON, de Thasos, *peintre.* 359 573

443. AGORACRITE, *statuaire.* 349 572

443. ALCAMÈNE, *statuaire,* d'Athènes (ou de Lemnos, selon le professeur Muller, dans son Traité de la vie de Phidias, lu à la société de Goëttingue, séance du 10 juin 1824). 335—350 571

— ALCAMÈNE, *sculpteur,* affranchi de Lollius. —— Un bas-relief de la villa Albani. (*Voy.* Winckelmann. Monum. inéd. pl. 186.)

412. ALCIMAQUE, *peintre.* 579

— ALCIMÉDON, *ciseleur.* VIRGILE.

— ALCISTHÈNE, femme, *peintre.* —— Un danseur. PLIN. l. 35.

700. ALCON, *statuaire.* 557

— ALCON, *ciseleur.* Virgile (*in Bucolic.*) et Ovide (*in Metam.* 13) citent un Alcon, auteur de coupes ciselées et d'autres ornemens.

— ALEVAS, *statuaire.* —— Des statues de philosophes. Pline dit (l. 34. c. 8.) que ce statuaire, qui travaillait en bronze, excellait dans ce genre de représentation.

48. ALEXANDRE, *peintre.* 609

— ALEXANDRE, *graveur.* —— Cupidon et deux nymphes domptant un lion. DEMURR.

1270. ALEXANOR, fils de Machaon, *statuaire.* 556

425. ALEXIS, *statuaire.* 577

— ALLION, *graveur.* On lit ce nom sur une tête d'Apollon. BRACCI. —— Un taureau. — Vénus marine. — Une Muse ou Sparta, fondatrice de Sparte. BRACCI. (Collect. de Strozzi.)

— ALITERSE, *statuaire.* —— Le char du prince Amphiaraüs, guidé par l'écuyer Batton, à Delphes. PAUS. c. 10.

à 100.* ALPHÉE et ARETHON, *graveurs.* 612

— ALSIMUS, *peintre* d'un beau vase grec du musée Vatican. WINCKELMANN. Monum. inéd. pl. 143.

405. ALYPE, de Sicyone, *statuaire.* 388 580

00 à 1. AMIANTUS, *graveur.* GRUTER. *Inscript.*

— AMMONIAS. (*Voy.* Phidias.)

à 100.* AMMONIUS, *ciseleur.* GRUTER. — Un faune. RASPE. pl. 39, n° 4510.

405. AMPHION, de Cnosse, *statuaire.* 388 580

331. AMPHION, *peintre.* 597

00 à 300. AMPHISTRATE, *statuaire.* 601

Années av. J.-C. Pages du vol. 2.

— AMPHOTERUS, *graveur.* —— Tête d'un jeune homme, ceinte d'une bandelette. Bracci. pl. 17. — Tête de Rhoëmitalus, roi de Thrace. Museum fiorentinum. tom. 2. tab. 10, nº 3.

54.* AMULIUS, *peintre.* 611

480. AMYCLAÉUS, *statuaire.* 565

480. ANAXAGORE, *statuaire.* 565

300 à 200. ANAXANDRA, *peintre.* 604

— ANAXANDRE, *peintre* du troisième ordre. Plin. l. 35. c. 11.

— ANDRÉAS, d'Argos, *statuaire.* —— Lysippe enfant, vainqueur à la lutte. Paus. l. 6. c. 16.

— ANDROBIUS, *peintre.* —— Scyllis coupant les ancres des vaisseaux des Perses. Pline (l. 35. c. 11.) le classe parmi les peintres du second ordre.

— ANDROBULE, *statuaire.* —— Des statues en bronze représentant des philosophes. Selon Pline (l. 34. c. 8.), Androbule excellait dans ce genre de représentation.

— ANDROCLÈS. (*Voy.* Mandroclès.)

400. ANDROCYDE, *peintre.* 583

160.* ANDRON, *statuaire.* 613

425. ANDROSTHÈNE, *statuaire.* 578

— ANGÉLION. (*Voy.* Tectée.)

— ANRIANTUS, *ciseleur.* Bracci.

516. ANTENOR, *statuaire.* 562

100 à 200.* ANTÉROS, *graveur.* 613

200. ANTHÉE, *statuaire.* 603

572. ANTHERMUS, de Chio, *statuaire.* 536 559

600 à 500. ANTHERMUS. Pline semble indiquer un autre Anthermus, sculpteur et fils du précédent.

352. ANTIDOTE, *peintre.* 398 589

284. ANTIGONE, *statuaire.* 369 603

1 à 100.* ANTIGONE, *graveur.* 612

— ANTIMAQUE, *statuaire.* —— Des statues de femmes illustres, ouvrages en bronze. Plin. l. 34. c. 8.

100 à 200.* ANTIOCHUS, *graveur.* 613

— ANTIOCHUS, d'Athènes, *statuaire.* On lit son nom gravé sur la base d'une Minerve de la villa Ludovisi.

— ANTIPATER, *graveur* célèbre selon Pline (l. 33).

412. ANTIPHANE, d'Argos, *statuaire.* 578

600 à 500. ANTIPHILE, *statuaire* et *architecte.* 562

331. ANTIPHILE, d'Egypte, *peintre.* 479 596

Années av. J.-C. | | | | Pages du vol. 2.

138.* ANTONIN, *peintre.* 613.

400 à 300. ANTORIDES, *peintre.* 602

— APATURIUS, *peintre.* Il peignit les décorations du théâtre de Tralles, ville de Lydie. Vit. l. 7. c. 5. On les critiqua comme peu convenables au lieu de la scène.

331. APELLE, *peintre.* 472—230—221—240 594

— APELLE, *graveur.* —— Un masque scénique. Millin. *Dict.* Bracci. Visconti.

437. APELLES ou APELLAS, *statuaire.* 574

44. APHRODISIUS, *statuaire.* 610

425. APOLLODORE, d'Athènes, *peintre.* 365 577

400 à 300. APOLLODORE, *statuaire.* 457 601

— APOLLODOTE, *graveur.* —— Minerve. Bracci. — Othryades mourant. Bracci. Demurr. Une des plus anciennes pierres gravées représente ce sujet : on la voit dans Nattier. Millin. *Dict.*

300 à 200. APOLLONIDE, *graveur.* 604

164. APOLLONIUS, fils de Nestor d'Athènes, *statuaire,* auteur du torse du Belvédère. 31—488 606

48. APOLLONIUS, de Rhodes, *statuaire.* 492 609

48. APOLLONIUS, de Prienne, *statuaire.* 492 610

— APOLLONIUS, d'Athènes, *statuaire,* fils d'Archias. On lit ce nom sur une tête d'Auguste, en bronze, du musée Portici. (*Voy.* le 1er vol. des Ant. d'Herculanum, pag. 2.

— APOLLONIUS, *statuaire.* On lit ce nom sur un Hercule couché sur le côté. Gruter. *Inscript.*

— APOLLONIUS, *graveur,* cité par Winckelmann.

— APOLLONIUS, *graveur.* —— Diane des montagnes le flambeau à la main, améthyste du cabinet de Naples. Stosch. Bracci. Millin. *Dict.*

— AQUILAS, *graveur.* —— Une Vénus au bain. Raspe. Millin. *Dict.* — Jupiter. Bracci.

304. ARCÉSILAS, *peintre.* 600

412. ARCÉSILAUS, *peintre.* 578

67. ARCÉSILAUS, *statuaire* et *plasticien.* 516 607

100 à l'an 1. ARCÉSILAUS, *statuaire.* 610

— ARCHÉLAUS, de Prienne. (*Voy.* Apollonius, de Prienne.)

— ARCHENNUS. (*Voy.* Anthermus.)

164. ARCHÉSITAS, *statuaire.* 606

— ARCHION, *graveur.* —— Pâte antique de la collection du comte Thoms, achetée par le prince d'Orange. Demurr.

900. ARDICES, *plasticien.* 557

Années av. J.-C. — Pages du vol. 2.

— AREGON, de Corinthe, *peintre.* —— Le sac de Troie; la naissance de Diane, tableaux, dans un temple près de Pise. STRAB. l. 8.

48. ARÉLIUS, *peintre.* 608

— ARETHON. (*Voy.* Alphée.)

425. ARGIUS, *statuaire.* 577

— ARGUS, *statuaire.* —— Junon, à Tirinthe. DÉMÉT. CLÉM. AL. *in Protrept. ad gentes.*

491. ARIMNA, *peintre.* 304 563

500 à 400. ARISTANDRE, de Paros, *peintre scénique.* PAUS.

405. ARISTANDRE, *statuaire.* 580

— ARISTARÈTE, femme, *peintre,* fille et élève de Néarque. —— Esculape. PLIN. l. 35. c. 11.

117.* ARISTÉAS et PAPIAS, *statuaires.* 613

425. ARISTIDE, de Sicyone, *statuaire.* 577

331. ARISTIDE, de Thèbes, *peintre.* (tom. 4, p. 450.) 478 596

352. ARISTIDE, frère de Nicomaque, *peintre.* 591

331. ARISTIDE, fils d'Aristide de Thèbes, *peintre.* 596

400 à 300. ARISTIPE ou ARISTON, *peintre.*

— ARISTOBULE, de Syrie, *peintre* du troisième ordre. PLIN. l. 35. c. 11.

612. ARISTOCLÈS, de Sidonie, ou l'ancien, *statuaire.* 558

525. ARISTOCLÈS, de Sicyone, frère de Canachus, *statuaire.* 561

480. ARISTOCLÈS, fils de Cléoétas, *statuaire.* 565

331. ARISTOCLÈS, *peintre.* 597

— ARISTOCLIDES, *peintre.* —— Plusieurs peintures dans le temple d'Apollon, à Delphes. PLIN. l. 35. c. 11.

360. ARISTODÊME, *statuaire.* 393 585

352. ARISTODÊME, de Carie, *peintre.* 588

211.* ARISTODÊME, *peintre.*

300 à 200. ARISTODÊME, *peintre.* PLIN.

— ARISTODOTE, *statuaire.* —— La courtisane Myrtides. TAT. *adv. græc.*

352. ARISTOGITON, *statuaire.* 586

352. ARISTOLAUS, *peintre.* 395 588

— ARISTOMAQUE, *statuaire.* —— Les statues des courtisanes Phémonoé, Ménécrates et Praxo. ANTH. GR.

484. ARISTOMÈDE, *statuaire.* 564

480. ARISTOMÉDON, *statuaire.* 566

— ARISTOMÈNES, *peintre.* VIT.

400 à 300. ARISTON, *peintre.* 602

— ARISTON, de Lacédémone, *statuaire.* PLIN. l. 34. c. 8. —— Jupiter, statue colossale, en bronze, haute de dix-huit pieds; ouvrage fait en société avec son frère Télestas ou Télétas. Cet artiste travaillait aussi en argent. Plin. l. 5. c. 8.

— ARISTON, de Mitylène, *ciseleur*. Plin.

— ARISTONIDAS, *peintre* du troisième ordre, père de Mnasitime. Plin. l. 35. c. 11.

— ARISTONIDAS, *statuaire*. —— Athamantes venant de précipiter son fils Léarchus, à Thèbes. Plin. l. 34. c. 14. On dit que ce statuaire mêla du cuivre rouge dans la fonte, pour exprimer par cette couleur la rougeur de la honte sur le visage.

— ARISTONIDAS. (*Voy.* Ophélion.)

— ARISTONUS ou ARISTONOUS, d'Egyne, *statuaire*. —— Jupiter couronné de lys, tenant un aigle d'une main et un foudre de l'autre, à Olympie. Paus. l. 5. c. 22.

412. ARISTOPHON, *peintre*. 367 578

à 100.* ARTÉMIDORE, *peintre*. 612

48. ARTÉMON, *statuaire*. 610

00 à 200. ARTÉMON, *peintre*. 604

— ARUNTIUS-PATERCULUS, *statuaire*. —— Un cheval d'airain, à Egyste, à l'instar du taureau de Phalaris. Aristid. l. 4. Italicon. Plut.

484. ASCARUS, *statuaire*. 564

352. ASCLÉPIODORE, *peintre*. 590

— ASCLÉPIODORE, *statuaire*. —— Des statues en bronze représentant des philosophes. Pline dit (l. 34. c. 8.) que cet artiste excellait dans ce genre de représentation.

423. ASOPODORE, *statuaire*. 577

— ASPASIUS, *graveur*. —— Nom inscrit sur une tête de Minerve. Stosch. pl. 13. — Tête de Jupiter. Bracci. pl. 8. Millin. *Dict.*

— ASSALECTUS, *statuaire*. Selon Winckelmann, on lit ce nom sur une statue d'Esculape du palais Vérospi.

— ASTÉAI. On lit ce nom sur un vase peint.

395. ASTÉRION, *statuaire*. 584

69.* ATÉRIUS-LABÉO, *peintre*. 612

200. ATHÉNÉE, *statuaire*. 605

352. ATHÉNION, *peintre*. 401 590

— ATHÉNION, *graveur*. —— Jupiter foudroyant les Titans, camée du cabinet Farnèse. Bracci. Millin. *Dict.*

— ATHÉNIS. (*Voy.* Anthermus de Chio, pag. 559.)

405. ATHÉNODORE, *statuaire*. 580

425. ATHÉNODORE, de Clitore, *statuaire*. 577

48. ATHÉNODORE, fils d'Agésandre, *statuaire*. 503 610

0 à 200.* ATTALUS, d'Athènes, *statuaire*. 615

Années av. J.-C.				Pages du vol. 2.
—	ATTALUS. (*Voy*. Talus.)			
—	ATTICIANUS, d'Aphrodisium, *statuaire*. On lit ce nom sur une Muse de la galerie de Florence. (*Voy*. Mus. flor., tom. 3, pl. 22 et 82.)			
67.	AULANIUS EVANDER, *statuaire*.			608
—	AULUS, *graveur*. —— Un cavalier grec ; un quadrige ; une tête de Diane ; un Esculape (collect. de Strozzi). STOSCH et BRACCI. — Tête de Ptolémée. Philop. — Vénus et l'Amour ; l'Amour lié à un trophée ; un autre Amour enchaîné, bêchant la terre ; le devant d'un cheval ; tête de Faune, d'Hercule jeune, de Laocoon (Bibl. roy.) ; et une autre tête inconnue. BRACCI. DEMURR et MILLIN.			
100 à 1.	AULUS ALEXA, fils ou frère de Quintus Alexa, *graveur*. —— Pâte de verre de la collection Barbérini.			
—	AUTOBULUS, femme, *peintre*, élève d'Olympias. PLIN. l. 35. c. 11.			
—	AXÉOCHUS, *graveur*. —— Un faune jouant de la lyre près d'un enfant. BRACCI. pl. 43. STOSCH. pl. 20. MILLIN. *Dict*.			
48.	BATHRACHUS,	*statuaire*.		608
560.	BATHYCLÈS,	*statuaire*. (tom. 5. pag. 404.)		560
—	BATTON, *statuaire*. —— Des athlètes, des hommes armés, des chasseurs et des sacrificateurs. PLIN. l. 34. c. 8. — Apollon et Junon, à Rome, dans le temple de la Concorde (bronze). PLIN. l. 34. c. 8.			
304.	BÉDAS,	*statuaire*.	457—315	600
—	BÉDAS, de Bysance,	*statuaire*. VIT.		
1550.	BÉSÉLÉEL,	*sculpteur* hébreu.		
—	BION, de Milet,	*sculpteur*. —— Polémon. DIOG. L. l. 4.		
—	BION, de Chio,	*sculpteur*. DIOG. L.		
436.	BOÉTHUS,	*statuaire*.	548	576
—	BOISCUS, *statuaire*. —— La courtisanne Myrtides. TAT. *adv. græc*.			
412.	BRIÉTÈS,	*peintre*.		579
—	BROTÉAS, fils de Tantale, *statuaire*. —— La mère des dieux. PAUS. l. 3. c. 22.			
1350.	BRYAXIS l'ancien,	*statuaire*.		556
352.	BRYAXIS, d'Athènes,	*statuaire*.	392—513	587
700.	BULARQUE,	*peintre*.	279	557
540.	BUPALUS,	*statuaire*.		560
—	BYZAS,	*statuaire*.		
600 à 500.	BYZES,	*statuaire*.		562
—	CAÉCAS, *graveur*. —— Un soldat. BRACCI. STOSCH.			
284.	CALACÈS ou CALADÈS,	*peintre*.		603
480.	CALAMIS,	*statuaire*.	314	565

nées av. J.-C. — Pages du vol. 2.

— CALLIADÈS, *peintre.* Luci.

— CALLIADÈS, *statuaire.* —— La courtisanne Nérée. Tat. *adv. græc.* pag. 183. Luci. Cet artiste travailla en bronze et en argent. Plin. c. 8.

— CALLIAS, *sculpteur.* Plin.

00 à 400. CALLICLÈS, de Mégare, *statuaire.* 581

352. CALLICLÈS, *peintre.* 589

00 à 400. CALLICRATE, de Lacédémone, *sculpteur.* 581

— CALLICRATE, *peintre.* F. Junius. Théophilactus. *Simocratus. Ep.* 6.

450. CALLIMAQUE, de Corinthe, *sculpteur, peintre* et *architecte.* 314 569

— CALLIMAQUE, *sculpteur.* Nom inscrit sur un bas-relief du capitole.

— CALLIPHON, nom d'un peintre grec inscrit sur un vase peint.

304. CALLISTONICUS, *statuaire.* 598

200. CALLISTRATE, *statuaire.* 605

— CALLISTRATE, de Lacédémone, *sculpteur.* (*Voy.* Myrmécide, p. 573.)

450. CALLITÉLÈS, *statuaire.* 570

200. CALLIXÈNE, *statuaire.* 605

540. CALLON, d'Egyne, *statuaire.* 316 560

450. CALLON, d'Elis, *statuaire.* 568

— CALOS, *statuaire.* —— Une Euménide, à Athènes. Clém. Al.

480. CALYNTHUS, *statuaire.* 565

304. CALYPHON, *peintre.* 600

— CALYPSO, femme, *peintre.* —— Un vieillard ; Théodore l'Empirique. Plin. l. 35. c. 11.

525. CANACHUS, de Sicyone, *sculpteur.* 287 561

405. CANACHUS, *statuaire.* 580

380. CANTHARE, *statuaire.* 584

00 à 1. CARBILIUS, *peintre.* Bracci.

352. CARMANIDÈS, *peintre.* 589

— CARPUS, *graveur.* —— Bacchus et Ariadne sur une panthère, gravé sur jaspe rouge (du cabinet du grand duc de Toscane). Stosch. pl. 22. Bracci. pl. 46. — Hercule et Iole. Raspe, n° 6019. (*Voy.* encore Millin et Demurr.)

211.* CARTÉRIUS, *peintre.* 615

— CARYSTIUS, de Pergame, *peintre.* Il fut le premier qui représenta la Victoire avec des ailes. (Aristoph. *Com. des Oiseaux.*)

284.* CASTORIUS, *peintre.* 615

— CENCHRAMIS, *sculpteur.* —— Des statues de philosophes, en bronze. Plin. l. 34. c. 8.

00 à 400. CÉPHISSODORE, *peintre.* 581

nnées av. J.-C.				Pages du vol. 2.
425.	CÉPHISSODORE,	*peintre.*		578
352.	CÉPHISSODORE,	*sculpteur.*		587
304.	CÉPHISSODOTE, fils de Praxitèle, *statuaire.*		412—493	598
600.	CÉPHISSODOTE, d'Athènes, *sculpteur.*			600
400 à 300.	CHAÉRAÉRAS,	*statuaire.*		601
—	CHAÉRÉMON, *graveur.* —— Une tête de faune. MILLIN. WINCKELMANN.			
—	CHAÉRÉPHANES, *peintre.* —— Des femmes et des hommes livrés à la débauche. PLUT.			
—	CHALCOSTHÈNES, *statuaire* et *plasticien.* —— Des statues d'athlètes, de comédiens et de philosophes, en bronze. PLIN. l. 34. c. 8. On voyait au Céramique différens autres ouvrages en bronze de cet artiste. Pline dit (l. 35. c. 12.) qu'on estimait ses modèles en terre cuite.			
304.	CHARÈS,	*statuaire.*		598
850.	CHARMIDAS,	*peintre.*		557
688.	CHARTA,	*statuaire.*		559
360.	CHÉIRISOPHUS,	*statuaire.*		585
1 à 100.*	CHIMARUS,	*sculpteur.* BRACCI.		
480.	CHIONIS,	*statuaire.*		566
—	CHOÉRILUS, d'Olynthe, *statuaire.* —— Sthénis éléen, vainqueur au pugilat. PAUS. l. 6.			
532.	CHRYSOTHÉMIS,	*statuaire.*		560
00 à 400.	CIDIAS,	*peintre.*		
830.	CIMON, de Cléone.	*peintre.* (c. 225. sect. 2. tom. 6.)		557
—	CIMON, *statuaire.* —— Des cavales en bronze, à Athènes. ÆLI. *Var. Hist.* l. 9. c. 32.			
284.*	CLAUDIUS,	*statuaire.*		615
900.	CLÉANTHE, de Corinthe, *peintre.*			556
—	CLÉOCHARÈS. (*Voy.* Léocharès.)			
00 à 500.	CLÉOÉTAS,	*statuaire.*		563
164.	CLÉOMÈNE,	*statuaire.*	493	606
146.	CLÉOMÈNE, fils de Cléomène, *statuaire.*		493	606
380.	CLÉON, de Sicyone,	*statuaire.*		585
—	CLÉON, *graveur.* —— Apollon Cytharède. BRACCI.			
—	CLÉON, *peintre.* —— Cadmus. Pline (l. 35. c. 11.) le range parmi les peintres du second ordre.			
654.	CLÉOPHANTES,	*peintre.*		557
284.	CLÉSIAS ou CTÉSIAS,	*statuaire.*		603
336.	CLÉSIDÊME,	*peintre.*		591
00 à 200.	CLÉSIDÈS,	*peintre.*		604
100 à 1.	CNÉIUS,	*graveur.*		610

Années av. J.-C.			Pages du vol. 2.
100 à 1.	**COÉMUS** ou **QUINTUS**, *graveur*.		610
100 à 1.	**COÉNUS**, *peintre*. —— Portraits de famille. Plin. l. 35. c. 11.		
443.	• **COLOTÈS**,	*statuaire*, élève de Phidias.	550 574
48.	**COLOTÈS**, de Paros,	*statuaire*.	608
400.	**COLOTÈS**, de Théos,	*peintre*.	583
—	**COPONIUS**, *statuaire*. —— Quatorze statues représentant des nations qui environnent la statue du grand Pompée, à Rome. Varr. Plin. l. 36. c. 5.		
—	**CORNELIUS-DASSUS**,	*sculpteur*. Bracci.	
69.*	**CORNELIUS-PINUS**,	*peintre*.	611
164.	**CORNELIUS-SATURNINUS**, *statuaire*.		606
331.	**CORYBAS**,	*peintre*.	597
—	**CRATÉRUS**, *graveur*. —— Diane d'Ephèse, cornaline du cabinet de Stosch.		
48.	**CRATÉRUS**,	*statuaire*.	610
—	**CRATÉRUS** ou **CRATINUS**, *peintre* du second ordre. Plin. l. 35. c. 11. Il peignit, à Athènes, des portraits de comédiens, dans le Pompéium, qui était un lieu où l'on conservait les vases qui n'étaient en usage que les jours d'apparat. (Meurs.) Le 4e volume des peintures d'Herculanum offre de semblables sujets.		
—	**CRATINUS**. (*Voy.* Cratérus).		
900.	**CRATON**, de Sicyone,	*peintre*.	557
—	**CRÈS**, *statuaire*. —— Le dieu Pan, bronze célèbre. Anth. Gr.		
450.	**CRITIAS**, d'Athènes,	*statuaire*.	570
443.	**CRITIAS NÉSIOTE**,	*statuaire*.	573
—	**CRITON** et **NICOLAUS**, *statuaires*. Athéniens, dont les noms se lisent sur les canéphores, caryatides de la villa Albani. (*Voy.* Winckelmann.)		
304.	**CRONIUS**,	*graveur*.	599
—	**CTÉSIAS**. (*Voy.* Clésias.)		
—	**CTÉSICLÈS**, *statuaire*. —— La statue de Samus, en marbre de Paros. Athénée dit (l. 13. c. 8.) que cet ouvrage fit une vive impression sur Cléisophus-Selimbriacus.		
436.	**CTÉSILAS**,	*statuaire*.	576
—	**CTÉSILAUS** ou **DÉSILAUS**, *statuaire*. Plin.		
331.	**CTÉSILOQUE**,	*peintre*.	597
331.	**CTÉSIOCHUS**,	*peintre*.	597
356.	**CYDIAS**,	*peintre*.	585
436.	**CYDON**,	*statuaire*.	576

Années av. J.-C. — Pages du vol. 2.

— **DACTYLIDÈS**, *statuaire.* —— La statue de Pythias, à Rome, dans les jardins de Servilius. Plin. l. 35. c. 5.

— **DAÉMON**, *statuaire.* —— Des statues de philosophes, en bronze. Plin. l. 34. c. 8.

331. **DAÉTONDAS**, *statuaire.* 597

— **DAIPHRON**, *statuaire.* —— Des statues de philosophes, en bronze. Plin. l. 34. c. 8.

400 à 300. **DAIPPUS**, *statuaire.* 457 602

— **DALION**, *graveur.* —— Un cheval marin et une femme, sur améthyste. (*Voy.* Demurr.)

491. **DAMÉAS**, de Crotone, *statuaire.* 563

405. **DAMIAS**, de Clitore, *statuaire.* 580

284. **DAMOPHON**, *statuaire.* 603

— **DÉCIUS**, *statuaire.* ——Une tête colossale en bronze, consacrée dans le capitole par le consul P. Lentulus. Cet artiste, au dire de Pline, n'avait qu'un talent médiocre.

1400 ou 1380 **DÉDALE** l'ancien, *statuaire.* 277 556

380. **DÉDALE**, de Sicyone, *statuaire.* 584

612. **DÉDALE**, *statuaire.* 558

380. **DÉDALE**, de Bithynie, *statuaire.* 584

— **DÉLIADÈS**, *statuaire.* Pline dit (l. 34. c. 8.) que cet artiste travaillait en bronze et en argent.

500 à 400. **DÉMÉTRIUS**, d'Alopée, *statuaire.* 465 581

4.* **DÉMÉTRIUS**, d'Ephèse, *ciseleur.* 611

— **DÉMÉTRIUS**, *peintre.* Vit.

380. **DÉMOCRITE**, *statuaire.* 584

425. **DÉMOPHILE** et **GORGASUS**, *peintres, plasticiens,* etc. 578

— **DÉMOPHILE**, d'Himère, *peintre.* Plin.

— **DERCYLIDES**, *statuaire.* —— Des athlètes, dans les jardins de Servilius, à Rome. Plin. l. 36. c. 5.

DÉSILAUS. (*Voy.* Ctésilaüs.)

— **DEUTON**, *peintre.* Il représenta avec beaucoup de vérité des escaliers.

— **DIADUMÉNOS**, *sculpteur.* On lit ce nom en latin sur un beau bas-relief du musée de Paris, n° 149.

900. **DIBUTADE**, *statuaire.* 557

850. **DINIAS**, *peintre.* 557

425. **DINON**, *statuaire.* 577

— **DIOCLÉE**, *graveur.* —— Tête d'un jeune faune, gravée sur jaspe rouge (du cabinet de Stosch). Bracci. tom. 2. Demurr.

— **DINOMÈDES**, *statuaire.* Plin.

nnées av. J.-C. — Pages du vol. 2.

400 à 300. DINOMÈNES, *statuaire.* 601

— DIODORE, *ciseleur.* —— Un satyre endormi, en argent.

— DIODORE, *peintre.* —— Le portrait de Ménodotus. Ce portrait est critiqué dans l'Anthologie.

500 à 400. DIODOTE, *statuaire.* 381

— DIODOTE, *sculpteur.* WINCKELMANN.

300 à 200. DIOGÈNE, *peintre.* 605

48. DIOGÈNE, *sculpteur et architecte.* 609

138.* DIOGNÈTE, *peintre.* 613

— DIOMÈDES, *graveur.* GRUTTER. *Inscript.*

— DIONYSIODORE, *sculpteur.* BRACCI.

484. DIONYSIUS, d'Argos, *sculpteur.* 564

412. DIONYSIUS, de Colophon, *peintre.* 367 578

100. DIONYSIUS, *peintre.* 515 607

443. DIONYSODORE, *statuaire.* 573

— DIONYSODORE, de Colophon, *peintre.* Artiste distingué, selon Pline (l. 35. c. 11.).

— DIONYSTICLÈS, *statuaire.* —— Dinocrate, lutteur. —— Démétrius de Ténédos, lutteur, statues en bronze, dans l'Altys. PAUS. l. 6. c. 17.

491. DIORÈS, *peintre.* 304 563

48. DIOSCOURIDE, d'Egée, *graveur,* sous Auguste. 609

580. DIPŒNUS et SCYLLIS, *statuaires.* 286 559

— DIPHILUS, *graveur.* —— Un vase orné de deux masques (pâte de verre). MILLIN. DEMURR.

— DISCORIDE, de Samos, *peintre* et *mosaïciste.* On lit ce nom sur une mosaïque de Pompéi. WINCKELMANN.

480. DIYLLUS, *statuaire.* 365

— DOMES, *graveur.* ——Jupiter. BRACCI. —Junon, Apollon, Mercure, etc. (Calcédoine du Cab. de Stosch). WINCKEL. p. 39.

560. DONTAS, *statuaire.* 560

— DORDONOS, *mosaïciste.* WINCKELMANN.

54.* DOROTHÉE, *peintre.* 548 611

560. DORYCLIDAS, *statuaire.* 560

— DURIS, *peintre,* cité par Diogène Laërce, écrivit sur la peinture.

284. DURIS, de Samos, *statuaire.* 604

352. DYONISIUS, *statuaire.* 586

356. ECHION, *peintre.* 391 585

— ELADAS. (*Voy.* Agéladas.)

— EMILUS. (*Voy.* Smilis.)

Années av. J.-C. Pages du vol. 2.

443. **ENCADMUS**, *statuaire*. 573

516. **ENDŒUS**, *statuaire*. 562

— **ENELPISTUS**, *graveur*. —— Tête de Socrate, avec divers emblêmes. (*Voy*. Demurr.)

— **ENTOCHUS**, *statuaire*. —— L'Océan. — Jupiter, statues en marbre, à Rome, dans les monumens d'Asinius Pollion. Plin. l. 36. c. 5.

1270. **EPÉUS**, *statuaire*. 556

400 à 300. **EPHORE**, *peintre*. 601

— **EPIGONE**, *statuaire*. —— Des femmes en adoration, des femmes illustres, des vieilles, des comédiens, des orateurs, des philosophes, des athlètes, un homme sonnant de la trompette, un enfant prodiguant les caresses au corps inanimé de sa mère. Ce statuaire travaillait en bronze. Plin. l. 34. c. 8.

48. **EPINTHYNCHANUS**, *graveur*. 609

— **ERATON**, *sculpteur*. Nom gravé sur un vase de la villa Albani. Winck. Stosch. p. 167.

220. **ERIGONE**, *peintre*. 604

331. **EUBIUS**, *statuaire*. 597

— **EUBOLIS**, *statuaire*. Plin.

— **EUBULIDES**, d'Athènes, *statuaire*. Paus. ou **EUBOLIDES**. Plin. l. 34. c. 8. père d'un Euchir. —— Un Apollon. Paus. l. 1. c. 2. — Un homme qui compte avec ses doigts, ouvrage en bronze. Plin. l. 34. c. 8.

— **EUBULUS**, *statuaire*, fils de Praxitèle. Ce nom se lit sur une tête de la villa Negroni. Winckelmann. *Hist. de l'art*.

— **EUCHIR** ou **EUNUCHIR**, d'Athènes, *statuaire*, fils d'Eubulides. —— Mercure, statue en marbre, chez les Phénéates. Paus. l. 8. c. 14. — Des athlètes, des hommes armés, des chasseurs et des sacrificateurs, statues en bronze. Plin. l. 34. c. 8.

680. **EUCHYR**, de Corinthe, *plasticien*. 557

360. **EUCLIDES**, *statuaire*. 585

— **EUCLIDES**, d'Egyne, *statuaire*, père de Smilis, contemporain de Dédale. Paus. l. 7. —— Junon, à Samos. Clém. Al.

— **EUCLIDES**, *peintre*. —— Un char attelé de deux chevaux et surmonté d'une Victoire. Artiste du second ordre. Plin. l. 35. c. 11.

— **EUDORUS**, *peintre* et *statuaire*. —— Des décorations, des statues de bronze. Peintre du second ordre. Plin.

680. **EUGRAMMUS**, *plasticien*. 557

850. **EUMARE**, *peintre*. 557

211.* **EUMÉLIUS**, *peintre*. 613

— **EUNICUS**, *statuaire* et *ciseleur*. Pline dit que cet artiste était en grande réputation, et qu'il travaillait en bronze et en argent (l. 33. c. 12. et l. 34. c. 8.).

nées av. J.-C. — Pages du vol. 2.

— **EUPHORE**, *peintre*. Plin.

— **EUPHORION**, *graveur*. Pline dit (l. 34. c. 8.) qu'il travaillait en or et en argent. Théocrite vante les coupes ciselées de sa main. *Idill.* 2. *v.* 1.

352. **EUPHRANOR**, *peintre* et *statuaire*. 221—396—471 587

00 à 300. **EUPHRONIDES**, *statuaire*. 601

— **EUPLUS**, *graveur*. —— Amour sur un dauphin. Bracci. Millin. *Dict.*

380. **EUPOMPE**, *peintre*. 390 585

00 à 500. **EURIPIDE**, *peintre*. 562

— **EURYCION**, *graveur*. Virgile. *Quæ bonus Eurycion, multo cælaverat auro. Enëid.* l. 10. vers 499.

532. **EUTÉLIDAS**, *statuaire*. 560

— **EUTHIMÈDES**, *peintre* du second ordre. Selon Pline, élève d'Héraclides de Macédoine.

— **EUTHUS**, *graveur*. —— Silène assis au milieu de petits Amours qui jouent de la lyre et de la double flûte. Millin. Bracci.

304. **EUTHYCRATE**, *statuaire*. 456—544 598

— **EUTYCHÈS**, de Bithynie, *sculpteur* d'un monument sépulcral consacré au capitole. Winckelmann. *Hist. de l'art.*

1 à 100.* **EUTYCHES**, *graveur*. 612

304. **EUTYCHIDES**, *statuaire*. 450 599

— **EUTYCHIDES**, de Milet, *graveur*, fils de Zoïlus. Il promettait d'égaler Praxitèle (peut-être est-ce Pyrgotèle); mais la mort le moissonna à la fleur de l'âge. Grutter. *Inscript.*

— **EUTYCHIDES**, *peintre*. Plin.

— **EUTYCHUS**, *peintre*. Anth. Gr.

400. **EUXÉNIDAS**, *peintre*. 583

— **EVANTHÈS**, *peintre*. —— Andromède. —Prométhée enchaîné. Tatian. l. 3.

436. **EVENOR**, *peintre*. 575

98.* **EVODUS**, *graveur*. 612

304. **FABIUS-PICTOR**, *peintre*. 520—524 600

— **FABULUS**, *peintre*. (*Voy.* Amulius.)

— **FELIX**, *graveur*, élève ou affranchi de Calpurnius-Sévère. —— Diomède enlevant le Palladium. Stosch. 36. Bracci.

— **FULVIUS**, *peintre*. Horace. l. 11. satyr. 7. Plin.

— **GALATO**, *peintre*. Il avait peint Homère vomissant, et les autres poètes s'empressant de humer ce qu'il vomit. Æli. *Var. Hist.* l. 12. c. 22. Plin. l. 37. c. 5.

1 à 200.* **GAURANUS**, *graveur*, fils d'Anicétus. —— Combat d'un chien contre

un sanglier. Stosch. Bracci. On a peut-être pris le change, et ces deux noms se rapportent peut-être au chien vainqueur du sanglier.

700. GITIADAS, de Sparte, *statuaire.* 280 557

— GLACUS, de Lemnos, *ciseleur.* Il est appelé par Etienne de Bys. artiste distingué.

491. GLAUCIAS ou CLAUCIAS, *statuaire.* 563

— GLAUCIDES, *statuaire.* —— Des statues d'Athlètes, d'hommes armés, de chasseurs et de sacrificateurs, ouvrages en bronze. Plin. l. 34. c. 8.

352. GLAUCION, *peintre.* 588

590. GLAUCUS, de Chio, *statuaire.* 559

484. GLAUCUS, d'Argos, *statuaire.* 564

200. GLYCON, *statuaire.* 454 605

— GLYCON, *graveur.* —— Vénus sur un taureau marin, entourée d'Amours. (Bibl. roy.).

67. GNAIUS, *statuaire.* 608

— GOMPHUS, *statuaire.* —— La courtisanne Praxigorides. Tat. *ad. Grec.*

425. GORGASUS. (*Voy.* Demophile).

436. GORGIAS, *statuaire.* 576

400 à 300. GRYLLION, *statuaire.* 602

— HABRON ou ABRON, *peintre* du second ordre. —— L'Amitié. — La Concorde. — Des divinités. Plin. l. 35. c. 11.

304. HARMATIUS. (*Voy.* Héraclidès.)

— HÉCATÉE, *graveur,* travaillait en or et en argent. Plin. l. 34. c. 8. et l. 33. c. 12.

352. HÉCATODORE ou HYPATODORE, ou HYCATODORE. 586

491. HÉGIAS, *statuaire.* 563

— HÉIUS, *graveur.* —— Diane chasseresse, ouvrage d'ancien style. Stosch. Bracci. Lippert.

— HÉLÈNE, *peintre,* fille de Timon, d'Athènes. —— La guerre d'Issique, tableau que Vespasien plaça dans le temple de la Paix. Phot. hist. lib. 4.

— HÉLIODORE, *statuaire.* —— Des athlètes, des hommes armés, des chasseurs, des sacrificateurs, statues de bronze. Plin. l. 34 c. 8. — Pan et Olympus, disputant le prix de la flûte, à Rome, aux portiques d'Octavie. Plin. l. 36. c. 5. Ce groupe passait pour le second en beauté parmi tous ceux qu'on connaissait; l'autre grouppe, plus beau encore, ouvrage de Céphissodore, était à Pergame,

— HELLAS, d'Athènes, *sculpteur.* Vit. *in præmio.* l. 3. 2.

117.* HELLEN, *graveur.* 613

— HÉPHESTION, fils d'un Myron, *statuaire.*

— HÉRACLA, *peintre.* Bracci.

Années av. J.-C. — Pages du vol. 2.

304. HÉRACLIDES, *statuaire.* 461. 600

170. HÉRACLIDES, de Macédoine, *peintre.* 605

— HERMOCLÈS, de Rhodes. —— Combabus, statue qui, avec les formes d'une femme, était vêtue d'habits d'hommes. Luci *de Deâ Syriâ.*

— HERMOCLIDES.

— HERMOGÈNE, de Cythère, *statuaire.* —— Vénus, à Corinthe. Paus. l. 2. c. 2.

ou à 200.* HERMOGÈNE, d'Afrique, *peintre.* Il quitta la peinture pour la polémique. Tertulien dit de cet artiste qu'il a mieux peint que discuté.

48. HERMOLAUS, *sculpteur.* (*Voy.* Polydecte.) 610

— HERMON, *sculpteur.*

500 à 600. HERMON, *statuaire.* 563

331. HÉRODOTE, d'Olynthe, *statuaire.* 429. 597

— HICANUS, *statuaire.* —— Des hommes armés, des athlètes, des chasseurs et des sacrificateurs, ouvrages en bronze. Plin. l. 34. c. 8.

— HIÉRON, *plasticien* en cire. Cic.

— HIPPEUS, *ciseleur.* Athén.

— HIPPASIS, *ciseleur* en fer. F. Junius.

484. HIPPIAS, *statuaire.* 564

— HIPPIAS, *peintre.* ——Neptune. —La Victoire. Peintre du second ordre. Plin. l. 35. c. 10.

— HORUS, *graveur.* —— Masque de Silène. Camée (Zanetti. Gemm. Ant. Ven. 1750). Demurr. tab. l. 3.

850. HYGIÉMON, *peintre.* 557

— HYLLUS, *graveur.* —— Une tête de femme. Stosch. Bracci. —Hercule jeune. Bracci. —Une tête de vieillard. Stosch. Bracci. — Le taureau Dyonisiaque. Mariette. Demurr le croit élève de Discoride.

— HYPATODORE. (*Voy.* Hécatodore.)

— HYPSICRATE ou XÉNOCRATE, *peintre.* Plin.

304. IADE, *statuaire.* 599

1270. ICMALIUS, *statuaire.* (*Voy.* Tichius.)

— IDECTÉE. (*Voy.* Tectée.)

500 à 400. IDŒUS, *peintre* et *statuaire.* 581

304. ION, *statuaire.* 599

500 à 600. IPHICRATE, *statuaire.* 562

— IPHION, *peintre.* ——Ephyre, femme irréprochable. L'Anthologie dit que la réputation du tableau l'emportait même sur celle du modèle.

— IPHIS, *peintre.* ——Neptune. —Une Victoire, ouvrages distingués. Plin. l. 35. c. 11.

— IRÈNE, *peintre*, fille et élève de Cratinus. —— La nymphe Calypso. — Un vieillard. — Une jeune fille. — L'enchanteur Théodore. — Le danseur Alcisthène. On voyait ces tableaux à Éleusis. PLIN. l. 35. c. 11. DYD. *in sympociasis*. CLÉM. AL. *Strom*. 4. p. 381.

— ISIDORE, *statuaire*. ——Hercule, à Paros. PLIN. l. 34. c. 8. ouvrage vanté.

Années	Nom	Qualité	Pages
284.	ISIGONE,	*statuaire*.	603
—	ISMÉNIAS,	*peintre*. PLIN.	
1 à 100.*	LABÉON (Atérius).		
304.	LACHÈS,	*statuaire*.	598
500 à 400.	LACON,	*statuaire*.	581
600 à 500.	LACRATÈS,	*statuaire*. (*Voy*. Pyrrus.)	562
443.	LADAMAS,	*statuaire*.	573
48.	LÆDUS,	*ciseleur* et *peintre*.	609
—	LÆIUS,	*sculpteur*. TZET.	
304.	LAHIPPE,	*statuaire*.	600
100.	LALA,	*peintre*.	606
516.	LAPHAÈS,	*statuaire*.	562

— LASIMON. On lit ce nom sur un vase peint.

654. LÉARQUE, de Rhégium, *statuaire*. 558

352. LÉOCHARÈS, *statuaire*. Ce nom se lit sur la base d'une statue de Ganimède, à la Villa-Médicis. WINCK. 392 586

500 à 400. LÉOCRAS, *statuaire*. PLIN.

— LÉON, *statuaire*. —— Des athlètes, des hommes armés, des chasseurs, des sacrificateurs. PLIN. 34. c. 8.

Années	Nom	Qualité	Pages
300 à 200.	LÉON,	*peintre*. PLIN. l. 35. c. 11.	
331.	LÉONIDÈS,	*peintre*.	597
331.	LÉONTION,	*peintre*.	597
252.	LÉONTISCUS,	*peintre*.	604
—	LÉOPHON,	*statuaire*. PLIN.	

— LESBOCLÈS, *peintre* et *ciseleur* en argent. PLIN. l. 34. c. 8.

425. LESBODOCUS, *statuaire*. 577

— LESBOTHMIS, *statuaire*. ——Une muse tenant une espèce de harpe, à Mitylène. ATHÉN. l. 14. c. 4.

— LEUCON. (*Voy*. Lacon.)

— LEUCON, *graveur*. Ce nom se lit sur une pâte antique du cabinet du prince d'Orange. (*Voy*. Demurr.)

Années	Nom	Qualité	Pages
—	LINAX,	*sculpteur*. BRACCI.	
—	LOCHÆUS,	*statuaire*. PLIN.	
500 à 400.	LOCRUS.	*statuaire*.	581

Années av. J.-C. — Pages du vol. 2.

600 à 500. **MEMNON SYONITE**, *statuaire*. Diod. de Sic. l. 1. p. 11. Plin. (*Voy.* aussi Salmasius.) Ces auteurs vantent l'excellence du talent de cet artiste égyptien, qui a fait la plus grande statue qu'il y eût dans toute l'Egypte. On la voyait à Thèbes, à l'entrée d'un temple, avec deux autres statues de sa main.

— **MÉNÉCRATE**, *sculpteur*. Plin.

— **MÉNÉDÈME**, *peintre*. Diog. L.

1 à 100. * **MÉNÉLAS**, *statuaire*. Plin.

1 à 100. * **MÉNÉLAUS**, *statuaire*. 612

— **MENDÆUS**. (*Voy.* Mandas.)

— **MÉNESTHÉUS**, d'Halicarnasse, *statuaire*, fils de Ménesthéus. Grutter. *Inscript.*

331. **MÉNESTRATE**, *statuaire*. 594

— **MÉNESTRATE**, *peintre*. —— Deucalion, Phaéton, peintures critiquées dans l'Anthologie grecque.

— **MÉNIPPE**, *peintre*. Diog. L. *ex Apollodoro*. l. 6. *in Menippo*.

— **MÉNIPPE**. Diogène Laërce distingue trois *statuaires* de ce nom.

— **MÉNIPPE**. Diogène Laërce distingue six *peintres* de ce nom.

54.* **MÉNODORE**, *statuaire*. 548 611

— **MÉNODOTE**, *sculpteur*. Winckelmann.

516. **MENOECHME**, *statuaire*. 561

— **MÉNOGÈNES**, *statuaire*. Il fit des quadriges en bronze. Plin. l. 34. c. 8.

400 à 300. **MÉNOPHANTE**, *statuaire*. 601

436. **MENTOR**, *graveur*. 576

— **MESTRIAS-MARIINUS**, *peintre*. Grutter. *Inscript.*

170. **MÉTRODORE**, d'Athènes, *peintre*. 481—524 605

600. **MICCIADÈS**, de Chio, *statuaire*. 559

491. **MICON**, père d'Onatas, *peintre* et *sculpteur*. 156—304 563

443. **MICON** le jeune, père de Timarète, *peintre*. 573

331. **MICON**, élève d'Antidote, *peintre*. 597

500 à 400. **MICON**, de Syracuse, *statuaire*. 581

400. **MICCION**, *peintre*. 218 582

— **MIDIUS**, *graveur*. On lit son nom sur une pierre gravée du cabinet du roi, représentant un griffon mordu par un serpent.

— **MITH**, peut-être **MITHRANE** ou **MITHRIDATE**, *graveur*. —— Une tête de cheval. Bracci. (*Voy.* Demurr.).

— **MNASITHÉUS**, de Sicyone, *peintre* du troisième ordre, selon Pline (l. 35. c. 11).

— **MNASITIME**, *peintre* du troisième ordre, fils et élève d'Aristonidas. Plin. l. 35. c. 11.

Années av. J.-C.			Pages du vol. 2.
560.	MNÉSARQUE,	*graveur.*	560
—	MNESTHÉE,	*peintre.* PLIN.	
—	MOSCHION,	*sculpteur.* BRACCI.	
443.	MOSCHUS,	*statuaire.*	573
—	MUSUS, *statuaire.* —— Jupiter, statue posée sur un piédestal, ouvrage en bronze. PAUS. l. 5. c. 24.		
—	MYAGRUS, phocéen, *statuaire.* —— Des statues d'athlètes, d'hommes armés, de chasseurs et de sacrificateurs, ouvrages en bronze. PLIN. l. 34. c. 8.		
—	MYCON, *graveur.* On voit son nom sur un jaspe rouge représentant une tête de vieillard un peu chauve. BRACCI. DEMURR.		
—	MYDON,	*peintre.* PLIN.	
—	MYIAGRUS,	*statuaire.* PLIN.	
—	MYDON, de Solée, *peintre,* élève de Pyromaque. Pline (l. 35. c. 8.) le classe parmi les peintres de troisième ordre.		
443.	MYRMÉCIDE,	*sculpteur.*	573
450.	MYRON, d'Eleuthère,	*statuaire.*	316—533 568
—	MYRON, *graveur.* On lit son nom sur une cornaline représentant une tête de Muse. Demurr le croit des derniers siècles de l'antiquité.		
331.	MYRON,	*statuaire.*	597
—	MYRON, *statuaire.* On lit ce nom sur un buste du palais Corsini. Ce doit être un autre que le célèbre statuaire de ce nom.		
—	MYRTON, *graveur.* —— Léda sur le cigne. STOSCH. BRACCI. MILLIN.		
443.	MYS,	*graveur.*	572
—	NAUCERUS, *statuaire.* —— Un lutteur, statue de bronze. PLIN. l. 34. c. 8.		
450.	NAUCYDÈS, d'Argos,	*statuaire.*	327 570
252.	NÉALCÈS,	*peintre.*	403—405 604
—	NÉARQUE, *peintre,* père d'Aristarète. PLIN. l. 3. c. 11.		
—	NEISUS, *graveur.* Jupiter. BRACCI. t. 2. p. 284.		
—	NEISOS. —— Jupiter, sur une pâte de verre. (*Voy.* Demurr et Mariette.)		
—	NÉOCLÈS, *peintre,* maître de Zénon. PLIN. l. 35. c. 11. (*Voy.* Zénon.)		
—	NÉRON,	*graveur.* (*Voy.* F. Junius.)	
425.	NÉSÉAS,	*peintre.*	577
—	NESSUS, fils d'Habron. Pline (l. 35. c. 11.) range cet artiste parmi les peintres du troisième ordre.		
443.	NESTOCLÈS,	*statuaire.*	573
—	NEVANZIOS, *graveur.* —— Le coin d'une médaille de Sidonie, en Crète.		
—	NICAEUS, de Bysance,	*peintre.* PLIN. l. 7. c. 12.	

Années av. J.-C.				Pages du vol. 2.
1 à 100. *	NICANDRE,	*graveur.*		612
—	NICANDROS,			
412.	NICANOR,	*peintre.*		578
300 à 200.	NICÉARQUE,	*peintre.*		605
—	NICÉPHORE, *graveur.* —— Mercure (Collection de Hesse-Cassel). MILLIN. Dict.			
1 à 100.*	NICÉRATUS,	*statuaire.*		612
400 à 300.	NICÉROS,	*peintre.*		601
352.	NICIAS,	*peintre.*	399—420	589
425.	NICODŒMUS,	*statuaire.*		577
75.	NICOLAUS,	*statuaire.*		607
352.	NICOMAQUE,	*peintre.*	401	590
—	NICOMAQUE, *graveur.* —— Un faune assis. STOSCH. BRACCI. DEMURR. MILLIN.			
—	NICONAS ou NISONAS.			
500 à 400.	NICON,	*peintre.* ÆLI.		
400 à 300.	NICOPHANE,	*peintre.*		601
400 à 300.	NICOSTHÈNE,	*peintre.*		602
284.*	NICOSTRATE,	*sculpteur.*		613
400.	NICOSTRATE,	*peintre.*		582
—	ŒNIAS, *peintre.* —— Une assemblée de parens. Ce peintre est rangé dans le deuxième ordre par Pline (l. 35. c. 11.).			
—	OLYMPIAS, femme *peintre.* (*Voy.* Autobulus.)			
67.	OLYMPIOSTHÈNES,	*statuaire.*		607
436.	OLYMPUS,	*statuaire.*		576
331.	OMPHALION,	*peintre.*		597
—	ONAETHUS, *statuaire.* —— Jupiter, à Olympie. PAUS. l. 5. c. 33. ouvrage d'Onætlius, de Thylacus, son frère, et de leurs fils.			
700.	ONASSIMÈDES,	*statuaire.*		557
480.	ONATAS, d'Egyne,	*statuaire.*	287—293	564
—	ONATAS ou ONÉSIAS, *statuaire et peintre.* —— Sur les murs du parvis du temple de Minerve Aléa, à Platée, cet artiste avait représenté la première expédition des Argiens contre Thèbes. Selon Pausanias (l. 9. c. 4.) ces peintures étaient très-estimées. — Euryganéas, accablée de douleur, attendant l'issue du combat de ses fils, à Platée. PAUS. l. 9. c. 6.			
—	ONÉSAS, *graveur.* —— Hercule couronné d'olivier (gravé sur cornaline). MILLIN. — Léda. — Une muse debout (pâte antique). STOSCH. BRACCI.			
100 à l'an 1.	ONÉSYDEMOS, *graveur.* —— Tête de Minerve; intaille sur sardoine. MILLIN. Dict.			

Années av. J.-C. — Pages du vol. 1.

1500 à 1400. OOLIAB, *sculpteur* hébreu.

48. OPHÉLION, *statuaire.* 547 608

331. OPHÉLION, *peintre.* 597

— ORIUS, *statuaire.* Vet. Schol. *ad. vers.* 973. *quarti argonaut.* Ce fut cet artiste, ou un autre du même nom, qui inventa l'*oripeau.*

200. PACUVIUS, *peintre.* 521—524 605

432. PAEONIUS, *statuaire.* 576

400 à 300. PAMPHILE, *statuaire.* 60[illegible]

360. PAMPHILE, *peintre.* 390 585

— PAMPHILE, *graveur.* —— Achyle jouant de la lyre. (Améthyste du cab. roy. de Paris.) Mariette. Bracci.

— PAMPHUS, *statuaire.* —— Cérès assise sur le bord d'une fontaine. (Cité par VVinckelmann). Hist. de l'art. p. 167. t. 2. édition de Paris. 1767.

443. PANŒNUS, *peintre.* 356 572

— PANŒUS, *graveur.* —— Vénus et Pan. (Bibl. roy. de Paris.)

437. PANTIAS, de Chio, *statuaire.* 574

— PANTIUS, *statuaire.* Théo. hist. plant. 9. 13.

— PAPIAS. (*Voy.* Aristéas.)

412. PARRHASIUS, *peintre.* (*Voy.* t. 4. p. 451. t. 6. p. 98.) 243—368 579

— PARTHENIUS, *ciseleur.* —— Des plateaux très-vantés. Juv. Satyr. 12.

220. PASIAS, *peintre.* 604

220. PASIAS, d'Egine, *statuaire.* 604

75. PASITÈLE, *statuaire et ciseleur.* 515 607

516. PATROCLÈS, de Crotone, *statuaire.* 561

400. PATROCLE, *statuaire.* 583

480. PAUSANIAS, *statuaire.* 584

— PAUSANIAS, *peintre.* —— Des courtisannes. Athén. l. 13. c. 2.

352. PAUSIAS, *peintre.* 394 587

412. PAUSON, *peintre.* 360—367 578

— PÉDIUS. (*Voy.* Quintus.)

— PEIRAS, *statuaire.* —— Junon, à Tirynthe. Paus. l. 11. Eus. *De preparat. evangelicâ.* c. 8. Statue en poirier. Il est le premier sculpteur qui ait choisi cette espèce de bois.

— PEISIAS, *statuaire.* Paus.

— PERDIX. (*Voy.* Talus.)

436. PÉRELLIUS, *statuaire.* 576

— PERGAMUS, *graveur.* —— Une jeune Bacchante (pâte de verre rouge). Millin.

Années av. J.-C. | Pages du vol 2.

352. PÉRICLÈS, *statuaire.* 586

424. PÉRICLÈTE, *statuaire.* 578

— PÉRICLIMÈNE, *statuaire.* —— Des athlètes, des hommes armés, des chasseurs, des sacrificateurs, statues en bronze. PLIN. l. 34. c. 8. — La statue d'Eutyche, femme célèbre pour avoir eu trente enfans. PLIN. l. 7. c. 2. TAT. *ad. Græc.*

560. PÉRILLE, *statuaire.* 560

400 à 300. PERSÉE, *peintre.* 601

— PHALÉRION, *peintre.* ——Scylla. Artiste du second ordre, selon Pline (l. 35. c. 11.).

— PHANIAS, *statuaire.* GRUTTER.

— PHARAX, d'Ephèse, *sculpteur.* VIT.

— PHARNACÈS, *graveur.* On lit ce nom sur une cornaline, représentant un cheval marin. (*Voy.* Demurr. Bracci.)

— PHASIS, *peintre.* —— Cynégire, l'un des chefs grecs au combat de Marathon. ANTH. GR.

443. PHIDIAS, *statuaire* et *peintre.* 329 . 570

— PHIDIAS et AMMONIAS, *sculpteurs.* ——Un singe en basalte, au Capitole. Il ne faut pas confondre ce Phidias avec l'auteur du Jupiter Olympien.

— PHILÉMON, *graveur.* —— Thésée après sa victoire sur le Minotaure. BRACCI. STOSCH. MILLIN. — Tête de faune. BRACCI.

— PHILARCURUS, *peintre.* BRACCI.

565. PHILÉSIUS, d'Erétrie, *statuaire.* 559

— PHILISCUS, *peintre* du deuxième ordre, selon Pline.——L'atelier d'un peintre. —Un enfant soufflant le feu. PLIN. l. 35. c. 11.

— PHILISCUS, *statuaire.* —— Apollon. —Diane. —Latone, à Rome, aux portiques d'Octavie. — Vénus. — Apollon nu. — Les neuf Muses, à Rome, dans le temple de la Paix. PLIN. l. 36. c. 5. On croit que les Muses qu'a possédées le Musée de Paris sont des copies de celles qui sont citées ici. Ce Philiscus est supposé contemporain de Nicolaüs, statuaire.

— PHILOCHARÈS, *peintre.* —— Un vieillard et son fils, la ressemblance de leurs traits, malgré la différence d'âge, les faisait reconnaître comme étant père et fils ; un aigle enlève un dragon au-dessus de leurs têtes. PLIN. l. 35. c. 4.

— PHILOCLÈS, d'Atramitènes, *peintre.* VIT.

900. PHILOCLÈS, d'Egypte, *peintre.* 557

— PHILOMAQUE. —— Esculape, marbre d'un fini précieux. SUID. Peut-être le même que Phiromaque.

— PHILOMUSUS, *peintre* scénique. BRACCI.

Années av. J.-C. Pages du vol. 2.

400 à 300 PHILON, *statuaire.* 602

— PHILOPINAX, *peintre.* Ce nom exprimait l'amour que cet artiste avait pour son art ; on dit qu'il se passionnait pour ses propres tableaux, comme Pygmalion pour sa statue. Aristot. l. 11. Epist. 10.

500 à 400. PHILOTIMUS, *statuaire.* 581

331. PHILOXÈNE, *peintre.* 481 597

— PHOCAS, *graveur.* —— Un pancratiaste. Raspe. Millin. Dict.

400 à 300. PHŒNIX, *statuaire.* 602

436. PHRAGMON, *statuaire.* 575

425. PHRYNON, *statuaire.* 577

— PHYROMAQUE, *statuaire.* ——Priape. Anth. Gr. l. 4. c. 12. Peut-être le même que Philomaque.

— PIGMON, *graveur,* cité par M. Mongez.

284. PIREICUS, *peintre.* 603

— PISIAS, *statuaire.* —— Jupiter. —Apollon. Statues à Athènes. Paus. l. 1. c. 3.

— PISICRATE, *statuaire.* —— Une statue de femme sur un char à deux chevaux. —Mars. —Mercure, à Rome, dans le temple de la Concorde. Plin. l. 34. c. 8. *statuaire.*

395. PISON, *statuaire.* 584

400 à 300. PISTON, *statuaire.* 602

300 à 200. PITOCLÈS, *statuaire.*

— PLACIDIANUS, *peintre.* Horace. l. 11. Satyr. 7. Plin.

— PLAUTIUS, *ciseleur.* Winckelmann.

— PLOCAMUS, *sculpteur.* Bracci.

— PLOTARQUE, *graveur.* On lit ce nom sur une sardoine représentant un Amour porté sur un lion et jouant de la lyre. La manière de ce graveur, dit Millin, peut faire présumer qu'il était antérieur à Auguste. Millin en dit autant de Teucer. Demurr le croit condisciple de Tryphon. (*Voy.* Stosch. Bracci.)

— PLYSTHENÈTE, frère de Phidias, selon Plutarque.

400 à 300. POLÉMON, *peintre.* 602

— POLIS, *statuaire.* —— Des athlètes, des hommes armés, des chasseurs, des sacrificateurs, statues en bronze. Plin. l. 34. c. 8.

146. POLYCHARME, *statuaire.* 469 606

480. POLYCHUS, d'Egine, *statuaire.* 566

164. POLYCLÈS, fils de Timarchide, *statuaire.* 468 605

146. POLYCLÈS (les fils de), *statuaires.* 606

540. POLYCLÈTE l'ancien, *statuaire.* 560

459. POLYCLÈTE, de Sicyone, *statuaire.* (*Voy.* t. 6. p. 95.) 270—320—459 567

Années av. J.-C. — Pages du vol. 2.

437. POLYCLÈTE, d'Argos, *statuaire.* 574

— POLYCLÈTE, *graveur.* —— Diomède enlevant le Palladium. Stosch. Bracci.

— POLYCRATES, *statuaire.* Plin.

— POLYCRATES, *statuaire.* —— Des athlètes, des hommes armés, des chasseurs, des sacrificateurs. Statues en bronze. Plin. l. 34. c. 8.

44. POLYDECTE, *statuaire.* 610

48. POLYDORE, *statuaire.* 503 610

— POLYDORE, *statuaire.* —— Des athlètes, des hommes armés, des chasseurs, des sacrificateurs, bronze. Plin. l. 34. c. 8.

— POLYEIDUS, *peintre.* Diod. de Sic.

400. POLYEIDUS, *peintre.* 583

284. POLYEUCTE, *statuaire.* 603

436. POLYGNOTE, *peintre.* 271—359—361 574

600 à 500. POLYSTRATUS, *statuaire.* 562

48. POSIDONIUS, *statuaire* et *ciseleur.* 609

67. POSIS, *plasticien.* 608

600 à 500. POTHÆUS, *statuaire.* 562

459. PRAXIAS, *statuaire.* 567

331. PRAXITÈLE, *statuaire.* 66—409 591

331. PRAXITÈLE, fils de Praxitèle. 598

75. PRAXITÈLE, *peintre.* 607

75. PRAXITÈLE, *ciseleur.* 607

— PRHYGILLUS, *graveur.* —— Un amour sortant d'un œuf. (*Voy.* Raspe et Winckelmann.)

412. PRHYLLUS, *peintre.* 578

— PRODORUS, *peintre* et *ciseleur* en argent. Plin. l. 34. c. 8.

352. PROTOGÈNE, *peintre* et *statuaire.* 403—544 591

425. PTOLICHUS, de Corcyre, *statuaire.* 578

480. PTOLICHUS ou POLICHUS, d'Egyne, *statuaire.* 566

100 à l'an 1. PUBLIUS, *peintre.* 611

— PYGMALION. —— Galatée, statue d'ivoire dont il devint épris. Ovid. l. 10. —Un olivier parfaitement imité, à Gades, dans le temple d'Hercule. Philost. *De vitâ Apollonii Tianæi. lib.* 5. *cap.* 1. (*Voy.* aussi Clém. d'Alex. *in Protrep.*, et Arnob. *lib.* 6. *adv. gentes.*)

331. PYRGOTÈLE, *graveur.* 469 597

— PYRILAMPES, de Messène, *statuaire.* ——Zénon, vainqueur à la course. — Pyrilampes d'Ephèse, qui remporta le prix du stade doublé. — Azémon, vainqueur au Pugilat, statues dans l'Altys. Paus. l. 6. c. 3.

304. PYROMAQUE, *statuaire.* 600

Années av. J.-C.			Pages du vol. 2.
400 à 300.	PYRRHO,	*peintre.*	602
600 à 500.	PYRRHUS,	*statuaire.*	562
480.	PYTHAGORE, de Rhégium, *statuaire.*	287	566
432.	PYTHAGORE, de Samos, *statuaire.*		576
—	PYTHAGORE, de Léontium, *statuaire.* PLIN.		
—	PYTHAGORE, de Samos, *peintre.* PAUS.		
—	PYTHÉAS, de Bura, *peintre.* Il peignit des murailles à Philo, et un éléphant à Pergame.		
48.	PYTHIAS,	*graveur.*	609
352.	PYTHIS,	*statuaire.*	587
200.	PYTHOCLÈS,	*statuaire.*	605
146.	PYTOCRITE,	*statuaire.*	606
425.	PYTHODICUS,	*peintre.*	577
516.	PYTHODORE, de Thèbes, *statuaire.*		562
44.	PYTHODORE et CRATÉRUS, *statuaires.*		610
44.	PYTHODORE et ARTÉMON, *statuaires.*		610
—	QUINTILLUS, *graveur.* —— Neptune tiré par deux chevaux marins. Aigue-marine de la Collect. de Stosch. MILLIN. BRACCI.		
30 à l'an 1.	QUINTUS ALEXA,	*graveur.*	611
30 à l'an 1.	QUINTUS PÉDIUS,	*peintre.*	610
612.	RHÆCUS,	*statuaire.*	558
—	RHÉGION,	*graveur,* cité par M. Mongez.	
—	RUFUS, *graveur.* —— Portrait de Ptolémée VII. RASPE. — L'Amour conduisant un quadrige. (*Voy.* Millin. Dict.) Pierres gravées d'Orléans.		
—	RUFUS,	*peintre.* ANTH. GR. l. 3. c. 56.	
—	RUPILIUS SÉRAPION.	(*Voy.* Sérapion. p. 641.)	
—	RUTUBA,	*peintre.* HORACE. PLIN.	
—	SALIMANTE.		
—	SALPION, *sculpteur.* —— Un très-grand vase en marbre de Paros, orné de belles sculptures et portant le nom de cet artiste. Selon Grutter. Inscript. 67. Ce vase aurait été conservé à Caïette.		
395.	SAMOLAS,	*statuaire.*	584
—	SATURÉIUS, *statuaire.* —— Arsinoé. L'Anthologie Grecque vante cet ouvrage et place l'artiste au rang de Zeuxis. Franciscus Junius l'appelle graveur. (*Voy.* Demurr.)		
284.	SATYRION,	*graveur.*	603
500 à 400.	SATYRUS.		

Années av. J.-C. — Pages du vol. 2.

900. **SAURIAS**, de Samos, *peintre.* 557

90. **SAURON**, *statuaire.* 608

— **SCAÉUS**, *graveur.* — Une figure héroïque sur une aigue marine. Winckelmann croit cet ouvrage étrusque.

395. **SCOPAS**, *statuaire.* 380 583

— **SCYLAX**, *graveur.* — Une tête d'aigle. Stosch. Millin. Dict. — Hercule musagète. Bracci. — Tête de Satyre sur une améthiste du cab. de Strozzi. (*Voy.* Bracci et Demurr.)

580. **SCYLLIS** (*Voy.* Dipœnus.)

— **SCYMNUS**, *peintre.* Hipocrate. Epidem. sect. 84. l. 1.

443. **SCYMNUS**, de Chio, *statuaire.* 573

— **SELEUCUS**, *graveur.* — Une tête de Silène. (Cornaline.) Millin. Stosch. Bracci.

480. **SÉRAMBUS**, *statuaire.* 566

284. **SÉRAPION**, *peintre.* 603

— **SÉRAPION** (Rupilius), *statuaire*, incrustait des yeux dans les statues. Spon, Miscell. sect. 6. p. 232.

304. **SILANION**, *statuaire.* 457 599

— **SILLAX**, de Rhégium, *peintre.* Il a peint le portique Polémarque, à Philunte. Athén. l. 5. c. 13. *ex Simonid.* et *Epicharm.*

— **SIMINUS**, *statuaire.* — Des athlètes, des hommes armés, des chasseurs et des sacrificateurs. Ouvrages en bronze. Plin. l. 35. c. 8.

484. **SIMON**, d'Egyne, *statuaire.* 564

484. **SIMON** fils, d'Eupalamus, *statuaire.* 564

500 à 400. **SIMONIDES**, *peintre.* 581

284.* **SIMPLICIEN**, *statuaire.* 613

— **SIMUS**, *peintre.* — Un tableau représentant un jeune homme se reposant dans l'atelier d'un foulon. Plin. l. 34. c. 8. — Un homme qui fait les lustrations le cinquième jour après les Ides. — Némésis, fort belle peinture. Pline le cite comme un peintre du deuxième ordre.

— **SIMUS**, *statuaire*, fils de Thémistocrate, de Salamine. Ce nom se lit sur une inscription du musée de Paris, n° 676.

600. **SMILIS**, d'Egyne, *statuaire.* 558

480. **SOCRATE**, de Thèbes, *statuaire.* 566

459. **SOCRATE**, d'Athènes, *statuaire.* 567

— **SOCRATE**, *peintre.* — Esculape accompagné de ses filles Hygie, Eglée, Panacée et Lasa. Plin. l. 35. c. 8. — Ocnos ou le négligeant. C'était un homme filant une corde de jonc qu'un âne rongeait à mesure que cet homme la filait. Plin. l. 34. c. 8.

516. **SOIDAS**, *statuaire.* 561

Années av. J.-C.			Pages du vol. 2.
48.	SOLON,	*graveur.*	608
—	SOLON,	*sculpteur.* WINCKELMANN.	
491.	SOMIS,	*statuaire.*	564
459.	SOPHRONISCUS,	*statuaire.*	567
—	SOPOLIS,	*peintre.* PLIN.	
100.	SOPYLON,	*peintre.*	515 606

— SOSIBIUS, *sculpteur.* On voit au Musée de Paris, sous le n° 333, un vase orné de figures, portant le nom de Sosibius. Ce vase provient de la villa Borghèse.

— SOSTHÈNES ou SOSOCLÈS, *graveur.* —— Une tête aîlée de Méduse. Collection de Strozzi. (*Voy.* Bracci. Stosch. Demurr et Millin.)

459.	SOSTRATE, de Chio,	*statuaire.*	567

— SOSTRATE, *graveur.* —— Méléagre présentant à Atalante la tête du sanglier de Calidon. (Agathe de deux couleurs.) MILLIN.

— SOSTRATE, *graveur.* ——Une Victoire dans un bige. (Camée du cab. de Naples.) RASPE. —Cupidon qui dompte deux lionnes attachées à un char. (Agathe de deux couleurs.) STOSCH. BRACCI. —Une Néréïde couchée sur un cheval marin, en relief, sur une agathe onyx du cab. d'un amateur de Rome. DEMURR. — La Victoire sacrifiant un bœuf : gravée sur une pâte de verre. DEMURR. (Cab. de Stoch.) L'original est dans le cab. du duc de Devonshire, à Londres.

284.	SOSUS, de Pergame,	*mosaïciste.*	603

— SPURIUS CARVILIUS, *statuaire.* —— Jupiter, statue colossale, faite avec les dépouilles enlevées aux Samnites. On la voyait au Capitole. PLIN. l. 34. c. 7.

170.	STADIAEUS,	*statuaire.*	605
400 à 300.	STADIUS,	*peintre.*	602
—	STADIUS.		
100 à l'an 1.	STÉPHANUS.	*statuaire.*	610
304.	STHÉNIS,	*statuaire.*	598
—	STHÉNONIS,	*sculpteur.* BRACCI.	
500 à 400.	STIPAX,	*statuaire.*	581
491.	STOMIUS,	*statuaire.*	564
200.	STRATON,	*statuaire.*	605
425.	STRATONICUS,	*statuaire* et *graveur.*	366 577
284.	STRATONICUS,	*statuaire* et *ciseleur.*	603
67.	STRONGYLION,	*statuaire.*	516 607
688.	SYADRA,	*statuaire.*	557
284.*	SYMPHORIEN,	*statuaire.*	613
600 à 500.	SYNOON,	*statuaire.*	563

Années av. J.-C.			Pages du vol. 2.
—	TALUS ou ATTALUS. On le suppose neveu de Dédale l'ancien.		
—	TALÉIDÈS. On lit ce nom sur un vase peint. On le croit le plus ancien des peintres dont le nom soit inscrit sur des vases.		
—	TAURISCUS, de Cyzique, *graveur*, artiste vanté. PLIN. l. 33. c. 12.		
44.	TAURISCUS, de Tralles, *statuaire*.		610
—	TAURISCUS, *peintre* du deuxième ordre. —— Un Discobole. — Clytemnestre. — Un panisque. — Polynice redemandant le trône. — Capanéa. PLIN. l. 35. c. 11.		
560.	TECTÉE et ANGELION, *statuaires*.	287	55
630.	TÉLÉCLÈS, *statuaire*.		558
900.	TÉLÉPHANE, de Sycione, *peintre*.		557
304.	TÉLÉPHANE, de Phocée, *statuaire*.	179—487	600
—	TÉLÉSARCHIDES, *statuaire*. —— Un Hermès à quatre têtes, au Céramique. EUST. *ad. Iliad.* v. 333.		
—	TÉLÉSIUS, d'Athènes, *statuaire*. —— Neptune. — Amphitrite. Statues hautes de 9 coudées, à Tenus. CLÉM. D'AL.		
—	TÉLÉTAS, *statuaire*. (*Voy.* Ariston de Lacédémone.)		
—	TÉLOCHARÈS. (*Voy.* Leocharès.)		
1 à 100.*	TEUCER, *graveur*. —— Hercule et Iole. STOSCH. BRACCI. — Un faune. — Achille. BRACCI. STOSCH.		
—	TEUCER, *graveur*. PLIN.		
—	THALÈS, de Sycione, *peintre*. DIOG. L. l. 1.		
—	THAMYRUS, *graveur*. —— Un sphinx qui se gratte, gravé sur cornaline. STOSCH. BRACCI.		
560.	THÉOCLÈS, *statuaire*.		559
—	THÉODORE, d'Athènes, *peintre*. DIOG. L. l. 2. *in vitâ Theodori*. —— Un homme se frottant d'huile en sortant du bain. PLIN. l. 35. c. 11. — Clytemnestre tuée par Oreste. — Egiste. PLIN. l. 35. c. 11. Peintre du deuxième ordre. PLIN.		
612.	THÉODORE, de Samos, *statuaire*.		558
400 à 300.	THÉODORE, de Samos, *peintre*.		602
—	THÉODORE, de Milet, *statuaire*. (*Voy.* Théodore de Samos.)		
—	THÉODORE, d'Ephèse, *peintre*. DIOG. L.		
400 à 300.	THÉODORE, *peintre*. PLIN.		
—	THÉODORE, de Thèbes, *statuaire*. DIOG. L. *in vit. Theodor.*		
352.	THÉOMNESTE, *statuaire*.		590
400 à 300.	THÉOMNESTE, *peintre*. PLIN.		
400 à 300.	THÉON, de Samos, *peintre*.	482	602
565.	THÉOPROPUS, *statuaire*.		559
425.	THÉOSCOME, *statuaire*.		578

nnées av. J.-C. — Pages du vol. 2.

— THÉRAPIS, Scythe, *statuaire* ou *peintre*. Luci.

oo à 400. THÉRICLÈS, *plasticien*. F. Junius.

356. THÉRIMAQUE, *peintre*. 586

304. THÉRON, *statuaire*. 598

331. THRASON, *statuaire*. 594

146. THRASIMÈDE, *statuaire*. 606

— THYLACUS, *statuaire*. Paus. l. 5. c. 23. (*Voy*. Onathus.)

— THYMILUS, *statuaire*. —— Un Cupidon placé près d'un Bacchus, à Athènes, dans le temple de Dyonysius. Paus. l. 1. c. 20.

— TIMAENÈTE, *peintre*. —— Un athlète, à Athènes ; on voyait cet ouvrage dans la citadelle, et dans le même lieu que les peintures de Polygnote. Paus. l. 1. c. 22.

459. TIMAGORAS, *peintre*. 567

400. TIMANTHE, de Cythnos, *peintre*. (t. 4. p. 449.) 378—222 582

352. TIMARCHIDES, *statuaire*. 586

443. TIMARÈTE, *peintre*. 573

304. TIMARQUE, *statuaire*. 600

126. TIMOCLÈS, *statuaire*. 606

67. TIMOMAQUE, *peintre*. (t. 4. p. 452. t. 5. p. 533.) 516—523 607

— TIMON, *statuaire*. —— Des athlètes, des hommes armés, des chasseurs et des sacrificateurs. Statues en bronze. Plin. l. 34. c. 8.

352. TIMOTHÉE, *statuaire*. 586

— TISAGORAS, *statuaire*. —— Hercule combattant l'Hydre, à Delphes. Cet ouvrage en fer était admirable. Paus. l. 10. c. 18. — Têtes de lion et de sanglier, consacrées à Bacchus, à Pergame. Paus. l. 10. c. 18. Elles étaient effrayantes par la vérité de leur représentation.

405. TISANDRE, *statuaire*. 580

— TISIAS, *statuaire*. —— Des athlètes, des hommes armés, des chasseurs et des sacrificateurs. Bronze. Plin. l. 38. c. 8.

304. TISICRATE, *statuaire*. 455—456 599

— TISIUS, *sculpteur*. Bracci.

67. TLÉPOLÈME, *peintre*. 607

400 à 300. TRYPHON, *graveur*. 602

590. TURIANUS, de Frégelles, *plasticien*. 559

— TURNUS.

69.* TURPILIUS, *peintre*. 611

1270. TYCHIUS et ICMALIUS, *statuaires*. 556

— TYMAENETUS,

304. XÉNOCRATE, *statuaire*. 369 600

Années av. J.-C.			Pages du vol. 2.
—	XÉNOCRATE,	*peintre.* PLIN.	
331.	XÉNOCRITE, de Thèbes, *statuaire.*		597
—	XÉNON,	*peintre.* PLIN.	
200.	XÉNOPHILE,	*statuaire.*	605
304.	XÉNOPHON et CALLISTONICUS, *statuaires.*		598
—	XÉNOPHON, de Paros, *statuaire.* DIOG. L. l. 2. *in vitâ Xenophontis.*		
—	ZÉNAS,	*sculpteur.* BRACCI.	
54.*	ZÉNODORE,	*peintre* et *statuaire.*	611
98.*	ZÉNON, de Staphis,	*statuaire.*	612
—	ZÉNON, de Sycione, *peintre*, élève de Néoclès. PLIN. l. 35. c. 11. artiste du troisième ordre. (*Voy.* Bracci.)		
98.*	ZÉNON, d'Aphrodisium,	*statuaire.*	612
304.	ZEUXIPPUS, *statuaire.* —— A Bysance, au milieu des bains publics, on voyait un colosse en bronze représentant le soleil; sur sa base était inscrit le nom de Zeuxippus. (*Voy.* Chronique d'Alexandrie. 244e Olympiade; *voy.* aussi F. Junius.)		
400.	ZEUXIS, *peintre.* (t. 5. p. 407. —t. 6. p. 55.)	162—218	581
304.	ZEUXIS,	*modeleur.*	599
48.	ZOPIRUS,	*graveur.*	609

CHAPITRE 62.

INDICATION ALPHABÉTIQUE DES ANTIQUES, SOIT EN PEINTURE, SOIT EN SCULPTURE ET EN GRAVURE, DONT IL VIENT D'ÊTRE FAIT MENTION DANS CE VOLUME.

L'INDICATION que nous avons cru convenable d'ajouter ici n'offre point un caractère complet : pour qu'il le fût, il aurait fallu réunir non seulement cette nomenclature indicative des monumens consultés dans ce volume, mais de plus l'indication des autres renseignemens, notes et dissertations artistiques qui ont été publiés relativement à ces mêmes monumens et relativement à d'autres encore. Un extrait même de ces dissertations eût été, il est vrai, très-intéressant; mais ne serait-ce pas procurer déjà un grand moyen d'instruction que de signaler tous les écrits relatifs à quelques antiques en particulier? [1] Nous ne prétendons offrir dans cette liste que la nomenclature des statues, des peintures, etc., que nous avons cru devoir considérer dans ce traité sous le rapport historique et

[1] Le catalogue des estampes publiées d'après l'antique, catalogue qui a été placé au volume 1er, fait connaître un assez grand nombre d'ouvrages dans lesquels les auteurs ont disserté sur les monumens antiques répétés par la gravure. Notre catalogue des auteurs qui ont écrit sur la peinture, fait connaître aussi quelques écrits relatifs à l'art expliqué par les monumens. Quant aux collections d'antiques existant aujourd'hui, nous avons cru devoir ajouter à la suite de ce catalogue d'estampes (vol. 1er) un extrait de l'itinéraire de Rome par Vasi, qui signale les principales antiques qu'on admire aujourd'hui dans cette capitale des arts. Nous avons de plus cité les collections ou cabinets d'antiques les plus connus en Europe aujourd'hui.

théorique de l'art : d'autres après nous consulteront, il faut l'espérer, les monumens instructifs que nous n'avons pas été à même d'étudier, et ils en tireront de nouvelles lumières, ainsi que de nouvelles preuves du savoir infini des anciens. Puissent donc les vrais amis de la peinture, qui se trouveront placés sur la voie à l'aide des essais qui leur sont offerts ici, poursuivre des recherches si intéressantes pour les progrès de l'art, et si dignes d'ailleurs d'occuper les loisirs de tout artiste zélé et instruit !

FIN DU DEUXIÈME VOLUME.

TABLE

DU DEUXIÈME VOLUME.

HISTOIRE DE LA PEINTURE

CHEZ LES ANCIENS.

CHAPITRES. Pages.

CHAPITRES. Pages.

TABLE.

CHAPITRES. Pages.

TABLE.

FIN DE LA TABLE DU DEUXIÈME VOLUME.

www.ingramcontent.com/pod-product-compliance
Lightning Source LLC
LaVergne TN
LVHW011241110826
845149LV00001B/18
9782012772977